Entscheidungen des Reichsarbeitsgerichts

Sammlung der noch wichtigen Entscheidungen zeitlich geordnet

Herausgegeben
von
Ewald Köst
Landesarbeitsgerichtsdirektor
beim Landesarbeitsgericht Hannover

Berlin 1954

Walter de Gruyter & Co.
vormals G. J. Göschen'sche Verlagshandlung / J. Guttentag, Verlagsbuchhandlung / Georg Reimer / Karl J. Trübner / Veit & Comp.

Entscheidungen des Reichsarbeitsgerichts

Herausgegeben

von

Ewald Köst
Landesarbeitsgerichtsdirektor
beim Landesarbeitsgericht Hannover

Band 1

Berlin 1954

Walter de Gruyter & Co.

vormals G. J. Göschen'sche Verlagshandlung / J. Guttentag, Verlagsbuchhandlung / Georg Reimer / Karl J. Trübner / Veit & Comp.

Archiv Nr. 28 18 54
Satz und Druck: Berliner Buchdruckerei Union GmbH., Berlin SW 29

Vorwort

Der im gleichen Verlag erschienenen Sammlung der noch wichtigen Entscheidungen des Reichsgerichts in Zivilsachen wird durch die vorliegende Veröffentlichung eine entsprechende Sammlung des Reichsarbeitsgerichts beigegeben. Zu Grunde gelegt wurde die Amtliche Sammlung (RAG.), Verlag Walter de Gruyter & Co., 1928—1944. Entscheidungen, die nach der Bensheimer-Sammlung (ARS., ArbRSlg.) zitiert sind, können leicht mit Hilfe des in Band 4 abgedruckten Fundstellenverzeichnisses aufgefunden werden.

Die Auswahl erfolgte nach verschiedenen Gesichtspunkten. Aufgenommen wurden zunächst die wichtigsten Entscheidungen zu noch geltendem Recht. Darüber hinaus sind Urteile und Beschlüsse zu zwischenzeitlich aufgehobenen Gesetzen dann abgedruckt, wenn in ihnen grundsätzliche, noch heute bedeutsame Rechtsgedanken enthalten sind. Das gleiche Auswahlprinzip mußte Platz greifen, soweit es sich um die Auslegung nicht mehr in Geltung stehender Tarifverträge und Tarifordnungen handelt. Prozessuale Entscheidungen wurden nur berücksichtigt, sofern sie auf den Besonderheiten des arbeitsgerichtlichen Verfahrens beruhen.

Gekürzte Entscheidungen sind mit einem + gekennzeichnet.

Der Herausgeber.

Hannover, im Februar 1954.

Inhaltsverzeichnis

Anmerkung: RAG = Entscheidungen des Reichsarbeitsgerichts, Amtliche Sammlung, Verlag Walter de Gruyter & Co.

ARS = Arbeitsrechts-Sammlung, herausgegeben von Dersch u. a. Verlag Bensheimer-Vahlen.

Verzeichnis

der aufgenommenen Entscheidungen aus der alten Sammlung

+ Entscheidung ist gekürzt

RAG. 1, 1

1. Unter welchen Voraussetzungen ist ein die Berufung als unzulässig verwerfender Beschluß des Landesarbeitsgerichts oder seines Vorsitzenden mit der sofortigen Beschwerde anfechtbar?

2. Ist die Vorschrift des § 547 Nr. 1 ZPO. auf das Verfahren vor dem Reichsarbeitsgericht entsprechend anwendbar?

ArbGG. §§ 8 Abs. 4, 70, 72, 77.

Reichsarbeitsgericht. Beschl. v. 30. September 1927.

I. Arbeitsgericht Prenzlau. — II. Landesarbeitsgericht Berlin.

Durch Urteil des Arbeitsgerichts in P. vom 28. Juli 1927 wurde die Klage des Arbeiterrats auf Weiterbeschäftigung des Landarbeiters K., dem von seinem Dienstherrn am 28. Juni zum 30. September 1927 gekündigt worden war, abgewiesen. Die Berufung des Klägers wurde durch Beschluß des Landesarbeitsgerichts in Berlin vom 5. September 1927 als unzulässig verworfen, weil er sie nicht innerhalb der im § 66 Abs. 1 ArbGG. vorgeschriebenen zweiwöchigen Frist begründet habe.

Mit einer an das Landesarbeitsgericht gerichteten, daselbst am 10. September eingegangenen Eingabe bat der Kläger um Wiedereinsetzung in den vorigen Stand und legte zugleich sofortige Beschwerde gegen den Verwerfungsbeschluß ein. Das Landesarbeitsgericht hat, ohne bisher über das Wiedereinsetzungsgesuch zu befinden, die Akten dem Reichsarbeitsgericht zur Entscheidung über die Beschwerde vorgelegt. Dieser war der Erfolg zu versagen.

§ 70 ArbGG. läßt die Anfechtung eines die Berufung als unzulässig verwerfenden Beschlusses eines Landesarbeitsgerichtes oder seines Vorsitzenden mittels sofortiger Beschwerde nur nach Maßgabe des § 519b Abs. 2 ZPO. d. h. nur dann zu, wenn ein Urteil gleichen Inhalts mit der Revision anfechtbar wäre. Eine Revisionsmöglichkeit würde aber ausgeschlossen sein, wenn das Landesarbeitsgericht die Entscheidung vom 5. September in Form eines Urteils gefällt hätte.

Denn einmal handelt es sich um eine Kündigungseinspruchsklage aus den §§ 86, 87 BRG., die zwar nach § 2 Nr. 4 ArbGG. zu den der Zuständigkeit der Arbeitsgerichte unterworfenen Rechtsstreitigkeiten gehört, die aber niemals in die Revisionsinstanz gedeihen kann, weil die Revision gegen Berufungsurteile der Landesarbeitsgerichte gemäß § 72 Abs. 1 a. a. O. nur in den in § 2 Nr. 1—3 und § 3 a. a. O. aufgezählten Streitigkeiten, also nicht in den in § 2 Nr. 4 genannten, stattfindet. Abgesehen davon knüpft § 72 Abs. 1 a. a. O. die Revisionsfähigkeit eines Landesarbeitsgerichtsurteils aber auch an das Vorhandensein der für die ordentlichen Gerichte zur Zeit maßgebenden Revisionssumme, d. h. eines Streitgegenstands von mehr als 4000 RM (§ 546 ZPO.) oder in Ermangelung eines solchen an die Erklärung des Landesarbeitsgerichts, daß die Revision wegen grundsätzlicher Bedeutung des Rechtsstreits zuzulassen sei. An beidem fehlt es im gegebenen Falle. Der Beschluß vom 5. September enthält eine Erklärung der Anfechtungszulässigkeit nicht und setzt den Streitwert auf nur 100 RM fest.

In den der ordentlichen Gerichtsbarkeit angehörigen Rechtsstreitigkeiten sind allerdings nach § 547 Nr. 1 ZPO. alle die Unzulässigkeit einer Berufung aussprechenden Urteile der Oberlandesgerichte ohne Rücksicht auf den Wert des Beschwerdegegenstands schlechthin revisionsfähig und daher nach § 519 Abs. 2 ZPO. auch alle Beschlüsse gleichen Inhalts mit der sofortigen Beschwerde anfechtbar. Die Vorschrift des § 547 Nr. 1 ZPO. ist aber in das Arbeitsgerichtsgesetz nicht übernommen worden. Das Gegenteil ist auch nicht aus § 72 Abs. 2 ArbGG. zu folgern, da nach ihm für das Verfahren vor dem Reichsarbeitsgericht die Normen der Zivilprozeßordnung nur soweit gelten, als das Arbeitsgerichtsgesetz nicht etwas anderes bestimmt. Nun regelt aber § 72 Abs. 1 ArbGG., wie seine Fassung unzweideutig ergibt, die Voraussetzung der Revisionszulässigkeit im arbeitsgerichtlichen Verfahren selbständig und erschöpfend, so daß neben ihm für eine entsprechende Anwendung des § 547 Nr. 1 ZPO. kein Raum ist. Auch das Fehlen der Revisionssumme und einer Erklärung der Anfechtungszulässigkeit stehen daher der Statthaftigkeit einer sofortigen Beschwerde aus § 519b Abs. 2 ZPO. entgegen.

Die gleiche Auffassung bezüglich der Tragweite des § 519b Abs. 2 a. a. O. liegt übrigens auch dem unter der Herrschaft des Art. I § 2 der EntlVO. vom 15. Januar 1924 (RGBl. I S. 29) in einem Ehescheidungsstreite ergangenen Beschlusse des IV. Zivilsenats vom 18. September 1924 (RGZ. Bd. 108 S. 383) zugrunde.

Die Beschwerde war daher, wie geschehen, mit der sich aus § 77 Satz 2 ArbGG. § 97 ZPO. ergebenden Kostenfolge als unzulässig zu verwerfen.

RAG. 1, 5

Kann, wenn das Arbeitsgericht unterlassen hat, den Streitwert im Urteil festzusetzen, der Vorsitzende des Arbeitsgerichts dies durch einen zu den Akten gefaßten, den Parteien gleichzeitig mit dem Urteil zugestellten Beschluß wirksam nachholen? Steht für die nachträgliche Wertfestsetzung das Berichtigungsverfahren offen?

§§ 61 Abs. 2, 64 Abs. 1 ArbGG., § 319 ZPO.

Reichsarbeitsgericht. Beschl. v. 18. Oktober 1927.

I. Arbeitsgericht Varel. — II. Landesarbeitsgericht Oldenburg.

Gründe:

Die Beschwerde ist zulässig. In dem angefochtenen Beschluß hat der Vorsitzende des Landesarbeitsgerichts mit Rücksicht auf die grundsätzliche Bedeutung der Entscheidung die Beschwerde zugelassen. Die Beschwerde ist auch in der gesetzlichen Form und Frist eingelegt.

Sachlich ist die Beschwerde nicht begründet. Das Arbeitsgericht hatte in seinem Urteil weder die Berufung eigens zugelassen noch den Wert des Streitgegenstandes festgesetzt. In letzterem Punkt hat das Arbeitsgericht gegen § 61 Abs. 2 ArbGG. verstoßen. Mit dem angefochtenen Beschluß hat der Vorsitzende des Landesarbeitsgerichts die gleichwohl eingelegte Berufung des Klägers als unzulässig verworfen. Daß nachträglich der Vorsitzende des Arbeitsgerichts durch besonderen, schriftlichen, am Tage der Urteilsverkündung gefaßten und den Parteien gleichzeitig mit dem Urteil zugestellten Beschluß den Streitwert auf 400 RM, also in berufungsfähiger Höhe, festgesetzt hat, erachtet das Landesarbeitsgericht für unbeachtlich. Hierin ist ihm beizutreten. Die Wertfestsetzung im Urteil selbst, unter Mitwirkung der Beisitzer, ist in § 61 Abs. 2 ArbGG. zwingend vorgeschrieben und zur Bedingung der Zulässigkeit der Berufung gemacht (§ 64 Abs. 1 ArbGG.); es muß im Sinne des Gesetzes als ausgeschlossen angesehen werden, daß die nachträgliche Festsetzung durch Verfügung des Vorsitzenden geeignet wäre, den Mangel der urteilsmäßigen Festsetzung des Streitwerts durch das Arbeitsgericht zu heilen.

Während die Beschwerde beim Reichsarbeitsgericht anhängig war, hat das Arbeitsgericht durch den nachträglich in voller Besetzung gefaßten Beschluß vom 19. September 1927 im Wege des Berichtigungsverfahrens gemäß § 319 ZPO. sein früheres Urteil dahin ergänzt, daß der Wert des Streitgegenstands auf 200 RM festgesetzt wurde. Mit diesem, ausdrücklich auf § 319 ZPO. gestützten Beschluß hat das

Arbeitsgericht zum Ausdruck gebracht, daß die Auslassung in dem ursprünglichen Urteil nur versehentlich erfolgt sei. Gegen dieses Verfahren des Gerichts 1. Instanz sind durchgreifende Bedenken nicht zu erheben. Da, wie ausgeführt, dem nachträglichen Beschluß des Vorsitzenden, wodurch der Streitwert auf 400 RM festgesetzt worden war, die rechtliche Beachtung zu versagen ist, so steht infolge des Berichtigungsentschlusses, der nur 200 RM als Wert annimmt, die Unzulässigkeit der Berufung des Klägers ohnehin außer Zweifel. Die Revisionsbeschwerde war daher als unbegründet zurückzuweisen.

RAG. 1, 7.+

1. Findet gegen das Urteil eines Kaufmannsgerichts, das vor dem 1. Juli 1927 erlassen und zugestellt ist, Berufung an das Landesarbeitsgericht statt?

2. Nach welcher Vorschrift bestimmt sich die Frist für die Einlegung der Berufung gegen ein Urteil der unter 1 bezeichneten Art?

3. Enthält § 2 des Kündigungsschutz-G. vom 9. Juli 1926 zwingendes Recht?

4. Wie ist der Begriff der Rechtsnachfolge in der unter 3 bezeichneten Vorschrift zu verstehen?

Reichsarbeitsgericht. Urt. v. 26. Oktober 1927.

I. Kaufmannsgericht Hamburg. — II. Landesarbeitsgericht daselbst.

Der Kläger war Leiter einer der Verkaufsstellen, welche die „Neue Gesellschaft zur Verteilung von Lebensbedürfnissen von 1856 GmbH." in Hamburg unterhielt. Gegen Ende 1926 erwarb die Beklagte einen sehr wesentlichen Teil der Geschäftsanteile der „Neuen Gesellschaft" und „kaufte" von dieser eine Reihe von Verkaufsstellen. Den Kläger beschäftigte sie weiter. Nachdem die Gesellschaft dem Kläger am 14. Dezember 1926 für den 31. März 1927 gekündigt hatte, kündigte ihm auch die Beklagte am 23. März für den 30. April 1927. Der Kläger, welcher seit mehr als 5 Jahren in der von ihm geleiteten Verkaufsstelle tätig gewesen war, macht geltend, daß die Beklagte sich nur auf die zweite Kündigung stützen könne, daß diese aber gemäß § 2 des Kündigungsschutzgesetzes vom 9. Juli 1926 erst Ende Juni 1927 die Lösung des Dienstverhältnisses herbeigeführt habe. Er beansprucht daher noch die Zahlung von Gehalt für Mai und Juni 1927. Das Kaufmannsgericht hat die Klage abgewiesen. Auf die Berufung des Klägers hat das Landesarbeitsgericht die Beklagte antragsgemäß verurteilt. Die Revision der Beklagten ist zurückgewiesen worden.

Gründe:

. . .

In der Sache selbst unterliegt die von der Revision zur Nachprüfung gestellte Annahme des Landesarbeitsgerichts, daß die Beklagte sich auf die für den 31. März 1927 ausgesprochene Kündigung der Neuen Gesellschaft vom 14. Dezember 1926 mit Erfolg nicht berufen könne, keine rechtlichen Bedenken. Ihre Richtigkeit ergibt sich schon daraus, daß die Beklagte nach ihrer eigenen Darstellung nicht in das Vertragsverhältnis ihrer Vorgängerin zu deren Angestellten eingetreten ist, sondern mit ihnen neue Bedingungen vereinbart und dadurch neue, von den früheren Vereinbarungen unabhängige Anstellungsverträge mit ihnen geschlossen hat. Sie hat selbst vorgebracht, daß sie am 13. Dezember 1926 den von ihr übernommenen Angestellten in einer Versammlung erklärt habe, sie wolle sie unter den durch Tarifvertrag festgelegten Bedingungen fortbeschäftigen, und daß die beteiligten Personen sich mit diesem Vorschlag durch widerspruchslose Entgegennahme der Erklärung und durch Fortsetzung der Arbeit stillschweigend einverstanden erklärt hätten. Die Kündigung der Neuen Gesellschaft kommt demnach der Beklagten nicht zu statten.

Frei von Rechtsirrtum ist auch die weitere Annahme des Landesarbeitsgerichts, daß die eigene Kündigung der Beklagten vom 23. März für Ende April 1927 das Dienstverhältnis zu diesem Zeitpunkt nicht gelöst, sondern dessen Beendigung erst am 30. Juni 1927 herbeigeführt hat. Nach § 2 des Kündigungsschutzgesetzes vom 9. Juli 1926 darf ein Arbeitgeber, der in der Regel mehr als zwei Angestellte ausschließlich der Lehrlinge beschäftigt, einem Angestellten, den er, oder im Falle einer Rechtsnachfolge er und sein Vorgänger, mindestens fünf Jahre beschäftigt haben, nur mit mindestens drei Monaten Frist für den Schluß des Kalendervierteljahrs kündigen. Die Anwendbarkeit dieser Vorschrift wird von der Revision aus zwei Gründen in Zweifel gezogen. Sie weist darauf hin, daß sich der Kläger ihrem Tarif unterworfen habe, nach welchem eine einmonatige Kündigungsfrist gelte, und bestreitet, daß der Beklagten die Eigenschaft einer Rechtsnachfolgerin der Neuen Gesellschaft in bezug auf das Dienstverhältnis zum Kläger beigemessen werden könne. Beide Einwendungen sieht das Landesarbeitsgericht ohne Rechtsverstoß als unbegründet an. Es führt zutreffend aus, daß die bezeichnete Vorschrift nicht nachgiebiges, sondern zwingendes Recht enthalte, und daß deshalb Vereinbarungen zwischen Arbeitgeber und Angestellten, welche die Kündigungsfrist für letztere ungünstiger als das Gesetz regeln, unwirksam sind. Diese Beschränkung der Vertragsfreiheit ergibt sich ohne weiteres aus dem sozialpolitischen Zweck des § 2, welcher der Notlage der Angestellten, die aus der Wirtschaftskrise und der durch sie verursachten Arbeitslosigkeit entsprungen ist, nach Möglichkeit steuern und sonach öffentlichen Interessen dienen will. Auch den Begriff der Rechtsnachfolge faßt das Landesarbeitsgericht zutreffend auf, wenn es seine Erfordernisse dahin kennzeichnet, daß ein Unternehmer den Betrieb eines anderen übernimmt und darin den in Frage stehenden Angestellten weiterbeschäftigt. Der Begriff ist keineswegs immer in dem strengen Rechtssinn zu verstehen, daß er nur die Fälle des abgeleiteten Erwerbs von Rechten umfaßt. Er wird in der neueren Gesetzessprache auch in weiterem Sinne gebraucht. Seine Bedeutung muß immer an der Hand des die einzelne Rechtsvorschrift beherrschenden Gedankens ermittelt werden (RGZ. Bd. 47 S. 70/71). Das Kündigungsschutzgesetz weicht nun von dem Entwurfe der Reichsregierung, der im Reichstag eine wesentliche Umgestaltung erfahren hat, u. a. darin ab, daß es bei der Umgrenzung des Personenkreises, dem er den Schutz des § 2 zuteil werden läßt, nicht mehr, wie die Regierungsvorlage, auf das Alter der Angestellten abhebt, sondern als das entscheidende Kennzeichen die Dauer der Beschäftigung in einem und demselben Betriebe hinstellt. Die längere Tätigkeit des Angestellten in dem gleichen Unternehmen soll die Tatsache sein, von welcher der verstärkte Kündigungsschutz abhängt. Dieser grundlegenden Erwägung des Gesetzgebers entspricht nur eine Auffassung, welche eine Rechtsnachfolge dann für gegeben erachtet, wenn ein Unternehmer den Betrieb eines anderen, in welcher Rechtsform es auch sei, ohne wesentliche Änderung des Geschäftszwecks fortführt, und den in Betracht kommenden Angestellten seines Vorgängers in ihm weiter verwendet, sei es auf Grund seines Eintritts in das alte Dienstverhältnis, sei es auf Grund eines neuen Anstellungsvertrags. Ob diese Fortsetzung des Betriebs auf rechtlich einwandfreier Grundlage beruht, ist für die Gewährung des Kündigungsschutzes ohne Bedeutung. Es erscheint deshalb belanglos, daß in dem angefochtenen Urteil nur festgestellt wird, daß die Beklagte etwa 95 % der Geschäftsanteile der Neuen Gesellchaft übernommen habe, und daß wegen der Übertragung des Restes der Anteile eine Feststellung nicht getroffen wird. Wenn auch nur die Abtretung s ä m t l i c h e r Geschäftsanteile zur Herbeiführung der gleichzeitig beabsichtigten Übertragung des Geschäftsvermögens der Neuen Gesellschaft und zur Übertragung des Unternehmens geeignet sein mochte (RGZ. Bd. 98 S. 289, Bd. 100 S. 200), so hat doch die Neue Gesellschaft — und dieser t a t s ä c h -

liche Sachverhalt allein ist entscheidend — den Betrieb ihres Unternehmens aufgegeben und die Beklagte hat ihn mit deren Einverständnis unter Weiterbeschäftigung des Klägers fortgesetzt.

RAG. 1, 11.

Ist im arbeitsgerichtlichen Verfahren gegen Urteile in Arrest- und einstweiligen Verfügungssachen die Revision zulässig?

ArbGG. §§ 72 Abs. 1 und 76.

Reichsarbeitsgericht. Urt. v. 26. Oktober 1927.

I. Arbeitsgericht Leipzig. — II. Landesarbeitsgericht daselbst.

Das Arbeitsgericht hat unter gleichzeitiger Festsetzung des Streitwerts auf 2000 RM durch Urteil der Antragsgegnerin im Wege der einstweiligen Verfügung zur Vermeidung einer Geldstrafe von 50 RM für jeden einzelnen Fall der Zuwiderhandlung die Vornahme gewisser Kampfmaßnahmen verboten. Die Berufung der Antragsgegnerin ist durch das Landesarbeitsgericht zurückgewiesen worden. Das Landesarbeitsgericht hat aber mit Rücksicht darauf, daß die von der einstweiligen Verfügung betroffenen Streitfragen von erheblicher grundsätzlicher Bedeutung seien und eine weite Auslegung des § 72 ArbGG. immerhin nicht ausgeschlossen erscheine, entsprechend den Wünschen der Parteien die Nachprüfungsmöglichkeit durch das Revisionsgericht offen halten zu müssen geglaubt und deshalb die Revision gegen das Urteil zugelassen.

Die von der Antragsgegnerin eingelegte Revision wurde als unzulässig verworfen.

Gründe:

Der § 72 Abs. 1 ArbGG., welcher die Voraussetzungen für die Zulassung der Revision gegen die von Landesarbeitsgerichten im Berufungsverfahren erlassenen Urteile erschöpfend regelt, unterscheidet in seinem ersten Satz zwischen absoluter und relativer Revisionsfähigkeit. Die absolute Revisionsfähigkeit ist dadurch bedingt, daß der festgesetzte Wert des Streitgegenstands die in der ordentlichen Gerichtsbarkeit geltende Revisionsgrenze übersteigt, während für die relative Revisionsfähigkeit die Zulassung durch das Landesarbeitsgericht maßgebend ist. Absolute und relative Revisionsfähigkeit sind indessen eingeschränkt durch den zweiten Satz des Abs. 1 a. a. O., welcher — dem § 545 Abs. 2 ZPO. entsprechend und mit diesem wörtlich übereinstimmend — vorschreibt, daß gegen Urteile, durch welche über die Anordnung, Abänderung oder Aufhebung eines Arrestes oder einer einstweiligen Verfügung entschieden wird, die Revision nicht zulässig ist. Die Vorschrift ist so klar und eindeutig, daß zu ihrer Auslegung kein Raum ist. Die in ihr bezeichneten Urteile sind nicht revisionsfähig, sie werden vielmehr, wie das Reichsgericht für das Verfahren in bürgerlichen Rechtsstreitigkeiten erkannt hat (vgl. RGZ. Bd. 74 S. 366) mit der Verkündung rechtskräftig. Eine Abweichung hiervon ist nach dem Gesagten im arbeitsgerichtlichen Verfahren selbst mit Rücksicht auf die grundsätzliche Bedeutung des Rechtsstreits weder für die gewöhnliche Revision des § 72 ArbGG. noch für die Sprungrevision des § 76 a. a. O. gestattet. Dabei kommt es auf den Gegenstand, nicht auf den Inhalt des Urteils an. Gegenstand des Urteils im vorliegenden Falle aber ist die Anordnung einer einstweiligen Verfügung.

RAG. 1, 20.+

Ist § 2 des Kündigungsschutzgesetzes vom 9. Juli 1926 auch dann anwendbar, wenn die daselbst geforderte fünfjährige, achtjährige oder längere Dienstzeit in durch Dienstunterbrechungen voneinander getrennten Abschnitten zurückgelegt ist?

Reichsarbeitsgericht. Urt. v. 17. November 1927.

Der Kläger, der vom 8. September 1907 bis zum 1. August 1914 bei der Beklagten als Expedient tätig gewesen war, wurde an dem letztgenannten Tage zum Heeresdienst eingezogen. Nach Kriegsende meldete er sich bei der Beklagten zur Wiedereinstellung, die ihm aber mit der Begründung verweigert wurde, daß keine freie Stelle vorhanden sei. Auch in der Folgezeit blieben wiederholte Anfragen bei der Beklagten ergebnislos. Erst am 15. Oktober 1924 wurde der Kläger von ihr wiederum als Angestellter in Dienst genommen. In der Zwischenzeit hatte er 4 oder 5 verschiedene Stellungen bei anderen Firmen inne gehabt, zeitweise auch durch Kommissionsgeschäfte seinen Lebensunterhalt verdient. Im März 1927 wurde ihm seine Stellung zum 30. April gekündigt. Der Kläger erachtet die Kündigungsfrist gemäß § 2 des Kündigungsschutzgesetzes (KSchG.) vom 9. Juli 1926 für zu kurz. Er verlangt im vorliegenden Rechtsstreite Zahlung zunächst des Maigehaltes in Höhe von 320 RM. Das Arbeitsgericht wies die Klage ab. Das Landesarbeitsgericht gab ihr statt und erklärte die Revision wegen der grundsätzlichen Bedeutung der Sache für zulässig. Die Revision der Beklagten blieb erfolglos.

Gründe:

Das Schicksal des Rechtsstreits hängt von der Beantwortung der Frage ab, ob die Inanspruchnahme der im § 2 KSchG. geregelten Kündigungsfristen auch dann zulässig sei, wenn der Angestellte die daselbst geforderte fünfjährige, achtjährige oder längere Dienstzeit bei demselben Arbeitgeber oder seinem Rechtsnachfolger in verschiedenen, durch Dienstunterbrechungen voneinander getrennten Zeitabschnitten zurückgelegt hat. Beide Tatrichter nehmen an, daß der Gesetzgeber eine Zusammenrechnung zeitlich auseinander liegender Beschäftigungsperioden weder schlechthin verboten noch allgemein vorgeschrieben, sondern es dem Richter überlassen habe, über ihre Statthaftigkeit oder Unstatthaftigkeit nach Lage des Einzelfalls und nach den Grundsätzen von Treu und Glauben zu entscheiden.

Trotz dieses gemeinsamen Ausgangspunkts sind sie aber für den vorliegenden Rechtsstreit zu entgegengesetzten Ergebnissen gelangt. Während das Arbeitsgericht eine Zusammenrechnung der beiden Arbeitsabschnitte wegen der Länge des sie trennenden Zeitraums mit dem Sinne und Zwecke des Kündigungsschutzgesetzes für unvereinbar erklärt, erachtet sie das Landesarbeitsgericht mit Rücksicht auf den inneren Zusammenhang zwischen der Beschäftigung des Klägers vor dem 1. August 1914 und nach dem 15. Oktober 1924 sowie mit Rücksicht auf § 242 BGB. für geboten.

Aus dem Wortlaut des Gesetzes allein läßt sich die oben gestellte Frage nicht beantworten. Aus seiner Entstehungsgeschichte ergibt sich aber der Wille des Gesetzgebers, daß eine zeitlich ununterbrochene Beschäftigung keine unerläßliche Voraussetzung für die Anwendung des § 2 KSchG. bilden soll. Nach IV der Leitsätze des sozialpolitischen Ausschusses des vorläufigen Reichswirtschaftsrats, die nach der amtlichen Begründung dem Regierungsentwurf zugrunde gelegt sind, sollte ein Arbeitgeber „einem älteren Angestellten, der mindestens 5 Jahre in seinem Betriebe gearbeitet hatte, nur unter Einhaltung einer Kündigungsfrist von wenigstens 3 Monaten kündigen dürfen" (vgl. Drucks. d. Reichstags 3. Wahlperiode 1924—26 Nr. 2534 S. 3). Der sozialpolitische Ausschuß hatte also eine ununterbrochene fünfjährige Arbeitszeit nicht zur Bedingung des Kündigungsschutzes gemacht, während der Regierungsentwurf sie allerdings forderte (Drucks. d. Reichstags a. a. O. S. 1). Bei seiner 2. Beratung wurde aber von einer Anzahl Reichstagsmitgliedern ein Gegenentwurf eingebracht, der unverändert in allen 3 Lesungen angenommen und zum Gesetze erhoben wurde. In ihm fehlte das Wort „ununterbrochen“ (vgl. Drucks. d. Reichstags a. a. O. Nr. 2553).

Bei dieser Sachlage ist dem Berufungsrichter darin beizupflichten, daß der Gesetzgeber mit der Streichung des im Regierungsentwurf enthaltenen Wortes „ununterbrochen“ verständigerweise eine bestimmte Absicht verfolgt haben müsse und verfolgt habe. Diese Absicht kann, da eine unterschiedslose Zusammenrechnung zeitlich getrennter Beschäftigungsabschnitte ohne Rücksicht auf die Gründe und die Dauer der Dienstunterbrechung und auf die wirtschaftlichen und sonstigen Zusammenhänge zwischen der früheren Beschäftigung des Dienstverpflichteten und seiner Wiedereinstellung oft zu unbilligen, auch unter Berücksichtigung der schutzbedürftigen Interessen der Angestellten nicht gerechtfertigten Härten für die Arbeitgeber und zugleich zu unsozialen Nachteilen für viele erwerbslose, stellungsuchende Angestellte führen würde, nur dahin gegangen sein, den Kündigungsschutz vor einer Unterbrechung des Dienstverhältnisses dann nicht Halt machen zu lassen, wenn nach Lage der Umstände ein enger innerer Zusammenhang zwischen den einzelnen Beschäftigungsabschnitten des Angestellten besteht, der eine Anrechnung auch der früheren Dienstjahre auf seine Gesamtdienstzeit als den Geboten der sozialen Gerechtigkeit und von Treu und Glauben entsprechend erscheinen läßt. Ob diese Voraussetzungen im Einzelfalle zutreffen oder nicht zutreffen, darüber zu befinden ist allein Aufgabe des Tatrichters. Sie werden beispielsweise regelmäßig dann gegeben sein, wenn die Arbeitsunterbrechung lediglich durch den Krieg herbeigeführt ist. Schon allein aus der EinstVo. vom 24. Januar 1919 (RGBl. S. 100) und der durch sie den Arbeitgebern auferlegten Wiedereinstellungspflicht ist zu folgern, daß eine Wiederaufnahme der Beschäftigung bei demselben Arbeitgeber nach Kriegsende sich nach dem Willen des Gesetzgebers rechtlich als eine Fortsetzung des früheren Dienstverhältnisses charakterisiert, so daß in solchem Falle der von § 2 KSchG. verlangte innere Zusammenhang zwischen den beiden Beschäftigungsabschnitten zweifellos vorliegt. . . .

RAG. 1, 23.

Darf ein Arbeitgeber seinen Arbeitnehmern verbieten, dem Angestelltenrat über die Innehaltung der gesetzlichen oder tariflichen Vorschriften über die Arbeitszeit Auskunft zu erteilen? Ist das Arbeitsgericht zur Entscheidung hierüber zuständig?

Betriebsrätegesetz v. 4. Februar 1920.

Reichsarbeitsgericht. Beschl. v. 17. November 1927.
Arbeitsgericht Berlin.

Die Antragsgegnerin, ein Bankinstitut, hatte ihrem Pförtner, der von dem Angestelltenrate über den Zeitpunkt des Arbeitsbeginns und des Arbeitsendes einzelner Angestellter der Bank befragt worden war, verboten, Auskunft zu erteilen. Der Angestelltenrat, welcher darin eine Beeinträchtigung seiner ihm nach § 78 Nr. 1 BRG. zustehenden Überwachungsaufgabe erblickte, hatte bei dem Arbeitsgericht den Erlaß einer Entscheidung beantragt, „in der die Zuständigkeit des Angestelltenratsvorsitzenden der Mitteldeutschen Creditbank für eine Befragung der Angestellten — mit Ausnahme der Angestellten der Personalabteilung — über ihre Arbeitszeit, sowie über den Zeitpunkt des Betretens und Verlassens der Arbeitsstätte, unbehindert durch Anordnung der Werksleitung, die solche Auskunftserteilung ihren Angestellten verbieten und die daher für unzulässig zu erklären sind — sichergestellt wird".

Das Arbeitsgericht hatte einen Beschluß dahin erlassen,

daß der Antragsgegnerin untersagt wird, ihren Arbeitnehmern, abgesehen vom Personalbüro, zu verbieten, dem Angestelltenrat über die Innehaltung der gesetzlichen oder tariflichen Vorschriften über die Arbeitszeit Auskunft zu erteilen.

Die von der Antragsgegnerin hiergegen eingelegte Rechtsbeschwerde ist mit der Maßgabe zurückgewiesen, daß ihr untersagt worden ist, ihren Angestellten, abgesehen vom Personalbüro, zu verbieten, dem Angestelltenrat über die Innehaltung der gesetzlichen oder tariflichen Vorschriften über die Arbeitszeit Auskunft zu erteilen.

Gründe:

Der Rechtsbeschwerde war mit der aus dem entscheidenden Teile des Beschlusses ersichtlichen Maßgabe der Erfolg zu versagen. Die Zuständigkeit des Arbeitsgerichts zur Entscheidung der vorliegenden Streitigkeit war nach § 2 Nr. 5 AGG. gegeben. Denn es handelt sich um eine Streitigkeit über die Tätigkeit einer Betriebsvertretung im Sinne des § 93 Nr. 3 BRG. Ausgehend von dem an den Pförtner ergangenen Auskunftsverbot der Antragsgegnerin ist die Streitfrage der Parteien dahin präzisiert worden, ob es in den Rahmen der Überwachungstätigkeit des Angestelltenrats falle, durch den Angestelltenratsvorsitzenden im Wege der Befragung von Angestellten der Antragsgegnerin die Innehaltung der gesetzlichen oder tariflichen Bestimmungen über die Arbeitszeit zu kontrollieren, und ob die Antragsgegnerin berechtigt sei, ihren Angestellten zu verbieten, diese Auskunft zu erteilen. Es lag also eine Streitigkeit der Parteien vor, welche die Zuständigkeit und Geschäftsführung einer Betriebsvertretung der Antragsgegnerin betraf, für deren Entscheidung nach § 93 Nr. 3 BRG. in Verb. mit § 2 Nr. 5 AGG. die Zuständigkeit des Arbeitsgerichts gegeben war.

Auch sachlich erscheint die Rechtsbeschwerde im wesentlichen unbegründet. Nach § 78 Nr. 1 BRG. hat die Betriebsvertretung die Aufgabe, darüber zu wachen, daß in dem Betriebe die zur Regelung der Arbeitszeit der Arbeitnehmer gesetzlich erlassenen oder tariflich vereinbarten Vorschriften durchgeführt werden. Soweit als Betriebsvertretung der Angestelltenrat in Frage kommt, beschränkt sich diese Überwachungstätigkeit auf den Personenkreis, dessen Interessen zu vertreten seine besondere Aufgabe ist, d. h. auf die Angestellten. Die Überwachung geschieht dadurch, daß der Angestelltenrat den Arbeitgeber auf Verstöße, die zu seiner Kenntnis gekommen sind, aufmerksam macht und nötigenfalls sie den zuständigen Behörden mitteilt. Der § 78 Nr. 1 BRG. gibt dem Angestelltenrat nicht nur ein Überwachungsrecht, sondern auch eine Überwachungspflicht. Um dieser Überwachungspflicht voll nachkommen zu können, muß sich der Angestelltenrat jedenfalls an alle, die zu dem Personenkreise gehören, dessen Interessen zu vertreten seine Aufgabe ist, wenden können, um Auskunft darüber zu erhalten, ob die Vorschriften über die Arbeitszeit innegehalten werden. Die Ausübung der Überwachungstätigkeit hat naturgemäß da ihre Grenze, wo berechtigte Interessen des Arbeitgebers verletzt werden können. Das kann insbesondere dann in Frage kommen, wenn es sich um die Auskunftserteilung über Dinge handelt, durch deren Bekanntgabe der Arbeitgeber in seinem berechtigten Geschäftsinteresse geschädigt werden könnte, oder zu deren Geheimhaltung der Angestellte kraft der sich aus dem Arbeitsverhältnisse ergebenden Pflichten verpflichtet ist. Ohne erkennbaren Rechtsirrtum hat das Arbeitsgericht das Vorliegen solcher berechtigten Interessen des Arbeitgebers, wenigstens soweit Auskunftserteilung durch Angestellte im technischen Sinne dieses Wortes in Frage kommt, verneint. Es ist nicht ersichtlich, inwiefern berechtigte Interessen der Antragsgegnerin, die zur Innehaltung der gesetzlich oder tariflich festgesetzten Arbeitszeit verpflichtet ist, verletzt werden könnten, wenn deren Angestellte über die Innehaltung der Arbeitszeit bei dem Angestelltenpersonal wahrheitsgemäße Auskunft erteilen. Die Antragsgegnerin kann den Angestelltenrat nicht auf die Möglichkeit verweisen, nach §§ 66, 71 BRG.

sich die nötige Auskunft zu verschaffen; denn das Recht aus § 71 BRG. steht nur dem Betriebsrat, nicht aber dem Angestelltenrat zu. Eine Verletzung des Art. 165 RVerf., wie sie mit der Rechtsbeschwerde geltend gemacht wird, kommt nicht in Frage. Denn diese Bestimmung der Reichsverfassung beschränkt sich lediglich darauf, die allgemeinen Grundsätze über die gleichberechtigte Mitwirkung der Arbeitgeber- und Arbeitnehmer-Organisationen an der Regelung der Lohn- und Arbeitsbedingungen, sowie an der wirtschaftlichen Entwicklung der produktiven Kräfte aufzustellen; Rechte des einzelnen Arbeitgebers, die durch die angefochtene Entscheidung verletzt sein könnten, sind darin nicht verbürgt. Inwiefern der § 95 BRG., dessen Verletzung mit der Rechtsbeschwerde ausdrücklich gerügt wird, durch die angefochtene Entscheidung verletzt sein könnte, ist nicht zu ersehen. Ist hiernach die angefochtene Entscheidung insofern frei von Rechtsirrtum, als sie sich auf die Auskunftserteilung durch Angestellte bezieht, so erscheint auf der anderen Seite die Ausdehnung der Untersagung des Auskunftsverbots allgemein auf die Arbeitnehmer nicht zulässig. Der Angestelltenrat kann seiner Überwachungstätigkeit hinsichtlich des ihm zur Wahrnehmung seiner Interessen anvertrauten Personenkreises vollauf genügen, wenn er die Möglichkeit hat, bei den zu diesem Personenkreis gehörigen Personen, d. h. bei den Angestellten, die ihm erforderlich erscheinende Auskunft einzuholen. Die Erfüllung der dem Angestelltenrat nach § 78 Nr. 1 BRG. obliegenden Überwachungspflicht erfordert es nicht, über diesen Personenkreis bei der Auskunftseinholung hinauszugehen. Auf der anderen Seite würde die Auskunftseinholung bei nicht zu den Angestellten gehörenden Personen die Gefahr in sich bergen, daß dadurch berechtigte Interessen des Arbeitgebers verletzt werden, da die Auskunftserteilung durch Personen, die nicht dem Kreise der Angestellten angehören und deshalb vielfach mit den Arbeitsverhältnissen der Angestellten nicht vertraut sind, nicht die nötige Gewähr für Zuverlässigkeit bietet. Es kann daher nicht als im Rahmen der dem Angestelltenrat nach § 78 Nr. 1 BRG. obliegenden Überwachungstätigkeit liegend angesehen werden, wenn er bei Personen, die nicht Angestellte sind, darüber Auskunft einholen will, ob hinsichtlich der Angestellten die maßgebenden Zeitbestimmungen innegehalten werden. Mit dieser Maßgabe war hiernach die Rechtsbeschwerde zurückzuweisen. Das Reichsarbeitsgericht ist hierbei von der Unterstellung ausgegangen, daß der Pförtner der Antragsgegnerin, dessen Befragung durch den Angestelltenrat der Ausgangspunkt der ganzen Streitigkeit gewesen ist, nach der Tätigkeit, wie sie allgemein dem Pförtner obzuliegen pflegt, nicht zu den Angestellten im eigentlichen Sinne zu rechnen ist, und es erschien deshalb im Hinblick auf den in dem entscheidenden Teile des angefochtenen Beschlusses erfolgten Gebrauch des Wortes „Arbeitnehmer" erforderlich, die Beschränkung der Zulässigkeit der Auskunftserteilung auf die Angestellten ausdrücklich auszusprechen.

RAG. 1, 28.+

1. Welches Rechtsmittel ist zulässig, wenn ein Arbeitsgericht eine Streitsache, in der ein Beschlußverfahren stattfinden müßte, irrigerweise im Wege des Urteilsverfahrens durch Urteil erledigt?

2. . . .

ArbGG. § 85.

Reichsarbeitsgericht. Beschl. v. 17. November 1927.

Der auf der Werft S. beschäftigte Schweißer B. wurde am 22. Juli 1927 fristlos entlassen. Der Betriebsrat, dessen Mitglied B. war, erklärte seinen Einspruch für begründet und erhob vor dem Arbeitsgericht in R. Klage mit dem Antrage, den Beklagten zu verurteilen, an B. Lohn in Höhe von 250 RM zu zahlen. Auf Antrag des Beklagten und mit Zustimmung des Klägers wurde der Rechtsstreit an das Arbeitsgericht in K. verwiesen, das die Klage durch Urteil vom 5. September abwies und den Streitwert auf 259 RM festsetzte. Das Urteil wurden den Parteien am 8. September zugestellt.

Am 20. September ging bei dem Landesarbeitsgericht in K. ein von dem Gewerkschaftsvertreter des Verbands der Gemeinde- und Staatsarbeiter in H. unterzeichneter Schriftsatz ein, in dem der Betriebsrat gegen das genannte Urteil Rechtsbeschwerde mit dem Antrag einlegte, es wegen Unzulässigkeit des Urteilsverfahrens aufzuheben und das Beschlußverfahren vor dem zuständigen Arbeitsgericht in R. wieder aufzunehmen. Das Landesarbeitsgericht übersandte die Rechtsbeschwerde dem Reichsarbeitsgericht, bei dem sie am 8. Oktober 1927 einlief.

Die Zuständigkeit des Reichsarbeitsgerichts ergibt sich aus § 85 ArbGG., da die dienstlichen Verhältnisse der Werftarbeiter der Aufsicht des Reichs unterstehen. Die Rechtsbeschwerde selbst ist prozessual unzulässig. Sie findet nach dem klaren Wortlaut des § 85 a. a. O. nur gegen die das Verfahren beendenden Beschlüsse der Arbeitsgerichte d. h. nur gegen Entscheidungen statt, die in Beschlußform ergehen. Erledigt ein Arbeitsgericht eine Streitsache, in der ein Beschlußverfahren stattzufinden hat, irrigerweise im Wege des Urteilsverfahrens durch Urteil, so ist dieses nur mit dem gegen Urteile der Arbeitsgerichte zulässigen Rechtsmittel d. h. mit der Berufung anfechtbar. Mit der Rechtsbeschwerde kann es nicht aus der Welt geschafft werden, auch dann nicht, wenn die Berufung, wie im gegebenen Falle wegen Fehlens der Berufungssumme (§ 8 Abs. 2 a. a. O.) unstatthaft ist.

. . .

RAG. 1, 30.+

Zum Begriffe der beharrlichen Arbeitsverweigerung im Sinne § 123 Nr. 3 GewO.

GewO. § 123 Nr. 3.

Reichsarbeitsgericht. Urt v. 17. November 1927.

I. Gewerbegericht Hagen. — II. Landesarbeitsgericht Hagen.

. .

Gründe:

. . .

Das Berufungsgericht hat in dem Verhalten der Kläger objektiv den Sachverhalt des § 123 Ziff. 3 GewO. erblickt. Auch diese Auffassung ist rechtlich nicht zu beanstanden. Die Kläger haben sowohl die Arbeit unbefugt verlassen, indem sie nach den Feststellungen des Berufungsgerichts die Arbeitsstätte um 4 Uhr verlassen haben, während die Arbeitszeit bis 6 Uhr nachmittags währte, also auch den nach dem Arbeitsvertrag ihnen obliegenden Verpflichtungen nachzukommen sich beharrlich geweigert, indem sie, wie das Berufungsgericht festgestellt hat, statt der angeordneten Mittagspause von 1½ Stunde nur eine solche von einer halben Stunde gemacht und zu diesem Zwecke den von dem Meister eigens abgestellten Dampf eigenmächtig wieder angestellt haben. Die Revision hat in dieser Beziehung gerügt, daß das Berufungsgericht den Begriff der Beharrlichkeit, der eine der Voraussetzungen des Vorliegens des Kündigungsgrundes nach § 123 Ziff. 3 GewO. sei, verkannt habe, und geltend gemacht, daß die Kläger nur einmal auf das Pflichtwidrige ihres Verhaltens hingewiesen worden seien. Die Revisionsrüge ist unbegründet. Der Begriff der Beharrlichkeit setzt nicht unbedingt eine Wiederholung des Verhaltens voraus, das Vorliegen einer Beharrlichkeit kann vielmehr, auch wenn nur ein einmaliges Verhalten in Frage kommt, der hierbei und bei den begleitenden Umständen zum Ausdruck kommenden Willensrichtung entnommen werden (vgl. RG. Urt. vom 19. Oktober 1926 III 468/25 N. Z. f. AR. 1927 S. 179). Das Berufungsgericht hat den Ausdruck der Beharrlichkeit daraus entnommen, daß das Verhalten der Kläger am 9. Mai begleitet gewesen sei durch den Vorsatz der Wiederholung bis zu einem Reagieren der Werksleitung auf dieses Verhalten, und damit das Vorhandensein einer Beharrlichkeit in dem Verhalten der Kläger ausreichend festgestellt. Den Einwand der Kläger, die Beklagte habe schikanös und wider Treu und Glauben gehandelt, wenn sie von den Klägern ein weiteres Verbleiben auf der Arbeitsstätte verlangt habe, obgleich keine Arbeit für sie als Akkordarbeiter mehr vorhanden gewesen sei, hat das Berufungsgericht für unsubstanziiert erachtet. Die Revision hat die Übergehung dieses Einwandes gerügt. Ob der Akkordarbeiter an sich berechtigt ist, die Arbeitsstätte vor Abschluß der Arbeitszeit zu verlassen, wenn keine im Akkord zu erledigende Arbeit mehr zur Verfügung steht, bedarf keiner Entscheidung; denn jedenfalls konnten sich die Kläger im vorliegenden Falle nicht darauf berufen, nachdem sie, wie das Berufungsgericht festgestellt hat, durch eigenmächtige Abkürzung der Mittagspause selbst diesen Zustand herbeigeführt hatten, um auf diese Weise die von ihnen gewünschte Ordnung der Arbeitszeiteinteilung durchzusetzen.

Die Revision hat endlich gerügt, das Berufungsgericht habe nicht berücksichtigt, daß die Kläger in Erregung über die von der Beklagten durch die einseitige Anordnung an den Tag gelegte Mißachtung der Rechte des Betriebsrats gehandelt und sich für befugt gehalten hätten, den nach ihrer Meinung zu Unrecht einseitig getroffenen Anordnungen der Werksleitung keine Folge zu leisten. Der Revisionsangriff muß schon an den vom Berufungsgericht getroffenen tatsächlichen Feststellungen scheitern. Das Berufungsgericht ist zwar auf der einen Seite zugunsten der Kläger davon ausgegangen, sie seien der Ansicht gewesen, daß eine Änderung der Arbeitszeit in Frage stehe, daß ihre Betriebsvertretung bei derselben mitzusprechen und mitzubestimmen habe, sie hätten auch in dem Vorgehen der Beklagten eine Mißachtung des Mitwirkungsrechts ihrer Betriebsvertretung erblickt, auf der andern Seite hat es aber festgestellt, daß die Kläger n i c h t der Ansicht gewesen sind, daß sie nunmehr die Arbeitszeit zu regeln hätten und im Widerspruch zu der Anordnung der Werksleitung durchsetzen dürften. Die Kläger haben, wie das Berufungsgericht weiter festgestellt hat, nicht verkannt, daß, auch wenn die Arbeitszeitregelung der Beklagten ungültig gewesen sei, diese doch bis zum Entscheid des Schlichtungsausschusses oder der Erzielung einer Verständigung von der Beklagten habe bestimmt werden können, und sind sich wohl bewußt gewesen, daß sie, indem sie die Arbeitszeitregelung nach ihrem Willen durchzusetzen versuchten, eine Maßnahme trafen, welche Rückwirkungen auf die übrigen Betriebe hatte, und welche zu treffen sie nicht befugt waren. Diese tatsächlichen Feststellungen des Berufungsgerichts, welche der Nachprüfung des Revisionsgerichts entzogen sind, tragen die Annahme des Vorliegens des Sachverhalts des § 123 Ziff. 3 GewO. auch nach der subjektiven Seite hin. Sind hiernach die Voraussetzungen des § 123 Ziff. 3 GewO. auf seiten der Kläger vom Berufungsgericht ohne erkennbaren Rechtsirrtum festgestellt, so ergibt sich daraus die Berechtigung der Beklagten zur fristlosen Entlassung der Kläger.

RAG. 1, 64.+

Gehören Gesetzesausgaben zu den Geschäftsbedürfnissen eines Betriebsrats im Sinne des § 36 BRG.? Ist das Arbeitsgericht zur Entscheidung dieser Frage zuständig?

Betriebsrätegesetz v. 4. Februar 1920 — BRG. — §§ 36, 93 Nr. 4.
ArbGG. § 2 Nr. 5.

Reichsarbeitsgericht. Beschl. v. 21. Dezember 1927.
I. Arbeitsgericht Frankfurt a. Oder.

Gründe:

Die zum Bereiche der Antragsgegnerin gehörigen Antragsteller hatten bei der Strombauverwaltung den Antrag gestellt, daß ihnen eine kommentierte Ausgabe des Betriebsrätegesetzes, ein Arbeitsgerichtsgesetz und ein Protokollbuch zur Verfügung gestellt würden. Da ihr Antrag abgelehnt wurde, haben sie die Entscheidung des Arbeitsgerichts angerufen. Dieses hat dahin entschieden, daß die Antragsgegnerin den beiden Antragstellern je eine kommentierte Ausgabe des Betriebsrätegesetzes nach Wahl der Antragsteller, sowie je eine Ausgabe des Arbeitsgerichtsgesetzes zur Verfügung zu stellen habe; dagegen hat es den Antrag auf Lieferung eines Protokollbuchs zurückgewiesen.

Gegen den Beschluß hat die Antragsgegnerin Rechtsbeschwerde eingelegt. Diese ist vom Reichsarbeitsgericht zurückgewiesen.

Aus den Gründen:

Die Rechtsbeschwerde ist, da sie sich gegen einen auf Grund des § 84 AGG. ergangenen, das Verfahren beendenden Beschluß des Arbeitsgerichts richtet, nach § 85 Abs. 1 AGG. zulässig. Zur Entscheidung über die Rechtsbeschwerde ist das Reichsarbeitsgericht zuständig, da das Verfahren die zum Bereiche der Reichswasserstraßenverwaltung gehörende Antragsgegnerin, also eine Verwaltung betrifft, die sich über den Bezirk eines Landes hinaus erstreckt (§ 85 Abs. 1 Satz 3 AGG.).

Das Arbeitsgericht war zur Entscheidung über die vorliegende Streitigkeit zuständig. Nach § 36 BRG. hat der Arbeitgeber die durch die Geschäftsführung entstehenden notwendigen Kosten zu tragen und für die Geschäftsführung die nach Umfang und Beschaffenheit des Betriebes und der gesetzlichen Aufgaben des Betriebsrats erforderlichen Geschäftsbedürfnisse zur Verfügung zu stellen. Die Antragsteller nehmen für sich in Anspruch, daß die von ihnen verlangten Gesetzesausgaben zu den für sie erforderlichen Geschäftsbedürfnissen gehörten; es handelt sich hiernach um eine Streitigkeit über die Notwendigkeit von Geschäftsführungskosten der Betriebsvertretung im Sinne des § 93 Ziff. 4 BRG., zu deren Entscheidung nach dieser Bestimmung in Verbindung mit § 2 Ziff. 5 AGG. das Arbeitsgeritch zuständig ist. . . .

Hat hiernach das Arbeitsgericht seine Zuständigkeit in der vorliegenden Streitigkeit ohne Rechtsirrtum angenommen, so ist auch weiterhin seine Entscheidung, daß die Antragsgegnerin den Antragstellern je eine kommentierte Ausgabe des Betriebsrätegesetzes nach Wahl der Antragsteller, sowie ein Arbeitsgerichtsgesetz zur Verfügung zu stellen habe, rechtlich bedenkenfrei. Nach § 36 BRG. hat, wie erwähnt, der Arbeitgeber die nach Umfang und Beschaffenheit des Betriebs und der gesetzlichen Aufgaben des Betriebsrats erforderlichen Geschäftsbedürfnisse zur Verfügung zu stellen. Was zu den für die Tätigkeit des Betriebsrats erforderlichen Geschäftsbedürfnissen im Einzelfalle gehört, wird regelmäßig von der Lage des Falles abhängen. Die Annahme, daß hierzu auch Gesetzesbücher gehören können, ist rechtlich nicht zu beanstanden. In manchen Fällen, in denen die Räume des Betriebsrats sich in dem gleichen Hause wie die Büros des Arbeitgebers befinden, wird es unter Umständen genügen, wenn die Bücher des Arbeitsgebers dem Betriebsrate zur Benutzung zur Verfügung stehen. Es ist Aufgabe der tatsächlichen Feststellungen und Erwägungen des Arbeitsgerichts, im Einzelfalle zu entscheiden, was erforderlich ist, damit der Betriebsrat den ihm nach dem Betriebsrätegesetz obliegenden Aufgaben gerecht werden kann. Wenn im vorliegenden Falle das Arbeitsgericht unter Berücksichtigung des Umstandes, daß die Antragsteller von dem Sitze ihrer Verwaltung räumlich entfernt sind, es für erforderlich erachtet hat, daß die Antragsgegnerin ihnen die verlangten Bücher zur Verfügung stelle, so steht diese Entscheidung nicht im Widerspruch mit gesetzlichen Bestimmungen.

RAG. 1, 81.+

1. . . .

2. Unter welchen Voraussetzungen sind Maßnahmen der Arbeitnehmer und der ihre Interessen wahrnehmenden Personen, welche darauf abzielen, den nicht tarifgebundenen Arbeitgeber zum Aufgeben seines Widerstandes gegen die Zahlung des Tariflohns zu bestimmen, als sittenwidrig zu beanstanden?

BGB. § 826.

Reichsarbeitsgericht. Urt. v. 21. Dezember 1927.

I. Arbeitsgericht Lübeck. — II. Landesarbeitsgerich Hamburg.

Der Kläger, ein Bauunternehmer in L., zahlte den drei Maurerlehrlingen, welche er beschäftigte, geringere Löhne als in dem Reichstarifvertrag für das Baugewerbe und den ihn ergänzenden Festsetzungen des Haupttarifamts bestimmt sind. Der Beklagte trat als Mitglied und Beauftragter des Vorstandes der Baugewerkschaft L., einer örtlichen Zweigorganisation des deutschen Baugewerkbundes, an den Kläger mit der Aufforderung heran, den Lehrlingen die Tariflöhne zu zahlen. Der Kläger, welcher keinem der Arbeitgeberverbände angehört, die an dem Tarifvertrag beteiligt waren, lehnte dies ab. Nunmehr untersagte der Beklagte den beim Kläger beschäftigten sechs Maurern und drei Bauarbeitern mit Erfolg die Verrichtung weiterer Arbeit bei ihrem Arbeitgeber. Außerdem veröffentlichte er im L.er „Anzeiger" vom 2. August 1927 eine Erklärung des Vorstandes des Baugewerkbundes, daß über alle Arbeiten des Klägers die Sperre wegen Nichtanerkennung des Tarifvertrags verhängt sei und daß kein Maurer und Hilfsarbeiter bei dem Kläger in Arbeit treten dürfe. Dieser hat deshalb beim Arbeitsgericht Klage erhoben und ein Urteil gegen den Beklagten erwirkt, durch welches, seinen Anträgen entsprechend, der Gegner verurteilt worden ist, 1. bei Vermeidung von Geldstrafe für jeden Zuwiderhandlungsfall es zu unterlassen, Maurer und Hilfsarbeiter von der Vornahme von Maurerarbeiten bei ihm, dem Kläger. abzuhalten, insbesondere ihnen die Vornahme solcher Arbeiten zu untersagen, 2. das den sechs Maurern und drei Bauarbeitern gegenüber ausgesprochene Verbot der Verrichtung von Maurerarbeiten bei ihm, dem Kläger, zu widerrufen. Der Beklagte erhob Berufung. In der Verhandlung vor dem Landesarbeitsgericht erklärten die Parteien, die Hauptsache habe sich dadurch erledigt, daß der Kläger sich zur Entlohnung seiner Lehrlinge gemäß dem Reichstarifvertrag entschlossen habe. Der Beklagte beschränkte sich deshalb auf den Antrag, das Urteil des Arbeitsgerichts aufzuheben und dem Kläger die Kosten des Verfahrens aufzuerlegen. Der Kläger bat, diesen Antrag zurückzuweisen. Das Landesarbeitsgericht gab dem Verlangen des Beklagten statt. Auf die Revision des Klägers ist das Berufungsurteil aufgehoben und die Sache an die Vorinstanz zurückverwiesen worden.

Gründe:

. . .

Das Landesarbeitsgericht geht bei seiner Entscheidung zutreffend von dem Rechtsgrundsatz aus, daß die Kosten eines in der Hauptsache erledigten Rechtsstreits der Partei zur Last fallen, welche ohne die Erledigung in der Hauptsache unterlegen wäre. Die Gründe, aus denen das Landgericht annimmt, daß der Rechtsstreit im Falle der Durchführung der Hauptsache mit der Niederlage des Klägers geendet haben würde, halten jedoch der Nachprüfung nicht stand. Das Berufungsgericht führt aus, daß der vom Kläger begehrte Widerruf lediglich die Aufforderung zu einem Streik betreffe, der seinem eigentlichen Zwecke, der Erzielung besserer Arbeitsbedingungen, gedient habe. Unerheblich sei, daß mit dem Streik nicht besserer Löhne für alle Arbeiter oder auch nur für alle Lübecker Baulehrlinge, sondern nur für die Lehrlinge eines bestimmten Arbeitgebers bezweckt worden seien. Wenn sich in einem bestimmten Gebiet nur ein einziger Arbeitgeber dem Tarifvertrag nicht unterwerfe — und so sei der vorliegende Fall gestaltet —, so erscheine es nicht nur vom Arbeiter- sondern auch vom Arbeitgeber-Standpunkt aus nicht sittenwidrig, wenn die Arbeiter und die ihre Interessen wahrenden Personen dafür sorgten, daß der eine Arbeitgeber nicht billiger arbeiten könne als seine Konkurrenz. Infolgedessen sei auch die Sperre, gegen die sich das mit der Klage angestrebte Verbot richte, nicht zu beanstanden. Denn eine Sperre sei mit jedem Streik begriffsnotwendig verbunden. Ohne die Anwendung einer solchen sei ein Streik und sei gerade auch die Bestreikung eines einzelnen Arbeitgebers regelmäßig sinnlos und undurchführbar. In diesen Ausführungen kommt der zutreffende Gedanke zum Ausdruck, daß das vom Beklagten verfolgte Ziel, die bessere Entlohnung der Lehrlinge des Klägers, ein durchaus erlaubtes war. Insbesondere ist es richtig, daß es den Arbeitern und dem ihre Interessen wahrenden Beklagten keineswegs verwehrt war, durch die Zuhilfenahme von Druckmitteln darauf hinzuarbeiten, daß der Kläger seinen Widerstand gegen die Zahlung des Tariflohns an seine Lehrlinge aufgab. Die Anwendung von Zwang allein und selbst eines den Kläger schädigenden Zwanges stempelte das Verhalten des Beklagten noch nicht zu einer gegen die guten Sitten verstoßenden Handlungsweise. Allein das Landesarbeitsgericht läßt unbeachtet, daß, wenn es sich, wie hier, um die Anwendung des § 826 GBG. handelt, nicht nur die Erlaubtheit des Zieles, sondern auch die Zulässigkeit der angewendeten Zwangs- und Kampfmittel zu prüfen ist. Unstatthafte Mittel dieser Art im Lohnkampfe sind nach der Boykott und Aussperrung umfassenden Rechtsprechung des Reichsgerichts, der sich das Reichsarbeitsgericht anschließt, nicht nur an sich rechtswidrige Handlungen, sondern auch Maßnahmen, welche nach den herrschenden Sittenanschauungen schlechthin oder doch mit Rücksicht auf die gegebenen Umstände unbillig und ungerecht erscheinen. Insbesondere sind deshalb Maßregeln als sittenwidrig zu betrachten, die geeignet sind, den Gegner so zu schädigen, daß seine wirtschaftliche Existenz völlig oder doch nahezu völlig vernichtet wird. Das gleiche gilt von Maßregeln, die so beschaffen sind, daß zwischen dem mit ihnen verfolgten Zwecke und dem dem Gegner aus ihnen erwachsenden Schaden ein außergewöhnliches Mißverhältnis besteht (RGZ. Bd. 104 S. 330). Der Kläger behauptet nun gerade, daß der Streik und die Sperre wegen des Mangels an nichtorganisierten Arbeitern in L. im Falle ihrer Fortdauer seinen geschäftlichen Ruin herbeigeführt oder ihn mindestens so empfindlich geschädigt haben würde, daß die Nachteile in keinem erträglichen Verhältnis zu den damit verfolgten Interessen, der besseren Entlohnung der Lehrlinge des Klägers, gestanden haben würden. Der Beklagte macht geltend, daß ihm bei seinem Handeln nicht nur dieser beschränkte Zweck, sondern das Nachgeben der nichttarifgebundenen Arbeitgeber gegen den Tarifvertrag als Ziel vorgeschwebt habe und daß zwischen diesem Ziel und der Schädigung des Klägers durchaus kein Mißverhältnis bestehe. Hierbei übersieht der Beklagte, daß dem Kläger gegenüber Streik und Sperre nur als Zwangsmittel zur Erreichung der Besserstellung seiner Lehrlinge benutzt wurden, und daß deshalb nur dieser nähere Zweck für die Beurteilung des Verhältnisses zwischen Vorteilen und Nachteilen in Betracht gezogen werden kann. Bei der Prüfung der Erfolgsaussichten, welche für die Klage ohne die Erledigung der Hauptsache bestanden haben würden, hätte daher das Berufungsgericht die angegebenen Behauptungen des Klägers auf ihre Richtigkeit prüfen müssen.

Das angefochtene Urteil mußte sonach aufgehoben und die Sache zur Nachholung des Erforderlichen an das Landesarbeitsgericht zurückverwiesen werden. Bei der anderweitigen Entscheidung wird dieses gegebenenfalls auch darüber zu befinden haben, ob und wieweit die Beachtung der Klaganträge das Bewußtsein des Beklagten von dem schädigenden Erfolg seiner Handlungsweise vorausgesetzt haben würde (vgl. RGZ. Bd. 97 S. 345, Bd. 109 S. 276) und ob der Antrag, mit welchem der vom Kläger erhobene Unterlassungsanspruch geltend gemacht wird, nicht zu weit gefaßt war.

RAG. 1, 89.

Der Kündigungsschutz für Schwerbeschädigte ist nicht davon abhängig, daß der Arbeitgeber den Schwerbeschädigten freiwillig und wissentlich als solchen einstellt oder die Hauptfürsorgestelle den Schwerbeschädigten dem Arbeitgeber zuweist.

§§ 3, 7, 13 des Gesetzes über die Beschäftigung Schwerbeschädigter vom 12. Januar 1923 RGBl. I S. 57.

Reichsarbeitsgericht. Urt. v. 18. Januar 1928.

I. Arbeitsgericht Hagen i. W. — II. Landesarbeitsgericht daselbst.

Am 30. Juni 1926 hat der Kläger als Arbeiter im Betriebe der Beklagten einen schweren Unfall erlitten. Als er sich am 21. Januar 1927 zur Wiederaufnahme der Arbeit meldete, hat die Beklagte ihn abgewiesen und ihm seine Papiere zustellen wollen. Der Kläger hat deren Annahme abgelehnt. Er erachtet die von der Beklagten beabsichtigte Kündigung für wirkungslos, weil er Schwerbeschädigter sei. Die Unfallberufsgenossenschaft der chemischen Industrie hat die Erwerbsbeschränkung des Klägers zunächst auf 75 v. H. festgesetzt, später sie auf 33 v. H. herabgesetzt. Gegen die Herabsetzung hat Kläger die Beschwerde eingelegt, worüber noch nicht entschieden ist. Die Beklagte beschäftigt bei 245 Arbeitnehmern 3 Schwerbeschädigte. Die Zustimmung der Hauptfürsorgestelle hat Beklagte zu der Kündigung des Klägers nicht eingeholt. Die Hauptfürsorgestelle in Münster hat zwar der Beklagten aufgegeben, die vorgeschriebene Zahl von zwei weiteren Schwerbeschädigten bis zum 5. Mai 1927 einzustellen; aber den Kläger hat sie der Beklagten bisher noch nicht zur Zwangseinstellung zugewiesen. Die Hauptfürsorgestelle geht mit dem Kläger davon aus, daß es einer Zuweisung nicht bedurft habe, weil Kläger ohne weiteres als Schwerbeschädigter anzusehen und daher die Kündigung der Beklagten vom 21. Januar 1927 unwirksam gewesen sei.

Von dem nämlichen Standpunkt ausgehend fordert der Kläger mit der Klage seinen Lohn seit 21. Januar 1927. Das Arbeitsgericht hat ihm den Lohn für zwei Wochen (die gesetzliche Kündigungsfrist) im Betrage von 98 RM zugesprochen, zu dem Mehrbetrag die Klage abgewiesen. Das Landesarbeitsgericht hat die Berufung des Klägers zurückgewiesen. Auf die Revision des Klägers ist das angefochtene Urteil aufgehoben und die Sache an das Landesarbeitsgericht zurückverwiesen worden.

Gründe:

Der Berufungsrichter hat den Kündigungsschutz des § 13 des Schwerbeschädigtengesetzes dem Kläger schon deswegen versagt, weil die Beklagte den Kläger weder freiwillig in Kenntnis seiner Schwerbeschädigteneigenschaft eingestellt, noch ihn von der Hauptfürsorgestelle in dem Verfahren gemäß § 7 des Gesetzes zugewiesen erhalten habe. Auf andere Weise als durch bewußte freiwillige Einstellung von seiten des Arbeitgebers oder durch Zwangszuweisung gemäß § 7 könne der Arbeitnehmer, so nimmt der Berufungsrichter an, die Eigenschaft eines Schwerbeschädigten (§ 3 des Ges.) und damit den Kündigungsschutz (§ 13) nicht erwerben.

Dieser Auffassung des Berufungsrichters ist nicht beizupflichten. Das genannte Gesetz bezweckt den Schutz schwerbeschädigter Personen auf dem Arbeitsmarkt. Es hat zu diesem Zweck mehrfache Maßnahmen vorgesehen, u. a. die zwangsweise Zuteilung an einen Arbeitgeber, wenn dieser sich nicht freiwillig zur Einstellung des nur beschränkt arbeitsfähigen Arbeitnehmers entschließt, sowie den Kündigungsschutz. Nach dem Inhalt der gesetzlichen Vorschriften stehen diese beiden Schutzmaßnahmen selbständig nebeneinander. Das Gesetz läßt nicht erkennen, daß die eine von der anderen abhängen, daß insbesondere der Kündigungsschutz noch von anderen als den in § 3 genannten Voraussetzungen abhängig sein solle. Der Zweck des Gesetzes läßt eine solche Beschränkung gleichfalls nicht erkennen; und diese Beschränkung mindert den Schutz, also müßte im Hinblick auf den Ge: setzeszweck gerade die Beschränkung einwandfrei und unzweideutig aus dem Gesetze erhellen, wenn sie als im Sinne des Gesetzes gelegen anerkannt werden sollte.

Demzufolge muß davon ausgegangen werden, daß dem Kläger der Schutz des § 13 schon dann zur Seite steht, wenn er nur die Voraussetzungen des § 3 erfüllt. Das angefochtene Urteil, das auf der gegenteiligen Annahme beruht, war mithin aufzuheben und die Sache an das Berufungsgericht zurückzuverweisen, das nunmehr festzustellen haben wird, ob der Kläger im Zeitpunkt der Kündigung die Voraussetzungen des § 3 erfüllte, was, in Ermangelung der Zustimmung der Hauptfürsorgestelle, die Unwirksamkeit der Kündigung vom Januar 1927 zur Folge haben würde. Daß die Beklagte den Kläger fristlos entlassen habe, hatte sie in den Vorinstanzen selbst nicht behauptet. Es war darum dieses neue tatsächliche Vorbringen im Rechtszug der Revision nicht zu beachten.

Die Beklagte ist durch diese Entscheidung um so weniger beschwert, als sie unstreitig noch nicht die Pflichtzahl von Schwerbeschädigten in ihrem Betrieb beschäftigt. Es bedarf daher zurzeit nicht der Entscheidung, wie die Rechtslage sich gestalten würde, wenn im Betrieb eines Arbeitgebers, der bereits die volle Pflichtzahl an Schwerbeschädigten eingestellt hat, ein Arbeitnehmer, oder gar — auf welche Möglichkeit die Beklagte hingewiesen hat — eine Mehrzahl von Arbeitnehmern (z. B. im Falle eines größeren Betriebsunfalls) zu Schwerbeschädigten im Sinne des § 3 SchwerbeschädGes. würden.

RAG. 1, 99.

1. . . .

2. . . .

3. **Wird der Mangel der sechsmonatigen Betriebszugehörigkeit eines zum Betriebsrat gewählten Arbeitnehmers durch Unterlassung der rechtzeitigen Anfechtung der Wahl geheilt?**

§§ 20 Abs. 2 25 BRG., §§ 18, 19 Wahlordnung zum BRG.

Reichsarbeitsgericht. Urt. v. 21. Dezember 1927.

I. Arbeitsgericht Berlin. — II. Landesarbeitsgericht daselbst.

. . .

Gründe:

. . .

Nicht minder irrt die Revision, wenn sie dem Berufungsgericht unrichtige Anwendung des § 20 BRG. vorwirft. Es trifft allerdings zu, daß nach § 20 Abs. 2 a. a. O. die mindestens 6 monatige Zugehörigkeit zum Betrieb eine Voraussetzung für die Wählbarkeit ist. Den Mangel dieser Voraussetzung in der Person des Klägers hat auch das Berufungsgericht nicht verkannt. Wenn es diesem Mangel aber dadurch als geheilt erachtet, daß die Gültigkeit der Wahl des Klägers während des zweiwöchigen Aushangs nicht angefochten worden ist, so kann darin ein Rechtsverstoß nicht gefunden werden. Die Wahlordnung zum BRG. enthält in § 19 Abs. 1 die allgemeine Bestimmung, daß die Gültigkeit der Wahlen während der Dauer des nach § 18 zweiwöchigen Aushangs bei den in §§ 93, 94 und 103 BRG. angegebenen Stellen (nach §§ 112 Ziff. 11 und 14 bei dem Arbeitsgericht) angefochten werden kann, und führt in §§ 20 und 21 der Überschrift „Ungültigkeit der Wahl" bzw. „Ungültige Wahl einer Person" die einzelnen Anfechtungsgründe auf.

Daraus folgt, daß die Wahl als solche und die Wahl einer bestimmten Person gültig ist, wenn sie nicht rechtzeitig angefochten wird. Dies erscheint auch deshalb geboten, weil die Rechtssicherheit im allgemeinen und die Aufrechterhaltung des Arbeitsfriedens in dem von der Wahl betroffenen Betrieb im besonderen es erfordern, daß über die Zugehörigkeit oder Nichtzugehörigkeit einer Person zu der Betriebsvertretung so schnell wie möglich Klarheit geschaffen wird. Dem steht ferner, jedenfalls soweit die 6monatige Betriebszugehörigkeit Voraussetzung für die Wählbarkeit ist, § 39 BRG. nicht entgegen. Denn diese Voraussetzung ist, wie aus § 20 in Verbindung mit § 21 Abs. 3 BRG. hervorgeht, nicht so erheblich, daß davon nicht abgesehen werden könnte, sie kann, wenn sie zur Zeit der Wahl noch nicht vorhanden war, mit der Zeit erworben werden und gehört zu den sogenannten unverlierbaren Wahlvoraussetzungen, auf welche § 39 a. a. O. nicht Anwendung findet. Entsprechendes gilt endlich für die in den §§ 15, 16 BRG. aufgestellten, bei der Wahl zur Betriebsvertretung zu beachtenden Grundsätze über die Zahl und das Verhältnis der einzelnen Arbeitnehmergruppen (vgl. dazu § 17 a. a. O.).

Unter diesen Umständen kann dahingestellt bleiben, ob Mängel bei einer Wahl zur Betriebsvertretung gegebenenfalls auch ohne Anfechtung berücksichtigt werden müssen. Solche Mängel liegen hier nicht vor. . . .

RAG. 1, 104.+

Zur Frage des wichtigsten Grundes im Sinne des § 13 Abs. 2 SchwerbG.

Reichsarbeitsgericht. Urt. v. 11. Januar 1928.

I. Arbeitsgericht Erfurt. — II. Landesarbeitsgericht daselbst.

Die Brauerei B. A.-G. hat im Jahre 1917 mit der Kantinengemeinschaft der Eisenbahnhauptwerkstätte in G. einen Bierlieferungsvertrag abgeschlossen, wonach sie für die Kantine einen tüchtigen Wirt zu stellen und zu besolden hatte. Unter anderem war im Vertrag bestimmt, daß die Brauerei den Wirt auf Verlangen der Kantinengemeinschaft zurückzuziehen habe, andernfalls die letztere das Recht habe, den Vertrag aufzulösen. Am 31. Mai 1919 hat die Brauerei B. den Kläger als Wirt eingestellt. Die Dauer des Dienstverhältnisses war unbestimmt, die Kündigung war jederzeit mit einer Frist von drei Monaten zulässig und darüber hinaus sofort, wenn die Kantinengemeinschaft es verlangte. Die Konzession ging auf den Namen der

Brauerei, die auch die Steuern zu tragen hatte. Der Umsatz belief sich auf etwa 700 hl jährlich. Nach einer anfänglichen festen Monatsvergütung erhielt der Kläger zuletzt 10 % des Bierumsatzes. Soziale Lasten oder Lohnsteuer wurden nicht in Abzug gebracht. Die Einnahmen hatte Kläger voll abzuliefern, der ihm zustehende Betrag wurde ihm dann von der Brauerei ausgezahlt.

In dieses Vertragsverhältnis ist die Beklagte als Rechtsnachfolgerin der Brauerei B. eingetreten.

Am 20. November 1925 hat die Kantinengemeinschaft die Entlassung des Klägers verlangt. Die Beklagte hat ihm, nachdem ihre Bemühung, den Kläger zu halten, erfolglos geblieben war, am 25. November 1925 beziehungsweise 29. Dezember 1925 zum 1. April 1926 gekündigt.

Der Kläger ist zu 50 % kriegsbeschädigt, die Zustimmung der zuständigen Fürsorgestelle zur Kündigung hat die Beklagte nicht eingeholt. Der Kläger erkennt aus diesem Grunde die Kündigung nicht an und verlangt Weiterzahlung der Vergütung. Für die Monate April-Mai 1926 hat ihm das Landgericht Erfurt als Berufungsgericht je 200 M zugesprochen.

Mit der vorliegenden Klage fordert er 333 M monatlich. Die Vorinstanzen haben auf Abweisung erkannt.

Die Revision blieb ohne Erfolg aus folgenden

Gründen:

. . .

Das Berufungsgericht hält den wichtigen Grund für gegeben. Der Brauerei sei in ihrem Vertrag mit der Kantinengemeinschaft die Verpflichtung auferlegt worden, auf Verlangen der letzteren den für die Kantine angestellten Wirt zu entlassen. Diese Verpflichtung habe die Brauerei auch dem Kläger auferlegt, der in voller Kenntnis der gegebenen Umstände den Vertrag abgeschlossen habe, hinsichtlich dessen Gültigkeit keinerlei Bedenken beständen. Im Falle die Beklagte der Forderung auf Entfernung des Klägers nicht stattgegeben hätte, hätte sie sich einem großen Schaden, dem Verluste eines erheblichen Bierabsatzes ausgesetzt. Das Verlangen der Kantinengemeinschaft sei also als ein wichtiger Grund anzusehen. Es genüge auch, daß objektiv ein wichtiger Grund vorliege, ein Verschulden des Klägers sei also nicht erforderlich.

Das Landesarbeitsgericht setzt sich alsdann mit dem Urteil des Landgerichts Erfurt — 1. S. 523/26 vom 18. Januar 1927 — das den

„nur vertraglich festgelegten sofortigen Kündigungsgrund" als einen wichtigen im Sinne der gesetzlichen Bestimmungen nicht angesehen hat, auseinander. Gesetzliche Bestimmungen seien die §§ 70 flg. HGB. und 626 BGB. Was als wichtiger Grund anzusehen sei, sage das Gesetz nicht, es stelle die Entscheidung hierüber in das Ermessen des Richters. Hierzu frage sich, ob die Parteien auch vertraglich einen solchen Grund vereinbaren könnten, und ob hier ein solcher vereinbart sei. Auf Grund der Vertragsfreiheit könnten die Parteien bestimmte Umstände als besonders wichtig bezeichnen und an sie das Recht einer vorzeitigen Lösung eines Vertragsverhältnisses knüpfen. Nur dürfen sie nicht gegen die guten Sitten verstoßen. Sache des Richters sei es, zu entscheiden, ob eine Vertragsbestimmung und ihr Eintritt einen wichtigen Grund abgeben könne. Hier hätten die Parteien das Vorliegen eines wichtigen Grundes vereinbart, ein Verstoß gegen die guten Sitten liege darin nicht. Kläger habe den Inhalt der Verträge gekannt, irgendein Zwang oder eine Notlage habe für ihn nicht vorgelegen, sei auch nicht dargetan.

Wenn damit die Parteien auch einen wichtigen Grund im Sinne von §§ 70 flg. HGB., 626 BGB. nicht hätten vereinbaren können, so hätten sie doch vereinbaren können, daß die Bestimmung für sie von außerordentlicher Wichtigkeit sein solle. Dieser Wille der Parteien sei aber wie die gesamten Umstände des Falles überhaupt bei der Prüfung der Frage, ob ein wichtiger Grund im Sinne des Gesetzes vorliege, zu berücksichtigen.

Zur Unterbringung des Klägers an einer anderen Stelle ihres Betriebs sei die Beklagte nicht verpflichtet gewesen. Er sei nicht allgemein für den Betrieb, sondern nur für die bestimmte Stelle angenommen gewesen. Es sei der Beklagten übrigens auch zu glauben, daß sie eine andere entsprechende Stelle nicht frei gehabt habe, eine neue für den Kläger zu schaffen, sei ihr nicht zuzumuten gewesen.

Der Revision war der Erfolg zu versagen.

Das Berufungsgericht geht zutreffend davon aus, daß einem Schwerbeschädigten auch ohne Zustimmung der Hauptfürsorgestelle gekündigt werden kann, wenn nach den gesetzlichen Vorschriften eine fristlose Kündigung zugelassen ist. Diese Bestimmungen sind in den §§ 70 flg. HGB., 626 BGB., 133b RGewO. enthalten. Sie kommen übereinstimmend darauf hinaus, daß ein Vertragsverhältnis ohne Einhaltung einer Kündigungsfrist dann gekündigt werden kann, wenn ein wichtiger Grund vorliegt. Dies ist immer dann der Fall, wenn Umstände eingetreten sind, die nach verständigem Ermessen dem einen oder anderen Teile die Fortsetzung des Verhältnisses nicht mehr zumuten lassen, da durch sie das Interesse eines Teiles in unbilliger Weise geschädigt werden würde. Solche Umstände können, was die Revision zu Unrecht in Zweifel zu ziehen sucht, auch ohne ein Verschulden der Parteien eintreten und sind in auch diesem Falle geeignet, einen wichtigen Grund abzugeben. RG. III 579/18 vom 24. Juni 1919.

Die Vorschriften über diese fristlose Kündigung sind absoluter Natur, sie kann nicht etwa durch Vertrag im voraus ausgeschlossen werden. RGZ. Bd. 69 S. 365, Bd. 75 S. 234. Andrerseits können die Parteien im Vertrag vereinbaren, daß gewisse Ereignisse einen wichtigen Grund abgeben sollen. Für einen Fall wie den vorliegenden, der eine fristlose Kündigung nur auf Grund der gesetzlichen Bestimmungen zuläßt, kann eine solche Vereinbarung nicht ohne weiteres durchschlagend sein. Die Entscheidung hierüber liegt in der Hand des Gerichts, das aber bei der Prüfung der Frage, ob die gesetzlichen Bestimmungen die fristlose Kündigung rechtfertigen, auch die Vereinbarung im Rahmen der Gesamtumstände des Falles zu berücksichtigen hat, da sie für den Willen der Parteien und ihre Auffassung der beiderseitigen Pflichten von Bedeutung sein kann. Diesen Standpunkt vertritt auch das Berufungsgericht, wenn er auch in seinem Urteile nicht ganz klar zum Ausdruck gekommen ist.

Die Revision wendet sich dagegen, daß das Berufungsgericht die Grenze der Parteivereinbarung erst in den guten Sitten sehen wolle, während sie doch schon dann gegeben sei, wenn der im Gesetze liegende Gedanke gefährdet werde. Ob das Berufungsgericht dies letztere nicht mitumfaßt haben wollte, kann dahingestellt bleiben. Denn selbst wenn es hierin einem Rechtsirrtum unterlegen wäre, wäre dieser für die Entscheidung ohne Bedeutung, weil im vorliegenden Falle weder die Vertragsbestimmung selbst, noch ihre Übernahme aus dem Vertrage der Beklagten mit der Kantinengemeinschaft in den mit dem Kläger geschlossenen eine solche Gefährdung enthalten würde.

Und wenn die Revision weiter meint, ein Verstoß gegen die guten Sitten könne doch in Betracht kommen, weil der Kläger als Schwerbeschädigter gezwungen gewesen sei, den Vertrag abzuschließen, so verkennt sie, daß das Berufungsgericht tatsächlich und für das Revisionsgericht bindend festgestellt hat, daß er weder unter einem Zwange noch in einer Notlage gehandelt hat.

Die Frage des wichtigen Grundes ist nach den Umständen des Einzelfalls zu entscheiden. Sie liegt also auf tatsächlichem Gebiete und das Revisionsgericht hat nur nachzuprüfen, ob ein bestimmtes Handeln, ein bestimmtes Ereignis einen wichtigen Grund abzugeben geeignet ist. RGZ. Bd. 103 S. 62, Bd. 110 S. 300, Bd. 78 S. 22.

Nun liegt im vorliegenden Falle die Sache so, daß die Beklagte vertraglich verpflichtet war, auf Verlangen der Kantinengemeinschaft entweder den Kläger zu entlassen oder aber die Betriebsstelle aufzugeben und einen erheblichen Ausfall in ihrem Umsatz auf sich zu nehmen. In jedem Falle würde Kläger seine Stelle verloren haben. Daß ein Ereignis von dieser Tragweite einen wichtigen Grund im Sinne des Gesetzes bilden konnte, bedarf keiner weiteren Darlegung. Das Berufungsurteil hat also rechtlich nicht geirrt, wenn es unter den gegebenen Verhältnissen einen wichtigen Grund festgestellt und die Beklagte zur fristlosen Kündigung berechtigt erachtet hat.

Die Revision rügt endlich noch, daß die Beklagte den Kläger nicht an einer anderen Stelle ihres Betriebs untergebracht habe, wozu sie verpflichtet gewesen sei und die Möglichkeit besessen habe. Auch diese Rüge muß an den tatsächlichen vom Revisionsgericht nicht nachzuprüfenden Feststellungen des Berufungsurteils scheitern. Nach ihnen ist der Kläger nicht allgemein für den Betrieb der Beklagten, sondern nur für die bestimmte Stelle angenommen worden. Einen Anspruch auf Unterbringung an einem anderen Platze verneint also das Berufungsgericht mit Recht. Es stellt aber auch weiter fest, daß die Beklagte eine entsprechende Stelle nicht frei gehabt habe, und sagt mit Recht, daß ihr die Schaffung einer neuen Stelle für den Kläger nicht habe zugemutet werden können.

RAG. 1, 118.+

1.—3. . . .

4. Über den Inhalt eines nach § 73 HGB. auszustellenden Zeugnisses.

Reichsarbeitsgericht. Urt. v. 4. Januar 1928.

I. Arbeitsgericht Munster i. W. — II. Landesarbeitsgericht daselbst.

. . .

Gründe:

. . .

Was den Inhalt des dem Kläger ausgestellten Zeugnisses betrifft, so ist die Beklagte von den Vorinstanzen verurteilt, das Zeugnis dahin zu ändern, daß der Kläger nicht als Hilfskraft, sondern als Angestellter tätig gewesen und daß sein Ausscheiden nicht am 23., sondern am 30. April 1927 erfolgt sei, außerdem das Zeugnis auf Leistungen und

Führung zu erstrecken. Die Revision rügt einmal, daß das Berufungsgericht das Verlangen des Klägers nach der Ergänzung des Zeugnisses hinsichtlich der Leistungen und der Führung als berechtigt anerkannt habe. Die Revision ist insoweit für begründet zu erachten. Das Gesetz hat, wenn es in Satz 2 des § 73 HGB. bestimmt, daß das Zeugnis auf Verlangen auch auf die Führung und die Leistungen auszudehnen sei, grundsätzlich die Ausstellung eines einheitlichen Zeugnisses im Auge und es kann dem Arbeitgeber billigerweise die nachträgliche Ausdehnung auf Führung und Leistungen nur zugemutet werden, wenn entweder die Ausdehnung unmittelbar im Anschluß an die Ausstellung des Zeugnisses und nach Einsichtnahme in dessen Inhalt begehrt wird, oder wenn besondere Gründe vorliegen, die das nachträgliche Begehren berechtigt erscheinen lassen. Im vorliegenden Falle hat, soweit ersichtlich, der Kläger erst mit der am 20. Juni 1927 erfolgten Klagezustellung die Ausdehnung des Zeugnisses auf Führung und Leistungen begehrt, anderseits aber besondere Umstände, welche das nachträgliche Begehren rechtfertigen, nicht geltend gemacht.

Soweit die Revision die Verurteilung der Beklagten zur Abänderung des Zeugnisses hinsichtlich der Bezeichnung des Klägers als Hilfskraft angreift, ist sie unbegründet. Das Zeugnis enthält die Angabe, daß der Kläger am 15. November 1926 als Hilfskraft eingestellt worden sei. Diese Angabe entsprach an sich den tatsächlichen Verhältnissen; denn nach § 2 des Anstellungsschreibens vom 11. November 1926 ist der Kläger als Hilfskraft eingestellt worden; nach dem Sinn und Wortlaut der Bestimmung blieb er aber Hilfskraft nur 3 Monate lang; nach Ablauf dieser 3 Monate galt er nicht mehr als Hilfskraft, sondern als Angestellter mit monatlicher Kündigung. Wenn auch Hilfskräfte gleichfalls Angestellte sind, sofern im übrigen die Voraussetzungen der Angestellteneigenschaft bei ihnen vorliegen, so ergab doch das Zeugnis über die Stellung des Klägers insofern ein falsches Bild, als aus ihm nicht ersichtlich war, daß nach Ablauf der 3 Monate der Kläger entsprechend der getroffenen Vereinbarung nicht mehr als Hilfskraft angesehen werden sollte, sondern in die Reihe der ordentlichen Angestellten eingerückt war. Der Kläger hat aber auf jeden Fall einen Anspruch auf Erteilung eines den tatsächlichen Verhältnissen entsprechenden Zeugnisses. Da jedoch auf der anderen Seite die Bezeichnung als Hilfskraft mit der Art der Beschäftigung an sich nichts zu tun hat, vielmehr der Kläger auch als Hilfskraft Angestellter war, so ist darin, daß das Berufungsgericht die Verurteilung zur Berichtigung des Zeugnisses, daß der Beklagte als Angestellter tätig gewesen sei, ausgesprochen hat, ein Rechtsirrtum und eine Beschwernis der Beklagten nicht zu erblicken.

. . .

RAG. 1, 127.

1. Zur tariflichen Regelung des Bezugs von Deputatkohlen.
2. Zur Frage der Auslegung von Tarifnormen.

TarifvertragsVo. vom 23. Dezember 1918 § 1. BGB. § 157.

Reichsarbeitsgericht. Urt. v. 4. Januar 1928.

I. Arbeitsgericht Gladbeck. — II. Landesarbeitsgericht Essen.

Die Kläger sind als Bergarbeiter auf den der Beklagten gehörigen Zechen Prosper I, Prosper II und Prosper III in Bottrop beschäftigt. In dem für diese Zechen geltenden Tarifvertrag ist bestimmt, daß die nach dem Tarifvertrag bezugsberechtigten Bergarbeiter eine bestimmte festgesetzte Menge Hausbrandkohlen zum Preise von 0,40 GM für den Zentner von der Beklagten erhalten (sog. Deputatkohlen). In einer durch Vertrag zwischen dem Zechenverband als Organisation der Arbeitgeber einerseits und den Bergarbeiter-Organisationen anderseits festgelegten und auf den oben bezeichneten Zechen in Geltung befindlichen Arbeitsordnung vom 11. Juni 1921 ist im § 17 u. a. folgendes bestimmt:

Abs. 3: „Bei der Hauptlöhnung werden in Abzug gebracht

1. . . . . .

2. . . . . .

3. die Miete für Wohnung und Landbenutzung sowie die Beträge für die verabfolgte Feuerung, Wasser, Beleuchtung, Beköstigung und Lebensmittel in den gesetzlichen Grenzen;

4.—9. . . . . . ."

Nachdem längere Jahre hindurch die von den Bergarbeitern auf den oben bezeichneten Zechen der Beklagten für bezogene Deputatkohlen zu zahlenden Beträge regelmäßig bei der Hauptlöhnung abgezogen waren, ist die Beklagte seit dem 1. Juli 1927 dazu übergegangen, zu verlangen, daß die Deputatkohlen bei der Bestellung bar bezahlt werden. Die Kläger, welche den Standpunkt vertreten, daß die Beklagte hierzu nicht berechtigt sei, haben Klage erhoben auf Feststellung, daß die Beklagte nicht berechtigt ist, zuungunsten der Kläger von der Bestimmung des § 17 Abs. 3 Nr. 3 der Arbeitsordnung vom 11. Juni 1921 in der Weise abzuweichen, daß der Kaufpreis für die Deputatkohlen in bar gezahlt wird.

Das Arbeitsgericht hat nach Klagantrag erkannt. Auf die Berufung der Beklagten hat das Landesarbeitsgericht die Klage abgewiesen. Die Revision der Kläger hatte keinen Erfolg.

Gründe:

. . . Die Revision rügt Verletzung des materiellen Rechts, insbesondere des § 157 und des § 242 BGB.

Gegen die Zulässigkeit der von den Klägern erhobenen Feststellungsklage sind Bedenken nicht zu erheben (§ 256 ZPO.).

Der Streit der Parteien betrifft lediglich die Bedeutung und Tragweite der in § 17 Abs. 3 Nr. 3 des Vertrags vom 11. Juni 1921 enthaltenen Bestimmung, daß bei der Hauptlöhnung u. a. die Beträge für die verabfolgte Feuerung in Abzug gebracht werden. Die Revision wird darauf gestützt, daß das Landesarbeitsgericht diese Bestimmung unrichtig angewendet habe. Der sich Arbeitsordnung nennende Vertrag vom 11. Juni 1921 hat rechtlich die Bedeutung eines Tarifvertrags im Sinne des § 1 der Tarifvertragsordnung vom 23. Dezember 1918 (RGBl. S. 1456). Denn er ist zwischen einer Vereinigung von Arbeitgebern und Vereinigungen von Arbeitnehmern geschlossen und es sind in ihm Bedingungen für den Abschluß von Arbeitsverträgen geregelt. Daß er nicht lediglich die Bedeutung von die beteiligten Organisationen rein obligatorisch verpflichtenden Richtlinien hat, ergibt sich unzweideutig aus den Eingangsworten: „Er bildet neben den gesetzlichen und sonstigen tariflichen Bestimmungen einen wesentlichen Bestandteil des Arbeitsvertrags.“ Insbesondere handelt es sich auch bei der hier streitigen Bestimmung um eine die Regelung der einzelnen Arbeitsverträge betreffende Bestimmung. Der Ansicht des Berufungsgerichts, daß an sich nicht nur über die Höhe des Deputatkohlenpreises, sondern auch über die Art der Bezahlung dieses Preises eine beiderseits bindende tarifliche Vereinbarung erfolgen könne, stehen rechtliche Bedenken nicht entgegen. Handelt es sich hiernach also vorliegend um die Frage der richtigen oder unrichtigen Anwendung einer die Regelung der einzelnen Arbeitsverträge betreffenden Bestimmung eines Tarifvertrags, so ergibt sich daraus nach § 73 Abs. 1 ArbGG. die Befugnis des Revisionsgerichts zur Nachprüfung, ob diese tarifvertragliche Bestimmung durch das Berufungsgericht richtig angewendet worden ist.

Das Berufungsgericht hat bei der Auslegung der Bestimmung die historische Entwicklung berücksichtigt und ist davon ausgegangen, daß die Bestimmung ursprünglich in der von dem Unternehmer einseitig erlassenen Arbeitsordnung enthalten gewesen ist und dort den Zweck gehabt hat, das dem Arbeitgeber nach § 115 Abs. 2 Satz 2 GewO. gewährte Recht der späteren Verrechnung den Arbeitern mitzuteilen, zugleich aber auch der in Frage kommenden Dienststelle Anweisung zu geben, daß dem eingeräumten Recht entsprechend verfahren werden solle; es hat erwogen, daß damals offenbar niemand dieser Bestimmung eine andere Bedeutung beigemessen habe. Das Berufungsgericht hat weiter erwogen, daß die Bestimmungen der alten Arbeitsordnungen fast wörtlich in die jetzt geltende neue Arbeitsordnung übernommen worden seien, ohne daß hierbei von irgendeiner Seite zum Ausdruck gebracht worden sei, daß die Bestimmung, die bis dahin seit Jahrzehnten nach allgemeiner Anschauung lediglich eine Befugnis des Arbeitgebers wiedergegeben habe, von nun an eine vertragliche Bindung enthalten sollte, und es hat daraus gefolgert, daß die bisher herrschende Ansicht über die Tragweite der Bestimmung weiter bestehen geblieben sei, und daß die Tarifparteien auch in der neuen Arbeitsordnung nur eine Berechtigung des Arbeitgebers hätten feststellen wollen. Die so gewonnene Auslegung des Berufungsgerichts muß als dem Sinn und Zweck der Bestimmung entsprechend bezeichnet werden. Die rein äußerliche Betrachtung des Wortlauts der Bestimmung: „Bei der Hauptlöhnung werden in Abzug gebracht . . ." läßt allerdings die von den Klägern vertretene Auffassung, es sei damit eine Verpflichtung des Arbeitgebers, die in den folgenden Ziffern einzeln aufgeführten Beträge lediglich bei der Hauptlöhnung in Abzug zu bringen, und damit auch ein Recht des Arbeitnehmers auf Abzug der Beträge lediglich bei der Hauptlöhnung festgelegt worden, zunächst nicht ganz unberechtigt erscheinen. Indessen handelt es sich hier um eine Bestimmung, welche durch einen zwischen Arbeitgeber- und Arbeitnehmer-Organisationen abgeschlossenen Vertrag für den Inhalt der Einzelarbeitsverträge die Bedeutung einer Rechtsnorm erhalten hat, und das Berufungsgericht hat mit Recht diese Tarifnorm nicht nur aus dem Wortlaut heraus ausgelegt, sondern bei ihrer Auslegung entsprechend den für Auslegung von Verträgen allgemein geltenden Auslegungsregeln alle besonderen Umstände, insbesondere die Entstehungsgeschichte der Bestimmung und den Zusammenhang mit den übrigen Bestimmungen berücksichtigt. In dieser Beziehung hat das Berufungsgericht darauf hingewiesen, daß die streitige Bestimmung im gleichen Wortlaut schon seit mehreren Jahrzehnten in den Arbeitsordnungen, die damals einseitig von den Arbeitgebern erlassen worden sind, sich befunden hat und im wesentlichen die Fälle aufführt, in denen den Arbeitgebern durch § 115 Abs. 2 Satz 2 der GewO. die Befugnis eingeräumt ist, von dem im Satz 1 enthaltenen

Verbot, Waren zu kreditieren, Ausnahmen zu machen. Es hat ferner festgestellt, daß trotz des jahrzehntelangen Bestehens der streitigen Bestimmung in den alten Arbeitsordnungen zahlreiche Zechen ständig Barzahlung für die Entnahme von Deputatkohlen gefordert haben, ohne daß es zu irgendwelchen Meinungsverschiedenheiten gekommen ist, und aus diesen tatsächlichen Feststellungen den Schluß gezogen, daß zur Zeit der Geltung der alten Arbeitsordnungen die Bestimmung: „Bei der Lohnzahlung werden in Abzug gebracht . . .“ lediglich die B e f u g n i s der Arbeitgeber zum Lohnabzug hat zum Ausdruck bringen sollen und zum Ausdruck gebracht hat. Gegen diese Auslegung, die das Berufungsgericht der in den alten Arbeitsordnungen enthaltenen Bestimmung gegeben hat, sind um so weniger rechtliche Bedenken zu erheben, als das Berufungsgericht auch noch weiter feststellt, daß diese Auslegung der allgemeinen Anschauung entsprochen habe. Geht man aber hiervon aus, so muß auch den weiteren Ausführungen des Berufungsgerichts, daß der gleichlautenden streitigen Bestimmung auch in der neuen, nunmehr vertraglich festgelegten Arbeitsordnung keine andere Deutung beizulegen sei, beigetreten werden. Das Berufungsgericht weist mit Recht darauf hin, daß die Vertragsparteien sicherlich durch eine anderweite Fassung zum Ausdruck gebracht haben würden, wenn statt der bisherigen Befugnis des Arbeitgebers eine vertragliche Bindung, also eine Verpflichtung des Arbeitgebers und dementsprechend auch ein Recht des Arbeitnehmers darauf, daß die Abzüge nur bei der Hauptlöhnung gemacht würden, vertraglich hätte festgelegt werden sollen. Es kann ohne weiteres angenommen werden, daß den am Vertragsschlusse beteiligten Arbeitnehmer-Organisationen wohl bekannt war, daß, wie das Berufungsgericht festgestellt hat, trotz des gleichen Wortlauts in den alten Arbeitsordnungen auf zahlreichen Zechen des rheinisch-westfälischen Industriebezirks Deputatkohlen nur gegen Barzahlung geliefert wurden; um so mehr ist die Annahme gerechtfertigt, daß durch die wörtliche Übernahme der Bestimmung in die vertraglich vereinbarte Arbeitsordnung eine Änderung hinsichtlich der Bedeutung der Bestimmung weder in tatsächlicher noch in rechtlicher Beziehung hat vorgenommen werden sollen. Bestätigt wird die Richtigkeit dieser Auffassung auch noch durch die vom Berufungsgericht weiterhin festgestellte Tatsache, daß auch nach dem Inkrafttreten der jetzigen Arbeitsordnung zahlreiche Zechen das bisherige System der Barzahlung bei Lieferung der Deputatkohlen widerspruchslos beibehalten, andere es sogar widerspruchslos eingeführt haben. Kann hiernach der Revision nicht zugegeben werden, daß der Abs. 3 des § 17 der Arbeitsordnung vom 11. Juni 1921 unrichtig angewendet worden ist, so ergibt sich daraus die Berechtigung der Beklagten, von der ihr in der genannten Bestimmung lediglich vorbehaltenen Befugnis, den Kaufpreis für die Deputatkohlen bei der Hauptlöhnung in Abzug zu bringen, jederzeit Abstand zu nehmen und für die Zukunft Barzahlung zu verlangen. Wenn auch der Brauch, daß der Betrag für die Deputatkohlen bei der Hauptlöhnung berechnet wurde, Jahrzehnte hindurch auf den Zechen der Beklagten bestanden haben mag, so können die Kläger aus dieser tatsächlichen Übung doch keine Rechte herleiten. Bei der Lieferung der Deputatkohlen handelt es sich in jedem Einzelfall um den Abschluß eines besonderen Kaufvertrags, dessen Bedingungen in jedem einzelnen Falle frei vereinbart werden können, sofern nicht die Festlegung gewisser Bedingungen durch besondere Verträge wie Tarif- und Arbeitsverträge, erfolgt ist. Nach dem Vortrag der Parteien war die Beklagte nach den bestehenden Tarifvertragsbestimmungen lediglich verpflichtet, ein bestimmtes Quantum Deputatkohlen zu einem bestimmten Preise an die Bezugsberechtigten zu liefern; sie war aber nicht verpflichtet, den Kaufpreis bis zur Hauptlöhnung zu stunden. Das Berufungsgericht hat hiernach mit Recht die Beklagte für berechtigt erachtet, die Lieferung von Deputatkohle von der Barzahlung abhängig zu machen, und die Klage abgewiesen.

RAG. 1, 146.+

1. . . .

2. Ist die Gültigkeit eines Beschlusses des Bezirksbetriebsrats dadurch bedingt, daß ein zur Sitzung nicht erschienenes Mitglied rechtzeitig geladen war?

§§ 56 Abs. 1 S. 2, 59 Abs. 3 der Vo. über die Bildung von Betriebsvertret. nach dem BRG. im Bereich der D. Reichsbahn-Ges. vom 15. Dezember 1924. § 24 Abs. 5 der Wahlordnung für die Betriebsvertr. bei der D. Reichsbahn-Ges. vom gleichen Tage.

Reichsarbeitsgericht. Beschluß v. 1. Februar 1928.
I. Arbeitsgericht in Regensburg.

Die vorstehenden Fragen wurden bejaht aus folgenden

Gründen:

Der Bezirksbetriebsrat bei der Reichsbahndirektion R. war für den 30. Mai 1927 zur Wahl des Betriebsausschusses eingeladen. Bei der Feststellung des Wahlergebnisses traten Meinungsverschiedenheiten über die Verteilung der Ausschußmitglieder-Stellen auf die Vorschlagslisten zutage. Da keine Einigung zustande kam, wurde eine neue Sitzung auf den 13. Juni 1927 anberaumt, die ebenfalls ergebnislos verlief. In einer dritten Sitzung am 17. Juni 1927 wurde von neuem abgestimmt. Die Ausschußmitglieder, deren Wahl festgestellt wurde, wählten an demselben Tage den ersten und den zweiten Vorsitzenden. Der Stationsgehilfe W., welcher Mitglied des Bezirksbetriebsrats ist, hat die Wahl des Betriebsausschusses und der Vorsitzenden angefochten und unter anderem geltend gemacht, daß die Wahl ungültig sei, weil das Mitglied des Bezirkbetriebsrats S. zur Sitzung vom 17. Juni nicht vorschriftsmäßig geladen gewesen und ihr deshalb ferngeblieben sei. Das Arbeitsgericht hat antragsgemäß die Wahl des Ausschusses und der Vorsitzenden für ungültig erklärt. Gegen diesen Beschluß liegt die rechtzeitig erhobene Rechtsbeschwerde des Vorsitzenden des Bezirksbetriebsrats vor, der beantragt, den Beschluß aufzuheben und die beanstandeten Wahlen für gültig zu erklären.

. . .

Die Anfechtung ist vom Arbeitsgericht mit Recht für begründet erachtet worden. Sie greift schon deshalb durch, weil zur Sitzung vom 17. Juni, in welcher die maßgebend gewordene Abstimmung stattfand, das Mitglied des Bezirksbetriebsrats S. nicht ordnungsgemäß geladen war. Nach § 59 Abs. 3 verbunden mit § 30 Abs. 1 BRG. kann ein gültiger Beschluß des Bezirksbetriebsrats nur gefaßt werden, wenn alle Mitglieder unter Mitteilung des Beratungsgegenstands geladen sind. Diesem Erfordernis ist erst dann genügt, wenn die Ladungen den Mitgliedern nicht nur zugestellt, sondern auch so früh zugestellt sind, daß diese unter regelmäßigen Umständen zur Sitzung erscheinen können. Der Zweck der Ladung, die Mitwirkung der Mitglieder des Bezirksbetriebsrats bei dessen Beschlüssen sicherzustellen, wäre nicht erreichbar, wenn nur die Ladung und nicht auch ihre Rechtzeitigkeit die Voraussetzung für die Beschlußfähigkeit bildete. Nach der Feststellung des Arbeitsgerichts ist nun dem bei der Bahnmeisterei H. beschäftigten Mitglied S. die für ihn bestimmte Ladung erst am 17. Juni ½8 Uhr behändigt worden und es ist diesem daher unmöglich gewesen, noch rechtzeitig zu der auf 9 Uhr anberaumten Sitzung nach R. zu kommen. Da sonach die Wahl des Ausschusses nicht als gültig anerkannt werden kann, so muß das gleiche auch von der dem Ausschuß nach § 56 Abs. 1 verbunden mit § 22 Abs. 1 Betriebsräte-Verordnung obliegenden, von ihm vorgenommenen Wahl der beiden Vorsitzenden gelten.

Die Beschwerde mußte deshalb zurückgewiesen werden.

RAG. 1, 153.

Zur Frage „desselben" Betriebes als Voraussetzung der Urlaubsgewährung im Falle des Wechsels des Betriebsinhabers.

Reichsarbeitsgericht. Urt. v. 8. Februar 1928.

I. Arbeitsgericht Wismar. — II. Landesarbeitsgericht Güstrow.

In Wismar bestand seit langen Jahren die Fahrzeugfabrik M. & B., die Mitglied des Bundes der Metallindustriellen, einer Vertragspartei des Tarifvertrags der Metallindustrie beider Mecklenburg war. Bei ihr waren die Kläger Kaufmann seit April 1920 und die Kläger Lange und Waldmann seit Februar 1919 ununterbrochen beschäftigt. Der Tarifvertrag vom 16. April 1925 bestimmt in § 10, daß die Arbeitnehmer unter Fortzahlung des Stundenlohns Anspruch auf Ferien haben, die nach ununterbrochener Beschäftigungsdauer von mehr als sechs Jahren sechs Tage, bei einer solchen von mehr als acht Jahren acht Tage betragen.

Die Firma M. & B. geriet unter Geschäftsaufsicht. Im Dezember 1926 übernahm der eine der Direktoren Beyer mit einem anderen Herrn Beyer das Unternehmen, wozu ihm im Interesse der Erhaltung der Arbeitsgelegenheit für die Arbeiter eine namhafte städtische Beihilfe gewährt wurde. Im April 1927 schied der andere Herr Beyer aus und das Unternehmen wurde von da ab von dem früheren Direktor Beyer als Alleininhaber übernommen und weitergeführt.

Die Kläger verlangen den ihnen ihrer Ansicht nach zustehenden Urlaub. Mit der vorliegenden Klage begehren sie die Zahlung der Vergütung für die Urlaubszeit, hilfsweise die Urlaubsgewährung selbst.

Das Arbeitsgericht Wismar hat die Beklagte verurteilt, den Urlaub von sechs bzw. sieben Tagen unter Fortzahlung des Lohnes zu gewähren. Das Landesarbeitsgericht Güstrow hat die Berufung der Beklagten zurückgewiesen. Die Beklagte hat Revision eingelegt, einen ausdrücklichen Antrag hat sie aber erst in der Verhandlung vor dem Revisionsgericht dahin gestellt, unter Aufhebung des Berufungsurteiles die erhobene Klage abzuweisen. Die Kläger beantragen die Zurückweisung der Revision.

Gründe:

Nach § 554 Abs. 3 Nr. 1 ZPO. muß die Revisionsbegründung die Erklärung enthalten, inwieweit das Urteil angefochten und dessen Aufhebung beantragt wird (Revisionsanträge). Ein solcher Antrag ist ausdrücklich weder in der Revisionseinlegung noch in der Revisionsbegründung gestellt. Das Reichsarbeitsgericht schließt sich aber zu diesem Punkte der in der Rechtsprechung vertretenen milderen Auffassung an, daß es zur Wahrung dieser Vorschrift nicht unbedingt einer ausdrücklichen Erklärung bedarf, daß es vielmehr genügt, wenn sich der Umfang der Anfechtung des Vorderurteils mit genügender Deutlichkeit aus der Revisionsbegründung ergibt. Da die letztere keinen Zweifel darüber läßt, daß die Beklagte das Urteil des Landesarbeitsgerichts in seinem ganzen Umfang aufgehoben und die Klage abgewiesen haben will, erachtet das Revisionsgericht einen Vorstoß gegen § 554 Abs. 3 Nr. 1 ZPO. nicht für vorliegend und die Revision für zulässig.

Das Berufungsgericht beschäftigt sich zunächst mit der Frage, welcher Arbeitsvertrag zwischen der Beklagten und ihren Arbeitnehmern nach der Übergabe des Betriebs durch die erstere in Geltung gewesen ist. Es stellte hierzu fest, daß für die Einzelvertragsverhältnisse zwischen der Firma M. & B. und ihren Arbeitnehmern der Tarifvertrag maßgebend gewesen sei. Danach sei ohne Einhaltung einer Kündigungsfrist das Arbeitsverhältnis zum Tagesschlusse kündbar gewesen. Am 4. Dezember 1926 habe die Firma M. & B. den Arbeitern zum 6. Dezember 1926 gekündigt. Die Beklagte habe im unmittelbaren Anschluß an den bisherigen den Betrieb weitergeführt. Erst am 14. Dezember 1926 habe sie sich einen Revers folgenden Inhalts von den Arbeitern, darunter auch von den Klägern unterzeichnen lassen:

> Ich erkläre mich mit den bei meiner Einstellung am heutigen Tage in die Firma Beyer & Co. Maschinen- und Fahrzeugfabrik vormals Mahr & Beyer Fahrzeugfabrik Aktiengesellschaft festgelegten nachstehenden Bedingungen einverstanden:
>
> 1. tägliche Kündigung,
> 2. Anerkennung der noch festzulegenden Arbeitsordnung.

Von dem Tarifvertrag habe die Beklagte Kenntnis gehabt, sie habe aber die Arbeiter weiterbeschäftigt ohne irgendeine Äußerung über eine Änderung des Arbeitsvertrags zu machen. Eine neue Arbeitsordnung sei bis heute noch nicht erlassen.

Wenn das Berufungsgericht auf Grund dieses Tatbestands zu der Annahme gelangt, daß damit das Arbeitsverhältnis unter den bisherigen Bedingungen fortgesetzt worden sei, so ist darin ein Rechtsirrtum nicht zu erblicken. Ob die Beklagte, die nicht Mitglied des Bundes der Metallindustriellen beider Mecklenburg, der einen Tarifvertragspartei, war, einen neuen Arbeitsvertrag abweichend vom Tarifvertrag hätte schließen können, kann dahingestellt bleiben, denn sie hat hiervon keinen Gebrauch gemacht. Da sie ihren Willen, das Arbeitsverhältnis anders zu regeln, nicht zum Ausdruck gebracht hat, es anderseits unbedingt unter irgend einer Regelung stehen mußte, so durften die Arbeitnehmer nach Treu und Glauben annehmen, daß eben die bisherigen Bedingungen weitergelten sollten. So nur konnten die Arbeitnehmer ihr Verhalten auffassen und diese von ihr selbst herbeigeführte Auffassung muß die Beklagte gegen sich gelten lassen.

Mit Recht versagt auch das Berufungsgericht dem Reverse jede Bedeutung. Soweit er auf die tägliche Kündigung hinweist, steht er mit dem bisherigen Vertrag im Einklang. Und soweit er auf eine noch festzulegende Arbeitsordnung hinzielt, ist doch zu beachten, daß zwischen der Arbeitsordnung und dem Arbeitsvertrag ein Unterschied besteht, daß beide nicht gleichbedeutend sind. Gerade die Erwähnung der Arbeitsordnung mußte die Arbeitnehmer in der Annahme bestärken, daß es betreffs des Arbeitsvertrags bei dem bisherigen Zustand verbleiben solle.

Selbst wenn aber damit der Wille der Beklagten, den Inhalt des Arbeitsvertrags zu ändern, zum Ausdruck gekommen wäre, so könne dies die Stellung der Beklagten in keiner Weise verbessern, weil sie eben die Änderung nicht durchgeführt hat. Wie jedes Vertragsverhältnis muß auch das Arbeitsverhältnis zwischen der Beklagten und ihren Arbeitnehmern notwendigerweise einen Inhalt haben, nach dem sich Rechte und Pflichten der Vertragsparteien bestimmen. Sie waren in dem früheren Arbeitsvertrag festgelegt und haben mangels einer abweichenden Vereinbarung auch für das neue Arbeitsverhältnis ihre Geltung behalten. Eine Änderung war nicht etwa damit zu schaffen, daß die Beklagte einseitig ihren dahingehenden Willen äußerte, hierzu hätte es einer ausdrücklichen Vereinbarung zwischen ihr und den Arbeitnehmern bedurft. Sie ist aber, soweit die für die Entscheidung maßgebende Zeit in Frage kommt, nicht einmal in die Wege geleitet worden. Mit Recht geht also das Berufungsgericht davon aus, daß die früheren Arbeitsbedingungen auch für den vorliegenden Rechtsstreit in Geltung sind.

Nach § 10 Abs. 2 TV. steht den Arbeitern der Beklagten ein Anspruch auf Ferien nach einer „ununterbrochenen Beschäftigungsdauer" zu, deren Bemessung sich nach der Zahl der Beschäftigungsjahre richtet. Da die Beschäftigung selbstverständlich in „demselben Betriebe" stattgefunden haben muß, ist zu prüfen, ob der Betrieb der Beklagten, was sie bestreitet, derselbe ist, wie der der Firma M. & B.

Das Berufungsgericht hat hierzu festgestellt, die Beklagte habe den Betrieb der Firma M. & B. durch Rechtsgeschäft vollständig erworben und in denselben Räumen und mit den im wesentlich gleichen Einrichtungen im unmittelbaren Anschluß an den früheren weitergeführt. Der jetzige Alleininhaber sei Aufsichtsratsmitglied und Hauptgläubiger gewesen, Forderungen, Maschinen, Geräte und Materialien seien ihm zur Sicherung übereignet gewesen. Die Geschäftsaufsicht sei zur Vermeidung des Konkurses und Herbeiführung eines Zwangsvergleichs, an dem er besonders interessiert gewesen sei, eingeleitet worden. Das Geschäft habe fortgeführt werden sollen, um die Lizenz aus einem Patente nicht zu verlieren.

Soweit die Revision diese tatsächlichen Feststellungen des Berufungsurteils angreift, kann sie keinen Erfolg haben, da sie für das Revisionsgericht bindend sind und seiner Nachprüfung nicht unterliegen. Zu Unrecht beruft sie sich aber auch darauf, daß weder derselbe Betrieb, noch eine Rechtsnachfolge vorliege.

Das Berufungsgericht ist der Auffassung, daß es hinsichtlich des Beschäftigungsalters eines Arbeitnehmers in demselben Betriebe nicht so sehr, jedenfalls nicht in erster Linie auf die Person des Unternehmers als des Inhabers ankomme, sondern auf die Kontinuität des wirtschaftlichen Betriebsorganismus. Auch dem neuen Inhaber komme die Vertrautheit der Stammarbeiter mit dem Betrieb zugute, es sei unbillig, daß langjährige Arbeiter bereits erworbene Vergünstigungen durch den Wechsel des Inhabers verlieren sollten.

Dem ist beizutreten. Wenn wie im vorliegenden Falle die Bemessung der Urlaubszeit von einer gewissen Beschäftigungsdauer in demselben Betriebe abhängt, so ist das Wort „Betrieb" nicht etwa mit den Worten „Inhaber des Betriebs" gleichzustellen. Unter Betrieb ist vielmehr der wirtschaftliche Gesamtorganismus zu verstehen, der die Betriebseinrichtungen nach der sachlichen und den Arbeitgeber und die Arbeitnehmerschaft nach der persönlichen Seite umfaßt, ohne jedoch davon abhängig zu sein, daß diese Personen ständig dieselben bleiben. Wie ein Wechsel in der Arbeitnehmerschaft das Bestehen desselben Betriebs nicht in Frage zu stellen geeignet ist, so kann auch beim Wechsel des Inhabers des Betriebs dieser unverändert als derselbe fortbestehen. Ob dies zutrifft ist von Fall zu Fall zu entscheiden und liegt auf tatsächlichem Gebiete. Die Feststellung des Berufungsgerichts, daß im vorliegenden Falle derselbe Betrieb bestehen geblieben ist, läßt einen Rechtsirrtum nicht erkennen und ist demnach von dem Revisionsgericht zugrunde zu legen.

Zu Unrecht rügt die Revision auch eine Verkennung des Begriffes der Rechtsnachfolge. Das Reichsarbeitsgericht hatte bereits

Gelegenheit, sich in einem das Kündigungsschutzgesetz vom 9. Juli 1926 betreffenden Falle — RAG. 1/27 vom 26. Oktober 1927, abgedr. in Entsch. des RAG. Bd. 1 S. 7 flg. — mit diesem Begriffe zu befassen. Es hat dort ausgesprochen, daß er nicht immer in dem strengen Rechtssinn aufzufassen, daß vielmehr der neuen Gesetzessprache folgend seine Bedeutung an der Hand des die einzelne Rechtsvorschrift beherrschenden Gedankens zu ermitteln sei. Für den Kündigungsschutz ist das Reichsarbeitsgericht zu dem Ergebnis gelangt, daß eine Rechtsnachfolge dann gegeben sei, wenn ein Unternehmer den Betrieb eines andern, in welcher Rechtsform es auch sei, ohne wesentliche Änderung des Geschäftszwecks fortführt und den in Betracht kommenden Angestellten seines Vorgängers in ihm weiter verwendet, sei es auf Grund seines Eintritts in das alte Dienstverhältnis, sei es auf Grund eines neuen Anstellungsvertrags. Da die Berechnung der Beschäftigungsdauer für die Frage des Kündigungsschutzes auf demselben Gedanken beruht wie die für die Frage der Urlaubsbemessung, trägt das Reichsarbeitsgericht keine Bedenken, die in jener Entscheidung entwickelten Grundsätze auch auf die letztere Frage anzuwenden. Damit ist aber auch im vorliegenden Falle die von der Beklagten bestrittene Rechtsnachfolge gegeben.

Hiernach war die Revision als unbegründet zurückzuweisen.

RAG. 1, 162.

1. Sind tatsächliche Feststellung, Beweiswürdigung und Vertragsklauseln typischen Inhalts in der arbeitsgerichtlichen Revisionsinstanz nachprüfbar?

2. Ist Teilkündigung einer Betriebvereinbarung zulässig und § 73 Abs. 1 ArbGG. auch auf den Fall einer Betriebsvereinbarung anzuwenden?

3. Wirkt eine Betriebsvereinbarung nach, wenn an die Stelle ihres normativen Teils eine normative tarifliche Bestimmung getreten ist?

§§ 72 Abs. 2, 73 Abs. 1 ArbGG., §§ 286, 561 Abs. 2 ZPO., Art. 1 EntlastGes., §§ 130, 133, 157 BGB., § 1 TarifvertrVo.

Reichsarbeitsgericht. Urt. v. 1. Februar 1928.

I. Arbeitsgericht Frankfurt a. M. — II. Landesarbeitsgericht daselbst.

Durch eine zwischen der Beklagten und ihrem Arbeiterrat am 17. März 1923 zustande gekommene Vereinbarung wurde für den Betrieb der Beklagten an Stelle des Stückakkordes der Zeitakkord eingeführt. Die Vereinbarung fand ihre Ergänzung in einer weiteren Betriebsvereinbarung vom 18. Februar 1925. Entsprechend diesen Vereinbarungen legte die Beklagte in der Folgezeit der Berechnung des

Zeitakkordes den Tariflohn zugrunde. Durch einen im Reichsarbeitsministerium am 24. März 1927 geschlossenen Vergleich zwischen den beteiligten Arbeitgeber- und Arbeitnehmerverbänden für die Frankfurter Metallindustrie wurde mit Wirkung vom 3. April 1927 und Geltung bis 31. März 1928 eine neue tarifliche Regelung geschaffen, welche dahin ging, daß der Spitzenlohn des gelernten Arbeiters über 25 Jahre auf 79 Pfg. je Stunde und die Akkordbasis auf 75 Pfg. festgestellt wurde. Die Beklagte berechnet den Akkordlohn für ihre Arbeiter nunmehr nach der Akkordbasis von 75 Pfg. Der Kläger, welcher bei der Beklagten als Schlosser im Akkord beschäftigt wird, hält diese Berechnungsart für unrichtig und unzulässig. Er beansprucht, indem er behauptet, daß die Beklagte nach wie vor an die Betriebsvereinbarungen vom 17. März 1923 und 18. Februar 1925 gebunden sei, für die Lohnwoche ab 3. April 1927 Nachzahlung des aus der bisherigen und jetzigen Akkordberechnung sich ergebenden Unterschiedes von 11,29 RM. Die Beklagte bestreitet die Berechtigung des Klagebegehrens, indem sie sich einmal unter Bezugnahme auf zwei Schiedssprüche des Schlichtungsausschusses in Frankfurt a. M. vom 14. April und 17. Juni 1927 darauf stützt, daß der Vergleich vom 24. März 1927 die Betriebsvereinbarungen außer Kraft gesetzt habe, und sodann geltend macht, daß sie die frühere Vereinbarung, wonach bei Berechnung des Zeitakkordes der Tariflohn zugrunde gelegt werden sollte, noch vor dem 3. April 1927 gegenüber dem Arbeiterrat gekündigt habe.

Das Arbeitsgericht hat die Klage abgewiesen. Die Berufung des Klägers ist nach Beweisaufnahme vom Landesarbeitsgericht zurückgewiesen worden. Das Landesarbeitsgericht hat jedoch wegen der grundsätzlichen Bedeutung des Rechtsstreits die Revision zugelassen. Die Revision des Klägers blieb erfolglos.

Gründe:

Das Berufungsgericht läßt es dahingestellt, ob hinsichtlich eines Gegenstandes, den ein Tarifvertrag erschöpfend regele, eine Besserstellung der Arbeitnehmer durch eine Betriebsvereinbarung herbeigeführt werden könne oder ob dies nur in den Einzelarbeitsverträgen möglich sei, und ob weiterhin eine solche bereits bestehende Betriebsvereinbarung durch eine neue, den Gegenstand erschöpfende tarifliche Regelung außer Kraft gesetzt werde. Es gelangt vielmehr in Würdigung des Ergebnisses der Beweisaufnahme zu der Überzeugung, daß die Betriebsvereinbarung vom 17. März 1923, nach welcher der Tariflohn als Akkordbasis galt, jedenfalls insoweit noch vor dem 3. April 1927 im

Auftrag der Beklagten von den Zeugen H. und P., insbesondere von letzterem gegenüber dem Vorsitzenden und zwei anderen Mitgliedern des Arbeiterrates, darunter dem Kläger durch die Erklärung rechtswirksam gekündigt worden sei, vom 3. April 1927 ab werde als Akkordbasis lediglich die im Vergleiche vom 24. März 1927 festgelegte Basis von 75 Pfg. gerechnet. Daß eine Betriebsvereinbarung, wenn eine besondere Kündigungsfrist in ihr nicht festgesetzt sei, jederzeit gekündigt werden könne, entspreche der herrschenden Lehre und werde vom Kläger auch nicht bestritten. Die Kündigung sei auch formell richtig, und zwar gegenüber dem zur Vertretung berechtigten Vorsitzenden des Arbeiterrates erfolgt. Daß die Kündigung, wie der Kläger geltend mache, unwirksam sei, weil sie nur einen Teil der Betriebsvereinbarung treffe, sei aus einem doppelten Grunde unrichtig. Zunächst gehe aus dem Wortlaut und der Entstehungsgeschichte der Betriebsvereinbarungen vom 17. März 1923 und 18. Februar 1925 hervor, daß das in ersterer enthaltene Abkommen über den Tariflohn als Akkordbasis nach dem Willen der Parteien als besonderer Bestandteil dieses Abkommens selbständig abänderbar und kündbar sein sollte. Wolle man diese Folgerung aber nicht ziehen, so habe ferner die Kündigung des Teils der Betriebsvereinbarung die Kündigung der ganzen Betriebsvereinbarung bewirkt, ähnlich wie im Falle der Kündigung des Mietzinses das Verlangen einer höheren Miete die Kündigung des ganzen Mietverhältnisses einschließe. Endlich sei die rechtswirksam erfolgte Kündigung auch wegen der Nachwirkung der früheren Betriebsvereinbarung im Arbeitsvertrage des Klägers für seine Lohnansprüche vom 3. bis 10. April 1927 nicht bedeutungslos. Denn an die Stelle der früheren Betriebsvereinbarung sei insoweit automatisch die neue Vereinbarung der tariflichen Regelung vom 24. März 1927 getreten, wonach die Akkordbasis jetzt 75 Pfg. betrage. In einem solchen Falle sei für eine Nachwirkung kein Raum. Der Akkordlohn des Klägers für die in Betracht kommende Lohnwoche sei also von der Beklagten richtig berechnet worden.

Die Revision rügt Verletzung reichsgesetzlicher Vorschriften, insbesondere der §§ 116 flg. BGB., der Bestimmungen des BRG., der Tarifverordnung vom 23. Dezember 1918 und der Bestimmungen der in Frage kommenden Betriebsvereinbarung. Sie führt dazu unter Hinweis auf die Beweiswürdigung des Berufungsgerichts im wesentlichen folgendes aus: Die Rechtsauffassung des angefochtenen Urteils, daß eine Kündigung stattgefunden habe, sei nicht haltbar. Denn zunächst lasse die Erklärung des Zeugen P. gegenüber dem Arbeiterratsvorsitzenden

den Willen, die Betriebsvereinbarung aufzulösen, nicht unzweideutig erkennen; der Rechtsbegriff der Kündigung sei mithin verkannt. Sodann könne eine Betriebsvereinbarung, zumal wenn ihre Bedeutung wie hier darin liege, daß sie die früheren Akkordbedingungen durch das Zeitakkordsystem ersetzt habe, nicht teilweise gekündigt werden, da Akkordsystem und Akkordvergütung so eng miteinander verbunden seien, daß es nicht angehe, das Zeitlohnsystem aufrechtzuerhalten, den Tariflohn als Akkordbasis aber abzuschaffen. Auch durch die in der Betriebsvereinbarung vom 18. Februar 1925 erfolgte Erhöhung des Zuschlags von 25 auf 30 % sei die Vergütungsfrage nicht zu einem selbständigen kündbaren Bestandteil der Vereinbarung gemacht worden. Der Vergleich mit dem Mietvertrage sei abwegig, und zwar auch dann, wenn man mit dem Berufungsgericht eine Kündigung der ganzen Betriebsvereinbarung als vorliegend annehme. Sei aber die Betriebsvereinbarung nicht gekündigt, so bleibe ihr Inhalt für die Frage der Akkordverhältnisse bei der Beklagten trotz der am 24. März 1927 erfolgten neuen tariflichen Regelung maßgebend, denn sie enthalte insoweit günstigere Lohn- und Arbeitsbedingungen, berühre also den an sich anzuerkennenden Vorgang des Tarifvertrags vor der Betriebsvereinbarung in dieser Hinsicht keineswegs. Zum mindesten aber seien die günstigeren Lohn- und Arbeitsbedingungen der Betriebsvereinbarung in die unter ihrer Herrschaft abgeschlossenen Einzelarbeitsverträge übergegangen und wirkten in diesen, auch wenn die Betriebsvereinbarung wegfalle, weiter, solange die Einzelarbeitsvorgänge weder gekündigt noch durch ein entsprechendes Abkommen geändert seien.

Diese Rügen gehen fehl.

Nach der auf Grund des Beweisergebnisses getroffenen tatsächlichen Feststellung des Berufungsgerichts hat die Beklagte durch die Zeugen H. und P. die Betriebsvereinbarung jedenfalls insoweit gekündigt, als in ihr der Tariflohn als Akkordbasis festgesetzt ist. Rein tatsächlich ist ferner die Feststellung des Berufungsgerichts, daß vom 3. April 1927 ab die Akkordbasis 75 Pfg. betrage. Der hiergegen gerichtete Revisionsangriff kann schon deswegen keinen Erfolg haben, weil nach den gemäß § 72 Abs. 2 ArbGG. im arbeitsgerichtlichen Verfahren entsprechend anwendbaren §§ 561 Abs. 2, 286 ZPO. in Verbindung mit Art. I des Entlastungsgesetzes vom 17. Dezember 1926 (RGBl. I S. 503) die tatsächliche Feststellung und die Beweiswürdigung des Berufungsgerichts der Nachprüfung in der Revisionsinstanz entzogen sind. Auch eine Verkennung des Rechtsbegriffs der Kündigung kommt nicht in Frage. Kündigung ist die formlose, einseitige, im Sinne des § 130 BGB. empfangsbedürftige Willenserklärung, daß das zwischen dem Kündigenden und dem Empfänger der Erklärung bestehende Rechtsverhältnis beendet werden soll. Daß insbesondere der Zeuge P. als Beauftragter der Beklagten gegenüber dem Vorsitzenden des Arbeiterrates als dem nach §§ 28, 38 BRG. berufenen Vertreter der Arbeiterschaft der Beklagten eine derartige Erklärung hinsichtlich der Beendigung des Tariflohns als Akkordbasis abgegeben hat, ist vom Berufungsgericht rechtsbedenkenfrei bejaht worden, denn seine Erklärung, daß vom 3. April 1927 ab als Akkordbasis lediglich die im Vergleich vom 24. März 1927 festgelegte Basis von 75 Pfg. gerechnet werde, konnte unter den gegebenen Umständen keine andere Bedeutung haben, als daß vom 3. April 1927 ab der in der Betriebsvereinbarung als Akkordbasis festgelegte Tariflohn hierfür nicht mehr gelte, also die Betriebsvereinbarung jedenfalls insoweit entfalle. Teilkündigung einer Betriebsvereinbarung ist an sich zulässig. Die Auslegung, welche das Berufungsgericht den Betriebsvereinbarungen vom 17. März 1923 und 18. Februar 1925 hinsichtlich der Selbständigkeit der Regelung des Tariflohns als Akkordbasis gibt, unterliegt der Nachprüfung durch das Revisionsgericht, gleichgültig ob man dazu den § 73 Abs. 1 ArbGG. heranzieht, der eine sinngemäße Anwendung auf den Fall einer Betriebsvereinbarung zuläßt, oder ob man annimmt, daß es sich um eine Vertragsklausel typischen Inhalts handle, die nach der ständigen Rechtsprechung des Reichsgerichts in der Revisionsinstanz nachgeprüft werden kann (vgl. RGZ. Bd. 81 S. 118 flg., auch Bd. 106 S. 60). Die Auslegung ist ferner rechtlich bedenkenfrei und nach den tatsächlichen Feststellungen des Berufungsgerichts auch sachlich zu billigen. Ist aber der fragliche Teil der Betriebvereinbarungen selbständig abänderbar und kündbar, so bedarf es eines Eingehens auf die Rechtsfrage, ob eine Betriebsvereinbarung, die den Arbeitnehmern günstigere Lohn- und Arbeitsbedingungen enthält, insoweit einer tariflichen Regelung vorgeht, überhaupt nicht. Wollte man jedoch selbst eine Teilkündigung nicht zulassen, so müßte man mit dem Berufungsgericht die tatsächlich festgestellte Kündigung auf die ganze Betriebsvereinbarung erstrecken. Dann aber würde die Berechtigung des klägerischen Anspruchs erst recht zu verneinen sein, weil mangels Fortbestehens der Betriebsvereinbarung die neue tarifliche Regelung ohne weiteres in Kraft getreten wäre. Es bleibt mithin nur noch zu prüfen, ob das angefochtene Urteil insofern einen Rechtsverstoß aufweist, als es eine Nachwirkung der früheren Betriebsvereinbarung über den Tariflohn als Akkordbasis in dem Einzelarbeitsvertrage des Klägers ablehnt. Auch diese Auffassung des Berufungsgeritchs ist nicht rechtsirrig. Denn auch wenn man entspreechnd RGZ. Bd. 114 S. 195 eine Nachwirkung an sich zuläßt, so greift sie doch, wie das angefochtene Urteil mit Recht ausführt, nicht mehr durch, sobald — wie hier — an die Stelle des normativen Teils einer Betriebsvereinbarung neue normative tarifliche Bestimmungen getreten sind.

RAG. 1, 167.+

Umfang und Dauer der Tarifgebundenheit eines aus dem Tarifverband ausgeschiedenen Arbeitgebers an den zur Zeit seiner Zugehörigkeit zum Tarifverband geschlossenen Tarifvertrag.

TarifvertragsVo. vom 23. Dezember 1918. §§ 1, 2.

Reichsarbeitsgericht. Urt. v. 8. Februar 1928.

I. Arbeitsgericht Mörs. — II. Landesarbeitsgericht Krefeld.

. . .

Gründen:

. . .

Das Berufungsgericht hat zunächst auf Grund des § 1 Abs. 2 der TarifvertragsVo. zutreffend angenommen, daß das Ausscheiden der Beklagten aus dem Zechenverband auf die zu diesem Zeitpunkte bereits bestehenden Arbeitsverträge ohne Einfluß gewesen ist, daß also für diese Arbeitsverträge die Normen des Tarifvertrags vom 18. März 1927 auch weiterhin verbindlich und unabdingbar waren. Rechtsirrig ist aber die weitere Folgerung des Berufungsgerichts, daß die Bindung des ausgetretenen Arbeitgebers an den Tarifvertrag bis zu dem Zeitpunkt fortdauere, zu dem eine Kündigung des Tarifvertrags durch den ausgeschiedenen Arbeitgeber den Parteien des Tarifvertrags gegenüber ausgesprochen werden könne, und daß deshalb auch durch eine Kündigung der Arbeiter und den Abschluß neuer Arbeitsverträge die Fortwirkung des alten Tarifvertrags nicht beseitigt werden könne. Wenn im Abs. 2 des § 1 bestimmt ist, daß als Tarifbeteiligte im Sinne des Abs. 1 auch diejenigen Arbeitnehmer und Arbeitgeber gelten, die bei Abschluß des Arbeitsvertrages Mitglieder der vertragschließenden Vereinigungen gewesen sind, so ergibt sich daraus, daß für die unter der Geltung eines Tarifvertrags geschlossenen Arbeitsverträge dessen Arbeitsnormen auch dann noch unabdingbar maßgebend bleiben, wenn Arbeitnehmer oder Arbeitgeber aus den vertragschließenden Verbänden ausscheiden. Es handelt sich also um die Einwirkung des Tarifvertrags auf die bestehenden Einzelarbeitsverträge; für sie gilt auch weiterhin der Grundsatz der Unabdingbarkeit; für die Dauer ihres Fortbestands kann eine vom Tarifvertrag abweichende Vereinbarung zuungunsten des Arbeitnehmers nicht getroffen werden. Eine Tarifgebundenheit aber in dem vom Berufungsgericht angenommenen Sinne, daß der aus dem Tarifverband ausgeschiedene Arbeitgeber auch für die Eingehung neuer Arbeitsverträge noch weiterhin an den Tarifvertrag seines bisherigen Verbandes gebunden und deshalb auch nicht in der Lage sein sollte, nach rechtlich einwandfreier Lösung der bisherigen Arbeitsverträge mit seinen Arbeitnehmern Arbeitsverträge mit einem dem bisherigen Tarifvertrage zuwiderlaufenden Inhalte zu schließen, läßt sich dem § 1 der TarifVo. nicht entnehmen; insoweit ist eine Gebundenheit des Arbeitgebers an den Tarifvertrag nicht anzuerkennen. Im vorliegenden Falle ist die Beklagte im Mai 1927 im Einverständnis mit dem Zechenverbande für das rheinisch-westfälische Steinkohlenrevier aus diesem Verbande ausgeschieden und dem Arbeitgeberverbande für die Kaliindustrie beigetreten, da sie von der Steinkohlenförderung zur Steinsalzförderung übergegangen war. Durch den Austritt der Beklagten aus dem Zechenverbande wurden die bestehenden Arbeitsverträge der Kläger nicht berührt; sie behielten, wie oben dargelegt, ihre Tarifgebundenheit an den am 1. April 1927 in Kraft getretenen Tarifvertrag für das rheinisch-westfälische Steinkohlenrevier; daran wurde, wie auch das Berufungsgericht richtig annimmt, dadurch nichts geändert, daß die Beklagte nunmehr in den Arbeitgeberverband für die Kaliindustrie eintrat und für diesen der am 29. April 1927 für allgemeinverbindlich erklärte Tarifvertrag für die Kaliindustrie Geltung hatte, an dessen Abschluß auch die Arbeitnehmerorganisation, der die Kläger angehörten, beteiligt war; denn der Tarifvertrag für das rheinisch-westfälische Steinkohlenrevier setzte nach den Feststellungen des Berufungsgerichts den Klägern günstigere Arbeitsbedingungen fest, als der Tarifvertrag für die Kaliindustrie (RGZ. Bd. 103 S. 23 ff.). Für die Dauer des Fortbestehens der Arbeitsverträge der Kläger war also auch weiterhin der Tarifvertrag für das rheinisch-westfälische Steinkohlenrevier maßgebend. Diese Tarifgebundenheit dauerte fort, bis das Arbeitsverhältnis der Kläger ordnungsmäßig gelöst war. Die Beklagte hat geltend gemacht, daß das Arbeitsverhältnis der Kläger durch Kündigung gelöst worden sei. Das Berufungsgericht hat, wie sich aus den vorstehenden Darlegungen ergibt, aus rechtlich unzutreffenden Gründen die Behauptung der Lösung des bisherigen Arbeitsverhältnisses für unerheblich erachtet. Die Beklagte will die bisherigen Arbeitsverträge gekündigt haben, um auf diese Weise die Arbeitsverhältnisse und Arbeitsbedingungen ihres Betriebs, die noch auf die ursprüngliche

Steinkohlenförderung zugeschnitten waren, nunmehr dem tatsächlich auf reine Steinsalzförderung umgestellten Betrieb anzupassen. Gegen eine solche, lediglich aus Gründen des Betriebs erfolgte Maßregel sind Bedenken nicht zu erheben. Ist daher in der Tat eine Beendigung der früheren Arbeitsverträge der Kläger durch Kündigung erfolgt und die Beklagte dann ein neues Arbeitsverhältnis mit den Klägern eingegangen, wie sie behauptet, so würde dieses Arbeitsverhältnis nicht mehr unter der Wirkung des Tarifvertrages für das rheinisch-westfälische Steinkohlenrevier, sondern unter der Wirkung des Tarifvertrages für die Kaliindustrie stehen, die Klage sich also als unbegründet erweisen. Die Beklagte erblickt eine Kündigung in ihren durch Aushang bekannt gemachten Erklärungen vom 15. Mai 1927 und 29. Juli 1927. Das Berufungsgericht hat die Frage, ob eine ordnungsmäßige Kündigung des Arbeitsverhältnisses der Kläger erfolgt ist, bisher nicht erörtert. Es war daher gemäß §§ 564, 565 ZPO. unter Aufhebung des angefochtenen Urteils die Sache zur anderweiten Verhandlung und Entscheidung an das Berufungsgericht zurückzuverweisen.

RAG. 1, 176.

1. Fallen die Hilfsbetriebe eines Eisenbahnunternehmers, in denen er sein Betriebsmaterial ausbessert und instandsetzt, unter § 6 der Gewerbeordnung?

2. Ist ein von dem Arbeitgeber einseitig erlassenes Rauchverbot für die Arbeitnehmer verbindlich?

Gewerbeordnung § 6. Betriebsrätegesetz § 66 Nr. 5, § 75, § 78 Nr. 3.

Reichsarbeitsgericht. Urt. v. 15. Februar 1928.

I. Arbeitsgericht Duisburg. — II. Landesarbeitsgericht daselbst.

Die Kläger, die seit mehreren Jahren in der Werkstätte der Beklagten als Lackierer beschäftigt wurden, waren Schwerbeschädigte im Sinne des Gesetzes vom 12. Januar 1923. Ihnen wurde am 23. Juni 1927 wegen Übertretung des von der Beklagten einseitig erlassenen Rauchverbots fristlos gekündigt. Der Arbeiterrat erklärte den von ihnen eingelegten Einspruch für begründet, vermochte aber eine Rücknahme der Kündigung nicht zu erreichen. Mit der vorliegenden Klage verlangen sie Verurteilung der Beklagten zu ihrer, der Kläger, Weiterbeschäftigung und zur Fortzahlung des Lohnes. Das Arbeitsgericht gab der Klage statt, das Landesarbeitsgericht wies sie ab. Die Revision der Kläger hatte Erfolg und führte zur Wiederherstellung des erstinstanzlichen Urteils.

Gründe:

. . . Der Gewerbebetrieb der Beklagten ist ein Eisenbahnunternehmen. Er unterliegt daher, gleichviel ob dieses den Verkehr nur innerhalb der Stadt D. oder auch mit den Nachbarorten vermittelt, nicht den Bestimmungen der Gewerbeordnung (§ 6 das.). Auf das Arbeitsverhältnis der Kläger finden somit weder die Vorschriften der §§ 123, 124a der GO. über fristlose Entlassung noch die der §§ 134a flg. das. über den Erlaß und den Inhalt einer Arbeitsordnung Anwendung. An dieser Rechtslage wird auch durch den Umstand nichts geändert, daß die Kläger nicht unmittelbar bei der Beförderung von Personen oder Gütern, sondern in der Lackiererei der Ausbesserungswerkstätte tätig waren. Denn der Eisenbahnunternehmer, der seinen Wagenpark und sein sonstiges Betriebsmaterial in eigenen Werkstätten ausbessert und instandsetzt, betreibt nicht ein von seinem Hauptunternehmen getrenntes selbständiges Gewerbe, sondern übt damit nur eine Hilfstätigkeit aus, die der Förderung des Eisenbahnbetriebs zu dienen bestimmt ist und daher von der Vorschrift des § 6 a. a. O. mit umfaßt wird.

Die Kläger konnten deshalb ohne Zustimmung der Hauptfürsorgestelle nach § 13 Abs. 2 des Schwerbeschädigtengesetzes fristlos nur entlassen werden, wenn der Beklagten ein wichtiger Grund im Sinne des § 626 BGB. zur sofortigen Lösung des Vertragsverhältnisses zur Seite stand. Das Berufungsgericht findet ihn darin, daß die Kläger das Verbot der Beklagten, in der Werkstatt zu rauchen, wiederholt und trotz vielfacher Verweise und Warnungen immer wieder übertreten haben. Den Einwand der Kläger, das Rauchverbot sei für sie unverbindlich, weil ihm die Zustimmung der Betriebsvertretung fehle, beseitigt der Berufungsrichter mit der Erwägung, daß es eine an keine Schranken gebundene „Anweisung des Betriebsleiters innerhalb des Produktionsprozesses" darstelle. Eine solche ist aber, wie die Revision zutreffend geltend macht, das Rauchverbot nicht. Unter Anordnungen im Produktionsprozeß versteht man nur die Einführung neuer Arbeitsmethoden, die Regelung des Arbeitsprozesses in technischer oder kaufmännischer Beziehung und damit zusammenhängende Organisationsmaßnahmen, während das Rauchverbot sich auf das Verhalten der Arbeiter innerhalb des Betriebs bezieht und ebenso deren eigene Sicherheit wie die des Unternehmers bezweckt.

Die Arbeitnehmer empfanden seit langem die Befugnis des Arbeitgebers zu einseitigem Erlasse von Arbeitsordnungen oder Dienstvorschriften als eine unberechtigte Bevorzugung des Unternehmers und erstrebten deren Beseitigung. Durch das Betriebsrätegesetz wurde dem

Rechnung getragen und das Mitwirkungsrecht der Arbeitnehmerschaft bei der Festsetzung von Arbeitsordnungen und allgemeinen Dienstvorschriften in den §§ 66 Nr. 5, 75, 78 Nr. 3 und 80 anerkannt. Ein öffentlichrechtlicher Zwang zum Erlaß einer Arbeitsordnung oder von Dienstvorschriften bestand für die Beklagte, die als Eisenbahnunternehmerin, wie gezeigt, der Gewerbeordnung nicht unterstand, nicht. Trotzdem konnte sie, wenn sie hinsichtlich des Rauchens innerhalb der Arbeitsstätten ein allgemeines Ge- oder Verbot an die Arbeitnehmer richten wollte, den in den genannten Paragraphen des BRG. gewiesenen Weg der Gesamtvereinbarung einschlagen. Auch die Betriebsvertretung war in der Lage, den Versuch zur Herbeiführung einer solchen zu machen und im Falle seines Scheiterns den Schlichtungsausschuß anzurufen (§ 66 Nr. 5, § 75 BRG.). Weder die Arbeitgeberin noch die Betriebsvertretung haben diesen Weg gewählt. Dagegen hat die Beklagte versucht, auf dem der Einzelvereinbarung zum Ziele zu gelangen, d. h. jeden einzelnen Arbeitnehmer auf Befolgung ihres Rauchverbots vertraglich zu verpflichten. Sie hat von den Arbeitern die Unterzeichnung eines Schriftstücks verlangt, in welchem sie erklären, von dem Rauchverbot Kenntnis genommen zu haben. Die meisten Arbeiter haben diese Erklärung widerspruchslos abgegeben, die Kläger aber und eine Anzahl anderer Arbeiter haben ihre Unterschrift ausdrücklich verweigert. Eine vertragliche Bindung ihrerseits ist daher nicht eingetreten. Die Kläger würden deshalb nur dann zur Befolgung des Rauchverbots verpflichtet gewesen sein, wenn die Beklagte zu seinem Erlaß auch ohne den Abschluß einer Betriebsvereinbarung oder von Einzelverträgen kraft ihrer Stellung als Betriebsleiterin, kraft ihres sogenannten Direktionsrechts befugt gewesen wäre. Denn auch außerhalb des Bereichs „der Anweisungen im Produktionsprozesse" wird man unter besonderen Umständen ein Recht des Arbeitgebers zur einseitigen Erteilung allgemeiner Verhaltungsvorschriften und dienstlicher Anordnungen anerkennen müssen. So würden z. B. feuerpolizeiliche Vorschriften, die dem Unternehmer die öffentlichrechtliche Pflicht zum Erlasse eines Rauchverbots auferlegen, die Zustimmung des Betriebsrats dazu entbehrlich machen. Im vorliegenden Falle sind aber Umstände, die ein einseitiges Vorgehen der Beklagten zu rechtfertigen vermöchten, dem festgestellten Sachverhalt und den von dem Berufungsrichter wiedergegebenen Parteibehauptungen nicht zu entnehmen. Das Rauchverbot der Beklagten kann somit nur als eine allgemeine Dienstvorschrift im Sinne der §§ 66 Nr. 5, 75 und 78 Nr. 3 des BRG. angesehen werden, die zu ihrer Wirksamkeit der Regelung im Wege der Betriebsvereinbarung bedurfte und mangels einer solchen die Kläger nicht band, so daß die fristlose Kündigung ungerechtfertigt war und der Klaganspruch begründet ist. . . .

RAG. 1, 195.+

1. . . .

2. Welchen Einfluß hat der Zusammenschluß zweier bisher selbständiger (industrieller) Werke auf den Bestand ihrer Betriebsvertretungen?

§§ 9, 18, 43, 50 BRG.

Reichsarbeitsgericht. Beschl. v. 15. Februar 1928.

I. Arbeitsgericht Augsburg.

Der Sachverhalt ergibt sich aus folgenden

Gründen:

Durch fusionsähnlichen Vertrag vom 29. März 1927 hat die Antragstellerin (M. A. N.), das Vermögen der bisher bestehenden L. A. R. in Augsburg, und zwar das Vermögen als Ganzes unter Ausschluß der Liquidation übernommen. In Ausführung des Vertrags ist die Leitung der L. A. R. auf die Leitung von M. A. N. übergegangen und ein Teil der gleichartigen Abteilungen beider Werke vereinigt worden, es hat ferner ein Austausch einer Anzahl von Arbeitern der L. A. R. mit Arbeitern der M. A. N. stattgefunden. Die Eintragung der Fusion in das Handelsregister ist am 27. Juni 1927 erfolgt. Die M. A. N. haben außer in Augsburg handelsgerichtlich eingetragene Niederlassungen in Nürnberg und in Gustavsburg bei Mainz.

Die Antragstellerin behauptet, daß mit der Fusion die Selbständigkeit des Betriebs der L. A. R. erloschen und dieser Betrieb nur noch eine Abteilung (R.) der M. A. N. sei. Infolgedessen habe auch der Betriebsrat der bisherigen Firma L. A. R. aufgehört zu bestehen; seine Mitglieder nähmen aber für sich das Recht in Anspruch, die Geschäfte des nicht mehr bestehenden Betriebsrats fortzuführen, während der Betriebsrat der M. A. N. sich nicht für befugt halte, auch die Belange der Belegschaft der Abteilung R. zu vertreten. Sie begehrt daher Feststellung im Beschlußverfahren gemäß §§ 80 flg. BRG., daß das Amt des bisherigen Betriebsrats der ehemaligen Firma L. A. R. erloschen und der Betriebsrat der M. A. N. Werk Augsburg die alleinige Interessenvertretung der gesamten Belegschaft der M. A. N. Werk Augsburg im Sinne des BRG. sei.

Das Arbeitsgericht hat dem Feststellungsantrag durch Beschluß vom 27. Oktober 1927 stattgegeben. . . .

In der Sache selbst kann die Rechtsbeschwerde mit ihrem Angriff, welcher sich gegen die tatsächliche Feststellung des Vorderrichters wendet, nicht durchdringen, da die Nachprüfung dieser Feststellung gemäß § 86 ArbGG. dem Beschwerdegericht nicht zusteht. Soweit sie jedoch Verletzung der §§ 9 und 50 sowie unrichtige Anwendung der §§ 43 und 18 Abs. 2 und 3 BRG. rügt, ist ihr ein Erfolg nicht zu versagen.

Die Parteien streiten darüber, welchen Einfluß der Zusammenschluß der bisherigen L. A. R. mit der M. A. N. auf den Bestand ihrer Betriebsvertretungen hat. Der Vorderrichter geht davon aus, daß die Firma L. A. R. durch die Fusion erloschen sei, und gelangt auf Grund seiner dazu getroffenen tatsächlichen Feststellung zu der rechtlichen Folgerung, daß der Betrieb R. als solcher zu bestehen aufgehört habe. Die getroffene tatsächliche Feststellung rechtfertigt jedoch einen derartigen Schluß nicht. Das vom Vorderrichter angezogene Bestätigungsschreiben der Antragstellerin vom 12. September 1926 spricht ausdrücklich von einer „Abteilung" R. ihres Werkes. Aus der tatsächlichen Feststellung geht ferner hervor, daß von L. A. R. nur „eine größere Zahl Arbeiter" in das Werk M. A. N. übernommen und gegen Arbeiter dieses Werkes ausgetauscht wurde. Dem entspricht auch der allerdings mit ihrer Behauptung eines völligen Untergangs des Betriebs R. im Widerspruch stehende Inhalt des Schriftsatzes der Antragstellerin vom 26. Oktober 1927 und der Anlage zu ihrem Schriftsatz vom 10. Dezember 1927, wonach erst ein Teil der gleichartigen Betriebsabteilungen von L. A. R. und M. A. N. vereinigt und auch nur teilweise eine Durchmischung der Belegschaften beider bisher selbständigen Betriebe, noch nicht eine völlige Aufsaugung des einen Betriebs durch den andern oder ein Ersatz der einen Belegschaft durch die andere oder durch Neueinstellungen erfolgt ist. Ein Betrieb im Sinne des § 9 BRG. stellt eine Einheit dar, die sich aus gewissen Einrichtungen zusammensetzt. Solange die Einrichtungen nicht vollständig aufgelöst sind, kann man immer noch von einem — allerdings nur bis zu dieser Auflösung möglichen und daher zeitlich beschränkten — Fortbestehen des Betriebs sprechen. Ist aber der Betrieb R., wie aus obigem hervorgeht, noch nicht ganz untergegangen, so kann seine bloße Umwandlung in einen der Betriebe oder in einen Nebenbetrieb (Abteilung) der M. A. N. sich nicht dahin auswirken, daß das Amt des bisherigen Betriebsrats sofort erlischt und an seine Stelle der Betriebsrat der M. A. N. tritt. Das BRG. sieht einen derartigen Fall nicht ausdrücklich vor. Es bestehen indessen keine rechtlichen Bedenken, in entsprechender Anwendung des § 43 BRG. die Mitglieder des bisherigen Betriebsrats des zusammengeschlossenen Einzelbetriebes, also im vorliegenden Falle des Betriebsrats R., solange im Amte zu belassen, bis die durch den Zusammenschluß der L. A. R. mit der M. A. N. notwendige Neuwahl des gesamten Betriebsrats der M. A. N. durchgeführt ist. Diese Belassung im Amte bis zur Durchführung der Neuwahl erscheint auch aus wirtschaftlichen und sozialen Gründen zwecks Aufrechterhaltung des Arbeitsfriedens als die richtige praktische Lösung des vorliegenden Streitfalls geboten.

Ist demnach das Feststellungsbegehren der Antragstellerin unbegründet, so war, wie geschehen, der mit der Rechtsbeschwerde angefochtene Beschluß aufzuheben und der Antrag abzuweisen.

RAG. 1, 198.

1. Kann die Ungültigkeit einer Betriebsratswahl wegen Verstoßes gegen wesentliche Wahlvorschriften nur gemäß § 19 der Wahlordnung zum Betriebsrätegesetz vom 5. Februar 1920 geltend gemacht werden?

2. Zur Frage der gesetzlichen Voraussetzungen der Bildung eines gemeinsamen Betriebsrates.

Betriebsrätegesetz vom 4. Februar 1920 — BRG. — §§ 50, 51. Wahlordnung zum BRG. vom 5. Februar 1920 (RGBl. S. 175).

Reichsarbeitsgericht. Urt. v. 22. Februar 1928.

I. Arbeitsgericht Hamburg. — II. Landesarbeitsgericht daselbst.

Die Beklagte betreibt in Hamburg drei Lichtspieltheater, nämlich das „Elite-Theater", das „Atlantic-Theater" und die „Hansalichtspiele". Die fünf Kläger sind bei der Beklagten beschäftigt und am 30. August 1927 in einer von den bei der Beklagten beschäftigten Arbeitnehmern vorgenommenen Wahl als Betriebsvertretung gewählt. Am 14. September 1927 ist ihnen von der Beklagten zum 30. September 1927 gekündigt. Die Kläger machen geltend, die Kündigung sei unwirksam, da sie ohne Zustimmung der Betriebsvertretung bzw. des Arbeitsgerichts erfolgt sei, und haben Klage auf Zahlung ihres Arbeitslohnes für die erste Oktoberwoche erhoben. Die Beklagte verweigert die Zahlung; sie vertritt die Auffassung, daß eine dem Gesetze entsprechende Betriebsvertretung überhaupt nicht vorhanden, insbesondere die vorgenommene Wahl wegen mehrfacher Verstöße gegen die Wahlvorschriften für ungültig zu erachten sei und daß daher eine Zustimmung der Betriebsvertretung bzw. des Arbeitsgerichts gemäß § 96 Abs. 1 BRG. nicht erforderlich gewesen sei.

Das Arbeitsgericht hat die Beklagte nach Klageantrag verurteilt. Die Berufung der Beklagten ist vom Landesarbeitsgericht zurückgewiesen. Die Revision der Beklagten führte zur Aufhebung des Urteils des Landesarbeitsgerichts und Zurückverweisung der Sache in die Vorinstanz aus folgenden

Gründen:

Die Revision rügt einmal Verletzung der §§ 50, 51 BRG. und ferner Verletzung der §§ 3 und 18 der Wahlordnung zum Betriebsrätegesetz vom 5. Februar 1920 (RGBl. S. 175); sie hat endlich gerügt, daß die vernommenen Zeugen nicht beeidigt worden seien.

Was die letztere Rüge betrifft, so ist diese im Hinblick auf §§ 64, 58 Abs. 2 ArbGG., wonach Zeugen nur beeidigt werden, wenn die Kammer dies zur Herbeiführung einer wahrheitsgemäßen Äußerung für notwendig erachtet, unbegründet. Die von der Revision vertretene Ansicht, daß dann, wenn das Gericht seine Entscheidung auf die Aussage eines Zeugen gründe, jedenfalls dessen Beeidigung erfolgen müsse, findet in dem Gesetze keine Stütze.

Im übrigen ist dem Berufungsgericht zunächst darin beizutreten, daß die Geltendmachung der Ungültigkeit einer Wahl auf Grund des § 20 der Wahlordnung zum Betriebsrätegesetz vom 5. Februar 1920 nur im Wege der Anfechtung nach § 19 während der zweiwöchigen Dauer des Aushangs geltend gemacht werden kann. Schon durch die Überschriften, mit denen die §§ 19—21 in der Wahlordnung versehen sind, ist zum Ausdruck gebracht, daß der § 19 die Anfechtung der Gültigkeit der Wahlen, d. h. die Geltendmachung ihrer Ungültigkeit „im allgemeinen" betrifft, während die §§ 20 und 21 die Gründe aufzählen, aus denen die „Ungültigkeit der Wahl" und „die ungültige Wahl einer Person" im Wege der Anfechtung nach § 19 geltend gemacht werden können. Das Berufungsgericht geht also ohne Rechtsirrtum davon aus, daß, sofern die Frist des zweiwöchigen Aushangs (§§ 18, 19 der Wahlordnung) verstrichen ist, die Ungültigkeit der Wahl wegen Verstoßes gegen wesentliche Wahlvorschriften auf Grund des § 20 der Wahlordnung nicht mehr geltend gemacht werden kann. Wesentlich verschieden von der Frage, ob eine Betriebsvertretung den Vorschriften der Wahlordnung entsprechend gewählt worden ist, ist aber die Frage zu beurteilen, ob die gesetzlichen Voraussetzungen für die Bildung der Betriebsvertretung vorgelegen haben. Die Geltendmachung des Fehlens der gesetzlichen Voraussetzungen für eine Betriebsvertretung oder eine bestimmte Art der Betriebsvertretung geht durch den Ablauf der im § 19 der Wahlordnung vorgesehenen Anfechtungsfrist nicht verloren, kann vielmehr auch nach Fristablauf jederzeit geltend gemacht werden. Die Revision rügt, daß das Berufungsgericht es unterlassen habe, nachzuprüfen, ob es sich bei den von der Beklagten betriebenen drei Theatern um einen einheitlichen Betrieb gehandelt habe oder um drei Betriebe und ob im letzteren Falle die Voraussetzungen für einen gemeinsamen Betriebsrat vorgelegen hätten. Das Berufungsgericht hat allerdings die Frage, ob es sich um einen oder um mehrere Betriebe handelte, dahingestellt sein lassen, indem es ausgeführt hat, wenn nicht etwa ein einheitlicher Betrieb vorliege, so sei es doch jedenfalls zulässig gewesen, gemäß § 51 BRG. einen gemeinsamen Betriebsrat für die drei Betriebe zu schaffen, und das sei offenbar geschehen; daß dann, wenn kein einheitlicher Betrieb vorliege, die Voraussetzungen der §§ 50 und 51 BRG. gegeben seien, sei unzweifelhaft und unstreitig. Demgegenüber enthält aber der Tatbestand des angefochtenen Urteils die Feststellung, die Beklagte habe geltend gemacht, daß die Kläger nach eigener Angabe den Betriebsrat für drei Theater bildeten, daß aber für jedes Theater ein besonderer Betriebsrat bzw. Obmann hätte gewählt werden müssen. Damit hat die Beklagte doch offenbar geltend machen wollen, daß die gesetzlichen Voraussetzungen zur Bildung eines Betriebsrates für sämtliche drei Theater nicht gegeben gewesen seien. Das Berufungsgericht ist also von einer falschen Voraussetzung ausgegangen, wenn es in den Entscheidungsgründen ausgeführt hat, es sei unstreitig, daß die Voraussetzungen der §§ 50 und 51 BRG. gegeben seien. Wenn die von den Klägern gebildete Betriebsvertretung keine Betriebsvertretung eines alle drei Theater der Beklagten umfassenden Betriebes ist, kann sie nur als gemeinsamer Betriebsrat im Sinne des § 51 BRG. gebildet sein; dieser hat aber nach § 50 BRG. übereinstimmende Beschlüsse der Einzelbetriebsräte bzw. Einzelbetriebsobleute zur Voraussetzung, sofern es sich etwa um Fälle der Nr. 3 des § 50 BRG., also um sog. vertretungslose Betriebe handelt, für die eine Betriebsvertretung nach den § 1, 2 und 62 BRG. nicht zu errichten gewesen wäre. Beruht, von den letztgenannten Ausnahmefällen abgesehen, die Errichtung des gemeinsamen Betriebsrates nicht auf Beschlüssen der Einzelbetriebsräte bzw. Einzelbetriebsobleute, so fehlt es an einer gesetzlichen Voraussetzung für die Existenz der Betriebsvertretung. Dieser Mangel kann gemäß § 93 Nr. 5 BRG., § 2 Nr. 5 ArbGG. im Wege des Beschlußverfahrens beim Arbeitsgericht zum Austrag gebracht, er kann aber auch mittelbar, wie im vorliegenden Falle, geltend gemacht werden. Im vorliegenden Rechtsstreit hat die Beklagte geltend gemacht, daß es zur Kündigung der Kläger einer Zustimmung der Betriebsvertretung bzw. des Arbeitsgerichts nicht bedurft habe, da die Kläger mangels Bestehens einer den Vorschriften des Gesetzes entsprechenden Betriebsvertretung nicht als Betriebsratsmitglieder anzusehen seien. Angesichts dieses Einwandes hätte das Berufungsgericht Veranlassung nehmen müssen, zu prüfen, ob die von den Klägern gebildete Betriebsvertretung den gesetzlichen Voraussetzungen entsprach, ob sie also entweder die Vertretung eines alle drei Theater der Beklagten umfassenden einheitlichen Betriebes bildete, oder ob sie eine dem § 51 BRG. entsprechende gemeinsame Betriebsvertretung war. Bilden die drei Theater nicht einen Betrieb im Sinne der §§ 1, 9 BRG. und ist auch die Betriebsvertretung nicht auf der Grundlage des § 51 BRG. errichtet worden, so würde eine den Erfordernissen des Gesetzes entsprechende Betriebsvertretung nicht vorhanden sein und es zur Kündigung der Kläger einer Zustimmung nach §§ 96, 97 BRG. nicht bedurft haben. Da es sich vorliegend um das Fehlen der gesetzlichen Voraussetzungen für die aus den Klägern gebildete Betriebsvertretung handelt, wäre auch insoweit eine Anerkennung der Betriebsvertretung durch den derzeitigen Geschäftsführer der Beklagten (Brief vom 31. August 1927) nicht geeignet gewesen, den etwaigen Mangel der gesetzlichen Voraussetzungen zu ersetzen. Aus dem gleichen Grunde würden die Kläger diesem Mangel auch nicht durch den Hinweis auf den § 20 der Wahlordnung begegnen können, indem sie geltend machen, daß durch den Verstoß das Wahlergebnis nicht habe geändert werden können. Denn der § 20 der Wahlordnung bezieht sich lediglich auf die Verletzung wesentlicher Vorschriften über das Wahlverfahren.

Soweit dagegen das Berufungsgericht angenommen hat, daß die Beklagte das Recht, die Wahl nach §§ 19 flg. der Wahlordnung anzufechten, wegen Ablaufs der Aushangsfrist verloren habe, kann der sich auf Verletzung der §§ 3, 18 der Wahlordnung stützende Revisionsangriff nicht als berechtigt anerkannt werden. In dieser Beziehung hat das Berufungsgericht festgestellt, daß der vorgeschriebene Aushang des Wahlergebnisses in der Garderobe des Elite-Theaters an einem Schrank erfolgt ist. Beizutreten ist dem Berufungsgericht in der Auffassung, daß, wenn auch § 18 der Wahlordnung lediglich vorschreibt, das Wahlergebnis sei an derjenigen Stelle bekanntzumachen, an der das Wahlausschreiben angeheftet gewesen sei, eine ordnungsmäßige Bekanntmachung des Wahlergebnisses doch nur dann als erfolgt anzunehmen ist, wenn diese Stelle den Erfordernissen des § 3 Nr. 3 der Wahlordnung entspricht. Die Revision rügt, daß die Stelle des Aushangs keine geeignete, allen Wahlberechtigten zugängliche Stelle gewesen sei. Die Rüge ist aber in der Revisionsinstanz unbeachtlich, da es sich, wie das Berufungsgericht richtig annimmt, hierbei um eine Tatfrage des Einzelfalls handelt. Wenn das Berufungsgericht auf Grund der Prüfung der tatsächlichen Verhältnisse zu der Feststellung gelangt ist, daß die Stelle, an der der Aushang stattgefunden hat, eine geeignete, allen Wahlberechtigten zugängliche Stelle war, so können rechtliche Bedenken dagegen nicht erhoben werden.

Hiernach hängt die Entscheidung des Rechtsstreits davon ab, ob die drei Theater der Beklagten als ein Betrieb anzusehen sind, dessen Betriebsvertretung durch die Kläger gebildet wird, oder ob die Kläger etwa einem nach der Vorschrift des § 51 BRG. gebildeten gemeinsamen Betriebsrat bilden. Da in dieser Richtung aber die Sachlage noch weiterer Erörterung und Klärung in tatsächlicher Beziehung bedarf, hatte die Aufhebung des angefochtenen Urteils und Zurückverweisung der Sache in die Vorinstanz zu erfolgen (§ 72 Abs. 2 ArbGG. in Verbindung mit §§ 564, 565 ZPO.).

RAG. 1, 222.

1. In der Revisionsinstanz ist nur nachzuprüfen, ob ein bestimmtes Handeln, ein bestimmtes Ereignis an sich einen wichtigen Grund zur sofortigen Auflösung eines Dienstverhältnisses bilden kann. Die Entscheidung für den Einzelfall liegt im allgemeien auf tatsächlichem Gebiete.

2. Das Recht zur Kündigung aus einem wichtigen Grunde kann durch das Verhalten des Berechtigten stillschweigend verwirkt werden.

§ 626 BGB., § 110 Weim. Berggesetz v. 1. März 1905.

Reichsarbeitsgericht. Urt. v. 7. März 1928.

I. Arbeitsgericht Eisenach. — II. Landesarbeitsgericht Jena.

Der Kläger hat als Grubenbetriebsführer der Schachtanlage II/III in H. 15 Jahre lang in Diensten der Beklagten gestanden. Am 1. Juni 1926 war ihm vertraglich eine Ruhegehalt für den Fall zugesagt worden, daß das Dienstverhältnis durch befristete Kündigung der Beklagten gelöst werden sollte. Die Kündigung konnte mit halbjähriger Frist zum Ende des Kalenderjahres erfolgen.

Die Schachtanlage II/III wurde Anfang 1926 stillgelegt und Kläger zunächst mit Instandsetzungsarbeiten auf ihr beschäftigt. Nach deren

Beendigung bot die Beklagte ihm eine Obersteigerstelle auf ihrer Schachtanlage Ia an, die der Kläger ausschlug. Bei einer darauf folgenden Unterredung mit dem Direktor F. vom 23. April 1927 wiederholte der Kläger seine ablehnende Erklärung und soll sich nach Angabe der Beklagten Äußerungen gegen die Werksführung haben zuschulden kommen lassen, die eine fristlose Entlassung rechtfertigten. Bei einer weiteren Besprechung zwischen ihm und Direktor S. vom 25. April 1927 mit dem Direktoren W., K., S. und F. blieb er auf seinem ablehnenden Standpunkt, soll auch die früheren Äußerungen aufrechterhalten haben. Mit Schreiben vom 2. Mai 1927 stellte ihn die Beklagte zunächst auf unbestimmte Zeit zur Disposition, behielt sich auch die Aufhebung des Dienstverhältnisses aus wichtigem Grunde wegen seines Verhaltens bei den Besprechungen vor. Am 12. Mai 1927 teilte sie ihm mit, daß er fristlos entlassen sei, daß damit auch seine Ansprüche auf Ruhegehalt in Fortfall kämen.

Der Kläger hat Klage auf Feststellung der Unwirksamkeit der fristlosen Entlassung und Zahlung seines Gehaltes erhoben. Das Arbeitsgericht hat der Klage stattgegeben, das Landesarbeitsgericht hat sie abgewiesen. Das Reichsarbeitsgericht hat auf die Revision des Klägers das Urteil des Arbeitsgerichts wiederhergestellt aus folgenden

Gründen:

Das Berufungsgericht sieht einen wichtigen Grund zur sofortigen Entlassung des Klägers für gegeben an. Es stellt fest, daß am 23. April 1927 eine Besprechung zwischen dem Kläger und dem Direktor F. der Beklagten stattgefunden habe, bei der von der Versetzung des Klägers in die Stelle eines Obersteigers gesprochen worden sei. Hierbei habe der Kläger geäußert, wenn ihm gekündigt werde, werde sich das weitere finden, wenn er gehen müsse, müßten noch verschiedene Herren und eine Quote mitgehen, dafür werde er mit Hilfe des Antiblocks und mit anderen Mitteln sorgen. Am 25. April 1927 bei einer Unterredung mit Direktor S. habe er gesagt, auf Anordnung eines Direktors sei bei den Befahrungen zwecks Quotenabschätzung gemogelt worden, er habe hierfür Zeugen und werde die Sache, wenn man ihn in eine untergeordnete Stelle drücken wolle, an den Antiblock bringen. Die Aufforderung, Einzelheiten und Namen anzugeben, die am 27. April 1927 in Gegenwart der vier Direktoren an ihn gerichtet worden sei, habe er abgelehnt.

Das Berufungsgericht entnimmt hieraus, daß der Kläger für den Fall, daß Beklagte von ihrem gesetzlichen Kündigungsrechte Gebrauch mache, ihr und einigen Direktoren eine schwere Schädigung in Aussicht gestellt habe. Ob die Verfehlungen tatsächlich vorgekommen seien, bedürfe keiner Prüfung. Nicht moralische, sondern egoistische Motive hätten den Kläger geleitet, er habe seine Kenntnisse als Druckmittel zur Erhaltung seiner Stellung benutzen wollen. Hierdurch sei das Vertrauen der Beklagten in ihn so erschüttert worden, daß ihr die Fortsetzung des Dienstverhältnisses nicht mehr zuzumuten sei. Wenn ihm auch für den 23. April eine gewisse Erregung zugute zu halten sei, treffe dies bei den späteren Besprechungen doch nicht mehr zu.

Das Weimarsche Berggesetz vom 1. März 1905 führt in § 110 die Gründe auf, die die sofortige Auflösung eines Dienstvertrags rechtfertigen können und nennt in Nr. 6 den Fall, daß ein Angestellter sich Tätlichkeiten oder erhebliche Ehrverletzungen gegen die Bergwerksbesitzer oder dessen Vertreter zuschulden kommen läßt. Diese Gründe sollen aber nur dann gelten, wenn nicht besondere Umstände eine andere Beurteilung rechtfertigen. Hierauf nimmt die Revision Bezug und meint, das Landesarbeitsgericht habe diese Einschränkung außer acht gelassen. Es habe nicht berücksichtigt, daß man den Kläger in die Stellung eines Obersteigers habe herabdrücken wollen, und daß er sich dem gegenüber in der Verteidigung befunden habe. Es habe sich um seine Existenz gehandelt. Überdies seien seine Angaben wahr gewesen. Die Prüfung des Berufungsgerichts sei also keine erschöpfende und daher unzutreffend.

Diese Rüge der Revision kann keinen Erfolg haben. Nach der ständigen Rechtsprechung des Reichsgerichts ist die Frage, ob die Umstände des einzelnen Falles einen wichtigen Grund abzugeben geeignet sind, im allgemeinen tatsächlicher Natur. In der Revisionsinstanz ist nur nachzuprüfen, ob ein bestimmtes Handeln, ein bestimmtes Ereignis an sich einen wichtigen Grund zur sofortigen Auflösung des Dienstverhältnisses bilden kann. Hierbei ist bei Personen, die Dienste höherer Art zu leisten haben, ein anderer Maßstab anzulegen, als bei solchen, die nur zu Diensten einfacher Art verpflichtet sind. Nun bedarf es keiner weiteren Darlegung, daß die Vorwürfe des Klägers und seine Drohung, für den Fall seiner Versetzung in die Stelle eines Obersteigers sich an den Antiblock zu wenden, ein Verhalten darstellen, das an sich geeignet sein kann, die fristlose Entlassung zu rechtfertigen. Inwieweit es für den vorliegenden Fall die sofortige Auflösung des Dienstverhältnisses rechtfertigte, hatte das Landesarbeitsgericht zu prüfen. Wenn es auf Grund der Beweisaufnahme und der Würdigung der Sachlage dazu gelangt ist, die Frage zu bejahen, so unterliegt diese seine Entscheidung nicht der Nachprüfung durch das Revisionsgericht.

Begründet ist hingegen der Einwand der Revision, das Landesarbeitsgericht habe verkannt, daß die Beklagte das Recht zur sofortigen Kündigung verwirkt habe. Die Vorwürfe des Klägers gegen die Beklagte und ihre Direktoren waren dem Direktor F. bereits am 23. April 1927 in vollem Umfange bekannt geworden. Die folgenden Unterredungen vom 25. April und 27. April 1927 brachten nichts Neues, sie hatten nur den Zweck, den Kläger über sein Verhalten zur Rede zu stellen und nach Einzelheiten zu fragen, die für die Beklagte vielleicht von Bedeutung sein mochten, für die Frage der Erträglichkeit der Beschuldigungen des Klägers und seiner Drohung aber nicht weiter in Betracht kommen konnten. Aber auch nach diesen drei Besprechungen hat die Beklagte noch nicht zum Ausdruck gebracht, daß ihr die Fortsetzung des Dienstverhältnisses nicht mehr erträglich erscheine. Sie hat zunächst noch mit dem Kläger über die Zurücknahme der Äußerungen verhandelt und dann am 2. Mai 1927 an ihn geschrieben, er werde einstweilen für unbestimmte Zeit vom Dienste suspendiert, sie behalte sich vor, nach Klärung der Verhältnisse das Dienstverhältnis aus einem wichtigen Grunde aufzulösen. Dies hat sie dann unter Bezugnahme auf die Verhandlungen vom 23. und 25. April 1927 in ihrem Briefe vom 12. Mai getan. Das Berufungsgericht meint hierzu, es komme nicht darauf an, aus welchen Gründen die Beklagte zunächst die Zurücknahme der Drohungen und Beschuldigungen des Klägers angestrebt habe. Sie habe zu erkennen gegeben, daß sie von vornherein nicht gewillt gewesen sei, sie hinzunehmen. Daß sie dem Kläger verzeihen oder auf die Geltendmachung ihres Rechts habe verzichten wollen, sei in keiner Weise zum Ausdruck gekommen. Dieser Auffassung kann das Revisionsgericht nicht beitreten.

Die Verfehlung des Klägers war dem Direktor F., dem Vertreter der Beklagten bereits am 23. April 1927 in vollem Umfange bekannt geworden. Von diesem Zeitpunkte ab war also die Beklagte in der Lage, sich darüber schlüssig zu werden, ob unter diesen Umständen eine Fortsetzung des Dienstverhältnisses mit dem Kläger noch möglich sei oder nicht. Nun braucht eine Lösung eines solchen aus einem wichtigen Grunde zwar nicht auf der Stelle und nicht unverzüglich nach Erlangung der Kenntnis ausgesprochen zu werden, ein mäßiger Zeitraum zur Überlegung ist dem Berechtigten zuzugestehen. Die Beklagte hat aber nicht nur nicht innerhalb eines solchen Zeitraumes gekündigt, sie hat sich auch auf weitere Besprechungen und Verhandlungen mit dem Kläger über die Vorgänge eingelassen und die Zurücknahme der Drohungen und der Beschuldigungen herbeizuführen versucht. Dies konnte nach

Treu und Glauben nicht anders verstanden werden, als daß die Beklagte das Verhalten des Klägers nicht zum Anlasse einer fristlosen Entlassung nehmen wolle, und daß nach ihrer Auffassung dadurch das Verhältnis zwischen ihr und dem Kläger nicht so unerträglich sich gestaltet habe, daß seine Fortsetzung ihr unmöglich geworden sei. Ein Hinweis darauf, daß sie die Verfehlung des Klägers nicht hinnehmen wolle, steht, anders als das Landesarbeitsgericht anzunehmen scheint, der fristlosen Kündigung nicht gleich.

Am 12. Mai 1927, 19 Tage nach dem den Anlaß der Kündigung bildenden Vorgang, konnte die Beklagte diesen Kündigungsgrund nicht mehr geltend machen. Ihr Verhalten in der Zwischenzeit ist als ein nachträglicher stillschweigender Verzicht aufzufassen, der den Verlust ihres Kündigungsrechts nach sich zog. Der bloße Vorbehalt, nach Klärung der Verhältnisse aus wichtigem Grunde zu kündigen, konnte der Beklagten dieses Kündigungsrecht nicht erhalten.

RAG. 1, 226.

Ein Arbeitsverhältnis, dessen Dauer aus der Beschaffenheit und dem Zwecke der Dienste zu entnehmen ist, ist für bestimmte Zeit eingegangen und endigt mit deren Ablauf ohne Kündigung.

§ 17 Schwerbeschädigtengesetzes findet auf solche Arbeitsverhältnisse keine Anwendung.

§ 620 BGB., § 17 SchwerbG.

Reichsarbeitsgericht. Urt. v. 7. März 1928.

I. Arbeitsgericht Berlin. — Landesarbeitsgericht daselbst.

Der Kläger ist Schwerbeschädigter. Er war als Tiefbauarbeiter etwa ein Jahr lang auf einer Arbeitsstelle der Beklagten in B. tätig und wurde Mitte März 1927 bei Beendigung des Baues fristlos entlassen. Von der Entlassung machte die Beklagte der Hauptfürsorgestelle Mitteilung, die darauf erwiderte, sie erteile ihre Zustimmung unter der Bedingung, daß zwischen dem Tage der Kündigung und dem Tage, bis zu welchem der Lohn gezahlt werde, mindestens drei Monate lägen. Die Beklagte hat unter Zahlung eines Reisekostenbetrags von 15 RM dem Kläger Weiterbeschäftigung in Stettin angeboten, er hat sie jedoch nicht angenommen.

Der Kläger fordert den Lohn für drei Monate mit 390 RM. Das Arbeitsgericht hat ihm den Betrag zugesprochen, das Landesarbeitsgericht hat ihn abgewiesen. Die Revision des Klägers ist zurückgewiesen worden aus folgenden

Gründen:

Das Berufungsgericht erörtert zunächst die Frage, ob ein wichtiger Grund im Sinne des § 124a GewO. vorliege, ohne jedoch abschließend zu ihr Stellung zu nehmen. Auf Grund einer Prüfung der Bestimmungen der §§ 16, 17 SchwerbG., §§ 74, 85, 96 BRG. und § 1 der Stillegungsverordnung vom 8. November 1920/15. Okober 1923 kommt es dann weiter zu dem Ergebnis, daß bei Arbeiten im Tiefbaugewerbe die Beendigung der Arbeiten an einer Baustelle weder als eine Stillegung noch als eine Einschränkung des Betriebs anzusehen seien. Im Wesen dieses Gewerbes liege es, daß für eine Baustelle eine bestimmte Zahl von Arbeitern angenommen und nach Fertigstellung entlassen werde.

Der Kläger wohne nahe der Arbeitsstelle in P. Seiner eigenen Auffassung gemäß sei er nur für die betreffende Baustelle und nur für die Dauer der Arbeit auf ihr bei der Beklagten eingestellt worden. Wäre diese Zeitdauer fest bestimmt gewesen, so würde durch ihren Ablauf das Vertragsverhältnis ohne weiteres beendet worden sein, ohne daß es einer Kündigung oder einer Entlassung oder der Anrufung der Fürsorgestelle bedurft hätte. Da der Betrieb der Beklagten seiner Natur nach eine bestimmte Voraussage des Zeitpunktes der Fertigstellung des Bauwerkes nicht zulasse, sei eine Einstellung von Arbeitern nur auf unbestimmte Zeit möglich. Wenn es sonach zur Entlassung des Klägers auch der Zustimmung der Fürsorgestelle nach § 17 SchwerbG. bedurft hätte, so liege doch für den Arbeitgeber eine tatsächliche Unmöglichkeit zur Gewährung einer weiteren Beschäftigung und für den Arbeitnehmer eine ebensolche zur Weiterleistung seiner Tätigkeit vor, da die Ausführung des Werkes vollendet sei. Diese Unmöglichkeit sei von keiner der beiden Parteien zu vertreten und damit der Anspruch des Klägers auf Zahlung des Lohnes gemäß § 323 BGB. erloschen. Eine Kündigung sei also zur Herbeiführung der Beendigung des Vertragsverhältnisses nicht erforderlich gewesen. Eine Zustimmung der Fürsorgestelle komme auch nicht in Frage, sei übrigens auch von der Beklagten nicht verlangt worden. Sie habe lediglich angezeigt, daß die Beschäftigung des Klägers beendet sei.

Das Berufungsgericht geht zunächst zutreffend davon aus, daß im vorliegenden Falle von einer Stillegung oder Einschränkung eines Betriebes keine Rede sein kann. Beide setzen begrifflich voraus, daß an einen bestimmten Ort gebundene Anlagen und Einrichtungen, die auf eine gewisse oder auf unbeschränkte Zeit ihren Zwecken dienen sollen, vorzeitig gänzlich oder teilweise ihrer Bestimmung entzogen, für sie nicht mehr oder nicht mehr in vollem Umfange ausgenutzt werden.

wobei jedoch die Möglichkeit einer Wiederaufnahme oder einer Wiederausdehnung bestehen bleibt. Anders liegt die Sache bei der Ausführung eines Werkes, wie es ein Bau darstellt; hier kann an einer bestimmten Stelle nur eine von Anfang an vorübergehende Tätigkeit entfaltet werden, die mit der Vollendung des Werkes ihr Ende finden muß und für eine weitere Betätigung des Betriebes an dieser Stelle keinen Raum mehr läßt. Es kann dahingestellt bleiben, ob hier nicht lediglich eine Ausstrahlung eines Betriebes vorliegt. Selbst wenn man einen Betrieb für sich annimmt, so kann von einer Einstellung oder einer Einschränkung nur so lange die Rede sein, als der Bau sich noch in der Ausführung befindet, niemals aber dann, wenn er fertiggestellt und damit jede Möglichkeit für eine weitere Fortsetzung des Betriebes an dieser Stelle in Wegfall gekommen ist.

Das Berufungsgericht stellt weiter tatsächlich fest, daß der Kläger nur für die betreffende Arbeitsstelle angenommen worden ist und daß Arbeiten, wie sie hier in Frage stehen, eine bestimmte und genaue Berechnung ihrer Dauer nicht zulassen. Es geht aber fehl, wenn es daraus entnimmt, das Arbeitsverhältnis sei auf unbestimmte Zeit abgeschlossen. Ein Dienstvertrag gilt nach § 620 BGB. auch dann als auf bestimmte Zeit abgeschlossen, wenn seine Dauer aus der Beschaffenheit oder dem Zweck der Dienste zu entnehmen ist. Dieser Fall liegt hier vor. Der Kläger war für die Baustelle angenommen, es war also selbstverständlich, daß das Arbeitsverhältnis für die Zeit geschlossen war, die zur Fertigstellung des Baues erforderlich war. Mit ihrem Ablaufe, also mit der Fertigstellung des Baues fand auch das Vertragsverhältnis sein Ende, ohne daß es einer Kündigung oder Entlassung bedurft hätte.

Einen solchen Vertrag auf bestimmte Zeit kann auch ein Schwerbeschädigter abschließen. Durch die Schutzbestimmungen des Schwerbeschädigtengesetzes ist er in seiner Vertragsfreiheit nicht beschränkt (Begr. zum Entwurf des Gesetzes vom 6. April 1920 zu § 12. Nat.-Vers.-Verhdg. Bd. 340 S. 1783).

Sonach endete das Arbeitsverhältnis im vorliegenden Falle mit der Fertigstellung des Baues ohne weiteres.

Dem steht auch § 17 SchwerbG. nicht entgegen, den das Berufungsgericht abgesehen von seiner unzutreffenden Auffassung, daß ein auf unbestimmte Zeit abgeschlossenes Arbeitsverhältnis vorliege, deshalb für anwendbar hält, weil die Beschäftigung des Klägers über drei Monate hinaus gedauert habe.

Das Gesetz über die Beschäftigung Schwerbeschädigter vom 6. April 1920 hatte in § 12 Abs. 1 angeordnet, daß Schwerbeschädigte nur mit einer Kündigungsfrist von vier Wochen entlassen werden dürfen und daß jede Kündigung der Hauptfürsorgestelle anzuzeigen sei. Die Vorschrift über die Kündigungsfrist sollte nach Abs. 2 nicht gelten, wenn ein Schwerbeschädigter nur zur vorübergehenden Aushilfe oder versuchsweise angenommen war, es sei denn, daß das Arbeitsverhältnis über vier Wochen hinaus fortgesetzt wurde. Die Verordnung über die Verlängerung . . . vom 28. April 1921 bestimmte, daß die Zustimmung der Hauptfürsorgestelle nicht erforderlich sei, wenn ein Arbeitgeber nach dem 1. April 1921 einen Schwerbeschädigten unter Anzeige an die Hauptfürsorgestelle zur vorübergehenden Aushilfe, für einen vorübergehenden Zweck oder versuchsweise einstellte, es sei denn, daß die Beschäftigung über sechs Monate hinaus gedauert hat. Das jetzt geltende Gesetz vom 12. Januar 1923 hat nach der Begründung diese Vorschriften zusammengefaßt, wie sie jetzt § 17 wiedergibt. Der Gesetzgeber hat also die Absicht verfolgt, derartige vorübergehende Arbeitsverhältnisse von den Kündigungsbeschränkungen freizulassen. Demgemäß macht er in dem jetzigen Gesetze einen Unterschied zwischen einer festen Einstellung und einer nur auf vorübergehende Zeit erfolgenden. Für die ersteren gilt § 13 mit seinen Einschränkungen. In den drei Fällen des § 17, vorübergehende Aushilfe, vorübergehender Zweck und versuchsweise läßt der Gesetzgeber Ausnahmen zu. Er geht offenbar davon aus, daß solche Arbeitsverhältnisse von vornherein nur auf eine entweder ausdrücklich oder durch die Beschaffenheit oder den Zweck der Dienste bestimmte Zeit eingegangen werden und einem festen dauernden Arbeitsverhältnis nicht gleichzustellen sind. Sie sollen also als Arbeitsverhältnisse vorübergehender Art behandelt werden. Diese Eigenschaft sollen sie aber nur für eine gewisse Zeit, im jetzigen Gesetze drei Monate behalten. Dauert die Beschäftigung länger, so soll auch diesen Arbeitsverhältnissen die Natur von fest abgeschlossenen zukommen. Unter auf vorübergehende Zeit abgeschlossenen Vertragsverhältnissen im Sinne des § 17 will danach das Gesetz nur solche verstanden haben, die ausdrücklich für eine Zeit von weniger als drei Monaten von vornherein vereinbart werden. Ist eine längere Dauer vorgesehen, so haben sie von Anfang an als feste Arbeitsverhältnisse zu gelten.

Da im vorliegenden Falle die Dauer der Beschäftigung des Klägers für die ganze Dauer des Baues gewollt war, handelt es sich überhaupt nicht um ein Arbeitsverhältnis im Sinne des § 17, sondern um ein auf bestimmte längere Zeit abgeschlossenes, das, wie oben ausgeführt, mit der Fertigstellung des Baues von selbst sein Ende erreichte.

Es könnte noch die Frage aufgeworfen werden, ob nicht eine einen Bau ausführende Firma in der Lage ist, seine Beendigung eine gewisse Zeit vorher abzusehen, und deshalb dem Schwerbeschädigten gegenüber nach Treu und Glauben zu einer Mitteilung des voraussichtlichen Endzeitpunktes verpflichtet ist. Aber auch dies ist abzulehnen. Die Beendigung eines Tiefbaues hängt von allerlei Zufälligkeiten, z. B. der Beschaffenheit des Bodens, den Wasserverhältnissen und dgl. ab, so daß eine bestimmte Voraussage der Fertigstellung auf einen bestimmten Tag kaum möglich ist. Dem Schwerbeschädigten könnte hiernach immer nur eine unbestimmte Mitteilung gemacht werden, keinesfalls eine Kündigung auf einen festen Tag erklärt werden. Mit einer Ungewißheit aber wäre ihm nicht gedient. Im übrigen ist aber auch davon auszugehen, daß auch der Arbeiter bei einem solchen Baue in der Lage ist, seine Fertigstellung und damit die Beendigung seines Arbeitsverhältnisses auf einige Zeit im voraus zu übersehen und die zur Erlangung einer anderen Arbeitsstelle erforderlichen Maßnahmen zu ergreifen.

RAG. 1, 240.

Zum Begriffe der Amtspflichten eines Betriebsrats.

BRG. §§ 39, 66 Nr. 6.

Reichsarbeitsgericht. Beschl. v. 21. März 1928.

I. Arbeitsgericht Bamberg.

Gründe:

Die Arbeiter der Hauptwerkstätte für Postkraftwagen in B. sind in zwei Vereinigungen, der Deutschen Postgewerkschaft und der Allgemeinen Deutschen Postgewerkschaft, organisiert. Die Mitglieder beider Verbände befehden sich einander und üben ihre gewerkschaftliche Werbetätigkeit auch innerhalb der Werkstätte aus. Infolgedessen erließ der Präsident der B.er Oberpostdirektion am 22. Dezember 1926 eine amtliche Verfügung dahin, daß Beamte und Arbeiter sich jeder gewerkschaftlichen und politischen Werbetätigkeit in den Arbeitsräumen während der Arbeitszeit zu enthalten und in Zuwiderhandlungsfällen mit scharfen Strafen, unter Umständen mit der Kündigung ihres Dienstverhältnisses zu rechnen hätten. Gegen dieses Verbot hatte das Betriebsratsmitglied Sch. im Herbst 1927 verstoßen. Infolgedessen beabsichtigte die Oberpostdirektion, ihn unter Einhaltung der vertraglichen Kündigungsfrist zu entlassen, und ersuchte die Betriebsvertretung um ihre Zustimmung. In der Betriebsratsitzung vom 5. Januar 1928 wurde folgender Beschluß gefaßt: „Die Betriebsratsmitglieder E., Fi., Fö. und

K. verurteilen innerhalb des Betriebs jede gewerkschaftliche Agitation. Gegen diesen Satz der Erklärung sind die Betriebsratsmitglieder St. und Fr. Wir bitten unsere Zustimmung zur Kündigung von dem Urteil des zuständigen Arbeitsgerichts abhängig zu machen." In dieser Stellungnahme des St. zu der Anordnung vom 22. Dezember 1926 sowie in einem Vorgange vom Oktober 1927, der zu einer mündlichen Verwarnung des St. geführt hatte, erblickte die Oberpostdirektion gröbliche Verletzungen von Betriebsratspflichten und beantragte seine Enthebung vom Betriebsratsamte gemäß § 39 BRG.

Hinsichtlich des Oktober-Vorfalles hat das Arbeitsgericht folgendes festgestellt: Dem Betriebsrate war die kaufweise Abgabe ausgemusterter Ledergamaschen an die Arbeiter übertragen. Einzelne Arbeiter erhielten solche auch aber ohne Inanspruchnahme des Betriebsrats. In bezug hierauf äußerte St. zu drei anderen Betriebsratsmitgliedern mit lauter Stimme: „Die Verwaltung hat gar nichts zu sagen, das bestimmen wir. In einem halben Jahre bestimmen wir überhaupt."

Das Arbeitsgericht hat den Antrag der Deutschen Reichspost als unbegründet zurückgewiesen. . . . Ihre Rechtsbeschwerde, über die nach § 85 Abs. 1 Satz 3 ArbGG. das Reichsarbeitsgericht zu entscheiden hat, ist zurückgewiesen worden.

Das Arbeitsgericht erachtet zwar das Verhalten des St. in der Sitzung vom 5. Januar 1928 und seine in ihr abgegebene Erklärung für nicht mit seinen Betriebsratspflichten vereinbar, aber doch nicht für schwerwiegend genug, um eine Amtsentsetzung nach Maßgabe des § 39 BRG. zu rechtfertigen. Gegen diese Auffassung vermag die Rechtsbeschwerde um so weniger anzukämpfen, als schon die der Reichspost günstige Annahme, daß überhaupt eine Amtspflichtverletzung vorliege, erheblichen Bedenken begegnet.

Die Aufgaben des Betriebsrats sind zweifacher Art. Ihm liegt

1. die Wahrnehmung der gemeinsamen Arbeitnehmerinteressen dem Arbeitgeber gegenüber,
2. die Unterstützung und Förderung der Betriebszwecke

ob (§ 1 BRG.). Beide Aufgaben greifen naturgemäß ineinander über, und bei der Erfüllung der einen darf der Betriebsrat die andere nicht außer acht lassen. Eine wirksame Vertretung der Arbeitnehmerinteressen ist aber nur möglich, wenn der Rede- und Handlungsfreiheit der einzelnen Betriebsratsmitglieder bei Ausübung ihres Amtes, insbesondere bei der Beratung und der Behandlung der ihrer Entscheidung unterbreiteten Fragen nicht zu enge Schranken gezogen werden. Deshalb ist dem Arbeitgeber unter Androhung öffentlichrechtlicher Strafen verboten, die Mitglieder der Betriebsvertretung in der Ausübung ihres Amtes zu beschränken oder sie wegen ihrer Amtsausübung zu benachteiligen (§§ 95, 99 Nr. 1 a. a. O.). Deshalb ist auch einer Kündigung, welche die Umgehung dieses Verbots bezweckt, die Zustimmung zu versagen (§ 97 Satz 2 a. a. O.). Andererseits geben die angezogenen Bestimmungen und die Zwecke, die das Betriebsrätegesetz verfolgt, den einzelnen Betriebsratsmitgliedern auch keinen Freibrief, bei Ausübung ihres Amtes die durch die Rechtsordnung allgemein und durch die schutzbedürftigen Betriebsinteressen im besonderen gesteckten Grenzen zu überschreiten.

Im gegebenen Falle war dem Betriebsrate von der Arbeitgeberin die Frage vorgelegt, ob er der Kündigung des Sch. zustimme oder nicht. Er hatte sie nach Maßgabe des § 96 a. a. O. zu bejahen oder zu verneinen. Einer Begründung bedurfte seine Entscheidung nicht, wenn sie nach dem Gesetze auch nicht gerade ausgeschlossen war. Bei der Betriebsratssitzung, die sich mit der Entlassung des Sch. beschäftigte, spielte naturgemäß das Verbot der gewerkschaftlichen Werbetätigkeit in den Diensträumen eine wesentliche Rolle. Wenn St. das Verbot für nicht berechtigt oder für nicht zweckmäßig hielt und bei der Beratung über die Verfehlungen Sch's. in seiner Eigenschaft als Betriebsratsmitglied seine Ansicht offen darlegte, insbesondere die Abgabe einer amtlichen, mit seiner Überzeugung nicht übereinstimmenden Erklärung verweigerte, so kann aus diesem Verhalten der Vorwurf einer Amtspflichtverletzung nicht hergeleitet werden, es sei denn, daß er seiner Überzeugung in unangemessener Weise Ausdruck verliehen hätte. Daß dies geschehen sei, ist nicht einmal behauptet, geschweige denn festgestellt worden, ebensowenig daß St. selbst sich in den Werkstätten agitatorisch betätigt habe. Gewiß hat der Betriebsrat als Gesamtheit und mit ihm auch jedes einzelne Betriebsratsmitglied die Pflicht, bei Gegensätzen innerhalb der Arbeitnehmerschaft möglichst ausgleichend zu wirken und jeder Gefährdung der Vereinigungsfreiheit entgegenzutreten (§ 66 Nr. 6 a. a. O.). Daß St. aber diese Pflicht durch seine Abstimmung in der Sitzung vom 5. Januar 1928 verletzt oder gar gröblich verletzt habe, ist nicht anzuerkennen. Die Vorgänge vom 5. Januar 1928 vermögen daher zu seiner Amtsentsetzung nicht zu führen, auch nicht in Verbindung mit seinem ungehörigen, entschieden zu mißbilligenden Verhalten in der Gamaschenangelegenheit, das für sich allein bereits im Oktober 1927 durch eine Verwarnung seine endgültige disziplinare Sühne und Erledigung gefunden hatte. Der in der Rechtsbeschwerde dem Arbeitsgericht gemachte Vorwurf einer krassen Beweiswürdigungswillkür entbehrt daher jeder Berechtigung. Ein Rechtsirrtum fällt ihm nicht zur Last.

RAG. 1, 258.

Wann sind die Voraussetzungen für das arbeitsgerichtliche Verfahren im Sinne des § 91 b Abs. 2 GewO. gegeben?

Arbeitsgerichtsgesetz § 111. Gewerbeordnung § 91 b Abs. 2.

Reichsarbeitsgericht. Urt. v. 14. März 1928.

I. Arbeitsgericht Leipzig. — II. Landesarbeitsgericht daselbst.

Der Kläger ist zur Ausbildung im Maurerhandwerk Lehrling bei dem Beklagten. Er hat von diesem auf Grund des § 6 des Reichstarifvertrags für das deutsche Baugewerbe vom 30. März 1927 Bezahlung auch derjenigen Schulstunden als Arbeitsstunden verlangt, während deren er die Fachschule pflichtgemäß besucht hat. Der Beklagte hat die Zahlung verweigert, da der Lehrvertrag kein Arbeitsvertrag im Sinne des § 1 der TarifvertragsVo. und die im § 6 des Reichstarifvertrags enthaltene Regelung der Lehrlingsvergütung für ihn nicht verbindlich sei. Der Kläger hat beim Arbeitsgericht Klage auf Nachzahlung von 31,36 RM für 64 Schulstunden erhoben, nachdem er zunächst den Innungsausschuß angerufen hatte. Eine Entscheidung des Innungsausschusses ist nicht ergangen. Nach den Erklärungen der Parteien hat zweimal ein Termin vor dem Innungsausschuß stattgefunden, es ist aber lediglich über die Frage der ordnungsmäßigen Besetzung des Ausschusses, nicht jedoch zur Sache verhandelt worden.

Das Arbeitsgericht hat den Beklagten zur Zahlung verurteilt. Die Berufung des Beklagten hatte keinen Erfolg. Seine Revision führte zur Aufhebung des angefochtenen Urteils und Abweisung der Klage aus folgenden

Gründen:

. . . Die Revision macht in erster Linie geltend, daß nach § 91 b Abs. 2 Satz 2 der GewO. der Klage vor dem Arbeitsgericht in allen Fällen die Verhandlung vor dem Innungsausschusse vorangegangen sein müsse und daß diesem Erfordernisse im vorliegenden Falle nicht genügt sei. Die nach § 72 Abs. 2 ArbGG. in Verbindung mit §§ 559, 554 ZPO. zulässigerweise geltend gemachte Rüge ist gerechtfertigt. Das Landesarbeitsgericht hat die Vorschrift des § 91 b Abs. 2 Satz 2 GewO. schon dadurch als erfüllt angesehen, daß überhaupt eine Verhandlung vor dem Innungsausschusse stattgefunden habe, und erachtet eine vorgängige

Entscheidung des Innungsausschusses im vorliegenden Falle um so weniger für erforderlich, weil keine der Parteien sich bei einem ihr ungünstigen Spruche des Ausschusses beruhigt haben würde, beiden vielmehr unter allen Umständen an einer höchstrichterlichen Entscheidung gelegen sei. Die von dem Landesarbeitsgericht vertretene Auffassung kann nicht gebilligt werden. Nach § 81 a Nr. 4 der GewO. ist die Entscheidung von Streitigkeiten zwischen den Innungsmitgliedern und ihren Lehrlingen Aufgabe der Innungen; nach § 83 Abs. 2 Nr. 11 hat das Statut der Innung Bestimmungen zu treffen über die Bildung des Organs und des Verfahrens zur Entscheidung der vorstehend bezeichneten Streitigkeiten; das Organ, der sog. Innungsausschuß, muß der Vorschrift des § 91 b der GewO. entsprechend zusammengesetzt sein. Nach § 91 b Abs. 2 GewO. in der durch § 111 ArbGG. festgesetzten Fassung kann binnen zwei Wochen nach ergangenem Spruche des Innungsausschusses Klage beim zuständigen Arbeitsgericht erhoben werden, wenn der von dem Ausschuß gefällte Spruch nicht innerhalb einer Woche von beiden Parteien anerkannt wird. Der Klage muß nach Satz 2 dieses Absatzes in allen Fällen die Verhandlung vor dem Ausschuß vorangegangen sein. Hiernach ist die in der GewO. alter Fassung vorgesehene Innungsschiedsgerichtsbarkeit im allgemeinen zwar aufgehoben, dagegen ist die Zuständigkeit der Innungen zur Entscheidung über Streitigkeiten zwischen Innungsmitgliedern und ihren Lehrlingen ausdrücklich aufrechterhalten und durch den § 111 ArbGG. mit der Regelung der Zuständigkeit der Arbeitsgerichte in Einklang gebracht. Das Verfahren vor dem Innungsausschusse ist nach dieser Bestimmung eine unerläßliche Voraussetzung der Erhebung der Klage vor dem Arbeitsgericht. Das hat das Berufungsgericht auch nicht verkannt, denn in dem im angefochtenen Erkenntnis in bezug genommenen Urteile vom 6. Oktober 1927 in Sachen O. & B. w. D. Arb. D 27/27 hat es ausgeführt, der Satz 2 des zweiten Absatzes des § 91 b der GewO. bedeute, daß die Verhandlung über den Streit zwischen Lehrherrn und Lehrling vor dem paritätischen Ausschusse der Innung eine Prozeßvoraussetzung für das arbeitsgerichtliche Verfahren sein solle, also nicht eine bloße „prozeßhindernde Einrede", auf die verzichtet werden könne, sondern eine Voraussetzung, die erfüllt sein müsse, wenn das Arbeitsgericht sich überhaupt mit der sachlichen Entscheidung des Streites solle befassen dürfen. Das Gericht habe deshalb von Amts wegen zu prüfen, ob die Voraussetzung erfüllt sei. Nun ergibt sich aus dem Zusammenhange der beiden Sätze des Abs. 2 klar und unzweideutig, daß nicht, wie das Berufungsgericht meint, irgendeine, nicht einmal zur

Sache selbst geführte Verhandlung vor dem Innungsausschuß genügt, um die Vorschrift des § 91 b Abs. 2 GewO. zu erfüllen; es muß vielmehr ein Verfahren stattgefunden haben, das zu einem die Fristen des Satzes 1 des zweiten Absatzes des § 91 b der GewO. in Lauf setzenden Spruche des Innungsausschusses geführt hat. Die Bedeutung des Satzes 2 im Verhältnis zu Satz 1 des Abs. 2 liegt lediglich in der Betonung der Notwendigkeit des zeitlichen Vorangehens des Verfahrens vor dem Innungsausschuß vor der Anrufung des Arbeitsgerichts. Wie sich aus den Feststellungen des Berufungsgerichts ergibt, ist aber im vorliegenden Falle ein Spruch des Innungsausschusses nicht ergangen, vielmehr ist es nach den übereinstimmenden Erklärungen der Parteien zu einer Verhandlung über die Streitigkeit überhaupt nicht gekommen. Damit war aber dem Erfordernisse des § 91 b Abs. 2 der GewO. nicht genügt. Wie bereits hervorgehoben, ist diese Vorschrift eine zwingende; ihre Beachtung ist von Amts wegen zu prüfen; es können deshalb auch Erwägungen, daß die Parteien sich bei einem Spruche des Innungsausschusses doch nicht beruhigt haben würden, nicht dazu führen, die eine Voraussetzung des arbeitsgerichtlichen Verfahrens bildende Vorschrift außer acht zu lassen. Nicht anders würde die Rechtsfrage zu beurteilen sein, wenn die Vorschriften der Gewerbeordnung über die Innungsschiedsgerichte in der vor dem Inkrafttreten des Arbeitsgerichtsgesetzes geltenden Fassung noch zur Anwendung zu bringen sein würden. Denn auch nach § 91 b der GewO. a. F. war eine Anrufung des ordentlichen Gerichts bzw. Gewerbegerichts erst möglich, wenn eine Entscheidung der Innung bzw. des Innungsschiedsgerichts ergangen war. Daß der Ausnahmefall des Abs. 6 des § 91 der GewO. a. F. vorgelegen habe, ergeben die Feststellungen des Berufungsgerichts nicht.

Hiernach beruht das angefochtene Urteil auf einer Nichtbeachtung des § 91 Abs. 2 GewO. in der Fassung des § 111 ArbGG. Da es zur Zeit der Klagerhebung an der durch die bezeichnete gesetzliche Bestimmung vorgeschriebene Prozeßvoraussetzung fehlte, war die Klage unzulässig. Auf Grund des § 72 Abs. 2 ArbGG. in Verbindung mit den §§ 564, 565 ZPO. war unter Aufhebung des angefochtenen Urteils und unter Abänderung des Urteils des Arbeitsgerichts vom 12. August 1927 die Klage abzuweisen, ohne daß auf die sachliche Begründung des Klaganspruchs eingegangen werden konnte.

RAG. 1, 263.

1. Genügt gemäß § 69 Abs. 3 ArbGG. Zulassung der Revision in einem Beschluß?

2. . . .

§§ 61 Abs. 3, 69 Abs. 3, 72 Abs. 1 ArbGG., § 319 ZPO.

Reichsarbeitsgericht. Urt. v. 21. März 1928.

I. Arbeitsgericht Hamburg. — II. Landesarbeitsgericht daselbst.

. . . Die relative, von der Zulassung des Landarbeitsgerichts abhängige Revisionsfähigkeit setzt voraus, daß das Landesarbeitsgericht gemäß § 69 Abs. 3 ArbGG. die Revision im Urteil zugelassen hat. Die Zulassung durch einen besonderen Beschluß genügt mit Rücksicht auf die ausdrückliche Vorschrift des § 69 Abs. 3 a. a. O., daß die Zulassung „im Urteil" zu erfolgen hat, an sich nicht, da diese Vorschrift ebenso wie die für die Zulassung der Berufung im § 61 Abs. 3 enthaltene ähnliche Bestimmung bezweckt, die Parteien unmittelbar aus dem Urteil klar erkennen zu lassen, ob es mit einem Rechtsmittel anfechtbar ist oder nicht (vgl. Begr. z. Entw. eines ArbGG. S. 42 und 44, auch § 9 Abs. 4 ArbGG.). Diese Unmittelbarkeit ist jedoch im vorliegenden Fall dadurch erreicht, daß das Landesarbeitsgericht durch einen, im Anschluß an das Urteil und in der gleichen Besetzung erlassenen Beschluß vom gleichen Tage, der unbedenklich als Berichtigungsbeschluß im Sinne des § 319 ZPO. angesehen werden kann, den im Urteil offenbar versehentlich unterbliebenen Ausspruch der Zulassung der Revision nachgeholt hat. . . .

RAG. 1, 273.

Unter welchen Voraussetzungen verstößt ein Boykott gegen die guten Sitten?

Reichsarbeitsgericht. Urt. v. 21. Mai 1928.

I. Arbeitsgericht Düsseldorf. — II. Landesarbeitsgericht daselbst.

Die Klägerin beschäftigte im Sommer 1927 mehr als 600 Arbeiter, darunter 14 Maschinenschreiner, die fast sämtlich Mitglieder der beklagten Verbände waren. Im August des genannten Jahres führte die Klägerin nach Rücksprache mit dem Betriebsrat in vielen Abteilungen ihres Betriebes Einzelakkordarbeit ein. Die Maschinenschreiner weigerten sich, solche zu leisten, und wurden infolgedessen fristlos entlassen. Darauf wandten sich die Beklagten mit Schreiben vom 15. August an die Klägerin, wiesen darauf hin, daß die Akkordarbeit an Holzbearbeitungsmaschinen sehr gefährlich und deshalb durch § 42 des für das deutsche Holzgewerbe gültigen Tarifvertrages vom 15. Februar 1927 untersagt sei, und erklärten sich zur gütlichen Beilegung des Streites bereit. Die Klägerin lehnte Verhandlungen mit den Beklagten über die Akkordarbeit der Maschinenschreiner ab, da der für sie und die Maschinenschreiner maßgebende Tarifvertrag der rheinisch-westfälischen Stahlindustrie die Einführung der Akkordarbeit gestatte und ihr verbiete, mit nicht zu den Tarifvertragsparteien gehörigen Verbänden Sondervereinbarungen zu treffen. Nunmehr erließen die Beklagten in der Volkszeitung vom 19. und im Düsseldorfer Tageblatt vom 20. August 1927 folgende Bekanntmachung:

„Die Firma Düsseldorfer Eisenbahnbedarf vorm. Weyer & Co., Düsseldorf, hat ihre sämtlichen an Holzverarbeitungsmaschinen beschäftigten Holzarbeiter wegen Verweigerung der Einführung von Akkordarbeit an den außerordentlich gefährlichen Holzbearbeitungsmaschinen ausgesperrt. Alle Versuche, mit der Firma eine gütliche Verständigung herbeizuführen und dieselbe davon zu überzeugen, daß eben wegen der großen Unfallgefahr eine Akkordarbeit an Holzbearbeitungsmaschinen eine Unmöglichkeit ist, scheiterten an der Halsstarrigkeit und Verständnislosigkeit der Firma für die Gesundheit der bei ihr beschäftigten Arbeiter. Die Holzarbeiterverbände haben über die Firma Düsseldorfer Eisenbahnbedarf für alle Maschinenschreiner die Sperre verhängt. Wir erwarten von allen Düsseldorfer Holzarbeitern strenge Solidarität und fordern sie auf, unter keinen Umständen bei der Firma Arbeit anzunehmen und zum Sperrebrecher zu werden.

Deutscher Holzarbeiterverband,
Deutscher Zentralverband christl. Holzarbeiter,
Verwaltungsstelle Düsseldorf."

Im Anschluß hieran wiesen die Beklagten die entlassenen Maschinenschreiner an, bei ihrem Widerstande gegen die Akkordarbeit zu verharren und stellten Sperrposten auf, welche arbeitswillige Maschinenschreiner stets mit Erfolg dazu bewogen, dem Betriebe der Klägerin fernzubleiben. Die Klägerin behauptet, daß dieses Vorgehen sie erheblich schädige und den Fortbestand ihres Betriebes gefährde. Sie hat daher klagend beantragt, die Beklagten

a) zur Aufhebung der Sperre und zur Veröffentlichung dieser Maßnahme binnen bestimmter Frist sowie im Falle ihrer Nichteinhaltung zur Zahlung einer angemessenen Entschädigung (§ 61 Abs. 4 AGG.),

b) zur Unterlassung der Aufstellung von Sperrposten bei Vermeidung einer vom Gericht für jeden Zuwiderhandlungsfall festzusetzenden Geld- oder Haftstrafe (§ 890 ZPO.)

zu verurteilen. Zugleich erwirkte sie eine einstweilige Verfügung, durch die den Beklagten für die Dauer des Rechtsstreits jede Sperrmaßnahme untersagt und die Zurückziehung aller Sperr- und Streikposten aufgegeben wurde.

Das Arbeitsgericht gab den klägerischen Anträgen statt, das Landesarbeitsgericht wies die Berufung der Beklagten im wesentlichen zurück. Die Revision der Beklagten blieb erfolglos.

Gründe:

Die Revision ist zulässig, da der Wert des Streitgegenstandes vom Arbeitsgericht auf 10 000 RM festgesetzt und vom Landesarbeitsgericht nicht abgeändert worden ist. Sie ist jedoch sachlich unbegründet.

Die Klägerin gehört dem Arbeitgeberverband für den Bezirk der nordwestlichen Gruppe des Vereins deutscher Eisen- und Stahlindustrieller an. Am 16. Mai 1927 wurde zwischen diesem Verbande und den drei Metallarbeiterverbänden der Zentralgewerkschaften,

dem Deutschen Metallarbeiter-Verband, Bezirk VII,
dem Christlichen Metallarbeiter-Verband, Bezirk I, II und III,
dem Gewerkverein Deutscher Metallarbeiter (H.-D.),
Provinzzentrale Rheinland-Westfalen,

ein Rahmentarifvertrag über die Arbeitsverhältnisse der Arbeiter in der rheinisch-westfälischen Eisen- und Stahlindustrie abgeschlossen, der u. a. folgende Bestimmungen enthält:

IX. Akkordarbeit.

1. Alle Arbeiten, deren Eigenart es gestattet, müssen auf Verlangen der Werksleitung in reinem oder gemischtem Akkord übernommen werden.
2. Die Akkorde — reine wie gemischte — werden zwischen Werksleitung und Arbeitnehmer frei vereinbart.
   Bei den Hüttenbetrieben kann auch eine Betriebsvereinbarung abgeschlossen werden . . . . .

   Jede Änderung von Akkorden ist zu vereinbaren. Mangels einer Einigung kann die Änderung nur unter Einhaltung der Kündigungsfrist erfolgen. Beabsichtigt ein Werk, die Akkorde allgemein oder für einen größeren Teil der Belegschaft zu ändern, so soll es die gesetzliche Betriebsvertretung vorher hören . . . . .

XI. Schlichtung von Streitigkeiten.

Bei Streitigkeiten zwischen den Vertragsparteien oder einer Vertragspartei und Tarifangehörigen oder zwischen den Tarifangehörigen über die Auslegung dieses Vertrages entscheidet ein von den Vertragsparteien einzusetzender Schiedsausschuß, der sich aus je drei Vertretern der Vertragsparteien zusammensetzt . . . . .

I. Geltungsbereich und Allgemeines.

1. . . . . .
2. Bei Festsetzung der Arbeitsbedingungen der berufsfremden Arbeitnehmer können auf Vorschlag der vertragsschließenden Metallarbeiterverbände Vertreter der anderen gewerkschaftlich aufgebauten Berufsorganisationen an den Verhandlungen teilnehmen. Dem Verlangen der Vertreter anderer Berufsgruppen auf Aufnahme in die Bezirksarbeitsgemeinschaft (Tarifgemeinschaft) oder auf Abschluß besonderer Vereinbarungen oder auf Anerkennung von Tarifen anderer Berufe ist nicht zu entsprechen. Die Zuziehung der wilden Organisationen — Aktionsausschüsse usf. — wird abgelehnt . . .

In Abs. 1 der Einleitung der auf Grund der §§ 134a flg. der GewO. und der §§ 75, 78 und 104 des BRG. erlassenen klägerischen Arbeitsordnung ist ausgesprochen, daß sie „die Stelle eines zwischen dem Arbeitgeber und jedem Arbeiter abgeschlossenen Vertrags vertrete", und Abs. 2 das. bestimmt, „daß Tarifverträge, welche den Betrieb binden, als Ergänzung der Arbeitsordnung gelten".

Aus den vorstehend angezogenen Bestimmungen hat das Landesarbeitsgericht den Schluß gezogen,

I. daß der Normativ-Inhalt des Tarifvertrags vom 16. Mai 1927 auch Bestandteil der von der Klägerin mit berufsfremden Arbeitern, insbesondere mit den Maschinenschreinern, geschlossenen Einzelarbeitsverträge geworden sei,

II. daß daher den Maschinenschreinern die Befugnis zugestanden habe, in ihrem Streite mit der Klägerin über die Einführung der Akkordarbeit die unter XI. des Rahmentarifvertrages vorgesehene Schiedsstelle anzurufen und

III. daß die Klägerin nach I Nr. 2 a. a. O. berechtigt und verpflichtet gewesen sei, die Einmischung der Beklagten in ihre tariflichen Rechte und Pflichten zurückzuweisen.

Von diesen rechtlich einwandfreien Ausgangspunkten aus hat der Berufungsrichter in der Sperre und der Aufstellung von Sperrposten einen Verstoß sowohl gegen § 286 als auch gegen § 283 Abs. 1 BGB. erblickt, weil die Beklagten

a) vor der Verhängung der Sperre nicht alle ihnen zu Gebote stehenden friedlichen Mittel erschöpft,
b) in den Zeitungen den Sachverhalt unrichtig dargestellt und
c) bei ihren Kampfmaßnahmen vorausgesehen hätten, daß die Durchführung des Boykotts in absehbarer Zeit den Betrieb der Klägerin zum Stillstand bringen und zahlreiche Arbeiter brotlos machen müsse.

Alle diese Erwägungen werden von der Revision als rechtsirrig bekämpft. Wenn der Urteilsbegründung des Landesarbeitsgerichts auch nicht in jeder Beziehung beizutreten sein mag, so ist doch das Ergebnis, zu dem es gelangt, nicht zu beanstanden. Es hat in eingehenden, tatsächlichen Ausführungen, die einen Rechtsirrtum nicht erkennen lassen, dargelegt, daß die Klägerin sich subjektiv für berechtigt gehalten habe und sich nach Lage des Falles auch für berechtigt halten durfte, von den Maschinenschreinern Akkordarbeit zu verlangen. Dagegen hat es hinsichtlich der objektiven Berechtigung oder Nichtberechtigung dieses Verlangens eine Feststellung nicht getroffen, brauchte sie aber auch nicht zu treffen, da sie für die Frage der Sittenwidrigkeit des Vorgehens der Beklagten von keiner oder doch nur untergeordneter Bedeutung ist. Es steht nicht zur Entscheidung, ob die 14 Maschinenschreiner Anlaß hatten, sich über die Arbeits- und Lohnbedingungen der Klägerin zu beschweren. Selbst wenn es aber der Fall gewesen wäre, durften die Beklagten nach Ablehnung ihres Verhandlungsvorschlags nicht sofort zum Boykott schreiten. Der Boykott bildet in Arbeitskämpfen eine scharfe, vielleicht die schärfste Waffe, deren Gebrauch den wirtschaftlichen Gegner in der Regel empfindlich schädigt und auch empfindlich schädigen soll, um ihn dem Willen dessen, der die Sperre verhängt, gefügig zu machen. Ein Boykott ohne Schädigungsabsicht ist daher begrifflich ausgeschlossen, ist kein Boykott im Rechtssinne. Mit der Verrufserklärung ist vielmehr ein Schädigunsvorsatz im Sinne des § 826 BGB. untrennbar verbunden. Im gegebenen Falle hat ihn aber das Berufungsgericht auch noch ausdrücklich festgestellt. Im Betriebe der Klägerin war die Arbeit der Schreiner und Stellmacher von der der Maschinenschreiner abhängig. Ohne die Vorarbeit dieser war eine Beschäftigung jener nicht möglich. Wenn die Beklagten daher durch Verhängung einer Personalsperre die Anstellung von Maschinenschreinern verhinderten, lag es auf der Hand, daß die Klägerin aus Beschäftigungsmangel sehr bald zur Entlassung der Schreiner und Stellmacher und nach und nach zur Entlassung auch anderer Arbeiter hätte schreiten müssen. Dessen waren die Beklagten, wie das Landesarbeitsgericht rechtsirrtumsfrei annimmt, sich bei ihren Kampfmaßnahmen auch völlig bewußt. Dieses Bewußtsein erfüllt aber das Tatbestandsmerkmal des Schädigungsvorsatzes und würde, da nach der Feststellung des Berufungsgerichts ein Schaden der Klägerin bereits eingetreten ist, — vorausgesetzt, daß der Boykott zugleich ein sittenwidriger war, — gemäß § 826 BGB. das Verlangen auf Beseitigung des schädigenden Zustandes, d. h. die Sperraufhebungs- und die Unterlassungsklage ohne weiteres rechtfertigen.

Trotz des Schädigungszweckes und Schädigungserfolges duldet die Rechtsordnung den Boykott als Kampfmittel im wirtschaftlichen Interessenstreite, sofern er die von ihr gesteckten zivil- und strafrechtlichen Grenzen nicht überschreitet. Sie legt aber wegen der Schwere der wirtschaftlichen Nachteile für den vom Boykott Betroffenen jedem, der einen solchen verhängt, die sittliche Pflicht auf, sorgfältig abzuwägen, ob der gegebene Tatbestand auch wirklich zur Anwendung dieses letzten und schärfsten Kampfmittels zwinge oder ob das mit ihm erstrebte Ziel nicht auf andere und einfachere Weise zu erreichen sei. Nun kann in der Hitze des Arbeits- und Wirtschaftskampfes hier und da einmal eine solche Möglichkeit übersehen werden, ohne daß demjenigen, der den Boykott erklärt, der Vorwurf der Leichtfertigkeit und Unüberlegtheit zu machen ist. Abgesehen davon müssen aber den Maßstab für die an seine Prüfungspflicht zu stellenden Anforderungen in jedem einzelnen Falle die guten Sitten, d. h. das Anstands- und Billigkeitsgefühl gerecht denkender Berufsgenossen und deren Gewissenhaftigkeit bilden. Es läßt sich daher nur auf Grund der jedesmaligen Umstände beurteilen, ob der Boykott ein sittenwidriges Eingreifen in den Interessenkreis des wirtschaftlichen Gegners darstellt.

Nicht zu bezweifeln ist, daß die Beklagten bezweckten, Gesundheitsgefahren von den Maschinenschreinern fernzuhalten. Nicht dieses Ziel, sondern das Mittel, das sie zu seiner Erreichung wählten, ist zu beanstanden. Es ist zwar richtig, daß die Beklagten einen Güteversuch gemacht und sich bereit erklärt haben, mit der Klägerin in unmittelbare Verhandlungen zu treten. Dieser Versuch schlug fehl. Die Beklagten wußten aber, — wie der Briefwechesel der Parteien vom August 1927 ergibt, — daß die Klägerin sich auf Grund des ihnen bekannten Tarifvertrages vom 16. Mai 1927 zur Einführung der Maschinenschreiner-Akkordarbeit für berechtigt hielt. Sie selbst erachteten die Akkordarbeit für unzulässig. Sie wollten also durch ihre Verhandlungen mit der

Klägerin eine andere Handhabung des genannten Tarifvertrages oder ihm entgegenstehende Arbeitsbedingungen zugunsten der Maschinenschreiner erwirken. Darauf durfte sich die Klägerin, ohne sich mit I Nr. 2 des Rahmentarifs in Widerspruch zu setzen, nicht einlassen. Die von der Revision angeregte Frage, ob diese Vorschrift rechtswirksam und mit Artikel 165 der Reichsverfassung oder sonstigen das Arbeitsrecht beherrschenden Grundsätzen vereinbar sei, bedarf im gegebenen Falle keiner Entscheidung. Die Tarifvertragsparteien und die Klägerin erachteten, wie auch den Beklagten bekannt war, die Bestimmung unter I Nr. 2 des Rahmentarifs jedenfalls für rechtsgültig. Deshalb durfte von der Klägerin nicht verlangt werden, daß sie sich als einzelne Arbeitgeberin über sie hinwegsetze. I Nr. 2 a. a. O. enthält zwar nicht, wie der Berufungsrichter rechtsirrigerweise annimmt, einen Vertrag zugunsten der Beklagten, verwies diese aber ausdrücklich auf die ohnehin bestehende Möglichkeit, bezüglich der Festsetzung von Arbeitsbedingungen für die ihnen angegliederten Arbeiter in berufsfremden Betrieben die Mitwirkung des Deutschen Metallarbeiter-Verbandes in Anspruch zu nehmen und ihre eigene Teilnahme an diesbezüglichen Verhandlungen nachzusuchen. Tatsächlich haben die Beklagten in früheren Jahren auch durch Vermittelung eines der drei Metallarbeiterverbände mit einzelnen Metallindustriellen verhandelt. Auch im vorliegenden Falle stand ihnen dieser Weg offen. Sie behaupten jedoch, sein Beschreiten sei ihnen als selbständigen Arbeitnehmerorganisationen nicht anzusinnen, während sie andererseits der Klägerin ein tarifwidriges und daher den ihrer Organisation gegenüber eingegangenen Verpflichtungen zuwiderlaufendes Verhalten zumuten. Das ist nicht zu billigen und legt die Vermutung nahe, daß die Beklagten neben der Wahrnehmung der Belange der Maschinenschreiner auch beabsichtigten, die Klägerin und die Tarifvertragsparteien ihre wirtschaftliche Macht fühlen zu lassen und sie zu zwingen, von der ihnen, den Beklagten, nicht genehmen Bestimmung I Nr. 2 a. a. O. keinen Gebrauch zu machen. Die Klägerin, welcher der Wortlaut des Tarifvertrags und die sonstigen vom Berufungsgericht geschilderten Verhältnisse wenigstens in subjektiver Beziehung zur Seite standen, hatte keinen unmittelbaren Anlaß, die Vermittelung der Metallarbeiterverbände nachzusuchen. Die Beklagten durften aber, wenn sie sich durch die Verrufserklärung nicht ins Unrecht setzen wollten, sich einem solchen Ersuchen nicht entziehen. Daß der Tarifvertrag vom 16. Mai 1927 sie nicht band, ist unerheblich. Ihr Unrecht bestand darin, daß sie einen offen zutage liegenden Weg zur friedlichen Regelung der Angelegenheit unbeachtet ließen.

Den Beklagten stand aber zur Erreichung ihres Zieles noch ein weiteres viel einfacheres und unschädlicheres Mittel zur Verfügung, als der Boykott es war. Fühlten sich nämlich die 14 Maschinenschreiner allein unter den 600 Arbeitern der Klägerin durch die Einführung des Akkordsystems beschwert, so war für sie die verständigste und auf der Hand liegende Lösung die, die unter XI. des Tarifvertrages vom 16. Mai 1927 vorgesehene Schiedsstelle anzurufen. Auf diesen Weg hat sie die Klägerin auch noch ausdrücklich aufmerksam gemacht. Die Behauptung der Revision, daß die Klägerin den Maschinenschreinern gegenüber von vornherein einen Herrenstandpunkt eingenommen habe, trifft daher nicht zu. Sie hat mit ihnen verhandelt und, wie schon hervorgehoben, sich mit einer Entscheidung des Akkordstreites durch den zuständigen Schiedsausschuß einverstanden erklärt. Erst als die Verhandlungen mit den Maschinenschreinern über die Wiederaufnahme der Arbeit scheiterten, kam es zur fristlosen Entlassung. Auch jetzt noch stand es den Maschinenschreinern frei, sich an den Schiedsausschuß zu wenden, da sie sich zu Unrecht entlassen, also noch als Betriebsangehörige fühlten, und ihr Streit mit der Klägerin sich um die Frage drehte, ob die Akkordarbeit für die Maschinenschreiner tarifgemäß oder tarifwidrig war. Es handelte sich somit um einen Streit über die Auslegung des Rahmentarifvertrages zwischen Tarifangehörigen, zu denen auch die Maschinenschreiner zu rechnen waren, da die tarifvertraglichen Normen kraft Vereinbarung Bestandteil ihrer Arbeitsverträge geworden waren. Denn daß der Tarifvertrag vom 16. Mai 1927 zu den Tarifverträgen gehörte, welche den „Betrieb der Klägerin“ im Sinne der Einleitung ihrer Arbeitsordnung „banden“, kann nicht in Zweifel gezogen werden. Warum die Maschinenschreiner nicht einen Versuch, eine Entscheidung der Schiedsstelle herbeizuführen, gemacht haben, ist unverständlich. Aber noch unverständlicher ist es, daß die Beklagten ihnen gegenüber nicht auf einem solchen bestanden haben. Sollten die Beklagten aber, was bei ihrer Stellung im Wirtschaftsleben kaum anzunehmen ist, der Meinung gewesen sein, daß XI. des Rahmentarifs auf die Maschinenschreiner keine Anwendung finde, so blieb diesen immer noch die Kündigungseinspruchklage oder eine Lohnklage in Verbindung mit oder ohne Inzidentfeststellungsklage dahin, daß die Klägerin zur Einführung der Akkordarbeit und zu ihrer, der Maschinenschreiner, fristlosen Entlassung nicht berechtigt gewesen sei. Zu einer dieser Klagen mußten die Beklagten vor der Verhängung der Sperre jedenfalls raten; durch sie oder durch Verhandlungen über den Metallarbeiterverband hätten sich voraussichtlich alle Streitpunkte ohne Schwierigkeit und vor allem ohne Erschütterung des klägerischen Betriebes und ohne Gefährdung hunderter am Streit unbeteiligter Arbeiter erledigen lassen. Die Beklagten zogen es jedoch vor, sofort nach der, wie betont, durch den Wortlaut des Tarifvertrags vom 16. Mai 1927 gerechtfertigten Ablehnung ihres Verhandlungsvorschlags zu der scharfen Waffe des Boykotts zu greifen. Hätten sie aber ihrer sittlichen Pflicht genügt und die gegebenen tatsächlichen und rechtlichen Verhältnisse mit der gebotenen Gewissenhaftigkeit geprüft, so hätten sie — ohne Überspannung der an ihre Einsicht und ihr Verantwortlichkeitsgefühl zu stellenden Anforderungen — unschwer zu dem Ergebnis gelangen müssen, daß diese die Entfesselung eines schweren Wirtschaftskampfes nicht zu rechtfertigen vermochten und daß die Verrufserklärung nach Lage des Falles mit den Anschauungen und dem Billigkeitsgefühl anständig und gerecht denkender unbeteiligter Berufsgenossen nicht vereinbar sei. Daß die Beklagten zu einem solchen Ergebnisse nicht gelangt sind und die ihnen gebotenen verschiedenen Möglichkeiten, die berechtigten Interessen der Maschinenschreiner unter Vermeidung eines Boykotts sachgemäß wahrzunehmen, nicht erkannt und nicht benutzt haben, stellt eine erhebliche und unentschuldbare Verletzung der ihnen obliegenden Sorgfalts- und Prüfungspflicht dar, und diese grobe Fahrlässigkeit stempelt unter den gegebenen Umständen die von den Beklagten gewollte Schädigung der Klägerin zu einer unsittlichen im Sinne des § 826 BGB.

Ist dem aber so, dann bedarf es keiner Erörterung der Frage, ob die Schilderung des Sachverhalts in den Zeitungen nicht etwa nur — vielleicht entschuldbare — Übertreibungen, sondern einen schuldhaften Verstoß gegen die weitere sittliche Pflicht der Beklagten enthält, den zur Unterstützung des Boykotts angerufenen Personen eine wahrheitsgemäße Darstellung des Tatbestandes zu geben. Es soll aber nicht unerwähnt bleiben, daß nicht nur einzelne Ausdrücke, sondern der Gesamtinhalt der nach der Feststellung des Berufungsgerichts sich an alle Maschinenschreiner und alle Düsseldorfer Holzarbeiter wendenden Zeitungsartikel darauf abgestellt waren, den Eindruck zu erwecken, als hätte die Klägerin den Maschinenschreinern etwas Unerlaubtes, Unerhörtes zugemutet, als hätten die Beklagten alle irgend gangbaren Wege, zu einer gütlichen Einigung zu kommen, erschöpft und als wären diese Versuche lediglich an der Halsstarrigkeit und der Verständnislosigkeit der Klägerin für die berechtigten Interessen und Forderungen der Maschinenschreiner gescheitert. Das aber entspricht, wie aus obigem erhellt, sicher nicht der Wahrheit. Richtig ist vielmehr, daß die Beklagten durch die vorschnelle Verrufserklärung eine sachgemäße Behandlung und Klärung des Streitverhältnisses vereitelt haben.

Ebensowenig bedarf es einer Entscheidung darüber, ob die von den Beklagten für die Klägerin heraufbeschworene Gefahr der Betriebsstillegung nicht in auffälligem Mißverhältnis zu dem von ihnen erstrebten Erfolge stand. Schon allein die Tatsache, daß die Beklagten es grobfahrlässig verschmähten, die zwischen ihnen und der Klägerin bestehenden Meinungsverschiedenheiten auf einem der geschilderten natürlichen und von der Rechtsordnung gewiesenen Wege auszutragen, kennzeichnet den übereilten Boykott im gegebenen Falle als einen sittenwidrigen. Die etwaige Überzeugung der Beklagten von seiner Berechtigung beruht, wie gezeigt, auf grober Fahrlässigkeit und kann daher ihrem Verhalten den Charakter der Sittenwidrigkeit nicht nehmen. Diese Auffassung steht auch mit der bisherigen Rechtsprechung des Reichsgerichts in Boykottstreitigkeiten im Einklang (vgl RGZ. Bd. 51 S. 370 flg., Bd. 71 S. 112, Bd. 76 S. 35; JW. 1912 S. 749 Nr. 14, S. 810 Nr. 34; 1915 S. 913 Nr. 3).

Schließlich kann auch dahingestellt bleiben, ob die Beklagten zugleich der Vorwurf einer rechtswidrigen und schuldhaften Störung des klägerischen Gewerbetriebs, also eines Verstoßes gegen § 823 Abs. 1 BGB. trifft. Denn die vorstehenden Erwägungen, denen gegenüber alle Angriffe der Revision, auch soweit sie nicht besonders erwähnt und widerlegt sind, teils unbegründet teils unerheblich erscheinen, lassen die Klaganträge jedenfalls aus dem Gesichtspunkte des § 826 BGB. gerechtfertigt erscheinen.

RAG. 1, 294.

Gehört es zu den Aufgaben der Geschäftsführung der Betriebsvertretung, der Belegschaft die im Werk geltenden Akkordsätze durch Anschlag am schwarzen Brett zur Kenntnis zu bringen? Entgegenstehendes berechtigtes Interesse des Arbeitgebers.

Betriebsrätegesetz § 93 Nr. 3, § 36.

Reichsarbeitsgericht. Beschl. v. 28. März 1928.

Arbeitsgericht Gotha.

Der Arbeiterrat des Werkes G. der Antragsgegnerin hat die im Werke geltenden Akkordsätze der Belegschaft am schwarzen Brett zur Kenntnis bringen wollen. Die Antragsgegnerin hat diese Bekanntmachung verboten. Auf den Antrag der durch den Arbeiterrat vertretenen Arbeiterschaft hat das Arbeitsgericht den Arbeiterrat für berechtigt erklärt, die im Werk G. geltenden Akkordsätze der Belegschaft am schwarzen Brett zur Kenntnis zu bringen. Die hiergegen eingelegte Rechtsbeschwerde der Antragsgegnerin ist zurückgewiesen aus folgenden Gründen:

. . . Soweit die Rechtsbeschwerde rügt, daß im angefochtenen Beschlusse nicht angegeben sei, welcher von den im § 2 Nr. 5 ArbGG. erschöpfend aufgeführten Fällen entschieden sei, ist die Rüge unbegründet. Daß das Arbeitsgericht einen Fall des § 93 Nr. 3 BRG. als vorliegend angenommen hat, kann nach den Ausführungen des Beschlusses nicht zweifelhaft sein. Daß die in Betracht kommende Gesetzesstelle von dem Arbeitsgericht ausdrücklich bezeichnet werde, ist vom Gesetze nicht vorgeschrieben. Der in der Rechtsbeschwerde weiter vertretenen Auffassung, daß ein Fall des § 93 BRG. nicht gegeben sei, kann nicht beigetreten werden. Es kann dahingestellt bleiben, ob die Meinung des Arbeitsgerichts, daß die Akkordsätze durch Betriebsvereinbarung festgelegt seien, und der Arbeiterrat aus diesem Grunde Interesse an der Bekanntgabe habe, auf Irrtum beruht oder nicht. Die von dem Arbeitsgericht mit Recht angenommene Zuständigkeit zur Entscheidung der Streitigkeit wird dadurch nicht berührt. Die vorliegende Streitigkeit betrifft in jedem Falle die Geschäftsführung der Betriebsvertretung. Diese sieht es als Aufgabe ihrer Geschäftsführung an, die Akkordsätze der Arbeiterschaft durch Anschlag am schwarzen Brett bekanntzumachen, während die Antragsgegnerin die Bekanntgabe nicht zulassen will. Damit ist die Zuständigkeit des Arbeitsgerichts nach § 2 Nr. 5 ArbGG., § 93 Nr. 3 BRG. gegeben.

Sachlich erblickt die Revision eine Rechtsverletzung darin, daß das Arbeitsgericht die Bekanntgabe der Akkordsätze als zum Bereich der Geschäftsführung des Arbeiterrates gehörig angesehen und diesen für befugt erachtet habe, die Bekanntmachung am schwarzen Brett vorzunehmen. Auch in dieser Beziehung ist die Revisionsrüge unbegründet. Im § 36 BRG. ist bestimmt, daß der Arbeitgeber für die laufende Geschäftsführung die nach Umfang und Beschaffenheit des Betriebes und der gesetzlichen Aufgaben des Betriebsrates erforderlichen Geschäftsbedürfnisse zur Verfügung zu stellen hat. Daß hierzu auch die Verpflichtung gehören kann, der Betriebsvertretung die Möglichkeit von Bekanntmachungen an die Arbeiterschaft durch Anschlag am sog. schwarzen Brett zu gewähren, kann nicht zweifelhaft sein, wird auch von der Antragsgegnerin selbst nicht bestritten. Diese vertritt vielmehr nur den Standpunkt, daß die Bekanntgabe der Akkordsätze nicht zu den gesetzlichen Aufgaben der Betriebsvertretung gehöre, es im übrigen auch der Bekanntgabe durch den Arbeiterrat gar nicht bedürfe, da die Bekanntgabe Sache des Einzelvertrages sei und die Akkordsätze jedem einzelnen beteiligten Arbeiter im Lohnbüro zur Einsicht zur Verfügung ständen. Dieser Auffassung der Antragsgegnerin kann nicht beigetreten werden. Dem Betriebsrat liegt neben der Unterstützung des Arbeitgebers in der Erfüllung der Betriebszwecke die Wahrnehmung der Interessen der Belegschaft des Betriebes ob. Aus dieser allgemeinen Stellung der Betriebsvertretung ergibt sich als allgemeiner Aufgabenkreis, alles zu tun, was die Interessen der Arbeiterschaft zu fördern dienlich ist. Diesem Zweck dient auch die Orientierung der Arbeitnehmer über ihre Lohnverhältnisse durch Bekanntgabe der, sei es durch Tarif, sei es durch Betriebsvereinbarung, geregelten Lohnbedingungen an einer für allgemeine Bekanntmachungen bestimmten Stelle, damit jeder Arbeitnehmer in der Lage ist, sich im Zweifelsfalle über die bestehenden Lohnsätze Gewißheit zu verschaffen. Insoweit hat das Arbeitsgericht ohne Rechtsirrtum angenommen, daß die Bekanntmachung der Akkordsätze in den Kreis der Aufgaben und der Geschäftsführung der Betriebsvertretung fällt. Indessen darf eine solche eine Annehmlichkeit für die Arbeiterschaft bedeutende Maßnahme naturgemäß nicht gegen das berechtigte Interesse des Arbeitgebers verstoßen. Die Antragsgegnerin hat im vorliegenden Falle ein solches berechtigtes Interesse dahin geltend gemacht, daß durch den Aushang der Akkordsätze Betriebsgeheimnisse gefährdet würden. Würde das der Fall sein, so würde allerdings der Antragsgegnerin das Recht zuzugestehen sein, den Aushang zu verbieten. Denn ihre sich aus § 36 BRG. ergebende Verpflichtung, dem Betriebsrat Bekanntmachungen am schwarzen Brett zu ermöglichen, findet ihre Grenze in einem entgegenstehenden berechtigten und überwiegenden eigenen Interesse. Das hat auch das Arbeitsgericht nicht verkannt. Es hat jedoch den Standpunkt der Antragsgegnerin, durch die Bekanntmachung würden Betriebsgeheimnisse gefährdet, nicht als berechtigt anerkannt. Allerdings läßt sich mit dem Arbeitsgericht aus § 71 Abs. 1 BRG. die Folgerung, daß die Akkordsätze nicht unter die Betriebsgeheimnisse fielen, nicht ziehen. Auf dieser Folgerung beruht aber auch die angefochtene Entscheidung nicht. Wenn das Berufungsgericht in dem angefochtenen Beschlusse ausgeführt hat, die Antragsgegnerin habe ihre Behauptung, durch den Aushang würden Betriebsgeheimnisse gefährdet, nicht bewiesen, so hat es damit zum Ausdruck gebracht, daß die Darlegungen der Antragsgegnerin in dieser Beziehung es nicht überzeugt hätten, daß es also nicht in der Lage sei, eine Gefährdung von Betriebsgeheimnissen durch die Bekanntmachung der Akkordsätze festzustellen. Das sind aber Erwägungen rein tatsächlicher Art, die mit der Rechtsbeschwerde nicht angreifbar und daher auch der Nachprüfung des Beschwerdegerichts entzogen sind. Konnte aber das Arbeitsgericht nicht feststellen, daß eine Gefährdung von Betriebsgeheimnissen in Frage komme und insoweit ein berechtigtes Interesse der Antragsgegnerin entgegenstehe, so ist auch seine Entscheidung, daß der Arbeiterrat zur Bekanntgabe berechtigt sei, rechtlich nicht zu beanstanden. . . .

RAG. 1, 306.

1. Verletzt der am Tarifvertrag als Vertragspartei beteiligte Arbeitgeber die ihm aus dem Tarifvertrag obliegende Friedenspflicht, wenn er Arbeitgeber, welche tarifvertraglich festgesetzte Mehrarbeit verweigeru, ohne zuvorigen Anruf der anderen Vertragspartei fristlos entläßt?

2. Schadensersatzpflicht wegen Zahlung von Unterstützungsgeldern an Arbeitnehmer, die wegen Verweigerung tarifvertraglich festgesetzer Mehrarbeit fristlos entlassen worden sind?

TarifvertragsVo. v. 23. Dezember 1918. § 1.

Reichsarbeitsgericht. Urt. v. 22. Februar 1928.

I. Arbeitsgericht Brandenburg. — II. Landesarbeitsgericht Berlin.

Für die bei der Klägerin beschäftigten Arbeiter gilt der durch Entscheidung der Reichsarbeitsverwaltung vom 7. Mai 1925 für allgemeinverbindlich erklärte Manteltarifvertrag für die nordostdeutsche Textilindustrie vom 16. Januar 1925, in dessen § 5 bestimmt ist, daß bis zum Erlaß des in Aussicht stehenden Arbeitszeitgesetzes die Arbeitszeit durch Sonderabkommen geregelt werde, und daß nach Erlaß des neuen Arbeitszeitgesetzes die Parteien eine Neuregelung der Arbeitszeitbestimmungen vornehmen müßten. Im § 7 ist vorgesehen, daß die Stundenzeitlöhne durch Sondervereinbarung örtlich oder branchenweise geregelt würden. An dem Abschlusse dieses Tarifvertrags ist die Klägerin weder selbst noch durch einen Verband, dem sie angehörte, beteiligt gewesen. Am 11. April 1927 ist in einem Lohn- und Tarifvertragsstreit zwischen „dem Deutschen Textilarbeiterverband Filiale Brandenburg/Havel" und drei Firmen der Textilbranche, darunter der Klägerin, vor dem Schlichter für den Bezirk Brandenburg und Grenzmark ein schriftlicher Vergleich geschlossen worden, der auf der Arbeitnehmerseite von dem Gauleiter der Gauverwaltung Berlin-Brandenburg, Franz K., unterzeichnet worden ist. In dem Vergleich ist ein Lohntarif festgesetzt und ein Arbeitszeitabkommen mit Wirkung ab 1. Januar 1927 getroffen worden. In diesem letzteren ist vorgesehen, daß die regelmäßige wöchentliche Arbeitszeit von 48 Stunden um 3 Stunden verlängert werden kann, daß für eine Verlängerung der Arbeitszeit über 51 Stunden in der Woche hinaus es der Zustimmung der gesetzlichen Betriebsvertretung oder der am Vertrag beteiligten Organisationen bedarf. Für den Fall, daß die Zustimmung zur Mehrarbeit nicht erteilt würde, sollte eine örtliche Kommission, deren Zusammensetzung in den Bestimmungen vorgeschrieben ist, endgültig und bindend über die Zulässigkeit der Mehrarbeit entscheiden. Die Klägerin hatte bereits im Mai 1927 die Einführung der 54stündigen Arbeitszeit angestrebt. Da die Zustimmung zur Mehrarbeit verweigert wurde, hat ein auf Grund des Vergleichs vom 11. April 1927 zusammengetretenes Schiedsgericht die Arbeitszeit bei der Klägerin durch Entscheidung vom 31. Mai 1927 vom 1. Juni 1927 ab für drei Monate auf 54 Stunden erhöht. Am 1. Juni 1927 legten 274 Arbeitnehmer der Klägerin eine Stunde vor Ablauf der aus der Entscheidung vom 31. Mai 1927 sich ergebenden Arbeitszeit die Arbeit nieder und weigerten sich, Mehrarbeit zu leisten. Die Klägerin erließ darauf am 2. Juni 1927 eine Bekanntmachung, in der sie darauf hinwies, daß, wer an diesem Tag wiederum die Arbeit vor Ablauf der festgesetzten Arbeitszeit verlasse, sich auf Grund des § 123 Ziff. 3 GewO. als fristlos entlassen zu betrachten habe. Trotzdem verweigerten die 274 Arbeitnehmer an diesem Tage wiederum die Mehrarbeit und verließen die Arbeitsstätte eine Stunde vor Ende der Arbeitszeit. Daraufhin machte die Klägerin am 3. Juni 1927 durch Aushang bekannt, daß diejenigen Arbeitnehmer, die am 2. Juni 1927 die Arbeit um 4 Uhr nachmittags niedergelegt hätten, fristlos entlassen seien.

Die Klägerin hat die Beklagten auf Schadensersatz in Anspruch genommen. Sie hat geltend gemacht, die Beklagten zu 1, 2 und 3, 1. die Gauverwaltung Berlin-Brandenburg des Deutschen Texilarbeiterverbandes, 2. der Deutsche Textilarbeiterverband und 3. die Ortsverwaltung Brandenburg dieses Verbandes hätten nichts getan, um die Arbeiterschaft zur Einhaltung ihrer tarifvertraglichen Verpflichtungen anzuhalten, im Gegenteil habe der Geschäftsführer der Beklagten zu 3, der Beklagte zu 4, durch sein Verhalten die ausständigen Arbeiter durch Äußerungen und durch Veröffentlichung von Zeitungsartikeln in ihrem Tun bestärkt; die Beklagten zu 1 und 3 hätten auch, erstmalig am 13. Juni 1927, für die Zeit vom 1. Juni 1927 Unterstützungsgelder an die entlassenen Arbeitnehmer durch den Beklagten zu 4 ausgezahlt. Die

Klägerin hat Klage auf Zahlung von 10 000 RM Schadensersatz gegen die vier Beklagten erhoben.

Das Arbeitsgericht hat die Klage abgewiesen. Die Berufung der Klägerin ist zurückgewiesen. Die hiergegen gerichtete Revision hatte teilweise Erfolg.

Gründe:

Das Berufungsgericht ist bei seiner Entscheidung zunächst davon ausgegangen, daß der am 11. April 1927 vor dem Schlichter abgeschlossene Vergleich als ein selbständiger Tarifvertrag im Sinne des § 1 TarifVo. vom 23. Dezember 1918 anzusehen sei, der die in der Natur und im innersten Wesen eines Tarifvertrags begründete Friedenspflicht den Vertragsparteien auferlegt habe. Die Auffassung ist rechtlich nicht zu beanstanden. Durch den schriftlichen Vergleich wurden Arbeitsbedingungen für den Abschluß von Arbeitsverträgen zwischen mehreren Arbeitgebern, darunter der Klägerin, und einer Arbeitnehmervereinigung geregelt; der Vergleich erfüllt also die Erfordernisse des § 1 der TarifVo. und verpflichtete die an dem Vertragsschlusse Beteiligten, auch wenn dies im Vertrag nicht ausdrücklich ausgesprochen war, zur Einhaltung des Arbeitsfriedens (RGZ. Bd. 113 S. 198), d. h. dazu, alles zu unterlassen, was geeignet sein könnte, den Arbeitsfrieden auf der Grundlage und für die Dauer der Geltung des Tarifvertrags zu stören, und auf der anderen Seite mit allen Mitteln zur Erhaltung des Arbeitsfriedens auf der Grundlage des geschlossenen Tarifvertrags hinzuwirken. Eine Verletzung der durch den Vergleich vom 11. April 1927 begründeten Friedenspflicht würde daher die Beklagten zu 1 bis 3, sofern sie als Tarifvertragsparteien des Vergleichs zu gelten haben, zum Ersatz des der Klägerin durch eine Vertragsverletzung, d. h. durch eine Verletzung der Friedenspflicht entstandenen Schadens verpflichten. Das Berufungsgericht hat die Beklagten zu 1 bis 3 sämtlich als Vertragsparteien des Vergleiches und daher als passiv legitimiert erachtet. Nach den Feststellungen des Berufungsgerichts hat der Hauptverband, der Beklagte zu 2, seine Passivlegitimation als Vertragspartei des Vergleichs nicht bestritten. Die Passivlegitimation des Beklagten zu 1, des Gauverbandes, und des Beklagten zu 3, der Ortsgruppe, hat das Berufungsgericht deshalb als gegeben erachtet, weil nach der Vergleichsurkunde vom 11. April 1927 der Vergleich in dem Lohn- und Tarifstreit zwischen „dem Deutschen Textilarbeiterverband Filiale Brandenburg" und den Arbeitgebern geschlossen und vom Gauleiter Kotzke namens der vertragschließenden Arbeitnehmervereinigung unterzeichnet worden sei. Daraus ergebe sich, so meint das Berufungsgericht, daß sowohl die als „Filiale Brandenburg" bezeichnete Ortsgruppe als auch die Gauverwaltung, deren Leiter Kotzke sei, als Vertragsparteien den Vertrag geschlossen hätten. Diese Auffassung, die von den Beklagten zu 1 und 3 in der Revision bekämpft wird, erscheint rechtlich nicht einwandfrei. Zwar gibt die Annahme des Berufungsgerichts, daß sowohl die Gauverwaltung Berlin-Brandenburg als auch die Ortsgruppe Brandenburg als tarifvertragsfähig anzusehen seien, nach den getroffenen Feststellungen zu Beanstandungen keinen Anlaß (vgl. hierzu RGZ. Bd. 118 S. 196 und RG. Urteil vom 25. Mai 1927 — II 438/27 — in JW. 1927 S. 2363). Indessen gibt die Vergleichsurkunde nicht ohne weiteres Anhaltspunkte dafür, daß der Vergleich namens beider abgeschlossen worden ist. Es besteht die Möglichkeit, daß K. als Vertreter der Ortsgruppe Brandenburg aufgetreten ist und namens dieser den Vergleich abgeschlossen hat; es besteht aber auch die Möglichkeit, daß er lediglich als Vertreter der Gauleitung gehandelt hat, es ist endlich die Möglichkeit nicht ausgeschlossen, daß K. von dem Hauptverbande, der ja seine Passivlegitimation nicht bestreitet, mit der Vertretung bei den Vergleichsverhandlungen beauftragt war und namens dieses den Vergleich abgeschlossen hat. Da die Beklagten zu 1 und 3 ihre Passivlegitimation bestreiten, hätte das Berufungsgericht Veranlassung nehmen müssen, mit den Parteien zu erörtern, in wessen Namen und in welcher Eigenschaft K. bei Abschluß des Vergleiches gehandelt hat, um feststellen zu können, wer als Vertragspartei des Vergleichs vom 11. April 1927 anzusehen ist. Diese Frage ist auch von Bedeutung für die Rechtswirksamkeit der von dem örtlichen Schiedsgericht am 31. Mai 1927 getroffenen Entscheidung. Denn in dem Vergleiche vom 11. April 1927 ist bestimmt, daß die zur Entscheidung über die Zulässigkeit der Mehrarbeit zu bildende örtliche Kommission neben dem unparteilichen Vorsitzenden aus je 2 Vertretern der Tarifparteien zusammengesetzt sein solle. Unstreitig sind nun die beiden Arbeitnehmervertreter, die dem Schiedsgericht am 31. Mai 1927 angehört haben, von dem Beklagten zu 4 benannt worden. Ob sie als Vertreter der Tarifpartei im Sinne des Vergleichs vom 11. April 1927 der Schiedsgerichtskommission angehört haben und daher diese Kommission entsprechend den Bestimmungen des Vergleichs zusammengesetzt gewesen ist, wird daher von der Feststellung abhängen, ob die Benennung der beiden Kommissionsmitglieder namens einer Tarifpartei erfolgt ist und ob der Beklagte zu 4 zu dieser Benennung ermächtigt war.

Aber auch in einer anderen Richtung ist die Revision betr. der Beklagten zu 1 bis 3 für begründet zu erachten. Das Arbeitsgericht hat, obgleich es die Passivlegitimation der Beklagten zu 1 bis 3 angenommen hat, die Klage doch abgewiesen, weil die Klägerin ihrerseits zunächst die ihr obliegende Friedenspflicht dadurch verletz habe, daß sie dem Verbande nicht von dem ausgebrochenen Wirtschaftskampf Mitteilung gemacht und vor der Entlassung der Arbeiter nicht alle ihr zu Gebote stehenden Mittel, für den Wirtschaftsfrieden einzustehen, erschöpft habe; damit seien die Beklagten von der ihnen nach dem Vertrage obliegenden Friedenspflicht frei geworden. Die Revision rügt demgegenüber mit Recht, daß das Berufungsgericht dabei außer acht gelassen habe, daß, unabhängig von der obligatorischen Friedenspflicht, die Klägerin das Recht gehabt habe, gegenüber den die Arbeit verweigernden Arbeitnehmern die aus der Verletzung der Einzelarbeitsverträge sich ergebenden Rechtsfolgen zu ziehen. War, was im Sinne des Berufungsgerichts unterstellt werden soll, die Kommission vom 31. Mai 1927 entsprechend den Bestimmungen des Vergleiches vom 11. April 1927 zusammengesetzt, so war durch deren Entscheidung die 54stündige Arbeitszeit verbindlich festgesetzt. Der Einwand der Beklagten, daß die Kommission vor dem 1. Juni 1927 nicht habe gebildet werden dürfen, ist vom Berufungsgericht aus zutreffenden Gründen nicht für begründet erachtet. Indem die 274 Arbeitnehmer dann trotz der für sie verbindlich festgesetzten Arbeitszeit die Arbeit am 1. Juni 1927 eine Stunde zu früh niederlegten und trotz der Aufforderung am 2. Juni das gleiche Verhalten wiederholten, machten sie sich der beharrlichen Arbeitsverweigerung im Sinne des § 123 Ziff. 3 GewO. schuldig; die Klägerin war daher berechtigt, die 274 Arbeitnehmer auf Grund des § 123 Ziff. 3 GewO. fristlos zu entlassen. Die Maßnahme bedeutet lediglich die Ausübung eines der Klägerin den einzelnen Arbeitnehmern gegenüber zustehenden gesetzlichen Rechts. Dieses der Klägerin auf Grund der Einzelarbeitsverträge zustehende Recht war auch nicht eingeschränkt durch die von ihr durch den Abschluß des Vergleichs vom 11. April 1927 der Arbeitnehmerorganisation gegenüber übernommene allgemeine Friedenspflicht; insbesondere war sie, nachdem am 1. Juni 1927 eine größere Anzahl Arbeitnehmer ohne weiteres die Mehrarbeit verweigert hatte und damit — immer unter der Voraussetzung der Rechtswirksamkeit des Schiedsspruches vom 31. Mai 1927 — kontraktbrüchig geworden war, berechtigt, diesen Arbeitnehmern gegenüber die ihr geeignet erscheinenden Gegenmaßregeln zu treffen, ohne vorher der am Abschluß des Vergleichs beteiligten Arbeitnehmerorganisation davon Mitteilung machen zu müssen. Diese Auffassung widerspricht auch keineswegs den in der Entscheidung des

III. Zivilsenats vom 9. Juni 1925 (RGZ. Bd. 111 S. 105 ff.) dargelegten Grundsätzen, wonach es unter Umständen als im Sinn und Zweck der Friedensklausel liegend erachtet werden kann, daß die Tarifvertragsparteien sich vor Ausbruch eines Wirtschaftskampfes miteinander in Verbindung setzen und sich bei Anwendung der zu seiner Vermeidung zweckdienlichen Mittel gegenseitig unterstützen. Angesichts einer offenen Arbeitsverweigerung konnte die Klägerin das ihr den einzelnen Arbeitnehmern gegenüber nach dem Gesetz zustehenden Recht der fristlosen Entlassung ausüben, ohne dadurch die ihr nach dem Vergleich vom 11. April 1927 obliegende Friedenspflicht zu verletzen. Das Berufungsurteil beruht deswegen auch insofern auf einem Rechtsirrtum, als es angenommen hat, daß die Klägerin zunächst ihre Friedenspflicht verletzt habe und dadurch die Beklagten zu 1 bis 3 ihrerseits von der Verpflichtung zur Einhaltung des Arbeitsfriedens frei geworden seien. Der Umstand, daß die Klägerin es unterlassen hat, sich an die Beklagten zu wenden und, wie von der Beklagten behauptet wird, das Vermittlungsangebot des Beklagten zu 4 sogar abgelehnt hat, würde höchstens für die Frage, ob ein nach § 254 BGB. zu berücksichtigendes eigenes Verschulden der Klägerin vorliegt, in Betracht kommen können.

Das angefochtene Urteil war hiernach, soweit die Beklagten zu 1 bis 3 in Betracht kommen, aufzuheben und insoweit die Sache in die Vorinstanz zurückzuverweisen. Das Landesarbeitsgericht wird bei der erneuten Verhandlung und Entscheidung auch noch folgende Gesichtspunkte zu berücksichtigen haben.

War die Klägerin zur fristlosen Entlassung der die Mehrarbeit verweigernden Arbeitnehmer berechtigt, so schieden diese mit der Entlassung aus dem Dienstverhältnis bei der Klägerin endgültig aus. Das Arbeitsverhältnis war ordnungsmäßig gelöst. Wenn nunmehr die Gewerkschaft ihren infolge Arbeitsverweigerung entlassenen und aus dem Arbeitsverhältnis bei der Klägerin endgültig ausgeschiedenen Mitgliedern etwa in Erfüllung der ihr diesen gegenüber obliegenden Verbandspflichten Unterstützungsgelder zahlte, so wird darin eine Verletzung der sich aus dem Tarifvertrag ergebenden Pflichten nicht ohne weiteres erblickt werden können. Daß die Arbeitsverweigerung, die die Veranlassung zur fristlosen Entlassung war, von einer der Beklagten zu 1 bis 3 veranlaßt oder begünstigt worden war, ist vom Berufungsgericht bisher nicht festgestellt. Es wird daher, soweit ein solches Verhalten nicht festgestellt werden kann, das Berufungsgericht weiter zu prüfen haben, ob und inwieweit überhaupt in dem *nach* der Entlassung der 274 Arbeitnehmer liegenden Verhalten derjenigen Beklagten zu 1 bis 3, die nach dem Vergleiche vom 11. April 1927 als passiv legitimiert anzusehen sind, noch eine die Vertragspflichten verletzende Handlung, durch die die Klägerin geschädigt worden ist, vorliegt. Im Zusammenhange damit wird die weitere Frage von Erheblichkeit sein können, ob für die Beklagten eine Verpflichtung bestand, ihre von der Klägerin entlassenen Mitglieder zum Abschluß neuer Arbeitsverträge mit der Klägerin zu bestimmen (vgl. hierzu RGZ. Bd. 118 S. 200).

Soweit das angefochtene Urteil die gegen den Beklagten zu 4 gerichtete Klage abgewiesen hat, ist die Revision unbegründet. Eine vertragliche Haftung des Beklagten zu 4 kommt nicht in Betracht, weil er an dem Abschluß des Vergleichs vom 11. April 1927 nicht beteiligt gewesen ist (vgl. RG. in JW. 1927 S. 2363). Soweit die Klage gegen ihn auf unerlaubte Handlung aus § 826 BGB. gestützt ist, läßt das die Voraussetzungen von § 826 BGB. nicht als vorliegend erachtende Berufungsurteil einen Rechtsirrtum nicht erkennen. . . .

RAG. 1, 336.

1. Hat ein Arbeitnehmer, der infolge der mit seiner Wahl zum Betriebsratsvorsitzenden notwendig verbundenen Versäumung von Arbeitsstunden aus betriebstechnischen Gründen mit seiner Zustimmung an eine weniger gut bezahlte Arbeitsstelle versetzt wird, trotzdem einen vertraglichen Anspruch auf Weiterzahlung des bisherigen höheren Lohnes?

2. Ist § 95 BRG. ein Schutzgesetz?

BRG. §§ 35, 95, 99 Abs. 1. BGB. §§ 134, 823 Abs. 2.

Reichsarbeitsgericht. Urt. v. 30. April 1928.

I. Arbeitsgericht Hindenburg. — II. Landesarbeitsgericht Gleiwitz.

Der Kläger war seit März 1924 in der Gasschweißerei der Beklagten als Zuschläger beschäftigt. Nachdem er zum Vorsitzenden des Betriebsrats gewählt worden war, wurde er in der Zeit vom 13. bis 21. Januar 1927 zur Erfüllung seiner Betriebsratspflichten vom Dienst völlig freigestellt. Vom 22. Januar bis zum 28. Februar wurde er der Schlossereikolonne und vom 1. März an mit seiner Zustimmung der Gesenkkolonne zugeteilt. In beiden Kolonnen war die tarifliche Vergütung niedriger als der Zuschlägerlohn. Während ihm dieser aber, solange er als Schlosser tätig war, noch fortgezahlt wurde, erhielt er vom 1. März an nur noch das nach dem Tarif den Arbeitern der Gesenkkolonne gebührende geringere Entgelt. Der Kläger bezifferte seinen Verdienstausfall für die Monate März und April 1927 auf insgesamt

74,72 RM und verlangte klagend die Nachzahlung dieser Summe. Das Arbeitsgericht berechnete den Minderverdienst des Klägers auf nur 36,56 RM und gab unter Abweisung seiner Mehrforderung in dieser Höhe der Klage statt. Die Berufung und die Revision der Beklagten blieben erfolglos.

Gründe:

Der Gesetzgeber hat das Betriebsratsamt als Ehrenamt geschaffen, das dem Inhaber zwar keine geldlichen Vorteile, aber auch keine Nachteile, insbesondere keine Lohn- oder Gehaltsminderung bringen soll. Dieser Grundsatz hat in den §§ 35, 95, 99 Abs. 1 des BRG. seinen Niederschlag gefunden. Sie gewähren den Mitgliedern einer Betriebsvertretung gegen jede sich als unmittelbare oder mittelbare Folge der Übernahme oder Ausübung des Betriebsratsamts darstellende Verschlechterung ihrer Rechtsstellung oder ihrer Bezüge privatrechtlichen und öffentlichrechtlichen Schutz. Mit ihnen ist daher auch die Verdienstschmälerung, welcher der Kläger seit dem 1. März 1927 ausgesetzt ist, nicht vereinbar.

Bis zu seiner Wahl zum Betriebsratsvorsitzenden hat der Kläger zur Zufriedenheit der Beklagten als Zuschläger gearbeitet. Seine neuen Amtspflichten zwangen ihn häufig, seiner Arbeit fern zu bleiben. Infolgedessen sollen, wie die Beklagte angibt, die übrigen Zuschläger seiner Kolonne in der Weiterführung ihrer Arbeit behindert worden sein und einen Akkordlohnausfall erlitten haben. Sie hätten es daher, als der Kläger nach Beendigung seiner Freizeit am 22. Januar 1927 seine alte Tätigkeit wieder aufnehmen wollte, abgelehnt, mit ihm weiter zusammenzuarbeiten. In der Schlosserei hätte sich derselbe Vorgang wiederholt, so daß seine Versetzung in die Gesenkkolonne hätte erfolgen müssen. Auf Grund dieses Vortrags der Beklagten gelangt das Berufungsgericht zu der einwandfreien Feststellung, daß der Kläger noch jetzt als Zuschläger arbeiten würde, wenn er nicht Betriebsratsvorsitzender geworden wäre. Die Ursache seiner Einreihung in die weniger gut bezahlte Gesenkkolonne war also die Wahl zum Betriebsratsvorsitzenden, da die häufigen Arbeitsunterbrechungen, die dieses Amt notgedrungen mit sich brachte, sein Verbleiben in der Zuschlägerkolonne im wirtschaftlichen Interesse seiner Mitarbeiter und des Unternehmens selbst unmöglich machte. Wie die Beklagte diesen Widerstreit zwischen den Interessen des Betriebes und des Klägers und zwischen seinen Arbeits- und Betriebsratspflichten betriebstechnisch am besten löste, war ihre Sache. Nur durfte sie, ohne sich mit den Grundsätzen der §§ 35 und 95 des BRG. in Widerspruch zu setzen, den Kläger nicht schlechter entlohnen, als sie es bisher getan hatte. Daß sie es aber tut, seitdem der Kläger der Gesenkkolonne angehört, ist nicht streitig, und darin liegt ein Verstoß gegen die §§ 35, 95 a. a. O. Der Tatbestand ihrer Übertretung erfordert — von der Strafvorschrift des § 99 Abs. 1 des BRG. abgesehen — nicht notwendig eine Schädigungsabsicht seitens des Unternehmers, sondern lediglich eine Benachteiligung des Betriebsratsmitglieds im objektiven Sinne. Die Zustimmung des Klägers zu einer solchen würde, falls sie erfolgt sein sollte, privatrechtlich wirkungslos sein und gemäß § 134 BGB. zu einer vertraglichen Bindung nicht geführt haben. Nun verlangt der Kläger zwar nicht unmittelbar Bezahlung versäumter Arbeitsstunden. Die nötig gewesene und zur Erfüllung der Betriebsratspflicht immer noch nötig werdende Versäumung von Arbeitszeit ist aber die unmittelbare Ursache seiner Versetzung in die Gesenkkolonne und seines Lohnausfalls. Nach seinem Sinne und Zwecke deckt aber § 35 BRG. auch einen solchen Fall. Deshalb hat der Kläger auf Grund seines Arbeitsvertrags einen klagbaren Anspruch auf Auszahlung desjenigen Lohnes, der ihm zur Zeit seiner Wahl zum Betriebsratsvorsitzenden zustand und der nur infolge dieser Wahl eine Minderung erfahren hat.

Zu demselben Ergebnis gelangt man auch vom Gesichtspunkte des Schadensersatzes aus, wenn auch den Gründen des Landesarbeitsgerichts in dieser Beziehung nicht gefolgt werden kann. Durch das in § 95 BRG. ausgesprochene Verbot wollte der Gesetzgeber — auch abgesehen von der Strafvorschrift des § 99 a. a. O. — den Betriebsratsmitgliedern einen besonderen Schutz dagegen gewähren, daß sie infolge dieser Eigenschaft innerhalb des Arbeitsverhältnisses vom Arbeitgeber in irgendeiner Weise benachteiligt werden. Daß die mit der Zuweisung des Klägers zur Gesenkkolonne verbundene Lohnkürzung eine Benachteiligung enthielt, mußte die Beklagte bei Anwendung der verkehrsgebotenen Sorgfalt erkennen, auch wenn der Kläger ihr nicht widersprochen hat. Sie hat also auch — zum mindesten fahrlässig — gegen ein Schutzgesetz im Sinne des § 823 Abs. 2 BGB. verstoßen und muß daher den dadurch herbeigeführten Schaden durch Wiederherstellung des wirtschaftlichen Zustandes, der ohne diesen Verstoß bestanden haben würde, ausgleichen.

Da die Höhe des Lohnausfalls den Angaben der Beklagten entsprechend berechnet ist, hat sie keinen Anlaß, sich über die Entscheidung des Berufungsgerichts beschwert zu fühlen.

RAG. 1, 342.

Kommen die verlängerten Kündigungsfristen in § 2 des Kündigungsschutz-G. vom 9. Juli 1926 den Angestellten auch dann zustatten, wenn die in der Vorschrift angegebenen Beschäftigungsjahre zwischen der Kündigung des Arbeitgebers und dem Zeitpunkt, für den sie erklärt wurde, zum Abschluß gelangen?

Reichsarbeitsgericht. Urt. v. 2. Mai 1928.

I. Arbeitsgericht Köln. — II. Landesarbeitsgericht daselbst.

Der Kläger war bei der Beklagten seit dem 1. August 1922 als Handlungsgehilfe beschäftigt. Am 13. Juli 1927 kündigte ihm die Beklagte für den 30. September 1927. Er behauptet unter Hinweis auf § 2 des Kündigungsschutzgesetzes vom 9. Juli 1926, daß die Kündigung das Dienstverhältnis erst am 31. Dezember 1927 beendet habe und hat deshalb Klage mit dem Antrag auf Feststellung erhoben, daß die Kündigung erst für den ebengenannten Tag zulässig gewesen sei. Das Arbeitsgericht hat die Klage abgewiesen. Die Berufung und die Revision des Klägers sind erfolglos geblieben.

Gründe:

Nach § 2 des KündigungsschutzG. darf ein Arbeitgeber, der in der Regel mehr als zwei Angestellte, ausschließlich der Lehrlinge beschäftigt, einem Angestellten, den er oder er und sein Rechtsvorgänger mindestens fünf Jahre beschäftigt haben, nur mit mindestens drei Monaten Frist für den Schluß eines Kalendervierteljahres kündigen. Der Kläger ist der Meinung, daß der Schutz dieser Vorschrift dem Angestellten schon dann zustatten kommt, wenn die in ihr vorgesehenen Beschäftigungsjahre zwar nicht im Zeitpunkt des Zugehens der Kündigungserklärung, wohl aber beim Ablauf der vertraglichen oder der nach den bisherigen Gesetzen geltenden Kündigungsfrist verstrichen sind. Da sich die fünf Jahre im gegenwärtigen Falle erst nach der Kündigung der Arbeitgeberin, jedoch vor dem Zeitpunkt, für den sie ausgesprochen wurde, vollendeten, so glaubt demnach der Kläger, daß er auf die Vergünstigung des § 2 Anspruch habe und die Feststellung begehren könne, daß das Dienstverhältnis erst am 31. Dezember 1927 zu Ende gegangen sei. Seiner Auffassung steht der Wortlaut des § 2 entgegen. Indem das Gesetz dem Arbeitgeber die Einhaltung der vorgeschriebenen Kündigungsfrist gegenüber dem Angestellten zur Pflicht macht, den er oder er und sein Rechtsvorgänger mindestens fünf Jahre beschäftigt h a b e n , gibt es deutlich zu erkennen, daß die fünfjährige

Beschäftigungsdauer im Zeitpunkt der Kündigung bereits zurückgelegt sein muß, wenn der Angestellte der Wohltat der Kündigungsfrist teilhaftig werden soll. Auch aus dem Zwecke des Gesetzes ist eine andere Auffassung nicht abzuleiten. Der Gesetzgeber wollte den von der Wirtschaftskrise der Nachkriegszeit durch die Erschwerung ihres Fortkommens hart getroffenen älteren Angestellten zu Hilfe kommen und ihre Notlage lindern. Er erachtete hierbei die Angestellten, welche längere Zeit hindurch ihre Dienste demselben Betrieb gewidmet, sich dadurch um das Unternehmen verdient gemacht, jedoch den Aufgaben anderer Betriebe vielleicht fremd geworden waren, einer besonders schonenden Behandlung für bedürftig und würdig. Sie machte er daher zum Gegenstand seiner Fürsorge, die er dadurch zu verwirklichen suchte, daß er die Kündigung des Arbeitgebers gegenüber den mindestens fünf Jahre seinem Betrieb angehörenden Angestellten an längere als die regelmäßigen vertragsmäßigen und die seither gültigen gesetzlichen Fristen band und daß er die Länge dieser neueingeführten Fristen nach der Beschäftigungsdauer der Angestellten abstufte. Im Rahmen dieser Maßnahme war es das Natürliche und Nächstliegende, daß der Gesetzgeber die längeren Kündigungsfristen erst für Kündigungen nach der Zurücklegung der vorgeschriebenen Beschäftigungszeit zur Geltung kommen ließ.

Die Absichten des Gesetzgebers nötigen daher ebenfalls nicht zu der Annahme, daß die Vergünstigung des § 2 dem Angestellten schon dann zuteil werden sollte, wenn die in der Vorschrift angegebenen Beschäftigungsjahre zwischen der Kündigung des Arbeitgebers und dem Zeitpunkt, für den sie erklärt wird, zum Abschluß gelangen. Dem Arbeitgeber bleibt es mithin unbenommen, dem Angestellten noch kurze Zeit vor dem Ablauf der die verlängerte Kündigungsfrist des Gesetzes auslösenden Beschäftigungsdauer zu kündigen. Allein er kann durch eine solche Kündigung den Angestellten der Wohltaten des Kündigungschutzgesetzes keineswegs uneingeschränkt berauben. Der Angestellte vermag sich gegen ein solches Verhalten, wenn die Ausübung der Kündigungsbefugnis nur den Zweck haben kann, ihm Schaden zuzufügen, mit dem Rechtsbehelf aus § 226 BGB. zu wehren und er kann, wenn die besonderen Umstände des Falles die Kündigung als eine sittenwidrige Handlung erscheinen lassen, gemäß § 826 BGB. Ersatz des ihm durch sie verursachten Schadens verlangen. Zu einer Anwendung dieser Vorschriften bietet aber der vorliegende Sachverhalt keinen Anlaß.

RAG. 1, 355.

Umfaßt die Geschäftsfähigkeit eines Minderjährigen, den sein gesetzlicher Vertreter ermächtigt, in Dienst oder in Arbeit zu treten, auch die Befugnis, sich Wettbewerbsverboten und Strafklauseln zu unterwerfen?

BGB. § 113.

Reichsarbeitsgericht. Urt. v. 9. Mai 1928.

I. Arbeitsgericht Hamburg. — II. Landesarbeitsgericht daselbst.

Der am 20. November 1907 geborene Beklagte, der von seinem gesetzlichen Vertreter zur Eingehung von Arbeitsverhältnissen ermächtigt war, trat als Kutscher in die Dienste der Klägerin. Er unterzeichnete einen Schein, in welchem er sich für den Fall seines freiwilligen Dienstaustritts dieser gegenüber bei Vermeidung einer Vertragsstrafe von 1000 RM verpflichtete, innerhalb eines halben Jahres keine Anstellung in einem Wäscherei- und Plättereibetriebe in Groß-Hamburg, Altona, Wandsbeck und Umgegend anzunehmen, sich auch nicht an einem solchen Betriebe unmittelbar oder mittelbar zu beteiligen, es sei denn, daß er unter seinem Namen eine Wäscherei in kleinstem Umfange gründen oder kaufen sollte.

Der Beklagte ist auf eigenen Wunsch von der Klägerin entlassen worden und hat am gleichen Tage bei dem Wettbewerbsunternehmen „Hafenwäscherei Heitmann" eine Stellung angenommen. Die Klägerin glaubt infolgedessen Anspruch auf die Vertragsstrafe erheben zu können und hat klagend Verurteilung des Beklagten zur Zahlung von 1000 RM verlangt.

Das Arbeitsgericht und das Landesarbeitsgericht wiesen die Klage ab. Die Revision der Klägerin blieb erfolglos.

Gründe:

Das Berufungsgericht hält das Klagebegehren für unbegründet,

1. weil das Wettbewerbsverbot den Beklagten mangels der Zustimmung seines gesetzlichen Vertreters nicht zu binden vermöge,
2. weil es auch abgesehen davon in sinngemäßer Anwendung des § 133f. Abs. 2 der GewO. für nichtig zu erachten sei.

Dem ersten Entscheidungsgrund ist beizupflichten. § 113 BGB. erklärt denjenigen Minderjährigen, den sein gesetzlicher Vertreter ermächtigt, in Dienste oder in Arbeit zu treten, zu solchen Rechtsgeschäften für unbeschränkt geschäftsfähig, welche die Eingehung oder

Aufhebung eines Dienst- oder Arbeitsverhältnisses der gestatteten Art oder die Erfüllung der sich aus einem solchen Verhältnis ergebenden Verpflichtungen betreffen. Die erweiterte Geschäftsfähigkeit des Minderjährigen bezieht sich also nicht schlechthin auf alle Abreden, welche von den Parteien des Dienstvertrags mit diesem in Zusammenhang gebracht werden, sondern — darauf deuten die Worte „der gestatteten Art" — nur auf solche, welche mit ihm regelmäßig und verkehrsüblicherweise verbunden zu werden pflegen.

Es erscheint nach dem Wortlaute und Zwecke des § 113 BGB. ausgeschlossen, daß die Einwilligung des gesetzlichen Vertreters zum selbständigen Abschluß eines Arbeitsvertrags den Minderjährigen ermächtigt, „Verpflichtungen einzugehen, die über die Natur des in Rede stehenden Arbeitsvertrags hinausgehen und welche wegen ihrer Schwere und Eigenart im voraus zu bestimmen der Vertreter nicht beabsichtigt haben kann" (vgl. Mot. z. BGB. Bd. 1 S. 145). Nun ist aber, wie das Landesarbeitsgericht darlegt, die Vereinbarung einer Wettbewerbsklausel mit einem gewerblichen Arbeiter, wie der Beklagte es ist, etwas Außergewöhnliches. Die Feststellung dieser Erfahrungstatsache läßt weder als solche noch in ihrer Begründung einen Rechtsirrtum erkennen. Für die Richtigkeit spricht schon der Umstand, daß der Gesetzgeber, der zur Sicherung der Handlungsgehilfen, Betriebsbeamten und ähnlicher Angestellten gegen den Mißbrauch von Wettbewerbsklauseln eingehende und in die Vertragsfreiheit tief einschneidende Bestimmungen getroffen hat, es nicht für nötig erachtet hat, die gewerblichen Arbeiter in gleicher oder ähnlicher Weise zu schützen. Die Klägerin gibt auch selbst zu, daß nur außergewöhnliche Verhältnisse und Geschäftsgebräuche der Hamburger Wäschereien sie dazu veranlaßt haben, mit ihren Kutschern ein Wettverbotsverbot zu vereinbaren. Diese rechtsgeschäftliche Maßnahme mag durch die von der Klägerin hervorgehobenen außergewöhnlichen Umstände geboten gewesen sein oder sich wenigstens rechtfertigen lassen, sie erlangt aber dadurch nicht die Eigenschaft einer Arbeitsverträgen im allgemeinen eigentümlichen und in ihnen üblicherweise enthaltenen Abrede. Bei dieser Sachlage hatte der gesetzliche Vertreter des Beklagten nicht nur nicht keinen Anlaß, sondern konnte verständigerweise auch gar nicht die Absicht haben, mit der allgemeinen Ermächtigung zur Eingehung eines Arbeitsverhältnisses die Zustimmung zur Vereinbarung von in ihren wirtschaftlichen Folgen für den Minderjährigen unübersehbaren Wettbewerbsklauseln und Vertragsstrafen zu geben. Eine solche Absicht darf bis zum Beweis des Gegenteils nicht unterstellt werden. Da dieser Beweis nicht geführt ist, entbehren die Wettbewerbsklausel und die sie sichernde Strafbestimmung der Wirksamkeit, so daß es keines Eingehens auf die Frage bedarf, ob die Vorschrift des § 133f Abs. 2 GewO., nach welcher die von einem der unter § 133a das. fallenden Angestellten während seiner Minderjährigkeit vereinbarte Wettbewerbsklausel nichtig ist, oder vielmehr ob der in ihr zum Ausdruck gelangte Rechtsgedanke auch auf minderjährige gewerbliche Arbeiter anzuwenden ist. . . .

RAG. 1, 357.

Die Vorschrift des § 615 BGB. kann durch Parteivereinbarung geändert werden, die vertragliche Regelung ist maßgebend.

§ 615 BGB.

Reichsarbeitsgericht. Urt. v. 16. Mai 1928.

I. Arbeitsgericht Weißwasser. — II. Landesarbeitsgericht Görlitz.

Die Kläger waren als Hohlglasschleifer in der Glashütte der Beklagten beschäftigt, als die Hohlglasschleiferei am 15. Juni 1927 infolge eines Wasserrohrbruches in dem Wasserwerk Weißwasser den Betrieb auf fünf Stunden aussetzen mußte. Beklagte hat ihnen Lohn für 1½ Stunden bezahlt, den für die übrigen 3½ Stunden fordern die Kläger mit der Klage.

Die Vorinstanzen haben die Klage abgewiesen. Die Revision blieb ohne Erfolg aus folgenden

Gründen:

Unter den Parteien gilt der Reichsmanteltarif für die deutsche Weißhohlglasindustrie vom 18. März 1927 und die Arbeitsordnung für den Betrieb der Beklagten.

§ 5 der Arbeitsordnung lautet:

Jeder Arbeiter erhält für die von ihm geleistete Arbeit den ihm zustehenden Stunden- oder Stücklohn gemäß den geltenden Vereinbarungen. Bezahlt wird nur die Zeit oder Leistung, welche wirklich gearbeitet wird, soweit nicht der Tarifvertrag etwas anderes bestimmt.

Jeder Arbeiter ist verpflichtet, zeitweise auch andere Arbeit zu verrichten als diejenige, für welche er angenommen ist. Werden Arbeiter bei teilweiser Betriebseinstellung mit anderen Arbeiten beschäftigt, so haben sie Anspruch lediglich auf die für die Arbeiter dieser Gruppe geltenden Löhne, sofern nicht im Arbeitsvertrag Ausnahmen vorgesehen sind.

Ist ein Arbeiter aus einem in seiner Person liegenden Grunde für kürzere oder längere Zeit außerstande zu arbeiten, so verliert er für diesen Zeitraum seinen Lohnanspruch.

§ 12 des Reichsmanteltarifs, der die Überschrift „Bezahlung von schlechtem Glas und Arbeitsausfällen" trägt und in Abs. 1 die Bezahlung fehlerhafter Ware regelt, sagt in Abs. 2:

Arbeitsausfälle, verursacht durch Betriebsstörungen infolge von Hafenbruch, schlechtem Glas, verspätetem Arbeitsanfang oder dergleichen werden den beteiligten Arbeitern, wenn sie dadurch ein Verdienstentgang trifft, der durch andere Arbeitsverteilung nicht ausgeglichen werden kann, für die Dauer der Störung bis zum Ablauf des 12. Arbeitstages mit den in den Lohntabellen noch festzulegenden Zeit- oder Richtlöhnen entsprechend dem entstandenen Ausfall entschädigt.

Hierfür haben die Arbeiter ihnen angebotene ihren Kenntnissen entsprechende Arbeiten zu leisten.

Verspäteter Arbeitsanfang bis zu einer halben Stunde täglich wird nicht vergütet, insoweit der Gesamtausfall innerhalb einer Arbeitswoche 1½ Stunden nicht übersteigt. Der Ausfall an Arbeitszeit ist im Rahmen der gleichen oder der folgenden Woche nach Anhörung der Betriebsvertretung nachzuholen. Die Regelung der durch Fehlen eines Kompagnisten oder Hilfsarbeiters entstehenden Verdienstausfälle ist durch bezirkliche Vereinbarung festzulegen.

Das Landesarbeitsgericht gelangt auf dem Wege über § 615 BGB. zu der Ansicht, daß der Arbeitnehmer seiner Verpflichtung aus dieser Vorschrift genüge, wenn er seine Arbeitskraft wörtlich oder tatsächlich durch sein Erscheinen auf der Arbeitsstelle angeboten habe. Auf das Arbeitssubstrat komme es nicht an, hierfür trage der Arbeitgeber die Verantwortung und die Gefahr, auch wenn ihn ein Verschulden an der Nichtannahme nicht treffe. Grundsätzlich sei also der Lohnanspruch der Kläger nach dem Gesetze gerechtfertigt.

Gleichwohl gelangt das Landesarbeitsgericht zur Abweisung der Klage, indem es davon ausgeht, daß § 615 BGB. nachgiebiges Recht enthalte und durch § 5 der Arbeitsordnung dahin abgeändert sei, daß für Arbeitsunterbrechungen wie die vorliegende ein Lohnanspruch der Arbeitnehmer vertraglich ausgeschlossen sei.

Da dieser Entscheidung des Landesarbeitsgerichts, soweit sie den Anspruch auf Grund der vertraglichen Vereinbarungen abweist, beizutreten ist, erübrigt sich ein Eingehen auf die von ihm geprüfte Frage, inwieweit der Anspruch der Kläger nach den gesetzlichen Bestimmungen berechtigt sein könnte.

Gegenüber der Annahme des Landesarbeitsgerichts, daß § 615 BGB. nachgiebiges Recht enthalte, macht die Revision geltend, es handle sich hier um zwingendes Recht. Sei eine ihn ausschließende Vereinbarung möglich, so werde dem Arbeitnehmer die Gefahr der Beschaffung des Arbeitssubstrates allein aufgebürdet; eine solche Vereinbarung aber würde unsittlich sein. Diese Rüge ist unbegründet. Allerdings nehmen die Vorschriften des BGB. über den Diensvertrag besondere sozialpolitische Rücksichten auf den wirtschaftlich schwächeien Arbeitnehmer. Damit ist aber der Grundsatz der Vertragsfreiheit, der für das Vertragsrecht im allgemeinen gilt, nicht vollständig, sondern nur insoweit ausgeschaltet, als das Gesetz es ausdrücklich ausspricht. Ein solcher Ausspruch ist nun wohl für die §§ 617, 618, 619, 624, 629 und 630, nicht aber für die §§ 615 und 616 erfolgt. Ist schon daraus zu entnehmen, daß der Gesetzgeber sie nicht als zwingendes Recht angesehen wissen wollte, so steht im übrigen ihre Natur als nachgiebiges Recht in Schrifttum und Rechtsprechung unbestritten fest. Von einem Verstoße gegen die guten Sitten kann überdies keine Rede sein, wenn zwei Partei ihre verträglichen Beziehungen so gestalten, wie das Gesetz es zuläßt. Und wenn die Revision meint, mit der im vorliegenden Falle getroffenen Regelung werde dem Arbeitnehmer allein die Gefahr der Beschaffung des Arbeitssubstrates aufgebürdet, so übersieht sie, daß doch auch der Arbeitgeber durch Arbeitsstörungen auf alle Fälle erheblich getroffen wird.

Zu Unrecht greift auch die Revision die Auslegung, die das Landesarbeitsgericht dem § 5 der Arbeitsordnung und dem § 12 des TV. gegeben hat, an. Ihre Auffassung, daß § 5 nur die Fälle betreffe, in denen die Verhinderung der Arbeitsleistung in der Person des Arbeitnehmers ihren Grund habe, findet in der Fassung dieser Bestimmung keine Stütze. Sie unterscheidet, wie auch das Landesarbeitsgericht ausführt, klar zwischen den Ursachen der Arbeitsaussetzung. In Abs. 1 und 2 regelt sie die Folgen, wenn sie in den Verhältnissen des Betriebes, und in Abs. 3, wenn sie in der Person des Arbeitnehmers ihren Grund haben. Schon die Gegenüberstellung der Absätze 1 und 2 mit Abs. 3 und die ausdrückliche Erwähnung der in der Person des Arbeitnehmers liegenden Gründe in dem letzteren ergibt deutlich, daß in Abs. 1 und 2 nicht dieselben, sondern andere Gründe gemeint sein müssen. Andernfalls wäre der Abs. 3 überflüssig gewesen. Überdies spricht Abs. 2 ausdrücklich von einer teilweisen Betriebseinstellung, die nicht in der Person eines einzelnen Arbeitnehmers begründet sein, sondern nur in den Verhältnissen des Betriebes ihre Ursache finden kann. Der Auslegung des Landesarbeitsgerichts ist hiernach beizutreten.

Das so gewonnene Ergebnis beschränkt das Landesarbeitsgericht auch zutreffend auf den Fall, daß die in § 5 der Arbeitsordnung vorgesehene andere Regelung durch den Tarifvertrag nicht erfolgt ist. Es verneint, daß dies geschehen sei, da aus der Überschrift zu § 12 — Bezahlung von schlechtem Glas und Arbeitsausfällen — sowie aus der in Abs. 2 gegebenen beispielsweisen Aufzählung der in Betracht kommenden Störungen — Hafenbruch, schlechtes Glas, verspäteter Arbeitsanfang — zu ersehen sei, daß hier nur die auf dem Wesen der Glasherstellung beruhenden, nur dort vorkommenden und nicht ungewöhnlichen Störungen hätten erfaßt werden sollen. Dasselbe ergebe sich aus der Entstehungsgeschichte der Bestimmung. Auch der § 12 des früheren TV., dessen Abs. 1 dem jetzigen § 12 Abs. 2 entspreche, habe nur die auf den eigentümlichen Verhältnissen der Glasherstellung beruhenden Störungen geregelt und für sie eine 70%ige Bezahlung vorgesehen. Sein Abs. 4, den man bei Abschluß des neuen Tarifvertrags habe fallen lassen, habe Ausfälle und Feierschichten behandelt, die unabhängig von dem Willen des Arbeitgebers durch höhere Gewalt oder behördliche Maßnahmen hätten hervorgerufen werden können, für sie sei eine Bezahlung von 35 % zu leisten gewesen. Daß man ihn nicht wieder aufgenommen habe, ergebe bedenkenfrei, daß unter dem neuen Tarifvertrag nur noch die in der Glasfabrikation vorkommenden, ihr eigentümlichen Ausfälle abgegolten werden sollten.

Auch dieser Auslegung, die nicht nur keinen Verstoß gegen Auslegungsregeln erkennen läßt, sondern auch dem Wortlaute der Vereinbarung durchaus gerecht wird, tritt das Revisionsgericht bei. Die Revision möchte aus der Anführung des verspäteten Arbeitsanfanges und den Worten „oder dergleichen" hinter der Aufzählung der Gründe gefolgert haben, daß damit auch andere Ursachen als die der Glasfabrikation eigentümlichen hätten einbezogen werden sollen. Aber das Landesarbeitsgericht stellt tatsächlich und das Revisionsgericht bindend fest, daß auch der verspätete Arbeitsanfang zu den der Glasherstellung eigentümlichen Störungen zu rechnen sei. Und wenn nur solche Ursachen angeführt sind und durch die Worte „oder dergleichen" ergänzt werden, so ist dem Landesarbeitsgericht auch darin beizutreten, daß auch diese Ergänzung über den Rahmen der ausdrücklich genannten Ursachen nicht hinausgehen sollte.

Wenn die Revision endlich noch geltend macht, die Entscheidung des Landesarbeitsgerichts leide auch insofern an einem Mangel, als sie eine Verpflichtung des Arbeitgebers zu einer anderweiten Beschäftigung der Kläger und zur Ausführung von Vorrichtungen, wie z. B. Staubecken verneine, so verkennt sie, daß diese Ausführungen des Landesarbeitsgerichts im wesentlichen auf tatsächlichem Gebiete liegen und einer Nachprüfung in der Revisionsinstanz nicht zugänglich sind.

RAG. 1, 361.

Ein Dienstvertrag, der auf bestimmte Zeit eingegangen ist, erlischt mit Ablauf dieser Zeit ohne Kündigung; daher ist für die Anwendung gesetzlicher Kündigungsbeschränkungen kein Raum. — Es besteht keine Rechtsvorschrift, wonach Dienstverträge nur auf eine bestimmte Mindestdauer, z. B. auf die Kündigungsfristen des sog. Kündigungsschutzgesetzes, eingegangen werden dürfen. — Unzulässig ist, daß die Beteiligten zur Umgehung bestehender Kündigungsbeschränkungen an Stelle eines einheitlichen fortdauernden Dienstverhältnisses eine Kette von ständig erneuerten kurzfristigen Dienstverträgen eingehen.

§ 620 BGB., § 2 des Gesetzes über die Fristen für die Kündigung von Angestellten vom 9. Juli 1926.

Reichsarbeitsgericht. Urt. v. 19. Mai 1928.

I. Arbeitsgericht Magdeburg. — II. Landesarbeitsgericht daselbst.

Der Kläger stand seit 1907 im Dienste der Beklagten, zuletzt als Werkmeister in der Abteilung Landmaschinenbau. Am 14. Mai 1926 hat die Beklagte dem Kläger — wie sie vorbringt, wegen Einschränkung dieses Geschäftszweigs — zum 30. September 1926 gekündigt. Nach dem Inkrafttreten des Gesetzes über die Fristen für die Kündigung von Angestellten (KündSchG.) vom 9. Juli 1926 wurde die Beendigung des Dienstverhältnisses auf den 31. Dezember 1926 hinausgeschoben und der Kläger entlassen. Am 4. Januar hat die Beklagte den Kläger mit Wirkung vom 1. Januar ab wieder eingestellt; diese Tätigkeit sollte mit dem 30. Juni 1927 zu Ende gehen, wie der Kläger der Beklagten schriftlich bestätigte. Mit Schreiben vom 4. Juli 1927 hat Kläger der Beklagten bestätigt, mit ihr vereinbart zu haben, daß Beklagte den Kläger mit Wirkung vom 1. Juli wieder einstelle „zur vorübergehenden Aushilfe", daß die Beklagte sich die Art der Beschäftigung des Klägers vorbehalte und daß seine Tätigkeit am 30. September 1927 ohne voraufgegangene besondere Kündigung zu Ende gehe. — Am 30. September hat die Beklagte den Kläger entlassen.

In der von ihm am 4. Juli 1927 bestätigten Abrede will Kläger ein Kündigungsabkommen erblicken, das nach dem KündSchG. erst zum 31. März 1928 wirksam geworden sei. Mit der Klage verlangt er die Bezahlung seines Gehalts für die Monate Oktober und November 1927 und die Feststellung, daß das Dienstverhältnis erst zum 31. März 1928 zu Ende gehe. Das Arbeitsgericht hat nach dem Klagantrag erkannt. Das Landesarbeitsgericht hat das erste Urteil aufgehoben und die Klage abgewiesen, auch die Revision zugelassen. Die Revision des Klägers ist zurückgewiesen worden.

Gründe:

Das Dienstverhältnis, das auf eine bestimmte Zeit eingegangen ist, endigt mit Ablauf dieser Zeit von selbst. Einer Kündigung oder Entlassung bedarf es in diesem Falle nicht. Für die Anwendung von Vorschriften, die die Kündigung einschränken, ist daher hier kein Raum. All dies erhellt aus § 620 Abs. 1 BGB. und ist vom Reichsarbeitsgericht auch bereits für den Fall eines Schwerbeschädigten ausgesprochen (RAG. Entsch. Bd. 1 S. 226). Davon ist auch das Landesarbeitsgericht ausgegangen. Seine Ausführungen lassen insoweit keinen Rechtsirrtum erkennen. Auch die Revision greift sie nicht an.

Ohne Rechtsverstoß hat das Berufungsgericht aber auch darauf hingewiesen, daß keine Rechtsvorschriften bestehen, die die Vertragsfreiheit der Beteiligten dahin beschränkten, daß bei Eingehung eines Dienstverhältnisses auf bestimmte Zeit Mindestgrenzen in bezug auf die Dauer des Dienstverhältnisses einzuhalten wären. Sollte die Revision den Satz aufstellen wollen, daß mit einem Angestellten, der den Kündigungsschutz nach § 2 KündSchG. genießt, überhaupt kein Dienstvertrag auf eine Zeit abgeschlossen werden dürfe, die kürzer wäre als die Frist des § 2 das., so könnte ihr nicht beigepflichtet werden.

Allerdings kann unter Umständen eine Umgehung des KündSchG. darin liegen, daß die Beteiligten an Stelle eines einheitlich dauernden Dienstverhältnisses eine Kette fortgesetzter kurzfristig bestimmter Dienstverträge schließen. Eine solche Umgehung wäre unstatthaft und würde dem Angestellten den Kündigungsschutz aus § 2 KündSchG. nicht zu entziehen vermögen. — Das hat der Berufungsrichter nicht verkannt. Er hat auch diese Möglichkeit in den Kreis seiner Erwägungen gezogen. Aber er ist zu der Feststellung gelangt, daß beide Teile nicht die Absicht der Gesetzesumgehung gehabt haben. Er weist darauf hin, daß hier ein einheitliches, 19 Jahre fortgesetztes Dienstverhältnis vorgelegen habe, daß dieses unter Wahrung der Frist des § 2 a. a. O. gekündigt, und hierauf zweimal je auf bestimmte kürzere Zeit verlängert worden sei. Hierbei sei den Einzelvorschriften und dem Zweck des KündSchG. Rechnung getragen worden, und da auch sonst nichts für die Absicht der Gesetzesumgehung spreche, sei eine solche nicht als vorliegend anzunehmen. — Auch diese Erwägungen des Berufungsrichters, die vornehmlich auf dem Gebiete der tatrichterlichen Würdigung des Sachverhalts liegen, weisen keinen Rechtsirrtum auf.

Daß der Kläger mit dem 31. Dezember 1926 wirklich zur Entlassung gekommen ist, stellt der Berufungsrichter tatsächlich fest. Der Kläger kann daher auch nicht etwa geltend machen, daß in den ersten Tagen des Januar 1927 ein Dienstverhältnis auf unbestimmte Zeit bestanden habe, das dem Kläger aufs Neue den Schutz des § 2 KündSchG. verschafft hätte.

Nach alledem war das Rechtsmittel des Klägers als unbegründet zurückzuweisen, ohne daß es eines Eingehens auf die weiteren Erwägungen des Berufungsrichters bedürfte, die dieser nur vorsorglich angestellt hat.

RAG. 2, 1.

1. Zur Frage der Nachprüfbarkeit einer als (Bezirks-) Tarifvertrag anzusehenden Arbeitsordnung in der Revisionsinstanz.

2. Ist die einem Arbeitnehmer zur Aufsuchung neuer Arbeit gewährte Freizeit bei Kündigung durch den Arbeitgeber aus Anlaß eines Wirtschaftskampfes zu bezahlen?

ArbGG. § 73 Abs. 1. BGB. §§ 616, 629.

Reichsarbeitsgericht. Urt. v. 2. Mai 1928.

I. Arbeitsgericht Solingen. — II. Landesarbeitsgericht Elberfeld.

Der Arbeitgeberverband des oberen Kreises Solingen E. V., dessen Mitglied die Beklagte ist, beschloß in einem wegen höherer Lohnforderungen ausgebrochenen Wirtschaftskampfe am 25. August 1927 als Abwehrmaßnahme gegen das Vorgehen der Gewerkschaften, deren einer der Kläger angehört, die Gesamtaussperrung der Fabrik- und Heimarbeiter der ihm angeschlossenen Betriebe, und zwar vom 29. August 1927 ab. In Ausführung dieses Beschlusses kündigte die Beklagte ihrer Belegschaft durch folgenden Anschlag am schwarzen Brett:

> „Wir kündigen hiermit unserer gesamten Belegschaft das Arbeitsverhältnis zum 12. September 1927. Die Kündigung wird zurückgezogen, wenn die gewerkschaftlichen Kampfmaßnahmen, die den Aussperrungsbeschluß des Arbeitgeberverbandes herbeiführen mußten, vor Ablauf der Kündigungsfrist zurückgenommen sind."

Der im Betriebe der Beklagten als Schlosser beschäftigte Kläger erbat am 3. September 1927 zwecks Aufsuchens anderweiter Arbeit vier Stunden Freizeit. Die Beklagte bewilligte diese Freizeit, lehnte aber die Bezahlung des Lohnes hierfür ab. Der Kläger verlangt diesen Lohn im Betrage von $4 \times 0{,}72 = 2{,}88$ RM mit der vorliegenden Klage, indem er sich zu deren Begründung auf §§ 269, 616 BGB. und auf § 14 der unstreitig für beide Teile maßgebenden, von den Arbeitgeber- und Arbeitnehmerorganisationen vereinbarten und seit dem 15. April 1921 geltenden Arbeitsordnung für die Metallindustrie des oberen Kreises Solingen stützt, welcher, soweit er hier in Betracht kommt, wie folgt lautet:

„Abs. I. . . .

Abs. II. Bezahlt wird nur die Zeit, während der wirklich gearbeitet worden ist.

Abs. III. Abweichend von der Bestimmung unter Absatz II wird versäumte Arbeitszeit in folgenden Fällen bezahlt . . .

d) bei Kündigung durch den Arbeitgeber zur Aufsuchung neuer Arbeit 2mal vier Stunden. . . ."

Die Beklagte hat Abweisung der Klage beantragt, da § 14 der Arbeitsordnung während eines Wirtschaftskampfes keine Anwendung finde.

Das Arbeitsgericht hat dem Klagebegehren entsprochen. Auf die von ihm zugelassene Berufung der Beklagten hat das Landesarbeitsgericht die Klage abgewiesen, wegen der grundsätzlichen Bedeutung des Rechtsstreits aber die Revision für zulässig erklärt. Die dementsprechend vom Kläger eingelegte Revision führte zur Aufhebung des Berufungsurteils und zur Zurückverweisung der Berufung der Beklagten.

Gründe:

Die Parteien streiten darüber, ob ein Arbeitnehmer, dessen Arbeitsverhältnis infolge eines Aussperrungsbeschlusses durch den Arbeitgeber gekündigt worden ist, für die ihm vom Arbeitgeber während der Kündigungsfrist zum Aufsuchen anderer Arbeit bewilligte Freizeit einen Anspruch auf Vergütung dieser Zeit hat.

Das Berufungsgericht geht bei Prüfung der zu entscheidenden Frage davon aus, daß nach der zwingenden Vorschrift des § 629 BGB., bestätigt durch § 14 Abs. III d der hier fraglichen Arbeitsordnung, der Arbeitnehmer auch im Falle der Kündigung während eines Wirtschaftskampfes die Gewährung von Freizeit zum Aufsuchen anderer Arbeit beanspruchen könne und ihm aus diesem Gesichtspunkt die Bezahlung des Lohnes für die Freizeit nicht verweigert werden dürfe. Im Anschluß daran lehnt es den von der Beklagten gegen ihre Zahlungspflicht gemachten Einwand ab, daß es sich, wie der Wortlaut des diesbezüglichen Anschlages erkennen lasse, bei der Kündigung des Klägers nicht um eine „echte" Kündigung mit dem Ziele der Auflösung des Arbeitsverhältnisses, sondern um eine „unechte" Kündigung gehandelt habe, um die Arbeitnehmerorganisationen zur Rücknahme ihrer Kampfmaßnahmen zu veranlassen. Es zieht dann den § 616 BGB. heran, der in zulässiger Weise durch die von den hierfür zuständigen Organisationen vereinbarte Arbeitsordnung ersetzt sei, und meint im Zusammenhang damit, der erhobene Anspruch sei nur dann begründet, wenn er sich auf § 14 Abs. III d stützen könne, verneint schließlich aber im Wege der Auslegung dieser Vorschrift die Berechtigung der Klageforderung, da bei Schaffung des § 14 Abs. III d a. a. O. beide Vertragsteile nur an die Fälle der Kündigung außerhalb des Wirtschaftskampfes gedacht hätten und ihn nicht auf die Fälle der Kündigung während des Wirtschaftskampfes hätten ausdehnen wollen. Dies wird ausgeführt.

Die Revision rügt Verletzung der §§ 629, 616 BGB. und des § 14 der oben bezeichneten Arbeitsordnung; ihr ist ein Erfolg nicht zu versagen.

Die „Arbeitsordnung", um die es sich hier handelt, ist nicht eine Arbeitsordnung in dem üblichen, einer Betriebsvereinbarung gleichzustellenden Sinne, welche nur die besonderen Arbeitsbedingungen in einem einzelnen Betriebe oder einer Betriebsabteilung regelt und zwischen Betriebsleitung und Betriebsvertretung abgeschlossen wird, vielmehr stellt sie sich, da zwischen den maßgebenden Arbeitgeber- und Arbeitnehmerorganisationen der Metallindustrie eines bestimmten Kreises mit Geltung für die daran beteiligten Betriebe vereinbart ist und in ihr Bedingungen für den Abschluß von Arbeitsverträgen in der Metallindustrie dieses Bezirks geregelt sind, als ein (Bezirks-) Tarifvertrag dar. Insbesondere handelt es sich bei dem für den vorliegenden Streitfall in Frage kommenden § 14 der Arbeitsordnung um eine die Regelung der einzelnen Arbeitsverträge betreffende Bestimmung. Ob sie von dem Berufungsgericht richtig oder unrichtig angewendet worden ist, unterliegt der Nachprüfung in der Revisionsinstanz (§ 73 Abs. 1 ArbGG., Entsch. RAG. Bd. 1 S. 129).

Bei dieser Nachprüfung ist zunächst festzustellen, daß das Berufungsurteil im Eingang der Entscheidungsgründe den Anspruch auf Gewährung freier Zeit zum Aufsuchen anderer Arbeit auch im Falle der Kündigung während eines Wirtschaftskampfes auf Grund des § 629

BGB., welcher durch § 14 Abs. III d der Arbeitsordnung bestätigt sei, bejaht, mit dem Hinzufügen, „daß aus diesem Gesichtspunkte die Bezahlung des Lohnes nicht verweigert werden" könne. Am Schluß der Entscheidungsgründe wird dagegen in Auslegung desselben § 14 Abs. III d der Anspruch auf Bezahlung des Lohnes für die gewährte Freizeit abgelehnt. Ob und inwieweit hierin ein Widerspruch liegt, kann dahingestellt bleiben, denn die Ablehnung entbehrt in jedem Falle der Berechtigung. Ihr steht einerseits der klare Wortlaut dieser tarifvertraglichen Bestimmung entgegen, welcher in unmißverständlicher Weise zum Ausdruck bringt, daß versäumte Arbeitszeit bei Kündigung durch den Arbeitgeber zur Aufsuchung neuer Arbeit zweimal vier Stunden bezahlt wird. Für eine Auslegung ist daher an sich überhaupt kein Raum (vgl. RGZ. Bd. 95 S. 126). Sie ist insbesondere nicht durch die vom Berufungsgericht mit Recht als „dem Gesetz fremd" und „für den einzelnen Arbeitnehmer bedeutungslos" gekennzeichnete Unterscheidung zwischen „echter" und „unechter" Kündigung veranlaßt. Andererseits steht, auch wenn man den § 14 Abs. III d der Arbeitsordnung für auslegungsfähig hält, die ihm vom Berufungsgericht gegebene Auslegung mit den gesetzlichen Auslegungsregeln der §§ 133, 157 BGB. insofern nicht im Einklang, als sie die Entscheidung darüber, ob der Klaganspruch durch diese Bestimmung getragen wird, lediglich darauf abstellt, daß die Vertragschließenden bei ihrer Schaffung nur an die Fälle der Kündigung außerhalb des Wirtschaftskampfes gedacht hätten, sie aber nicht auf die Fälle der Kündigung während des Wirtschaftskampfes hätten ausdehnen wollen. Wie das Reichsgericht in ständiger Rechtsprechung erkannt hat, ist nicht der innere Wille des Erklärenden, sein Beweggrund ausschlaggebend, sondern der erklärte Wille, und bei seiner Auslegung unter Berücksichtigung des ganzen Zusammenhangs, insbesondere des Gesamtverhaltens der Parteien und des wirtschaftlichen Zwecks des Rechtsgeschäfts zu ermitteln, wie die Beteiligten ihre Erklärungen nach allgemeinen, im Verkehr zwischen billig denkenden Menschen herrschenden Anschauungen zu verstehen berechtigt sind (vgl. u. a. RGZ. Bd. 119 S. 25). Diesen Erfordernissen einer sachgemäßen Auslegung, welche auch das Reichsarbeitsgericht für notwendig erachtet, wird durch die vom Berufungsgericht vorgenommene bloße Feststellung allgemeiner Erfahrungstatsachen, die überdies keineswegs zweifelsfrei erscheinen, nicht genügt. Ein Nachweis über das Verhalten der Vertragschließenden bei dem Zustandekommen des § 14 Abs. III d der Arbeitsordnung fehlt. Dazu kommt, daß diese Bestimmung, wenn sie die ihr vom Berufungsgericht gegebene beschränkte

Tragweite hätte, ungültig wäre. Denn ihr stände die zwingende Vorschrift des § 629 BGB. in Verbindung mit der — für sich allein betrachtet, allerdings durch Parteivereinbarung abänderlichen — Vorschrift des § 616 BGB. entgegen, wonach der zur Dienstleistung Verpflichtete des Anspruchs auf die Vergütung nicht verlustig geht, wenn er — wie hier — für eine verhältnismäßig nicht erhebliche Zeit durch einen in seiner Person liegenden Grund ohne sein Verschulden an der Dienstleistung verhindert wird. Es wäre mit Treu und Glauben im Verkehr nicht zu vereinbaren, dem zur Beschaffung des Lebensunterhalts auf seine Arbeitskraft angewiesenen Arbeitnehmer, nachdem ihm in § 629 BGB. ein Recht auf Urlaub zum Aufsuchen anderer Arbeit ohne Rücksicht darauf gewährleistet ist, ob er oder der Arbeitgeber gekündigt hat, den Anspruch auf Vergütung gemäß § 616 a. a. O. gerade dann zu versagen, wenn die ohne sein Verschulden vom Arbeitgeber ausgesprochene Kündigung ihn zwingt, von dem gesetzlichen Urlaubsrecht Gebrauch zu machen, um nicht arbeitslos zu werden. Darauf aber läuft die Auslegung des Berufungsgerichts hinaus; sie entspricht mithin nicht einmal der Billigkeit.

RAG. 2, 5.

1. Muß die Prüfung, ob der Rechtsstreit nach dem ArbGG. im Beschluß- oder Urteilsverfahren zu erledigen ist, der sachlichen Prüfung vorausgehen?

2. Zur Frage der Bedeutung und Rechtswirksamkeit von Richtlinien.

ArbGG. §§ 2 Abs. 1 Nr. 2, 46, 64, 72, 80. BRG. §§ 35, 36.

Reichsarbeitsgericht. Urt. v. 2. Mai 1928.

I. Arbeitsgericht Waldenburg. — II. Landesarbeitsgericht Breslau.

Der Kläger hat in seiner Eigenschaft als Betriebsratsmitglied der auf dem M.-Schacht der Beklagten arbeitenden Belegschaft an einer Sitzung des Schlichtungsausschusses in W. teilgenommen und für diese Teilnahme in einer gegen die Beklagte gerichtete Klage vor dem Arbeitsgericht eine aus Reisegeld und Spesen zusammengesetzte Aufwandsentschädigung von 2,50 RM erstritten, welche die Beklagte darauf auch gezahlt hat. Er verlangt nunmehr auf Grund einer Vereinbarung, welche unter dem 15. Februar 1923 zwischen dem Verein für die bergbaulichen Interessen Niederschlesiens E. V. und den Arbeitnehmerorganisationen über die „Regelung der Tätigkeit der Betriebsräte" getroffen worden ist, eine weitere Aufwandsentschädigung in Höhe eines monatlichen Pauschsatzes von 4,85 RM. Die Beklagte bestreitet die Berechtigung des Klagbegehrens, zahlt aber den übrigen Betriebsratsmitgliedern nach wie vor diesen Pauschsatz.

Das Arbeitsgericht hat die Klage abgewiesen. Die von ihm zugelassene Berufung des Klägers ist von dem Landesarbeitsgericht zurückgewiesen worden. Die wegen der grundsätzlichen Bedeutung des Rechtsstreits für zulässig erklärte Revision des Klägers hatten keinen Erfolg, und zwar aus nachstehenden

Gründen:

Die Parteien streiten darüber, ob ein Betriebsratsmitglied neben dem ihm bereits erstatteten Aufwand an Reisegeld und Spesen für die Teilnahme an einer Sitzung des Schlichtungsausschusses eine Pauschal-Aufwandsentschädigung zu beanspruchen hat. Das Berufungsgericht erörtert zunächst die Frage, ob überhaupt ein im Urteilsverfahren durch das einzelne Betriebsratsmitglied vor den Arbeitsgerichten verfolgbarer Anspruch vorliegt. Es entscheidet jedoch diese Frage nicht, sondern gelangt in wesentlicher Übereinstimmung mit dem ersten Richter deshalb zu einer Verneinung des erhobenen Anspruchs und damit zu einer Zurückweisung der Berufung, weil es nach den Bestimmungen der §§ 35 und 36 BRG. einerseits dem Kläger ein selbständiges Recht aus der als Richtlinien anzusehenden Vereinbarung versagt und andererseits eine pauschale Regelung der Aufwandsentschädigung für unzulässig und nichtig erachtet.

Die Revision rügt in verfahrensrechtlicher Hinsicht Verletzung des § 2 Abs. 1 Nr. 1, 2 und 5 ArbGG. in Verbindung mit § 93 Nr. 4 BRG., in materiellrechtlicher Beziehung aber unrichtige Anwendung der §§ 35 und 36 BRG. sowie der Nr. 4 e und 7 der „Regelung der Betriebsräte", indem sie im wesentlichen ausführt: Die Zuständigkeit des Arbeitsgerichts sei zum mindesten in der Form des Beschlußverfahrens begründet. In der Sache selbst handle es sich darum, ob ein Betriebsratsmitglied dadurch benachteiligt und den übrigen Betriebsratsmigliedern gegenüber gemaßregelt werden dürfe, daß ihm ein tarifvertraglich erworbenes Recht entzogen werde, weil er gegen den Arbeitgeber geklagt habe. Der erhobene Anspruch werde nicht auf § 36 BRG., sondern auf den als Kollektiv-Arbeitsvertrag sich darstellenden Tarifvertrag für den niederschlesischen Steinkohlenbergbau und auf den hieraus fließenden Einzelarbeitsvertrag des Klägers gestützt. Die „Regelung der Betriebsräte" bilde einen Teil dieses Tarifvertrages. Die tarifvertragliche Regelung sei in § 36 BRG. ausdrücklich zugelassen, sie nehme auch dem Betriebsratsamt nicht den in § 35 a. a. O. vorgesehenen

Charakter des Ehrenamts, da der tatsächliche Aufwand des Betriebsratsmitglieds den Betrag von 4,85 RM monatlich eher über- als unterschreiten dürfe. Endlich stehe dem Anspruch des Klägers § 95 BRG. in der Fassung des Gesetzes vom 28. Februar 1928 (RGBl. I S. 46) zur Seite.

Die verfahrensrechtliche Rüge der Revision ist insofern beachtlich, als das Berufungsgericht sich der Prüfung der Frage, ob der vorliegende Rechtsstreit im Beschluß- oder Urteilsverfahren zu erledigen sei, enthalten hat, während es diese Frage hätte entscheiden müssen, bevor es eine sachliche Prüfung des Streits vornahm. Die Rüge ist jedoch unbegründet, weil nach den eigenen und insoweit zutreffenden Ausführungen der Revision die Klage auf einen den Bestimmungen des Tarifvertrags für den niederschlesischen Kohlenbergbau unterliegenden Einzelarbeitsvertrag gestützt und aus dem Arbeitsverhältnis des Klägers bei der Beklagten entstanden ist. Es handelt sich also um eine bürgerliche Rechtsstreitigkeit zwischen Arbeitgeber und Arbeitnehmer aus einem Arbeitsverhältnis im Sinne des § 2 Abs. 1 Nr. 2 ArbGG., für welche an sich das Urteilsverfahren gegeben ist (vgl. §§ 46, 64, 72 und 80 ArbGG., auch Entsch. RAG. Bd. 1 S. 250).

In der Sache selbst ist dem Berufungsgericht im Ergebnis beizutreten. Nach § 35 BRG. verwalten die Betriebsratsmitglieder ihr Amt unentgeltlich als Ehrenamt, jedoch darf notwendige Versäumnis von Arbeitszeit eine Minderung der Entlohnung oder Gehaltszahlung nicht zur Folge haben; Vertragsbestimmungen, die dieser Vorschrift zuwiderlaufen, sind nichtig. Die durch die Geschäftsführung entstehenden notwendigen Kosten, einschließlich etwaiger Aufwandsentschädigungen, trägt der Arbeitgeber, sofern nicht durch Tarifvertrag etwas anderes bestimmt ist (§ 36 Satz 1 a. a. O.). Der letzte Halbsatz des § 36 Satz 1 bezieht sich nach seinem eindeutigen Wortlaut nur darauf, ob gegebenenfalls ein anderer als der Arbeitgeber die Kosten tragen soll. Daß hierzu durch den Tarifvertrag etwas anderes bestimmt ist, ist nach der für die Revisionsinstanz bindenden tatsächlichen Feststellung des Berufungsgerichts nicht anzunehmen. Die Revision irrt, wenn sie meint, daß die „Regelung der Betriebsräte" einen Teil des Tarifvertrages bilde. Schon aus den einleitenden Worten dieser Vereinbarung ergibt sich das Gegenteil, indem es daselbst heißt: „Die Bezirksarbeitsgemeinschaft für das niederschlesische Steinkohlenrevier beschließt in Ergänzung und Ausführung der maßgebenden Bestimmungen des Betriebsrätegesetzes für die Tätigkeit des Betriebsrats in seinem Verhältnis zum Arbeitgeber folgendes . . ." Auch der weitere Inhalt der Vereinbarung läßt erkennen, daß sie nur Richtlinien zur Ausführung u. a. der §§ 35 und 36 des BRG. enthält. Derartige Richtlinien, welche in ähnlicher Weise auch in anderen bergbaulichen Bezirken, insbesondere auch für den rheinisch-westfälischen Steinkohlenbergbau bestehen, mögen zwar im Interesse des Arbeitsfriedens zweckmäßig sein, ihnen kommt aber, gerade weil sie „Richtlinien" sind, keine bindende Kraft für das Rechtsverhältnis zwischen Arbeitgeber und Arbeitnehmer zu. Sie sind übrigens auch rechtsunwirksam, soweit sie ausdrücklichen gesetzlichen Vorschriften widersprechen. Und das ist hier der Fall. § 35 BRG. will, indem er vorschreibt, daß das Amt eines Betriebsratsmitglieds unentgeltlich als Ehrenamt verwaltet wird, und Vertragsbestimmungen, die dieser Vorschrift zuwiderlaufen, für nichtig erklärt, die Unabhängigkeit und Unparteilichkeit der Stellung des Betriebsratsmitglieds sichern. Die von dem Arbeitgeber nach § 36 a. a. O. zu tragende Aufwandsentschädigung soll und kann daher nur den Ersatz des dem einzelnen Betriebsratsmitglied tatsächlich erwachsenen Aufwands treffen. Jede darüber hinausgehende Entschädigung widerspricht der Unentgeltlichkeit des Amtes. Es kann deshalb auch eine Vergütung in Gestalt des hier in Frage kommenden monatlichen Pauschsatzes zur Abgeltung der Aufwandsentschädigung des § 36 BRG., welche nach Nr. 7 der Vereinbarung über „Regelung der Tätigkeit der Betriebsräte" ohne Rücksicht darauf gewährt wird, ob im Einzelfalle ein Betriebsratsmitglied wirklich monatliche Aufwendungen in dieser Höhe hat, nicht für zulässig erachtet werden. Sie käme einem versteckten Entgelt gleich und ist deshalb gemäß § 35 a. a. O. nichtig (Entsch. RAG. Bd. 1 S. 158). Auch § 95 BRG. n. F. vermag daran nichts zu ändern, er kommt hier überhaupt nicht in Betracht, da von einer Beschränkung oder Benachteiligung des Klägers in der Ausübung der sich für ihn aus dem Betriebsrätegesetz ergebenden Rechte nach der das Reichsarbeitsgericht bindenden Feststellung des Tatrichters nicht die Rede sein kann. Dem Anspruch des Klägers auf einen monatlichen Pauschsatz von 4,85 RM hat das Berufungsgericht mithin ohne Rechtsirrtum einen Erfolg versagt.

RAG. 2, 9.

Ist einem Schwerbeschädigten, der im Laufe des Dienstverhältnisses durch eine Krankheit, die eine Folge seiner Kriegsverletzung ist, dauernd daran gehindert wird, die vertraglich übernommene oder die ihm übertragene Arbeit zu leisten, und dem der Arbeitgeber keine leichtere Beschäftigung zuweisen kann oder will, der vertragliche Lohn

so lange fortzuzahlen, bis die Hauptfürsorgestelle ihre Zustimmung zu seiner Entlassung erteilt hat?

Schwerbeschädigtengesetz v. 12. Januar 1923 § 13 Abs. 1 und Abs. 2 Satz 2. BGB. § 323.

Reichsarbeitsgericht. Urt. v. 9. Mai 1928.

I. Arbeitsgericht Hamborn. — II. Landesarbeitsgericht Duisburg.

Der Kläger, der Schwerbeschädigter im Sinne des Schwerbeschädigtengesetzes vom 12. Januar 1923 ist, trat am 19. November 1926 als Bergeklauber am Lesebande in die Dienste der Beklagten. Am 3. Februar 1927 erkrankte er und mußte sich einer Operation am rechten Arm unterziehen. Nachdem der Arzt ihn am 22. Juni zu leichteren Arbeiten für fähig erklärt hatte, nahm er seine Tätigkeit am Lesebande wieder auf. Aber bereits bei der ersten Schicht schwoll sein Arm derart an, daß er die Arbeit wieder aufgeben mußte. Eine andere leichte Arbeit wurde ihm nicht zugewiesen. Seitdem leistet er keine Arbeit mehr, empfing von der Beklagten aber auch keinen Lohn. Er hielt sich infolgedessen für entlassen und beantragte klagend, die Beklagte zu verurteilen, ihn wieder einzustellen, ihm eine seiner Leistungsfähigkeit und seinen Kenntnissen entsprechende Arbeit zuzuteilen und ihm vom Tage seiner Entlassung an den zuletzt von ihm verdienten Schichtlohn weiterzuzahlen. Die Beklagte bestritt, den Kläger entlassen zu haben, zugleich aber auch, zu seiner Weiterentlohnung verpflichtet zu sein, da er die vertraglich übernommene Arbeit nicht leiste, auch nicht leisten könne und leichtere Arbeit für ihn nicht vorhanden sei.

Das Arbeitsgericht gab der Klage statt. Im zweiten Rechtszuge, in dem der Kläger in erster Reihe Zurückweisung der Berufung der Beklagten erstrebte, verlangte er hilfsweise

1. Feststellung, daß seine am 24. Juni bzw. 6. August 1927 erfolgte Entlassung unzulässig sei und daß das Vertragsverhältnis der Parteien noch bestehe,
2. die Beklagte zu verurteilen, ihm vom 25. Juni 1927 ab den tarifmäßigen Lohn und zwar 6,10 RM für jeden Wochentag bis zur Wiedereinstellung zu zahlen.

Das Landesarbeitsgericht änderte durch Teil- und Zwischenurteil vom 10. November 1927 das arbeitsgerichtliche Urteil dahin ab, daß es die Hauptanträge des Klägers und dessen Hilfsantrag zu 1, soweit mit ihm die Feststellung der Unzulässigkeit der Kündigung begehrt wurde, abwies, dagegen aber

I. das Fortbestehen des Arbeitsverhältnisses feststellte,
II. den Anspruch auf Zahlung von 6,10 RM je Schicht vom 25. Juni 1927 ab bis zur erneuten Beschäftigung des Klägers am Leseband für begründet erachtete.

In dem darauf folgenden Betragsverfahren erklärte der Kläger, daß die Beklagte ihm für die Zeit vom 25. Juni bis zum 26. September 1927 nachträglich 69¼ Schichten nach einem Lohn von 5,38 RM je Schicht bezahlt habe und daß er daher für diese 69¼ Schichten je Schicht nur noch den Unterschied zwischen 5,38 RM und dem Tariflohn von 6,10 RM, d. h. insgesamt noch 48,34 RM zu fordern habe; zugleich schränke er seinen weiteren Lohnanspruch auf Zahlung von 517,60 RM, d. h. des Tariflohns für die Zeit vom 27. September bis 22. Dezember 1927 ein und verlangte nunmehr nur noch Verurteilung der Beklagten zur Zahlung der genannten Summen. Durch Schlußurteil vom 22. Dezember 1927 entsprach das Landesarbeitsgericht diesem Antrage.

Beide Parteien legten Revision ein. Die des Klägers wurde zurückgewiesen. Auf die Revision der Beklagten wurden die beiden Urteile des Landesarbeitsgerichts insoweit aufgehoben, als dem Kläger mehr als 5,38 RM je Schicht zugesprochen waren. Insoweit wurde die Sache zur anderweiten Verhandlung und Entscheidung an das Berufungsgericht zurückverwiesen.

Gründe:

Im dritten Rechtszuge handelt es sich nur noch um die Frage der Berechtigung oder Nichtberechtigung der klägerischen Lohnforderung. Daß der Arbeitsvertrag der Parteien noch fortbesteht, ist unter ihnen nicht mehr streitig. Die Fortdauer des Arbeitsvertrags läßt aber auch ohne weiteres den Lohnanspruch des Klägers begründet erscheinen. Nach den Feststellungen des Berufungsgerichts hat die Beklagte mit dem Kläger als Schwerbeschädigten freiwillig einen Arbeitsvertrag geschlossen und ihn als Bergeklauber am Lesebande angenommen. Dieser Vertrag unterliegt an sich den Vorschriften des bürgerlichen Rechts, soweit das Gesetz vom 12. Januar 1923 nicht besondere Bestimmungen zugunsten der Schwerbeschädigten enthält. Nach § 13 Abs. 1 und Abs. 2 Satz 2 das. ist aber zur wirksamen Entlassung eines Schwerbeschädigten die Zustimmung der Hauptfürsorgestelle auch dann erforderlich, wenn eine Krankheit, die eine Folge der Kriegsbeschädigung ist, ihn an der Leistung der ihm übertragenen oder von ihm vertraglich übernommenen Arbeiten hindert. Daß unter den Begriff der Krankheit im Sinne des § 13 Abs. 2 Satz 2 a. a. O., die sich selbstverständlich nicht mit der ursprünglichen Kriegsverletzung und der durch sie hervorgerufenen Minderung der Leistungsfähigkeit deckt, jede nachträglich d. h. während des Arbeitsverhältnisses als Folge der Kriegsverletzung eintretende Änderung des Körperzustandes fällt, die, sei es Arbeitsleistungen überhaupt, sei es bestimmte Arbeitsleistungen des Schwerbeschädigten unmöglich macht, hat das Berufungsgericht mit Recht angenommen. Auch für den Fall einer durch solche Krankheit herbeigeführten dauernden Leistungsunfähigkeit des Schwerbeschädigten soll seine Entlassung nicht vom freien Belieben des Dienstherrn abhängen, soll dieser vielmehr gehalten sein, die Entscheidung der Hauptfürsorgestelle über ihre wirtschaftliche und soziale Berechtigung einzuholen. Aus dieser Auflage und der mit ihr verbundenen Entlassungsbeschränkung folgt aber mit Notwendigkeit die Verpflichtung des Arbeitgebers, solange die Zustimmung der Hauptfürsorgestelle fehlt, der Arbeitsvertrag also noch läuft, dem Schwerbeschädigten auch ohne Arbeitsleistung von seiner Seite den vertraglichen Lohn fortzuzahlen. Die Auffassung der Beklagten, die bei völliger und dauernder Arbeitsunfähigkeit des Schwerbeschädigten trotz Fortdauer des Arbeitsverhältnisses ihre Entlohnungspflicht schlechthin für erloschen hält, würde dem § 13 Abs. 2 Satz 2 des Schwerbeschädigtengesetzes jede praktische Bedeutung nehmen. Seine Bestimmungen sind Ausflüsse der öffentlichrechtlichen Fürsorgepflicht, die das Reich hinsichtlich der Schwerbeschädigten zum Teil auf die Arbeitgeber abgewälzt hat. Das Gesetz erwartet von ihnen grundsätzlich freiwillige Erfüllung der ihnen zugewiesenen Fürsorgeaufgaben. Mit den in ihm vorgesehenen Zwangsmitteln greift das Reich erst bei Ungehorsam der Arbeitgeber ein. Deshalb ist es für die Anwendung des § 13 Abs. 1 und Abs. 2 Satz 2 a. a. O. völlig unerheblich, ob der Arbeitsvertrag auf Grund freier Entschließung des Arbeitgebers oder mit Hilfe staatlichen Zwanges zustande gekommen ist.

Nach der Feststellung des Landesarbeitsgerichts ist die Kriegsbeschädigung des Klägers die Ursache seiner am 25. Juni 1927 zutage getretenen Unfähigkeit, die vertragliche Arbeit am Lesebande auszuführen. Es entspricht daher durchaus dem Sinn und Zweck des § 13 Abs. 2 Satz 2 a. a. O., wenn der Berufungsrichter die Lohnzahlungspflicht der Beklagten für die Zeit vom 25. Juni bis zum 22. Dezember 1927 ohne Rücksicht darauf für gegeben erachtet, ob sie innerhalb ihres Betriebes dem Kläger eine andere Arbeit zu übertragen vermag, die er zu leisten imstande ist. Denn, wenn auch der Arbeitgeber vom öffentlichrechtlichen Standpunkt aus seiner Fürsorgepflicht durch Lohnzahlung allein nicht, sondern erst dann genügt, wenn er dem Schwerbeschädigten eine seinen Kräften entsprechende Beschäftigung zuweist, hat dieser doch einen klagbaren privatrechtlichen Anspruch auf deren Zuweisung ebensowenig wie auf Ersetzung der ihm zugeteilten Arbeit durch eine andere. Privatrechtlich genügt der Arbeitgeber dem Gesetze, wenn er dem Schwerbeschädigten den ihm gebührenden Arbeitslohn zahlt.

Unentschieden läßt der Berufungsrichter, ob die Leistungsunfähigkeit des Klägers die ganze kritische Zeit hindurch, d. h. bis zum 22. Dezember 1927 fortgedauert habe, weil für den Fall nachträglichen Eintritts seiner Arbeitsfähigkeit § 615 BGB. zugunsten des Klägers Platz greifen würde, da er seit September 1927 täglich seine Dienste anbiete. Ob diese Erwägung völlig bedenkenfrei ist, kann dahingestellt bleiben, für die Entscheidung ist sie jedenfalls ohne Bedeutung. Denn die Beklagte hat nie behauptet, daß der Kläger die Arbeit am Lesebande leisten könne, aus Böswilligkeit nicht leiste oder Arbeitsunfähigkeit simuliere. Daß der Kläger von der Beklagten, wie diese in der Revisionsinstanz vorträgt, im September etwa 4 Tage lang mit Papierauflesen beschäftigt worden ist und auch diese Arbeit als für ihn zu schwer abgelehnt hat, ist weder von dem Arbeitsgericht noch von dem Landesarbeitsgericht erwähnt, geschweige denn festgestellt und für das Reichsarbeitsgericht daher unbeachtlich. Übrigens hat die Beklagte auch hinsichtlich dieser Arbeit nicht geltendgemacht, daß der Kläger sie zu Unrecht zurückgewiesen habe. Die Beklagte stützt ihr angebliches Lohnverweigerungrecht nicht einmal auf unberechtigte Arbeitsverweigerung, sondern vielmehr auf § 323 BGB., d. h. auf das unverschuldete Unvermögen des Klägers, die ihm vertraglich obliegende Arbeit zu leisten. Eine solche Leistungsunmöglichkeit läßt aber Schwerbeschädigte im Gegensatze zu anderen Dienstverpflichteten ihrer Lohnansprüche so lange nicht verlustig gehen, als das Arbeitsverhältnis nicht ordnungsmäßig nach Maßgabe des § 13 Schwerbeschädigtengesetzes gelöst ist. Ist der Kläger außerstande, die Arbeit am Lesebande zu verrichten, und kann oder will die Beklagte ihm keine leichtere Beschäftigung geben, so bleibt ihr nichts weiter übrig, als die Zustimmung der Hauptfürsorgestelle zur Entlassung des Klägers nachzusuchen und bei deren Verweigerung Beschwerde bei dem Schwerbeschädigtenausschusse (§§ 21, 22 a. a. O.) einzulegen. Die Hauptfürsorgestelle und der Schwerbeschädigtenausschuß haben allein und endgültig darüber zu entscheiden, ob der Gesundheitszustand des Klägers und die sonstigen Umstände des Falles eine Entlassung und mit ihr die Einstellung der Entlohnung rechtfertigen.

Die Revision der Beklagten bemängelt auch die Höhe des zugesprochenen Lohns und wirft dem Berufungsgericht in dieser Beziehung unrichtige Auslegung des § 5 Abs. 14 des für die Parteien maßgebenden Tarifvertrags vor. Nach dessen Inhalt findet bei Arbeitern mit geschwächter Arbeitskraft grundsätzlich eine Entlohnung nach der Leistung statt, und bei Meinungsverschiedenheiten soll der Lohnbetrag im Einvernehmen mit dem Betriebsausschuß festgesetzt werden. Zutreffend geht das Berufungsgericht davon aus, daß der Tariflohn so lange gezahlt werden müsse, als nicht dessen anderweite Festsetzung mit dem minderleistungsfähigen Arbeiter vereinbart oder im Benehmen mit dem Betriebsausschuß erfolgt sei. Ob im letzteren Falle die Lohnkürzung eine Betriebsvereinbarung, wie der Berufungsrichter annimmt, erfordert oder nicht, kann dahingestellt bleiben. Denn Verhandlungen mit dem Betriebsrat über die Höhe des den Schwerbeschädigten im allgemeinen oder dem Kläger im besonderen zu zahlenden Lohnes haben nach der Feststellung des Berufungsgerichts überhaupt nicht stattgefunden. Dagegen hat der Berufungsrichter nicht erörtert, ob nicht eine Lohnabrede mit dem Kläger selbst getroffen sei. Eine Prüfung dieser Frage ist aber dem Vorbringen der Beklagten gegenüber notwendig. Diese hatte nämlich schon in der Klagebeantwortung behauptet, daß sie ihren Invaliden stets einen Schichtlohn von 5,38 RM zahle. Hat der Kläger aber in den ersten Monaten seiner Beschäftigung diesen Lohn widerspruchslos angenommen, so ist dadurch die durch den Tarifvertrag zugelassene Vereinbarung über eine Minderentlohnung zustandegekommen, und es würde arglistig von dem Kläger sein, wenn er während seiner Nichtbeschäftigung einen höheren Lohn begehrt als denjenigen, den er während seiner Arbeitszeit empfangen hat. . . .

(Es folgen Ausführungen über die Unbegründetheit der klägerischen Revision.)

RAG. 2, 15.

1. Zur Frage der „erforderlichen Räume" im Sinne des § 36 Satz 2 BRG.

2. Wann ist der Betriebsratsvorsitzende verpflichtet, eine Betriebsversammlung in Teilversammlungen abzuhalten?

§§ 36, 45 Abs. 2, 46 Abs. 1 BRG.

Reichsarbeitsgericht. Beschl. v. 16. Mai 1928.

I. Arbeitsgericht Leipzig.

Der Sachverhalt ergibt sich aus folgenden

Gründen:

Die Antragsgegnerin stellt für Betriebsversammlungen ihrer 1200 bis 1400 Köpfe starken Angestelltenschaft einen Kantinenraum zur Verfügung. Der Antragsteller behauptet, daß dieser Raum für den genannten Zweck wegen der Stärke der Belegschaft zu klein und auch für den Aufenthalt einer vielhundertköpfigen Versammlung gesundheitsschädlich sei. Er hat daher für eine am 25. November 1927 aus Anlaß der damals bevorstehenden Wahlen zur Angestelltenversicherung abgehaltene Betriebsversammlung den Burgkeller als Versammlungsraum gemietet und hat nunmehr, da die Antragsgegnerin sich weigert, allgemein einen anderen Raum für Betriebsversammlungen zur Verfügung zu stellen und die durch die Miete des Burgkellers erwachsenen besonderen Unkosten zu tragen, Feststellung beantragt,

1. daß der Kantinenraum für eine Betriebsversammlung ungeeignet und unzureichend ist,
2. daß die Antragsgegnerin verpflichtet ist, dem Antragsteller die für Saalmiete entstandenen Unkosten von 25 RM zu ersetzen.

Die Antragsgegnerin hat Abweisung des Antrags begehrt. Sie macht geltend, daß der Kantinenraum für Betriebsversammlungen ihrer Belegschaft völlig ausreiche, da diese Versammlungen erfahrungsgemäß nur von 200—300 Personen besucht würden, die in dem keineswegs gesundheitsschädlichen Raum bequem untergebracht werden könnten.

Das Arbeitsgericht hat den Antrag zu 1 abgelehnt, dem Antrag zu 2 aber stattgegeben. Es läßt die Frage, ob dem Antragsteller zuzumuten sei, Betriebsversammlungen in drei Teilversammlungen abzuhalten, unentschieden, denn es sei eine auch von dem Antragsteller nicht bestrittene Erfahrungstatsache, daß Betriebsversammlungen niemals von der ganzen Belegschaft eines Betriebs, sondern immer nur von einem Bruchteil besucht würden, und stellt auf Grund örtlicher Besichtigung und gerichtsärztlichen Gutachtens fest, daß der Kantinenraum für etwa 400 Personen Platz biete, also die gesamte Angestelltenschaft der Antragsgegnerin nur in drei Teilversammlungen fasse, daß er ferner im allgemeinen für Betriebsversammlungen genüge und daß er auch bei mehrstündiger Versammlungsdauer nicht gesundheitsschädlich sei. Diese Feststellung schließe jedoch nicht aus, daß der Betriebsvertretung das Recht zugestanden werden müsse, einen größeren und geeigneteren Saal auf Kosten des Arbeitgebers zu mieten, wenn der Kantinenraum bei besonderem Anlaß, der einen außerordentlichen Besuch der Betriebsversammlung auch nur vermuten lasse, nicht als ausreichend angesehen werden könne. Ein solcher außerordentlicher Anlaß habe am 25. November 1927 bestanden, der Burgkeller fasse mindestens 100 Personen mehr als der Kantinenraum. Daß nach den angestellten Ermittelungen nur etwa 350 Angestellte die Versammlung besucht hätten, sei belanglos.

Gegen den Beschluß des Arbeitsgerichts hat die Antragsgegnerin bei dem Reichsarbeitsgericht frist- und formgerecht Rechtsbeschwerde eingelegt. Für ihre Entscheidung ist das Reichsarbeitsgericht zuständig, da die Antragsgegnerin eine Zweigniederlassung der R. K. A.-G. in Hamburg ist, das Beschlußverfahren also eine Unternehmung betrifft, die sich über den Bezirk eines Landes hinaus erstreckt (§ 85 Abs. 1 Satz 3 ArbGG. in Verbindung mit Entsch. RAG. Bd. 1 S. 196). Die Rechtsbeschwerde ist auch begründet.

Der angefochtene Beschluß geht mit Recht davon aus, daß nach § 36 BRG. der Arbeitgeber die für die laufende Geschäftsführung des Betriebsrats entstehenden notwendigen Kosten zu tragen und die nach Umfang und Beschaffenheit des Betriebes und der gesetzlichen Aufgaben des Betriebsrats erforderlichen Räume zur Verfügung zu stellen hat, sobald der Betriebsratsvorsitzende in Ausübung der ihm durch § 46 Abs. 1 a. a. O. auferlegten Pflicht eine Betriebsversammlung einberuft. Rechtsbedenkenfrei ist auch die Ansicht, daß das Betriebsrätegesetz nichts darüber sage, was im Sinne dieser Bestimmung als „erforderlich" zu gelten habe, und daß dies von Fall zu Fall festzustellen sei. Bei der dementsprechenden Feststellung ist dem Arbeitsgericht jedoch insofern ein Rechtsverstoß unterlaufen, als es die ausdrückliche Vorschrift des § 45 Abs. 2 BRG., wonach die Abhaltung der Betriebsversammlung in Teilversammlungen zu erfolgen hat, wenn nach der Natur oder Größe des Betriebs eine gleichzeitige Versammlung aller Arbeitnehmer nicht stattfinden kann, bei Prüfung der den zweiten Teil des Antrags betreffenden Frage, ob der von der Antragsgegnerin auch für die Zwecke der Betriebsversammlung vom 25. November 1927 zur Verfügung gestellte Kantinenraum hierfür geeignet war, nicht berücksichtigt hat. Diese Prüfung wäre um so notwendiger gewesen, als das Arbeitsgericht bei der den ersten Teil des Antrags berührenden Prüfung der allgemeinen Eignung des Kantinenraums für Abhaltung von Betriebsversammlungen festgestellt hat, daß dieser Raum die gesamte Angestelltenschaft der Antragsgegnerin nur in drei Teilversammlungen fasse, es aber dahingestellt gelassen hat, ob dem Antragsteller zuzumuten sei, Betriebsversammlungen in drei Teilversammlungen abzuhalten, da erfahrungsgemäß Betriebsversammlungen nur von einem Bruchteil der Belegschaft eines Betriebes besucht würden. Das Arbeitsgericht hat diese Prüfung auch nicht etwa, wie der Antragsteller meint, schon dadurch zum Ausdruck gebracht, daß es feststellt, der Betriebsrat habe für die Betriebsversammlung vom 25. November 1927 wegen ihrer besonders bedeutungsvollen Tagesordnung mit einem außerordentlich starken Besuch rechnen können, auch wenn er diesen nur zu vermuten brauchte.

Die auf Grund der tatsächlichen Feststellung des Arbeitsgerichts mögliche und wegen der durch § 89 Abs. 1 ArbGG. ausgeschlossenen Zurückverweisung der Sache an die Vorinstanz von dem Beschwerdegericht selbst vorzunehmende Prüfung führt nun zu dem Ergebnis, daß bei Beachtung der Vorschrift des § 45 Abs. 2 BRG. der Betriebsratsvorsitzende verpflichtet war, mit Rücksicht auf die Größe des Betriebes die Betriebsversammlung vom 25. November 1927 in Teilversammlungen abzuhalten, zumal wenn wegen der besonders bedeutungsvollen Tagesordnung ein außerordentlich starker Besuch zu erwarten war. Denn je größer ein Betrieb und danach auch die Teilnehmerzahl einer Betriebsversammlung ist, um so weniger ist bei Abhaltung nur einer solchen Versammlung für den einzelnen Teilnehmer die Gelegenheit gegeben, durch eine sachliche Aussprache die ihm etwa erwünschte Belehrung zu erhalten. Um dies zu ermöglichen, ordnet das Gesetz u. a. auch wegen der Größe des Betriebs die Abhaltung von Teilversammlungen an. Die in der unterlassenen Abhaltung von Teilversammlungen liegende Nichtbeachtung des § 45 Abs. 2 BRG. spricht gegen die Notwendigkeit der durch die Miete des Burgkellers für die Betriebsversammlung vom 25. November 1927 enstandenen Kosten und schließt in Verbindung mit § 36 a. a. O. den Anspruch des Betriebsrats auf Ersatz dieser Kosten aus.

Demnach war der angefochtene Beschluß, soweit er die Verpflichtung der Antragsgegnerin zum Ersatz der für Saalmiete entstandenen Unkosten von 25 RM ausspricht, aufzuheben und der Antragsteller auch mit dem Antrag zu 2 abzuweisen.

RAG. 2, 22.

Hat im Falle des § 20 MSchG. das Mietschöffengericht, wenn unter den Parteien über die Beendigung des Dienstverhältnisses Einigkeit besteht, auch die Frage zu entscheiden, ob ein gesetzlich begründeter Anlaß zu seiner Auflösung gegeben war? Ist eine selbständige Feststellungsklage zu diesem Punkte vor dem Arbeitsgericht zulässig?

MSchG. §§ 20, 21. ZPO. § 256.

Reichsarbeitsgericht. Urt. v. 16. Mai 1928.

Der Kläger hat dem Beklagten, der seit dem Jahre 1914 bei ihm als Deputatarbeiter in Diensten stand, am 29. Dezember 1927 mit der tarifmäßigen Frist von einem Vierteljahr zum 1. April 1928 gekündigt. Den Grund hierzu soll die Nichtgestellung eines Hofgängers durch den Beklagten gegeben haben. Beklagter hat gegen die Kündigung keinen Einspruch erhoben, sich aber am 1. April 1928 geweigert, seine Deputatwohnung zu räumen, weil er einen begründeten Anlaß zur Auflösung des Dienstverhältnisses nicht gegeben habe. Das mit der Klage auf Räumung befaßte Mietschöffengericht hat das Verfahren bis zur rechtskräftigen Entscheidung des Arbeitsgerichtes darüber, ob Beklagter einen solchen Anlaß gegeben habe, ausgesetzt. Darauf hat der Kläger bei dem Arbeitsgericht Greifswald eine dahingehende Feststellung beantragt. Die Klage wurde vom Arbeitsgericht aus sachlichen Gründen abgewiesen. Das Landesarbeitsgericht hat die Berufung des Klägers zurückgewiesen, weil eine Feststellungsklage vor den Arbeitsgerichten nicht zulässig sei. Die Revision des Klägers blieb ohne Erfolg.

Gründe:

Das Landesarbeitsgericht geht davon aus, daß unter „bürgerliche Rechtsstreitigkeiten" im Sinne des § 2 Ziffer 2 ArbGG. auch solche aus der Auflösung des Arbeitsverhältnisses fallen, deren Entscheidung davon abhänge, ob der Arbeitnehmer gesetzlich begründeten Anlaß zu dieser Auflösung oder, was dasselbe bedeute, einen gesetzlichen Grund zu seiner fristlosen Entlassung gegeben habe. Maßgebend sei für den vorliegenden Fall, ob ein solcher Rechtsstreit vor dem Arbeitsgericht anhängig werden könne. Das sei nicht der Fall, weil der Beklagte nicht fristlos, sondern fristgemäß entlassen worden sei. Ansprüche aus einer fristlosen Entlassung schieden also zwischen den Parteien aus, eine Leistungsklage bezüglich ihrer sei nicht denkbar. Es fehle also das zur Feststellungsklage zu erfordernde alsbaldige Interesse an der Feststellung der durch die fristlose Entlassung zwischen den Parteien entstandenen Rechtsbeziehungen. Ob die Klage überhaupt eine Feststellung und nicht nur die Entscheidung einer Rechtsfrage bezwecke, könne dahingestellt bleiben.

Die Frage der Rechtmäßigkeit der fristlosen Entlassung sei nur noch hinsichtlich des Räumungsanspruches streitig, für den die ausschließliche Zuständigkeit des Mietschöffengerichts begründet sei. Lediglich deshalb weil der Räumungsanspruch aus dem Arbeitsverhältnis, nämlich aus der Rechtmäßigkeit seiner Auflösung hergeleitet werde, sei eine Feststellungsklage nicht zuzulassen. Dies würde zu einer unerwünschten und nicht beabsichtigten Vermehrung der Rechtsstreitigkeiten führen. Die Gefahr verschiedener Entscheidungen, die der Gesetzgeber habe vermeiden wollen, sei hier nicht vorhanden.

Der Revision, die demgegenüber geltend macht, das Feststellungsinteresse müsse als gegeben angesehen werden, war der Erfolg zu versagen, wenn auch die Ausführungen des Landesarbeitsgerichts nicht vollständig zu billigen sind.

Die §§ 20 und 21 MSchG. betreffen die Werkwohnungen. Der erste behandelt den Fall, daß ein Raum nur mit Rücksicht auf ein zwischen den Parteien bestehendes Dienst- oder Arbeitsverhältnis vermietet ist, während im zweiten der Raum aus derselben Rücksicht heraus nur überlassen ist und die Überlassung einen Teil der für die Dienste zu gewährenden Vergütung bildet. Im ersten Falle liegt von Anfang an ein Mietverhältnis vor, im zweiten hingegen nicht. In beiden Fällen soll dem Rauminhaber auch über die Beendigung des Dienst- oder Arbeitsverhältnisses hinaus Mieterschutz gewährt werden. Aber nur dann, wenn er nicht durch sein Verhalten dem Dienstherrn einen gesetzlich begründeten Anlaß zur Auflösung des Dienstverhältnisses gegeben oder selbst das Verhältnis gelöst hat, ohne daß ihm von dem Dienstherrn ein solcher Anlaß gegeben war. Das Gesetz macht keinen Unterschied, ob das Dienstverhältnis aus einem gesetzlich begründeten Anlaß, also aus einem gesetzlichen Grunde tatsächlich gelöst oder ob es durch fristmäßige Kündigung beendet worden ist. Auch im letzteren Falle muß ein gesetzlich begründeter Anlaß vorgelegen haben, wenn dem Rauminhaber der Mieterschutz versagt werden soll.

Der vor dem Mietschöffengericht erhobenen Räumungsklage des Dienstherrn kann also der Rauminhaber in allen Fällen, gleichgültig ob das Vertragsverhältnis infolge eines gesetzlichen Grundes oder durch eine fristmäßige Kündigung beendet ist, den Einwand entgegenhalten, daß ein gesetzlich begründeter Anlaß zur Auflösung nicht vorgelegen habe. Und von der Bejahung oder Verneinung dieser Frage hängt die Entscheidung über die Räumungsklage ab. Insofern hat der Dienstverpflichtete auch nach der Beendigung des Dienstverhältnisses ein Interesse an der Feststellung, ob ein solcher Anlaß vorgelegen hat oder nicht. Das hat das Berufungsgericht verkannt, wenn es ein Interesse des Klägers an der Feststellung überhaupt verneint, wobei ganz dahingestellt bleiben kann, ob ein solches nicht bereits damit begründet ist, daß das Mietschöffengericht dem Kläger unter Aussetzung des Verfahrens die Beibringung einer Entscheidung des Arbeitsgerichts aufgegeben hat.

Aber im Sinne des maßgebenden § 256 ZPO. genügt es nicht, daß ein Interesse an einer Feststellung überhaupt vorliegt, es muß sich auch um das Bestehen oder Nichtbestehen eines Rechtsverhältnisses handeln, worüber zu entscheiden das mit der Klage angegangene Gericht berufen ist. Nun besteht zwischen den Parteien Einigkeit darüber, daß das unter ihnen zunächst in Betracht kommende Rechtsverhältnis, nämlich das Arbeitsverhältnis durch die Kündigung des Klägers beendet ist. Eine Feststellungsklage über sein Bestehen oder Nichtbestehen ist also ausgeschlossen. Streitig ist unter ihnen nur noch, ob der Beklagte verpflichtet ist, die ihm überlassenen Räume herauszugeben. Auch in dieser Beschränkung handelt es sich noch um ein Rechtsverhältnis, zu dessen Entscheidung aber das Mietschöffengericht ausschließlich zuständig ist. Die Frage, ob ein gesetzlich begründeter Anlaß zur Auflösung des Dienstverhältnisses vorgelegen hat, kann keinesfalls als ein Rechtsverhältnis, sondern nur als eine Vorfrage zur Entscheidung über die Räumungsverpflichtung erachtet werden. Über diese hat aber das zur Entscheidung über den allein noch streitigen Rest des Rechtsverhältnisses in der Hauptsache berufene Gericht, hier also das Mietschöffengericht, mitzuentscheiden. Für eine Feststellungsklage vor dem Arbeitsgericht ist hiernach kein Raum.

Diese Auffassung wird auch allein dem Sinne des § 21 Abs. 1 Satz 3 MSchG. gerecht. Er stellt für die Aussetzung des Verfahrens vor dem Mietschöffengericht zwei Voraussetzungen auf. Einmal muß ein Streit über das Vorliegen eines gesetzlich begründeten Anlasses zur Auflösung des Dienst- oder Arbeitsverhältnisses vorliegen. Es muß aber auch zweitens die Zuständigkeit einer anderen Stelle begründet sein. Daraus ergibt sich der Wille des Gesetzgebers, die Entscheidung über das Vorliegen eines entsprechenden Anlasses nicht in allen Fällen einer anderen Stelle, hier also dem Arbeitsgericht zuzuweisen, sondern nur dann, wenn sie nach den anderweit gegebenen Vorschriften für die Entscheidung zuständig ist. Dafür daß diese Zuständigkeit über den Rahmen der Bestimmungen der Zivilprozeßordnung und ihres § 256 hinaus hat ausgedehnt werden sollen, bietet der Wortlaut des Gesetzes keinen Anhalt. In den so gezogenen Grenzen kann aber eine selbständige Feststellungsklage über das Vorliegen oder Nichtvorliegen eines gesetzlich begründeten Anlasses zur Auflösung des Dienstverhältnisses überhaupt und deshalb auch vor dem Arbeitsgericht nicht zugelassen werden.

RAG. 2, 25.

Unter einen Tarifvertrag, der auf der Angestelltenseite lediglich auf die berufliche Vorbildung abstellt, fällt jeder Angestellte mit der entsprechenden beruflichen Bildung, es sei denn, daß er in einer Eigenschaft beschäftigt wird, die mit seiner Vorbildung gar nichts zu tun hat. Wird er nur überhaupt innerhalb seines Wissensgebiets beschäftigt, so gilt gleich, ob seine Tätigkeit einfacherer oder gehobener Art ist; es darf nicht verlangt werden, daß seine Tätigkeit von der Art ist, daß nur ein wissenschaftlich Vollgebildeter sie wahrnehmen kann.

§§ 1, 2 Tarifvertragsverordnung.

Reichsarbeitsgericht. Urt. v. 19. Mai 1928.

I. Arbeitsgericht Hamburg. — II. Landesarbeitsgericht daselbst.

Der Kläger, Chemiker mit abgeschlossener Hochschulbildung, war vom 1. April 1924 bis zum 30. November 1926 in St. bei der Akt.-Ges. V. S. beschäftigt gewesen. Auf Grund Vertrags vom 26. November 1926 ist er am 1. Dezember 1926 als Betriebsassistent mit einmonatiger Kündigung und 350 RM, später 400 RM Monatsgehalt in den Dienst der Firma B. & K. in H. getreten. Mit Schreiben vom 13. August 1927 hat die Firma dem Kläger auf den 30. September 1927 gekündigt. Im Dezember 1926 hatte die H.er Firma B. & K., Kommanditgesellschaft, ihr Geschäft mit Aktiven und Passiven mit dem Recht der Fortführung der Firma und unter Ausschluß der Liquidation an die Akt.-Ges. V. S. verkauft. Diese Aktiengesellschaft, die Beklagte, führt seitdem das Geschäft in H. unter der im Rubrum angegebenen Firma fort. Im Hinblick auf diese Sachlage macht der Kläger geltend, daß er im Zeitpunkt der Kündigung mehr als drei Jahre bei der nämlichen Firma tätig gewesen sei. Er beruft sich auf den für allgemein verbindlich erklärten Reichstarifvertrag für die akademisch gebildeten Angestellten der Chem. usf. Industrie und verlangt auf Grund des § 4 dieses Tarifvertrags die Einhaltung einer dreimonatigen Kündigungsfrist zum Ersten des Kalendervierteljahres sowie ein Monatsgehalt von 485 RM (475 RM Gehalt und 10 RM Frauenzulage). Mit der Klage beantragt er: festzustellen, daß er über den 30. September hinaus bis zum 31. Dezember 1927 im Dienstverhältnis zu der Beklagten stehe und vom 1. August 1927 ab Anspruch auf ein Gehalt von 485 RM monatlich habe. Das Arbeitsgericht hat die Klage abgewiesen. Auf die Berufung des Klägers hat das Landesarbeitsgericht nach dem Klagantrag erkannt und die Revision zugelassen. Die Revision der Beklagten ist zurückgewiesen worden.

Gründe:

Daß der Kläger ein rechtliches Interesse daran hatte, das streitige Rechtsverhältnis alsbald durch richterliche Entscheidung festgestellt zu sehen (§ 256 ZPO.), hat der Berufungsrichter ohne Rechtsirrtum angenommen. Der Kläger hatte die Klage noch während der streitigen Zeit erhoben. Er konnte also nicht auf sofortige Leistung, sondern höchstens auf künftige Leistung klagen (§ 259 ZPO.). Diese Möglichkeit schließt die Befugnis zur Erhebung der Feststellungsklage nicht aus; vgl. RGZ. Bd. 113 S. 410.

Auch in der Sache selbst war dem Berufungsrichter beizutreten. Wie er zutreffend hervorhebt, unterscheidet der maßgebende Tarifvertrag nicht nach der Tätigkeit der Angestellten, sondern nach deren Vorbildung; der Tarifvertrag gilt auf der Arbeitnehmerseite für alle Architekten, Chemiker, Ingenieure usf. mit abgeschlossener technischer oder naturwissenschaftlicher Hochschulbildung. Gewiß setzt der Tarifvertrag dabei voraus, daß der Chmiker usf. in dieser seiner Eigenschaft beschäftigt wird, nicht etwa in einer Tätigkeit, die seinem Wissenschaftsgebiet vollkommen ferne liegt, etwa als einfacher Verkäufer in einem Laden oder einer sonstigen Verkaufsstelle. Innerhalb des Gebietes seiner Wissenschaft war aber der Kläger immer noch beschäftigt, wenn er auch nur Laboratoriumsanalysen, Dampf- und Kraftmessungen vorzunehmen hatte. Ist aber der Angestellte innerhalb des Bereichs seines Wissensgebiets verwendet, so macht der Tarifvertrag keine weiteren Unterscheidungen nach der Richtung, ob seine Tätigkeit eine gehobene und von der Art ist, daß sie nur von einem wissenschaftlich vollgebildeten Manne wahrgenommen werden kann. Mit dem Berufungsrichter ist anzunehmen, daß diese Ordnung absichtlich so wie geschehen getroffen worden ist, um Meinungsverschiedenheiten und Schwierigkeiten zu begegnen, die aus einer Abstufung entstehen könnten. Daß dem, insbesondere auch vom Standpunkt des Arbeitgebers aus, gewisse Bedenken entgegenstehen mochten, hat der Berufungsrichter nicht übersehen, vielmehr dahin gewürdigt, daß man diese Bedenken in den Kauf genommen habe, um Schwierigkeiten der angedeuteten Art vorzubeugen. Sollten diese Bedenken dazu führen, daß den Arbeitgebern die Last, die sie mit der tarifmäßigen Ordnung auf sich genommen haben, zu groß würde, so wäre es ihre Sache, auf eine Änderung des Tarifvertrags hinzuwirken. Das Gericht ist nicht berufen, dem Tarifvertrag im Wege der Auslegung einen anderen Inhalt zu geben als dem Sinne des Vertrags entspricht.

Da Bedenken gegen den sonstigen Inhalt des Berufungsurteils nicht bestehen und auch von der Revision nicht geltend gemacht sind, war die Revision zurückzuweisen.

RAG. 2, 28.

Finden § 96 BRG. und die Bestimmungen des Angestelltenkündigungsschutzgesetzes auch dann Anwendung, wenn eine Kündigung nicht das Ziel der endgültigen Lösung des Arbeitsverhältnisses bezweckt, sondern zum Zwecke der Herbeiführung einer Änderung der Vertragsbedingungen ausgesprochen wird?

BRG. § 96. Ges. über die Fristen für die Kündigung von Angestellten — Kündigungsschutzgesetz — v. 9. Juli 1926.

Reichsarbeitsgericht. Urt. v. 19. Mai 1928.

I. Arbeitsgericht Gelsenkirchen. — II. Landesarbeitsgericht Essen.

Der Kläger ist seit 1912 als Grubensteiger, seit 1917 als Reviersteiger bei der Beklagten beschäftigt worden. Er ist Mitglied der Betriebsvertretung der Beklagten. Seit dem 31. Mai 1927 hat die Beklagte dem Kläger wieder die Obliegenheiten eines Grubensteigers übertragen, jedoch die höheren Bezüge des Reviersteigers weiter gezahlt. Am 22. August 1927 hat sie ihm schriftlich mitgeteilt, daß er vom 1. September 1927 ab als Grubensteiger (Hilfssteiger) geführt und bezahlt werde.

Der Kläger macht geltend, daß die zur Kündigung seines Dienstverhältnisses als Reviersteiger erforderliche Zustimmung der Betriebsvertretung nicht eingeholt sei, und daß ihm außerdem der Kündigungsschutz des Gesetzes vom 9. Juli 1926 (RGBl. I S. 399) zur Seite stehe. Er hat Klage auf Feststellung erhoben, daß die Beklagte verpflichtet sei, ihn vom 1. September 1927 ab noch für sechs Monate als Reviersteiger zu besolden.

Das Arbeitsgericht hat nach Klagantrag erkannt. Die Berufung der Beklagten ist zurückgewiesen; gleichzeitig hat das Berufungsgericht einer Erweiterung des vom Kläger geltend gemachten Klaganspruches entsprechend festgestellt, daß der Kläger berechtigt sei, bis zum Ablauf des Betriebsratsamtes die Bezüge eines Reviersteigers zu verlangen. Die Revision der Beklagten hatte keinen Erfolg.

Gründe:

Soweit das angefochtene Urteil die Voraussetzungen der Feststellungsklage nach § 256 ZPO. für gegeben erachtet hat, wird es von der Revision nicht angegriffen. Auch soweit das angefochtene Urteil annimmt, daß die Stellung eines Reviersteigers gegenüber der des Grubensteigers eine besondere Dienststellung sei, daß deshalb die Übertragung eines Reviersteigerpostens den Abschluß eines besonderen Dienstverhältnisses bedeute, das nicht ohne weiteres einseitig gelöst werden könne, werden die Ausführungen des Berufungsurteils von der Revision nicht beanstandet; diese geht vielmehr in Übereinstimmung mit dem Standpunkte des Landesarbeitsgerichts davon aus, daß für die sogenannte Entziehung der Revierführung und die Rückversetzung des Klägers in die Stellung des Gruben- (Hilfs-) Steigers die Kündigung des Arbeitsvertrages erforderlich gewesen sei, sie ist aber im Gegensatz zum Berufungsurteil der Ansicht, daß weder zu dieser Kündigung die Zustimmung der Betriebsvertretung erforderlich gewesen sei, noch die Bestimmungen des Kündigungsschutzgesetzes vom 9. Juli 1926 (RGBl. I S. 399) auf sie Anwendung fänden, und endlich, daß in der zum 1. Juni 1927 erfolgten Entziehung des Reviers eine Kündigung des Dienstverhältnisses zu erblicken gewesen sei.

Was diesen letzteren Punkt betrifft, so steht nach den Feststellungen des angefochtenen Urteils nur fest, daß die Beklagte dem Kläger seit dem 31. Mai 1927 wieder die Obliegenheiten eines Grubensteigers übertragen, ihm jedoch vorläufig die Bezüge eines Abteilungssteigers weitergewährt und erst am 22. August 1927 mitgeteilt hat, daß er vom 1. September 1927 an als Grubensteiger (Hilfssteiger) geführt und bezahlt werde. Mit Recht hat das Landesarbeitsgericht in der am 1. Juni 1927 erfolgten Maßnahme eine Kündigung der Reviersteigerstellung des Klägers nicht erblickt. Der Begriff der Kündigung erfordert, daß der Wille des Kündigenden, das bisherige Arbeitsvertragsverhältnis zu lösen, dem anderen Teile gegenüber klar und unzweideutig zum Ausdruck kommt. Das war aber nicht der Fall, als die Beklagte unter Weiterzahlung des Reviersteigergehaltes dem Kläger statt der bisherigen Reviersteigertätigkeit die Grubensteigertätigkeit übertrug. Mit Recht weist das Landesarbeitsgericht darauf hin, daß der Kläger gerade mit Rücksicht auf die Weiterzahlung des bisherigen Gehaltes damit rechnen konnte, daß die Beschäftigung als Grubensteiger nur eine vorübergehende sein werde. Wenn die Beklagte nunmehr geltend macht, daß nach den im Bergbau herrschenden Gebräuchen die Tatsache der Revierentziehung jedem Bergmann als Kündigung des Revierdienstverhältnisses erkennbar gewesen sei, so wäre es Sache der Beklagten gewesen, in der Berufungsinstanz in dieser Beziehung bestimmte Tatsachen zu behaupten. Die Auffassung des Landesarbeitsgerichts, daß erst die am 22. August 1927 eingegangene Mitteilung der Beklagten erkennbar den Willen, das bisherige Dienstverhältnis des Klägers zu lösen, also eine Kündigung enthalten habe, ist rechtlich nicht zu beanstanden.

Aber auch die Auffassung des Berufungsgerichts, daß zu dieser Kündigung sowohl die Zustimmung der Betriebsvertretung erforderlich sei, als auch, daß die Vorschriften des Kündigungsschutzgesetzes Anwendung zu finden hätten, erscheint frei von Rechtsirrtum. Die Beklagte wollte durch die Mitteilung vom 22. August 1927 ihre vertraglichen Beziehungen zu dem Kläger ändern. Eine solche Änderung war, sofern sie nicht im Wege der Vereinbarung erfolgte, nur möglich, indem das bisherige Dienstverhältnis gekündigt wurde. Die Mitteilung vom 22. August 1927 enthielt diese Kündigung des Dienstverhältnisses. Indem dem Kläger mitgeteilt wurde, daß er vom 1. September 1927 ab als Grubensteiger (Hilfssteiger) geführt und bezahlt werde, verband die Beklagte mit der Erklärung, daß sie das bisherige Dienstverhältnis mit dem 31. August 1927 als aufgelöst betrachte, das Angebot an den Kläger, ihn vom 1. September 1927 an in dem Dienstverhältnis eines Grubensteigers zu beschäftigen. Es handelt sich also nicht, wie die Revision geltend macht, um eine bedingt ausgesprochene Kündigung, die, da die Kündigung zu den sogenannten bedingungsfeindlichen Rechtsgeschäften zählt, rechtswirksam sein würde, sondern um eine bedingungslos ausgesprochene Kündigung. Für die rechtliche Bedeutung dieser Kündigung kann es aber nicht von Bedeutung sein, daß die Beklagte durch die Art ihres Ausspruches gleichzeitig ihre Bereitwilligkeit zu erkennen gab, den Kläger unter veränderten Vertragsbedingungen weiter bei sich zu beschäftigen. Insbesondere kann es für die Anwendung des § 96 BRG. und der Bestimmungen des Kündigungsschutzgesetzes keinen Unterschied machen, ob eine Kündigung lediglich das Ziel der endgültigen Lösung des Arbeitsverhältnisses verfolgt oder ob sie zum Zwecke der Herbeiführung einer Änderung der Vertragsbedingungen ausgesprochen wird. Geht der Arbeitnehmer auf die ihm vorgeschlagene Vertragsänderung nicht ein, so hat die Kündigung die gleiche Bedeutung wie eine von vornherein mit der Absicht der endgültigen Lösung des Arbeitsverhältnisses ausgesprochene Kündigung. Es ist deshalb auch nicht einzusehen, weshalb für eine solche Kündigung nicht die Vorschriften des § 96 BRG. und des Kündigungsschutzgesetzes maßgebend sein sollten. Das dem § 96 BRG. zugrunde liegende Bedürfnis des Schutzes sowohl des einzelnen Betriebsratsmitgliedes hinsichtlich der Unabhängigkeit in der Wahrnehmung der ihm nach dem Gesetze obliegenden Aufgaben als auch der ganzen Betriebsvertretung hinsichtlich der Sicherung einer stetigen Fortführung der Geschäfte ist in beiden Fällen das gleiche, und ebenso bedarf der Angestellte, wenn er sich nicht mit der Änderung des Vertragsverhältnisses einverstanden erklären will, des ihm durch das Kündigungsschutzgesetz gewährten Kündigungsschutzes in gleicher Weise, wie wenn ihm eine lediglich eine endgültige Lösung des Arbeitsverhältnisses verfolgende Kündigung ausgesprochen worden wäre. Hierbei kommt es auch nicht, wie die Revision geltend gemacht hat, darauf an, ob die vom Arbeitgeber mit der Kündigung erstrebte Änderung der Vertragsbedingungen eine dem Arbeitnehmer zumutbare ist oder nicht. Denn es ist ohne Rücksicht auf die Frage der Zumutbarkeit ausschließlich Sache des freien Entschlusses des Arbeitnehmers bzw. Angestellten, ob er unter den neuen Vertragsbedingungen im Arbeitsverhältnis bleiben will.

Der Einwand der Beklagten, der hier vertretene Standpunkt sei nicht vereinbar mit § 35 BRG., denn der Kläger erhalte infolgedessen Einkommensbezüge, die mit seiner tatsächlichen Stellung im Betriebe nicht vereinbar seien, kann nicht als richtig anerkannt werden. Solange die Kündigung des Vertragsverhältnisses nicht den gesetzlichen Erfordernissen entsprechend erfolgt ist, hat der Kläger einen vertraglichen Anspruch auf das Reviersteigergehalt; er erhält dieses nicht etwa mit Rücksicht auf seine Betriebsratsmitgliedseigenschaft, sondern auf Grund eines unabhängig hiervon abgeschlossenen und bisher nicht rechtswirksam gelösten Vertragsverhältnisses. Auch die Erwägung, daß, da eine Wiederwahl des Klägers gemäß § 43 BRG. möglich sei, dieser, solange er wieder gewählt werde, gegen jede Änderung seines Vertragsverhältnisses geschützt sein würde — ihre Richtigkeit vorausgesetzt, was hier nicht erörtert zu werden braucht — kann nicht so erheblich ins Gewicht fallen, um dem § 96 BRG. die von der Beklagten vertretene, im Gesetz selbst nicht zum Ausdruck gekommene einschränkende Bedeutung beizulegen.

Hiernach ist also das Landesarbeitsgericht ohne Rechtsirrtum davon ausgegangen, daß für die Kündigung des Klägers die Zustimmung der Betriebsvertretung erforderlich ist und daß die Kündigungsfrist nach § 2 des Kündigungsschutzgesetzes sechs Monate beträgt.

Durch das angefochtene Urteil, in Verbindung mit dem Urteile des Arbeitsgerichts, ist festgestellt, daß

1. die Beklagte verpflichtet ist, ab 1. September 1927 für sechs

Monate an den Kläger das bisher gezahlte Tarifgehalt eines Reviersteigers zu zahlen,

2. der Kläger berechtigt ist, bis zum Ablauf des Betriebsratsamtes die Bezüge eines Reviersteigers zu verlangen.

Die Revision bemängelt, daß das Berufungsgericht in den Urteilsgründen zum Ausdruck gebracht habe, daß dem Kläger auch die Bezüge für Nebenarbeiten, nämlich die Leistungszulage und die besondere Zulage für die planmäßige Seilfahrt in der Höhe zu gewähren seien, wie sie einem Reviersteiger zustehen. Die Rüge ist nicht berechtigt. Das Berufungsgericht hat in dem entscheidenden Teile lediglich festgestellt, daß dem Kläger die Bezüge eines Reviersteigers zustehen, aber in den Gründen zum Ausdruck gebracht, daß darunter alle Bezüge eines Reviersteigers, einschließlich der besonderen Leistungszulage und der höheren Sätze für die Seilfahrt, zu verstehen seien, und insoweit sind deshalb auch im vorliegenden Falle die Gründe des Urteils zur Erläuterung des entscheidenden Teiles mitheranzuziehen. Damit ist aber nur festgestellt, daß der Kläger auch diese Nebenbezüge insoweit verlangen kann, als sie ihm, sei es auf Grund Einzelvertrages, sei es auf Grund Tarifvertrages oder Schiedsspruches überhaupt zustehen, und insoweit ist der Standpunkt des Berufungsgerichts rechtlich nicht zu beanstanden. In welcher Höhe aber die Nebenbezüge von dem Kläger verlangt werden können, ist nicht Gegenstand der Feststellung durch das Berufungsurteil geworden. Wenn sich in den Gründen des Urteils eine Bemerkung über die Höhe der Bezüge befindet, so verfolgt diese Bemerkung nur den Zweck, die Verschiedenheit der Stellung des Reviersteigers und des Grubensteigers darzulegen, keineswegs soll sie aber dazu dienen, die Höhe der Nebenbezüge des Klägers festzustellen; sie kommt deshalb auch für die Erläuterung der von dem Berufungsgericht im entscheidenden Teile getroffenen Feststellung nicht in Betracht.

Die Beklagte hat schließlich noch bemängelt, daß nach dem Wortlaut des entscheidenden Teiles des angefochtenen Urteils der Kläger berechtigt sei, bis zum Ablauf des Betriebsratsamtes die Bezüge eines Reviersteigers zu verlangen. Sie ist der Auffassung, der Vorderrichter habe höchstens den Bestimmungen des § 96 BRG. gemäß dahin erkennen können, daß der Kläger berechtigt sei, bis zur Erteilung der Zustimmung der Betriebsvertretung oder der Ersatzzustimmung des Arbeitsgerichts zu einer Abänderung seiner Arbeitsbedingungen die Bezüge eines Reviersteigers zu verlangen, längstens aber bis zum Ablauf des Betriebsratsamtes. Indessen bedurfte es in dieser Beziehung einer Abänderung des entscheidenden Teils des angefochtenen Urteils nicht.

Die Entscheidung des Berufungsgerichts, daß der Kläger berechtigt sei, bis zum Ablauf des Betriebsratsamtes die Bezüge eines Reviersteigers zu verlangen, hat naturgemäß zur Voraussetzung, daß bis zum Ablaufe des Betriebsratsamtes eine Veränderung der Rechtslage nicht eintreten werde. Das Berufungsgericht hatte auch beim Erlasse seiner Entscheidung keine Veranlassung, die in Betracht kommenden Möglichkeiten einer Veränderung der Rechtslage ins Auge zu fassen, zumal auch von der Beklagten nicht geltend gemacht war, daß die Zustimmung des Betriebsrates beantragt sei oder beantragt werden würde. Sollte in dieser Richtung eine Änderung der Rechtslage eintreten, so würde die Beklagte nicht gehindert sein, dieses geltendzumachen.

RAG. 2, 41.

Ist es mit Treu und Glauben vereinbar, wenn der Arbeitnehmer Ansprüche aus dem Arbeitsverhältnis geltend macht, nachdem er dieses zwei Jahre lang fortgesetzt hat, ohne die Ansprüche zu erheben?

BGB. § 242.

Reichsarbeitsgericht. Urt. v. 6. Juni 1928.

I. Arbeitsgericht Oberhausen. — II. Landesarbeitsgericht Duisburg.

Die Kläger sind sämtlich im Bahnbetriebe der Beklagten als Weichensteller, Rangierer oder Rangiermeister beschäftigt.

In einem am 5. Februar 1925 in einer Gesamtstreitigkeit über Arbeitszeit im Ruhrkohlenbergbau zwischen dem Zechenverband einerseits und den Bergarbeiterorganisationen andererseits ergangenen und für die Parteien verbindlichen Schiedsspruche der von dem Schlichter für den Bezirk Westfalen gebildeten Schlichterkammer ist u. a. folgendes bestimmt worden:

1., 2. . . .

3. In den Tagesbetrieben, in denen bereits vor oder während des Krieges weniger als 10 Stunden gearbeitet worden ist und in denen gegenüber früher keine wesentlichen betrieblichen Veränderungen eingetreten sind, gilt wieder diese Arbeitszeit, es sei denn, daß die verkürzte Arbeitszeit durch die besondere Schwere der Arbeit oder aber die besondere Beschaffenheit der Arbeitsplätze (Hitze, schlechte Luft) bedingt war und die Voraussetzungen dafür fortgefallen sind. Veränderungen, die aus wirtschaftlichen Gründen vorgenommen sind, zählen nicht hierunter. Einen gegen den bisherigen Zustand erweiterten

Anspruch auf Verlängerung der Arbeitszeit soll die neue Fassung dieser Ziffer nicht geben.

4. Bei Streitigkeiten, die sich aus Ziff. 3 (Wegfall von Voraussetzungen) ergeben, entscheidet eine für das ganze Revier zu vereinbarende Schiedsstelle, bestehend aus je einem von den Arbeitgebern und den Arbeitnehmern ernannten Vertreter endgültig und bindend. Den Vorsitzenden und seine Stellvertreter bestimmt der Berghauptmann in D. . . .

5. . . .

Die Kläger sind nach dem Kriege auch über den 1. März 1925, den Tag des Inkrafttretens des eben bezeichneten Schiedsspruches, hinaus regelmäßig in 10stündiger Arbeitszeit beschäftigt worden. Am 1. Mai 1927 hat die Beklagte die 8stündige Arbeitszeit eingeführt. Die Kläger sind der Auffassung, daß sie nach dem 1. März 1925 nur in 8stündiger Arbeitszeit hätten beschäftigt werden dürfen, da auch vor dem Kriege die Rangierer und Weichensteller nur 8 Stunden Arbeitszeit gehabt hätten, daß sie infolgedessen seit dem 1. März 1925 täglich 2 Stunden Überarbeit geleistet hätten, für die sie je 1/8 des Schichtlohnes und einen Überstundenzuschlag von 25 % verlangen könnten. Sie haben im Juli 1927 Klage auf Nachzahlung des gesamten Betrages für die Zeit vom 1. März 1925 bis 30. April 1927 in Höhe von zusammen 22 247,97 RM erhoben.

Arbeitsgericht und Landesarbeitsgericht haben die Klage abgewiesen. Die Revision hatte keinen Erfolg.

Gründe:

Die Revision rügt zunächst, daß das Berufungsgericht den § 20 der bei der Beklagten geltenden Arbeitsordnung angewendet habe, obgleich er nicht Gegenstand der mündlichen Verhandlung gewesen sei, und macht geltend, daß dadurch die §§ 128, 139 und 286 ZPO. verletzt seien. Sie rügt ferner unrichtige Anwendung des § 20 der Arbeitsordnung und stützt endlich die Revision darauf, daß das Berufungsgericht zu Unrecht die Geltendmachung der Ansprüche im vorliegenden Rechtsstreit als gegen die Grundsätze von Treu und Glauben gemäß § 242 BGB. verstoßend angesehen habe. Der Erfolg der beiden ersteren Revisionsrügen muß schon daran scheitern, daß das Berufungsgericht den § 20 der Arbeitsordnung zwar erörtert hat, seine Entscheidung aber nicht auf die Anwendung der Bestimmung beruht. Das Berufungsgericht hat es vielmehr dahingestellt sein lassen, ob der § 20 der Arbeitsordnung in der von ihm angenommenen Bedeutung auf den vorliegenden Fall Anwendung finde, und die Klage, ohne im übrigen zu erörtern, ob der Klaganspruch an sich begründet sein würde, abgewiesen, weil die Geltendmachung der Ansprüche gegen die Grundsätze von Treu und Glauben verstoße, nachdem die Kläger das Arbeitsverhältnis zwei Jahre lang fortgesetzt hätten, ohne ernstlich jemals die jetzt erhobenen Ansprüche geltendzumachen. Diese sich auf § 242 BGB. stützende Begründung des Berufungsurteils trägt die angefochtene Entscheidung und läßt in Verbindung mit den getroffenen tatsächlichen Feststellungen einen Rechtsirrtum in der Anwendung des § 242 BGB. nicht erkennen. Das Berufungsgericht weist mit Recht darauf hin, daß auch das Rechtsverhältnis des Arbeitsvertrags von dem Grundsatz von Treu und Glauben gemäß § 242 BGB. beherrscht wird, und es muß in der Tat als diesem Grundsatze zuwiderlaufend bezeichnet werden, wenn die Kläger erst im Juli 1927 mit Ansprüchen hervorgetreten sind, die sie während einer zweijährigen Arbeitszeit zu erheben unterlassen haben. Wenn die Revision geltend macht, daß diese Auffassung mit den gesetzlichen Vorschriften über die Verjährung nicht in Einklang zu bringen sei, so ist das verfehlt. Die Bestimmungen über die Verjährung geben dem Schuldner das Recht, nach Ablauf bestimmter Zeit die Leistung zu ververweigern, ohne Rücksicht auf die Gründe, die den Gläubiger bestimmt haben, den Anspruch bisher nicht geltendzumachen. Daneben ist aber nicht ausgeschlossen, daß besondere Umstände die Geltendmachung eines Anspruchs auch schon vor dieser Zeit als gegen Treu und Glauben verstoßend und das Verhalten des Klägers als arglistig erscheinen lassen. Das ist aber vorliegend nach den Feststellungen des Berufungsurteils bei den Klägern anzunehmen. Nach dem als unbestritten anzunehmenden Sachverhalt hatte die gleiche Bestimmung wie in Ziff. 3 des Schiedsspruchs vom 5. Februar 1925 sich bereits in einem im Jahre 1924 ergangenen Schiedsspruche befunden. Damals hatte der Arbeiter Zilles namens des Betriebsrates der Beklagten in der Frage der Arbeitszeit die Entscheidung einer Schiedsstelle angerufen, demnächst aber seinen Antrag auf Entscheidung zurückgezogen, nachdem am Tage zuvor eine Betriebsvereinbarung über die Arbeitszeit erfolgt war. Diese Sachlage war den Klägern seit Ende November 1924 bekannt. Seitdem haben diese ständig in 10stündiger Arbeitszeit gearbeitet, ohne selbst ihrerseits der Beklagten gegenüber zu erkennen gegeben zu haben, daß sie die Beschäftigung in 10stündiger Arbeitszeit nicht als dem Schiedsspruch vom 5. Februar 1925 entsprechend ansähen. Zwar haben sie, wie das Berufungsgericht annimmt, den Betriebsratsvorsitzenden Naumann noch häufiger aufgefordert, in der Richtung der Wiedereinführung des Achtstundentages Schritte bei der Betriebsleitung zu tun, aber nach den Feststellungen des Berufungsgerichts hat der Betriebsrat die Forderung der Kläger nicht mit Nachdruck geltend gemacht, und das ist, wie das Berufungsgericht annimmt, den Klägern auch bekannt geworden. Wenn das Berufungsgericht unter diesen Umständen angenommen hat, daß es gegen Treu und Glauben verstoße, wenn die Kläger für zwei zurückliegende Jahre Ansprüche stellten, so kann darin ein Rechtsirrtum nicht erblickt werden. Nach ständiger Rechtsprechung des Reichsgerichts steht der Einwand der allgemeinen Arglist demjenigen entgegen, der mit seiner Rechtsverfolgung eine Haltung einnimmt, die mit dem früher von ihm betätigten Verhalten nach Treu und Glauben unvereinbar ist (vgl. RGZ. Bd. 87 S. 283, Bd. 108 S. 110). Wenn die Kläger unter den festgestellten Umständen länger als zwei Jahre hindurch die 10stündige Schicht verrichteten, ohne geltend zu machen, daß sie die 9. und 10. Stunde als Überstunde ansähen, so konnte ihr Verhalten nur dahin ausgelegt werden, daß sie die 10stündige Arbeitszeit als dem Schiedsspruche vom 5. Februar 1925 entsprechend ansehen wollten.

RAG. 2, 49.

Ist ein kraft Satzung oder Vollmacht zur Vertretung befugter Angestellter eines auf Grund des § 101 der GewO. gebildeten Innungsausschusses nach § 11 Abs. 1 ArbGG. zur Prozeßvertretung legitimiert?

ArbGG. § 11 Abs. 2. GewO. § 101.

Reichsarbeitsgericht. Beschl. v. 6. Juni 1928.

Landesarbeitsgericht Kassel.

Die Parteien sind Tarifparteien. In einem zwischen ihnen schwebenden Rechtsstreit hatte die Beklagte gegen ein nach Klagantrag erkennendes Urteil des Arbeitsgerichts in einem von dem zweiten Geschäftsführer des Innungsausschusses in K., Dr. Sch., als Bevollmächtigten unterzeichneten Schriftsatze Berufung eingelegt. Das Landesarbeitsgericht hatte durch Beschluß die Berufung als unzulässig verworfen; gleichzeitig hatte es wegen der grundsätzlichen Bedeutung der Sache die Beschwerde an das Reichsarbeitsgericht zugelassen. Sie führte zur Aufhebung des angefochtenen Beschlusses aus folgenden

Gründen:

Die nach § 77 ArbGG. in zulässiger Weise erhobene Revisionsbeschwerde ist begründet. Das Landesarbeitsgericht hat die Berufung der Beklagten als unzulässig verworfen, weil es den Prozeßbevollmächtigten der Beklagten, Dr. Sch., auf Grund des § 11 ArbGG. nicht als befugt erachtet hat, die Beklagte vor dem Landesarbeitsgericht zu vertreten, da Dr. Sch. nicht Angestellter der Beklagten, sondern nur Angestellter und 2. Geschäftsführer des Innungsausschusses zu K. und letzterer seinerseits keine wirtschaftliche Vereinigung von Arbeitgebern im Sinne des § 11 ArbGG., insbesondere nicht tariffähig sei. Diese Auffassung des Landesarbeitsgerichts erscheint nicht frei von Rechtsirrtum. Nach § 11 Abs. 2 Satz 2 ArbGG. sind neben Rechtsanwälten zur Vertretung befugt auch Mitglieder und Angestellte wirtschaftlicher Vereinigungen von Arbeitgebern oder von Arbeitnehmern oder von Verbänden solcher Vereinigungen, die kraft Satzung oder Vollmacht zur Vertretung befugt sind, sofern die Vereinigung, der Verband oder Mitglieder der Vereinigung Partei sind. Eine Vertretungsbefugnis des Dr. Sch. kann deshalb nur in Frage kommen, wenn der Innungsausschuß in K., dessen Angestellter jener ist, entweder selbst eine wirtschaftliche Vereinigung darstellt, deren Mitglied die Beklagte ist, oder wenn er als ein Verband von solchen Vereinigungen anzusehen ist, dem die Beklagte als wirtschaftliche Vereinigung angehört. Der Begriff der wirtschaftlichen Vereinigung im Sinne des § 11 ArbGG. ist der gleiche wie der des § 10 ArbGG., durch welchen den wirtschaftlichen Vereinigungen von Arbeitgebern und Arbeitnehmern die Parteifähigkeit im arbeitsgerichtlichen Verfahren beigelegt worden ist. Von einer Begriffsbestimmung für „wirtschaftliche Vereinigungen" ist im Gesetze abgesehen. Wie in dem Urteile des Reichsarbeitsgerichts vom 9. Mai 1928 — RAG. Entsch. Bd. 1 S. 349 — dargelegt ist, wird davon auszugehen sein, daß darunter zum mindesten alle tariffähigen Arbeitgeber- und Arbeitnehmerverbände zu verstehen sind. Tariffähig ist aber eine Vereinigung von Arbeitgebern oder Arbeitnehmern mit fester vereinsmäßiger Organisation, zu deren Aufgaben, sei es allein, sei es neben anderen Aufgaben, mit gehört, die wirtschaftlichen Arbeitgeber- bzw. Arbeitnehmerinteressen ihrer Mitglieder gegenüber den Arbeitnehmern bzw. Arbeitgebern zu wahren und zu ihrer Förderung Einfluß auf die Festsetzung von Arbeits- und Lohnbedingungen zu gewinnen. Daß er auf Grund des § 101 der GewO. gebildete Innungsausschuß eine wirtschaftliche Vereinigung in diesem Sinne darstelle, wird von der Beklagten selbst nicht geltend gemacht. Es kann sich nur fragen, ob er als ein Verband von wirtschaftlichen Vereinigungen im Sinne des Gesetzes anzusehen ist, dem die Beklagte ihrerseits als wirtschaftliche Vereinigung angehört. Daß die Beklagte selbst eine wirtschaftliche Vereinigung im Sinne dieser Bestimmung ist, ist unbedenklich anzunehmen, zumal sie sich auch bisher bereits an dem Abschluß von Tarifverträgen als

Tarifvertragspartei beteiligt hat (vgl. hierzu RGZ. Bd. 113 S. 169 flg.). Der auf Grund des § 101 der GewO. gebildete Innungsausschuß stellt im Gegensatz zu dem in § 104 GewO. vorgesehenen Innungsverband eine Vereinigung von Innungen dar, welche derselben Aufsichtsbehörde unterstehen, ist also eine örtliche Vereinigung von Innungen. Aber auch als solcher bildet er einen Verband von Innungen, d. h. eine mit fester vereinsmäßiger Organisation versehene Mehrheit von Vereinigungen von Arbeitgebern, die sich ihrerseits wiederum zur Wahrnehmung der gemeinsamen Interessen zusammengeschlossen haben. Daß auch der Verband wiederum tariffähig sein müsse, um den Voraussetzungen des § 11 Abs. 2 Satz 2 ArbGG. zu genügen, ist weder aus dem Gesetze selbst ersichtlich, noch dem Sinne und Zwecke des Gesetzes zu entnehmen. Während der § 10 ArbGG. die Anerkennung der Parteifähigkeit lediglich auf die wirtschaftlichen Vereinigungen selbst beschränkt, ist der Gesetzgeber im § 11 darüber hinausgegangen und hat auch die Vertretung durch Angestellte von Verbänden solcher wirtschaftlichen Vereinigungen zugelassen. Die Zulassung der Vereinigungs- und Verbandsvertreter an Stelle eines Rechtsanwalts zur Prozeßvertretung wird nach der amtlichen Begründung zum Entwurf des Arbeitsgerichtsgesetzes (S. 37 der amtlichen Begründung) wesentlich aus dem Grunde für unbedenklich gehalten, weil diese Vertreter den Beteiligten und den Arbeitssachen durch ihre berufliche Tätigkeit so naheständen, daß durch ihre Bevollmächtigung die Unmittelbarkeit des Verfahrens nicht gefährdet werde, das Verfahren vielmehr sachkundig gefördert werden könne. Es ist nicht ersichtlich weshalb nicht ein kraft Satzung oder Vollmacht zur Vertretung befugter Angestellter eines Verbandes zuzulassen sein sollte, wenn die Aufgabe des Verbandes zwar nicht darauf gerichtet ist, unmittelbaren Einfluß auf die Gestaltung der Lohn- und Arbeitsbedingungen zu gewinnen, wenn er aber andererseits eine Organisation wirtschaftlicher Arbeitgebervereinigungen darstellt, und wenn, wie im vorliegenden Falle, eine seiner satzungsgemäßen Aufgaben die Aufstellung gemeinschaftlicher Grundsätze in bezug auf das Arbeitsverhältnis zwischen Meister und Gesellen, also zwischen Arbeitgeber und Arbeitnehmer, ist. Daß der Innungbeschluß als solcher der Genehmigung der Verwaltungsbehörde und deren Aufsicht untersteht, kann ihm den Charakter eines Verbandes wirtschaftlicher Vereinigungen nicht nehmen. Hiernach wird der 2. Geschäftsführer des Innungsausschusses in K. zur Vertretung der Beklagten nach § 11 ArbGG. dann als befugt zu erachten sein, wenn er ein kraft Satzung oder Vollmacht zur Vertretung befugter Angestellter des Innungsausschusses ist. . . .

RAG. 2, 52.

Sind die Kosten der Anmietung eines Saales für eine Betriebsversammlung notwendige Geschäftsführungskosten des Betriebsrates, wenn zwar die im eigenen Betriebe des Arbeitgebers zur Verfügung stehenden Räume zur Abhaltung einer alle Arbeitnehmer umfassenden Betriebsversammlung nicht ausreichen, der Arbeitgeber aber Räume zur Verfügung stellt, in denen die Durchführung der Betriebsversammlung in Teilversammlungen ohne Beeinträchtigung ihres Zweckes möglich ist?

Betriebsrätegesetz §§ 36, 45 Abs. 2.

Reichsarbeitsgericht. Beschl. v. 6. Juni 1928.

Arbeitsgericht Wittenberge.

Im Einverständnis der Antragsgegnerin hatte der Antragsteller am 15. November 1927 eine Betriebsversammlung der von der Antragsgegnerin in ihrem zu W. belegenen Werk beschäftigten Belegschaft in dem der Stadt W. gehörigen Stadtsaal abgehalten, in der über Lohnerhöhung oder eine einmalige Wirtschaftsbeihilfe für die Belegschaft verhandelt wurde. Im Anschluß an diese Versammlung kam es zu Differenzen zwischen dem Antragsteller und der Antragsgegnerin, die ersteren veranlaßte, eine neue Betriebsversammlung einzuberufen. Auf das Verlangen des Antragstellers stellte die Antragsgegnerin den zu ihrem Betriebe gehörigen Familienkeller als Versammlungsort zur Verfügung. Die in dem Familienkeller am 7. Dezember 1927 abgehaltene Betriebsversammlung wurde vorzeitig abgebrochen, weil sich nach Angabe des Antragstellers der Versammlungsort als zur Abhaltung der Betriebsversammlung ungeeignet erwiesen hatte, und zwar behauptete der Antragsteller, der Saal sei infolge der darin befindlichen massiven Pfeiler unübersichtlich gewesen, auch sei er für eine große Versammlung zu stark geheizt gewesen, endlich sei der Raum auch zu niedrig gewesen, so daß die Akustik darunter gelitten habe. Der Antragsteller wurde deshalb bei der Antragsgegnerin wegen Bereitstellung eines anderen geeigneten Versammlungsraumes vorstellig. Diese stellte darauf neben dem Familienkeller noch zwei andere ihr gehörige kleinere Säle, den Rauchkeller und den Beamtenspeiseraum zur Verfügung. Da der Antragsteller auch diese Räume nicht für geeignet hielt, berief er die Betriebsversammlung ohne Befragen der Antragsgegnerin für den 13. Dezember 1927 in den von ihm gemieteten Stadtsaal ein. Die Antragsgegnerin weigert sich, die durch die Anmietung des Stadtsaales dem Antragsteller erwachsenen Kosten zu tragen. Ein Antrag der Antragstellerin auf Feststellung, daß die von ihm vorgenommene Miete des Stadtsaales zu den durch die Geschäftsführung entstandenen notwendigen Kosten gehöre, wurde vom Arbeitsgericht zurückgewiesen. Die hiergegen eingelegte Rechtsbeschwerde hatte keinen Erfolg.

Gründe:

I. Das Reichsarbeitsgericht ist zur Entscheidung über die eingelegte Rechtsbeschwerde zuständig. Wie sich aus den Erklärungen der Beteiligten ergibt, hat die Antragsgegnerin außer dem Fabrikbetriebe in W. eine sich über Preußen hinaus erstreckende Verkaufsorganisation, deren Verwaltung ihren Sitz in B. hat. Wenn hiernach auch Fabrikbetrieb und Verwaltung der Verkaufsorganisation örtlich getrennt sind, so handelt es sich doch um ein einheitliches, von der Antragsgegnerin betriebenes Unternehmen. Daß die vorliegende Streitigkeit lediglich den Fabrikbetrieb in W. unmittelbar betrifft, ist für die Frage der Zuständigkeit nach § 85 Abs. 1 ArbGG. nicht entscheidend. Beteiligt am Verfahren ist die Antragsgegnerin als Inhaberin des ganzen Unternehmens; das Verfahren betrifft daher ein Unternehmen, das sich über den Bezirk eines Landes hinaus erstreckt.

II. Sachlich unterliegt die Rechtsbeschwerde der Zurückweisung.

Das Arbeitsgericht hat es dahingestellt sein lassen, ob die Einberufung der Betriebsversammlung mit Rücksicht auf den Gegenstand der Tagesordnung zu dem Aufgabenkreise des Antragstellers gehörte, und angenommen, daß die Antragsgegnerin insoweit Einwendungen nicht mehr erheben könne, nachdem sie durch Bereitstellung der Säle die Einberufung der Betriebsversammlung gebilligt habe. Es hat aber die durch die Abhaltung der Betriebsversammlung entstandenen Saalmiete-Kosten deshalb nicht als nach § 36 Satz 1 BRG. vom Arbeitgeber zu tragende angesehen, weil es angenommen hat, die von der Antragsgegnerin zur Verfügung gestellten drei Säle (Familienkeller, Rauchkeller und Beamtenspeiseraum) hätten zur Abhaltung der Betriebsversammlung in Teilversammlungen nach § 45 Abs. 2 BRG. genügt. Die Anmietung des Stadtsaales sei daher nicht erforderlich gewesen. Die Rechtsbeschwerde rügt demgegenüber Verkennung der Bedeutung der §§ 36 und 45 BRG. Indessen kann in den Ausführungen des angefochtenen Beschlusses eine Verletzung der bezeichneten Gesetzesvorschriften nicht erblickt werden. Nach § 36 BRG. hat der Arbeitgeber die durch die Geschäftsführung entstehenden Kosten nur insoweit zu tragen, als sie notwendig sind. Das Arbeitsgericht hätte daher dem Antrage des Antragstellers nur entsprechen können, wenn es die Notwendigkeit, zur Abhaltung der Betriebsversammlung den Stadtsaal zu mieten, festgestellt hätte. Das Arbeitsgericht hatte aber die Notwendigkeit der Benutzung des Stadtsaales verneint. Es hat den von dem Antragsteller behaupteten Mangel der Überheizung des Familienkellers für abstellbar und vermeidbar und daher diesen Gesichtspunkt nicht für geeignet gehalten, die Anmietung des Stadtsaales zu rechtfertigen. Im übrigen hat es, ohne auf die Berechtigung der anderen Bemängelungen des Familienkellers einzugehen, die Abhaltung von Teilversammlungen nebeneinander oder nacheinander in den von der Betriebsleitung zur Verfügung gestellten Räumen für ausreichend und der Sachlage entsprechend erachtet. Der Antragsteller rügt, daß das Arbeitsgericht die Bedeutung des § 45 Abs. 2 BRG. verkannt habe. Indessen lassen die Ausführungen des Arbeitsgerichts einen Rechtsirrtum in dieser Beziehung nicht erkennen. Nach § 45 Abs. 2 BRG. hat die Abhaltung der Betriebsversammlung in Teilversammlungen zu erfolgen, wenn nach der Natur oder Größe des Betriebes eine gleichzeitige Versammlung aller Arbeitnehmer nicht stattfinden kann. Ob und wann hiernach die Abhaltung der Betriebsversammlung in Teilversammlungen zu geschehen hat, ist nach den tatsächlichen Verhältnissen des Einzelfalles zu beurteilen. Soweit hierbei die Größe des Betriebes in Betracht kommt, hängt die Entscheidung nicht allein davon ab, ob etwa infolge der Größe der Versammlung eine ordnungsmäßige Aussprache unmöglich sein würde, vielmehr sind auch die Interessen des Arbeitgebers, dem die Kosten der Geschäftsführung nach § 36 BRG. zur Last fallen, in der Richtung zu berücksichtigen, ob ihm, falls die im eigenen Betriebe zur Verfügung stehenden Räume mit Rücksicht auf die Größe des Betriebes zur Abhaltung einer alle Arbeitnehmer umfassenden Betriebsversammlung nicht ausreichen, die Kosten der Anmietung eines besonderen Raumes zuzumuten sind, vorausgesetzt, daß die Durchführung der Betriebsversammlung in Teilversammlungen in den im Betriebe zur Verfügung stehenden Räumen ohne Beeinträchtigung ihres Zweckes unmöglich ist, die Abhaltung von Teilversammlungen also auch der Arbeitnehmerschaft zugemutet werden kann. Letzteres hat das Arbeitsgericht im vorliegenden Falle ersichtlich angenommen. Wenn es aus diesem Grunde die Kosten der Anmietung des Stadtsaales nicht als zur Geschäftsführung im Sinne des § 36 BRG. notwendige Kosten angesehen hat, so ist das rechtlich nicht zu beanstanden.

RAG. 2, 56.

Geht das Recht, das Fehlen der gesetzlichen Voraussetzungen für die Wahl eines Betriebsrates geltend zu machen, durch Ablauf der Anfechtungsfrist des § 19 der Wahlordnung zum Betriebsrätegesetz verloren?

2. Wann sind Arbeitnehmer im Sinne des § 1 BRG. „in der Regel" beschäftigt?

3. Welche Bedeutung hat die in der Rechtsbeschwerdeinstanz erfolgende Abweisung eines Antrages, wenn diese nur deshalb geschieht, weil die in dem arbeitsgerichtlichen Verfahren erfolgte Sachaufklärung nicht ausreicht, eine sachliche Entscheidung zu treffen?

BRG. § 1. Wahlordnung z. BRG. § 19. ArbGG. § 89 Abs. 1.

Reichsarbeitsgericht. Beschl. v. 13. Juni 1928.
Arbeitsgericht Stettin.

Die Arbeitnehmerschaft des Betriebes der von der Antragstellerin in Stettin unterhaltenen selbständigen Zweigniederlassung hatte im Juli 1927 einen Betriebsrat gewählt, nachdem bisher nur ein Betriebsobmann die Betriebsvertretung gebildet hatte.

Die Antragstellerin stellte im November 1927 bei dem Arbeitsgericht den Antrag, die Wahl für ungültig zu erklären. Sie machte geltend, daß die im § 1 BRG. für die Wahl eines Betriebsrats bestimmte Voraussetzung der Beschäftigung von in der Regel mindestens 20 Arbeitern nicht vorhandenen gewesen sei. Es handle sich bei dem Betrieb der Zweigniederlassung um ein ausgesprochenes Saisongeschäft, das vorübergehend einmal etwas mehr Arbeitnehmer erfordere; im allgemeinen sei man aber mit 18—19 Arbeitnehmern ausgekommen. Im Juli 1927 sei zum ersten Male durch Einstellung weiterer Aushilfskräfte die Gesamtzahl von 20 überschritten; die Beschäftigung von 20 Arbeitnehmern sei aber nur eine vorübergehende gewesen, die durch die außerordentlich schwankende Konjunktur des Exportes nach Rußland hervorgerufen worden sei.

Der Antragsgegner vertrat die Auffassung, daß die Ungültigkeit der Wahl von der Antragstellerin deshalb nicht mehr geltend gemacht werden könne, weil die Anfechtung des § 19 der Wahlordnung zum Betriebsrätegesetz verstrichen sei, daß aber ferner auch die Voraussetzungen des § 1 BRG. für die Wahl eines Betriebsrates vorgelegen hätten.

Das Arbeitsgericht wies den Antrag, die Bestellung des Betriebsrates für unzulässig zu erklären, zurück und erklärte die am 28. Juli

1927 erfolgte Wahl für gültig. Die Rechtsbeschwerde der Antragstellerin wurde zurückgewiesen aus folgenden

Gründen:

Zur Entscheidung über die form- und fristgemäß eingelegte Rechtsbeschwerde ist das Reichsarbeitsgericht nach § 85 Abs. 1 ArbGG. zuständig, da das Verfahren eine Unternehmung betrifft, die sich über den Bezirk eines Landes hinaus erstreckt. Unerheblich ist für diese Frage, daß es sich in dem vorliegenden Beschlußverfahren um die Rechtmäßigkeit des Bestehens eines lediglich bei der Zweigniederlassung Stettin gewählten Betriebsrates handelt; denn die Zweigniederlassung bildet nur einen Teil der ganzen Unternehmung; das Verfahren betrifft daher die Unternehmung als solche (vgl. RAG. Entsch. Bd. 1 S. 196). Daß aber die Unternehmung der Antragstellerin sich über den Bezirk eines Landes hinaus erstreckt, kann unbedenklich aus der im Vordruck ihrer Geschäftsbriefformulare enthaltenen Abgabe ihrer Niederlassungen entnommen werden.

Die Zuständigkeit des Arbeitsgerichts zum Erlasse der angefochtenen Entscheidung ergibt sich aus § 2 Ziff. 5 ArbGG. in Verbindung mit § 93 Ziff. 1 BRG.

Das Arbeitsgericht hat in dem angefochtenen Beschlusse den Standpunkt vertreten, es könne nach Ablauf der Anfechtungsfrist des § 19 der Wahlordnung zum Betriebsrätegesetz vom 5. Februar 1920 (RGBl. S. 175) nicht mehr geltend gemacht werden, daß nicht ein Betriebsrat nach § 5, sondern ein Betriebsobmann nach § 2 BRG. habe gewählt werden müssen. Die Rechtsbeschwerde bekämpft diese Auffassung als rechtsirrig. Sie ist der Meinung, der Zweck des § 19 der Wahlordnung sei, die Unsicherheit über das Wahl*ergebnis* durch Ablauf der Anfechtungsfrist zu beseitigen, und deshalb könne der Ausschluß der Anfechtung durch Fristablauf sich nur auf Mängel des Wahl*verfahrens* beziehen. Außerdem bedeute das Fehlen der Voraussetzungen des § 1 BRG. für die Bildung eines Betriebsrates einen unheilbaren Mangel.

Mit der Rechtsbeschwerde muß die von dem Arbeitsgericht vertretene Auffassung als rechtsirrig bezeichnet werden. Wenn im § 1 des BRG. bestimmt ist, daß in allen Betrieben, die in der Regel mindestens 20 Arbeitnehmer beschäftigen, Betriebsräte zu errichten seien, so gibt die Bestimmung damit auf der einen Seite den Arbeitnehmern das Recht auf Vornahme der Wahl eines Betriebsrates, auf der anderen Seite aber bezeichnet es auch die Voraussetzungen, die vorhanden sein müssen, damit ein Betriebsrat gewählt werden kann. Liegen die vom

Gesetz bestimmten Voraussetzungen für die Wahl eines Betriebsrates nicht vor, so ist auch der Arbeitgeber nicht verpflichtet, den trotzdem gewählten Betriebsrat als eine dem Gesetze entsprechende Betriebsvertretung anzuerkennen. Der Ansicht des Arbeitsgerichts, daß es sich in einem solchen Falle um einen Mangel handle, der im Wege der Wahlanfechtung des § 19 der Wahlordnung geltend zu machen sei und nach Ablauf der Anfechtungsfrist nicht mehr geltend gemacht werden könne, kann nicht beigetreten werden. Der vorliegende Fall kann nicht einem Fall gleichgestellt werden, in dem es sich um die Verletzung der in den §§ 15, 16 BRG. aufgestellten, bei der Wahl zur Betriebsvertretung zu beachtenden Grundsätze über die Zahl und das Verhältnis der einzelnen Arbeitnehmergruppen handelt (vgl. RAG. Entsch. Bd. 1 S. 103). Es kann auch nicht eingewendet werden, daß es sich nicht um die Frage des Vorhandenseins der Voraussetzungen einer Betriebsvertretung überhaupt, sondern lediglich darum handle, ob ein Betriebsobmann oder ein Betriebsrat zu wählen gewesen seien. Das Gesetz unterscheidet in seinen §§ 1 und 2 ausdrücklich zwischen dem Betriebsrat, dem kollegial zusammengesetzten Vertretungsorgan der Arbeitnehmerschaft, und dem Betriebsobmann und setzt im § 1 fest, welche Voraussetzungen für die Wahl eines Betriebsrates, also einer kollegial zusammengesetzten Betriebsvertretung vorhanden sein müssen. Die Geltendmachung des Fehlens der gesetzlichen Voraussetzungen für diese bestimmte Art der Betriebsvertretung geht aber durch den Ablauf der im § 19 der Wahlordnung vorgesehenen Anfechtungsfrist nicht verloren, kann vielmehr auch nach Fristablauf jederzeit geltend gemacht werden (vgl. hierzu RAG. Entsch. Bd. I S. 200).

Beruht hiernach der angefochtene Beschluß insofern auf einer unrichtigen Anwendung des Gesetzes, als das Arbeitsgericht angenommen hat, daß das Fehlen der Voraussetzungen zur Wahl eines Betriebsrates nach § 1 BRG. infolge Ablaufes der Wahlanfechtungsfrist nicht mehr geltend gemacht werden könne, so war das Reichsarbeitsgericht doch nicht in der Lage, dem Antrage der Antragstellerin, die Wahl des Betriebsrates für ungültig zu erklären, zu entsprechen. Das dem Revisionsverfahren gleichende Rechtsbeschwerdeverfahren dient lediglich der Rechtsnachprüfung; Sachaufklärungen können in ihm von dem Beschwerdegericht nicht vorgenommen werden. Auf der anderen Seite ist nach § 89 Abs. 1 Satz 2 ArbGG. eine Zurückverweisung an das Arbeitsgericht nicht zulässig; das gilt auch für den Fall, daß das Beschwerdegericht die in dem arbeitsgerichtlichen Verfahren erfolgte Sachaufklärung nicht für ausreichend erachtet, um in der Sache selbst eine

Entscheidung zu treffen. Reichen also die in dem Verfahren vor dem Arbeitsgericht erfolgten Sachaufklärungen nicht aus, um in der Beschwerdeinstanz über den Gegenstand des Beschlußverfahrens eine sachliche Entscheidung zu treffen, so hat zwar die Zurückweisung des Antrages zu erfolgen, die Entscheidung hat aber, wie sich aus vorstehendem ergibt, nicht die Bedeutung einer sachlichen Entscheidung; die Ablehnung des Antrages erfolgt vielmehr nur für das vorliegende Verfahren, weil die dem Arbeitsgericht obliegende Sachaufklärung nicht ausreicht, um in dem gegenwärtigen Rechtsbeschwerdeverfahren eine sachliche Entscheidung zu treffen, eine Rückverweisung an das Arbeitsgericht zwecks weiterer Sachaufklärung aber nach dem Gesetze ausgeschlossen ist. Einem auf erneuten Antrag der Antragstellerin über die gleiche Frage vom Arbeitsgericht einzuleitenden weiteren Beschlußverfahren würde die Bestimmung des § 89 Abs. 1 Satz 3 ArbGG. nicht entgegenstehen, da diese Bestimmung nur die Bedeutung hat, festzustellen, daß mit der Entscheidung über die Rechtsbeschwerde das anhängige Beschlußverfahren endgültig abgeschlossen ist.

Im vorliegenden Falle reichen nun die im Verfahren vor dem Arbeitsgericht erfolgten Sachaufklärungen nicht aus, um eine sachliche Entscheidung zu treffen. Nach § 1 BRG. ist ein Betriebsrat zu wählen, wenn in dem Betriebe in der Regel mindestens 20 Arbeitnehmer beschäftigt werden. Für die Frage, ob letzteres der Fall ist, wird grundsätzlich als entscheidend anzusehen sein, eine wie große Arbeitnehmerzahl in dem regelmäßigen Betriebe des Unternehmens ständig beschäftigt wird. Es werden also diejenigen Arbeitnehmer bei der Feststellung der Zahl auszunehmen sein, die nur vorübergehend aus Anlaß einer kurze Zeit währenden Arbeitsvermehrung oder nur zu dem Zwecke beschäftigt werden, um einen anderen auf Urlaub befindlichen Arbeitnehmer für die Dauer des Urlaubs zu ersetzen, denn durch diese Arbeitnehmer wird die Zahl der „in der Regel" beschäftigten Arbeitnehmer nicht vermehrt. Bei Betrieben, deren Geschäftstätigkeit infolge der besonderen Natur des Geschäfts schwankt, wird es Sache der Feststellung im Einzelfalle sein, ob die durch vermehrte Geschäftstätigkeit verursachte Vermehrung der Zahl der Arbeitnehmer als eine Vermehrung der „in der Regel" beschäftigten Arbeitnehmerzahl anzusehen ist, insbesondere wird es darauf ankommen, ob die in jedem Jahre regelmäßig wiederkehrende vermehrte Geschäftstätigkeit den Hauptteil des Jahres in Anspruch nimmt, so daß auch die infolge der vermehrten Geschäftstätigkeit vermehrte Arbeitnehmerzahl als die „in der Regel" beschäftigte angesehen werden kann, oder ob die vermehrte Geschäftstätigkeit und damit auch die dadurch bedingte vermehrte Arbeitnehmerzahl nur eine in zufälligen Ursachen begründete vorübergehende und augenblickliche ist. Dagegen wird es nicht darauf ankommen, ob der einzelne Arbeitnehmer täglich während der ganzen Urlaubszeit beschäftigt wird, sofern nur seine Beschäftigung im Betriebe ein regelmäßige und dauernde ist. Um eine Entscheidung in dem vorstehend bezeichneten Sinne aber für den vorliegenden Fall zu treffen, reicht die in dem Verfahren vor dem Arbeitsgericht getroffene Sachaufklärung nicht aus. Die Beteiligten haben beiderseits Aufstellungen über die Zahl der in den einzelnen Monaten des Jahres 1927 beschäftigten Arbeitnehmer vorgelegt, um die Richtigkeit des von ihnen vertretenen Standpunktes darzutun. Aus ihnen allein aber können die zur Entscheidung erforderlichen tatsächlichen Feststellungen nicht getroffen werden, zumal bisher keine Erklärung der Beteiligten vorliegt, inwieweit die eine oder die andere Aufstellung als richtig anerkannt wird. Auch wenn die Putzfrau B. im Sinne der vorstehenden Ausführungen zu den in der Regel beschäftigten Arbeitnehmern gezählt wird, läßt sich die Feststellung, ob im Betriebe der Antragstellerin regelmäßig 20 Arbeitnehmer beschäftigt werden, ohne weitere Sachaufklärung nicht treffen. Es kann daher eine sachliche Entscheidung nicht getroffen werden; vielmehr hat, wie oben erörtert, die Ablehnung des Antrages zu erfolgen. . . .

RAG. 2, 64.

Unter welchen Voraussetzungen kann ein Geschäftsherr, der mit einem zweiten Geschäftsherrn vereinbart hat, daß kein Vertragsteil frühere Angestellte des anderen vor Ablauf einer gewissen Zeit nach Ablauf des Dienstverhältnisses einstellen soll, von einem bei ihm ausgeschiedenen Angestellten haftbar gemacht werden, wenn er es während jenes Zeitraumes ablehnt, dessen Eintritt bei seinem Vertragsgegner zuzustimmen?

BGB. §§ 157, 826.

Reichsarbeitsgericht. Urt. v. 13. Juni 1928.

I. Arbeitsgericht Berlin. — II. Landesarbeitsgericht daselbst.

Der Kläger war bei der Beklagten wiederholt aushilfsweise als Verkäufer tätig, zuletzt Anfang 1927. Die Beklagte hat im Juli 1926 mit der Deutschen Beamten-Warenversorgung GmbH. (Debewa) ein Abkommen getroffen, wonach die Vertragschließenden sich gegenseitig verpflichtet haben, frühere Angestellte des anderen Vertragsteils nicht vor Ablauf eines Jahres nach Beendigung des Dienstverhältnisses einzustellen. Zum Zwecke der Durchführung dieser Bestimmung ist von beiden Teilen die Verpflichtung übernommen worden, sich einander die Namen der ausscheidenden Angestellten mitzuteilen und bei Neueinstellungen jedesmal festzustellen, ob der Einzustellende im Dienste der anderen Partei gestanden habe. Im März 1927 bewarb sich der Kläger um eine Verkäuferstelle bei der Debewa. Diese frug mit Rücksicht auf das erwähnte Übereinkommen bei der Beklagten an, ob sie mit dem Eintritte des Klägers bei ihr einverstanden sei. Die Beklagte lehnte ihre Zustimmung ab. Die Debewa, welche sonst den Kläger angestellt haben würde, unterließ dies nunmehr. Der Kläger vertritt den Standpunkt, daß die Beklagte sich durch die Verweigerung der Zustimmung ihm gegenüber einer vertragswidrigen oder einer gegen die guten Sitten verstoßenden Handlungsweise schuldig gemacht habe und macht sie wegen des ihm hieraus erwachsenen Schadens, nämlich des Gehaltes, den er in der Zeit vom 16. bis 31. März 1927 bei der Debewa bezogen haben würde, haftbar. Das Arbeitsgericht hat die Klage abgewiesen. Auf die Berufung des Klägers ist das Urteil aufgehoben und die Beklagte nach dem Klagantrag verurteilt worden. Mit der Revision, welche vom Berufungsgericht wegen der grundsätzlichen Bedeutung des Rechtsstreits zugelassen worden ist, erstrebt die Beklagte die Zurückweisung der Berufung. Der Kläger beantragt, die Revision zurückzuweisen.

Gründe:

Die Zuständigkeit der Arbeitsgerichtsbehörden für die vorliegende Streitsache hat das Berufungsgericht auf Grund von § 2 Nr. 2 ArbGG. mit Recht bejaht. Sowohl wenn die Beklagte mit der vom Kläger beanstandeten Handlungsweise gegen Pflichten verstieß, die ihr aus dem früheren Dienstverhältnis noch oblagen, als auch dann, wenn das Verhalten der Beklagten eine unerlaubte Handlung darstellt, fällt der geltend gemachte Anspruch in den Bereich der arbeitsrechtlichen Gerichtsbarkeit. Im ersten Falle handelt es sich um einen Anspruch aus den Nachwirkungen des Arbeitsverhältnisses. Im zweiten Falle ist die unerlaubte Handlung eine solche, die von der Beklagten in der Eigenschaft als der früheren Arbeitgeberin des Klägers begangen worden ist und deshalb mit dem vormaligen Dienstverhältnis in innerem Zusammenhang steht.

In der Sache selbst rechtfertigt das Landesarbeitsgericht seine Entscheidung mit der Erwägung, daß die Beklagte an die Versagung ihrer Zustimmung zum Eintritt des Klägers bei der Debewa diesem gegenüber durch den früheren Arbeitsvertrag nicht behindert gewesen wäre, wenn sie ihm bei seiner Einstellung von dem Abkommen zwischen ihr und der Debewa Mitteilung gemacht hätte. Da dies unterblieben sei, so müsse der Arbeitsvertrag nach Treu und Glauben als stillschweigend mit der Maßgabe abgeschlossen gelten, daß die Arbeitgeberin nach Beendigung des Vertragsverhältnisses verpflichtet sei, dem Kläger, soweit es in ihrer Macht stehe, die Hindernisse aus dem Wege zu räumen, die ihm bei der Bewerbung um eine neue Stelle entgegenstünden. Diese Begründung unterliegt erheblichen rechtlichen Bedenken. Es ist schon ein nicht unanfechtbarer Grundsatz, daß ein Vertragsteil, welcher den anderen Teil bei den dem Vertragsabschluß vorausgehenden Verhandlungen über Tatsachen nicht unterrichtet hat, die für die Bildung von dessen Vertragswillen von Wichtigkeit sein können, sich nach Treu und Glauben so behandeln lassen müsse, als habe er die Verpflichtung übernommen, den anderen gegen die Nachteile zu schützen, die ihm aus der unterbliebenen Aufklärung erwachsen. Wenn nicht besondere Umstände vorliegen, die es rechtfertigen, den Beteiligten solche Vertragsabsichten zu unterstellen, ist eine derartige Annahme nicht begründet. Einen Sachverhalt, der eine besondere Beschaffenheit des Falles nach dieser Richtung erkennen ließe, hat aber das Berufungsgericht nicht dargelegt. Im allgemeinen kann die Vertragspartei, welche durch ein Verhalten der bezeichneten Art vom Gegner benachteiligt wird, nur Schadensersatzansprüche erheben, wenn diesem entweder ein fahrlässiger Verstoß gegen die Rücksichten, die er schon bei der Eingehung des Vertrags gegen den andern Beteiligten zu beobachten hat (culpa in contrahendo), oder eine arglistige Täuschung zur Last fällt. Sollte die Klagbegründung — was noch zu prüfen ist — in diesem Sinne zu verstehen sein, so hätte es einer genaueren Erörterung bedurft, ob bei der gegebenen Sachlage der Beklagten nach Treu und Glauben anzusinnen war, dem Kläger über ihr Abkommen mit der Debewa Aufschluß zu geben. Hat sich ein Prinzipal gegenüber einem anderen Prinzipal verpflichtet, Handlungsgehilfen, die in dessen Dienst gestanden haben, vor Ablauf einer gewissen Zeit ohne das Einverständnis des anderen in seinem Betrieb nicht anzustellen, so kann die Bewegungsfreiheit des Gehilfen mit Rücksicht auf die günstige Lage des Arbeitsmarktes in dem in Betracht kommenden Geschäftszweig dadurch in so unerheblichem Maße beschränkt sein, daß schon deshalb für den aus dem Abkommen berechtigten Dienstherrn keine Veranlassung besteht, dem Gehilfen bei dem Abschluß des Dienstvertrags über die Vereinbarung Mitteilung zu machen. Es kann sich ferner bei Abwägung der Interessen des Gehilfen an der Aufklärung über das Abkommen und der Interessen des Prinzipals an dessen Geheimhaltung für die Schutzwürdigkeit der letzteren ein solches Übergewicht ergeben, daß es nach Treu und Glauben dem Prinzipal nicht zuzumuten ist, dem Gehilfen das Abkommen zu offenbaren. Wird das Fortkommen des Gehilfen durch den Eintritt bei einem Prinzipal, der sich durch eine solche Verabredung mit einem anderen Unternehmer gegen das Abspenstigmachen von Personal und den Verrat von Betriebs- und Geschäftsgeheimnissen zu sichern gesucht hat, in so geringem Maße gefährdet, daß sein Interesse an der Unterrichtung über das Abkommen hinter dem Interesse des Prinzipals an dem Verschweigen der Vereinbarung zurücktritt, so kann von einer Offenbarungspflicht des letzteren keine Rede sein. Hierbei kann namentlich auch von Wichtigkeit sein, ob der Prinzipal von dem Bekanntwerden des Vertrags mit dem anderen Prinzipal zu befürchten hat, daß dadurch sein Interesse an der Gewinnung bewährter Gehilfen für seinen Betrieb beeinträchtigt wird. Freilich kann auch die Bewegungsfreiheit des Gehilfen durch seinen Eintritt bei einem Unternehmer, der einen Vertrag der bezeichneten Art mit einem anderen Unternehmer eingegangen ist, bei einer besonderen Anspannung des Arbeitsmarktes so in Frage gestellt werden, daß dessen Interesse an der Aufklärung über den Vertrag gegenüber den Belangen des Prinzipals schutzwürdiger erscheint und deshalb die Mitteilungspflicht des Prinzipals zu bejahen ist. Hierbei kann es insbesondere auch Bedeutung gewinnen, daß der Gehilfe infolge des Vertrags etwa in der für sein Fortkommen wichtigen Verwertung besonderer Fachkenntnisse behindert ist. Daß unter allen Umständen dem Interesse des Gehilfen der Vorzug zu geben sei und deshalb dem Prinzipal eine bedingungslose Offenbarungspflicht obliege, kann nicht anerkannt werden und ist insbesondere auch der Vorschrift in § 75 flg. HGB. nicht zu entnehmen. Die Vorschrift bestimmt, daß auf eine Vereinbarung, wie sie zwischen der Beklagten und der Debewa getroffen worden ist, der § 152 Abs. 2 GewO. Anwendung erleide, daß also jeder Vertragsteil von der Verabredung zurücktreten könne und daß aus einem solchen Übereinkommen weder Klage noch Einrede stattfinde. Damit hat zwar der Gesetzgeber eine Schutzvorschrift zugunsten der Gehilfen aufgestellt. Zu einem Schutz über den Rahmen der Vorschrift hinaus und insbesondere zu einer Sicherstellung der Gehilfen durch Annahme einer bedingungslosen Mitteilungspflicht der erörterten Art bietet aber die Bestimmung keine Veranlassung. Insoweit bleiben vielmehr lediglich die allgemeinen Rechtsgrundsätze maßgebend, die zu einer Prüfung des einzelnen Falles an Hand der dargelegten Gesichtspunkte nötigen und die von dem

Berufungsgericht nicht beachtet sind. Einer Stellungnahme zu der Frage, ob die Aufhebung des § 152 Abs. 2 durch Art. 159 RVerf. (RGZ. Bd. 111 S. 199 flg., Bd. 113 S. 169/172) der Fortgeltung der §§ 75 flg. etwa im Wege steht — vgl. Staubs Komm. zum HGB. 11. Aufl. bei dieser Gesetzesstelle —, bedarf es somit nicht.

Das angefochtene Urteil könnte nur aufrecht erhalten werden wenn unter dem für die Beurteilung des Falles am nächsten liegenden Gesichtspunkt des § 826 HGB. eine Haftung der Beklagten für die Nachteile, die dem Kläger durch die Verweigerung der Zustimmung der Beklagten zur Einstellung bei der Debewa entstanden sind, schon jetzt bejaht werden könnte. Auch hierfür fehlt es indessen noch an den erforderlichen Unterlagen. Es fragt sich, ob der Beklagten der Vorwurf gemacht werden kann, daß sie dem Kläger gegenüber sittenwidrig handelte, wenn sie die Debewa an ihren Vertragspflichten festhielt und in folgerichtiger Durchführung dieses Standpunktes die ihr anheimgegebene Einverständniserklärung mit dem Eintritt des Klägers bei der Debewa ablehnte. Auch für die Beantwortung dieser Frage ist es von ausschlaggebender Bedeutung, ob die Beklagte bei der Verweigerung der Zustimmung in Wahrnehmung berechtigter geschäftlicher Interessen handelte, die sie den Interessen des Klägers an dem gegenteiligen Verhalten voranstellen durfte. Traf dies nicht zu, so verstieß sie gegen die Anforderungen des Anstandes und der Ehrbarkeit im Verkehrsleben und verletzte damit die guten Sitten. War sie sich dabei bewußt, daß sie den Kläger durch ihre Handlungsweise schädigte, so machte sie sich ihm gegenüber haftbar.

Der Sachverhalt bedarf demnach noch weiterer Aufklärung. Das Berufungsurteil war daher aufzuheben und die Sache an die Vorinstanz zurückzuverweisen.

RAG. 2, 74.

Zur Frage der Tragung der Betriebsgefahr.

§§ 323, 615, 242 BGB.

Reichsarbeitsgericht. Urt. v. 20. Juni 1928.

I. Arbeitsgericht Arnstadt. — II. Landesarbeitsgericht Jena.

Die Kläger haben bei der Beklagten in deren Glashütte in Arbeit gestanden, als am 21. und 22. Oktober 1927 angeblich infolge eines Mitte Oktober in der Mitteldeutschen Braunkohlenindustrie ausgebrochenen Streiks Kohlenmangel eintrat und die Arbeit für diese

Tage ausgesetzt werden mußte. Da Beklagte die Zahlung des Lohnes für die Zeit des Ausfalls der Arbeit verweigert, fordern die Kläger ihn mit der vorliegenden Klage.

Die Vorinstanzen haben der Klage stattgegeben. Auf die Revision der Beklagten wurde das Urteil des Landesarbeitsgerichts aufgehoben aus folgenden

Gründen:

Das Arbeitsgericht hat seine Entscheidung auf § 12 Abs. 2 des Reichsmanteltarifs für die deutsche Weiß-Hohl-Glasindustrie vom 1. April 1927 gestützt, welcher lautet:

„Arbeitsausfälle verursacht durch Betriebsstörungen infolge von Hafenbruch, schlechtem Glas, verspätetem Arbeitsanfang oder dergleichen werden den daran beteiligten Arbeitnehmern, wenn sie dadurch ein Verdienstentgang trifft, der durch andere Arbeitsverteilung nicht ausgeglichen werden kann, für die Dauer der Störung bis zum Ablauf des 12. Arbeitstages mit den in den Lohntabellen noch festzulegenden Zeit- und Richtlöhnen entsprechend dem entstandenen Ausfall entschädigt."

Das Arbeitsgericht hat diese Bestimmung dahin ausgelegt, daß in ihr nicht alle in Frage kommenden Störungen erschöpfend hätten aufgezählt werden sollen, und daß in die Worte „oder dergleichen" auch Kohlenmangel einbegriffen sei. Anderer Ansicht ist das Landesarbeitsgericht. Wenn auch die Aufzählung nicht erschöpfend sei, so ließen die genannten Störungsursachen doch erkennen, daß nur solche gemeint seien, die im Glasproduktionsprozeß sich von selbst ergäben, ihm eigentümlich und unvermeidlich seien. Darunter fielen aber Störungen durch Mangel an Rohstoffen und Kohlen nicht. Hätte man sie mit umfassen wollen, so hätte man dies ausdrücklich sagen müssen. Die Frage sei seit Jahren umstritten, dies sei den Parteien bekannt gewesen und es sei deshalb nicht anzunehmen, daß sie sie mit den Worten „oder dergleichen" hätten regeln wollen. Dieser Auffassung tritt das Revisionsgericht bei. Die Auslegung des Landesarbeitsgerichts geht von der zutreffenden Annahme aus, daß die Parteien eine so wichtige und seit langer Zeit streitige Frage nicht nur nebenbei erledigt hätten, wenn sie sie in die Bestimmungen des § 12 des Tarifvertrages hätten einbeziehen und in ihm regeln wollen. Damit erledigt sich der Einwand, den die Revisonsbeklagten gegen diese Ausführungen des Landesarbeitsgerichts erhoben haben.

Im übrigen sei — sagt das Landesarbeitsgericht — eine befriedigende Lösung der Frage, ob der Arbeitnehmer bei Störungen des Betriebes seinen Lohnanspruch behalte, nicht aus den §§ 323 und 615 BGB. zu entnehmen, man müsse allgemeine Rechtsgedanken heranziehen. Der Arbeitgeber verfüge selbständig über die Produktionsmittel, die Abwicklung des Arbeitsprozesses und den Umfang der Beschaffung der Arbeitssubstrate, er werde Eigentümer der hergestellten Gegenstände und ziehe den Gewinn aus dem Unternehmen. Andrerseits erhalte der Arbeitnehmer selbst in günstigen Zeiten und bei großen Überschüssen nur den zur einfachen Lebensführung notwendigen Lohn, mit dessen regelmäßigem Eingange er aber auch rechnen müsse, für den er nicht nur einzelne Dienste leiste, sondern seine ganze Persönlichkeit dem Willen des Arbeitgebers unterwerfe. Schon daraus sei als billig zu entnehmen, daß der Arbeitgeber die Gefahr für die den Betrieb treffenden Ereignisse trage. Das Versagen des von dem Arbeitgeber zu stellenden Arbeitssubstrates gehöre zu den Passiven des Betriebes, die dem zur Last fielen, der auch die Aktiven einheimse.

Ob der Arbeitgeber das Betriebsrisiko trage, sei nur von Fall zu Fall zu entscheiden. Sei die Ursache der Störung in der Einfluß- und Wirkungssphäre des Betriebs, in seiner technischen Eigenart gelegen, so trage es der Arbeitgeber allein. Handle es sich aber um Einflüsse von außen, elementarer oder politischer Natur, die nicht einen einzelnen Betrieb, sondern ganze Bezirke und Berufszweige träfen, um Erscheinungen, die die Arbeitsgemeinschaft zwischen Arbeitgeber und Arbeitnehmer zwangsweise zur Auflösung brächten, so sei es unbillig, das Risiko dem ersteren allein aufzubürden.

Im Betriebe der Beklagten sei ein Kohlenvorrat notwendig, mit einem Kohlenmangel müsse gerechnet werden. Damals seien, wie das Vorbringen der Parteien und der Briefwechsel ergebe, Kohlen zu haben gewesen. Ob Beklagte sie auch habe borgen können, könne dahingestellt bleiben. Die Verwendung der Kohlenreserve sei nach dem Ermessen der Beklagten mit Rücksicht auf die Wirtschaftlichkeit des Betriebes unangebracht gewesen.

Die Stockung habe also ihre Ursache in der Einfluß- und Wirkungssphäre der Beklagten gehabt. Die Beschäftigung der Arbeitnehmer mit unproduktiven Arbeiten während des Kaltschürens hätte Opfer von ihr verlangt, sie seien ihr aber zuzumuten gewesen. Sie könne in günstigen Zeiten Rücklagen für solche Fälle schaffen, werde auch nicht selten einen Rückgriff an ihre Lieferanten haben. Bei längerer Dauer der Störung könne sie mit den Arbeitnehmern eine Aussetzung vereinbaren, unter Umständen auch kündigen. Zu einer einseitigen Einstellung und Abwälzung des Risikos auf die Arbeitnehmer sei sie nicht berechtigt.

Auf ein Verschulden des Arbeitgebers komme es bei dieser Lösung der Frage nicht an, mit der man sich allerdings von der zivilistischen Auffassung entferne, aber der arbeitsrechtlichen Auffassung, dem Rechtsgefühl und den sozialen Bedürfnissen Rechnung trage.

Diesen Ausführungen vermag das Reichsarbeitsgericht nicht allgemein und nach den bisherigen Feststellungen auch nicht im Ergebnisse beizutreten. Für die Tragung des Betriebsrisikos sind in erster Linie die vertraglichen Abmachungen der Beteiligten entscheidend. Im Interesse beider Teile würde es liegen, wenn von diesem Mittel umfassender Gebrauch gemacht würde, da auf diese Art den Eigentümlichkeiten der einzelnen Betriebe und den Bedürfnissen ihrer Angehörigen Rechnung getragen und wenn auch nicht allen, so doch einer großen Anzahl von Zweifeln von vornherein begegnet werden könnte.

Ist, wie im vorliegenden Falle, eine einschlägige vertragliche Regelung nicht getroffen, so kommt es darauf an, ob den Arbeitgeber an der Betriebsstörung ein Verschulden trifft. Die Prüfung dieser Frage durfte hier nicht dahingestellt bleiben. Mit Recht betont das Landesarbeitsgericht, daß eine Entscheidung derartiger Rechtsstreitigkeiten immer nur für den Einzelfall unter Berücksichtigung der konkreten Umstände erfolgen kann. Nun war der Klaganspruch in erster Linie auf ein Verschulden des Arbeitgebers gestützt. War es zu bejahen, so war seine Verurteilung ohne weiteres gerechtfertigt. Damit wäre die unter allen Umständen anzustrebende und im Interesse der Rechtsuchenden und der Sicherheit der Rechtspflege erforderliche zuverlässige Grundlage einer Verurteilung gegeben gewesen. Von diesem zu einer sicheren Urteilsfindung führenden Wege abzugehen, lag für das Landesarbeitsgericht keine Veranlassung vor, zumal seine in anderem Zusammenhange getroffenen Feststellungen ein Verschulden der Beklagten nahelegen. Da anderseits die Feststellungen des Berufungsurteils den Sachverhalt nicht erschöpfen, war das angefochtene Urteil aufzuheben und die Sache zur Prüfung der Verschuldensfrage an das Landesarbeitsgericht zurückzuverweisen. Dabei wird insbesondere auch die Bedeutung des mitteldeutschen Braunkohlenstreiks und seine Voraussehbarkeit für die Beklagte zu würdigen sein.

Sollte das Landesarbeitsgericht zu dem Ergebnisse gelangen, daß die Beklagte an dem Kohlenmangel und der durch ihn verursachten Arbeitsstockung keine Schuld trifft, so ist für die Frage, wer die Gefahr dieser Störung zu tragen hat, folgendes zu beachten.

Das Reichsarbeitsgericht schließt sich der von dem Reichsgericht in seiner Entscheidung RGZ. Bd. 106 S. 272 ausgesprochenen Auffassung darin an, daß die Lösung der Frage nicht allein und auch nicht in erster Linie aus den §§ 323 und 615 BGB., sondern aus dem modernen Arbeitsrecht und den modernen Arbeitsverhältnissen zu entnehmen ist. Der zur Zeit der Entstehung des Bürgerlichen Gesetzbuchs für Dienstverhältnisse maßgebend gewesene individualistische Standpunkt kann für die heutige Zeit nicht mehr die Bedeutung beanspruchen, die er damals gehabt hat, da inzwischen der Gedanke der sozialen Arbeits- und Betriebsgemeinschaft nicht nur in der Wissenschaft, sondern auch in der Gesetzgebung anerkannt und festgelegt worden ist. Gewiß setzt das Tätigwerden des einzelnen Arbeiters in einem Betriebe auch heute noch den Abschluß eines Einzelvertrages voraus. Aber mit ihm steht, wenigstens in größeren Betrieben, wie dem der Beklagten, der einzelne Arbeiter dem Arbeitgeber und dem Betriebe nicht mehr als Einzelarbeiter gegenüber. Er wird vielmehr organisches Mitglied des Betriebes, indem er zunächst in die Arbeitnehmerschaft, durch sie in eine Verbundenheit mit dem Betriebe selbst und auf diese Weise mittelbar auch mit dem Arbeitgeber, dem Unternehmer, eintritt. Er ist nicht mehr ein bloßes Werkzeug des letzteren, sondern ein lebendiges Glied der zwischen diesem und der Arbeitnehmerschaft bestehenden Arbeitsgemeinschaft. Das gemeinsame Zusammenwirken von Unternehmer und Arbeiterschaft bildet heute die Grundlage des Betriebes, wie dies besonders in § 60 BRG. zum Ausdruck kommt.

Dem in einem Betrieb aufgenommenen Arbeitnehmer erwächst damit aber auch eine andere Aufgabe als früher. Seine Stellung zum Betriebe ist eine andere geworden. Er steht ihm nicht mehr als ein im übrigen unbeteiligtes Einzelindividuum, das nur seine Arbeitskraft zur Verfügung zu stellen hat, gegenüber, er geht vielmehr eine Verbundenheit mit dem bestimmten Betriebe, in den er eintritt, ein. Ihm hat er auf Grund des Arbeitsvertrages nicht nur seine Arbeitskraft zur Verfügung zu stellen, er muß mit ihr auch dem Betriebe und seinen Zwekken dienen und seinerseits zur Erhaltung desselben und seiner Wirtschaftlichkeit beitragen.

Damit sind gleichzeitig die Rechte der Arbeitnehmerschaft in ihrer Stellung zum Betriebe erweitert und auf eine unterstützende Mitwirkung bei der Leitung desselben ausgedehnt. Diesen erweiterten Rechten stehen naturgemäß erweiterte Pflichten, nämlich die Mittragung einer gewissen Verantwortlichkeit für den Betrieb gegenüber. Wer aber für den Betrieb mit einzustehen hat, muß selbstverständlich auch für die Nachteile mit eintreten, die sich aus ihm ergeben. Es kann die Arbeitnehmerschaft und mit ihr der einzelne Arbeiter die Folgen von Betriebsstörungen und Betriebsgefahren nicht einfach damit ablehnen, daß er seine Arbeitskraft angeboten habe und zur Leistung seiner Dienste bereit gewesen sei. Mit der Mitwirkung bei der Leitung des Betriebes Hand in Hand geht ohne weiteres die Mittragung der Gefahren desselben.

Dem steht auch nicht entgegen, daß der Arbeitnehmer am Vermögen und in der Regel auch am Ertrage des Betriebes keinen unmittelbaren Anteil hat. Dieser Umstand kann sich nur dahin auswirken, daß der Gefahrenkreis für ihn nur ein beschränkter ist. Wie weit dieser Kreis zu ziehen ist, ist aus dem Bürgerlichen Gesetzbuch, insbesondere den Vorschriften der §§ 323 ff. über die Unmöglichkeit einer Leistung nicht zu entnehmen. Aus ihnen kann nur der allgemeine Rechtsgedanke entnommen werden, daß die Folgen von Ereignissen, die eine Betriebsstörung verursachen, den treffen, der diese Ereignisse zu vertreten hat. Zu vertreten hat aber jeder Teil nicht nur sein Verschulden, sondern alles, was in den Kreis der von ihm zu tragenden Gefahr fällt. Ob diese dem einen oder beiden Teilen zur Last zu legen ist, wird in letzter Linie, wie dies auch das Reichsarbeitsgericht schon mehrfach ausgesprochen hat, aus § 242 BGB. unter dem Gesichtspunkt von Treu und Glauben nach den Umständen des Falles zu entscheiden sein.

Allgemeine, auf jeden Fall passende Grundsätze hierfür lassen sich bei den zahlreichen und immer wieder verschiedenen Möglichkeiten nicht aufstellen. Immerhin ergeben sich aus dem schon erwähnten Gesichtspunkt der Betriebsverbundenheit Richtlinien, von denen bei der Beurteilung einzelner Fälle ausgegangen werden kann. Aus der Verbundenheit der Arbeitnehmer untereinander ergibt sich, daß die Gefahr solcher Ereignisse, die auf dem Verhalten der Arbeitnehmerschaft selbst beruhen, von den Arbeitnehmern, auch soweit sie an ihnen nicht beteiligt sind, getragen werden muß. Hierher gehört der vom Reichsgerichte in der Entscheidung RGZ. Bd. 106 S. 272 behandelte Fall des Teilstreiks.

Die Verbundenheit der Arbeitnehmerschaft mit dem Betriebe bedingt, daß sie regelmäßig solche Ereignisse mit treffen, die nicht nur die Führung des Betriebes, sondern dessen Bestand beeinträchtigen, den Betrieb vernichten oder auf längere Zeit lahm legen. Hierhin gehören besonders Umstände, die von außerhalb auf ihn einwirken, wie z. B. Naturereignisse oder fremde Gewalt.

Anderseits werden in der Regel in die Rechtssphäre des Arbeitgebers fallen und von ihm zu vertreten sein Ereignisse, die nicht den Bestand des Betriebes, sondern seine Führung treffen, in sie eingreifen.

Er wird u. a. dafür einzustehen haben, daß rechtzeitig ausreichende Betriebsstoffe beschafft werden, er wird auch Störungen, die im allgemeinen oder unter den besonderen Verhältnissen des Betriebes öfters vorzukommen pflegen, tragen müssen, insofern er sie, wenn auch nicht vermeiden, so doch von vornherein in Rechnung stellen kann.

Doch können Betriebsstörungen, die den Stand des Betriebes nicht unmittelbar angreifen, sich in ihren Folgen so stark auswirken, daß sie den Bestand selbst gefährden, insofern der Betrieb nicht in der Lage ist, die wirtschaftlichen Nachteile zu ertragen. In solchen Fällen wird das verursachende Ereignis auch mit in den Kreis der von der Arbeitnehmerschaft zu vertretenden Umstände zu rechnen sein.

Hiernach würde es an sich naheliegen, die Folgen der durch die Nichtbeschaffung der Kohlen entstandenen Betriebsstockung der Beklagten allein zur Last zu legen. Eine endgültige Entscheidung läßt sich aber nicht ohne genaue Prüfung und Feststellung der Umstände des Falles treffen. Die Feststellungen des Berufungsgerichts erschöpfen auch unter diesem Gesichtspunkte die Sachlage nicht. Insbesondere bedarf es der Prüfung, ob nicht der mitteldeutsche Braunkohlenstreik in seiner Auswirkung eine andere Beurteilung gebietet.

RAG. 2, 84.+

1. Betrifft die Bildung von Fachkammern die Zuständigkeit oder die Geschäftsverteilung der Arbeitsgerichtsbehörden?

2. . . .

ArbGG. §§ 16 Abs. 2, 17 Abs. 3.

Reichsarbeitsgericht. Urt. v. 20. Juni 1928.

Arbeitsgericht Stettin.

Gründe:

. . .

Die Rechtsbeschwerde ist frist- und formgerecht eingelegt (§ 87 Abs. 1 in Verbindung mit § 11 ArbGG.), ihr kann auch ein Erfolg nicht versagt werden.

Allerdings geht der Angriff fehl, welcher sich gegen die Zusammensetzung des Arbeitsgerichts richtet. Die Bildung von Fachkammern, welche § 17 Abs. 3 ArbGG. vorsieht, betrifft, wie schon aus der Stellung dieses Pragraphen im Gesetz hervorgeht, nicht die Frage der Zuständigkeit, sondern den Aufbau der Arbeitsgerichtsbehörden. Vor welche Kammer eine bei einem Arbeitsgericht anhängig gemachte Sache gehört, ist daher lediglich eine Frage der inneren Geschäftsverteilung. Wird die

Sache einer nach dem Geschäftsverteilungsplan nicht dafür vorgesehenen Kammer des Arbeitsgerichts zugeteilt oder von ihr erledigt, so berührt das, vorausgesetzt, daß die Kammer, wie das hier der Fall war, ihre Tätigkeit entsprechend dem § 16 Abs. 2 ArbGG. mit 1 Vorsitzenden und je 1 Beisitzer der Arbeitgeber und der Arbeitnehmer ausübt, die Rechtswirksamkeit der von dieser Kammer erlassenen Entscheidungen ebensowenig wie z. B. bei den ordentlichen Gerichten die Erledigung einer vor eine Kammer für Handelssachen gehörigen Sache durch eine Zivilkammer und umgekehrt. Eine so ergangene Entscheidung kann, wie auch das Reichsgericht für die ordentliche Gerichtsbarkeit wiederholt ausgesprochen hat (vgl. Gruchot Bd. 37 S. 766 und RGZ. Bd. 48 S. 29), mit einem Rechtsmittel nicht angefochten werden; die beiden Kammern sind einander gleichgestellte, wenn auch verschiedenartige Organe desselben und an sich zuständigen Gerichts.

. . .

RAG. 2, 92.

Tarifmäßige Kündigungsbeschränkungen können nicht dadurch umgangen werden, daß die Beteiligten an Stelle eines dauernden Dienstverhältnisses eine fortgesetzte Kette von Dienstverträgen je auf bestimmte kurze Dauer eingehen.

BGB. § 134. TarifvertragVo. § 1.
Reichsangestelltentarifvertrag §§ 42, 43, 47.

Reichsarbeitsgericht. Urt. v. 27. Juni 1928.

I Arbeitsgericht Karlsruhe. — II. Landesarbeitsgericht daselbst.

Der Kläger war mehrere Jahre lang, vom Mai 1921 bis zum 31. Dezember 1925 bei dem Hauptsteueramt und Finanzamt H. als Vertragsangestellter beschäftigt gewesen. Vom 1. Februar 1926 ab wurde er als Zeitangestellter bei dem Finanzamt M. beschäftigt. Das Dienstverhältnis sollte vier Wochen dauern, ist aber mehrfach teils ausdrücklich, teils stillschweigend verlängert worden. Am 23. November 1926 wurde ein Dienstvertrag mit ihm geschlossen, der bis zum 31. März 1927 dauern sollte. Von Ende März 1927 an fanden wiederholte kurzfristige Verlängerungen statt, so u. a. am 15. Juni auf den 30. Juni 1927. Am 29. Juni teilte die Dienstbehörde dem Kläger mit, eine weitere Verlängerung des Dienstverhältnisses bei dem Finanzamt M. sei nicht möglich, es biete sich jedoch Gelegenheit, den Kläger für Kirchensteuerarbeiten einzustellen mit einer gegen früher etwas erhöhten Vergütung und mit eintägiger Kündigung. Dieses Dienstverhältnis ist vom 1. Juni bis Ausgangs August 1927 viermal je auf bestimmte Zeit verlängert worden; mit dem Ablauf der letzten Verlängerungsfrist, am 24. August 1927, ist Kläger endgültig entlassen worden.

Der Kläger hält die Entlassung für tarifwidrig. Gemäß §§ 42, 43, 47 des Reichsangestelltentarifvertrags hätte er, so meint er, nur mit sechswöchiger Frist auf das Ende eines Kalendervierteljahres entlassen werden können. Mit der Klage begehrt er die Feststellung, daß die Kündigung erst zum 31. Dezember 1927 wirksam sei. Das Arbeitsgericht hat nach diesem Klagantrag erkannt. Das Landesarbeitsgericht hat die Berufung des Beklagten zurückgewiesen. Die vom Landesarbeitsgericht zugelassene Revision des Beklagten blieb erfolglos.

Gründe:

Nach dem unstreitigen Sachverhalt, insbesondere nach der bei den Personalakten des Klägers befindlichen Anstellungsurkunde vom 23. November 1926 ist der Kläger in das Angestelltenverhältnis übernommen worden. Danach galt für ihn an sich, wie gleichfalls unstreitig ist, eine Kündigunsfrist von sechs Wochen auf den Ablauf eines Kalendervierteljahres, wie er mit der Klage geltend macht.

Der Beklagte wendet ein, Kläger sei nicht auf unbestimmte Dauer oder jeweils für bestimmte Zwecke eingestellt worden, sondern, jedenfalls in den letzten Monaten, je auf bestimmte kalendermäßige Zeit. Deshalb habe es einer Kündigung nicht bedurft, vielmehr sei das Dienstverhältnis mit Ablauf der Zeit je von selbst erloschen, § 620 BGB. Dem steht jedoch entgegen, daß gesetzliche, und, was dem gleichzustellen ist, tarifmäßige Kündigungsbeschränkungen nicht dadurch umgangen werden können, daß die Beteiligten an Stelle eines dauernden Dienstverhältnisses eine fortgesetzte Kette ständig erneuerter kurzfristiger Dienstverträge schließen. Das hat das Reichsarbeitsgericht erst in dem Urteil vom 19. Mai 1928 RAG. Entsch. Bd. 1 S. 361 anerkannt. Davon ist auch der Berufungsrichter ausgegangen, und er hat demgemäß angenommen, daß hier eine Umgehung der tarifmäßigen Kündigungsbestimmungen vorliege. Da nach den Feststellungen des Berufungsrichters das Dienstverhältnis des Klägers allein in der Zeit von Ende März 1927 bis zur endgültigen Entlassung Ende August nicht weniger als siebenmal kurzfristig abgeschlossen und stets wieder erneuert worden ist, kann die Auffassung des Berufungsrichters im Hinblick auf die genannte Entscheidung des Reichsarbeitsgerichts nicht als rechtsirrtümlich bezeichnet werden. Mit Grund beruft sich der Berufungsrichter auch auf die eigene Kundgebung des Reichsfinanzministers vom 31. Oktober 1926, der sich die in demselben Sinne ergangene Kundgebung des Ministers vom 14. Februar 1928 RBesolBl. 1928 S. 23/24 angeschlossen hat.

Die einwandfrei begründete Feststellung der Umgehung des Tarifvertrags trägt die angefochtene Entscheidung. Daran ändert auch der Umstand nichts, daß der Kläger in der letzten Zeit mit der Anfertigung der Kirchensteuerlisten beschäftigt worden ist. Diese Arbeit mag vorübergehender Art gewesen sein. Aber der Beklagte hat sie als „Lohnarbeit" für die Kirchenverwaltung ausgeführt; nach wie vor ist der Beklagte der Dienstherr des Klägers und daher an die tarifvertragsmäßigen Kündigungsbestimmungen gebunden gewesen, die er nicht umgehen durfte.

Wenn die Revision darauf hinweist, daß der Kläger das jeweilige Ende des auf bestimmte Zeit eingegangenen Dienstverhältnisses im voraus gekannt habe, so übersieht sie, daß gerade die fortgesetzte Erneuerung des kurzfristigen Vertrags in dem Kläger die Erwartung hervorrufen mußte oder mindestens hervorrufen konnte, das Dienstverhältnis werde je nach seinem Ablauf wieder erneuert werden. Gerade das wollte auch der Reichsfinanzminister vermieden wissen, wie die angeführten Erlasse zeigen.

Demzufolge war das Rechtsmittel als unbegründet zurückzuweisen.

RAG. 2, 119.

Inwieweit ist bei der Prüfung der sachlichen Zuständigkeit des Arbeitsgerichts in eine Prüfung des Klaganspruchs einzutreten?

Reichsarbeitsgericht. Urt. v. 2. Juli 1928.

I. Arbeitsgericht Berlin. — II. Landesarbeitsgericht daselbst.

Die Beklagte gliederte gegen Ende 1926 ihren Handelsunternehmen eine Abteilung an, die sich mit dem Kauf und Verkauf von Holz befaßte. In einem von den klagenden Ehegatten und dem Beklagten unterschriebenen Vertrag vom 6. Dezember 1926 wurde vereinbart, daß der Kläger für die Zeit vom 16. November 1926 an auf 15 Jahre zum selbständigen Leiter der Abteilung bestellt werde und daß er als Vergütung für seine Tätigkeit monatlich 300 RM erhalten und Reisesowie sonstige Spesen ersetzt bekommen solle. Ferner wurde in dem Vertrage bestimmt, daß der Klägerin, solange der Vertrag laufe, ein Drittel des Reingewinns der Abteilung zufließen und daß ihr à Konto des letzteren monatlich 2200 RM, die ihr als Mindestgewinn garantiert würden, gewährt werden sollten. Endlich wurde in dem Vertrage festgelegt, daß ein Teil des auf die Klägerin entfallenden Reingewinns als Betriebskapital in der Holzabteilungn verbleiben und daß die Klägerin am Verlust der Abteilung in einem näher bezeichneten Maße beteiligt sein solle. Im Jahre 1927 sind Meinungsverschiedenheiten zwischen den Parteien entstanden. Der Kläger hat infolgedessen die von ihm in der Abteilung aufgenommene Tätigkeit eingestellt. Im vorliegenden Rechtsstreit fordert er das ihm zugesagte Gehalt für die Monate September, Oktober und November 1927. Die Klägerin begehrt die Zahlung des ihr versprochenen Mindestgewinns für diese Monate. Die Beklagte hat die Einrede der Unzuständigkeit des Arbeitsgerichts erhoben und unter Verweigerung der ihr angesonnenen Zahlung Abweisung der Klage beantragt. Das Arbeitsgericht hat diesem Antrag entsprochen. Das Urteil ist vom Landesarbeitsgericht auf die Berufung der Kläger dahin abgeändert worden, daß es das Arbeitsgericht für zuständig erklärt und die Sache zur Verhandlung und Entscheidung dorthin zurückverwiesen hat. Die Revision der Beklagten ist zurückgewiesen worden.

Gründe:

Die Beklagte hat zur Darlegung der Unzuständigkeit des Arbeitsgerichts geltend gemacht, daß der Vertrag vom 6. Dezember 1926 seinem vollen Inhalt nach, also auch, soweit er in die Form eines Dienstvertrags gekleidet sei, einen Gesellschaftsvertrag darstelle. Das äußere Gewand des Dienstvertrags sei gewählt worden, um die Gläubiger des Klägers, zu dessen Vermögen zur Zeit des Vertragsabschlusses der Konkurs eröffnet gewesen sei, zu täuschen, und dem Kläger die Wohltaten des Gesetzes betreffend die Beschlagnahme des Arbeits- und Dienstlohnes zu verschaffen. Auch die Klägerin sei nur zum Schein in den Vertrag hereingezogen worden, weil man auf diese Weise den Betrag von 2200 RM monatlich dem Zugriffe der Gläubiger habe entziehen wollen. Die Vereinbarung mit der Klägerin verstoße wenigstens gegen die guten Sitten, weil der ihr zugesagte Mindestanteil am Reingewinn über das Maß des Aufwandes hinausgehe, der zum Unterhalt des Klägers und seiner Familie bei einer dessen Stand und Vermögensverhältnisse entsprechenden Lebensführung erforderlich sei. Das Landesarbeitsgericht weist den von der Beklagten hierauf gestützten Unzuständigkeitseinwand mit der Begründung zurück, es bestehe kein Anhalt für die Annahme, daß die Form des Dienstvertrags zur Verdeckung eines sich dahinter verbergenden Gesellschaftsvertrags gewählt worden sei. In dem Vertrage sei bestimmt, daß der Kläger gegen Zahlung eines Monatsgehalts von 300 RM und Erstattung der Spesen zum selbständigen Leiter der Holzabteilung ernannt werde und daß das Vertragsverhältnis vorbehaltlich der beiden Vertragsteilen unter gewissen Voraussetzungen zustehenden Kündigung 15 Jahre dauern solle. Aus dem Inhalte dieser Vereinbarung ergebe sich nichts zugunsten des Standpunktes der Beklagten, daß nicht ein Dienst-, sondern ein Gesellschaftsvertrag vorliege. Wenn der Abschluß des Dienstvertrags und die teilweise Zuwendung der Gegenleistung für die Dienste des Klägers an dessen Ehefrau auch der Absicht entsprungen seien, die Einkünfte des Klägers dem Zugriffe seiner Gläubiger zu entziehen, so sei hieraus doch nichts dafür zu entnehmen, daß der Vertrag ein Scheinabkommen in dem von der Beklagten behaupteten Sinn darstelle. Ob aber die Vereinbarung mit der Klägerin den guten Sitten zuwiderlaufe, und deshalb nichtig sei, sei für die Beurteilung der Zuständigkeitsfrage unerheblich. Es müsse die rechtliche Wirksamkeit der Vereinbarung unterstellt werden, da hier die die Zuständigkeit begründenden Vorgänge mit den klagbegründenden Tatsachen zusammenfielen. Die Ansprüche des Klägers könnten daher nach § 2 Nr. 2 ArbGG. vor dem Arbeitsgericht verfolgt werden. Das gleiche ergäbe sich hieraus gemäß § 3 ArbGG. für die Ansprüche der Klägerin, welche mit der Forderung ihres Ehemannes in wirtschaftlichem und rechtlichem Zusammenhang stünden. Diese Erwägungen sind, wenn auch nicht durchweg in ihren Einzelheiten, so doch im Ergebnis zutreffend, so daß den Angriffen der Revision keine Folge zu geben ist. Die Zuständigkeit des Arbeitsgerichts für die Ansprüche des Klägers würde allerdings zu verneinen sein, wenn diese Ausflüsse eines Gesellschaftsvertrags wären. Über ihre Rechtsnatur ist deshalb schon in dem jetzigen, die Zuständigkeitsfrage betreffenden Abschnitt des Verfahrens zu entscheiden. Wie bei der von Amts wegen vorzunehmenden Prüfung der Zulässigkeit des Rechtswegs zwar von der Richtigkeit und Erweislichkeit der vom Kläger aufgestellten klagbegründenden tatsächlichen Behauptungen auszugehen, jedoch die Richtigkeit der rechtlichen Würdigung seines tatsächlichen Vorbringens zu erörtern ist (RGZ. Bd. 105 S. 39), so muß für die ebenfalls von Amts wegen erforderliche Prüfung der sachlichen Zuständigkeit eines ausschließlich zuständigen Sondergerichts, insbesondere des Arbeitsgerichts, das gleiche gelten. Daß sich nun die Parteien für die von ihnen gewählte Rechtsform eines Anstellungsvertrags nur zum Scheine und zur Verdeckung eines Gesellschaftsvertrags entschieden hätten, ist weder bei unterstellter Richtigkeit des von der Beklagten hierzu Vorgebrachten anzunehmen, noch ist es aus dem übrigen Vertragsinhalt abzuleiten. Die Beklagte macht geltend, daß die Beteiligten mit der Einkleidung des Gesellschaftsvertrags in einen Dienstvertrag den Zweck verfolgt hätten, das Einkommen des Klägers in den Grenzen der Lohnpfändungsverordnung zugriffsfrei zu machen. Zur sicheren Erreichung dieses Zieles war aber gerade der ernstliche Abschluß eines Arbeitsvertrags geboten. Aus demselben Grunde läßt sich auch aus der Absicht, den der Klägerin zugewendeten Teil der Vergütung für die Dienste ihres Mannes der Pfändung der Gläubiger zu entziehen, nicht folgern, daß die Klägerin nur zum Schein in den Vertrag hereingezogen worden sei, und daß in Wahrheit nur der Kläger allein aus dem Abkommen habe berechtigt sein sollen (RGZ. Bd. 81 S. 41, insbesondere S. 45). Ist demnach aber von der Ernstlichkeit der Vereinbarung auszugehen, die über die vertraglichen Beziehungen der Beklagten zur Klägerin getroffen worden sind, so kann ferner auch aus den Bestimmungen, welche der Vertrag über die künftige gesellschaftliche Beteiligung der Klägerin an dem Holzgeschäft der Beklagten enthält, ein Rückschluß darauf nicht gezogen werden, daß auch der Kläger als Gesellschafter und nicht als Angestellter der Beklagten gegenüberstehen sollte. Seine Ansprüche sind sonach als eine Forderung aus einem Arbeitsvertrag zu betrachten, so daß sie gemäß § 2 Nr. 2 ArbGG. unter die Zuständigkeit des Arbeitsgerichts fallen.

Ob die gleiche Vorschrift auch auf die Ansprüche der Klägerin anwendbar ist, erscheint bei dem Wortlaut der Bestimmung, die von bürgerlichen Rechtsstreitigkeiten zwischen Arbeitgebern und Arbeitnehmern spricht, zweifelhaft, bedarf aber nicht der Entscheidung. Denn die Quelle dieser Ansprüche ist dasselbe Vertragsverhältnis, auf welches die Forderung des Klägers gestützt wird. Sie stehen daher mit der letzteren in rechtlichem Zusammenhang und konnten demnach gemäß § 3 Abs. 1 ArbGG. vor das Arbeitsgericht gebracht werden. Fehl geht die Ansicht der Revision, daß auch die Frage der Sittenwidrigkeit der Vereinbarungen der Beklagten mit der Klägerin für die Zuständigkeitsfrage von Belang und deshalb schon in dem jetzigen Abschnitt des Verfahrens entscheidungsbedürftig sei. Von ihrer Beantwortung hängt lediglich die materielle Beurteilung der Ansprüche der Klägerin ab.

RAG. 2, 122.

Wann sind die dem Betriebsrate durch Anmietung eines Saales für Abhaltung einer Betriebsversammlung entstandenen Kosten vom Arbeitgeber zu erstatten?

Betriebsrätegesetz §§ 36, 48, 66 Nr. 6.

Reichsarbeitsgericht. Beschl. v. 11. Juli 1928.
Arbeitsgericht Berlin.

Am 28. November 1927 hatte eine vom Vorsitzenden des Betriebsrats der C. & Pr.-B. einberufene Betriebsversammlung der im Betriebe der Antragsgegnerin in Berlin beschäftigten Arbeitnehmer mit der Tagesordnung „die Notwendigkeit einer Wirtschaftsbeihilfe" in den Sophiensälen in Berlin stattgefunden. Hierdurch waren dem Antragsteller 75 RM Kosten für Saalmiete entstanden. Die Antragsgegnerin weigerte die Erstattung dieser Kosten; sie machte geltend, die gesetzlichen Aufgaben des Betriebsrates hätten die Einberufung und Abhaltung der Betriebsversammlung nicht erfordert, da es sich nicht um Angelegenheiten des Betriebes gehandelt habe.

Auf den Antrag des Antragstellers stellte das Arbeitsgericht fest, daß die Einberufung und Abhaltung der Betriebsversammlung vom 28. November 1927 zur Zuständigkeit des Betriebsrates gehörte, und daß die durch die Einberufung und Abhaltung der Betriebsversammlung entstandene Saalmiete von 75 RM als Geschäftsführungsaufwand des Betriebsrates notwendig gewesen sei.

Die hiergegen eingelegte Rechtsbeschwerde der Antragsgegnerin wurde zurückgewiesen aus folgenden

Gründen:

Die Antragsgegnerin macht geltend, das Arbeitsgericht sei zwar richtig davon ausgegangen, daß für die Frage, ob der Arbeitgeber die Kosten einer Betriebsversammlung nach §§ 46, 48 in Verbindung mit § 36 BRG. zu tragen habe, in erster Linie entscheidend sei, ob die Betriebsversammlung sich mit innerhalb ihres Aufgabenkreises liegenden Gegenständen befaßt habe, es habe aber nicht berücksichtigt, daß von ihr vorgetragen sei, die Betriebsversammlung sei nicht mit Angelegenheiten des Betriebes, sondern mit gewerkschaftlichen Fragen befaßt worden.

Die Rechtsbeschwerde ist unbegründet. Das Arbeitsgericht ist, wie auch die Rechtsbeschwerde nicht verkennt, zutreffend davon ausgegangen, daß eine Erstattung der Saalmiete aus dem Gesichtspunkte notwendiger Geschäftsführungskosten nach § 36 BRG. nur dann in Frage kommen kann, wenn die Betriebsversammlung sich mit einem Gegenstande befaßt hat, der zum Geschäftskreis des Antragstellers gehörte. Denn nach § 48 Satz 2 BRG. darf die Betriebsversammlung nur über die Angelegenheiten verhandeln, die zu ihrem Geschäftskreis gehören. Der Geschäftskreis der Betriebsversammlung deckt sich aber mit dem Geschäftskreise des Betriebsrates; er betrifft nur Angelegenheiten des Betriebes. Mittelbar werden allerdings unter besonderen Umständen auch an sich betriebsfremde, z. B. gewerkschaftliche Angelegenheiten in den Geschäftskreis der Betriebsversammlung und des Betriebsrates fallen können, wenn etwa die Behandlung der Angelegenheit in der Betriebsversammlung notwendig ist, um den Betrieb vor Erschütterungen zu bewahren und das Einvernehmen zwischen Arbeitgeber und Arbeitnehmerschaft zu erhalten, und es werden deshalb in Ausnahmefällen trotz bestehender tariflicher Regelung (§ 78 Ziff. 2 BRG.) Lohnfragen zulässiger Gegenstand der Erörterung in einer Betriebsversammlung sein können, wenn die besonderen Umstände die Abhaltung der Betriebsversammlung im Interesse des Betriebes erforderlich erscheinen lassen. Von diesem Gesichtspunkte aus hat das Arbeitsgericht den vorliegenden Fall geprüft. Es hat erwogen, daß es nach § 66 Ziff. 6 BRG. zu den Aufgaben des Betriebsrates gehört, das Einvernehmen zwischen der Arbeitnehmerschaft und dem Arbeitgeber zu fördern, und angenommen, daß der Betriebsratsvorsitzende, der nach § 46 BRG. zur Einberufung der Betriebsversammlung berechtigt ist, nach Lage der Sache der Überzeugung habe sein können, die Betriebsversammlung sei mit Rücksicht auf die in der Arbeitnehmerschaft hervorgetretene Besoldungsunruhe zur Förderung des Einvernehmens zwischen der Arbeitnehmerschaft und der Antragsgegnerin nicht nur geeignet, sondern sogar erforderlich; es hat, wie sich aus seinen Ausführungen ergibt, weiter angenommen, daß der Betriebsratsvorsitzende auch wirklich der Überzeugung gewesen ist und aus diesem Grunde die Betriebsversammlung einberufen hat, und daß endlich die aufgewendeten Kosten für die Abhaltung der Betriebsversammlung objektiv notwendig gewesen sind. An diesen tatsächlichen Feststellungen muß der Erfolg der Rechtsbeschwerde scheitern. Nach § 66 Ziff. 6 BRG. gehört die Förderung des Einvernehmens zwischen Arbeitnehmerschaft und Arbeitgeber zu den Aufgaben des Betriebsrates; dieser hat alles zu tun, was geeignet ist, das Einvernehmen zu fördern und vor allem eine drohende Störung des Einvernehmens zu verhüten. Auch die Abhaltung einer Betriebsversammlung kann diesem Zwecke dienen, wenn die Erörterung einer Angelegenheit, welche das Einvernehmen zu stören droht, in der Betriebsversammlung die Erhaltung des Einvernehmens erwarten läßt. Konnte der Betriebsratsvorsitzende auf Grund der vorliegenden objektiven Tatsachen bei ruhiger vernünftiger Würdigung aller Umstände der Überzeugung sein, daß die Störung des Einvernehmens durch die aufgetretene Besoldungsunruhe gefährdet sei und die Erörterung einer Angelegenheit in einer Betriebsversammlung zu einer Beseitigung der Gefahr der Störung beitragen werde, so müssen die durch die Abhaltung der Betriebsversammlung entstandenen Geschäftsführungskosten auch als notwendig im Sinne des § 36 BRG. angesehen werden. Daß aber der Betriebsratsvorsitzende im vorliegenden Falle dieser Überzeugung sein konnte und gewesen ist, hat das Arbeitsgericht in rechtlich nicht zu beanstandender Weise festgestellt. Ob die auf rein tatsächlichen Erwägungen beruhende Annahme des Arbeitsgerichts richtig ist, unterliegt der Nachprüfung des Beschwerdegerichts nicht. Eine Rechtsverletzung kann daher, soweit die Entscheidung die Geschäftsführungskosten von 75 RM betrifft, nicht festgestellt werden.

RAG. 2, 129.

Die Voraussetzung des § 134 RGewO., wonach der Arbeitgeber für den Fall der rechtswidrigen Auflösung des Arbeitsverhältnisses durch den Arbeiter die Verwirkung des rückständigen Arbeitslohnes in gewissem Umfang sich ausbedingen darf, liegt nicht vor, wenn der Arbeiter sich zwar unbefugt von der Arbeit vorübergehend ferngehalten, nachher aber zur Wiederaufnahme der Arbeit eingefunden hat und nunmehr der Arbeitgeber auf Grund des § 123 Nr. 3 RGewO. den Arbeiter entläßt.

GewO. §§ 123 Nr. 3, 134.

Reichsarbeitsgericht. Urt. v. 11. Juli 1928.

I. Arbeitsgericht Lörrach. — II. Landesarbeitsgericht Freiburg i. Br.

Die Klägerin stand in der Fabrik der Beklagten in Arbeit. Im August 1927 ist sie drei Tage unentschuldigt von der Arbeit ferngeblieben. Als sie die Arbeit wieder aufnehmen wollte, hat die Beklagte sie fristlos entlassen und ihr den Lohn für drei Arbeitstage einbehalten. Die Klägerin hält die Einbehaltung für unberechtigt und fordert mit der Klage die Bezahlung der einbehaltenen 9,30 RM. Das Arbeitsgericht hat die Klage abgewiesen. Auf die Berufung der Klägerin hat das Landesarbeitsgericht die Beklagte nach dem Klagantrag verurteilt und die Revision zugelassen. Die Revision der Beklagten ist zurückgewiesen worden.

Gründe:

Nach § 27 1 Abs. 3 der für den Betrieb der Beklagten maßgebenden Arbeitsordnung ist „im Falle rechtswidrigen Bruchs des Arbeitsverhältnisses durch den Arbeiter“ der rückständige Lohn bis zum

Betrag des sechsfachen ortsüblichen Tagelohns zugunsten der Betriebskrankenkasse verwirkt. Diese Bestimmung entspricht der Vorschrift des § 134 RGewO., wonach der Unternehmer „für den Fall der rechtswidrigen Auflösung des Arbeitsverhältnisses durch den Arbeiter" die Verwirkung des rückständigen Lohnes bis zum Betrag des durchschnittlichen Wochenlohnes sich auszubedingen befugt ist. Auf diese Bestimmungen gründet die Beklagte ihr Recht, der Klägerin die 9,30 RM einzubehalten. Der Berufungsrichter hat der Beklagten dieses Recht nicht zuerkannt. Er gibt dafür zwei selbständige Gründe. Der erste dieser Gründe trägt das angefochtene Urteil.

Nach den Feststellungen des Berufungsrichters hatte die Klägerin zwar zunächst eigenmächtig sich von der Arbeit ferngehalten; nachher aber hat sie sich wieder eingestellt und die Arbeit wieder aufnehmen wollen. Daraufhin hat die Beklagte die Entlassung der Klägerin verfügt. Es war also die Beklagte, die die Klägerin entlassen, die das Arbeitsverhältnis aufgelöst hat. Die Klägerin hat freilich der Beklagten den Entlassungsgrund des § 123 Nr. 3 GewO. an die Hand gegeben; aber es stand zum Ermessen der Beklagten, ob sie von diesem ihrem Recht Gebrauch machen und die Klägerin entlassen wollte. Die Voraussetzung des § 134 GewO. lag mithin in der Person der Klägerin nicht vor. Eine ausdehnende Auslegung dieser Vorschrift verbietet sich durch den Charakter der Bestimmung als sozialer Schutzvorschrift und als strafähnlicher Vorschrift. Daher kann dem Falle rechtswidriger Auflösung des Arbeitsverhältnisses durch den Arbeiter der Fall nicht gleichgestellt werden, daß der Arbeiter durch vertragswidriges Verhalten dem Arbeitgeber einen Grund gibt, seinerseits das Arbeitsverhältnis zu lösen. Und wenn nun § 27 1 Abs. 3 der Arbeitsordnung die Verwirkung an die Voraussetzung eines Bruchs des Arbeitsverhältnisses durch den Arbeiter anknüpft, so kann auch das keinen entscheidenden Unterschied zugunsten der Beklagten begründen. Mag sich auch das vertragswidrige Verhalten des Arbeiters in gewissem Sinne als „Bruch" des Arbeitsverhältnisses bezeichnen lassen, so hat doch die Arbeitsordnung unter diesem Ausdruck nichts anderes verstanden als die in § 134 GewO. genannte „Auflösung" des Arbeitsverhältnisses durch den Arbeiter; die Arbeitsordnung konnte auch bei dem zwingenden Charakter des § 134 GewO. keine anderen Voraussetzungen für die Lohnverwirkung aufstellen. Wenn die Revision in letzterer Hinsicht das Gegenteil behauptet und den § 134 GewO. nur dahin verstehen will, daß er nur die Höhe der Lohnverwirkung zwingend regle, so übersieht die Revision die in § 134 GewO. enthaltenen Worte „für den Fall der

Auflösung des Arbeitsverhältnisses"; jedenfalls kann dieser Meinung der Revision nicht beigetreten werden.

Die Vorschrift des § 134 GewO. dient allerdings dem Schutze der Vertragstreue. Das hebt die Revision an sich richtig hervor. Aber die Vorschrift ist scharf abgegrenzten Inhalts; nur innerhalb dieser Grenzen trägt sie zum Schutz der Vertragstreue bei, über diese Grenzen hinaus darf sie nicht ausgedehnt werden. Sollte sie mit diesem Inhalt den Bedürfnissen des Lebens nicht genügen, so wäre es Sache des Gesetzgebers, sie zu erweitern.

Nach alledem war die Revision der Beklagten zurückzuweisen, ohne daß es eines Eingehens auf den zweiten Entscheidungsgrund des Berufungsrichters bedurfte.

RAG. 2, 131.

Ist eine Kassiererin (Billettverkäuferin) an einem Lichtspieltheater kaufmännische Handlungsgehilfin oder Gewerbegehilfin?

GewO. §§ 121 flg.; HGB. § 59.

Reichsarbeitsgericht. Urt. v. 23. Juli 1928.

I. Arbeitsgericht Berlin. — II. Landesarbeitsgericht daselbst.

Die Klägerin war seit 8. Januar 1927 bei der Beklagten als Billettverkäuferin in einem Lichtspieltheater beschäftigt und erhielt ein Monatsgehalt von 160 RM, das wöchentlich mit 36,20 RM ausbezahlt wurde. Am 20. Juni 1927 wurde ihr zum 30. Juni gekündigt.

Die Klägerin vertritt den Standpunkt, daß sie kaufmännische Angestellte gewesen sei, und daß ihr in Ermangelung einer Kündigungsabrede nur für den Schluß eines Kalendervierteljahres mit Frist von 6 Wochen habe gekündigt werden dürfen, daß daher die ausgesprochene Kündigung erst zum 30. September 1927 wirksam sei. Mit der vorliegenden Klage verlangt die Klägerin Zahlung ihres Gehalts für die Monate Juli, August und September 1927 mit zusammen 480 RM.

Die Beklagte hat Abweisung der Klage beantragt und namentlich bestritten, daß die Klägerin zur Leistung kaufmännischer Dienste angestellt gewesen sei, dagegen geltend gemacht, sie sei nur gewerbliche Angestellte gewesen, und habe zudem die Kündigung angenommen. Aber selbst wenn die Klägerin Handlungsgehilfin gewesen sei, gelte die monatliche Kündigungsfrist nach § 67 HGB.

Das Arbeitsgericht hat nach Klagantrag verurteilt, die Berufung der Beklagten wurde zurückgewiesen, die Revision aber durch das Landesarbeitsgericht wegen der grundsätzlichen Bedeutung des Rechtsstreits zugelassen (§ 72 ArbGG.). Die Revision der Beklagten führte zur Aufhebung des Berufungsurteils und im wesentlichen zur Abweisung der Klage.

Gründe:

1. Verfehlt ist die gegen die Zurückweisung des Einwands der Rechtshängigkeit seitens des Berufungsgerichts erhobene Revisionsbeschwerde. Diese Nichtzulassung stützt sich in erster Reihe auf § 528 in Verbindung mit § 274 Abs. 2 Nr. 4 und Abs. 3 ZPO. Die erkennbare Annahme des Berufungsgerichts, die Beklagte habe nicht glaubhaft gemacht, daß sie ohne ihr Verschulden außerstande gewesen sei, die prozeßhindernde Einrede in erster Instanz vorzubringen, beruht auf tatsächlicher Würdigung und läßt keinen Rechtsirrtum erkennen. Wenn die Revision meint, daß durch die Nichtzulassung von Rechtsanwälten im ersten Rechtsgang des arbeitsgerichtlichen Verfahrens ganz allgemein jedes Verschulden einer Partei hinsichtlich der verspäteten Vorbringung von Rechtsbehelfen ausgeschlossen werde, so ist diese Annahme in ihrer Verallgemeinerung rechtsirrig. Überdies stellt das Berufungsgericht fest, daß der frühere Rechtsstreit wenigstens formell durch einen Vergleich erledigt, der Anspruch also nicht mehr rechtshängig war. Auch an diese tatsächliche Feststellung ist das Reichsarbeitsgericht gebunden. Dafür, daß und inwiefern dieser Vergleich der Geltendmachung des Anspruchs der Klägerin in diesem Rechtsstreit entgegenstehen soll, fehlt es an jedem substanziierten Vorbringen der Beklagten.

2. Die Frage, ob eine Kassiererin oder Billettverkäuferin bei einem Lichtspieltheater als Handlungsgehilfin im Sinne des § 59 HGB. zu gelten hat, läßt sich allgemein und losgelöst von den besonderen Umständen des Einzelfalls weder bejahen, noch verneinen. Auch die ältere und neuere Rechtsprechung bis zu derjenigen des Reichsarbeitsgerichts hat stets die Gestaltung des Einzelfalls und namentlich die Art der Beschäftigung als maßgebend angesehen (Entsch. des Bayer. Obersten Landesgerichts vom 23. Februar 1905, abgedruckt im Gewerbearchiv für das Deutsche Reich Bd. 4 S. 624; RAG. 21/28 Urteil vom 21. März 1928, — RAG. Entsch. Bd. 1 S. 268 —; vgl. RGZ. Bd. 87 S. 442). Tatsächlich sind denn auch gerade bezüglich der Handlungsgehilfeneigenschaft der Billettverkäuferinnen und namentlich solcher bei Lichtspieltheatern Entscheidungen nach der einen und der anderen Richtung ergangen. Die geschäftliche Tätigkeit der Klägerin bestand nach den Feststellungen des Berufungsgerichts im vorliegenden Falle „nicht nur darin, nach den vorgedruckten Rollen die Karten zu den aufgedruckten Preisen abzugeben, sie hatte auch vor 6 Uhr, zu Kindervorstellungen

und an Sonntagen zu einem billigeren Preise die Karten abzugeben, über die Einnahmen Buch zu führen, das ihr ausgehändigte Wechselgeld zu verwalten und darüber abzurechnen und, wenn auch nicht regelmäßig, so doch bisweilen, das Steuerformular auszufüllen. Es kommt hinzu, daß es sich um verschiedenartige Plätze handelte, und die Abfertigung der Besucher an den Kinokassen es erfahrungsgemäß mit sich bringt, daß die Kassiererin über die Art der Plätze mit den Besuchern verhandeln muß." Die vorstehend erwähnte Buchführung über die Einnahmen ist nach den im Tatbestand des angefochtenen Urteils wiedergegebenen eigenen Erklärungen der Klägerin dahin zu verstehen, daß dieser lediglich oblag, nach Beendigung der Vorstellung die Kassenbogen auszufüllen und mit dem vereinnahmten Gelde abzuliefern. Rechtsprechung und Rechtslehre sind im wesentlichen darüber einig, daß untergeordnete Dienstleistungen, namentlich solche rein mechanischer Art und ebenso technische Verrichtungen nicht als Leistung kaufmännischer Dienste gewertet werden können, daß sich eine kaufmännische Dienstleistung nicht in den einfachsten, keine Vorbildung erfordernden Formen vollziehen darf, sondern daß hierzu gewisse kaufmännische Fähigkeiten oder Kenntnisse mindestens aber eine kaufmännische Übung notwendig sind. Die ältere Rechtsprechung hat den Satz geprägt, die „kaufmännische Signatur" seiner Tätigkeit sei es, die den Gehilfen zum Handlungsgehilfen mache. (ROHG. Bd. 24 S. 271; Bd. 17 S. 309; RG. in LZ. 1909 S. 236; KG. in Rechtspr. d. OLG. Bd. 9 S. 250, vgl. Bd. 10 S. 149, Bd. 1 S. 72, siehe auch RGZ. Bd. 1 S. 268; Staub Komment. zum HGB. 12/13 Aufl. Anm. 13 flg. zu § 59.)

Legt man diesen Maßstab an Art und Umfang der Beschäftigung der Klägerin an, so erscheint diese Tätigkeit zu einfach und von irgendwelcher Vorbildung zu wenig abhängig, als daß sie auch im Sinne des verkehrsüblichen als eine kaufmännische Dienstleistung angesehen werden könnte. Sie erhebt sich in keinem wesentlichen Punkte — worauf die Revision zutreffend hinweist — über den Geschäftskreis von Straßenbahn- und Omnibusschaffnern, von denen die Rechtsprechung übereinstimmend annimmt, daß sie keine Handlungsgehilfen sind (zit. KG. in Rechtspr. d. OLG. Bd. 9 S. 250, ferner LG. Berlin in Blätter für Rechtspflege im Bezirk des KG. 91, 28). Auch der Straßenbahnschaffner hat verschiedene Arten von Fahrkarten auszugeben und in verschiedenartiger Weise zu durchlochen. (Teilstrecken, Umsteigekarten, sog. Knipskarten, Wochen-, Monats- und Jahreskarten, Fahrscheine für Kinder, Schwerbeschädigte u. dgl.) Auch er hat die Kassenbogen nach der Art und Zahl der abgegebenen Karten auszufüllen, das Wechselgeld zu verwalten und darüber abzurechnen. Daß Straßenbahn- und Omnibusschaffner auch rein mechanische und technische, sowie gewisse Reinigungsarbeiten zu verrichten haben, worin das Berufungsgericht das Unterscheidungsmerkmal findet, ist mit ihrem Berufen keineswegs notwendig verbunden, und es genügt, daß sich die beiderseitigen Betätigungskreise in allen wesentlichen typischen Punkten nahezu decken. Erwähnt sei nur, da die Revision darauf hinweist, daß auch Kellner und Oberkellner, auch wenn sie Rechtsgeschäfte abzuschließen haben, von der Rechtsprechung nicht als kaufmännische Gehilfen angesehen werden (ROHG. Bd. 24 S. 271; RG. in LZ. 1909 S. 236). Ebensowenig Kassenboten und Einkassierer in Abzahlungsgeschäften (RG. in LZ. 1907 S. 156). Diese Berufsarten weisen mit der Billetverkäuferin wenigstens insofern eine gewisse Ähnlichkeit auf, als auch sie mit der Verwaltung, Aufbewahrung und Verrechnung von Geldern, namentlich von Wechselgeld, betraut sind.

Das Reichsarbeitsgericht vermag sonach die Dienstleistung der Klägerin bei der Beklagten nicht als eine kaufmännische anzusehen, auch das Vorhandensein der Voraussetzungen der §§ 621, 622 BGB. ist nicht festgestellt. Nach der Art ihrer Beschäftigung bei der Beklagten erscheint die Klägerin als Gewerbegehilfin im Sinne der §§ 121 flg. GewO., das Vertragsverhältnis konnte daher gemäß § 122 nur durch eine 14 Tage vorher zu erklärende Aufkündigung gelöst werden. Eine hiervon abweichende Vereinbarung ist nicht festgestellt, die Einhaltung einer nur 10tägigen Kündigungsfrist verstieß daher gegen § 122 GewO., und der Klägerin war das Gehalt für weitere 4 Tage mit rund 21 RM zuzusprechen, im übrigen aber war die Klage abzuweisen.

RAG. 2, 138.

Hat der Provisionsreisende ein Recht auf Ausübung seiner Reisetätigkeit und — falls er durch den Prinzipal daran gehindert wird — einen Anspruch auf Schadensersatz?

Reichsarbeitsgericht. Urt. v. 23. Juli 1928.

I. Arbeitsgericht Berlin. — II. Landesarbeitsgericht daselbst.

Die vier Kläger standen als Handlungsreisende in Diensten der Beklagten, die hauptsächlich ihre Waren, Stanz- und Emaillewaren, von der Streitverkündeten bezog. Etwa Mitte November 1927 forderte die Beklagte die Kläger auf, ihre Reisetätigkeit vorläufig einzustellen, und kündigte ihnen das Vertragsverhältnis zu dem ersten Termine, zu welchem dies nach den einzelnen Verträgen zulässig war. Veranlassung zu dieser Maßnahme gab der Beklagten der Umstand, daß die Streitverkündete am 29. Oktober 1927 durch gerichtlichen Arrestbeschluß das Bank- und Postscheckkonto der Beklagten hatte pfänden lassen, und weiterhin deren Betrieb dadurch völlig lahm gelegt hatte, daß sie der Beklagten das Betreten der Geschäftsräume verbot und ein Rundschreiben an die Kundschaft der Beklagten erließ, wonach sie die Rechnungen der Beklagten selbst einziehe und die Belieferung der Beklagten mit Waren eingestellt habe.

Die Kläger haben daraufhin beim Arbeitsgericht Berlin Klage erhoben auf Bezahlung ihrer vertraglichen Bezüge (Gehalt oder Fixum), ferner der bereits verdienten Provision, des Provisionsausfalls infolge der vorläufigen Einstellung der Reisetätigkeit, sowie auf Ersatz der Mundspesen. Darüber hinaus machten sie Schadensersatzansprüche geltend, die sie darauf stützten, daß die Beklagte es ihnen durch das Verbot des Reisens unmöglich gemacht habe, die Verbindung mit dem von ihnen erworbenen Kundenkreis aufrecht zu erhalten und die Kundschaft in das Dienstverhältnis mit einem neuen Prinzipal „einzubringen". Die Revision der Kläger gegen das ihre Schadensersatzansprüche abweisende Urteil des Landesarbeitsgerichts ist zurückgewiesen worden.

Aus den Gründen:

. . . Ein neben dem Erfüllungsanspruch des § 615 BGB. bestehender oder an dessen Stelle tretender Schadensersatzanspruch der Kläger könnte nur dann anerkannt werden, wenn den Klägern ein Recht auf Fortsetzung ihrer Reseitätigkeit zugestanden hätte. Das ist indessen nicht der Fall. Der Standpunkt der Kläger, ihre im Vertrag übernommene Verpflichtung, an einer bestimmten Anzahl von Tagen im Monat für die Beklagte zu reisen, erzeuge rechtsnotwendig auf der anderen Seite eine Verpflichtung des Geschäftsherrn, sie während der gleichen Zeit ihre Reisetätigkeit ausüben zu lassen, findet in den Bestimmungen des Handelsgesetzbuchs ebensowenig eine Rechtsgrundlage, wie der weiter von ihnen aufgestellte Grundsatz, die Kundschaft sei das Kapital des Reisenden und müsse als solches von dem Prinzipal berücksichtigt werden. Beide Ansichten widersprechen aber auch den Anschauungen des Handelsverkehrs und laufen deshalb den den Parteien bei Berücksichtigung des § 157 BGB. zu unterstellenden Vertragsabsichten zuwider. Danach hat der Handlungsreisende lediglich die Interessen der Firma, für die er reist, nicht seine eigenen, wahrzunehmen; er hat keinen Anspruch darauf, die Verbindung mit „seiner" Kundschaft aufrechtzuerhalten und kann weder den Prinzipal darauf verklagen, daß er ihn reisen lasse, noch kann er einen Schadensersatzanspruch daraus herleiten, daß er durch ein Reiseverbot des Arbeitgebers den Zusammenhang mit der Kundschaft verloren habe. Auf den Umstand, daß der Reisende bei Ausübung seiner Berufstätigkeit Verbindungen für seine Zukunft anknüpfen will, braucht der Prinzipal im Regelfalle und wenn nicht abweichende Vereinbarungen getroffen sind, keine Rücksicht zu nehmen (Staub-Bondi, Komm. zum HGB. 12. bis 13. Aufl. Anm. 37 a zu § 59 und Anm. 32 daselbst). Daß etwa die Beklagte ihnen die Gelegenheit zu beruflicher Betätigung aus reiner Willkür oder aus einem sonstigen sittenwidrigen Grunde entzogen hätte, ist von den Klägern nicht behauptet, es bedarf daher keiner Untersuchung, ob in einem solchen Falle ein Schadensersatzanspruch gegeben wäre.

Das Berufungsgericht hat aber auch ausdrücklich verneint, daß den Klägern Schaden erwachsen sei. Dieser Ausspruch beruht ersichtlich auf der Anwendung des § 287 ZPO., und auf die Verletzung dieser Vorschrift kann zur Zeit die Revision nicht gestützt werden, da, wie das Reichsarbeitsgericht mehrfach entschieden hat, die Entlastungsgesetzgebung auch auf das Verfahren vor dem Reichsarbeitsgericht Anwendung findet (vgl. die Entscheidungen RAG. 48/27 vom 1. Februar 1928 und RAG 83/27 vom 7. März 1928 — RAG. Entsch. Bd. 1 S. 162 und S. 213).

RAG. 2, 141.

Es besteht kein Grund, den Begriff der „arbeitnehmerähnlichen Personen" eng auszulegen.

ArbGG. § 5.

Reichsarbeitsgericht. Urt. v. 10. August 1928.

I. Arbeitsgericht Saalfeld, Spruchkammer Rudolstadt. — II. Landesarbeitsgericht Jena

Der Kläger war vom 10. Mai 1926 bis zum 14. März 1927 als Reisevertreter für die Beklagte tätig, und zwar bis zum 31. Dezember 1926 als Angestellter mit Gehalt, von da ab nur noch gegen Provision und, wie jedenfalls die Beklagte behauptet, als Handlungsagent im Sinne der §§ 84 flg. HGB. Mit der Klage verlangt er den Betrag von 78,75 RM als Provision aus einem sogenannten direkten Geschäft, § 89 HGB. Das Arbeitsgericht hat die Klage wegen Unzuständigkeit abgewiesen. Das Landesarbeitsgericht hat die Berufung des Klägers zurückgewiesen und die Revision zugelassen. Auf die Revision des Klägers ist das Berufungsurteil aufgehoben und die Sache an das Landesarbeitsgericht zurückverwiesen worden.

Gründe:

Nach der Annahme des Berufungsrichters ist der Kläger vom 1. Januar 1927 an nicht mehr Angestellter der Beklagten gewesen, sondern Handlungsagent, §§ 84 flg. HGB., und mithin selbständiger Kaufmann. Diese Annahme des Berufungsrichters begegnet um so weniger rechtlichen Bedenken, als der Kläger selbst den Klaganspruch auf die zugunsten des Handlungsagenten erlassene Vorschrift des § 89 HGB. gestützt hat. Auch die Revision des Klägers hat nicht Verletzung des § 2 ArbGG. gerügt.

Dagegen rügt die Revision, und zwar nicht ohne Grund, Verletzung des § 5 ArbGG. Soweit der Berufungsrichter verneint hat, daß der Kläger als arbeitnehmerähnliche Person im Sinne des § 5 ArbGG. anzusehen sei, sind die Ausführungen des angefochtenen Urteils unzulänglich und vom Rechtsirrtum beeinflußt. An sich zutreffend ist zwar der Berufungsrichter davon ausgegangen, daß die Frage nur von Fall zu Fall nach den obwaltenden besonderen Umständen zu entscheiden sei. Aber der Berufungsrichter hat es unterlassen, diejenigen Umstände tatrichterlich festzustellen, denen er entnimmt, daß Kläger nicht zu den arbeitnehmerähnlichen Personen zähle. Die bloße Verweisung auf die Aussagen des vernommenen Zeugen könne den Mangel eigener richterlicher Feststellung der beweiserheblichen Tatsachen nicht ersetzen. Der Berufungsrichter spricht dann noch aus, der Begriff der arbeitnehmerähnlichen Personen sei eng auszulegen, dies erhelle daraus, daß in § 5 Abs. 2 ArbGG. sogar den gesetzlichen Vertretern juristischer Personen diese Eigenschaft abgesprochen werde. Diese Erwägung ist unzutreffend. § 5 Abs. 2 spricht den gesetzlichen Vertretern juristischer Personen nicht die Eigenschaft arbeitnehmerähnlicher Personen, sondern die Eigenschaft von Arbeitnehmern ab. Die gesetzlichen Vertreter der juristischen Personen, z. B. der Aktiengesellschaften, Gesellschaften m. b. H., Genossenschaften und dergl. sind häufig im Rechtssinn Angestellte, also Arbeitnehmer. Wenn ihnen gleichwohl § 5 Abs. 2 diese Eigenschaft für den Geltungsbereich des ArbGG. abspricht, so handelt es sich um eine positivrechtliche Ausnahmebestimmung. Mit dem Begriff der arbeitnehmerähnlichen Person im Sinne des § 5 Abs. 1 hat das nichts zu tun. Folgeweise läßt sich auch nicht mit dem Berufungsrichter aus Abs. 2 ein Anhaltspunkt für die enge Auslegung des Abs. 1 ableiten. Auch sonst besteht kein Anlaß für eine enge Auslegung dieses Rechtsbegriffs; die Rücksichten, die für die Ausgestaltung der Arbeitsgerichtsbarkeit maßgebend gewesen sind, sprechen eher für eine weitherzige als für eine enge Auslegung. Insbesondere die Handlungsagenten sind, wie der Berufungsrichter selbst hervorhebt, in Rechtslehre und Rechtsprechung schon des öfteren zu den arbeitnehmerähnlichen Personen gerechnet worden, und hiergegen läßt sich ein Rechtsbedenken jedenfalls dann nicht erheben, wenn es sich um solche Personen handelt, deren Geschäftsbetrieb als Agenten nicht über das Kleingewerbe hinausgeht, § 4 HGB. Auch im vorliegenden Fall spricht manches dafür, daß sich das wirtschaftliche Verhältnis zwischen dem Kläger und der Beklagten mit dem 1. Januar 1927 nicht grundlegend verändert hat; der Kläger hat lediglich statt festen Gehalts Provision bekommen, im übrigen scheint er seine Reisetätigkeit in gleicher Weise ausgeübt zu haben, wie zuvor; er scheint kaum eigene Geschäftsräume besessen zu haben. Bei dieser Sachlage ist die Möglichkeit nicht von der Hand zu weisen, daß der Berufungsrichter zu einer anderen Beurteilung des Sachverhalts gelangt wäre, hätte er sich nicht in dem Rechtsirrtum befunden, daß die Vorschrift des § 5 Abs. 1 ArbGG. eng auszulegen sei. Demzufolge war das angefochtene Urteil aufzuheben und die Sache an den Berufungsrichter zurückzuverweisen, der nun die tatsächlichen Umstände erneut daraufhin zu prüfen hat, ob nicht der Kläger in Anbetracht seiner gesamten persönlichen und wirtschaftlichen Verhältnisse zu den arbeitnehmerähnlichen Personen zu rechnen ist.

RAG. 2, 179.

Wie ist bei einem Betriebsratsmitglied, das in Gruppenakkord arbeitet, die Vergütung für die durch seine Tätigkeit als Betriebsratsmitglied versäumte Arbeitszeit zu berechnen?

BRG. § 35.

Reichsarbeitsgericht. Urt. v. 10. August 1928.

I. Arbeitsgericht Elberfeld. — II. Landesarbeitsgericht daselbst.

Der Kläger arbeitet bei der Beklagten in Gruppenakkord; die Kolonne besteht aus vier Mann und teilt den Erlös unter sich; vereinzelt ist der Kläger auch im Zeitlohn beschäftigt gewesen. Am 14. Oktober 1927 hat er die Arbeit versäumt, weil er als Betriebsratsmitglied dem Aufsichtsrat der Beklagten angehört und in dieser Eigenschaft einer Aufsichtsratssitzung in D. beigewohnt hat. Er hat dadurch 7½ Arbeitsstunden versäumt. Die Beklagte hat ihn für diese 7½ Arbeitsstunden mit dem Zeitfacharbeiterlohn von 0,65 RM pro Stunde entlohnt, während die übrigen zur Gruppenkolonne des Klägers gehörigen Arbeiter an diesem Tage durchschnittlich je 1,25 RM die Stunde verdient haben. Mit der vorliegenden Klage verlangt der Kläger den Differenzbetrag von 4,50 RM.

Arbeitsgericht und Landesarbeitsgericht haben nach Klagantrag erkannt. Die Revision der Beklagten hatte keinen Erfolg.

Gründe:

. . . Unter den Parteien ist lediglich streitig, ob der Kläger für die durch seine Tätigkeit als Betriebsratsmitglied versäumte Arbeitszeit am 14. Oktober 1927 Zahlung desjenigen Akkordlohnes verlangen kann, der an diesem Tage für die versäumte Arbeitszeit im Durchschnitt auf jeden Mann seiner Akkordgruppe entfallen ist, oder ob er sich mit dem geringeren Zeitfacharbeiterstundenlohn begnügen muß. Das Berufungsgericht hat, von der Bestimmung des § 35 Satz 2 BRG. ausgehend, daß notwendige Versäumnis von Arbeitszeit eine Minderung der Entlohnung nicht zur Folge haben dürfe, und in der Erwägung, daß der Kläger, wenn er an der Arbeit teilgenommen hätte, voraussichtlich denjenigen Betrag verdient haben würde, der an dem in Frage kommenden Tage auf jeden Mann seiner Akkordgruppe entfallen ist, angenommen, daß der Kläger für die versäumte Arbeitszeit Anspruch auf Akkordlohn hat. Diese Auffassung wird von der Revision zu Unrecht als rechtsirrig bekämpft. Nach § 35 BRG. soll das Betriebsratsmitglied, da es seine Pflichten ehrenamtlich erfüllt, auf der einen Seite keinen Vorteil durch die Ausübung dieser Tätigkeit haben, auf der anderen Seite aber auch keinen Nachteil dadurch erleiden, vielmehr den Anspruch auf den gleichen Arbeitslohn haben, den es gehabt haben würde, wenn es während der in Frage kommenden Zeit gearbeitet hätte. Mit absoluter Genauigkeit wird sich die Höhe des Lohnes, den der Kläger verdient haben würde, naturgemäß nicht errechnen lassen. Man wird aber der Wirklichkeit am nächsten kommen, wenn man entweder den Verdienst am Vortage zugrunde legt, sofern die Verhältnisse, unter denen das Betriebsratsmitglied an dem in Frage kommenden Tage gearbeitet haben würde, die gleichen geblieben sind, oder wenn man den Verdienst der Akkordgruppe an dem in Frage kommenden Tage selbst zugrunde legt oder unter Umständen beide Maßstäbe miteinander verbindet. Im vorliegende Falle hat das Landesarbeitsgericht den Verdienst zugrunde gelegt, den die Akkordgruppe an dem in Frage kommenden Tage gehabt hat, und angenommen, daß der Kläger an diesem Tage den gleichen Verdienst gehabt haben würde, wenn er in der Kolonne mitgearbeitet haben würde. Die Beklagte hat auch selbst nicht geltend gemacht, daß etwa infolge des Ausfalles des Klägers an diesem Tage entweder ohne Zuziehung eines Ersatzmannes die Leistung der Arbeitskolonne besonders hoch gewesen sei oder daß infolge der Zuziehung eines Ersatzmannes die Leistung eine höhere geworden sei, als wenn der Kläger mitgearbeitet hätte. Die Zahlung des reinen Zeitlohnes, wie sie von der Revision erstrebt wird, würde vorliegend zu einer nach § 35 BRG. unzulässigen Benachteiligung des Klägers führen. Denn unbestritten betrug der Zeitlohn nur 0,65 RM für die Stunde, während auf die der Akkordgruppe des Klägers angehörigen Arbeiter an dem in Frage kommenden Tage ein Akkordlohn von 1,25 RM für die Stunde entfallen ist und nach der einwandfrei getroffenen tatsächlichen Feststellung des Landesarbeitsgerichts auch der Kläger diesen Lohn verdient haben würde. Es komme nicht, wie die Revision meint, darauf an, einen allgemeinen Wertmesser zugrunde zu legen, um ein Entgelt zu finden, damit eine Minderung der Entlohnung im Sinne des § 35 BRG. nicht stattfinde. Es hängt vielmehr, wie das Berufungsgericht mit Recht angenommen hat, von der Lage des Einzelfalles ab, ob und in welcher Höhe die Entlohnung des Betriebsratsmitgliedes zu bemessen ist, so daß eine Benachteiligung nicht stattfindet. Es mag sein, daß diese Bemessung unter Umständen im Einzelfalle auf Schwierigkeiten stoßen wird; indessen sind diese Schwierigkeiten nicht unüberwindlich, insbesondere geben die Arbeitsverhältnisse beim Gruppenakkord genügend Anhaltspunkte, um der Lage des Einzelfalles Rechnung tragende tatsächliche Feststellungen zu treffen, wie dies durch das Berufungsgericht in rechtlich nicht zu beanstandender Weise geschehen ist.

RAG. 2, 186.

Eine an eine unzulässige Bedingung geknüpfte Zustimmung der Hauptfürsorgestelle im Sinne des § 16 SchwerbG. ist nichtig. Die Zustimmung kann aber von Voraussetzungen abhängig gemacht werden, die sich im Rahmen des Gesetzes halten. Ob sie eingetreten sind, hat nicht die an ihre gültige Zustimmung gebundene Hauptfürsorgestelle, sondern das Gericht zu prüfen.

SchwerbG. § 16.

Reichsarbeitsgericht. Urt. v. 20. August 1928.

I Gewerbegericht Trier — II Landesarbeitsgericht Koblenz

Kläger ist Schwerbeschädigter, war auf dem Werke der Beklagten als Bürotechniker beschäftigt und Mitglied des Betriebs- und Angestelltenrates.

Die Lage der Beklagten war seit Herbst 1925 eine schwierige, so daß damals schon eine Stillegung des Werkes ins Auge gefaßt und die Belegschaft bis Anfang 1926 von ursprünglich 1000 auf 336 Köpfe herabgesetzt wurde. Bereits in einer Aufsichtsratssitzung vom 8. Dezember 1925 war ein Antrag auf Stillegung gestellt und „inzwischen genehmigt" worden. Da Anfang 1926 die Lage sich weiter verschlechterte, mit Verlust gearbeitet wurde und die Aufträge fehlten, sollte die Stillegung am 1. April 1926 erfolgen. Mitte Februar 1926 kündigte die Beklagte dem Kläger und anderen Schwerbeschädigten zum 1. April 1926. Unterm 11. und 19. Februar 1926 suchte sie die Zustimmung des Landeshauptmannes der Rheinprovinz als der Hauptfürsorgestelle zur Kündigung nach. Durch Bescheid vom 8. April 1926 wurde diese unter der Voraussetzung erteilt, daß das Werk vollständig zum Erliegen komme und weitere Beschäftigungsmöglichkeit für den einen oder andern Schwerbeschädigten nicht mehr vorhanden sein sollte. Solange aber wider Erwarten eine solche nach Ablauf der in § 16 SchwerbG. vorgesehenen Frist von 3 Monaten vorliegen sollte, seien die Schwerbeschädigten selbstverständlich weiter zu beschäftigen.

Am 1. April 1926 wurde die ganze Belegschaft entlassen bis auf 14 oder 16 Angestellte, die mit der Instandhaltung des Werkes und den kaufmännischen Arbeiten, die die Beklagte auch noch für zwei andere noch in Betrieb befindliche Werke zu erledigen hatte, beschäftigt wurden. Am 21. April 1926 wurde zunächst die Stahlgießerei und am 29. April 1926 der Betrieb im ganzen Werke mit 157 Arbeitnehmern wieder aufgenommen. Im Laufe der Berufungsinstanz wurde endlich dem Kläger sein Gehalt für 3 Monate, bis Mitte Mai 1926 nachgezahlt.

Kläger hält seine Entlassung für unbegründet. Er wandte sich dieserhalb an den Landeshauptmann, der ihm am 3. Dezember 1926 erwiderte, die Voraussetzungen der Zustimmung zur Kündigung vom 8. April 1926 seien zweifellos nicht gegeben gewesen und die Beklagte zur Weiterbeschäftigung des Klägers verpflichtet. Diesen Standpunkt hielt er auch einem Einspruche der Beklagten gegenüber aufrecht, indem er am 26. Februar 1927 schrieb, die Voraussetzung des vollständigen Erliegens des Werkes könne nicht geltend gemacht werden.

Mit der Klage fordert nun der Kläger die Zahlung rückständigen Gehalts seit dem 1. April 1926. Die Vorinstanzen haben den Anspruch abgewiesen. Die Revision ist zurückgewiesen aus folgenden

Gründen:

Das Landesarbeitsgericht geht davon aus, daß ohne Zustimmung der Hauptfürsorgestelle das Arbeitsverhältnis nicht habe erlöschen können, und daß diese Zustimmung durch das Gericht nicht ersetzt werden könne. Allgemein könne ein behördliche Zustimmung nur unbedingt erteilt werden, weil die Behörde selbständig zu entscheiden habe, ob die Voraussetzungen dazu vorlägen. Man müsse ihr aber für den vorliegenden Fall auch eine bedingte Zustimmung zugestehen, da sonst der Schutz des Gesetzes illusorisch gemacht werden könne. Aber die Behörde könne auch nicht über das Gesetz hinaus und auch eine bedingte habe als Zustimmung zu gelten. Bei Streitigkeiten habe dann das Gericht zu entscheiden.

Die Zustimmung der Hauptfürsorgestelle legt das Landesarbeitsgericht dahin aus, daß sie über das Gesetz nicht habe hinausgehen wollen. Sie fordere eine vollständige Stillegung und verlange die Weiterbeschäftigung nur für den Fall, daß die Stillegung bis zum Ablauf der 3 Monate nicht erfolgt sei.

Habe sie aber mehr verlangen und über das Gesetz hinausgehen wollen, so sei die Bedingung als gegen das Gesetz verstoßend nichtig. Damit falle aber nicht etwa die Zustimmung überhaupt, sie sei nur auf Grund des richterlichen Nachprüfungsrechtes auf die gesetzlichen Bedingungen zurückzuführen. Es würde gegen § 242 BGB. verstoßen, wenn eine bedingte, als gegen den § 16 SchwerbG. verstoßend nicht erkennbare und deshalb nicht angefochtene Erklärung nachträglich in einem mit dem Gesetze nicht vereinbaren Sinne ausgelegt werden könne und das Gericht hieran gebunden sein solle. Das günstigste Ergebnis für den Kläger könne aber auch immer nur das sein, daß er noch für 3 Monate sein Gehalt erhalten haben würde und dies sei ihm geworden.

Auf Grund einer Nachprüfung der Lage des Werkes kommt d s Landesarbeitsgericht zu dem Ergebnis, daß eine endgültige Stillegung schon lange beabsichtigt und zum 1. April 1926 notwendig gewesen sei. Erst nach diesem Tage habe sich die Lage des Werkes durch Aufträge usw. gebessert, so daß in unerwartet kurzer Zeit der Betrieb wieder habe aufgenommen werden können. Zur Stillegung habe auch der Betriebsrat seine Zustimmung erteilt. Aus Abs. 2 des § 96 BGB. ergebe sich für den Kläger keine günstigere Beurteilung.

Dem angefochtenen Urteile ist im Ergebnis beizutreten. Nach § 16 SchwerbG. darf die Hauptfürsorgestelle die Zustimmung zur Kündigung Schwerbeschädigter nicht versagen, wenn der Betrieb eines privaten Arbeitgebers nicht nur vorübergehend vollständig eingestellt oder wesentlich eingeschränkt wird und zwischen dem Tage der Kündigung und dem Tage, bis zu dem Gehalt oder Lohn weitergezahlt wird, mindestens 3 Monate liegen.

Die Zustimmung der Hauptfürsorgestelle war also zur Kündigung des Klägers notwendig und die letztere in ihrer Wirksamkeit von ihr abhängig. Wäre sie seitens der Behörde an eine unzulässige Bedingung geknüpft worden, so wäre sie im Gegensatze zur Annahme des Landesarbeitsgerichts nicht etwa insoweit als nichtig anzusehen, sondern überhaupt hinfällig gewesen. Nach dieser Richtung ist sie also nachzuprüfen.

Das Revisionsgericht tritt zunächst der Auffassung des Landesarbeitsgerichts, daß die Hauptfürsorgestelle über den Rahmen des Gesetzes nicht habe hinausgehen wollen, bei. Es ist ohne weiteres anzunehmen, daß ihr die gesetzlichen Bestimmungen bekannt gewesen sind, und es liegt keinerlei Anhalt dafür vor, daß sie gegen sie hätte verstoßen wollen. Tatsächlich hält sich aber auch die Zustimmung durchaus im Rahmen des Gesetzes.

Die Hauptfürsorge hat als Bedingung aufgestellt, daß das Werk vollständig zum Erliegen komme und weitere Beschäftigungsmöglichkeiten für die Schwerbeschädigten nicht vorhanden seien. Damit hat sie die Zustimmung nur von den Voraussetzungen abhängig gemacht, die auch der § 16 SchwerbG. fordert. Eine Beschränkung der Zustimmung in diesem Umfange ist aber unbedenklich zulässig und kann sogar notwendig sein, wenn die Zustimmung im voraus erteilt wird. Daß sie im vorliegenden Falle erst nach bereits vollzogener Stillegung gegeben worden ist, macht die Hinzufügung der Beschränkung nicht unzulässig und schadet der Wirksamkeit der Zustimmung nicht.

Wenn dann weiter darauf hingewiesen wird, daß die Schwerbeschädigten wieder zu beschäftigen seien, wenn eine Beschäftigungsmöglichkeit innerhalb einer Frist von 3 Monaten sich ergeben sollte, so stellt dieser für die Zeit nach erfolgter Stillegung berechnete Zusatz keine Bedingung zur Zustimmung, sondern nur den Ausdruck einer Erwartung dar, von deren Eintritt die Zustimmung nicht abhängig gemacht war.

Hiernach ist die Zustimmung wirksam erteilt worden. War sie aber einmal erteilt, so war die Hauptfürsorgestelle nicht mehr in der Lage, sie nachträglich wieder zurückzuziehen oder, wie es der Landeshauptmann getan hat, zu erklären, ihre Voraussetzungen hätten nicht vorgelegen. Hierüber hatte nur das ordentliche Gericht zu befinden.

Es kann sich also nur noch fragen, ob am 1. April 1926 die Voraussetzungen des § 16 SchwerbG., die sich mit denen des Bescheides vom 8. April 1926 decken, tatsächlich vorgelegen haben. Auch diese Frage ist mit dem Landesarbeitsgericht zu bejahen.

§ 16 a. a. O. fordert eine nicht nur vorübergehende vollständige Einstellung oder eine wesentliche Einschränkung des Betriebes. Diese Bestimmung deckt sich mit § 85 BRG., der von einer gänzlichen oder teilweisen Stillegung spricht, damit aber dasselbe bezeichnen will, was in den §§ 74 und 96 a. a. O. kurzweg Stillegung genannt wird (RGZ. Bd. 113 S. 39). Mit ihnen ist auch der Begriff der Einstellung im Schwerbeschädigtengesetze gleichzustellen. Beide Vorschriften wollen den Arbeitnehmer gegen willkürliche Maßnahmen des Arbeitgebers schützen und sind von demselben Gedanken getragen. Das Schwerbeschädigtengesetz stellt lediglich einen besonderen Fall des § 85 BRG. dar, insofern der Schutz einer besonders schutzbedürftigen Klasse von Arbeitnehmern über den des Betriebsrätegesetzes hinaus ausgedehnt ist.

In der vorgenannten Entscheidung hat das Reichsgericht dargelegt, was unter Stillegung zu verstehen ist. Es sind solche Unterbrechungen, deren Dauer eine Verpflichtung des Unternehmers zur Fortzahlung der Löhne und Gehälter ohne gleichzeitige Erzeugung von Werten, aus denen sie nach dem Betriebszwecke entnommen werden sollen, auch unter Berücksichtigung der berechtigten Interessen der Arbeitnehmer als unbillige Härte erscheinen lassen. Danach kann nicht nur eine endgültige, sondern auch eine zeitweilige Stillegung, die diese Voraussetzungen erfüllt, die Folgen des § 16 SchwerbG. auslösen. Allerdings darf die Wiedereröffnung des Betriebes nicht so schnell erfolgen, daß es sich nur um eine Betriebsunterbrechung handelt. Dies ist nicht der Fall wenn eine Stillegung auf längere oder unbestimmte Dauer beabsichtigt war, die vorzeitige Wiedereröffnung aber auf eine nicht vorhergesehene plötzliche Änderung der Verhältnisse zurückzuführen ist.

Diese rechtlichen Gesichtspunkte hat das Landesarbeitsgericht seiner Entscheidung zugrunde gelegt. Wenn es daraufhin unter Feststellung und Bejahung der tatsächlichen Voraussetzungen den Fall des § 16 SchwerbG. für gegeben erachtet hat, so unterliegt seine Entscheidung keinen Bedenken. Ihr ist auch insoweit beizutreten, daß § 96 BRG. ein günstigere Beurteilung des Falles nicht begründen kann. Ist der Anspruch des Klägers aus dem Schwerbeschädigtengesetze nicht gerechtfertigt, so erst recht nicht aus dem Betriebsrätegesetz, das einen geringeren Schutz gewährt als das erstere.

RAG. 2, 191.

Das Bedienungsgeld, d. h. die auf verabreichten Speisen und Getränke zuzuschlagenden Hundertsätze werden nicht Eigentum des vereinnahmenden Kellners, sondern des Arbeitgebers.

Zahlung der Vergütung für die Urlaubszeit im Falle des Servier- und des Troncsystems?

Reichsarbeitsgericht. Urt. v. 20. August 1928.

I. Arbeitsgericht Wiesbaden. — II. Landesarbeitsgericht Frankfurt a. Main.

Die Beklagte ist Inhaberin eines Cafés in Wiesbaden, die Kläger sind als Kellner bei ihr tätig gewesen. Für das vertragliche Verhältnis zwischen ihnen ist der Tarifvertrag für das Wiesbadener Gastgewerbe von 1927 maßgebend, der aus einem Mantel- und einem Lohntarif besteht.

§ 6 des ersteren bestimmt:

> Nach einjähriger Tätigkeit im gleichen Betriebe wird den Arbeitnehmern ein Urlaub von 5 Kalendertagen unter Fortzahlung des ganzen Lohnes gewährt. Nach Ablauf je eines weiteren Jahres ununterbrochener Tätigkeit im gleichen Betriebe werden je drei Kalendertage mehr bis zur Höchstdauer von 14 Kalendertagen gewährt.

Der Lohntarif sieht in Anbschnitt „III. Restaurant-, Kaffee-, Konditorei- und Barpersonal" vor:

> In Restaurants, Bars, in Kaffees, Konditoreien, Klubs, Gartenlokalen und ähnlichen Betrieben werden 10 % als Bedienungsgeld erhoben. Die einkassierten Prozente werden gleichmäßig an die Anteilberechtigten von dem Arbeitgeber unter Mitwirkung der Betriebsvertretung zur Verteilung gebracht, abweichende Vereinbarungen über die Art der Verteilung können getroffen werden.

Den Klägern stand für das Jahr 1927 je ein Urlaub von 14 Tagen zu. Sie haben ihn von der Beklagten verlangt, die ihn auch zugestand, sich aber weigerte, ihnen für diese Zeit einen Lohn aus eigener Tasche zu zahlen, sie vielmehr auf die Prozenteinnahmen verwies. Infolgedessen haben die Kläger keinen Urlaub genommen. Mit der Klage fordern sie die Zahlung des nach III. Abs. 4 des Lohntarifs vorgesehenen Garantielohnes von monatglich 205 RM für 14 Tage.

Das Arbeitsgericht hat die Klage abgewiesen, das Landesarbeitsgericht hat ihr stattgegeben. Auf die Revision der Beklagten wurde das Urteil aufgehoben und die Sache an das Landesarbeitsgericht zurückverwiesen aus folgenden

Gründen:

Die Beklagte hatte dem Klaganspruch gegenüber geltend gemacht, in ihrem Betriebe bestehe das sogenannte Troncsystem, die vereinnahmten Prozentsätze würden unter den Kellnern gleichmäßig verteilt, aus ihnen seien auch die beurlaubten Kellner für die Zeit ihres Urlaubs zu bezahlen. Die Kläger ihrerseits stehen auf dem Standpunkte, daß für den Betrieb der Beklagten das sogenannte Serviersystem gelte, wonach die Prozentsätze den Kellnern der einzelnen Reviere gehörten, die Vergütung für den Urlaub also von dem Arbeitgeber besonders gezahlt werden müsse. Das Arbeitsgericht hat angenommen, es bestehe das Troncsystem und die Urlaubsvergütung habe aus dem Tronc zu erfolgen. Diese Auffassung hat das Landesarbeitsgericht nicht gebilligt. Es meint, eine solche Betriebsvereinbarung möge zulässig sein, sei aber für den Betrieb der Beklagten nicht getroffen worden, da eine gemeinsame Kasse, ein Tronc, bei ihr nicht bestanden, sondern nur ein Ausgleich unter den Kellnern stattgefunden habe. Die Beklagte habe aber auch mit den Worten „macht das unter Euch aus" die ganze Angelegenheit den Kellnern überlassen, also keine Betriebsvereinbarung mit ihnen getroffen. Im übrigen sei es gleichgültig, ob das Servier- oder das Troncsystem bestanden habe. Wirtschaftlich werde das Bedienungsgeld genau wie das frühere Trinkgeld als Eigentum des bedienenden Kellners betrachtet, so sei es auch von den Tarifparteien aufgefaßt worden. In allen Fällen sei die Vergütung für Urlaub von dem Arbeitgeber zu tragen, den letzteren im Gasthausgewerbe besser zu stellen, als den Unternehmer anderer Betriebe, liege kein Anlaß vor. Daß nach dieser Richtung hin ein Unterschied zwischen dem Tronc- und dem Serviersystem gemacht werden solle, dafür biete der § 6 des Tarifvertrags keinen Anhalt. Es bestehe auch in Wiesbaden keine allgemeine Übung, wonach beim Troncsystem die Urlaubsvergütung aus der gemeinsamen Kasse geleistet werde, in den verschiedenen Betrieben werde dies verschieden gehandhabt.

Rechtsirrig ist zunächst die Auffassung des Landesarbeitsgerichts, daß das Bedienungsgeld Eigentum des vereinnahmenden Kellners sei. Es stellt lediglich einen Zuschlag zum Kaufpreise der verabreichten Waren dar, das von den Kellnern für den Unternehmer erhoben und des letzteren Eigentum wird. Wenn „wirtschaftlich" eine gegenteilige Ansicht bestände, so wäre sie unrichtig und die Tatsache des Bestehens des Troncsystems, bei dem jeder Kellner seine Einnahme in die gemeinsame Kasse einzuwerfen hat, um einen entsprechenden Anteil aus ihr wieder zu erhalten, beweist allein schon, daß eine solche Auffassung unter den Tarifparteien nicht bestanden haben kann, wie dies das Landesarbeitsgericht in seinem Urteile zu Unrecht annimmt.

Selbstverständlich kann der Arbeitgeber dem Kellner die Bedienungsgelder, die er vereinnahmt, ohne weiteres überlassen. Dann gehören sie dem Kellner und stellen den Lohn für seine Leitsungen dar, die durch sie als abgegolten anzusehen sind. Durch sie wird der Arbeitnehmer nur für die Zeit bezahlt, da er tatsächlich Bedienungsgelder vereinnahmt und Dienste leistet, nicht aber für die Urlaubszeit, da die Einnahme entfällt. Für diese hat der Unternehmer die Vergütung besonders zu entrichten.

Wäre im Betriebe der Beklagten eine solche Regelung, das sogenannte Serviersystem eingeführt gewesen, so wäre der Anspruch der Kläger begründet. Eine dahingehende Feststellung läßt jedoch das Berufungsurteil vermissen. Und wenn es sie etwa damit getroffen haben wollte, daß es für den Betrieb der Beklagten eine Betriebsvereinbarung betr. Einführung des Troncsystems verneint, weil eine gemeinsame Kasse nicht vorhanden gewesen sei und die Beklagte mit den Worten: „macht das unter Euch aus" die Regelung der ganzen Angelegenheit in die Hand der Kellner gelegt habe, so müßte sie als rechtsirrig getroffen abgelehnt werden. War auch eine gemeinsame Kasse nicht eingerichtet, so wurde doch, wie das Landesarbeitsgericht selbst anführt, ein Ausgleich unter den Kellnern vorgenommen, der im Endergebnis denselben Zweck erreichte, wie ihn eine gemeinsame Kasse erreicht haben würde. Jedenfalls bestand unter solchen Umständen kein Serviersystem, das jedem Kellner die von ihm vereinnahmten Prozentsätze beläßt. Seine Feststellung durfte aber auch das Landesarbeitsgericht nicht auf die angeführte Äußerung allein gründen, die sich keineswegs im Sinne einer Ablehnung einer Vereinbarung verwerten läßt, vielmehr auch darin verstanden werden kann, daß die Regelung der schließlichen Entlohnung auch ohne Mitwirkung der Beklagten aus der gemeinsamen Kasse erfolgen solle. Zu einer Feststellung in dem vom Landesarbeitsgericht gewollten Sinne mußten bestimmte Tatsachen angeführt werden, die die Feststellung zu rechtfertigen geeignet waren.

Das Landesarbeitsgericht hat aber auch das Troncsystem in den Kreis seiner Erwägungen einbezogen, indem es einerseits sein Bestehen im Betriebe der Beklagten verneint, anderseits aber annimmt, daß der Beklagten auch dann die besondere Zahlung der Urlaubsvergütung obliege, wenn es bestanden habe.

Zu Unrecht entnimmt es das Nichtbestehen lediglich daraus, daß eine gemeinsame Kasse nicht geführt worden sei. Es verkennt dabei, daß es für das Bestehen einer Einrichtung nicht auf reine Äußerlichkeiten, sondern auf den Zweck ankommt, der mit ihr verfolgt wird. Und dieser geht bei dem Troncsystem doch offenbar dahin, die Einnahmen der Kellner, die in den einzelnen Revieren verschieden sein können, nach Möglichkeit auf die gleiche Höhe zu bringen und die Gesamtbedienungsgelder gleichmäßig unter sie zu verteilen. Dieser Zweck kann aber auch in der Weise erreicht werden, daß ohne förmliche Bildung einer gemeinsamen Kasse ein Ausgleich stattfindet, wie er nach der Feststellung des Landesarbeitsgerichts im Betriebe der Beklagten tatsächlich unter den Kellnern vorgenommen worden ist. Ob dies unter Mitwirkung des Arbeitgebers geschehen ist oder nicht, bedeutet für die Natur des Systems keinen Unterschied.

Soweit das Landesarbeitsgericht eine Betriebsvereinbarung in diesem Sinne verneint hat, ist betreffs der Unrichtigkeit dieser seiner Feststellung bereits oben das Nötige ausgeführt.

Aber auch die weitere Annahme des Landesarbeitsgerichts, daß selbst im Falle des Bestehens des Troncsystems der Arbeitgeber die Urlaubsvergütung besonders zu zahlen habe, hält einer Nachprüfung nicht stand. Das Landesarbeitsgericht meint, der Tarifvertrag mache keinen Unterschied zwischen dem Servier- und dem Troncsystem, ein solcher entbehre auch der logischen Begründung. Dabei übersieht es aber, daß der Tarifvertrag von dem Serviersystem überhaupt nicht spricht und in Abs. III des Lohntarifs die Lohnzahlung lediglich auf das Tronc- oder ein ihm entsprechendes System aufgebaut ist, das jedenfalls mit dem Serviersystem nichts zu tun hat. Es kann auch nicht anerkannt werden, daß eine Unterscheidung unlogisch gewesen wäre. Denn während die Natur des Serviersystems es ohne weiteres, wie oben ausgeführt, mit sich bringt, daß der Arbeitgeber die Urlaubsvergütung besonders zu zahlen hat, kann bei dem Troncsystem zum mindesten eine anderweite Regelung im System selbst liegen oder doch vereinbart werden. Und daß dies auch in der Praxis so gehandhabt wird, hat das Landesarbeitsgericht selbst anerkannt, indem es feststellt, daß es in Wiesbaden in den verschiedenen Betrieben bald so, bald so gehalten werde.

Die Annahme des Landesarbeitsgerichts, daß auch beim Troncsystem der § 6 des Manteltarifs die Tragung der Urlaubsvergütung durch den Arbeitgeber anordne, ist schon deshalb verfehlt, weil sie von dem Rechtsirrtum beeinflußt ist, daß die Bedienungsgelder „wirtschaftlich" nicht dem Unternehmer gebühren, die Zahlung der Vergütung für die Urlaubszeit also nicht aus Mitteln des Arbeitgebers erfolge. Deshalb kann auch aus der allgemeinen Regel, daß der Urlaub auf Kosten des Arbeitgebers gewährt wird, für den vorliegenden Fall nichts gefolgert werden, denn auch im Falle der Zahlung der Vergütung aus dem Tronc wird sie mit Mitteln des Arbeitgebers geleistet.

Bei der Beurteilung der Sache war also davon auszugehen, daß bei Geltung des Troncsystems im Betriebe der Beklagten zwei Möglichkeiten bestanden, daß nämlich die Vergütung für einen Urlaub von der Beklagten besonders zu zahlen oder aber, daß sie aus den Prozenteinnahmen zu leisten war. Über diese Frage spricht sich der Tarifvertrag nicht ausdrücklich aus.

§ 6 des Manteltarifs läßt selbst unter Hinzunahme der allgemeinen Regel, daß der Urlaub eines Arbeitnehmers zu Lasten des Unternehmers geht, die Möglichkeit offen, daß die Vergütung nicht besonders, sondern aus den Prozenteinnahmen zu zahlen ist, da ja auch diese als Mittel des Arbeitgebers zu gelten haben. Er kann aber auch nur im Zusammenhange mit Abs. III des Lohntarifs betrachtet werden, der ganz allgemein bestimmt, daß die einkassierten Prozente unter die Anteilberechtigten gleichmäßig zu verteilen sind. Wer diese Anteilsberechtigten sind, sagt die Bestimmung nicht, ebensowenig, wie sie angibt, in welchen Zeiträumen die gleichmäßige Verteilung stattzufinden habe. Aus ihr läßt sich also nicht ohne weiteres entnehmen, daß die Beurlaubten für die Zeit ihres Urlaubs ihrer Berechtigung verlustig gehen sollen. Dazu würde auch die Einstellung eines Ersatzmannes nicht führen müssen, da in dem Abschnitt „Aushilfe“ vorgesehen ist, daß bis zu einer Dauer von 14 Tagen, der Höchstdauer eines Urlaubs, nur Aushilfsleute eingestellt werden sollen, die zunächst nur fest bemessene Beträge zu beanspruchen haben und erst nach Ablauf von 14 Tagen den vollen Tariflohn, d. h. ihren Anteil an den Prozenteinnahmen erhalten.

Diese Unklarheiten des Tarifvertrags lassen sich nur dadurch beseitigen, daß geprüft und aufgeklärt wird, welche Auffassung die beteiligten Parteien beim Abschlusse des Tarifvertrags gehabt und was sie mit den genannten Bestimmungen haben ausdrücken wollen. In dieser Hinsicht hat aber das Landesarbeitsgericht keinerlei Feststellungen getroffen. Deshalb mußte das angefochtene Urteil aufgehoben und die Sache an das Landesarbeitsgericht zurückverwiesen werden.

RAG. 2, 196.

Zum Begriffe der Betriebsstillegung im Sinne des § 96 Abs. 2 Nr. 2 des Betriebsrätegesetzes.

Reichsarbeitsgericht. Urt. v. 19. September 1928.

I. Arbeitsgericht Leipzig. — II. Landesarbeitsgericht daselbst.

Die wirtschaftliche Lage der Beklagten, die in der Hauptsache Drehbänke und Kaltsägen herstellte, verschlechterte sich in der zweiten Hälfte des Jahres 1925, weil ihre Drehbänke wegen ihrer veralteten Konstruktion keinen Absatz fanden. Von den im letzten Vierteljahr 1925 gearbeiteten 77 Drehbänken wurden nur 32 verkauft, die übrigen aber auf Lager genommen. Im Dezember 1925 stockte der Absatz derart, daß die Beklagte mit einem Lagerbestand von 99 Drehbänken und mit Aufträgen auf nur 2 Drehbänke in das neue Jahr eintrat. In ihrem technischen Büro wurde daher schon seit langem daran gearbeitet, neue Modelle und Konstruktionen für Drehbänke herauszubringen, um das Geschäft zu heben und wieder wettbewerbsfähig zu machen. Die Beklagte verkürzte zunächst die Arbeitszeit auf 32 Stunden wöchentlich und stellte schließlich im Dezember 1925 bei dem Arbeitsministerium den Antrag auf Stillegung des Betriebes. Nach Ablauf der Sperrfrist entließ die Beklagte, die Ende des Jahres 1925 noch 226 Vollarbeiter, 83 Lehrlinge und 26 Angestellte beschäftigt hatte, am 15. und 16. Januar 1926 fast sämtliche Arbeitnehmer. Sie behielt nur die 26 Angestellten einschließlich der Werkmeister, 4 Zeichnerlehrlinge, 1 kaufmännischen Lehrling, 1 Werkstattschreiber, 1 Lohnschreiner, 1 Pauser, 1 Pförtner und 1 Kutscher.

Wenige Tage nach der Arbeiterentlassung erhielt die Beklagte von Spanien aus den Auftrag auf schleunige Herstellung von 14 Zugmaschinen. Um die Erteilung dieses Auftrags hatte sie sich bereits seit längerer Zeit beworben, jedoch ohne bestimmte Aussicht auf Abschluß des Lieferungsvertrages. Die Beklagte stellte nunmehr am 25. Januar 1926 zunächst 20 Arbeiter und 4 Lehrlinge und nach und nach wieder mehr Arbeitskräfte ein.

Die Kläger, die dem Betriebsrat angehört hatten, waren ohne dessen Zustimmung am 15. Januar unter Einhaltung der vertraglichen Kündigungsfrist mit den übrigen Arbeitern entlassen worden. Wiedemann ist am 25. April 1926 bei der Beklagten wieder in Arbeit getreten, Köhn fand am 27. Juni 1926 anderweit Beschäftigung. Sie verlangen Nachzahlung ihres Lohnes bis zu den genannten Tagen, da eine Stillegung des Werkes im Sinne des Betriebsrätegesetzes nicht stattgefunden habe und ihre Entlassung daher nach § 96 Abs. 1 Betriebsrätegesetzes gesetzwidrig sei. Das Arbeitsgericht verurteilte die Beklagte dem Klagantrag gemäß. Die Berufung der Beklagten blieb erfolglos. Auf ihre Revision wurde das Urteil des Landesarbeitsgerichts aufgehoben und die Klage abgewiesen.

Gründe:

Das Berufungsgericht glaubt eine Betriebsstillegung verneinen zu müssen, weil die Beklagte zwar mit der Herstellung der veralteten Drehbänke endgültig gebrochen, die Fabrikation von Drehbänken überhaupt aber weder für immer noch für nicht absehbare Zeit aufgegeben, sondern sie nur so lange zu unterbrechen beabsichtigt habe, bis die Ingenieure eine neue Konstruktion gefunden haben würden und weil sie der ganzen Sachlage nach darauf hätte bedacht sein müssen und auch bestrebt gewesen sei, dies Ziel möglichst schnell zu erreichen. Diese Erwägungen sind nicht geeignet, das angefochtene Urteil zu tragen.

Die Betriebsstillegung im Sinne des Betriebsrätegesetzes ist, wie der III. Zivilsenat im Urteil vom 16. Februar 1926 (RGZ. Bd. 113 S. 87) ausgesprochen hat, ihrer Natur nach eine endgültige Auflösung der zwischen dem Arbeitgeber und den Arbeitnehmern bestehenden Betriebs- und Produktionsgemeinschaft. Sie findet ihren Grund und zugleich ihren sichtbaren Ausdruck darin, daß der Arbeitgeber die Warenerzeugung in der ernstlichen Absicht einstellt, auf die Weiterverfolgung des bisherigen gemeinsamen Betriebszweckes dauernd oder für einen seiner Dauer nach unbestimmten, wirtschaftlich nicht unbedeutenden Zeitraum zu verzichten. Betriebsstillegung deckt sich also nicht notwendig mit einer Dauerauflösung des Betriebs. Mit ihr sind vielmehr der Wille, den Betrieb nach Wegfall der Stillegungsgründe wieder zu eröffnen und die Hoffnung auf baldigen Eintritt der Wiedereröffnungsmöglichkeit sehr wohl vereinbar. Entscheidend ist nicht diese Hoffnung, vorausgesetzt, daß ihre Verwirklichung nicht lediglich in der Hand des Unternehmers liegt, sondern zum mindesten auch durch Umstände mit bedingt ist, die außerhalb seines Willens- und Machtbereichs liegen. Ausschlaggebend für die Annahme oder Nichtannahme einer Stillegung ist allein, ob der Unternehmer von vornherein nur eine auf ganz kurze Frist beschränkte Betriebspause oder eine Betriebseinstellung von unbestimmter, unter Umständen auch sehr erheblicher Dauer ins Auge gefaßt hat (vgl. Urteil des III. Zivilsenats vom 8. Mai 1928, III 430/27).

Im vorliegenden Fall hat der Berufungsrichter folgendes festgestellt:

1. Die alten Drehbänke der Beklagten fanden keine Abnehmer mehr.

2. Die Beklagte hatte im letzten Teile des Jahres 1925 bereits mit verkürzter Arbeitszeit gearbeitet und

3. zu Anfang des Jahres 1925 trotz großer Lagerbestände fast keine Aufträge.

4. Die Beklagte, die bis Ende 1925 noch 226 Arbeiter beschäftigt hatte, entließ Mitte Januar 1926 sämtliche Arbeitnehmer mit Ausnahme der im Tatbestand genannten Personen.

5. Die Warenerzeugung wurde völlig eingestellt.

6. Im technischen Büro arbeiteten dagegen die Ingenieure an einer zeichnerischen Konstruktion von Drehbänken, von der Mitte Januar 1926 noch völlig ungewiß war, ob und wann sie zum Abschluß kommen würde.

7. Etwa eine Woche nach Schließung der Fabrik ging ein spanischer Auftrag auf Lieferung von 14 Zugmaschinen, d. h. großer, sich auf sog. Raupen fortbewegender Schlepper, ein. Um ihn hatte die Beklagte sich bereits im Jahre 1925 bemüht, aber keine Sicherheit dafür erlangt, daß er ihr wirklich erteilt werden würde. Deshalb und wegen der Notwendigkeit, den Betrieb der Beklagten, die bisher, wie betont, nur kleine Drehbänke hergestellt hatte, zwecks Ausführung des Schlepperauftrags völlig umzustellen, hat der Berufungsrichter diesen Auftrag und die durch ihn veranlaßte Wiederaufnahme der Arbeit mit Recht nicht als einen Beweisgrund für das Fehlen einer Stillegungsabsicht verwertet. Ist sie zur Zeit der Betriebsstillegung vorhanden, so kann ihr dieser Rechtscharakter nicht dadurch genommen werden, daß eine plötzliche, unvorhergesehene Änderung der wirtschaftlichen oder sonstigen Verhältnisse, welche zur Schließung der Fabrik geführt haben, nach kurzer Zeit deren Wiedereröffnung ermöglicht und geboten erscheinen läßt (vgl. das schon angezogene Urteil vom 8. Mai 1928).

Aber auch die übrigen oben unter Nr. 1—6 wiedergegebenen Ausführungen des Berufungsrichters lassen keine Beurteilung der Sachlage zuungunsten der Beklagten zu. Wären die Schlepper nicht bestellt worden, so hätte die Beklagte nach dem, was das Landesarbeitsgericht festgestellt hat, den Betrieb erst wieder aufnehmen können und aufgenommen, wenn es ihren Ingenieuren gelang, ein neues und vor allem praktisch brauchbares Drehbankmodell zeichnerisch darzustellen. Da die Beklagte aber, wie der Berufungsrichter weiter ausführt, den Zeitpunkt, in welchem die Modellzeichnung fertig und die Herstellung und der Vertrieb der neuen Drehbänke möglich sein würde, Mitte Januar 1926 auch nicht annähernd bestimmen konnte, so mußte sie naturgemäß mit wochen-, vielleicht mit monatelangen Vorabeiten der Ingenieure, ja sogar mit ihrem Mißlingen rechnen. Dann aber fehlt es an jedem Anhalte dafür, daß die Beklagte am 15. und 16. Januar 1926 nicht die ernste Absicht gehabt habe, den Betrieb bis zu dem sich jeder Berechnung entziehenden Zeitpunkte ruhen zu lassen, in welchem sie eine ihr zusagende Drehbankzeichnung erhalten und das nach ihr hergestellte Modell sich bewährt haben würde. Daß der Mangel einer Stillegungsabsicht im Rechtssinne sich nicht damit begründen läßt, daß die Ingenieure und kaufmännischen Angestellten nicht entlassen wurden, hat das Landesarbeitsgericht selbst einwandfrei dargelegt. Sie wurden zur Abwicklung der laufenden Geschäfte und zur Schaffung neuer Betriebsmöglichkeiten gebraucht.

Die Verneinung des Willens der Beklagten, ihren Betrieb auf eine ihrer Dauer nach im voraus nicht bestimmbare Zeitspanne einzustellen, enthält nicht, wie die Kläger meinen, eine den Senat bindende tatsächliche Feststellung, sondern eine von dem Berufungsrichter aus dem festgestellten Sachverhalte gezogene Folgerung, die durch diesen nicht gerechtfertigt wird und unschlüssig ist.

Sind aber dem festgestellten Tatbestande Umstände nicht zu entnehmen, welche zwingend gegen die Ernstlichkeit des Stillegungswillens der Beklagten oder für die Absicht einer Scheinstillegung oder Gesetzesumgehung sprechen, so bedurfte sie zur Kündigung der Klägerin nicht der Zustimmung des Betriebsrats (§ 96 Abs. 2 Nr. 2 BRG.). Daß deren Entlassung bei ernstlicher und völliger Einstellung des Betriebes erforderlich war, ergibt sich, da die Beklagte mit der Warenerzeugung aufgehört hatte, aus der Sachlage von selbst, ist übrigens auch nicht bestritten worden. Daraus folgt, daß die Lohnklage unbegründet ist.

RAG. 2, 208.

Allgemeinverbindlicher Tarifvertrag. Kein Anspruch eines Tarifverbands gegen die tarifunterworfenen Außenseiter auf Unterlassung der Tarifverletzung aus dem Tarifverhältnis.

TarifvertragVo. § 2.

Reichsarbeitsgericht. Urt. v. 10. Oktober 1928.

I. Arbeitsgericht Königsberg i. Pr. — II. Landesarbeitsgericht daselbst.

Der klagende Verband und der „Gutenberg-Bund" haben mit dem Deutschen Buchdruckerverein (auf der Arbeitgeberseite) den Deutschen Buchdruckertarif vom 2. März 1927 für die Zeit bis zum 31. März

1929 abgeschlossen. Diesen Tarifvertrag hat der Präsident der Reichsarbeitsverwaltung am 4. Juli 1927 für allgemein verbindlich erklärt.

Unter dem Abschnitt „Sonderbestimmungen für Drucker" §§ 15 bis 19, der die Beschäftigung des Druckers in vielen Einzelheiten regelt, steht in § 16:

> An allen Maschinen, auf denen Druckarbeiten hergestellt werden, sind als Drucker nur gelernte Buchdrucker zu beschäftigen . . .

Die beklagte Buchdruckerei gehört keinem der Tarifverbände an.

Der Kläger behauptet, daß eine im Betrieb der Beklagten beschäftigte Arbeiterin Ramm Arbeiten des Setzens und Druckens ausführe, ohne das Gewerbe ordnungsmäßig erlernt zu haben.

Er hat klagend beantragt:

> zu entscheiden, daß die Beklagte die weibliche Person nicht mehr mit Arbeiten des Setzens, Anlegens und Druckens beschäftigen dürfe, und für jeden Fall der Zuwiderhandlung der Beklagten eine Geldstrafe von 50 RM aufzuerlegen.

Die Beklagte hatte vor dem Arbeitsgericht der Klage widersprochen. Das Arbeitsgericht hat die Klage abgewiesen.

Der klagende Verband hat Berufung eingelegt, hat in der Berufungsschrift seine Behauptungen wiederholt und den Antrag angekündigt:

> unter Abänderung des angefochtenen Urteils dem Klagantrag stattzugeben.

Die Beklagte, der die Berufungsschrift zugestellt worden ist, ist in dem Verhandlungstermin vom 5. März 1928, zu dem sie am 2. Februar 1928 geladen war, nicht vertreten gewesen.

Der Kläger hat beantragt, das Versäumnisurteil gegen die Beklagte zu erlassen.

Das Berufungsgericht hat auf kostenpflichtige Zurückverweisung der Berufung erkannt.

Der Kläger hat die zugelassene Revision eingelegt und beantragt zu erkennen:

> Das Urteil des Landesarbeitsgerichts in Königsberg i. Pr. vom 5. März 1928 wird aufgehoben. Auf die Berufung des Klägers wird das Urteil des Arbeitsgerichts in Königsberg i. Pr. vom 6. Januar 1928 dahin abgeändert: Der Beklagten wird die Verpflichtung auferlegt, die weitere Beschäftigung der Arbeiterin Hedwig Ramm an Maschinen, auf denen Druckarbeiten hergestellt werden, am Setzkasten und an der Druckmaschine mit Setzen, Ablegen und Drucken zu unterlassen. Für den Fall, daß sie dieser Verpflichtung später als nach Ablauf

einer Woche nach Rechtskraft des Urteils nicht nachkommen sollte, wird sie zur Zahlung einer Entschädigung von 50 RM für den Fall der Zuwiderhandlung verurteilt.

Die Kosten der drei Rechtszüge werden der Beklagten auferlegt.

Hilfsweise:

Das Urteil des Landesarbeitsgerichts in Königsberg i. Pr. vom 5. März 1928 wird aufgehoben. Die Sache wird zur anderweiten Verhandlung und Entscheidung an das Landesarbeitsgericht in Königsberg i. Pr. zurückverwiesen. Die Kosten des Revisionsverfahrens werden der Beklagten auferlegt.

Die Beklagte war nicht vertreten.

Der Kläger hat Erlassung des Versäumnisurteils beantragt.

Gründe:

Der Berufungsrichter ist, in Übereinstimmung mit dem Arbeitsgericht davon ausgegangen, daß die Bestimmung des § 16 des Deutschen Druckertarifs zum obligatorischen Teil des Tarifvertrags gehöre und von der Allgemeinverbindlichkeitserklärung, die nur den normativen Teil angehe, nicht erfaßt worden sei. Wenn aber auch § 16 als normative Bestimmung angesehen werden müsse, sei doch eine Klage des Verbandes gegen die Beklagte unmittelbar auf Leistung und Unterlassung nicht zulässig, da nur die Verbände Parteien des Tarifvertrags seien und nur sie sich seiner Verletzung schuldig machen könnten. Es sei die Sache der einzelnen Verbände, ihre Mitglieder zur Tariftreue anzuhalten. Die Außenseitereigenschaft der Beklagten könne nicht Ursache einer Schlechterstellung sein. Auf Grund des § 331 Abs. 2 ZPO. sei deshalb die Berufung zurückzuweisen.

Die Rüge der Revision, daß mit dieser Entscheidung der Berufungsrichter die §§ 64 ArbGG., 542, 331 ZPO. verletzt habe, ist verfehlt. Die Ausführung: der Berufungsrichter habe zu Unrecht von Amts wegen „die Einwände", die die Beklagte hätte machen müssen, 1. § 16 sei obligatorischer Natur und deshalb nicht allgemein verbindlich, 2. der Kläger sei nicht aktiv oder die Beklagte nicht passiv legitimiert, berücksichtigt, verkennt die Regel, daß der Richter zur rechtlichen Prüfung auch im Falle des § 542 Abs. 2 ZPO. verpflichtet ist.

Auch die sachlichen Revisionsrügen können nicht zur Aufhebung des Berufungsurteils führen.

Soweit im Bereich des vereinbarten Tarifvertrags die unmittelbare Klage eines Tarifverbands gegen den Angehörigen des Gegenverbandes auf Beachtung des Tarifvertrags in Frage kommen kann (vgl. Urt. RAG. 19. September 1928 80/28), ist es gerade die Verbandszugehörigkeit zu dem Tarifgegner, die unter Umständen die Passivlegitimation des einzelnen Mitglieds herstellt und ihm gegenüber ein Feststellungsinteresse des klagenden Tarifverbandes begründet.

Der Berufungsrichter hat mit Recht seine Entscheidung darauf gestützt, daß die Rechtsbeziehungen, die immerhin zwischen einem Tarifverband und einem Beteiligten des Gegenverbandes infolge der die Verbände und die Beteiligten umfassenden Friedens- und Durchführungspflicht bestehen, zwischen einer Tarifpartei des allgemein verbindlichen Tarifvertrags und dem Außenseiter fehlen.

Von der Allgemeinverbindlichkeit erfaßt werden nicht die Personen der Außenseiter, sondern nach der ausdrücklichen Bestimmung des § 2 TVO. die Arbeitsverträge; Gegenstand der Allgemeinverbindlichkeit ist nicht die Tarifzugehörigkeit, sondern die Tarifnorm.

Die Außenseiter treten deshalb in kein Rechtsverhältnis zu den Tarifverbänden oder den Tarifbeteiligten.

Es ist der Revision zuzugeben, daß darin eine Abschwächung der Tarifvertragswirkung im Vergleich mit der Tarifbindung der Tarifbeteiligten liegt. Der Weg der Tarifdurchsetzung gegenüber den Außenseitern geht nur über den Einzelarbeitsvertrag. Die Außenseiter der Tarifaufsicht und dem Durchführungsanspruch der Verbände zu unterwerfen, würde einem Organisationszwang nahekommen, den der Gesetzgeber durch die Einrichtung der Allgemeinverbindlichkeit nicht hat ausüben wollen.

Nur insoweit als die Außenseiter ihre freiere Stellung zur Unterbietung der stärker gebundenen Tarifbeteiligten sittenwidrig ausnützen, können sie aus dem Gesichtspunkt der unerlaubten Handlung von den Tarifparteien auf Unterlassung und Schadenersatz in Anspruch genommen werden (vgl. RG. Bd. 117 S. 16 ff.).

Rechtfertigt sich schon danach die Entscheidung des Berufungsgerichts, so ist nach §§ 557, 331 ZPO. die Revision zurückzuweisen, ohne daß im übrigen auf die Ausführungen der Revision einzugehen ist.

RAG. 2, 211.

Eine Aussperrung ist nur nach ordnungsmäßiger Kündigung zulässig. Zur letzteren gehört bei Betriebsratsmitgliedern die Zustimmung der Betriebsvertretung.

BRG. § 96.

Reichsarbeitsgericht. Urt. v. 20. August 1928.

Arbeitsgericht Leipzig — Landesarbeitsgericht daselbst.

Die Kläger, Mitglieder des Deutschen Metallarbeiterverbandes, waren bei der Beklagten, die dem Verbande der Metallindustriellen angehört, als gewerbliche Arbeiter tätig und Mitglieder des Arbeiterrates. Für die gewerblichen Arbeiter gilt nach der Arbeitsordnung im Betriebe der Beklagten fristlose Kündigung.

Ende Januar 1927 war in anderen Betrieben ein Metallarbeiterstreik ausgebrochen, den der Verband der Metallindustriellen mit einer Aussperrung auch in den nichtbestreikten Betrieben beantwortete. Dementsprechend hat die Beklagte am 11. Februar 1927 von ihren etwa 550 gewerblichen Arbeitern etwa 470, darunter auch die Kläger, ausgesperrt. 47 Arbeitern, für die befristete Kündigung galt, hat sie mit diesen Fristen gekündigt, so daß noch 38 Arbeiter, 13 Werkmeister und 97 gewerbliche Lehrlinge und daneben 47 Betriebsangestellte — Werkstattschreiber, Laufburschen, Drucker usw. — im Betriebe verblieben. Die Aussperrung ist am 24. Februar 1928 beendet, die ausgesperrten Arbeiter sind mit diesem Tage wieder eingestellt worden.

Mit der Klage fordern die Kläger ihren Arbeitslohn für die Zeit der Aussperrung mit zusammen 887,04 RM und beziehen sich zur Begründung ihres Anspruchs auf ihre Eigenschaft als Mitglieder des Betriebsrates, denen Kündigungsschutz auch im Falle einer Aussperrung zustehe.

Die Vorinstanzen haben der Klage entsprochen. Mit der Revision beantragt die Beklagte, das Urteil des Landesarbeitsgerichts aufzuheben und die Klage abzuweisen. Die Kläger beantragen Zurückweisung der Revision.

Gründe:

Das Landesarbeitsgericht geht davon aus, daß ein Streik oder eine Aussperrung nicht unter Vertragsbruch, sondern nur unter Einhaltung der vereinbarten Kündigungsfrist erfolgen dürften. Daß ein Streik oder eine Aussperrung als solche die Zustimmung der Betriebsvertretung zur Entlassung eines Betriebsratsmitgliedes überflüssig mache, sage das Betriebsrätegesetz (BRG.) nicht.

Ein Streik könne nur dann einen wichtigen Grund zur Entlassung eines Betriebsratsmitgliedes abgeben, wenn dieses durch Beteiligung am Streike seinen Einzelarbeitsvertrag gebrochen habe. Im übrigen sei ein Betriebsratsmitglied wie jeder andere gewerbliche Arbeiter zur Kündigung berechtigt, durch das BRG. werde es nur gegen Kündigungen des Arbeitgebers geschützt.

Als gewerblichen Arbeitern könne den Betriebsratsmitgliedern fristlos nur beim Vorliegen der Voraussetzungen des § 123 RGewO.

gekündigt werden. Unter den hier erschöpfend aufgeführten Gründen sei die Aussperrung nicht genannt, sie sei also kein wichtiger Grund im Sinne des § 96 Abs. 2 Nr. 2 BRG. Daß die RGewO. weit hinter dem BRG. zurückliege, gestatte keine abweichende Schlußfolgerung, da die erstere noch in voller Geltung sei und trotz mannigfacher späterer Abänderungen ihr § 123 unverändert geblieben sei.

Das Landesarbeitsgericht prüft dann weiter, ob eine Stillegung im Sinne des § 96 Abs. 2 Nr. 2 BRG. die Entlassung der Kläger rechtfertige. Es verkennt nicht, daß auch eine teilweise Stillegung diese Entlassung erforderlich machen könne, und daß auch eine Aussperrung, die in der Hoffnung auf eine baldige Wiederaufnahme des Betriebes erfolge, eine Stillegung sein könne. Es sei aber im vorliegenden Falle nicht erwiesen, daß die Aussperrung wirklich zu einer Stillegung des Betriebes geführt habe. Bei den in ihrem Betriebe geltenden verschiedenen Kündigungsfristen habe die Beklagte den Betrieb nicht sofort, sondern erst nach Ablauf der Kündigungsfristen stillegen können. Da nun am 11. Februar 1927 ein Teil der Arbeiter im Betriebe verblieben sei, liege eine völlige Stillegung nicht vor. Aber auch eine Teilstillegung sei nicht gegeben, da sie den Wegfall einzelner Betriebszwecke voraussetze. Bis zum 24. Februar 1927, dem Tage der Beendigung der Aussperrung, sei also eine Entlassung der Betriebsratsmitglieder nicht erforderlich gewesen, im Gegenteil sei zum Schutze der Interessen der im Betrieb verbliebenen Arbeiter das Verbleiben des Betriebsrats nötig gewesen.

Nach § 96 Abs. 1 BRG. bedarf der Arbeitgeber zur Kündigung des Dienstverhältnisses eines Mitgliedes der Betriebsvertretung allgemein der Zustimmung der letzteren. Hiervon macht Abs. 2 verschiedene Ausnahmen, indem er — soweit der gegenwärtige Fall in Frage steht — die Zustimmung für nicht erforderlich erklärt in Nr. 2 bei Entlassungen, die durch Stillegung des Betriebes erforderlich sind, und in Nr. 3 bei fristlosen Kündigungen aus einem Grunde, der nach dem Gesetz zur Kündigung des Dienstverhältnisses ohne Einhaltung einer Kündigungsfrist berechtigt. Daß diese beiden Fälle hier vorliegen, hat das Landesarbeitsgericht mit Recht verneint.

Zutreffend geht das Landesarbeitsgericht davon aus, daß unter einer Stillegung des Betriebes nicht nur eine völlige, sondern auch eine teilweise Stillegung zu verstehen sei. Seine Ausführungen lassen auch insoweit einen Rechtsirrtum nicht erkennen, als eine Teilstillegung nur dann für gegeben erachtet, wenn einzelne Betriebszwecke weggefallen sind. Wenn es danach auf Grund der Feststellung, daß eine im

Verhältnis zur Gesamtbelegschaft große Anzahl von Arbeitnehmern im Betriebe weiter beschäftigt worden ist, weil für sie die Kündigungsfristen noch liefen, zu der Annahme gelangt, daß weder eine völlige noch eine Teilstillegung erfolgt sei, so liegt diese Annahme auf tatsächlichem Gebiete und ist in der Revisionsinstanz nicht nachzuprüfen. Auch die weitere Annahme, daß die Entlassung der Betriebsratsmitglieder nicht erforderlich gewesen, daß vielmehr ihre weitere Tätigkeit im Interesse der im Betriebe verbliebenen Arbeitnehmer notwendig gewesen sei, bewegt sich im wesentlichen auf tatsächlichem Gebiete und läßt einen Rechtsirrtum jedenfalls nicht erkennen.

Beizutreten ist dem Landesarbeitsgericht auch darin, daß die Aussperrung die Beklagte nicht berechtigte, auch die Mitglieder des Betriebsrates auf Grund des § 96 Abs. 2 Nr. 3 BRG. ohne Zustimmung der Betriebsvertretung zu kündigen bzw. zu entlassen. Diese Vorschrift verlangt, daß ein Grund vorliegt, der nach dem Gesetze zur Kündigung des Dienstverhältnisses ohne Einhaltung einer Kündigungsfrist berechtigt, m. a. W., daß ein wichtiger Grund zur Entlassung gegeben ist. — §§ 123, 124 a RGewO., § 626 BGB. — Als ein solcher kann aber die Aussperrung an sich nicht angesehen werden. Sie stellt ein wirtschaftliches Kampfmittel dar, das nur unter ordnungsmäßiger Auflösung des Dienstverhältnisses verhängt werden kann. Zu einer solchen gehörte aber, wie die Beklagte durch ihr Verhalten selbst anerkannt hat, vor allem eine unter Beobachtung der hierfür bestehenden gesetzlichen Vorschriften erklärte ordnungsmäßige Kündigung, die ihrerseits, soweit Betriebsratsmitglieder in Frage kommen, nach der ausdrücklichen Vorschrift des § 96 Abs. 1 BRG. der Zustimmung der Betriebsvertretung bedarf. Da diese im vorliegenden Falle nicht eingeholt worden ist, war die Beklagte zur Kündigung bzw. Entlassung der Kläger nicht berechtigt.

Ob nach allgemeinen Grundsätzen angenommen werden kann, daß es dieser Zustimmung nicht bedarf, wenn für die Tätigkeit des Betriebsrates kein Raum mehr ist, ob in einem solchen Falle die Betriebsratsmitglieder ebenso entlassen werden können, wie jeder andere gewerbliche Arbeiter, bedarf für den vorliegenden Fall keiner Entscheidung. Denn nach der tatsächlichen, das Revisionsgericht bindenden Feststellung des Landesarbeitsgerichts bestand für die Ausübung seiner Tätigkeit noch Gelegenheit genug, da die Interessen der im Betriebe weiter beschäftigten nicht unerheblichen Belegschaft wahrzunehmen waren.

Hiernach war die Revision als unbegründet zurückzuweisen.

RAG. 2, 232.

Rechtfertigt die Verheiratung einer Angestellten deren Entlassung?

BGB. § 626, HGB. § 70.

Reichsarbeitsgericht. Urt. v. 29. September 1928.

I. Arbeitsgericht Berlin. — II. Landesarbeitsgericht daselbst.

Die Klägerin war bei der Beklagten als Telephonistin beschäftigt. Am 20. Oktober 1927 meldete sie der Beklagten, daß sie infolge von Nervenschwäche an der Verrichtung ihrer Dienste behindert sei. Am 29. Oktober heiratete sie. Sie zeigte dies der Beklagten am 4. November an. Diese teilte ihr am 5. November ihren Entschluß, sie fristlos zu entlassen, mit. Die Klägerin bestreitet die Rechtmäßigkeit der unbefristeten Kündigung und begehrt mit der Klage die Verurteilung der Gegnerin zur Zahlung des Gehaltes für den November 1927. Die Beklagte begründet die Lösung des Dienstverhältnisses unter anderem mit der Verheiratung. Das Arbeitsgericht hat der Klage entsprochen. Die Berufung der Beklagten ist erfolglos geblieben. Ihre Revision ist zurückgewiesen worden.

Gründe:

Die Revision beanstandet das Urteil des Landesarbeitsgerichts nur insofern, als es verneint, daß die Tatsache der Verheiratung der Klägerin der Beklagten einen Grund zur fristlosen Kündigung im Sinne des § 626 BGB. und gegebenenfalls des § 70 HGB. an die Hand gebe. Der Angriff würde ohne weiteres zurückzuweisen sein, wenn der von der Klägerin in der Vorinstanz vertretenen Ansicht beizupflichten wäre, daß weiblichen Arbeitnehmern, die der Krankenversicherungspflicht unterliegen, vom Arbeitgeber nicht aus dem bezeichneten Grunde mit der Wirkung sofortiger Auflösung des Arbeitsverhältnisses gekündigt werden könne, weil sonst die fristlose Kündigung auch verheirateten schwangeren Arbeitnehmerinnen gegenüber statthaft wäre und diese hierdurch des Schutzes aus § 4 des Gesetzes über die Beschäftigung von Frauen vor und nach der Niederkunft vom 16. Juli 1927 (RGBl. I S. 184) verlustig gehen würden. Diese Auffassung ist jedoch rechtsirrtümlich. Das Kündigungsverbot beschränkt sich auf die in § 4 Abs. 1 und Abs. 2 geregelten Schutzfristen und nach § 4 Abs. 2 wird die Wirksamkeit von Kündigungen, die aus einem wichtigen, nicht mit der Schwangerschaft oder Niederkunft zusammenhängenden Grunde, also insbesondere auch lediglich wegen der Verheiratung erfolgen, durch das Verbot nicht berührt.

Das Landesarbeitsgericht hat nun seine Entscheidung damit begründet, daß mit der Verheiratung der Klägerin, jedenfalls für die hier allein in Betracht kommende erste Zeit der Ehe, eine erhebliche Veränderung ihrer äußeren Lebensführung und eine Rückwirkung auf ihr Arbeitsverhältnis nicht verknüpft sei. Da sie im Haushalt ihrer Schwiegereltern lebe, brauche sie einem eigenen Hausstand nicht vorzustehen. Sie habe Nachkommenschaft zunächst noch nicht zu erwarten. Bis zur fristgerechten Beendigung des Arbeitsvertrags, also bis Ende Dezember 1927, habe sie daher ihre Aufgabe als Telephonistin bei der Beklagten erfüllen können. Bei diesen Ausführungen stützt sich das Landesarbeitsgericht auf das Urteil des Reichsgerichts RGZ. Bd. 110 S. 297 flg., aus dem es den Grundsatz entnehmen zu können glaubt, daß die Verheiratung einer Arbeitnehmerin einen wichtigen Grund für deren Entlassung nur dann abgebe, wenn die Berücksichtigung der konkreten jeweiligen Verhältnisse dem Arbeitgeber die Fortsetzung des Dienstverhältnisses nach Treu und Glauben nicht mehr zuzumuten sei. Die Revision hält diese Auffassung für rechtsirrig und ist der Ansicht, daß die bezeichnete Entscheidung keine Stütze für sie biete. Sie meint, daß die Verheiratung den Tatbeständen in den §§ 71, 72 HGB. und §§ 123, 124 GewO. insofern gleichzustellen sei, als sie, wie diese, grundsätzlich die Entlassung rechtfertige und daß nur unter ausnahmsweisen Verhältnissen, deren Vorliegen die Arbeitnehmerin darzutun, die aber die Klägerin nicht nachgewiesen habe, eine abweichende Auffassung begründet sei. Diese Rechtsanschauung ist mit den Geboten von Treu und Glauben nicht vereinbar. Ihnen wird nur der Grundsatz gerecht, daß die Bedeutung der Verheiratung als Entlassungsgrund von vornherein nur unter Zugrundelegung der Umstände des Einzelfalles beurteilt und daß sie als solcher nur anerkannt werden kann, wenn bei Berücksichtigung dieser Umstände zu befürchten steht, daß sie in ihren Folgen so störend und nachteilig auf den Geschäftsbetrieb des Arbeitgebers einwirken werde, daß ihm die Aufrechterhaltung der Vertragsbeziehungen billigerweise nicht zuzumuten ist. Da das Landesarbeitsgericht unter Befolgung dieses Grundsatzes, insbesondere unter Würdigung der besonderen Sachlage, zu der Annahme gelangt ist, daß die Verheiratung der Klägerin die Aufhebung des Arbeitsverhältnisses nicht rechtfertigt, so ist der Revision der Erfolg zu versagen. Wie das Reichsgericht in dem erwähnten Urteil im Anschluß an seine ständige Rechtsprechung ausgeführt und das Reichsarbeitsgericht ebenfalls bereits ausgesprochen hat, hat das Revisionsgericht zufolge seiner Beschränkung auf die Nachprüfung der Rechtsfrage die Rechtmäßigkeit einer fristlosen Kündigung einer Beurteilung nur insoweit zu unterwerfen, als es sich darum handelt, ob der Sachverhalt, auf den die Entlassung gestützt wird, an und für sich, also losgelöst von der sonstigen Beschaffenheit des Falles, einen wichtigen Grund für die Aufhebung des Arbeitsverhältnisses abzugeben geeignet ist. Die Beantwortung der weiteren Frage dagegen, ob bei Berücksichtigung der Gestaltung der Verhältnisse in dem zur Aburteilung stehenden Falle die Entlassung tatsächlich begründet erscheint, ist lediglich Sache des Tatrichters. Zu dem Grundsatz, daß die Verheiratung schlechthin und unter allen Umständen den Arbeitgeber zur sofortigen Lösung des Dienstverhältnisses berechtigt oder, wie die Revision meint, dann als Entlassungsgrund anzuerkennen sei, wenn der weibliche Arbeitnehmer nicht besondere, eine andere Beurteilung erfordernde Verhältnisse dartue, hat sich das Reichsgericht in jenem Urteile nicht bekannt. Im Gegenteil ist aus den Gründen der Entscheidung gerade deutlich zu entnehmen und vom Landesarbeitsgericht mit Recht entnommen worden, daß der Arbeitgeber sich zur Rechtfertigung der sofortigen Entlassung auf die Verheiratung nur berufen kann, wenn im Hinblick auf die jeweilige Sachlage zu besorgen ist, daß sie mit den oben dargelegten Folgen für den Geschäftsbetrieb verknüpft sein werde.

RAG. 2, 245.

Findet § 124a der GewO. auf Betriebsratsmitglieder Anwendung, auch wenn ihr Arbeitsverhältnis einer geringeren als 14tägigen Kündigungsfrist unterliegt?

Reichsgewerbeordnung § 124a; Betriebsrätegesetz § 96.

Reichsarbeitsgericht. Urt. v. 26. September 1928.

I. Arbeitsgericht Bremen. — II. Landesarbeitsgericht daselbst.

Der Kläger war seit dem 1. April 1927 zweiter Vorsitzender des Betriebsrates im Betriebe der Beklagten. Am 19. November 1927 übernahm er wegen Erkrankung des ersten Vorsitzenden K. dessen Vertretung. Am 26. November 1927 wurde er wegen beharrlicher Arbeitsverweigerung ohne Zustimmung des Betriebsrats fristlos entlassen. Er hat bestritten, durch sein Verhalten einen Grund zur fristlosen Entlassung gegeben zu haben, und Klage erhoben auf Zahlung seines Lohnes in Höhe von 330 RM, fällig mit je 55,00 RM am 2. Dezember, 9. Dezember, 16. Dezember, 23. Dezember, 30. Dezember 1927 und 6. Januar 1928.

Das Arbeitsgericht hat nach Klagantrag erkannt. Auf die Berufung der Beklagten hat das Landesarbeitsgericht die Klage abgewiesen. Die Revision des Klägers führte zur Zurückverweisung der Sache in die Vorinstanz.

Gründe:

Die Beklagte hat ihre Berechtigung zur fristlosen Entlassung des Klägers sowohl auf § 123 Nr. 3 GewO. gestützt, indem sie geltend macht, der Kläger habe die Arbeit beharrlich verweigert, als auch auf § 124a GewO., indem sie geltend macht, der Kläger habe während der Vertretung des ersten Betriebsratsvorsitzenden durch die Art seiner Einstellung zur Betriebsleitung sich so verhalten, daß ihr nach Treu und Glauben die Fortsetzung des Arbeitsverhältnisses nicht habe zugemutet werden können. Das Landesarbeitsgericht hat zur Frage der Berechtigung der fristlosen Entlassung auf Grund des § 123 Nr. 3 GewO. nicht endgültig Stellung genommen, vielmehr ausgeführt, daß das bisherige Beweisergebnis nicht ausreiche, um eine Berechtigung in dieser Beziehung feststellen zu können, und von der Anordnung weiterer Beweiserhebung deshalb Abstand genommen, weil es die fristlose Entlassung auf Grund des § 124a GewO. als zulässig und berechtigt erachtet hat.

Die Revision rügt demgegenüber Verletzung der §§ 96, 97 BRG. und des § 124a GewO. Das Berufungsgericht hat die in Wissenschaft und Rechtsprechung bestrittene Frage, ob überhaupt die Bestimmung des § 124a GewO. bei Mitgliedern des Betriebsrats Anwendung finden könne, in bejahendem Sinne beantwortet. Es hat ausgeführt, bei der Fassung des § 124a GewO. sei zu berücksichtigen, daß zu der Zeit, als die Bestimmung in die Gewerbeordnung aufgenommen worden sei, ein gesetzlicher Kündigungsschutz, wie er jetzt für Betriebsratsmitglieder und Schwerbeschädigte bestehe, nicht bekannt gewesen sei. Nach dem ganzen Sinn und Zweck des § 124a GewO. sei die Bestimmung auch auf Schwerbeschädigte und Betriebsratsmitglieder, weil sie kraft Gesetzes einen besonderen Kündigungsschutz genössen, „entsprechend" anzuwenden. Die Bestimmung gewähre zum Ausgleich für eine im regelmäßigen Anlauf erschwerte Lösbarkeit des Arbeitsverhältnisses einen Schutz des Kündigenden, sei es des Arbeitgebers oder des Arbeitnehmers. Der Auffassung des Berufungsgerichts kann nicht beigetreten werden. Der allgemeine Entlassungsgrund des wichtigen Grundes kommt nach § 124a GewO. bei gewerblichen Arbeitern nur dann in Frage, wenn das Arbeitsverhältnis mindestens auf 4 Wochen oder eine längere als vierzehntägige Kündigungsfrist vereinbart ist. Im übrigen soll eine fristlose Aufhebung des Arbeitsverhältnisses sowohl von seiten des Arbeitgebers als auch des Arbeitnehmers nur dann zulässig sein, wenn die in den §§ 123, 124 GewO. aufgeführten Gründe vorliegen. Dieser Regelung hat sichtlich der Gedanke zugrunde gelegen, daß, da das Arbeitsverhältnis gewerblicher Arbeiter meistens unter Innehaltung kurzer Kündigungsfristen lösbar ist, es den Beteiligten im allgemeinen zugemutet werden kann, bis zur normalen Lösung des Arbeitsverhältnisses durchzuhalten, daß aber die Möglichkeit einer außerordentlichen Lösung des Arbeitsverhältnis unter besonderen Umständen gegeben sein muß, wenn die Lösung vertraglich für längere Zeit ausgeschlossen ist oder nur unter Innehaltung einer längeren Kündigungsfrist erfolgen kann. Von diesem Grundgedanken aus erscheint eine entsprechende Anwendung des § 124a GewO. auf Betriebsratsmitglieder, auch wenn ihr Arbeitsverhältnis einer geringeren als 14tägigen Kündigungsfrist unterliegt, weder geboten noch auch im Sinne und Zwecke des Gesetzes liegend. Denn bei den Betriebsratsmitgliedern ist die Möglichkeit der Lösung des Vertragsverhältnisses durch den Arbeitgeber weder für längere Zeit ausgeschlossen, noch auch von der Innehaltung einer längeren Kündigungsfrist abhängig; der Arbeitgeber ist vielmehr in der Lage, in gleicher Weise zu kündigen, wie bei den übrigen gewerblichen Arbeitern; dagegen ist sein Kündigungsrecht allgemein eingeschränkt, indem es, soweit nicht die Fälle des § 123 GewO. gegeben sind, von der Zustimmung des Betriebsrates abhängig gemacht ist. Für diese Einschränkung des Kündigungsrechtes aber dem Arbeitgeber die erweiterte Möglichkeit der fristlosen Aufhebung des Arbeitsverhältnisses nach § 124a GewO. zu gewähren, bietet das Gesetz keine Handhabe. Die erweiterte Anwendung des § 124a GewO. allgemein auf die Betriebsratsmitglieder verbietet sich auch schon deshalb, weil dann das an sich vom Gesetz besonders geschützte Betriebsratsmitglied hinsichtlich der Kündbarkeit seines Arbeitsverhältnisses schlechter gestellt sein würde, als der einem Betriebsrat nicht angehörende Arbeitnehmer. Allerdings hat das Reichsarbeitsgericht in seiner Entscheidung vom 15. Februar 1928 — RAG. 67/27 — ausgesprochen, daß § 124a GewO. auf das Arbeitsverhältnis der Schwerbeschädigten allgemein Anwendung zu finden habe. Der Entscheidung liegt die Erwägung zugrunde, daß nach § 13 Abs. 1 SchwerbeschG. die Kündigungsfrist mindestens vier Wochen beträgt und daß es für die Anwendbarkeit des § 124a GewO. nach dem Grundgedanken des Gesetzes nicht darauf ankommen kann, ob die Ausdehnung der Kündigungsfrist über 14 Tage hinaus auf Vereinbarung oder auf Gesetz beruht. Daraus aber eine Folgerung auf die Anwendbarkeit des § 124a auch auf das Arbeitsverhältnis der Betriebsratsmitglieder zu ziehen, ist nicht angängig, denn, wie bereits hervorgehoben, handelt es sich bei diesem um eine vom Gesetz ausgesprochene allgemeine Einschränkung des Kündigungsrechts, auf die eine einen ganz anderen Sachverhalt voraussetzende gesetzliche Bestimmung nicht ohne weiteres angewendet werden kann.

Hiernach hat das Landesarbeitsgericht rechtsirrtümlich die Anwendung des § 124a GewO. im vorliegenden Falle für zulässig erklärt, und es wird die Entscheidung davon abhängig zu machen sein, ob die fristlose Entlassung des Klägers nach § 123 Nr. 3 GewO. gerechtfertigt war. Da das Landesarbeitsgericht zu dieser letzteren Frage noch nicht endgültig Stellung genommen, vielmehr die Anordnung weiterer Beweiserhebung für erforderlich erachtet hat, war gemäß § 72 Abs. 2 ArbGG. in Verbindung mit §§ 564 Abs. 1, 565 Abs. 1 ZPO. unter Aufhebung des angefochtenen Urteils die Sache zur anderweiten Verhandlung und Entscheidung an das Landesarbeitsgericht zurückzuverweisen.

RAG. 2, 256.

Welche Gärtnereien sind im Sinne der Arbeitszeitregelung als gewerbliche anzusehen?

GO. § 154 Nr. 4; AZVo. 23. XI. 18, 21. XII. 23, 14. IV. 27.

Reichsarbeitsgericht. Urt. v. 3. Oktober 1928.

I. Arbeitsgericht Dresden. — II. Landesarbeitsgericht daselbst.

In der Gärtnerei der Beklagten haben die Kläger als gärtnerische Arbeitnehmer in der Zeit vom 14. Juli bis 20. Oktober 1927 Arbeit zu den Bedingungen des Landestarifvertrags für den Erwerbsgartenbau im Freistaat Sachsen geleistet und die aus der Klageanlage ersichtliche Mehrarbeit über 8 Stunden am Werktag und an Sonntagsarbeit gemacht. Für die Werktagsarbeit haben sie keinen Zuschlag, für die Sonntagsarbeit einen solchen von 10 v. H. erhalten.

Gründe:

Der Berufungsrichter ist zutreffend davon ausgegangen, daß die Kläger ihrem Anspruch die Entscheidung des Landesschlichters vom 13. Juli 1927 nur dann zugrunde legen können, wenn die Kläger gewerbliche Arbeiter im Sinne der Arbeitszeitverordnung sind. Denn der Spruch ist aus der Zuständigkeit des Schlichters nach § 6a Abs. 3 AZVo.

zur Höhe des Zuschlags, gemäß den §§ 5, 6a Abs. 1 AZVo., ergangen. Über den Grund des Anspruchs und damit über die Frage, ob die Bestimmungen der AZVo. auf die Kläger Anwendung finden, konnte und wollte der Schlichter Entscheidung nicht treffen. Es kommt deshalb nicht darauf an, ob der Landesschlichter seine Annahme, daß die Kläger als gewerbliche Arbeiter anzusehen seien, aufrechterhalten hat.

Entscheidet die in diesem Rechtsstreit zu treffende Bestimmung, ob die Kläger gewerbliche Arbeiter und damit ob der Gärtnereibetrieb der Beklagten, in dem sie arbeiten, ein Gewerbebetrieb im Sinne der Arbeitszeitverordnung und der Gewerbeordnung ist, so ist zunächst die von den Klägern vertretene Ansicht abzulehnen, daß die Gärtnerei in allen Zweigen grundsätzlich der Gewerbeordnung und insbesondere dem Gewerbeschutzrecht durch positive Regelung unterstellt sei.

Wenn auf Grund des Gesetzes vom 28. Dezember 1908 in § 154 Nr. 4 der GO. bestimmt wird, daß eine Reihe von sozialen Schutzbestimmungen (insbesondere für Frauen und Jugendliche) auf Gärtnereien keine Anwendung finden sollen, so läßt sich daraus nicht folgern, daß nach allen anderen Richtungen die Gärtnereien insgesamt der Gewerbeordnung unterstellt sein sollen. Vorausgesetzt wird vielmehr in dieser Bestimmung, sowohl nach dem Inhalt des Gesetzes, wie nach der von den Parteien erörterten Gesetzesgeschichte nichts weiter, als daß es Gärtnereien gibt, die den Regeln der Gewerbeordnung grundsätzlich unterstehen.

Immerhin folgt aus dieser Gesetzesregelung, daß die „Gärtnerei" nicht als Gesamtgebiet der gewerblichen Regelung entzogen ist, und darin liegt eine nicht unwesentliche Abweichung von der Behandlung der Landwirtschaft, deren Stellung die Beklagte in Anspruch nimmt.

Daß die Landwirtschaft als Ganzes, nach dem Recht der Gewerbeordnung auch mit allen Nebenbetrieben, außerhalb der gewerberechtlichen Ordnung blieb, steht allerdings nicht außer Zusammenhang damit, daß das Gewerberecht im Ursprung ein städtisches Recht ist, und daß große, und die ältesten Teile der Gewerbeordnung, wie das Recht der Gewerbebefugnis und der Gewerbeverfassung für die ländlichen Verhältnisse ganz oder fast ganz ohne Bedeutung sind; dennoch besteht in dem gewerberechtlichen Schrifttum darüber kein Zweifel, daß diese auch im Gegenwartsrecht in der Hauptsache bewahrte Sonderstellung wesentlich auch auf der Eigenschaft der Landwirtschaft als „Urproduktion", der unmittelbaren Gewinnung von Naturprodukten, beruht. Es ist jedenfalls für die organische Urproduktion der Landwirtschaft, der Forstwirtschaft und des Weinbaus einleuchtend, daß der

Produktionsprozeß auch für die gewerberechtliche und arbeitszeitrechtliche Betrachtung von dem industriellen wesentlich verschieden ist. Während in der sonstigen, gewerblichen, Erzeugung der Unternehmer mit eigener Willkür nach seinen Zwecken den Betriebsvorgang regeln kann, ist der Landwirt an die natürlich gegebenen und von ihm nur in engeren Grenzen beeinflußbaren Faktoren der Erzeugung: die Eigenschaften des Bodens, der Witterung und des Lichts gebunden und muß sich ihnen in weitem Maße anpassen.

Während die Dinge im Feldgartenbau noch ähnlich liegen, entfernt sich die Gärtnerei im übrigen, je intensiver die menschliche Arbeit einwirkt und je kunstmäßiger die Behandlung wird, von diesen Grundlagen der Erzeugung.

Sicherlich arbeitet auch der Kunstgärtner mit den gleichen naturgegebenen Mitteln, Erdreich, Licht, Luft und Wasser, und Gegenstand seiner Pflege ist wie dort das organische Erzeugnis. Aber der technisch entwickelten Gärtnerei dient das alles in anderer Weise. Die im Vergleich mit der Fläche große Aufwendung von Arbeitskräften, die kunstmäßige Schulung des einzelnen Arbeitnehmers, die Verwendung von Glaskästen, Heizanlagen, Gewächshäusern sind bestimmt und geeignet, den Einfluß des menschlichen Willens auf den Produktionsprozeß in einer in den Verhältnissen der Landwirtschaft unerreichbaren Weise durchzusetzen und nicht gewollte Naturwirkungen wenigstens in erheblichem Maße auszuschalten.

Die intensive und kunstmäßige Behandlung gerade in einer technisch ausgestatteten Blumengärtnerei pflegt die Pflanzen nicht nur, sondern züchtet und formt sie durch die ausgebildeten Methoden, die Erdreichmischungen, Kreuzungen, Okulierungen und dergleichen.

Je entwickelter die Gärtnerei ist, um so mehr tritt die naturhafte Erzeugung nach Art der Landwirtschaft hinter dem Veredelungsprozeß zurück.

Von der Landwirtschaft unterscheidet sich die kunstmäßig betriebene Gärtnerei für die Frage der Gewerblichkeit des Betriebes noch in einer zweiten Richtung, der auf den Umsatz. Für die Landwirtschaft ist der Umsatz der Erzeugnisse zwar das regelmäßige, aber eine Landwirtschaft, die alle Erzeugnisse in eigener Wirtschaft verbraucht, trägt deshalb keinen anderen Charakter als ein auf den Verkauf gerichteter Landwirtschaftsbetrieb. Eine Blumengärtnerei als selbständiger Betrieb dagegen ist ohne Richtung auf den Umsatz nicht denkbar.

Insgesamt sind im Sinne dieser Erörterungen als gewerblich für die Bestimmungen der Arbeitszeitverordnung die Gärtnereibetriebe anzusehen, bei denen die naturhafte Erzeugung gegenüber der intensiven und kunstmäßigen Bearbeitung der Pflanzen durch geschulte Kräfte zurücktritt, und deren Betriebsrichtung notwendig auf Umsatz der Erzeugnisse geht.

Eine Blumengärtnerei nach Art des Betriebs der Beklagten, die nach den für die Revisionsinstanz maßgebenden Feststellungen des Berufungsrichters nur in geringstem Maße ihre Pflanzen auf freier Fläche baut, sie mit Warmwasseranlagen und in Gewächshäusern pflegt, die für eine Fläche von 3,75 ha 3 Obergärtner, 13 Gärtnergehilfen und 1 Glaser neben Kontorpersonal, Kutschern und ungelernten Arbeitern beschäftigt, die nach Art der Pflanzen, die sie zieht und vertreibt und nach ihren Einrichtungen in hohem Maße züchterisch und kunstmäßig arbeiten muß und arbeitet, die endlich betriebsnotwendig Umsatz erstrebt, ist unbedenklich dem Gewerbe zuzuzählen.

Ob die in der Arbeitszeitverordnung für gewerbliche Betriebe im allgemeinen vorgesehene Arbeitszeitregelung nach den Betriebserfordernissen und der Lage des Gewerbes für eine Blumengärtnerei nach Art der Beklagten geeignet und tragbar ist, ist eine in die Zuständigkeit des Gesetzgebers fallende Frage.

Der Entscheidung des Berufungsrichters, die zur Frage des Verzichts nicht bemängelt ist, war danach im Ergebnis beizutreten.

RAG. 2, 259.

Erlischt das Betriebsratsamt durch Ausperrungskündigung? Zur Wiedereinstellungsklausel.

BRG. § 39.

Reichsarbeitsgericht. Urt. v. 3. Oktober 1928.

I. Arbeitsgericht Herford. — II. Landesarbeitsgericht Bielefeld.

Der Kläger stand bei der Beklagten in Arbeit und war Mitglied des Betriebsrats.

Am 12. Februar hatte die Beklagte in ihren Fabrikräumen eine Bekanntmachung folgenden Wortlauts angeschlagen:

„Die derzeitigen schwierigen Wirtschafts- und Absatzverhältnisse . . . zwingen uns im Interesse der Aufrechterhaltung des Betriebs zu folgender Maßnahme:

Unter gleichzeitiger Aufkündigung der Einzelarbeitsverträge teilen wir unseren Arbeitern mit, daß wir mit Wirkung vom 14. Februar 1927 die gleichzeitig bekanntgegebenen Akkord- und Lohnsätze zur Auszahlung bringen werden. Diejenigen Arbeiter die glauben, hiermit nicht einverstanden sein zu können, wollen das bis Sonnabend mittag melden und können am Dienstag bei der Lohnzahlung ihre Papiere in Empfang nehmen. . . ."

Die Arbeiter, die auf tägliche Kündigung standen, waren mit der in der Neuordnung liegenden Lohnherabsetzung nicht einverstanden. Die Gesamtbelegschaft, darunter der Kläger, erhielt Kündigung. Es schloß sich ein Arbeitskampf an, der erst durch einen von beiden Tarifparteien angenommenen Schiedsspruch vom 14. April 1927 beendet wurde. Darin wurde über Wiedereinstellung bestimmt:

Die Arbeit ist unverzüglich wieder aufzunehmen. Sämtliche alten Arbeiter sind nach den wirschaftlichen und technischen Betriebsverhältnissen wieder einzustellen. Bevor nicht alle Arbeiter der betreffenden Beschäftigungsgruppe, die am 12. Februar 1927 im Betriebe waren, eingestellt sind, dürfen keine neuen Arbeiter angenommen werden. Die Wiedereinstellung muß spätestens bis zum 1. Mai 1927 erfolgt sein. Das Arbeitsverhältnis gilt als nicht unterbrochen. Maßregelungen finden nicht statt.

Daraufhin wurde der Kläger am 21. April 1927 wieder eingestellt, aber schon am 23. April wiederum gekündigt.

Der Kläger hat Weiterzahlung seines Lohnes für die Zeit vom 22. Mai bis 24. September 1927 in Höhe von 569,43 RM mit dieser Klage verlangt.

Die Beklagte hat der Klage widersprochen und Widerklage auf Feststellung erhoben, daß das Arbeitsverhältnis mit dem Kläger am 23. April 1927 gelöst sei.

Gründe:

Der Berufungsrichter geht davon aus, daß das Arbeitsverhältnis des Klägers durch die Gesamtkündigung vom 12. Februar am 13. Februar 1927 erloschen war und damit gleichzeitig sein Betriebsratsamt.

Die Revision wendet sich dagegen, daß der Berufungsrichter weiterhin dem angenommenen Schiedsspruch vom 14. April 1927 und der demgemäß geschehenen Wiedereinstellung vom 21. April 1927 die Wirkung beimißt, daß das Amt wieder erstanden sei.

Eine derartige Wirkung der Wiedereinstellungsklausel würde allerdings nach der grundlegenden Stellungnahme des Reichsgerichts Bd. 111 S. 166, der auch das Reichsarbeitsgericht beitritt, Bedenken begegnen, und es würde auch in Zweifel zu ziehen sein, daß die hinzukommende, in der Wiedereinstellung liegende Einzelvertragsabrede auf die nach der Rechtsprechung des Reichsgerichts gegebene Amtsstellung des Betriebsrats, aus der öffentlichrechtliche Beziehungen auch zu Dritten laufend erwachsen, Einfluß üben kann.

Es bedarf indeß einer abschließenden Stellungnahme zu diesen Fragen nicht, weil nach Lage des Falles der Ausgangspunkt des Berufungsurteils, daß das Betriebsratsamt am 13. Februar 1927 erloschen war, nicht zutrifft.

Es ist der im Wirtschaftsstreit als Kampfmaßnahme ausgesprochenen Kündigung an die Gesamtheit der Arbeitnehmer oder an eine verbandsmäßige Gruppe im Regelfall eigen, daß die Lösung des Arbeitsvertrags — im Sinne des bürgerlichen Rechts — nicht ihr Ziel ist, sondern nur das Mittel zur Erreichung des im Arbeitskampf von dem Arbeitgeber erstrebten Zwecks. Für die Arbeitnehmerschaft, die durch Kündigung den Streik eröffnet, gilt gemeinhin das Gleiche. Weder will regelmäßig von vornherein der Arbeitgeber die in seinem Betrieb eigearbeitete Belegschaft wechseln, noch will die Arbeiterschaft die Arbeitsplätze aufgeben. Die Vorgänge vor der Kündigung und der Wortlaut der sie enthaltenden Bekanntmachung vom 12. Februar 1927, schließlich auch die Zurückbehaltung der Arbeitspapiere, bestätigen diese Auffassung gerade für den vorliegenden Fall.

Vielmehr wird die Kampfkündigung im Verkehr so verstanden, daß ihre Wirkung auf die Betriebszugehörigkeit des Arbeitnehmers von dem weiteren Verlauf und dem Ausgang des Arbeitskampfes abhängt.

In der rein rechtlichen Wirkung freilich ist eine in dieser Art bedingte Kündigung nicht möglich. Für den Arbeitsvertrag im Sinne des bürgerlichen Rechts gilt die Kündigung schlechthin und löst ihn, wenn auch beide Teile mit der Erneuerung durch Wiedereinstellung in absehbarer Zeit rechnen.

Dem Wortlaut nach hat in § 39 das Betriebsrätegesetz an diese juristische Auffassung der Vorgänge angeknüpft, wenn es das Erlöschen des Betriebsratsamts von dem Erlöschen des Arbeits*vertrags* abhängig macht.

Mit Recht weist, in dem zu den Akten gegebenen Gutachten S. 10, Potthoff darauf hin, daß es nach der Gesetzesgeschichte — Ersetzung der Fassung des Entwurfs „die Mitgliedschaft erlischt durch Ausscheiden aus der Beschäftigung im Betriebe" durch die jetzige Fassung in 3. Lesung Verh. der Nationalversammlung 140. Sitzung S. 4502 auf Antrag Bender, Erkelenz, Dr. Brauns — dem Gesetzgeber fern gelegen hat, die „Rechtsform über die Tatsache der Beschäftigung" zu setzen.

Das Reichsarbeitsgericht hat es auch in anderen Fällen für geboten gehalten, bei der Auslegung der sozialrechtlichen Gesetze mehr an den

Sinn anzuknüpfen, mit dem der Verkehr Rechtsfiguren erfüllt hat, als an ihren ursprünglichen rechtsbegriffsmäßigen Gehalt. So hat zu dem Kündigungsschutzgesetz das Urteil vom 26. Oktober 1927 RAG Entsch. Bd. 1 S. 7 zur Frage der Dauer des Beschäftigungsverhältnisses für den Fall, daß der Inhaber des Betriebs wechselt, den Begriff des Rechtsvorgängers, den das Gesetz gebraucht, nicht in dem strengen Rechtssinn eines abgeleiteten Rechtserwerbs verstanden, sondern den tatsächlichen Sachverhalt entscheiden lassen, ob der übergegangene Betrieb, in dem die Beschäftigung erfolgt, verkehrsmäßig als der gleiche Betrieb vor und nach dem Inhaberwechsel erscheint. Den gleichen Gesichtspunkt hat das Reichsarbeitsgericht auch zur Frage der Urlaubsberechnung in dem Urteil vom 8. Februar 1928 RAG. Entsch. S. 1 Bl. 154 ausschlaggebend sein lassen.

Von der so gebotenen Auffassung aus ist im § 39 BRG. unter der Beendigung des Arbeitsvertrags, die das Erlöschen des Betriebsratsamts zur Folge hat, das endgültige Ausscheiden aus der Betriebszugehörigkeit zu verstehen.

Die Richtung dahin gibt die privatrechtliche Kündigung; darüber, ob sie zum endgültigen Ausscheiden des Gekündigten wirklich führt, entscheidet der Ausgang des Kampfes. Zu der Frage, wann ein solches Ausscheiden im Einzelfall eintritt, Stellung zu nehmen, gibt die zur Entscheidung stehende Sache keinen Anlaß.

Da im vorliegenden Falle die Wiedereinstellung von keiner Seite aufgegeben worden ist und der angenommene und zur Ausführung gelangte Schiedsspruch die Ausschließung aus dem Betrieb nicht bekräftigt, sondern als vorübergehend erwiesen hat, so ist davon auszugehen, daß die Eigenschaft des Klägers als Betriebsratsmitglied nicht erloschen war, als er mit dem 21. April 1927 in den Betrieb aktiv wieder eintrat.

Zu seiner erneuten Kündigung bedurfte deshalb die Beklagte der Zustimmung des Betriebsrats.

RAG. 2, 266.

1. Verpflichtet § 1 ArbZVo. den Arbeitnehmer zur Ausgleichnug ausgefallener Arbeitsstunden?

2. Ist der Arbeitnehmer auf Grund des Arbeitsvertrages verpflichtet, infolge einer Betriebsstörung ausgefallene Arbeitsstunden nachzuholen?

Verordnung über die Arbeitszeit v. 21. Dezember 1923 in der Fassung der Bek. v. 14. April 1927 (RGBl. I S. 110) § 1. BGB. § 611.

Reichsarbeitsgericht. Urt. v. 10. Oktober 1928.

I. Arbeitsgericht Barmen. — II. Landesarbeitsgericht Elberfeld.

Die Kläger sind bei der Beklagten, die ein größeres, aus verschiedenen Abteilungen bestehendes Textilunternehmen betreibt, als gewerbliche Arbeiter in der Lüstrierabteilung beschäftigt. In den für das Arbeitsverhältnis der Parteien geltenden tarifvertraglichen Bestimmungen ist die wöchentliche Arbeitszeit auf 54 Stunden festgesetzt. Am Montag, den 3. Oktober 1927 versagte um 11.30 Uhr infolge Kurzschlusses die den Betrieb mit elektrischer Kraft versehende Dynamomaschine; infolgedessen kam der ganze, etwa 250 Arbeiter umfassende Betrieb zum Stillstand. Durch Anschluß der Webstühle mit Einzelantrieb und des vorhandenen Motors an das städtische Stromnetz und durch Inbetriebsetzung der vorhandenen Akkumulatoren brachte die Beklagte den Betrieb teilweise wieder in Gang, so daß nach kurzer Zeit etwa die Hälfte der Arbeiter weiterarbeiten konnte; auf diese Weise kamen in der Lüstriererei von 13 Maschinen sieben wieder in Gang. Dagegen wurden die Kläger nach 12 Uhr aus der Arbeit entlassen mit der Weisung, am folgenden Morgen wiederzukommen. Um Lohnausfall zu verhüten, vereinbarte die Beklagte mit der Betriebsvertretung, daß vom 4. Oktober 1927 bis zur Wiederherstellung der Maschine in Doppelschichten von je 8 Stunden, und zwar von 6—14 und von 14—22 Uhr, gearbeitet werden solle; dagegen lehnte die Betriebsvertretung den Vorschlag der Beklagten, die am 3. Oktober infolge des Defekts ausgefallenen 5 Arbeitsstunden durch Hinzufügung je einer neunten Stunde an den 5 folgenden Tagen der Woche herauszuarbeiten, ab.

Die Kläger haben auf Zahlung des Lohnes für die am 3. Oktober 1927 ausgefallenen Arbeitsstunden Klage erhoben. Nachdem das Arbeitsgericht nach Klagantrag erkannt hatte, hat das Landesarbeitsgericht in Elberfeld auf die von der Beklagten eingeleitete Berufung die Klage abgewiesen. Die Revision der Kläger führte zur Aufhebung des angefochtenen Urteils und Zurückverweisung der Sache in die Vorinstanz.

Gründe:

Das Landesarbeitsgericht hat die von den Parteien erörterten Fragen, ob der Lohnanspruch der Kläger bei Betriebsstörungen der vorliegenden Art entfalle oder nicht, und ob und inwieweit der von der Beklagten in Bezug genommene § 11 der Arbeitsordnung einen etwa nach dem Gesetze begründeten Lohnanspruch der Kläger beeinflusse, unerörtert gelassen und die Klage deshalb abgewiesen, weil es der

Sachlage nicht entsprochen habe und unbillig gewesen sei, daß die Betriebsvertretung für die Kläger den Vorschlag der Beklagten, die fünf Ausfallstunden herauszuarbeiten, abgelehnt habe. Es hat hierbei erwogen, daß die Kläger, nachdem sie am Montag nur 4 Stunden gearbeitet hätten und wenn sie an den folgenden Tagen der Woche vereinbarungsgemäß je eine Achtstundenschicht arbeiten würden, in der ganzen Woche nur 44 Stunden gearbeitet, also um 10 Stunden hinter der tariflich festgesetzten 54stündigen Arbeitszeit zurückgeblieben sein würden, daß sie ferner die regelmäßig tägliche Arbeitszeit von 9 Stunden nicht überschritten haben würden, wenn sie dem Vorschlag der Beklagten, die 5 Ausfallstunden durch Hinzufügung von je einer Stunde an jedem Tage der Woche nachzuholen, nachgekommen wären. Zu dieser Nachholung, so hat das Berufungsgericht ausgeführt, seien die Kläger nach der tariflichen Festlegung der Arbeitszeit auf wöchentlich 54 Stunden auch verpflichtet gewesen, da im Falle der Not eine anderweite Verteilung der wöchentlichen Arbeitszeit auf die einzelnen Wochentage mit sofortiger Wirkung, sofern sie sich nur innerhalb der gesetzlich zulässigen täglichen Arbeitszeit halte, zulässig erscheine. Damit stimme die im § 1 Satz 3 ArbZVo. vorgesehene Möglichkeit der Ausgleichung von an einzelnen Wochentagen ausgefallenen Arbeitsstunden durch Mehrarbeit an anderen Tagen überein. Im vorliegenden Falle habe es sich nicht um eine Nachleistung im Sinne des § 615 BGB. gehandelt, sondern um eine Ausgleichung im Sinne des § 1 der ArbZVo. und um die Erfüllung der tariflich festgesetzten Arbeitszeit. Durch den von der Beklagten vorgeschlagenen Ausgleich der 5 Ausfallstunden sei den Klägern auch nichts Unbilliges zugemutet worden. Die zwischen Arbeitgeber- und Arbeitnehmerschaft bestehende Betriebsverbundenheit verlange auf der einen Seite, daß der Arbeitgeber alles tue, um die Rechte der Arbeitnehmerschaft in möglichst weitgehndem Maße zu gewährleisten, auf der anderen Seite verlange sie aber auch von der Arbeitnehmerschaft, daß sie alles tue, um unnötige Betriebsverluste zu vermeiden.

Die Revision bekämpft diesen Standpunkt des Landesarbeitsgerichts mit Recht als rechtsirrig. Wie das Reichsarbeitsgericht bereits im Urteile vom 11. Juli 1928 (RAG. Entsch. Bd. 2 S. 175) ausgesprochen hat, enthält § 1 Satz 3 der ArbZVo. eine Bestimmung öffentlichrechtlicher Art, er erklärt es vom öffentlichrechtlichen Standpunkte aus für zulässig, daß der an einzelnen Werktagen für den Betrieb oder eine Betriebsabteilung eintretende Ausfall von Arbeitsstunden nach Anhörung der gesetzlichen Betriebsvertretung durch Mehrarbeit an den übrigen Werktagen der gleichen oder der folgenden Woche ausgeglichen wird. Inwieweit der einzelne Arbeitnehmer privatrechtlich verpflichtet ist, diese im § 1 für zulässig erklärte Ausgleichung vorzunehmen, richtet sich nach dem Inhalte des Arbeitsvertrages. Überdies ist im § 1 der ArbZVo. die Ausgleichung nur für den ganzen Betrieb oder einzelne Betriebsabteilungen für zulässig erklärt, während im vorliegenden Falle die Beklagte die Ausgleichung nur von einem Teile der Betriebsabteilung verlangt. Endlich findet die Bestimmung des § 1 Satz 3 der ArbZVo. dann keine Anwendung, wenn, wie im vorliegenden Falle, die Arbeitszeit durch Tarifvertrag über die im § 1 Satz 2 und 3 festgesetzten Grenzen ausgedehnt wird. Der § 1 der ArbZVo. kann daher nicht, wie dies im angefochtenen Urteile geschehen ist, zur Begründung einer Ausgleichungspflicht der Kläger herangezogen werden, und es kann sich nur fragen, ob aus dem Inhalte des Arbeitsvertrages selbst eine Verpflichtung der Kläger, die 5 ausgefallenen Arbeitsstunden nachzuholen, mit dem Landesarbeitsgericht hergeleitet werden kann. Letzteres hat diese Verpflichtung als vorliegend angenommen, weil die Kläger auch bei Nachholung der 5 Ausfallstunden die tägliche Arbeitszeit von 9 Stunden, wie sie der tariflich festgesetzten wöchentlichen Arbeitszeit von 54 Stunden entspreche, nicht überschritten haben würden, und weil aus der zwischen Arbeitgeber- und Arbeitnehmerschaft bestehenden Betriebsverbundenheit sich für den Arbeitnehmer die Verpflichtung ergebe, alles zu tun, um unnötige Betriebsverluste zu vermeiden. Dieser Standpunkt des Berufungsgerichts beruht auf einer rechtsirrigen Auffassung der sich für den Arbeitnehmer aus dem Arbeitsvertrage ergebenden Pflichten. Allerdings hat das Reichsarbeitsgericht in der Entscheidung vom 20. Juni 1928 — RAG. 72/28 — (RAGEntsch. Bd. 2 S. 80) ausgesprochen, die Verbundenheit der Arbeitnehmerschaft mit dem Betriebe bedinge es, daß sie regelmäßig solche Ereignisse mit treffen, die nicht nur die Führung des Betriebes, sondern dessen Bestand beeinträchtigen, den Betrieb vernichten oder auf längere Zeit lahm legen — ob solche Ereignisse vorgelegen haben, wird gegebenenfalls vom Berufungsgericht zu erörtern sein —; wenn aber, was für die Revisionsinstanz zu unterstellen ist, das hier in Frage kommende Ereignis nicht zu den Ereignissen solcher Art gehört, die Betriebsverbundenheit also nicht die Pflicht des Arbeitnehmers, die Folgen des Ereignisses mit zu tragen, in sich schließt, so kann doch andererseits nicht aus der Betriebsverbundenheit ohne weiteres geschlossen werden, daß der Arbeitnehmer verpflichtet sei, den durch das Ereignis dem Arbeitgeber entstandenen Schaden wieder auszugleichen. Daß der Arbeitsvertrag selbst oder sonstige den Inhalt des Arbeitsvertrags mitbestimmende Vereinbarungen ausdrücklich diese Ausgleichspflicht der Kläger bestimmten, ist von der Beklagten selbst nicht behauptet. Ein Notfall oder ein außergewöhnliches Ereignis, welches den Arbeitnehmer nach den sich aus einem Arbeitsverhältnis ergebenden allgemeinen Grundsätzen verpflichten könnte, helfend einzugreifen, lag nicht vor. Eine Verpflichtung des Arbeitnehmers aber, infolge einer Betriebsstörung ausgefallene Arbeitsstunden nachzuholen, kann nicht allgemein dem Wesen des Arbeitsverhältnisses entnommen werden. Auch die Erwägung, daß die Kläger vorliegend im Falle der Nachholung der 5 Stunden die tägliche Arbeitszeit von 9 Stunden nicht überschritten haben würden, kann zu einer anderen Beurteilung nicht führen. Nach Vereinbarung mit dem Betriebsrat sollte bis zur Beseitigung des Maschinendefekts in zwei Schichten von je 8 Stunden gearbeitet werden; die tägliche Arbeitszeit war für diese Zeit also auf 8 Stunden herabgesetzt; die Kläger waren nicht verpflichtet, über diese für die Arbeiter allgemein festgesetzte Zeit hinaus Sonderarbeit zu leisten.

Hiernach beruht die von dem Landesarbeitsgericht ausgesprochene Abweisung der Klage auf einer rechtsirrtümlichen Auffassung über die sich für die Kläger aus dem Arbeitsverhältnis ergebende Verpflichtung zur Nachholung der ausgefallenen Arbeitsstunden. Ist nach dem Vorstehenden eine solche Verpflichtung der Kläger nicht anzuerkennen, so ist nunmehr die von dem Landesarbeitsgericht unerörtert gelassene Frage zu entscheiden, ob überhaupt den Klägern, sei es auf Grund vertraglicher, sei es gesetzlicher Bestimmungen, ein Lohnanspruch für die infolge der Betriebsstörung ausgefallenen Arbeitsstunden zusteht. Hierbei werden die in dem oben angeführten Urteile des Reichsarbeitsgerichts vom 20. Juni 1928 (RAG.Entsch. Bd. 2 S. 74 flg.) enthaltenen Ausführungen richtunggebend sein können; dabei wird auch die Behauptung der Kläger, daß die Beklagte die Betriebsstörung verschuldet habe, Beachtung zu finden haben. Da es in dieser Beziehung noch weiterer Aufklärung in tatsächlicher Beziehung bedarf, war die Sache unter Aufhebung des angefochtenen Urteils auf Grund des § 72 Abs. 2 ArbGG. in Verbindung mit §§ 564 Abs. 1, 565 Abs. 1 ZPO. zur anderweiten Verhandlung und Entscheidung an das Landesarbeitsgericht zurückzuverweisen.

RAG. 2, 276.

Genießen den Schutz nach §§ 1 ff. KündSchutzGes. auch solche Personen, die das 65. Lebensjahr zurückgelegt haben, von der Angestelltenversicherung Ruhegeld beziehen und von der Beitragspflicht zu dieser Versicherung befreit sind?

Gesetz über die Fristen für die Kündigung von Angestellten, vom 9. Juli 1926, §§ 1, 2 (RGBl. I S. 399); Angest.-Vers.-Gesetz §§ 1 flg.

Reichsarbeitsgericht. Urt. v. 27. Oktober 1928.

I. Arbeitsgericht Zwickau. — II. Landesarbeitsgericht Chemnitz.

Der Beklagte, geboren den 3. Januar 1861, war 35 Jahre bei der Klägerin als Ziegelmeister beschäftigt. Seit dem zurückgelegten 65. Lebensjahr erhält er ein Ruhegeld aus der Angestelltenversicherung. Die Klägerin hat dem Beklagten unter Einhaltung einer sechswöchigen Frist zum 31. Dezember 1927 gekündigt. Im Hinblick auf das sogenannte Kündigungsschutzgesetz hält der Beklagte die Kündigung erst für den 30. Juni 1928 für wirksam. Mit der Klage begehrt Klägerin die Feststellung, daß das Arbeitsverhältnis des Beklagten mit dem 31. Dezember 1927 sein Ende erreicht habe. Das Arbeitsgericht hat die Klage abgewiesen. Das Landesarbeitsgericht hat die Berufung der Klägerin zurückgewiesen. Auch die Revision der Klägerin blieb ohne Erfolg.

Gründe:

Darauf, daß sie in der Regel nicht mehr als zwei Angestellte beschäftigte (§ 2 KündSchutzG.), hatte die Klägerin ihre Klage nicht gestützt. Erst auf richterliches Befragen hat, nach dem Urteil des ersten Rechtszugs, die Klägerin gewisse Auskünfte erteilt, die der erste Richter dahin gewürdigt hat, daß die Klägerin zum mindestens sich so behandeln lassen müsse, als ob sie mehr als zwei Angestellte beschäftigte. Nach dem Berufungsurteil hat die Klägerin im zweiten Rechtszug diese Ausführungen des ersten Richters nicht angegriffen. Bei dieser Sachlage kann die Revision schon aus verfahrensrechtlichen Gründen nicht damit gehört werden, wenn sie im dritten Rechtszug jene Behauptung wieder als Klagegrund einführen und Angriffe gegen die Darlegungen des ersten Richters geltendmachen will.

Auch im übrigen ist die Revision unbegründet.

Die Vorschriften des Kündigungsschutzgesetzes finden nach dessen § 1 Anwendung auf Angestellte, die nach § 1 Angestelltenversicherungsgesetzes versicherungspflichtig sind oder es sein würden, wenn ihr Jahresarbeitsverdienst die Gehaltsgrenze nach § 3 Angestelltenversicherungsgesetzes nicht überstiege. Der Beklagte, Ziegelmeister und als solcher unstreitig Angestellter in einer werkmeisterähnlichen gehobenen Stellung, hat das Alter von 65 Jahren vollendet. Er bezieht Ruhegeld von der Angestelltenversicherung, §§ 24, 30 AngVersG., und ist deshalb versicherungsfrei, § 13 das. Im Streit ist, ob gleichwohl dem Beklagten der Schutz des Gesetzes vom 9. Juli 1926 zur Seite steht. Im Einklang mit dem ersten Richter hat der Berufungsrichter das angenommen. Er verkennt nicht die bestehenden Zweifel; aber er beruft sich in erster Linie auf den Wortlaut des § 1 KSchG., der nur von Versicherungspflicht im Sinne des § 1 AngVersG. spreche und daher Personen nicht ausschließe, die nach § 1 AngVersG. versicherungspflichtig, und nur nach anderen Vorschriften des Angestelltenversicherungsgesetzes (§§ 11—22) von der Beitragspflicht befreit seien.

Darin tritt kein Rechtsirrtum zutage. Gegenüber dem § 1 AngVersG. enthält § 1 KSchG. schon insofern eine Ungenauigkeit, als jene Vorschrift überhaupt nicht von versicherungspflichtigen Personen, sondern von Versicherten spricht, und zu den Versicherten gehört auch derjenige, der wegen vorgerückten Alters bereits im Genusse des Ruhegelds steht und von weiteren Beiträgen befreit ist. Davon abgesehen, bedeutet die Anführung des § 1 AngVersG., daß der Arbeitnehmer zu den in § 1 Abs. 1 aufgeführten Berufsgruppen gehören muß, daß er gegen Entgelt in einem Dienstverhältnis beschäftigt sein muß und beim Eintritt in die versicherungspflichtige Beschäftigung das Alter von sechzig Jahren noch nicht vollendet haben darf. Nach § 1 Abs. 3 AngVersG. ist weiter erfordert, daß der Jahresarbeitsverdienst die in § 3 festgesetzte Grenze nicht überschreiten darf; diese Einschränkung ist in § 1 KSchG. ausdrücklich beseitigt; damit ist der Kreis der nach dem Kündigungsschutzgesetz geschützten Personen erweitert. Aus dieser, der Erweiterung des Schutzes dienenden Sonderbestimmung läßt sich nichts für eine weitere, den Schutz einschränkende Ausnahme ableiten. — Wer unter die dargelegten Vorschriften des § 1 AngVersG. fällt, ist „versicherungspflichtig" im Sinne des § 1. Ob er nach den späteren Vorschriften der §§ 11 flg. von der Beitragspflicht befreit ist, das berücksichtigt § 1 KSchG. zum mindesten nach seinem Wortlaut nicht; sonst hätte das Gesetz sagen müssen „die nach §§ 1 flg. AngVersG. versicherungspflichtigen Personen" oder „die nach dem Angestelltenversicherungsgesetz versicherungspflichtigen Personen". — Diese Auslegung des Gesetzes entspricht im Ergebnis im wesentlichen der Vorschrift des § 12 BetrRG. Dort ist ausdrücklich gesagt „Angestellte im Sinne dieses Gesetzes sind Personen, die eine der in § 1 Abs. 1 Ang-

VersG. angeführten Beschäftigungen gegen Entgelt ausüben, auch wenn sie nicht versicherungspflichtig sind". Daß das Kündigungsschutzgesetz diese rechtlich genauere Ausdrucksweise nicht gewählt hat, mag sich aus der anerkanntermaßen weniger sorgfältigen Fassung dieses Gesetzes erklären und nötigt keinesfalls ohne weiteres zu dem Schluß, daß das Kündigungsschutzgesetz mit seiner lässigeren Fassung etwas anderes habe besagen wollen. Diese Erwägung fällt um so stärker in das Gewicht, als die Fassung des § 1 KSchG. von jedem der beiden entgegengesetzten Standpunkte aus eine Ungenauigkeit aufweist. Von dem Standpunkte des Berufungsrichters aus liegt die Ungenauigkeit darin, daß nicht die schärfere Fassung des § 12 BetrRG. gewählt ist; vom entgegengesetzten Standpunkt aus liegt sie darin, daß bloß auf § 1 AngVersG., nicht auf dieses Gesetz im ganzen oder auf §§ 1 flg. Bezug genommen ist. — Hiernach läßt schon die Wort-Auslegung des Berufungsrichters keinen Rechtsverstoß erkennen.

Der Zweck des Kündigungsschutzgesetzes mag den Schutz solcher Angestellter, die das 65. Lebensjahr vollendet haben und Ruhegeld beziehen, als weniger dringlich erscheinen lassen wie den Schutz jüngerer Angestellter, die ihre volle Kraft für das Erwerbsleben einsetzen müssen. Daß der Schutz aber auch für ältere Personen noch von Bedeutung sein kann, zeigt der zur Entscheidung stehende Fall. Daß die entgegengesetzte Meinung den Zwecken des Kündigungsschutzgesetzes nicht voll gerecht wird, ergeben die Ausführungen, die ein Vertreter jener Meinung (Dersch, GKG. 1926 insbes. Sp. 452) für den Fall der Berufsunfähigkeit, § 30 AngVersG., macht.

Nach alledem war dem Berufungsrichter beizutreten und demzufolge die Revision zurückzuweisen.

RAG. 2, 289.

1. Ist trotz verspäteter Stellung des Revisionsantrags die Revision zulässig?

2. Ist die Frage der Parteifähigkeit auch im arbeitsgerichtlichen Revisionsverfahren von Amts wegen zu prüfen?

3. Wann sind wirtschaftliche Vereinigungen von Arbeitnehmern parteifähig?

4. Von welchen Voraussetzungen hängt die Tariffähigkeit einer Arbeitnehmervereinigung ab?

ArbGG. §§ 10, 46 Abs. 2 Satz 1, 64 Abs. 2 Satz 1, 72 Abs. 2, 76;
ZPO. §§ 56 Abs. 1, 554 Abs. 3.

Reichsarbeitsgericht. Urt. v. 29. September 1928.
I. Arbeitsgericht Woldenberg.

Zwischen den Parteien besteht ein am 18. Dezember 1926 abgeschlossener als Tarifvertrag bezeichneter Vertrag, welcher die Arbeitsverhältnisse der bei den Mitgliedern der Beklagten beschäftigten Arbeiter regelt und u. a. auch Bestimmungen über die Kuhhaltung der Deputatarbeiter enthält. Ein Mitglied der Beklagten, der Rittergutsbesitzer St. in W., hat seinen Arbeitnehmern, welche Mitglieder der Klägerin sind, die ihnen nach dem Vertrage zustehende Kuhhaltung zum 1. Januar 1928 gekündigt und erklärt, daß er statt dessen 2 Liter Milch liefern werde. Hiergegen von der Klägerin sowohl bei dem Mitglied der Beklagten wie bei der Beklagten selbst erhobene Vorstellungen sind erfolglos geblieben, weil diese den Standpunkt vertreten, daß mangels Tariffähigkeit der Klägerin der oben bezeichnete Vertrag keinen rechtswirksamen Tarifvertrag bilde und deshalb seine Innehaltung nicht erzwungen werden könne. Die Klägerin hält sich demgegenüber für tariffähig, da sie nach ihren Satzungen und tatsächlich, insbesondere finanziell selbständig und eine reine Arbeitnehmervereinigung sei, welche die Lohn- und Arbeitsbedingungen ihrer Mitglieder zu regeln habe und im Sinne des Gesetzes, insbesondere der Tarifvertragsordnung und des Arbeitsgerichtsgesetzes als wirtschaftliche Vereinigung zu gelten habe. Sie begehrt Feststellung, daß der zwischen den Parteien am 18. Dezember 1926 abgeschlossene Vertrag ein rechtsgültiger Tarifvertrag sei, indem sie behauptet, an der alsbaldigen Feststellung der Gültigkeit des genannten Vertrages als Tarifvertrag ein rechtliches Interesse zu haben, eine Nichtanerkennung ihrer Tariffähigkeit würde dem Art. 159 der Reichsverfassung widersprechen. Die Beklagte bestreitet zwar nicht die tatsächlichen Klagebehauptungen, erachtet aber die Klägerin weder für tarif- noch für parteifähig und hat Klagabweisung beantragt.

Durch das am 3. Januar 1928 zugestellte Urteil des Arbeitsgerichts ist dem Feststellungsbegehren der Klägerin stattgegeben und gleichzeitig der Wert des Streitgegenstandes auf 5000 RM festgesetzt worden. Mit beigefügter schriftlicher Einwilligungserklärung der Klägerin hat die Beklagte unter Übergehung des Berufungsverfahrens am 14. Januar 1928 unmittelbar bei dem Reichsarbeitsgericht Revision (Sprungrevision) eingelegt. Die am 27. Januar 1928 eingegangene Revisionsbegründung enthält keinen Antrag. Nach ihrem Schriftsatz vom 24. Februar 1928 erstrebt die Beklagte mit der Revision Aufhebung des arbeitsgerichtlichen Urteils und Abweisung der Klage. Die Revision führte zur Aufhebung des angefochtenen Urteils und zur Zurückverweisung der Sache an das für die Berufung zuständige Landesarbeitsgericht.

Gründe:

Einlegung und Begründung der Sprungrevision sind fristgerecht erfolgt. Nach §§ 72 Abs. 2, 76 ArbGG. in Verbindung mit § 554 Abs. 3 ZPO. muß die binnen zwei Wochen nach der Einlegung der Revision einzureichende Revisionsbegründung u. a. die Erklärung enthalten, inwieweit das Urteil angefochten und dessen Aufhebung beantragt werde (Revisionsanträge). Ein formeller Revisionsantrag ist im vorliegenden Falle erst im Schriftsatz vom 24. Februar 1928 und somit, da die Revision am 14. Januar 1928 eingelegt ist, an sich zu spät gestellt. Trotzdem ist die Revision zulässig, weil aus dem Inhalt der rechtzeitig eingereichten Revisionsbegründung zweifelsfrei hervorgeht, in welchem Umfang und mit welchem Ziel das Urteil angegriffen werden soll (vgl. auch RGZ. Bd. 115 S. 190, JW. 1925 S. 622[27], 1926 S. 841[14] und 1562[11]).

In der Sache selbst erachtet das Arbeitsgericht die Voraussetzungen des § 256 ZPO. für gegeben, weil Mitglieder der Beklagten die tarifvertraglichen Leistungen bereits teilweise eingestellt hätten und die Klägerin infolgedessen ein rechtliches Interesse an alsbaldiger Feststellung habe, ob der die Beziehungen der Mitglieder beider Parteien regelnde Vertrag vom 18. Dezember 1926 ein Tarifvertrag im Sinne der Tarifvertragsordnung und die Erfüllung seiner normativen Bestimmungen durch die Arbeitgeber im Klagewege erzwingbar sei. Es wirft dann unter Hinweis auf die Tariffähigkeit im Sinne der Verordnung vom 23. Dezember 1918 und die Parteifähigkeit gemäß § 10 ArbGG. die Frage auf, ob die vertragschließenden Parteien wirtschaftliche Vereinigungen seien, die nur aus Arbeitgebern oder nur aus Arbeitnehmern beständen, ob sie unabhängig seien und ob sie in der Lage seien, den „sozialen Gegenspieler" zu bilden, und bejaht alles dies, weil die von der Klägerin behaupteten Tatsachen in der mündlichen Verhandlung vor dem Arbeitsgericht seitens der Beklagten nicht bestritten worden seien, der Klagevortrag also gemäß den für das arbeitsgerichtliche Verfahren entsprechend anwendbaren §§ 138, 288 ZPO. als zugestanden zu gelten habe und deshalb hierüber durch das Gericht von Amts wegen keine Ermittelungen anzustellen seien.

Die Revision rügt Verletzung des § 10 ArbGG., des § 1 Tarifvertragsverordnung und des § 56 ZPO. Ihr kann ein Erfolg nicht versagt werden.

Der Revision ist zunächst darin beizutreten, daß gemäß §§ 46 Abs. 2 Satz 1, 64 Abs. 2 Satz 1 und 72 Abs. 2 ArbGG. in Verbindung mit § 56 Abs. 1 ZPO. das Gericht den Mangel der Parteifähigkeit von Amts wegen berücksichtigen muß. Die Frage der Parteifähigkeit als Prozeßvoraussetzung ist im arbeitsgerichtlichen Verfahren ebenso wie im Verfahren vor den ordentlichen Gerichten in allen Rechtszügen, also auch in der Revisionsinstanz, von Amts wegen zu prüfen (vgl. RGZ. Bd. 86 S. 16). Dem genügt die Prüfung, welche das Arbeitsgericht vorgenommen hat, und welche sich lediglich darauf beschränkt, das bezügliche Klagevorbringen wegen Nichtbestreitens durch die Beklagte als zugestanden und deswegen das Klagebegehren als berechtigt anzusehen, nicht. Es handelt sich dabei auch nicht etwa um einen bloßen Mangel des Verfahrens, auf den nach § 76 Abs. 3 ArbGG., § 566a Abs. 3 ZPO. die (Sprung-) Revision nicht gestützt werden könnte. Das Reichsarbeitsgericht hat sich daher der vom Arbeitsgericht unterlassenen Prüfung unterzogen.

Nach § 10 ArbGG. sind im arbeitsgerichtlichen Verfahren auch wirtschaftliche Vereinigungen von Arbeitnehmern parteifähig. Was unter „wirtschaftliche Vereinigungen" zu verstehen ist, sagt das Gesetz nicht. Nach der Entstehungsgeschichte des Arbeitsgerichtsgesetzes ist anzunehmen, daß es zum mindesten allen tariffähigen Arbeitgeber- und Arbeitnehmerverbänden Parteifähigkeit geben wollte und gegeben hat (vgl. RAG. Entsch. Bd. 1 S. 351). Es berührt sich mithin die Frage der Parteifähigkeit der Klägerin mit ihrer Tariffähigkeit derart, daß das Bestehen oder Nichtbestehen der letzteren zugleich für das Vorhandensein der ersteren ausschlaggebend ist. Die Tariffähigkeit einer Arbeitnehmervereinigung ist nun von drei Voraussetzungen abhängig. Wie das Reichsarbeitsgericht in der angezogenen Entscheidung bereits grundsätzlich ausgesprochen hat, ist in erster Linie erforderlich, daß die Vereinigung nur aus Arbeitnehmern besteht und ihre Mitglieder sich in ihrer Eigenschaft als Arbeitnehmer zu einer organisierten Einheit zusammengetan haben. Die Vereinigung muß ferner wirtschaftliche Ziele in der Richtung verfolgen, daß es, sei es allein, sei es mit zu ihren Aufgaben gehört, den Arbeitgebern gegenüber die wirtschaftlichen Arbeitnehmerinteressen zu wahren und zu ihrer Förderung Einfluß auf die Festsetzung von Arbeits- und Lohnbedingungen zu gewinnen. Dazu tritt, wie in Übereinstimmung mit der herrschenden Meinung dem Sinn und Zweck tariflicher Regelung zu entnehmen ist, als weiteres Erfordernis die tatsächliche (auch finanzielle) Unabhängigkeit der Vereinigung sowie ihre volle Selbständigkeit gegenüber dem anderen Teil (vgl. u. a. Bescheid des RArbMinisters vom 1. September 1920 — RABl. I S. 52, 74 — und dessen Erklärung vor dem Reichstag bei der 2. Lesung des ArbGG. — stenogr. Ber. über die 248. Sitzung vom 11. Dezember 1926 S. 8460 zu D — Sitzler, Tarifvertragsrecht 1921 S. 16, Kaskel, Arbeitsrecht 3. Aufl. S. 26, Jacobi, Grundlehren des Arbeitsrechts S. 172 flg., Dersch-Volkmar, ArbGG. 3. Aufl. zu § 10 Anm. 4cc S. 243 und Flatow-Joachim, ArbGG. zu § 10 Anm. 3B S. 102). Ob dies zutrifft, muß im Einklang mit der ständigen Rechtsprechung des Reichsgerichts (vgl. RGZ. Bd. 111 S. 356 flg., Bd. 115 S. 178 flg. und Bd. 116 S. 14 flg.) nach den Umständen des einzelnen Falles, nach dem Wesen und der Betätigung der Vereinigung in Verbindung mit dem Gesamtinhalt der Satzung und ihrer Handhabung beurteilt werden. Dabei ist nicht erforderlich, daß die Interessenverfolgung seitens der Arbeitnehmervereinigung auf eine schließliche Auseinandersetzung im Wege des Arbeitskampfes gerichtet ist. Es ist sehr wohl denkbar und deshalb im Sinne der dritten Voraussetzung auch genügend, daß der Meinungsstreit mit arbeitsfriedlichen Mitteln ausgetragen wird, z. B. im Wege eines Vergleichs oder eines Schiedsspruchs auf Grund eines dem Verfahren in der ordentlichen oder Arbeitsgerichtsbarkeit zum Teil ähnlichen Schlichtungsverfahrens. Die Arbeitnehmervereinigung muß nur in der Lage sein, ihre eigenen Interessen gegenüber der Arbeitgeberseite, und zwar nötigenfalls auch gegen deren Willen durchzusetzen, soweit das auch sonst im Verkehr eine selbständige Person gegenüber einer anderen ebenso selbständigen Person kann.

Prüft man unter diesen Gesichtspunkten zunächst die Satzung der Klägerin in ihrer zur Zeit geltenden Fassung, so ergibt sich aus deren § 1, daß die Arbeitnehmergruppe des Pommerschen Landbundes eine selbständige wirtschaftliche Vereinigung zum Zwecke der Vertretung der ihr angehörenden landwirtschaftlichen Arbeitnehmer beiderlei Geschlechts bei Regelung von Lohnfragen und bezüglich aller Arbeitnehmerinteressen ist. Die §§ 2 bis 8 sprechen dafür, daß die Organe der Arbeitnehmergruppe ausschließlich aus Mitgliedern dieser Gruppe gebildet werden und diesen auch ausschließlich die Geschäftsführung obliegt. Zu Bedenken gibt dagegen schon der mit „Erwerb der Mitgliedschaft" überschriebene § 9 der Satzung Anlaß. Aus ihm geht einmal nicht eindeutig hervor, daß nur Arbeitnehmer Mitglieder der Arbeitnehmergruppe werden können. Sodann wird der Beitritt (Erwerb der Mitgliedschaft) „vollzogen durch die Annahme seitens des Vorstandes der Kreisarbeitnehmergruppe oder in seinem Auftrage durch den Arbeitersekretär". Es hat danach den Anschein, daß die Arbeitnehmergruppe als solche nicht über Aufnahme neuer Mitglieder selbständig entscheiden darf. Ferner ist in § 9 Abs. 2 bestimmt, daß „zur Wahrnehmung der gemeinsamen Landvolkinteressen die Arbeitnehmergruppe dem Pommerschen Landbund angeschlossen" ist und „jeder Arbeitnehmer, der Mitglied der Arbeitnehmergruppe ist, damit dem Pommerschen Landbund angehört, desgl. der Kreisgruppe des Pommerschen Landbundes des betr. Kreises". Die danach gegebene Möglichkeit, daß dieser Anschluß auf die Selbständigkeit und Unabhängigkeit der Arbeitnehmergruppe von Einfluß sein kann, wird verstärkt durch die Bestimmung des § 16 Abs. 2, wonach Bekanntmachungen über Mitgliederversammlungen und Versammlungen der Obmänner im Bundesblatt „Der Pommersche Landbund" bzw. in den einzelnen Kreisen im „Kreisnachrichtenblatt des Landbundes" zu erfolgen haben, obwohl nach § 14 die Mitglieder der Arbeitnehmergruppe verpflichtet sind, eine andere Zeitung, den „Reichslandarbeiterbund", das Publikationsorgan desjenigen Verbandes, dem die Arbeitnehmergruppe laut § 17 der Satzung korporativ angeschlossen ist, zu beziehen. Die hieraus und aus dem sonstigen Inhalt der Satzung zu entnehmende enge Verbindung der Arbeitnehmergruppe mit dem Pommerschen Landbund würde allerdings allein noch nicht die tatsächliche Unabhängigkeit und volle Selbständigkeit der Arbeitnehmergruppe beeinträchtigen. Denn es ist sehr wohl denkbar und kommt erfahrungsgemäß vor, daß selbständige Vereinigungen von Arbeitnehmern und von Arbeitgebern einem ihre gegensätzlichen Belange nicht unmittelbar berührenden dritten übergeordneten Verbande gemeinsam als Mitglieder angehören. Wesentlich ist dabei nicht die Zusammenfassung in der übergeordneten Organisation, sondern der Umstand, daß die untergeordnete Gruppe ihre eigensten Interessen selbständig und unabhängig wahrzunehmen vermag, daß also beide Vereinigungen durchaus verschiedene Zwecke verfolgen können.

Betrachtet man im Zusammenhang damit die am 20. Oktober 1927 beschlossene Satzung des Pommerschen Landbundes, so besteht dieser nach § 3 aus Einzelmitgliedern, die zusammengefaßt werden:

a) örtlich in Kreisgruppen, diese in Ortsgruppen, die sich zu Bezirksgruppen zusammenschließen können,
b) beruflich in die Arbeitgebergruppe, die Beamtengruppe, die Arbeitnehmergruppe und die Gruppe der freien Berufe.

Nach § 3 Abs. 3 und 4 sind die Berufsgruppen selbständige, wirtschaftliche Organisationen in der Wahrnehmung der besonderen Interessen ihres Berufsstandes, der Bundesvorstand und die Kreisgruppenvorstände sind aber unter Wahrung der Selbständigkeit der Berufsgruppen in allen diesen vorbehaltenen Fragen für die Geschlossenheit des Bundes verantwortlich. Diese Geschlossenheit wird in § 2 letzter Satz der Satzung der Beklagten (der Kreisarbeitgebergruppe A. des Pommerschen Landbundes) deutlicher und Zweifel an der tatsächlichen Unabhängigkeit und vollen Selbständigkeit der einzelnen Gruppen des Landbundes vermehrend dahin erläutert, daß der Vorstand der Arbeitgebergruppe dafür verantwortlich ist, daß an der Geschlossenheit des Landvolkes nicht gerüttelt wird und daß die Kreisarbeitgebergruppe der Kreisgruppe unbedingt Gefolgschaft leistet. Dazu kommt, daß laut § 5 Abs. 3 der Satzung des Pommerschen Landbundes jedes Mitglied bei seinem Eintritt in diesen „zwangsläufig" Mitglied einer der in § 3 aufgeführten Berufsgruppen wird. Die Folge davon kann sein, daß nicht nur das so eingetretene Mitglied, sondern auch die Arbeitnehmergruppe hinsichtlich des Beitritts dieses Mitglieds und der Dauer seiner Mitgliedschaft an den entsprechenden Beschluß des Pommerschen Landbundes gebunden ist, zumal nach § 6c a. a. O. auch der Ausschluß eines Mitgliedes mit sofortiger Wirkung durch Beschluß des zuständigen Kreisgruppenvorstands oder des Bundesvorstands nach bloßer „Anhörung" der Kreisgruppe auf Grund eigener Wahrnehmung oder auf Antrag von dritter Seite ausgesprochen wird, wobei „der Ausschließungsbeschluß des Bundesvorstands in allen Fällen unter Ausschluß des Rechtswegs endgültig ist". Jedenfalls ist der den „Verlust der Mitgliedschaft" betreffende § 10 der Satzung der Arbeitnehmergruppe hiermit nicht ohne weiteres in Einklang zu bringen. Erhebliche Bedenken mit Bezug auf die finanzielle Unabhängigkeit der Arbeitnehmergruppe löst § 8 der Satzung des Pommerschen Landbundes aus, der in Abs. 1 die einzelnen Mitglieder persönlich für alle ihnen vom Pommerschen Landbund und den Kreisgruppen auferlegten Beiträge haften läßt; Abs. 3 a. a. O. steht dem nicht entgegen, er betrifft nur die Einziehung, Verwaltung und Abführung der Beiträge. Auch die im § 11 der Satzung geregelte Zusammensetzung des Landbundvorstands, dem weit überwiegend Arbeitgeber angehören und dem nach § 9 Abs. 1 a. a. O. die Verwaltung des gesamten Landbundsvermögens obliegt, spricht trotz § 15 der Satzung der Arbeitnehmergruppe nicht gerade für das Vorhandensein einer vollen finanziellen Unabhängigkeit der Arbeitnehmergruppe. Nicht unbeachtlich für die Frage der tatsächlichen Unabhängigkeit und Selbständigkeit der Arbeitnehmergruppe ist weiterhin § 15 Abs. 1 der Satzung des Pommerschen Landbundes, aus welchem hervorgeht, daß die Beschlüsse der Mitgliederversammlung mit Ausnahme des Auflösungsbeschlusses „ohne Rücksicht auf die Zahl der Erschienenen mit einfacher Stimmenmehrheit gefaßt werden" und „verbindliche Kraft für alle Bundesorgane und Bundesmitglieder haben". Bundesmitglied kann nach §§ 3 und 5 sowohl die Arbeitnehmergruppe wie ihr einzelnes Mitglied sein. Bundesorgan aber ist nach § 10e auch die an sich paritätisch zusammengesetzte Arbeitsgemeinschaft, welche als vereinbartes Schiedsgericht unter völligem Ausschluß der Arbeitsgerichtsbarkeit zur Entscheidung von Gesamtstreitigkeiten und aller bürgerlichen Rechtsstreitigkeiten aus dem Arbeits- oder Lehrverhältnis zwischen Mitgliedern der Arbeitgeber- und Arbeitnehmergruppe berufen ist (§§ 30 flg. a. a. O.). Schließlich mag in Verbindung hiermit noch darauf hingewiesen werden, daß nach § 17 a. a. O. der Bundesvorstand, welcher gemäß § 11 nicht nur, wie bereits erwähnt, überwiegend aus Arbeitgebern zusammengesetzt ist, sondern von diesen auch geleitet wird, das Recht hat, an sämtlichen Versammlungen der Kreis- und Ortsgruppen des Pommerschen Landbundes, also auch der Arbeitnehmergruppe, teilzunehmen oder sich vertreten zu lassen, und daß ihm unter Mitteilung der Tagesordnung von der Geschäftsstelle rechtzeitig von allen wichtigen Versammlungen Kenntnis zu geben ist. Obwohl hier die Arbeitnehmergruppe nicht unmittelbar aufgeführt ist, so wird sie doch mittelbar davon ebenfalls betroffen, da sie sich nach § 2 ihrer Satzung in Kreis- und Ortsgruppen gliedert, welche ihrerseits gemäß § 3 der Satzung des Pommerschen Landbundes wieder in diesen zusammengefaßt werden.

Selbst wenn man aber die vorbezeichneten Satzungen in allen Punkten als einwandfrei und die wirkliche Unabhängigkeit sowie die volle Selbständigkeit der Arbeitnehmergruppe nicht beeinträchtigend ansehen wollte, fragt es sich weiter, ob das tatsächliche Verhalten der Klägerin und des ihr übergeordneten Pommerschen Landbundes, ihr Wirken und Auftreten nach außen dem Inhalt der Satzungen entspricht. Auch in dieser Hinsicht ermangelt das angefochtene Urteil, wie bereits oben angedeutet, jeder tatsächlichen Feststellung. Sie wäre um so notwendiger gewesen, als aus dem dem Reichsarbeitsgericht bekannten und durch seine amtliche Veröffentlichung auch dem Arbeitsgericht zugänglichen „Bericht des Unterausschusses" des vorläufigen Reichswirtschaftsrats „über die Eingaben des Reichslandarbeiterbundes und des Reichsverbandes der deutschen land- und forstwirtschaftlichen Arbeitgebervereinigungen betr. Anerkennung des Reichslandarbeiterbundes als wirtschaftliche Organisation von Arbeitnehmern im Sinne der arbeitsrechtlichen und wirtschaftspolitischen Gesetzgebung" (Drucksachen des vorläufigen Reichswirtschaftsrats 1920/27 Nr. 352) hervorgeht, daß dieser aus Sachverständigen der verschiedensten Interessentenkreise zusammengesetzte Ausschuß nach eingehender Untersuchung auf Grund der Gründungsvorgänge, des Inhalts der früheren Satzungen und ihrer praktischen Handhabung „einmütig" unter dem 16. Juli 1927 sein Gutachten dahin abgegeben hat, daß eine wirkliche innere Selbständigkeit der Unterorganisationen des Landbundes, insbesondere seiner Arbeitnehmergruppe nicht vorliege und diese daher keine Vereinigung von Arbeitnehmern im Sinne der arbeitsrechtlichen und wirtschaftspolitischen Gesetzgebung sei, welche erforderlichenfalls als sozialer Gegenspieler der Arbeitgeber auftreten könnte. Das Gutachten stammt allerdings aus einer Zeit, die vor dem Inkrafttreten der jetzt geltenden Satzung sowohl des Pommerschen Landbundes wie seiner Arbeitnehmergruppe liegt. Es bedarf aber immerhin der Prüfung, ob die seitdem vorgenommenen Satzungsänderungen auch eine entsprechende Änderung der tatsächlichen Verhältnisse im Sinne der vollen Selbständigkeit und Unabhängigkeit der Unterorganisationen des Landbundes, insbesondere seiner Arbeitnehmergruppe zur Folge gehabt haben, oder ob etwa gleichwohl im Innenverhältnis der Gruppen sich im wesentlichen nichts geändert hat. Nicht minder könnte die Beurteilung der Tätigkeit des Landbundes und seiner Gruppen durch Verwaltungsstellen und Gerichte, welche wie z. B. der Reichsarbeitsminister und der Preußische Minister für Handel und Gewerbe (vgl. Bescheid des letzteren vom 30. April 1926 — III 3899) unstreitig dieselbe Auffassung wie der Ausschuß des vorläufigen Reichswirtschaftsrats vertreten haben — wenn dies auch die Arbeitsgerichte ebensowenig bindet wie Gutachten oder Entscheidungen des vorläufigen Reichswirtschaftsrats (vgl. RAG. Entsch. Bd. 1 S. 87) — Anhaltspunkte für die Prüfung des tatsächlichen Wirkens und Verhaltens des Landbundes und seiner Gruppen bieten. Hierhin gehören auch das Urteil des Landgerichts Köslin vom 27. Februar 1927 — 4 S. 467/26 —, der Bescheid des Präsidenten der Reichsanstalt für Arbeitsvermittlung und Arbeitslosenversicherung vom 9. März 1928 — PrO. 711 P./1 — sowie die Entscheidung des Reichsversicherungsamts vom 27. Juni 1928 — II K 53/28 B — in der Beschwerdesache des Vorstandes der Mecklenburg-Strelitzschen Landkrankenkasse zu Neustrelitz, bei welcher letzteren es sich allerdings um die Arbeitnehmergruppe des Mecklenburg-Strelitzer Landbundes handelt, welcher seinerseits mit dem Pommerschen Landbund in dem Reichslandbund zusammengeschlossen ist. Ähnliches wie von der Beurteilung der Tätigkeit des Landbundes und seiner Gruppen durch

Verwaltungsstellen und Gerichte gilt von § 184 des Reichsknappschaftsgesetzes vom 1. Juli 1926 (RGBl. I S. 369/388), von Art. 161 des Deutsch-Polnischen Abkommens über Oberschlesien vom 11. Juni 1922 (RGBl. II S. 305), von § 2 des Entwurfs eines Gesetzes zur Ausführung des Gesetzes über den Reichswirtschaftsrat vom 12. November 1927 (Verhandlungen des Reichstags III. Wahlperiode 1924/27 Band 419 Nr. 3706) und den Begründungen zu diesen Gesetzen bzw. Gesetzesvorlagen.

Alles in allem sind noch zahlreiche Zweifel zu klären. Die vorhandenen Unterlagen genügen hierzu nicht, sie ermöglichen dem Reichsarbeitsgericht insbesondere nicht die für die Frage der Parteifähigkeit wesentliche Prüfung, ob die Klägerin als eine nur aus Arbeitnehmern bestehende und wirtschaftliche Ziele verfolgende Vereinigung zu gelten hat, die wirklich „unabhängig" ist und ihre volle Selbständigkeit und Entschlußfreiheit gegenüber der Beklagten hat. Da das Reichsarbeitsgericht als Revisionsinstanz die Prüfung, soweit sie weitere tatsächliche Feststellungen erfordert, von sich aus nicht vornehmen kann, erscheint die Aufhebung des angefochtenen Urteils und die Zurückverweisung der Sache, und zwar gemäß § 76 ArbGG., § 566a Abs. 5 ZPO. an das Landesarbeitsgericht, das für die Berufung zuständig gewesen wäre, geboten. Bei der erneuten Prüfung wird das Berufungsgericht gegebenenfalls zur weiteren Klarstellung des Sachverhalts von dem richterlichen Fragerecht Gebrauch zu machen, auch die dem Reichsarbeitsgericht von den Parteien nicht vorgelegte Satzung der Kreisarbeitnehmergruppe des Pommerschen Landbundes zu berücksichtigen haben.

RAG. 2, 299.

1. Zum Begriffe der wirtschaftlichen Vereinigungen im Sinne der §§ 10, 11 ArbGG.

2. Sind Vereinigungen, deren Mitgliedschaft die Zugehörigkeit des Arbeitnehmers zu einem bestimmten Werke voraussetzt, grundsätzlich nicht tariffähig?

Arbeitsgerichtsgesetz §§ 10, 11. TarifvertrVo. § 1.

Reichsarbeitsgericht. Urt. v. 10. Oktober 1928.

I. Arbeitsgericht Ueckermünde. — II. Landesarbeitsgericht Stettin.

Der Kläger ist seit März 1927 Mitglied des Vaterländischen Arbeitervereins Torgelow, der über 100 Mitglieder aus den verschiedensten Torgelower Betrieben umfaßt und ein Glied des Reichsbundes vaterländischer Arbeiter- und Werkvereine E. V. (R. v. A.) ist, dessen

Richtlinien, Satzungen und Abschlüsse für ihn verbindlich sind. Er stand bei dem Maurermeister L. in Torgelow in Arbeit, der zusammen mit dem Zimmermeister R. den Neubau der Volksschule ausführte. Am 23. August 1927 wurde der Kläger von L. mit der Begründung entlassen, daß sämtliche übrigen auf dem Bau beschäftigten, im Deutschen Baugewerksbund organisierten Arbeiter erklärt hätten, sie würden für den Fall seiner Weiterbeschäftigung ihrerseits die Arbeit niederlegen. Für den ihm dadurch verursachten Ausfall nahm der Kläger die Beklagten, welche im Dienst des Zimmermeisters R. auf dem Neubau beschäftigt waren, mit der Behauptung in Anspruch, daß sie als Wortführer der übrigen Arbeiter seine Entlassung durchgesetzt und ihm hierdurch in einer gegen die guten Sitten verstoßenden Weise Schaden zugefügt hätten, und erhob Klage auf Zahlung des Lohnausfalls für 7 Wochen. Nachdem das Arbeitsgericht nach Klagantrag erkannt hatte, trat in der Berufungsinstanz vor dem Landesarbeitsgericht der Bezirksleiter K. aus Stralsund vom Bezirksverband Vorpommern-Mecklenburg des A. v. R. als Prozeßbevollmächtigter des Klägers auf. Die Beklagten beanstandeten die Befugnis des K., als Prozeßbevollmächtigter des Klägers aufzutreten, mit der Begründung, daß der Vaterländische Arbeiterverein Togelow, dem der Kläger als Mitglied angehöre, keine wirtschaftliche Vereinigung im Sinne des § 11 Abs. 2 ArbGG. sei. Das Landesarbeitsgericht wies die Berufung der Beklagten zurück. Ihre Revision führte zur Aufhebung des angefochtenen Urteils und zur Zurückverweisung der Sache in die Vorinstanz.

Gründe:

Das Landesarbeitsgericht hat angenommen, daß der Vaterländische Arbeiterverein Togelow eine wirtschaftliche Vereinigung sei, daraus gefolgert, daß der Bezirksleiter K. des R. v. A. Angestellter eines Verbandes wirtschaftlicher Arbeitnehmervereinigungen sei und infolgedessen die Vertretung des Klägers durch K. in der Berufungsinstanz als der Vorschrift des § 11 Abs. 2 ArbGG. entsprechend angesehen. Die Revision erblickt darin eine Verletzung des § 11 Abs. 2 ArbGG.

Nach § 11 Abs. 2 ArbGG. können als Prozeßbevollmächtigte vor den Landesarbeitsgerichten außer den bei einem deutschen Gericht zugelassenen Rechtsanwälten auch Mitglieder und Angestellte wirtschaftlicher Vereinigungen von Arbeitgebern und von Arbeitnehmern sowie von Verbänden solcher Vereinigungen auftreten, die kraft Satzung oder Vollmacht zur Vertretung befugt sind, sofern die Vereinigung, der Verband oder Mitglieder der Vereinigung Partei sind. Die den Vorschriften des Gesetzes entsprechende ordnungsmäßige Vertretung ist von dem Prozeßgericht von Amts wegen zu berücksichtigen; im Zweifelsfalle hat diejenige Partei, die das Vorhandensein einer ordnungsmäßigen Vertretung für sich in Anspruch nimmt, das Vorhandensein der Voraussetzungen der ordnungsmäßigen Vertretung nachzuweisen. Der Kläger sieht im vorliegenden Falle das Vorhandensein der ordnungsmäßigen Vertretung deshalb als gegeben an, weil er selbst Mitglied des Vaterländischen Arbeitervereins Torgelow, einer wirtschaftlichen Vereinigung von Arbeitnehmern sei und durch den Angestellten K. des R. v. A., eines den Vaterländischen Arbeiterverein Torgelow als Mitglied umfassenden Verbandes wirtschaftlicher Vereinigungen von Arbeitnehmern vertreten werde. Zutreffend hat daher das Landesarbeitsgericht die Entscheidung, ob der Kläger ordnungsmäßig vertreten sei, zunächst auf die Frage abgestellt, ob der Vaterländische Verein Torgelow eine wirtschaftliche Vereinigung im Sinne des § 11 Abs. 2 ArbGG. ist. Was unter „wirtschaftlicher Vereinigung", einem in den §§ 10 und 11 ArbGG. in gleichbedeutendem Sinne zur Anwendung gebrachten Begriffe, zu verstehen ist, ist dem Gesetze selbst nicht zu entnehmen. Unter Berücksichtigung der Entstehungsgeschichte dieser Bestimmungen hat das Reichsarbeitsgericht wiederholt ausgesprochen, daß darunter zum mindesten die tariffähigen Arbeitgeber- und Arbeitnehmerverbände zu verstehen sind (RAG. Entsch. Bd. 1 S. 351 und RAG. Urteil vom 29. September 1928 — RAG. 24/28 — RAG. Entsch. Bd. 2 S. 289 —). Mit Rücksicht auf die Zweckbestimmung des § 10, durch Verleihung der Parteifähigkeit an die wirtschaftlichen Vereinigungen den Tarifvertragsträgern die prozessuale Durchführung der sich für sie aus den Tarifverträgen ergebenden Rechte und Pflichten zu ermöglichen, und aus der Erwägung, daß durch den § 10 Vereinigungen jedenfalls nicht in weiterem Umfange Parteifähigkeit hat verliehen werden sollen, als dies durch die Zweckbestimmung geboten war, muß mit der herrschenden Meinung angenommen werden, daß unter den wirtschaftlichen Vereinigungen im Sinne der §§ 10, 11 ArbGG. nur diejenigen Vereinigungen zu verstehen sind, welche Tariffähigkeit besitzen. Die Tariffähigkeit besitzt aber, wie das Reichsarbeitsgericht in den erwähnten Entscheidungen ausgeführt hat, jede Arbeitgeber- oder Arbeitnehmer-Vereinigung dann, wenn ihre Mitglieder sich in ihrer Eigenschaft als Arbeitgeber oder Arbeitnehmer zu einer organisierten Einheit zusammengetan haben und es zur Aufgabe der Vereinigung, sei es allein, sei es mit gehört, den Arbeitnehmern bzw. Arbeitgebern gegenüber die wirtschaftlichen Interessen ihrer Mitglieder zu wahren und zu ihrer Förderung Einfluß auf die Festsetzung von

Lohn- und Arbeitsbedingungen zu gewinnen (vgl. hierzu noch RGZ. Bd. 111 S. 355). Diesen Anforderungen genügt der Vaterländische Arbeiterverein Torgelow nach den vorgelegten Satzungen insofern, als ihm nur Arbeitnehmer angehören können und nach § 2 der Satzungen eine seiner Aufgaben die ist, für gute Lohn- und Arbeitsverhältnisse im Rahmen von Werksvereinbarungen (Werkstarif) und auf der Grundlage der Entlohnung nach Leistung (Leistungslohn) einzutreten und beim Abschlusse derartiger Tarifverträge mitzuwirken. Daß nach § 3 der Satzung nur solche Arbeiter Mitglieder des Vereins werden können, die keiner Organisation angehören, die mit Organisationen fremder Völker international verbündet ist, steht der Annahme der Tariffähigkeit nicht entgegen. Ebensowenig würde es an sich der Annahme der Tariffähigkeit entgegenstehen, wenn satzungsgemäß die Mitgliedschaft auf die Zugehörigkeit zu einem bestimmten Betriebe oder zu mehreren bestimmten Betrieben beschränkt wäre. Auch kann es nicht als dem Wesen des Kollektivismus widersprechend bezeichnet werden, wenn eine Vereinigung lediglich den Abschluß von Werkstarifen als ihre Aufgabe ansieht. Als weiteres Erfordernis für die Annahme der Tariffähigkeit tritt aber, wie das Reichsarbeitsgericht in dem oben erwähnten Urteile vom 29. September 1928 — RAG. 24/28 — RAG. Entsch. Bd. 2 S. 289 — in Übereinstimmung mit der herrschenden Ansicht ausgeführt hat, noch hinzu, daß die Vereinigung die tatsächliche (auch finanzielle) Unabhängigkeit sowie die volle Selbständigkeit auch gegenüber dem anderen Teil besitzt. Dazu gehört nicht nur, daß die Vereinigung rein äußerlich frei und ungebunden dasteht, sondern auch die innere Selbständigkeit und Unabhängigkeit von der Gegenseite. Denn nur bei einer solchen völligen Unabhängigkeit und Selbständigkeit gegenüber dem anderen Teile ist die Vereinigung in der Lage, ihren Zweck, die Interessen ihrer Mitglieder durch den Abschluß von Tarifverträgen zu wahren und zu fördern, wirksam zu erfüllen. Dem steht, wie das Berufungsgericht mit Recht angenommen hat, nicht entgegen, daß es sich im vorliegenden Falle um eine sog. wirtschaftliche Vereinigung handelt, die nicht im Wege des Kampfes, sondern grundsätzlich im Wege wirtschaftsfriedlicher Verständigung ihre Ziele zu erreichen sucht. Die Arbeitnehmervereinigung muß nur in der Lage sein, ihre eigenen Interessen gegenüber der Arbeitgeberseite, und zwar nötigenfalls auch gegen deren Willen, durchzusetzen, soweit dies auch sonst im Verkehr eine selbständige Person gegenüber einer anderen selbständigen Person kann (Urteil vom 29. September 1928 — RAG. 24/28). Das Berufungsgericht hat die Unabhängigkeit und Selbständigkeit im vorliegenden Falle deshalb als dargetan erachtet, weil vom Kläger ohne Widerspruch der Beklagten und glaubhaft behauptet sei, daß die Gründung des Vereins ohne Einfluß von Arbeitgeberseite stattgefunden habe und der Verein von dieser Seite keinerlei Unterstützung erfahre. Lediglich diese beiden Gesichtspunkte sind nun allerdings allein nicht geeignet, die Annahme völliger Unabhängigkeit und Selbständigkeit gegenüber der Arbeitgeberseite zu rechtfertigen. Es ist in der viel umstrittenen Frage der Anerkennung der sog. Werkvereine als Tarifvertragsträger als Argument gegen ihre Anerkennung ganz besonders darauf hingewiesen worden, daß die erforderliche Unabhängigkeit von der Arbeitgeberseite insofern nicht gewährleistet sei, als die Mitgliedschaft zum Werkverein abhängig sei von der Zugehörigkeit zu einem Betriebe und infolgedessen der Arbeitgeber durch die Möglichkeit der Entlassung der Mitglieder aus seinem Betriebe stets in der Lage sei, Einfluß auf die Haltung des Werkvereins zu nehmen. Dieser Gesichtspunkt ist allerdings beachtlich und erscheint in der Tat geeignet, je nach Lage des Falles Zweifel hinsichtlich der zur Annahme der Tariffähigkeit notwendigen Unabhängigkeit und Selbständigkeit zu begründen. Die Haltung einer Vereinigung bei Führung von Verhandlungen über Lohn- und Arbeitsbedingungen wird nicht nur von den Richtlinien des übergeordneten Verbandes, sondern vor allem auch durch die Stellungnahme der Mitglieder der Vereinigung selbst bestimmt. Sind diese in ihrem Arbeitsverhältnis von dem Arbeitgeber abhängig, so kann die Gefahr entstehen, daß die Haltung der Vereinigung durch Rücksichtnahme auf das Arbeitsverhältnis ihrer Mitglieder beeinflußt wird. Indessen kann dieser Gesichtspunkt nicht dazu führen, Vereinigungen, deren Mitgliedschaft die Zugehörigkeit des Arbeitnehmers zu einem bestimmten Werke voraussetzt, grundsätzlich nicht als tariffähig anzuerkennen. Es wird vielmehr von den Umständen des einzelnen Falles abhängen, ob eine solche Gefahr als in solchem Maße bestehend anzunehmen ist, daß die notwendige Selbständigkeit und Unabhängigkeit, um die Interessen der Mitglieder in bezug auf die Lohn- und Arbeitsbedingungen mit der zur Herbeiführung von Tarifverträgen nötigen Festigkeit vertreten und wirksam fördern zu können, nicht mehr gegeben erscheint. Das wird vielfach auch insbesondere von der Größe des Werkes, dem anzugehören Voraussetzung der Mitgliedschaft der Vereinigung ist, und von der Zahl der zur Vereinigung gehörigen Mitglieder abhängen.

Nun ist aber der Vaterländische Arbeiterverein Torgelow überhaupt keine Vereinigung, die nur Arbeiter eines bestimmten Betriebes zu seinen Mitgliedern zählt, er umfaßt vielmehr nach den Feststellungen des angefochtenen Urteils über 100 Mitglieder aus den verschiedensten Torgelower Betrieben. Aus dem erörterten Gesichtspunkt sind daher Bedenken gegen die Tariffähigkeit dieser Vereinigung nicht herzuleiten, zumal in den Vorinstanzen irgendwelche Behauptungen über eine geistige Abhängigkeit der Vereinigung von den Arbeitgebern nicht aufgestellt und auch die Ausführungen der Revision in dieser Beziehung zu allgemein gehalten sind, um begründete Bedenken zu erwecken. Indessen hat das Landesarbeitsgericht nicht beachtet, daß der als Prozeßbevollmächtigter des Klägers aufgetretene Bezirksleiter K. nicht Angestellter des Vaterländischen Arbeitervereins Torgelow ist, sondern Leiter des Bezirksverbandes Vorpommern-Mecklenburg des R. v. A. Nach § 11 Abs. 2 ArbGG. kommt deshalb seine Befugnis zur Prozeßvertretung des Klägers nur von dem Gesichtspunkte aus in Frage, ob er als Angestellter eines Verbandes wirtschaftlicher Vereinigungen anzusehen ist. Ob das der Fall ist, kann den Satzungen allein nicht entnommen werden; die Feststellung kann vielmehr nur nach Erörterung der tatsächlichen Verhältnisse, bei denen die vorerörterten Gesichtspunkte zu beachten sein werden, getroffen werden.

Aus diesem Grunde war das angefochtene Urteil gemäß § 72 Abs. 2 ArbGG. in Verbindung mit §§ 574 Abs. 1, 565 Abs. 1 ZPO. aufzuheben und die Sache zur anderweiten Verhandlung und Entscheidung an das Landesarbeitsgericht zurückzuverweisen.

RAG. 2, 305.

Die Klausel einer Arbeitsordnung: Bezahlt wird nur die Zeit, während der wirklich gearbeitet worden ist, enthält nur dann einen völligen Ausschluß des Betriebsrisikos zugunsten des Arbeitgebers, wenn dies unzweideutig aus der getroffenen Vereinbarung hervorgeht.

BGB. §§ 615, 616.

Reichsarbeitsgericht. Urt. v. 3. November 1928.

I. Arbeitsgericht Osnabrück. — II. Landesarbeitsgericht daselbst.

Für den Betrieb der Beklagten gelten der zwischen der Gruppe Metallindustrie des Verbandes industrieller Arbeitgeber von Osnabrück und Umgegend E. V. einerseits und dem Deutschen Metallarbeiterverband Verwaltungsstelle Osnabrück und dem Christlichen Metallarbeiterverband Verwaltungsstelle Osnabrück anderseits abgeschlossene Manteltarifvertrag vom 23. Mai 1922, sowie die Arbeitsordnung vom 22. Oktober 1920, gültig seit dem 15. Januar 1921. In dieser Arbeitsordnung ist unter der Überschrift: „Lohnberechnung und Lohnzuschlag" in § 14 bestimmt:

1. Der Arbeiter erhält für die von ihm geleistete Arbeit den vereinbarten Stunden- und Stücklohn unter Zugrundelegung der tariflichen Abmachung.

2. Bezahlt wird nur die Zeit, während der wirklich gearbeitet worden ist.

3. Abweichend von den Bestimmungen unter Absatz 2 wird versäumte Arbeitszeit in folgenden Fällen bezahlt:

a) bei Betriebsunfällen, die eine Arbeitsunfähigkeit von mindestens drei Tagen zur Folge haben, bis zu 8 Stunden, bei anderen Unfällen die in der 8 Stundenschicht notwendig versäumte Arbeitszeit,

b) beim Tode des in häuslicher Gemeinschaft lebenden Ehegatten bis zu 8 Stunden,

c) beim Tode von Kindern unter 17 Jahren, sofern sie in häuslicher Gemeinschaft leben, bis zu 4 Arbeitsstunden.

Am 6. Oktober 1927 riß im Walzwerke der Beklagten ein Antriebsriemen, wodurch gleichzeitig eine Antriebswelle beschädigt wurde, ohne daß — worüber die Parteien einig sind — ein Verschulden des Werkes oder der Belegschaft in Frage kam. Bei früheren vorübergehenden Störungen hatte man sich geeinigt, daß die Arbeitnehmer feierten, die Feierschichten aber an anderen Tagen, vor allem durch Sonntagsarbeit, nachholten. Bis zum Schluß der Tagesschicht wurden die Arbeiter anderweit beschäftigt, bei Beginn der Nachtschicht wurde in Verhandlungen über die spätere Nachholung eingetreten, ohne daß aber eine Einigung erzielt wurde. Die Belegschaft der gestörten Walze, die ihre Arbeitskraft unbestritten zur Verfügung gestellt hat, wurde nach Hause geschickt und war am 7. und 8. Oktober außer Arbeit.

Für diese Zeit fordern die Kläger unter Zugrundelegung einer 57stündigen Arbeitswoche ihren Lohn. Daß 57 Stunden in der Woche gearbeitet worden sind, ist unstreitig.

Das Arbeitsgericht hat der Klage stattgegeben, die Berufung der Beklagten hat das Landesarbeitsgericht zurückgewiesen. Die Revision der Beklagten hatte keinen Erfolg.

Gründe:

Für die Frage, wer das Betriebsrisiko im einzelnen Falle zu tragen hat, ist nach der Rechtsprechung des Reichsarbeitsgerichts — RAGEntsch. Bd. 1 S. 339 — in erster Linie die Vereinbarung der Parteien entscheidend.

Die Beklagte hat geltend gemacht, in § 14 Abs. 2 der Arbeitsordnung sei § 615 BGB. für das Arbeitsverhältnis der Parteien ausgeschlossen. Die Arbeitsordnung sei nur eine Wiedergabe einer von den Spitzenverbänden in Berlin aufgestellten Musterordnung, bei deren Abfassung man sich allgemein darüber einig gewesen sei, daß in § 14 Abs. 2 a. a. O. alle Fälle von Betriebsstörungen und Arbeitsausfällen getroffen werden sollten, auf welchen Gründen sie auch immer beruhen möchten.

Das Landesarbeitsgericht geht zutreffend davon aus, daß § 615 BGB. durch Parteivereinbarung abgeändert und vollständig ausgeschlossen werden kann. Es ist aber der Ansicht, bei unbefangener Betrachtung des Wortlautes des § 14 Abs. 2 a. a. O. sei aus ihm nur zu entnehmen, daß solche Arbeitsausfälle getroffen werden sollten, die entweder durch Verschulden des Arbeitnehmers oder infolge von in seiner Person liegenden Umständen nicht geleistet worden seien. Man könne nicht annehmen, daß mit der kurzen knappen Fassung auch die Frage der Unmöglichkeit der Leistung, des Annahmeverzugs usw. hätte gelöst werden sollen. Offenbar verstehe auch die Beklagte die Bestimmung nicht in dieser umfassendsten Bedeutung, denn sie behaupte selbst nicht, daß darunter auch die Fälle zu fassen seien, daß die Betriebsleitung ohne Grund einen mehrstündigen Stillstand anordne, daß wegen eines Unwetters oder wegen eines Fremdkörpers im Maschinengetriebe oder wegen Unwohlseins eines Vorarbeiters an irgend einer Stelle für gewisse Zeit nicht gearbeitet werden könne.

Diese Annahme werde durch § 14 Abs. 3 a. a. O. bestätigt. Er mache „abweichend" von der Regel des Abs. 2 drei Ausnahmen, die sämtlich eine Arbeitsaussetzung aus in der Person des Arbeitnehmers liegenden Gründen zum Gegenstande hätten, somit § 616 BGB. beträfen. Auch die Worte „versäumte Arbeitszeit" in diesem Absatze ergäben, daß nur Ausfälle aus Gründen persönlicher Art gemeinsam seien. § 615 BGB. sei also nicht ausgeschlossen. Wenn die Parteien etwas anderes gewollt hätten, hätten sie es sicher deutlich zum Ausdruck gebracht.

Unrichtig sei auch die Behauptung der Beklagten, bei den Verhandlungen der Spitzenverbände in Berlin sei man allgemein darüber einig gewesen, daß mit der Bestimmung der Abs. 2 § 615 BGB. habe ausgeschlossen werden sollen. Die Kläger behaupteten, die Arbeitgeber hätten die Ausschaltung wohl verlangt, die Arbeitnehmer hätten sie aber ausdrücklich abgelehnt. Nach dem eigenen Vortrage der Beklagten müsse diese letztere Angabe richtig sein. Die Beklagte habe sich nämlich die Begründung eines Urteils des Gewerbegerichts Randow zu eigen gemacht, aus der sich ergebe, daß lediglich die Arbeitgeberseite bei diesen Verhandlungen die Ansicht vertreten habe, durch § 14 Abs. 2 der Arbeitsordnung sei § 615 BGB. tatsächlich außer Kraft gesetzt, obwohl ihr Antrag, dies ausdrücklich auszusprechen, zurückgezogen worden sei. Hiernach könne keine Rede davon sein, daß die Arbeitnehmer mit der Fassung den § 615 BGB. hätten ausschalten wollen. Darüber sei eben eine Einigung nicht erzielt worden.

Der Auslegung des Landesarbeitsgerichts ist im Ergebnisse beizutreten, wenn auch nicht anerkannt werden kann, daß eine unbefangene Betrachtung ohne weiteres die vom Landesarbeitsgericht gezogene Folgerung rechtfertigt. Auch die kurze und knappe Fassung könnte an sich in dem weitgehenden Sinne verstanden werden, daß die Stunden, in denen tatsächlich nicht gearbeitet worden ist, nicht bezahlt werden, gleichviel, aus welchem Grunde die Arbeit unterblieben ist. Es muß auch der Revision zugegeben werden, daß die vom Landesarbeitsgericht angeführten Beispiele nicht gerade alle glücklich gewählt sind. Aber das Reichsarbeitsgericht hat sich bereits in der ähnlich liegenden Sache — RAG. 49/28 vom 4. Juli 1928 mit einer Klausel: „der Lohn wird nur für die wirklich geleistete Arbeitszeit gezahlt" beschäftigt. Es hat dazu ausgeführt, eine solche Bestimmung im weitgehendsten Sinne verstanden würde einen Freibrief für Härten und Unbilligkeiten darstellen. Sie setze den Arbeitgeber in die Lage, ohne zwingenden Anlaß nach freiem Belieben Feierschichten einzulegen und so den Lohn, mit dem der Arbeitnehmer rechnen müsse und dürfe, zu kürzen. Eine solche Entrechtung der Arbeitnehmer könne als vereinbart nur dann angenommen werden, wenn der Wortlaut der schriftlich niedergelegten Bestimmung keinen Zweifel zulasse.

Dieser Gedanke muß auch für den vorliegenden Fall gelten. Nicht immer wird man der Fassung solcher Vereinbarungen ein unbedingt entscheidendes Gewicht beilegen dürfen, man wird damit rechnen müssen, daß das, was die Parteien gewollt haben, nicht immer ganz klar und unzweideutig auch schriftlich niedergelegt wird. Nun wird aber hier der Abs. 3 mit den Worten: „abweichend von den Bestimmungen unter Abs. 2" eigeleitet. Selbst wenn man etwa eine oberflächliche oder ungeschickte Fassung des Wortlautes unterstellt, so geht aus ihr doch jedenfalls so viel hervor, daß in Abs. 3 Ausnahmen von Abs. 2 festgelegt werden sollen. Nun betrifft aber Abs. 3 lediglich Versäumnisse, die ihren Grund in der Person des Arbeitnehmers haben. Hiermit rechtfertigt sich aber der vom Landesarbeitsgericht gezogene Schluß, daß auch Abs. 2 nur auf persönlichen Gründen beruhende Versäumnisse treffen soll. Dann bezieht sich aber Abs. 2 überhaupt nur auf § 616 BGB. und von einer Ausschaltung des § 615 a. a. O. durch ihn kann keine Rede sein.

Dem Wortlaute der Bestimmung ist aber auch insofern eine besondere Bedeutung beizumessen, als festgestelltermaßen bei den Berliner Verhandlungen über eine Ausschaltung des § 615 BGB. gesprochen worden ist und dahingehende Anträge auf ausdrückliche Festlegung von der Arbeitgeberseite gestellt worden waren. Unter diesen Umständen ist davon auszugehen, daß man der Fassung der Bestimmung nach dieser Richtung hin besondere Beachtung geschenkt hat und daß eine Außerkraftsetzung des § 615 BGB. ausdrücklich aufgenommen worden wäre, wenn man sie gewollt hätte.

Im übrigen beziehen sich die Ausnahmen nur auf Arbeitsversäumnisse, die ihren Grund in den persönlichen Verhältnissen des Arbeitnehmers haben. Wenn man ihm aber für solche den Lohn zugebilligt hat, so kann nicht angenommen werden, daß er bei Arbeitsausfällen, die mit seiner Person nichts zu tun haben, an deren Eintritt er überhaupt nicht beteiligt ist, seines Lohnes verlustig gehen solle.

Der Auffassung des Landesarbeitsgerichts ist also beizutreten. Eines Eingehens auf die Behauptung der Beklagten, sie habe über den Hergang der Berliner Verhandlungen Beweis erboten, der vom Landesarbeitsgericht nicht erhoben worden sei, bedarf es nicht, da hiermit eine in der Revisionsinstanz nicht zulässige Rüge aus § 286 ZPO. geltend gemacht ist.

Ist sonach § 615 BGB. durch die Parteivereinbarung nicht außer Kraft gesetzt, so ist weiter zu prüfen, wen im vorliegenden Falle das Betriebsrisiko trifft. Ein Verschulden des einen oder anderen Teiles kommt nicht in Betracht, beide Parteien sind darüber einig, daß ein solches auf keiner Seite vorliegt.

Das Landesarbeitsgericht hat seine Entscheidung auf die im Schrifttum mehrfach vertretene Auffassung gestützt, daß der Arbeitgeber durch das Angebot der Arbeitskraft seitens der Arbeitnehmers in Annahmeverzug gerate und den Lohn zu zahlen habe. Diese Ansicht ist schon durch die Entscheidung des Reichsarbeitsgerichts — RAG. 72/28 vom 20. Juni 1928, RAGEntsch. Bd. 2 S. 77 — mißbilligt worden. In dieser letzteren ist ausgesprochen, daß es nicht möglich sei, eine für alle Fälle zutreffende allgemeine Regel aufzustellen, daß vielmehr jeder Fall nach seiner besonderen Lage zu beurteilen sei. Für diese Beurteilung hat aber die Entscheidung Richtlinien aufgestellt, die aus der Stellung der Arbeitnehmerschaft zum Betriebe und ihrer Mitverantwortlichkeit für denselben hergeleitet sind. In ihnen ist darauf abgestellt, daß jeder Teil nicht nur sein Verschulden, sondern alles zu vertreten hat, was in den Kreis der von ihm zu vertretenden Gefahr fällt und daß in letzter Linie § 242 BGB. den Ausschlag gebe.

In die von dem Arbeitgeber zu vertretende Rechtsphäre rechnet das Reichsarbeitsgericht Ereignisse, die nicht den Bestand des Betriebes, sondern seine Führung treffen, in sie eingreifen. Es zählt hierzu Arbeitsstörungen, die im allgemeinen oder nach den besonderen Verhältnissen des Betriebes öfters vorzukommen pflegen, die der Arbeitgeber zwar nicht vermeiden, aber von vornherein in Rechnung stellen kann. Sie dürften nur nicht so weit gehen, daß der Betrieb nicht mehr in der Lage sei, die aus ihnen sich ergebenden wirtschaftlichen Nachteile zu ertragen, daß m. a. W. sein Bestand gefährdet werde. Wendet man diese Grundsätze auf den vorliegenden Fall an, so handelt es sich um eine Störung, wie sie öfters vorkommt und vorkommen kann, mit der der Betrieb zu rechnen hat. Sie fällt also in die von dem Arbeitgeber zu vertretene Rechtsphäre. Sie ist aber auch nicht so bedeutend, daß sie den Bestand des Betriebes zu gefährden geeignet gewesen wäre; eine dahingehende Behauptung hat die Beklagte selbst nicht aufgestellt. Die Gefahr der Störung ist sonach nach den oben wiedergegebenen Richtlinien vom Arbeitgeber zu tragen und der Anspruch der Kläger auf Zahlung ihres Lohnes ist begründet.

Zu einer Nacharbeit verpflichtet § 615 BGB. die Arbeitnehmer nicht. Wenn sie also, wie die Revision geltend macht, eine angebotene Ersatzarbeit nicht angenommen haben, so folgt daraus nicht, daß sie selbst den ihnen entstandenen Lohnausfall zu tragen haben.

Unbegründet ist endlich der Einwand der Revision, die Arbeitnehmer hätten höchstens einen Anspruch auf die Bezahlung einer wöchentlichen 48stündigen Arbeitszeit, da diese nach dem Arbeitszeitabkommen vom 23. August 1927 auf 48 Stunden festgesetzt sei. Tatsächlich haben damals die Arbeitnehmer nicht 48, sondern 57 Stunden in der Woche gearbeitet. Ihr Anspruch auf Lohn in Fällen einer Betriebsstörung geht aber auf den durch sie verursachten Lohnausfall, also auf die Bezahlung der Stundenzahl, die sie ohne Eintrit der Störung tatsächlich gearbeitet haben würden. Diese Zahl beziffert sich aber unstreitig auf 57 Stunden.

RAG. 2, 310.

Zur Begriffsbestimmung des Lohns und der Arbeitsbereitschaft.

Tarifvertragsordnung und Tarifvertrag für die ostpreußische Holzindustrie § 1.

Reichsarbeitsgericht. Urt. v. 3. November 1928.

I. Arbeitsgericht Königsberg i. Pr. — II. Landesarbeitsgericht daselbst.

Der Kläger war in der mit Maschinen betriebenen Möbelfabrik der Beklagten zunächst von 1922 bis zum 26. Dezember 1925 als einziger Heizer und Maschinist tätig, hatte als solcher auch während der Arbeitspausen den Kessel und die Maschinen zu beaufsichtigen und verrichtete außerdem Schlosserarbeiten. Er wurde nach dem Tarifvertrag für die ostpreußische Holzindustrie (kurz: Holzarbeitertarif) entlohnt, erhielt aber daneben für die Schlosserarbeiten einen wöchentlichen Pauschsatz. Am 26. Dezember 1925 wurde der Kläger infolge einer durch Arbeitsmangel veranlaßten Stillegung des Betriebes von der Beklagten entlassen. Seine Neueinstellung bei Wiederaufnahme des Betriebes erfolgte am 1. Mai 1926. In der dem Arbeitsnachweis damals eingereichten Karte vermerkte die Beklagte, daß der Kläger Lohn nach dem Holzarbeitertarif erhalte. Daß die Bestimmungen dieses Tarifs auf die vor Beginn und nach Beendigung der allgemeinen Arbeitszeit zwecks Ermöglichung der rechtzeitigen Arbeitsaufnahme durch die anderen Arbeiter seitens des Klägers geleisteten Überstunden anzuwenden seien, ist bereits in einem Vorprozeß rechtskräftig festgestellt. Der Kläger verlangt jetzt — neben einem anderen, bereits im zweiten Rechtszuge von ihm fallen gelassenen und deshalb hier außer Betracht bleibenden Anspruch aus der oben erwähnten Entlassung — von der Beklagten, in deren Betrieb er seit dem 1. Mai 1926 nach wie vor als Heizer und Maschinist beschäftigt wird, für die Zeit vom 3. Juni bis zunächst 7. Oktober 1927 Überstundenvergütung auch für die von ihm während der Pausen zur Bewachung und Aufrechterhaltung des Kessel- und Maschinenbetriebs geleistete Arbeitsbereitschaft. Schlosserarbeiten wie früher verrichtet er unstreitig nicht mehr. Die Beklagte bestreitet ihre Verpflichtung zur Zahlung der verlangten Überstundenvergütung und begehrt widerklagend Feststellung, daß der Kläger verpflichtet sei, die Arbeitsbereitschaft auch weiterhin ohne Überstundenvergütung zu leisten.

Das Arbeitsgericht hat der Klage stattgegeben und die Widerklage abgewiesen. Auf die Berufung der Beklagten ist von dem Landesarbeitsgericht die Klage abgewiesen und der Widerklage entsprochen worden.

Die Revision des Klägers führte zur Aufhebung des Berufungsurteils und zur Zurückverweisung der Sache an die Vorinstanz.

Gründe:

Bei der Prüfung der allein noch streitigen Frage, ob dem Kläger für die Tätigkeit, die er während der Pausen zur Bewachung und Aufrechterhaltung des Kessel- und Maschinenbetriebs leistet, eine besondere Vergütung zusteht, geht das Berufungsgericht mit dem Kläger davon aus, daß die ihm gewährten Pausen nicht den gleichen Wert hätten wie die Pausen der übrigen Arbeiter, sondern daß es sich bei ihm um eine wache Achtsamkeit im Zustande der Entspannung, also um eine Arbeitsbereitschaft in dem von Kaskel (Schlichtungswesen 1926 S. 75 flg.) vertretenen Sinne handle. Ob und bejahendenfalls in welchem Umfang der Kläger für diese Arbeitsbereitschaft zu entlohnen sei, entbehre der tarifvertraglichen Regelung. Denn ein Tarifvertrag für das Arbeitsverhältnis des Klägers zu der Beklagten bestehe nicht. Der Holzarbeitertarif gelte nur für die in der Holzbearbeitung beschäftigten Arbeiter und Arbeiterinnen, nicht aber für Arbeiter fremder Berufe, die in Betrieben dieser Art beschäftigt würden. Eine Vereinbarung, daß die Bestimmungen des Holzarbeitertarifs auch auf den Kläger Anwendung finden sollten, würde nichts im Wege gestanden haben. Eine solche Vereinbarung sei jedoch nicht getroffen. Allerdings erhalte der Kläger den Lohn der Holzarbeiter, es fehle jedoch jeglicher Anhaltspunkt dafür, daß mit der Vereinbarung der Lohnsätze des Holzarbeitertarifs auch sämtliche Bestimmungen dieses Tarifs über Arbeitszeit, Überstunden usw. erfaßt werden sollten, denn letztere Bestimmungen seien denen über die Einstellung und Entlassung im Tarifvertrage völlig gleichgestellt. Aus diesem Grunde könne mit der Bemerkung in der Karte für den Arbeitsnachweis nichts weiter gemeint sein, als daß der Kläger die jeweiligen Lohnsätze der Holzarbeiter erhalte. Selbst wenn man aber diesem Vermerk eine Auslegung im Sinne des Klägers gebe, sei damit der Streit nicht zu dessen Gunsten entschieden. Denn die Kontrolltätigkeit, welche der Kläger während der Pausen der verhältnismäßig kleinen Kessel- und Maschinenanlage zu widmen habe, sei nur von so geringem Umfange, daß die vorliegende Arbeitsbereitschaft mit Arbeit nicht gleichwertig sei. Dies habe der Kläger auch selbst berücksichtigt, als er im Mai 1926 die Arbeit bei der Beklagten wieder aufgenommen habe. Denn er sei, nachdem er ein ganzes Jahr lang Abgeltung seines Bereitschaftsdienstes nicht verlangt habe, erst am 13. Juni 1927 mit dem Anspruch auf Zahlung des ursprünglich vereinbarten Pauschsatzes hervorgetreten. Aus den Vorprozeßakten ergebe sich ferner, daß der Kläger gegenüber Mitarbeitern geäußert habe, auch bei ihm habe ein Abbau des Lohnes und der Zulage stattgefunden. Hieraus sei zu folgern, daß der Kläger bei der Wiederaufnahme der Arbeit im Betriebe der Beklagten eine freie Vereinbarung über die Vergütung seiner gesamten Tätigkeit getroffen habe, und daß er in genauer Kenntnis des ihm von früher her bekannten Arbeitsumfangs die Zahlung der Lohnsätze der Holzarbeiter als für die von ihm geleistete Tätigkeit einschließlich seiner Arbeitsbereitschaft für ausreichend und angemessen gehalten habe. Eine solche Vereinbarung sei mit Rücksicht darauf, daß für die Parteien ein gemeinsamer Tarifvertrag nicht bestehe, zulässig und lasse den Anspruch des Klägers auf Vergütung der Arbeitsbereitschaft als unberechtigt erscheinen. Andererseits folge daraus die Berechtigung der Widerklage, wobei nicht verkannt werde, daß das Begehren der Beklagten sich mit ihrem Vorbringen nicht im vollen Umfang decke, sondern hinter demselben zurückbleibe.

Die Revision rügt Nichtanwendung des Tarifvertrags für die ostpreußische Holzindustrie, Verletzung der §§ 133, 157 BGB. und Verkennung sowohl des Begriffs der Arbeitsbereitschaft wie der Zulässigkeit des Verzichts auf Tariflohn. Ihr kann ein Erfolg nicht versagt werden.

Den Gegenstand des gegenwärtigen Rechtsstreits bilden zwei Zeitabschnitte: die im wesentlichen vor der Klagerhebung liegende Zeit vom 3. Juni bis 7. Oktober 1927 und die Folgezeit. Auf erstere Zeitspanne erstreckt sich die Klage, auf die nach dem 7. Oktober 1927 liegende Zeit die Widerklage. Hinsichtlich der Zeit vom 3. Juni bis 7. Oktober 1927 wird das Berufungsurteil von der Erwägung getragen, daß der Kläger, gleichgültig, ob er dem Holzarbeitertarif unterstehe und nach diesem eine Entlohnung für eine selbst nur geringe Tätigkeit während der Arbeitspausen verlangen dürfe, durch eine bei seiner Wiedereinstellung getroffenen Vereinbarung für die Zukunft und durch sein Verhalten von der Wiedereinstellung bis zum 13. (gemeint ist wohl: 3.) Juni 1927 für die Vergangenheit auf etwaige Zuschläge zu den Lohnsätzen der Holzarbeiter, insbesondere auf einen Zuschlag für seine Arbeitsbereitschaft verzichtet habe. Das Berufungsgericht stützt sich hierbei auf den zum Gegenstand der mündlichen Verhandlung beider Rechtszüge gemachten Inhalt der Vorprozeßakten, namentlich auf die dazu gehörige Beweisaufnahme. Diese tatrichterliche Würdigung ist frei von Rechtsirrtum, soweit sie den Verzicht auf Zuschläge für die Vergangenheit betrifft (vgl. RAGEntsch. Bd. 1 S. 123 und 190, sowie Bd. 2 S. 159 flg.), sie verstößt jedoch gegen den in der erstangezogenen Entscheidung aufgestellten Rechtsgrundsatz der Unwirksamkeit eines Verzichts für die Zukunft. Das Berufungsgericht hätte prüfen müssen, ob nicht schon die von ihm festgestellte Tatsache, daß der Kläger am 13. (3.) Juni 1927 mit seinem Anspruch auf Zahlung eines Pauschsatzes für seine Arbeitsbereitschaft hervortrat, die Folgerung rechtfertigt, daß er jedenfalls von diesem Zeitpunkt ab nicht mehr gewillt war, die vereinbarte geringere Entlohnung widerspruchslos anzunehmen. Es wurde dieser Prüfung nicht dadurch enthoben, daß es unter Hinweis auf die angeblich bei der Wiedereinstellung des Klägers getroffene Vereinbarung das Bestehen eines für die Parteien gemeinsamen Tarifvertrages verneint. Dieser Schluß widerspricht überdies dem Ausgangspunkt der nach dem oben Gesagten die Entscheidung tragenden Erwägung des Berufungsgerichts insofern, als es dort die Möglichkeit der Geltung des Holzarbeitertarifs auf das neue Arbeitsverhältnis des Klägers bei der Beklagten an sich bejaht und auch sonst, wenn zwar in beschränktem Umfang, diesen Tarif hierauf anwendet. Nicht minder rechtsirrtümlich ist diese Beschränkung selbst. Das Berufungsgericht verkennt die gesetzlichen Auslegungsregeln der §§ 133, 157 BGB., wenn es dem Umstand, daß der Kläger vor und nach seiner Wiedereinstellung im Betriebe der Beklagten stets den Lohn des Holzarbeiters erhalten hat, und der Bemerkung in der Karte für den Arbeitsnachweis aus Anlaß seiner Wiedereinstellung, daß der Kläger nach dem Holzarbeitertarif entlohnt werde, nicht die rechtliche Bedeutung beimißt, daß dieser, und nur dieser Tarif nach dem Willen der Parteien auf den Arbeitsvertrag des Klägers zur Anwendung kommen muß. Denn die so festgestellten Tatsachen können unter Berücksichtigung des ganzen Zusammenhangs und der Anforderungen von Treu und Glauben im Verkehr keinen anderen Sinn und Zweck haben, als daß der Holzarbeitertarif für den Kläger gelten soll. Es ist auch abwegig, eine Trennung von Lohn und Zuschlägen vorzunehmen, wie es das Berufungsgericht tut. Lohn ist Entgelt des Arbeitgebers für geleistete Arbeit des Arbeitnehmers. Bestimmung darüber zu treffen, wie der Arbeitgeber das Entgelt gewähren soll, ist eine der wesentlichsten Aufgaben der nach § 1 Tarifvertags-Vo. die Bedingungen für den Abschluß von Arbeitsverträgen regelnder Tarifverträge. Dazu gehören erfahrungsgemäß die Bestimmungen über die Lohnform (Zeit- oder Stücklohn), über die Höhe des Lohns, über Zuschläge für Mehr-, Überstunden, Sonn-, Feiertags-, Nacht- oder Schmutzarbeit, über Sozialzulagen, über Urlaubs- und Krankheitsvergütung und dergleichen mehr. Sie sind innerlich so miteinander verbunden und voneinander so abhängig, daß es der Feststellung besonderer Umstände bedürfte, um eine Loslösung des rein ziffernmäßigen

Lohnbetrages von denjenigen Bestimmungen zu rechtfertigen, auf welchen die Bezifferung des Lohnes beruht. Eine derartige Feststellung läßt das angefochtene Urteil vermissen. Dazu kommt endlich, daß die an sich richtige Begriffsbestimmung der Arbeitsbereitschaft in dem angefochtenen Urteil, welche sich mit der von dem Reichsarbeitsgericht in RAGEntsch. Bd. 2 S. 154 (159) gegebenen im wesentlichen deckt, in Verbindung mit der Feststellung, daß der Kläger „Bereitschaftsdienst" leistet, welcher der Arbeit „nicht gleichwertig" ist, allenfalls — sofern dies mit dem Tarifvertrag vereinbar ist — dazu führen könnte, hierfür dem Kläger einen geringeren als den gewöhnlichen Lohn zu gewähren, nicht aber ihm jeglicher Vergütung zu versagen. Dies um so mehr, als das angefochtene Urteil nicht erkennen läßt, ob das Berufungsgericht bei der Bewertung des Bereitschaftsdienstes die Behauptung des Klägers, daß er während dieses Dienstes das Reinigen der Rauchröhre, das Ausschlacken, Anfeuern und Aufspeisen des Kessels, das Verpacken der Stopfbuchsen und andere Arbeiten verrichten müsse, nach Zeit und aufzuwendender Arbeitskraft im einzelnen geprüft hat. Der aus der Tätigkeit des Klägers vor seiner Wiedereinstellung gezogene Schluß, daß die Kontrolltätigkeit die er dem Kessel und der Maschine zu widmen habe, nur von geringem Umfang sei, kann als erschöpfende Feststellung nicht angesehen werden.

Alles in allem ergibt die Nachprüfung des Berufungsurteils schon mit Bezug auf die Klage so erhebliche Rechtsverstöße, daß es eines Eingehens darauf, ob die getroffenen tatsächlichen Feststellungen die lediglich auf die Zukunft gerichtete Widerklage rechtfertigen, nicht erst bedarf, vielmehr ohne weiteres die Aufhebung und Zurückverweisung der Sache an das Berufungsgericht geboten ist. Die Entscheidung über die Kosten der Revision muß dem Endurteil überlassen werden.

RAG. 2, 316.

1. Wirksamkeit der Schwerbeschädigten-Zuweisung trotz unvollständiger inhaltlicher Bestimmung des Arbeitsvertrags.

2. Kann Wohnungbeschaffung bei den ländlichen Arbeitsvertrag mit der Zuweisung auferlegt werden?

Gesetz über die Beschäftigung Schwerbeschädigter vom 12. Januar 1923 RGBl. I S. 57 §§ 7, 21.

Reichsarbeitsgericht. Urt. v. 7. November 1928

I. Arbeitsgericht Küstrin. — II. Landesarbeitsgericht Frankfurt a. Oder.

Der Kläger ist Schwerbeschädigter.

Der beklagte Gutsbesitzer ist nach der Stärke seiner Arbeitnehmerschaft zur Einstellung eines Schwerbeschädigten verpflichtet. Ihm war gemäß § 6 Abs. 2 des SchwerbG. von der Hauptfürsorgestelle nachgelassen worden, statt der Einstellung eine laufende Zahlung zu leisten, bis er das, im Mai 1926, ablehnte.

Nunmehr setzte die Hauptfürsorgestelle ihm eine Frist bis zum 20. Juli 1926 zur Einstellung eines Schwerbeschädigten. Als diese Frist ohne Ergebnis verstrichen war, erließ die Hauptfürsorgestelle am 17. September den folgenden, dem Beklagten zugestellten Beschluß:

> Nachdem die Gutsverwaltung Gr. . . . der . . . Aufforderung zur Einstellung eines Schwerbeschädigten nicht nachgekommen ist, wird ihr gemäß § 7 Abs. 2 dieses Gesetzes der ledige Schwerbeschädigte S. vom 4. Oktober 1926 ab zur Einstellung zugewiesen.
>
> Mit Zustellung dieses Schreibens gilt zwischen der Gutsverwaltung Gr. und dem Schwerbeschädigten S. ein Arbeitsvertrag als abgeschlossen. Als Inhalt dieses Vertrags gilt der für den Betrieb der Gutsverwaltung maßgebliche Tarifvertrag oder, falls ein solcher nicht besteht, die für den Betrieb geltende Betriebsvereinbarung.

Unter dem 23. September 1926 erging von der Hauptfürsorgestelle an den Beklagten das weitere Schreiben:

> Im Nachgange zu meinem Schreiben vom 17. ds. Mts. über die Einstellung des Kriegsbeschädigten S. teile ich Ihnen mit, daß Sie verpflichtet sind, dem Kriegsbeschädigten freie Unterkunft zu gewähren, da die Wohnung einen Teil der Entlohnung bildet.
>
> Die Einstellung des S. bitte ich mir . . . mitzuteilen. Ich bemerke hierbei, daß der Schwerbeschädigte bei einer Verweigerung der Einstellung einen klagbaren Anspruch auf Zahlung des Tariflohns hat.

Der Beklagte hat sich daraufhin bereit erklärt, den Kläger zu beschäftigen, aber als Freiarbeiter, und hat es als unmöglich abgelehnt, dem Kläger Unterkunft zu gewähren.

Infolgedessen ist es zur Einstellung des Klägers nicht gekommen.

Der Kläger hat auf Grund dieser Vorgänge Lohn für die Zeit vom 4. Oktober 1926 bis zum 13. Dezember 1927 eingeklagt.

Der Beklagte hat der Klage widersprochen, weil durch die unvollständige Zuweisung ein Arbeitsvertrag nicht zustande gekommen sei und die Stellung einer Wohnung ihm nicht habe auferlegt werden können.

Das Arbeitsgericht Küstrin hat dem Klagantrag entsprochen, der Beklagte hat Berufung mit dem Ziel der Klagabweisung eingelegt.

Das Landesarbeitsgericht hat die Berufung des Beklagten zurückgewiesen.

Der Beklagte hat die von dem Landesarbeitsgericht zugelassene Revision eingelegt.

G r ü n d e :

Zu der Frage, ob eine nach § 7 SchwerbG. bestehende Zuweisung eines Schwerbeschädigten, die der vollen inhaltlichen Bestimmung des Arbeitsvertrages entbehrt, dem Schwerbeschädigten Vertragsansprüche gewährt, ist dem Berufungsrichter dahin beizutreten, daß auch der Zuweisungsbeschluß, der den im Sinne des bürgerlichen Rechts notwendigen Inhalt des Arbeitsvertrags nicht enthält, wirksam ist und Vertragsbindung zwischen den Arbeitsparteien erzeugt. Das ergibt nicht nur der Zweck des Gesetzes, dem Schwerbeschädigten ohne lange Prüfung alsbald eine Arbeitsstelle fest zu sichern (vgl. Verhandl. des Reichstags I. Wahlperiode Bd. 375 Anl. Aktenstück Nr. 5295 Begründung S. 11), sondern auch der Wortlaut des Gesetzes, der in § 7 Abs. 2 die Zuweisung, mit der der Abschluß des Vertrags eintritt, von der Inhaltsbestimmung klar trennt und damit zuläßt, daß die Inhaltsbestimmung auch unabhängig von der Zuweisung, auch nachträglich, durch die Hauptfürsorgestelle vorgenommen werden kann. Daß diese Zulassung einer Zuweisung zunächst „in blanko" dem Willen des Gesetzgebers entsprach, wird verdeutlicht durch eine Heranziehung der älteren Regelung im Reichsgesetz vom 6. April 1920 RGBl. S. 458. Danach erfolgte die Zwangszuweisung so, daß der sie bestimmende Spruch des Schlichtungsausschusses durch die zuständige Verwaltungsbehörde für verbindlich erklärt wurde. Es heißt dann:

„Sie (die Verwaltungsbehörde) kann, wenn der Schiedsspruch die Einstellung des Schwerbeschädigten betrifft, auf Antrag der Hauptfürsorgestelle den Schwerbeschädigten bestimmen, den der Arbeitgeber einzustellen hat. Es gilt dann zwischen dem Arbeitgeber und dem Schwerbeschädigten ein Dienstvertrag als abgeschlossen, der dem Inhalt des Schiedsspruchs und, s o w e i t d i e s e r e i n e R e g e l u n g n i c h t v o r s i e h t, dem Dienstvertrag gleichartiger Arbeitnehmer entspricht."

Auch das alte Schwerbeschädigtenrecht kennt also eine Zuweisung ohne ausdrückliche Inhaltsbestimmung.

Bei der geltenden Gestaltung ist die Inhaltsbestimmung, die nach dem Gesetzesstande von 1920 nur materiellrechtlich durch Verweisung auf andere Dienstverträge geschah, im Interesse der Beschleunigung (vgl. die vorangeführte Begründung des Entw. 1922) auch im Verfahren geordnet. Das Gesetz ist nicht dahin zu verstehen, daß der Arbeitsvertrag zunächst ohne Inhalt sei und ihn erst durch Bestimmung der Fürsorgestelle erhalte. Vielmehr ist die Inhaltsbestimmung als maßgebliche deklaratorische und deshalb rückwirkende Feststellung in die Hand der Hauptfürsorgestelle gelegt, falls und insoweit der Vertrag sich nicht ohne weiteres nach einer tarifrechtlich (§ 1 oder 2 TVo.) maßgebenden Norm richtet.

Im vorliegenden Fall hat die Hauptfürsorgestelle die von ihr unter Bezugnahme auf die für den Betrieb geltende Tarifnorm geschehene Zuweisung durch das Nachtragsschreiben vom 23. September dahin ergänzt, daß sie dem Beklagten die Stellung einer Unterkunft auferlegte

Daß bei einem ländlichen Arbeitsvertrage die Unterkunftsgestellung Gegenstand des Arbeitsvertrages sein kann und regelmäßig ist, bedarf keiner Ausführung.

Damit war der Arbeitsvertrag in dem einzigen Punkt, in dem für die Einreihung des Klägers in die Gruppen des Tarifvertrags Zweifel bestehen könnten, wirksam ergänzt; alles übrige konnte unter Heranziehung des Alters des Klägers, des Umstands, daß er ledig war, seiner Vorbildung und des Maßes seiner Arbeitsfähigkeit aus dem Tarifvertrag ergänzt oder der freien Wahl des Beklagten überlassen werden.

Wenn der Beklagte in zweiter Reihe darauf fußt, daß er schlimmstenfalls den Kläger als Freiarbeiter angenommen habe, so geht das fehl, weil zur Zeit seiner Erklärung, er stelle den Kläger als Freiarbeiter ein, die Zuweisung schon in dem Sinne erläutert war, daß der Beklagte den Kläger unterzubringen habe. Nach dieser Richtung stand dem Beklagten jetzt also eine Bestimmung nicht mehr frei.

Daß die Unterkunftszuweisung deshalb nicht wirksam gewesen sein könnte, weil dem Beklagten die Unterbringung unmöglich gewesen sei, ist abzulehnen. Nur eine Unzumutbarkeit kann in Frage kommen, und die Entscheidung darüber hat das Gesetz auf die nach § 21 einzugehende Beschwerde dem Schwerbeschädigtenausschuß in die Hand gegeben.

RAG. 2, 336.

Die Aufnahme einer Verdachts einer strafbaren Handlung in ein einem Arbeitnehmer zu erteilendes Zeugnis ist nicht zulässig.

RGewO. § 113.

Reichsarbeitsgericht. Urt. v. 17. November 1928.

I. Arbeitsgericht Berlin. — II. Landesarbeitsgericht daselbst.

Der Kläger stand seit dem 9. August 1924 als Automobilfahrer bei der Beklagten im Dienst. Am 18. März 1927 wurde ihm fristgerecht zum 25. März 1927 gekündigt. Er strengte eine Klage vor dem Gewerbegericht an, in der er die Erteilung eines sich auch auf seine Führung erstreckenden Zeugnisses verlangte. Ein in dieser Sache am 5. April 1927 anstehender Termin verlief ohne Ergebnis, weil auf eine Anzeige der Beklagten hin ein Ermittlungsverfahren wegen Diebstahls gegen ihn schwebte. Während dieses noch im Gange war, stellte ihm die Beklagte ein vom 4. März 1927 datiertes Zeugnis aus, das den Zusatz enthielt:

„Herr M. wurde von uns entlassen, da gegen ihn der Verdacht des Diebstahls vorlag. Seine Leistungen und seine Führung waren sonst zufriedenstellend."

Am 18. Juli 1927 ging bei der Beklagten der Einstellungsbescheid des Oberstaatsanwalts beim Amtsgericht Berlin-Mitte ein, der bemerkte, die Schuld des Klägers lasse sich nicht nachweisen, da er und der andere Verdächtige Sch. sich deckten.

Kläger behauptet, ohne den Zusatz im Zeugnis sei es ihm möglich gewesen, am 4. August 1927 bei dem Wäschereibesitzer Z. mit einem Wochenlohn von 44,– M eingestellt zu werden. Er habe aber erst am 5. November 1927 nach Ausstellung eines ordnungsmäßigen Zeugnisses ohne den Zusatz anderweit Stellung erhalten. Er verlangt als Schadensersatz den ihm entgangenen Arbeitsverdienst, den er bei Z. erhalten haben würde.

Das Arbeitsgericht hat der Klage stattgegeben und das Landesarbeitsgericht hat die Berufung der Beklagten zurückgewiesen. Die Revision der Beklagten wurde zurückgewiesen aus folgenden

Gründen:

Das Landesarbeitsgericht hat festgestellt, daß weder die Täterschaft noch die Teilnahme des Klägers an dem fraglichen Diebstahl erwiesen sei. Ein Zeugnis müsse hinsichtlich der Führung eines Arbeitnehmers richtig sein, es dürfe nur wahre Tatsachen oder ein richtiges Gesamturteil über die Führung des Arbeitnehmers enthalten. Mit der Erwähnung des Verdachtes einer Straftat gebe der Arbeitgeber zu, daß der Arbeitnehmer möglicherweise die Tat nicht begangen habe. Für solche Möglichkeiten, Mutmaßungen und selbst hohe Wahrscheinlichkeiten sei in einem Zeugnisse kein Raum. Ein Zeugnis mit einem derartigen Zusatze habe dieselbe schädliche Wirkung, wie wenn der Arbeitnehmer der Täterschaft selbst bezichtet werde. Darin liege eine unbillige Erschwerung des Fortkommens des Arbeitnehmers, die mit einem bloßen Verdacht nicht verantwortet werden könne. Eine Haftung der Beklagten gegenüber Dritten aus § 726 BGB. im Falle der Nichtbeifügung des Vermerkes komme nicht in Frage. Die gegenteilige Annahme der Beklagten könne ihr Verhalten nicht rechtfertigen, sie habe also gegen ihre Vertragspflicht verstoßen.

Durch die Klage vor dem Gewerbegericht sei die Beklagte bezüglich der Ausstellung eines ordnungsmäßigen Zeugnisses in Verzug gesetzt worden. Nach ihrer eigenen Angabe habe der Kläger ein solches auch noch nach dem Termine vom 5. April 1927 verlangt. Beklagte habe also nicht annehmen können, daß Kläger das am 4. Mai 1927 ausgestellte Zeugnis als ordnungsmäßige Erfüllung seines Anspruchs betrachte. Ob die Beklagte bei dem am 5. April 1927 vorhandenen Sachverhalte mit der Ausstellung des Zeugnisses bis nach Erledigung des Strafverfahrens habe warten dürfen, könne dahin gestellt bleiben. Jedenfalls sei sie nicht befugt gewesen, es mit dem im Falle der Nichterweislichkeit unerträglichen Zusatze zu versehen.

Es lasse sich die Annahme nicht zurückweisen, daß es Sache des Klägers gewesen sei, nach Empfang des Einstellungsbescheides an die Beklagte wegen einer Änderung des Zeugnisses heranzutreten. Er behaupte, damals habe Z. bereits seine Einstellung abgelehnt gehabt. Dies könne dahingestellt bleiben, da eine etwaige Unterlassung für den Schaden nicht ursächlich geworden sei. Nach ihrer eigenen Erklärung würde die Beklagte dann die Tatumstände und den Inhalt des Einstellungsbescheides in das Zeugnis aufgenommen haben. Unter diesen Umständen hätte Z. nach seiner Angabe den Kläger auch nicht eingestellt. Übrigens sei auch ein derartiges Zeugnis unstatthaft gewesen. Andererseits wäre der Kläger mit einem ordnungsmäßigen Zeugnis bei Z. eingestellt worden. Die Ausstellung des Zeugnisses sei also vertragswidrig gewesen und diese Vertragswidrigkeit für den Schaden ursächlich geworden. Ein mitwirkendes Verschulden des Klägers liege nicht vor.

Nach der tatsächlichen und das Revisionsgericht bindenden Feststellung des Landesarbeitsgerichts ist weder die Täterschaft noch die

Teilnahme des Klägers an dem fraglichen Diebstahl erwiesen. Richtig ist nur, daß ein Verdacht gegen ihn bestand und ein Ermittlungsverfahren gegen ihn schwebte, das aber mit Einstellung endete, weil der zur Erhebung einer Anklage erforderliche hinreichende Verdacht fehlte.

Es handelt sich hier um die grundsätzliche Frage, ob ein Arbeitgeber in ein Zeugnis, das sich auf Verlangen des Arbeitnehmers auch auf dessen Führung zu erstrecken hat, auch den Verdacht einer strafbaren Handlung aufnehmen darf. Das Reichsarbeitsgericht ist der Auffassung, daß dies weder im allgemeinen noch für den besonderen Fall mit Treu und Glauben zu vereinbaren ist.

Wenn ein Arbeitnehmer im Sinne des § 113 Abs. 2 RGebwO. die Ausdehnung des Zeugnisses auf Führung und Leistung verlangt, so hat der Arbeitgeber ein die gesamte Tätigkeit zusammenfassendes, auf Tatsachen gestütztes und durch solche zu belegendes Urteil abzugeben. Grundsätzlich sollen also nur tatsächliche Vorgänge in dem Zeugnisse Verwertung finden. Diesem Grundsatze widerspricht aber die Aufnahme des Verdachtes einer strafbaren Handlung in dasselbe. Der Verdacht selbst ist keine solche Tatsache. Gewiß ist es richtig, daß er besteht, wenn ein Ermittlungsverfahren gegen den Arbeitnehmer eingeleitet ist, er bleibt aber immer, solange er sich nicht zur Gewißheit verdichtet hat, eine wenngleich auf tatsächliche Vorgänge gegründete unsichere Vermutung. Mit Recht hebt das Landesarbeitsgericht hervor, daß die Erwähnung des Verdachtes einer strafbaren Handlung im Zeugnisse das Zugeständnis des Arbeitgebers enthalte, daß der Arbeitgeber möglicherweise die Tat doch nicht begangen haben könne und daß eine auf so unsicherer Grundlage beruhende Angabe sich für eine Mitteilung an dritte Personen, denen das Zeugnis zu Gesicht kommt nicht eigne.

Anderseits ist aber zu erwägen, daß die Mitteilung des Verdachtes im Zeugnisse von jedem Dritten dahin verstanden werden muß, daß der Arbeitgeber seine Meinung dahin zum Ausdrucke bringt, daß er den Arbeitnehmer der ihm zur Last gelegten strafbaren Handlung für fähig hält. Der Arbeitgeber gibt damit ein Urteil ab, das er bei einer so unsicheren Grundlage, wie sie der bloße Verdacht biete, nicht abgeben darf, wenn er mit Rücksicht auf Treu und Glauben seinen Verpflichtungen aus dem Arbeitsverhältnisse gerecht werden will. Es ist heutzutage jedem Arbeitgeber bekannt, wie ein derartiger Vermerk in einem Zeugnisse im wirtschaftlichen Leben verstanden wird. Er muß sich auch darüber klar sein, daß er einem Arbeitnehmer bei dem heutigen Überangebot an Arbeitskräften die Erlangung einer neuen Stellung erheblich erschwert, wenn nicht gar unmöglich macht. Den Arbeitnehmer damit in seinem Fortkommen so schweren Gefahren auszusetzen, wenn nur ein Verdacht gegen ihn vorliegt, ist der Arbeitgeber nicht berechtigt, ein derartiges Verhalten verstößt gegen Treu und Glauben.

Nun macht die Beklagte geltend, sie sei nach § 826 BGB. verpflichtet gewesen, den Verdacht in dem Zeugnisse zu erwähnen, da sie sonst von späteren Arbeitgebern habe in Anspruch genommen werden können. Daß der Fall dieser Bestimmung, wonach sich schadensersatzpflichtig macht, wer in einer gegen die guten Sitten verstoßenden Weise einem anderen vorsätzlich Schaden zufügt, nicht vorliegt, wenn in das Zeugnis eines entlassenen Arbeitnehmers ein bloßer Verdacht nicht aufgenommen worden ist, bedarf keiner näheren Darlegung. Die Beklagte kann sich aber auch nicht darauf berufen, daß sie auf Grund von Äußerungen von Schriftstellern oder von vielleicht mißverstandenen Gerichtsurteilen, denen unter Umständen ein ganz anderer Tatbestand zugrundeliegt, zu ihrer Auffassung gekommen sei, daß sie also kein Verschulden treffe. Wer sich auf solcher Grundlage eine Ansicht bildet und dieser entsprechend sein Verhalten einrichtet, tut dies auf seine Gefahr und muß die Folgen auf sich nehmen, wenn sein Vorgehen sich hinterher als unberechtigt herausstellt.

Für den vorliegenden Fall kommen aber noch verschiedene Umstände hinzu, die die Verletzung der Pflichten aus dem Vertrage durch die Beklagte noch deutlicher hervortreten lassen. Der Kläger war fast drei Jahre in ihren Diensten und hatte sich, wie das Zeugnis im übrigen ergibt, zufriedenstellend geführt. Dieser Umstand verpflichtete sie, mit der Aufnahme einer Bemerkung in das Zeugnis doppelt vorsichtig zu sein, die dem bisherigen Verhalten des bis dahin unbescholtenen Arbeitnehmers und ihren Erfahrungen mit ihm ausgesprochen zuwiderlief. Sie hat aber nicht nur den Verdacht erwähnt, sondern ihn unmittelbar als Entlassungsgrund bezeichnet. Hiermit hat sie jedem unbefangenen Dritten klar zum Ausdruck gebracht, daß sie den Verdacht für berechtigt und den Kläger für den Täter halte. Dazu war sie nach der bisherigen einwandfreien Führung des Klägers nicht berechtigt, zumal sie sich darüber klar sein mußte, welche Nachteile ihm dadurch entstehen konnten und mußten.

Hiernach hat die Beklagte gegen die ihr in bezug auf die Ausstellung eines Zeugnisses aus dem Arbeitsvertrage erwachsenen Pflichten verstoßen und der Anspruch des Klägers auf Ersatz des ihm hieraus entstandenen Schadens war berechtigt. Daß dem Kläger durch den Inhalt des Zeugnisses ein Schaden entstanden ist, hat das Landesarbeitsgericht zutreffend festgestellt. Mit Recht hat es aber auch ein mitwirkendes Verschulden des Klägers verneint. Ob seine Annahme, daß der Kläger nach Erhalt des Einstellungsbescheides noch einmal an die Beklagte hätte herantreten und ein anderes Zeugnis fordern müssen, richtig ist, bedarf keiner Untersuchung. Auch in diesem Falle hätte die Beklagte nach der Feststellung des Berufungsgerichts das Zeugnis nur insoweit geändert, daß sie die Tatumstände und den Inhalt des Einstellungsbescheides in es aufgenommen hätte. Auch hierzu wäre sie nicht berechtigt gewesen, ebensowenig wie zur Aufnahme des Verdachts. Mit einem solchen Zeugnisse hätte der Zeuge Z. den Kläger auch nicht eingestellt. .Wenn das Berufungsgericht auf Grund dieses Sachverhaltes die Unterlasusng des Klägers als nicht ursächlich für den entstandenen Schaden erklärt, so steht seine Entscheidung unter der Bestimmungen des § 287 ZPO., gegen die eine Rüge in der Revisionsinstanz nicht zugelassen ist. Einen Rechtsirrtum läßt das Urteil insoweit nicht erkennen.

RAG. 2, 347.

Findet ein sich rückwirkende Kraft beilegender Tarifvertrag auf solche Arbeiter Anwendung, die zwar zur Zeit, für welche der Tarifvertrag sich rückwirkende Kraft beilegt, aber nicht mehr im Zeitpunkt des Zustandekommens des Tarifvertrags in einem beteiligten Betriebe tätig waren?

TarifvertrVO. § 1, BGB. §§ 133, 157.

Reichsarbeitsgericht. Urt v. 3. November 1928.

I. Arbeitsgericht Solingen. — II. Landesarbeitsgericht Elberfeld.

Ein zwischen dem Kläger und dem christlichen Metallarbeiterverband auf Arbeitnehmerseite und dem Beklagten auf Arbeitgeberseite geschlossener Lohntarifvertrag wurde von den beteiligten Arbeitnehmerverbänden wegen eingetretener Teuerung gekündigt und lief infolgedessen am 31. August 1927 ab. Zwischen dem 1. und 20. September 1927 schieden verschiedene Arbeitnehmer, ohne dadurch die Mitgliedschaft ihres Verbandes zu verlieren, aus den Betrieben ihrer bisherigen Arbeitgeber aus. Durch einen für verbindlich erklärten Schiedsspruch vom 20. September / 5. Oktober 1927 wurden, und zwar ausdrücklich mit rückwirkender Kraft, vom 1. September 1927 ab erhöhte Löhne festgesetzt. Darüber, ob die Lohnerhöhung den inzwischen ausgeschiedenen Arbeitnehmern ebenfalls zuteil werden sollte, besagte der Schiedsspruch nichts. Es war auch in dem dem Schiedsspruch vorausgegangenen Schlichtungsverfahren hierüber weder verhandelt noch gesprochen worden. Der Beklagte wies darauf seine Mitglieder an, den ausgeschiedenen Arbeitnehmern die erhöhten Löhne nicht zu zahlen. Der Kläger begehrt deshalb Feststellung, daß der Beklagte verpflichtet sei, auf seine Mitglieder mit den Verbandsmitteln dahin einzuwirken, daß diese die in dem Schiedsspruch mit Rückwirkung angeordnete Lohnerhöhung auch an diejenigen Arbeitnehmer auszahlen, die in der Zeit vom 1. bis 20. September 1927 bei den Mitgliedern ausgeschieden sind. Der Beklagte hat Klagabweisung beantragt.

Das Arbeitsgericht hat der Klage stattgegeben. Die Berufung des Beklagten ist vom Landesarbeitsgericht unter gleichzeitiger Zulassung der Revision zurückgewiesen worden. Auch die Revision des Beklagten blieb erfolglos.

Gründe:

Das Berufungsgericht bejaht mit dem ersten Richter die Vorfrage der Zulässigkeit der erhobenen Feststellungsklage. In der Sache selbst vertritt es ebenfalls mit dem ersten Richter den Standpunkt, daß an sich die Rückwirkung eines Tarifvertrags auf ausgeschiedene Arbeitnehmer rechtlich möglich sei, daß sie grundsätzlich alle Arbeitsverträge erfasse, die zu der Zeit, für die sie gelten solle, noch bestanden hätten, daß es jedoch der Feststellung im einzelnen Falle bedürfe, was die Parteien gewollt hätten, wobei allerdings im Zweifel eine ohne jede Einschränkung festgelegte Rückwirkung auch Ausgeschiedenen zugute zu kommen habe. Dies entspreche überdies der Billigkeit. In der Festlegung der Rückwirkung erhöhter Löhne komme nämlich zum Ausdruck, daß von diesem Zeitpunkt ab die Lohnleistung des Arbeitgebers der Arbeitsleistung des Arbeitnehmers nicht mehr voll entsprochen habe, und es sei klar, daß dabei sachlich kein Unterschied zwischen Ausgeschiedenen und nicht Ausgeschiedenen gemacht werden könne. Aus dem unstreitigen Verlauf des Schlichtungsverfahrens und aus dem Wortlaut des Schiedsspruchs im vorliegenden Falle könne nun nicht festgestellt werden, daß die Rückwirkung sich nicht auf die inzwischen Ausgeschiedenen beziehen solle, sie müsse ihnen daher auch zuteil werden. Damit stimme es überein, daß die Rückwirkung im vorliegenden Fall einen tariflosen Zustand überbrückt habe, so daß das neue Lohnabkommen sich unmittelbar an das alte angeschlossen habe. Endlich sei unbestritten die Kündigung des alten Lohnabkommens wegen der eingetretenen Teuerung erfolgt, es sei daher auch hier nicht mehr als billig, die Lohnerhöhung auch den inzwischen Ausgeschiedenen zu gewähren.

Die Revison rügt Verletzung des zwischen den Parteien bestehenden Zwangslohntarifvertrages vom 20. September / 5. Oktober 1927 in

Verbindung mit § 1 TarifvertragsVg. und §§ 133, 157, 611 BGB. Ihr muß jedoch ein Erfolg versagt bleiben.

Was zunächst die Zulässigkeit der erhobenen Feststellungsklage betrifft, so steht das angefochtene Urteil insoweit durchaus im Einklang mit der Rechtsprechung des Reichsarbeitsgerichts (vgl. RAG. Entsch. Bd. 1 S. 135 flg. und S. 208 flg.). Es genügt hierauf zu verweisen.

Die den Kernpunkt des gegenwärtigen Rechtsstreits bildende Frage, ob ein sich rückwirkende Kraft beilegender Tarifvertrag auf solche Arbeiter Anwendung findet, die zwar zur Zeit, für welche der Tarifvertrag sich rückwirkende Kraft beilegt, aber nicht mehr im Zeitpunkt des Zustandekommens des Tarifvertrages in einem beteiligten Betriebe tätig waren, ist in Übereinstimmung mit der in Wissenschaft und Rechtsprechung herrschenden Meinung, der das Berufungsgericht folgt und auch die Revision nicht entgegentritt, grundsätzlich zu bejahen (vgl. Kaskel, Arbeitsrecht 3. Aufl. S. 65 Anm. 3, Nipperdey, Beiträge S. 160 und nähere Angaben bei letzterem sowie bei Jacobi, Grundlehren des Arbeitsrechts S. 236 Anm. 35, der selbst anderer Ansicht ist). Es ist ferner mit dem Berufungsgericht davon auszugehen, daß es für die Beantwortung der Frage im Einzelfall im wesentlichen auf den Willen der Tarifvertragsparteien ankommt. Wenn das Berufungsgericht dann im Wege der Auslegung das Vorhandensein dieses Willens für den vorliegenden Fall annimmt, so befindet es sich hierbei im Einklang mit der die gleiche Frage behandelnden Entscheidung des Reichsgerichts vom 11. Dezember 1923 in III 599/23 (N. Z. f. A. R. 1924 S. 496 und Kartenauskunftei des Arbeitsrechts, Karte „Tarifvertrag; Rückwirkung auf ausgeschiedene Arbeitnehmer" IV), der auch das Reichsarbeitsgericht beitritt. Zu Unrecht meint die Revision, daß es sich bei der Entscheidung des Reichsgerichts um einen ganz anderen Tatbestand aus der Inflationszeit handle. Ob zu dem zuletzt gültigen Lohn vereinbarungsgemäß ein Teuerungszuschlag hinzutritt, wie es damals der Fall war, oder ob in der Zeit gefestigter Währung wie hier wegen eingetretener Teuerung eine Lohnerhöhung vereinbart wird, läuft im Grunde und in der Auswirkung auf dasselbe hinaus, denn beides bringt den übereinstimmenden Willen der Vertragsteile dahin zum Ausdruck, daß die biherige Entlohnung zu gering war. Es bedeutet daher keinen Rechtsverstoß, wenn das Berufungsgericht bei dem Mangel einer ausdrücklichen Bestimmung des neuen Tarifvertrages es unternommen hat, den Willen der Tarifvertragsparteien hinsichtlich der Rückwirkung der vereinbarten Lohnerhöhung auf Ausgeschiedene zu erforschen. Die Auslegung, welche es diesem Willen gibt, ist möglich. Sie verstößt nicht gegen die gesetzlichen Auslegungsregeln der §§ 133, 157 BGB., da das Berufungsgericht nicht nur den Wortlaut des verbindlich erklärten Schiedspruchs, sondern auch dessen Entstehungsgeschichte und den wirtschaftlichen Zusammenhang der so zugestandenen neuen Tarifvertragsbestimmung mit dem durch die Kündigung des alten Tarifvertrags hervorgerufenen tariflosen Zustand geprüft und dabei ferner der Billigkeit Rechnung getragen hat. Insbesondere ist es nicht rechtsirrtümlich, wenn es bei der Auslegung mangels Feststellung des Gegenteils annimmt, daß die Rückwirkung der Lohnerhöhung sich auch auf die inzwischen Ausgeschiedenen erstrecken sollte. Dahingestellt kann bleiben, ob der Satz S. 8 der Entscheidungsgründe, daß „im Zweifel, wenn sich Gegenteiliges nicht als Vertragswille ermitteln läßt, die Rückwirkung auch bereits inzwischen Ausgeschiedenen zugute kommen muß", allgemein und unbedingt für alle Fälle einer tariflichen Neuregelung zutrifft. Es kommt vielmehr, wie auch das Berufungsgericht nicht verkennt, auf die Verhältnisse des Einzelfalls und den daraus zu entnehmenden Willen der Tarifvertragsparteien an. Diesen aber hat das Berufungsgericht nach dem oben Gesagten rechtsbedenkenfrei ausgelegt.

RAG. 2, 350.

Zum Begriffe der beharrlichen Weigerung.

RGewO. § 123 Abs. 1 Nr. 3.

Reichsarbeitsgericht. Urt. v. 3. November 1928.

I. Arbeitsgericht Hamburg. — II. Landesarbeitsgericht daselbst.

Der Kläger, der im Betrieb der Beklagten tätig und Mitglied des Betriebsrats war, hat am 11. September 1927, einem Sonntage, neun Überstunden geleistet. Am 23. September 1927 trat er an seinen Meister heran mit dem Ersuchen, diese Überstunden am 24. September 1927 „abfeiern" zu dürfen. Der Meister lehnte dies ab. Kläger erschien trotzdem am 24. September 1927 nicht zur Arbeit. Er berief sich auf eine angebliche Betriebsvereinbarung, wonach über die tarifvertragliche Arbeitszeit von 54 Stunden wöchentlich hinaus geleistete Arbeitsstunden in derselben oder spätestens in der nächsten Woche „abzufeiern" seien. Die Beklagte hat ihn fristlos entlassen.

Mit der Klage fordert Kläger die Zahlung seines Lohnes von wöchentlich 52,90 RM für die Zeit vom 1. Oktober 1927 bis 31. März 1928.

Das Arbeitsgericht hat der Klage stattgegeben. Das Landesarbeitsgericht hat zunächst durch Teilurteil die Berufung der Beklagten in gewissem und dann durch Schlußurteil in vollem Umfang zurückgewiesen. Beide Urteile greift die Beklagte mit den eingelegten Revisionen an und beantragt: Das Teil- und das Endurteil aufzuheben und die Klage abzuweisen. Der Kläger beantragt Zurückweisung der Revisionen.

Die Revision führte zur Abweisung der Klage aus folgenden

Gründen:

Das Arbeitsgericht hat angenommen, daß eine Betriebsvereinbarung des von dem Kläger behaupteten Inhaltes abgeschlossen gewesen sei, wonach Überstunden in derselben oder spätestens in der folgenden Woche abgefeiert werden sollten. Die am 11. September 1927 geleisteten Überstunden habe Kläger spätestens am 24. September 1927 abfeiern können. Seinem Ersuchen habe die Beklagte, wenn sie nicht vertragswidrig habe handeln wollen, stattgeben müssen. Möge auch der Standpunkt der Beklagten, daß sie den Zeitpunkt des Abfeierns unter Berücksichtigung der Betriebsverhältnisse zu bestimmen habe, richtig sein, so sei für ihn doch hier kein Raum, da der 24. September 1924 der letzte Tag für das Abfeiern gewesen sei und Kläger es nach diesem Zeitpunkt nicht mehr habe beanspruchen können. Zur Wahrung seiner Rechte habe Kläger also auf dem 24. September bestehen müssen. Habe er aber ein Recht gehabt, so sei er nicht unbefugt ferngeblieben. Auch wenn die Vereinbarung nicht bestanden habe, sei für die Anwendung des § 123 RGewO. kein Raum. Denn der Betriebsratsvorsitzende habe seiner Zeit in der Sitzung des Betriebsrates mitgeteilt, eine solche Vereinbarung sei getroffen worden. Selbst wenn diese Mitteilung unzutreffend gewesen sein sollte, habe der Kläger der Überzeugung sein müssen, er habe ein Recht, abzufeiern. Dann habe ihm aber das Bewußtsein gefehlt, daß er unbefugt von der Arbeit fernbleibe.

Das Landesarbeitsgericht hält die genannte Vereinbarung durch die Beweisaufnahme nicht für erwiesen. Es sei aber anzunehmen, daß der Kläger auf Grund der Mitteilung des Betriebsratsvorsitzenden subjektiv an sein Recht, abzufeiern, geglaubt habe. Bei dem im Vertragsrecht herrschenden Verschuldungsprinzip könne man nicht den Satz aufstellen, daß der, der sich objektiv der Arbeitsverweigerung schuldig gemacht habe, ohne Rücksicht auf seine subjektive Auffassung die Folgen zu tragen habe. Es könne aber nicht jeder, sondern nur ein entschuldbarer Irrtum die fristlose Entlassung ausschließen. Hierbei sei auch noch zu fragen, ob die Entschuldbarkeit dem Arbeitgeber erkennbar sein müsse. Für den vorliegenden Fall komme es jedoch hierauf nicht an, da der

Arbeitgeber habe erkennen können, worauf der Irrtum des Klägers beruht habe, und daß das Mißverständnis möglich und entschuldbar gewesen sei. Beklagte habe also nicht sofort mit der fristlosen Entlassung einzugreifen brauchen, sie habe den Kläger dieses eine Mal feiern lassen und im übrigen für die Klarstellung der Frage Sorge tragen sollen.

Der Auffassung der Vorinstanzen konnte das Reichsarbeitsgericht nicht beitreten, da sie der Sachlage nach keiner Richtung hin gerecht werden.

Die sofortige Entlassung des Klägers ist auf Grund des § 123 Abs. 1 Nr. 3 RGewO. erfolgt, und es war zunächst zu prüfen, ob der Kläger sich im Sinne dieser Vorschrift beharrlich geweigert hat, den nach dem Arbeitsvertrage ihm obliegenden Verpflichtungen nachzukommen. Diese Frage ist zu bejahen.

Am 23. September 1927 trat der Kläger an seinen Meister heran mit dem Ersuchen, die am 11. September 1927 verfahrene Überschicht am folgenden Tage, dem 24. September 1927 abfeiern zu dürfen. Der hierfür zuständige Meister lehnte dieses Ansuchen ab. Damit hielt er sich in den Grenzen seiner Zuständigkeit, mutete auch dem Kläger nichts zu, wonach er nach dem Arbeitsvertrage nicht verpflichtet gewesen wäre. Trotzdem feierte der Kläger am folgenden Tage. Damit hat er seine Weigerung, den ihm nach dem Arbeitsvertrage obliegenden Verpflichtungen, nämlich zur Arbeit zu erscheinen und den Anordnungen der Betriebsleitung Folge zu leisten, klar zum Ausdruck gebracht. Seine Weigerung war auch als eine beharrliche zu erachten, wenngleich es sich nur um einen einmaligen Vorgang handelte. Denn er ist entgegen dem ausdrücklichen Verbote des Meisters am nächsten Tage von der Arbeit ferngeblieben und hat hiermit seine Willensrichtung dahin zu erkennen gegeben, daß er auf seinem Standpunkte, der Weisung des Meisters nicht zu folgen, bestehen bleiben wollte. In einer derartigen Willensäußerung und ihrer Durchführung trotz entgegenstehender Anordnung des Meisters liegt aber eine beharrliche Weigerung. — RAG. Entsch. Bd. 1 S. 35, RG. III 468/25 vom 19. Oktober 1926. — In diesen Entscheidungen ist auch weiter ausgeführt, daß der Einzelarbeiter sich den Weisungen der Betriebsleitung zu fügen hat und daß es mit dem reibungslosen Fortgange eines Betriebes nicht zu vereinbaren ist, daß jeder Arbeitnehmer nach seinem Willen handelt und ihn gegenüber den gegebenen Anordnungen durchsetzt und so die Disziplin, die nun einmal in einem Betriebe herrschen muß, und mit ihr den Gang des Betriebes in Frage stellt. Diese an sich selbstverständliche

Auffassung muß vor allem bei einem Mitgliede des Betriebsrats vorhanden sein, zu dessen Pflichten es mit gehört, sich für einen ordnungsmäßigen Gang des Betriebes einzusetzen. So war es auch im vorliegenden Falle durchaus unzulässig, daß der Kläger gegen den ausgesprochenen Widerspruch des Meisters selbst bestimmte, wann er abfeiern wolle, und daß er ohne Rücksicht darauf, ob dies den Fortgang des Betriebes störe oder nicht, seinen Willen durchsetzte. Ein derartiges Verhalten brauchte die Betriebsleitung nicht zu dulden, wenn sie den Kläger daraufhin fristlos entließ, war sie hierzu berechtigt. Ein Irrtum des Klägers über seine Obliegenheiten aus dem Arbeitsvertrage, über die Zuständigkeit des Meisters und über seine Verpflichtung, dessen Anordnung Folge zu leisten und am nächsten Tage zur Arbeit zu erscheinen, kommt nicht in Frage. Daß ein solcher auf seiner Seite vorliege, hat er nicht einmal behauptet.

Auf das Bestehen oder Nichtbestehen einer Betriebsvereinbarung des von dem Kläger behaupteten Inhaltes und seinen Glauben an ihren Bestand kommt es hiernach überhaupt nicht an. Im übrigen beurteilten die Vorinstanzen auch in dieser Hinsicht die Sachlage nicht richtig. Wenn sie bestanden hätte, hätte der Kläger einen Anspruch darauf gehabt, die verfahrene Überschicht in den auf den 11. September folgenden zwei Wochen abzufeiern. Den Tag, an dem er abfeiern sollte, hatte aber nicht er zu bestimmen, sondern die Betriebsleitung, ihren Anordnungen war er auch in dieser Hinsicht unterstellt. Dann war es aber — worauf die Vorinstanzen in keiner Weise eingegangen sind — seine Sache, rechtzeitig seinen Anspruch geltend zu machen, nicht aber bis zum vorletzten Tage zu warten und auf diese Art zu versuchen, den Tag des Abfeierns selbst zu bestimmen. Hätte sich der Kläger rechtzeitig mit der Betriebsleitung ins Benehmen gesetzt, so hätte sich innerhalb der zweiwöchigen Frist auch eine Klärung betreffs des Bestehens oder Nichtbestehens der Betriebsvereinbarung herbeiführen lassen. Wenn er, ohne nach dieser Richtung einen Schritt zu tun, eigenmächtig vorging, handelte er auf eigene Gefahr und hatte die Folgen zu tragen.

Hiernach war die sofortige Entlassung des Klägers gerechtfertigt und ein Anspruch auf Lohnzahlung steht ihm nicht zu.

RAG. 3, 12.

1. Unbefugtes Verlassen der Arbeit. Allgemeines Verhalten im Rahmen des Dienstes als Gegenstand der Verpflichtung aus dem Arbeitsvertrag.

2. Vertrag des Kellners.

Reichsgewerbeordnung § 123 Z. 3.

Reichsarbeitsgericht. Urt. v. 1. Dezember 1928.

I. Arbeitsgericht Würzburg. — II. Landesarbeitsgericht daselbst.

Der Kläger war als Kellner in dem Zentralcafé in W. beschäftigt, das zu dem Betrieb des Beklagten gehört. Am 21. Januar 1928 hatte der Kläger bei einer Redoute im Lokal des Beklagten nachts gegen 3 Uhr Streit mit einem Gast. Wegen seines Verhaltens bei diesem Vorfall hat der Beklagte ihn am folgenden Tage fristlos entlassen.

Der Kläger hat Klage mit dem Antrag auf Feststellung erhoben, daß die Entlassung zu Unrecht erfolgt sei und das Arbeitsverhältnis weiter bestehe.

Das Arbeitsgericht W. hat eine Feststellung dieses Inhalts getroffen.

Das Landesarbeitsgericht W. hat auf Klagabweisung erkannt und die Revision zugelassen.

Der Kläger hat Revision eingelegt.

Gründe:

Der Berufungsrichter kommt zu dem Ergebnis, daß der Kläger im Sinne von § 123 Ziff. 3 GO. die Arbeit unbefugt verlassen habe und begründet das damit, daß der Kläger nach einem Wortstreit mit einem Gast des Lokals ihm trotz zweimaligen Verbots des Beklagten auf die Straße gefolgt sei, ihn dort mißhandelt und ihn danach, wiederum im Café, vor den noch anwesenden Gästen gröblich beschimpft habe. Wenn zu dieser Zeit auch die Polizeistunde schon geboten gewesen sei, so hätten sich doch noch einige Gäste im Lokal befunden und der Kläger habe damit rechnen müssen, daß sie seine Dienste in Anspruch nähmen. Er habe auch mit der Aufräumung und Abrechnung noch zu tun gehabt. Gerade im Zeitpunkt der Räumung des Cafés durch die Gäste hätte der Kläger auf seinem Posten bleiben und zur Aufrechterhaltung der Ordnung behilflich sein müssen. Statt dessen habe er selbst die Ordnung in hohem Maße gestört.

Soweit der Berufungsrichter das Verhalten des Klägers unter dem Gesichtspunkt würdigt, daß der Kläger im Sinne des ersten Satzteils in § 123 Abs. 1 Ziff. 3 GO. die Arbeit „unbefugt verlassen" habe, hat er zutreffend und in Übereinstimmung mit der Rechtsprechung des Reichsgerichts (III. 468/25 19. Oktober 1926) erwogen, daß nicht jedes kurzzeitige, unbefugte Fortgehen von der Arbeit nach dem Gesetzessinn zur Entlassung Grund gibt, sondern daß auch hier wie bei der zweiten Alternative des Satzes eine durch Beharrlichkeit in der Arbeitsverlassung erschwerte oder sonst schwerwiegende und der Gesetzesfolge entsprechende Verletzung der Dienstpflicht vorausgesetzt wird.

Soweit der Berufungsrichter das kurzzeitige Verlassen der Arbeit durch den Kläger als in diesem Sinne schwerwiegend ansieht, liegt die Beurteilung im wesentlichen auf tatsächlichem Gebiet und ist den Angriffen der Revision entzogen. Wenn aber auch angenommen werden könnte, daß ein Teil der Ausführungen den Vorwurf der Arbeitsverlassung in seinem Kern nicht trifft, so ist die Entscheidung dennoch gerechtfertigt, weil der Berufungsrichter zur Begründung auch den beharrlichen Ungehorsam des Klägers gegenüber den Verboten des Beklagten Kehl und die dem entgegen durch den Kläger verschuldete grobe Ordnungsstörung herangezogen hat. Damit ist auch der letzte Satzteil der Ziffer 3 in § 123 Abs. 1 GO. zum Bestandteil der Begründung gemacht. Es ist zutreffend, daß zu den Verpflichtungen aus dem Arbeitsvertrag nicht nur die zur Arbeitsleistung in ihrem engsten Begriff gehört, sondern auch die Pflicht zur Wahrung eines Verhaltens, wie es den Zwecken des Arbeitsvertrages im gesamten Rahmen des Dienstes entspricht. Bei dem Dienstvertrag des Kellners ist das Benehmen den Gästen gegenüber von wesentlicher Bedeutung, so sehr, daß das Wesen und Entgegenkommen der Kellner im Verkehr mit dem Publikum für den Rang und Erfolg eines Gastbetriebs mitbestimmend ist. Schon ein Außerachtlassen der üblichen Zurückhaltung und Höflichkeit gegenüber einem Gast ist dem Arbeitsvertrage zuwider; einem Gast aus dem Betrieb zu folgen, um ihn zu mißhandeln, hat der Berufungsrichter zutreffend als eine gröbliche Verletzung der Vertragspflichten angesehen. Da der Kläger nach den Feststellungen des Berufungsrichters sich beharrlich geweigert hat, von dieser Verletzung Abstand zu nehmen, hat der Berufungsrichter auch insoweit ohne Rechtsirrtum die Bestimmung des § 123 Abs. 1 Ziff. 3 GO. gegen den Kläger angewendet und die Klage abgewiesen.

RAG. 3, 15.

Auf eine Woche mit der Vereinbarung abgeschlossene Dienstverträge, daß sie sich bei Nichtkündigung immer um eine Woche verlängern, fallen unter § 67 Abs. 3 HGB. Auf sie findet die Vorschrift des § 67 Abs. 1 a. a. O. — einmonatige Kündigungsfrist — Anwendung.

HGB. § 67.

Reichsarbeitsgericht. Urt. v. 5. Dezember 1928.

I. Arbeitsgericht Wandsbeck. — II. Landesarbeitsgericht Altona.

Die Beklagte hat im Oktober 1927 mit den Klägern gleichlautende schriftliche Einzelverträge abgeschlossen, wonach die letzteren für die Beklagte Kunden werben und ihre Margarine absetzen sollten. Die Dauer des Vertragsverhältnisses war auf eine Woche bestimmt und konnte mit dreitägiger Frist zum Ende der Woche gekündigt werden; bei Nichtkündigung sollte es sich von Woche zu Woche verlängern. Als Vergütung wurde ein Betrag von wöchentlich 60 M als „Vorschuß" vereinbart. Neben ihm sollte den Klägern eine Provision für die verkaufte Ware zustehen, die aber nur soweit zur Auszahlung gelangen sollte, als sie den Vorschuß von 60 M überstieg. Für die Stellung der Kläger sollte nach den Verträgen folgendes gelten: sie sollten unter Ausschluß der Bestimmungen des HGB. über Handlungsgehilfen, Handlungsagenten und Handlungsreisende selbständige Akquisiteure sein und als solche Kunden für die Beklagte in Gemäßheit ihrer Richtlinien werben. Die Kündigungsfristen des HGB. waren ausdrücklich ausgeschlossen, ebenso die gesetzliche Versicherung.

Am 9. Dezember 1927 hat die Beklagte sämtlichen Klägern zum 14. Dezember 1927 gekündigt und ihnen bis zu diesem Tage die Vorschüsse und Provisionen gezahlt. Nur der Klägerin T. hat sie für drei Krankheitstage einen Betrag von 30 M abgezogen.

Die Kläger sind der Ansicht, sie seien Handlungsgehilfen gewesen, es habe ihnen nach den Vorschriften des HGB. nur zum Ende des Kalendermonats mit mindestens einer Frist von einem Monat, also erst zum 31. Januar 1928, gekündigt werden dürfen. Sie fordern deshalb mit der Klage für die Zeit vom 15. Dezember 1927 bis zum 31. Januar 1928 für die Woche je 60 M, die Klägerin T. außerdem die ihr abgezogenen 30 M. Die Beklagte will die Kläger als selbständige Unternehmer betrachtet haben, nicht als Arbeitnehmer.

Das Arbeitsgericht hat die Klage in vollem Umfange zugesprochen. Das Landesarbeitsgericht hat den Klägern die verlangten Bezüge nur bis zum 9. Januar 1928 zugebilligt. Die Revision der Kläger wurde zurückgewiesen aus folgenden

Gründen:

Zutreffend geht das Landesarbeitsgericht davon aus, daß für die rechtliche Abgrenzung der Stellung der Kläger nicht der Wortlaut der Verträge maßgebend sei, daß vielmehr der Inhalt ihrer Stellung und ihrer Tätigkeit darüber entscheide, ob sie dem HGB. zu unterstellen seien oder nicht. Sie hätten kaufmännische Dienste geleistet, in deren Ausführung sie von den Anordnungen der Firma abhängig gewesen seien. Täglich hätten sie früh bei dem Unterbezirksvorsteher zusammenkommen müssen, dessen Weisungen hätten sie auch bezüglich der angewiesenen Straße Folge leisten müssen. Ihre ganze Kraft hätten sie der Firma zu widmen gehabt, sie hätten nicht den Erfolg einer Tätigkeit, sondern diese selbst vermietet. Sie seien Handlungsgehilfen gewesen und als solche nach den Bestimmungen des HGB. zu behandeln.

Diese Ausführungen stehen im Einklang mit der Rechtsprechung des Reichsarbeitsgerichts, wie sie in den Entscheidungen RAG. Entsch. Bd. 1 S. 252, 263 und 269 zum Ausdrucke gekommen ist.

Die Revision greift die Auffassung des Landesarbeitsgerichts an, das die Verträge als unter § 67 Abs. 3 HGB. fallend erachtet und demgemäß eine Kündigungsfrist von einem Monat, beginnend mit dem Tage der Kündigung, angenommen hat. Ihr muß jedoch der Erfolg versagt bleiben.

Die sämtlichen Verträge sind auf die Dauer von einer Woche abgeschlossen, also auf eine bestimmte Zeit. Um eben diese Zeit sollten sie sich von selbst immer wieder verlängern, wenn sie nicht drei Tage vor Ablauf einer Woche gekündigt wurden. Es handelt sich danach um Dienstverhältnisse, die für bestimmte Zeit mit der Vereinbarung eingegangen sind, daß sie in Ermangelung einer vor dem Ablaufe der Vertragszeit erfolgten Kündigung als verlängert gelten sollten, die m. a. W. unter § 67 Abs. 3 HGB. fallen. Die Vereinbarung über die Kündigung ist mit der Vorschrift des § 67 a. a. O. nicht vereinbar. Deshalb sind aber nicht etwa die ganzen Verträge nichtig, sondern nur die Bestimmungen über die Kündigung, an deren Stelle die gesetzlichen treten.

Nun schreibt § 67 Abs. 3 HGB., der hier entscheidet, nur die Anwendung des Abs. 1, der für beide Teile gleiche, nicht weniger als einen Monat betragende Kündigungsfristen verlangt, vor, nicht aber die des Abs. 2, der die Kündigung nur auf den Schluß eines Kalendermonats zuläßt. Für den vorliegenden Fall hat sonach das Landesarbeitsgericht mit Recht angenommen, daß die am 9. Dezember 1927 erklärte Kündigung zum 9. Januar 1928 wirksam geworden ist und mit diesem Tage das Vertragsverhältnis beendet hat. Bis zu diesem Tage hat danach das Landesarbeitsgericht auch die Vergütung mit Recht zugesprochen, ein weitergehender Anspruch stand den Klägern nicht zu.

RAG. 3, 17.

1. Ein Rechtsanwalt, der die Tätigkeit eines solchen ausübt, ist vor dem Arbeitsgerichte nicht zuzulassen.

2. Wird er gleichwohl zugelassen, so ist ein Urteil wegen dieses Mangels des Verfahrens in der Berufungsinstanz nicht aufzuheben und zurückzuverweisen. — § 68 ArbGG. — Es ist vielmehr zur Sache zu erkennen.

ArbGG. §§ 11, 68.

Reichsarbeitsgericht. Urt. v. 5. Dezember 1928.

I Arbeitsgericht Freiburg i. Br. — II. Landesarbeitsgericht daselbst.

Der Kläger hatte bei dem Arbeitsgericht F. eine Klage auf Zahlung von 107,05 RM erhoben, weil er unberechtigt fristlos von der Beklagten entlassen worden sei. In dem Verhandlungstermin vor dem Arbeitsgericht erschien der Gesellschafter Otto Sch. der Beklagten und Rechtsanwalt Otto F. aus F. als Syndikus des Arbeitgeberverbandes für Handel und Industrie des Handelskammerbezirkes F.; verhandelt für die Beklagte hat lediglich Rechtsanwalt F. In einer anderen gleichzeitig bei dem Arbeitsgericht F. anhängigen Sache A. gegen Sch. & Co. hatte der Vertreter des Klägers, ein Gewerkschaftssekretär, die Zurückweisung des Rechtsanwalts F. beantragt, das Amtsgericht ließ ihn gleichwohl zu. Die Klage des Klägers in vorliegender Sache wurde durch Urteil des Amtsgerichts vom 28. November 1927 abgewiesen.

Gegen dieses Urteil legte der Kläger Berufung ein, rügte in erster Linie die gesetzwidrige Vertretung der Firma Sch. & Co. und beantragte, unter Aufhebung des Urteils des Arbeitsgerichts die Beklagte zur Zahlung zu verurteilen. Das Landesarbeitsgericht hat das angefochtene Urteil einschließlich des voraufgegangenen Verfahrens aufgehoben, die Klage abgewiesen und dem Kläger die Kosten des Verfahrens auferlegt.

Hiergegen wendet sich die Revision der Beklagten, die sich dadurch beschwert fühlt, daß die Klage nur wie angebracht, nicht aber auch in der Sache selbst abgewiesen sei.

Die Revision hatte Erfolg aus folgenden

Gründen:

Das Landesarbeitsgericht geht davon aus, daß ein Rechtsanwalt auch als Angestellter einer Einzelpartei vor dem Amtsgericht nicht auftreten könne, wohl aber, wenn er Angestellter einer wirtschaftlichen Vereinigung von Arbeitgebern oder Arbeitnehmern und kraft Satzung oder Vollmacht zur Vertretung befugt sei und wenn er daneben eine Tätigkeit als Rechtsanwalt nicht ausübe. Rechtsanwalt F. sei Verbandsangestellter des Arbeitgeberverbandes für Handel und Industrie des Handelskammerbezirks F. Er übe aber die Tätigkeit eines Rechtsanwalts daneben aus oder erhebe wenigstens, was dem gleichstehe, den Anspruch, sie ausüben zu dürfen. Er sei bei dem Landgericht F. als Rechtsanwalt zugelassen und in der Liste der zugelassenen Anwälte eingetragen. Er sei auch mit dem Rechtsanwalt Dr. J. assoziert, am Eingang der gemeinsamen Geschäftsräume sei die Firma O. F. und Dr. J. angebracht. Die gleiche Firma erscheine im Adreßbuch und im Verzeichnis der Fernsprechteilnehmer. Die bei Gericht eingereichten Schriftsätze trügen den Aufdruck „Otto F. und Dr. Otto J., Rechtsanwälte", auch die Vollmachten würden auf beide ausgestellt. Seit Inkrafttreten des Arbeitsgerichtsgesetzes sei F. vor den Freiburger Gerichten nicht mehr aufgetreten, eine auswärtige Tätigkeit und eine konsultative Praxis seien nicht zu kontrollieren. Es bestehe aber die Vermutung, die durch verschiedene — angeführte — Beispiele begründet sei, daß er in Abwesenheit J.s für diesen tätig werde. So habe er in einer Arbeitsgerichtssache Revision eingelegt, wozu er nur als Rechtsanwalt befugt sei.

Das Auftreten F.s vor dem Arbeitsgericht sei also unzulässig und das ganze Verfahren gesetzwidrig gewesen. Dieser Mangel habe auch noch in der Berufungsinstanz gerügt werden können, weil auf die dem öffentlichen Interesse dienende und von Amts wegen zu berücksichtigende Vorschrift des § 11 ArbGG. wirksam nicht habe verzichtet werden können. Ein Beschwerderecht habe dem Kläger nicht zugestanden, da die Voraussetzungen des § 567 ZPO. nicht vorgelegen hätten. Hiernach sei das Urteil gemäß §§ 64, 68 ArbGG. in Verbindung mit § 539 ZPO. einschließlich des vorangegangenen Verfahrens aufzuheben und die Klage wie angebracht abzuweisen.

Der Revision war der Erfolg nicht zu versagen.

Zu Unrecht macht sie zwar geltend, entgegen der Annahme des Landesarbeitsgerichts sei Rechtsanwalt F. zum Auftreten vor dem Arbeitsgericht befugt gewesen. Nach § 11 ArbGG. sind Rechtsanwälte in der Regel als Prozeßbevollmächtigte oder Beistände vor den Arbeitsgerichten nicht zugelassen. Eine Ausnahme von dieser Regel wird dann gestattet, wenn ein Rechtsanwalt Mitglied oder Angestellter einer Vereinigung von Arbeitgebern oder Arbeitnehmern oder von Verbänden solcher Vereinigungen ist. Er darf dann für die Vereinigung oder ihre Mitglieder vor dem Arbeitsgerichte auftreten, wenn er nicht neben dieser Vertretung die Tätigkeit des Rechtsanwaltes ausübt. Gerade dies letztere stellt aber das Landesarbeitsgericht fest, indem es aus einer Reihe von Umständen entnimmt, daß Rechtsanwalt F. nicht nur die Geschäfte des von ihm vertretenen Verbandes führt, sondern daneben auch in die Liste der Rechtsanwälte eingetragen, mit einem anderen Rechtsanwalte verbunden sei und Anwaltstätigkeit ausübe. Selbst wenn man danach neben der Eintragung in die Liste der Rechtsanwälte noch ein weiteres zum Begriffe des Rechtsanwaltes im Sinne des § 11 Abs. 1 ArbGG., nämlich die Ausübung der Tätigkeit eines solchen verlangt, so ist auch diese Voraussetzung für den vorliegenden Fall gegeben. Die Revision, die dies bestreitet, kann damit nicht gehört werden, da sie insoweit unzulässigerweise die tatsächlichen Feststellungen des Landesarbeitsgerichts angreift.

Das Arbeitsgericht hat also die Vorschrift des § 11 Abs. 1 ArbGG. verletzt, als es dem Rechtsanwalt F. das Auftreten vor ihm gestattete. Diese Vorschrift ist öffentlich-rechtlicher Natur, auf ihre Beachtung konnte der Kläger nicht rechtswirksam verzichten. Er durfte sie also in der Berufungsinstanz geltend machen und das Landesarbeitsgericht hatte über sie zu befinden. Mit Recht macht aber die Revision geltend, daß die Entscheidung keinesfalls zur Abweisung der Klage „wie angebracht" führen durfte. Warum der ordnungsmäßig vertretene Kläger mit seiner Klage abgewiesen werden soll, wenn in der Vertretung der Gegenseite ein Mangel vorliegt, ist nicht einzusehen. Im Rechtsstreite vor den ordentlichen Gerichten hätte der wesentliche Mangel im Verfahren erster Instanz — da der Fall des § 538 ZPO. nicht vorlag — nach § 539 ZPO. lediglich zu einer Aufhebung des Urteils und des Verfahrens, soweit es durch den Mangel betroffen war, geführt; die Sache wäre in die Vorinstanz zurückzuverweisen gewesen. Eine solche Zurückverweisung ist aber im arbeitsgerichtlichen Verfahren wegen eines solchen Mangels ausdrücklich untersagt. § 68 ArbGG. Hiernach blieb dem Landesarbeitsgericht nur übrig, die Rüge der Verletzung des Verfahrens entgegenzunehmen, sie für begründet zu erachten, dann aber ohne Rücksicht auf sie eine sachliche Entscheidung zu erlassen. Dies hätte auch der Absicht des § 68 ArbGG. entsprochen, jede Verzögerung in der Erledigung arbeitsgerichtlicher Streitigkeiten zu vermeiden.

Nicht gerechtfertigt ist die Rüge des Revisionsbeklagten, daß die Beklagte durch das Urteil des Landesarbeitsgerichts nicht beschwert und danach zur Einlegung der Revision nicht berechtigt gewesen sei. Der Revisionsbeklagte verkennt, daß die Klage nur „wie angebracht" abgewiesen worden ist, daß eine sachliche Entscheidung, auf die die Beklagte einen Anspruch hat, nicht ergangen ist und die Klage seitens des Klägers erneut angestellt werden kann. Da hiernach dem Antrage der Beklagten auf eine sachliche Entscheidung und Abweisung der Klage nicht Genüge geschehen ist, liegt eine Beschwerde auf ihrer Seite vor. Damit ist aber ihre Berechtigung zur Einlegung eines Rechtsmittels gegeben.

RAG. 3, 27.

Verwirkt der Angestellte, der erst im Laufe des Dienstverhältnisses einer Arbeitnehmerberufsvereinigung beitritt und infolgedessen von da an Anspruch auf den Tariflohn hat, diesen Anspruch dadurch, daß er dem Arbeitgeber nicht alsbald Mitteilung von dem Beitritt macht?

TarifvertragsVo. § 1; BGB. § 242.

Reichsarbeitsgericht. Urt. v. 8. Dezember 1928.

I. Arbeitsgericht Remscheid. — II. Landesarbeitsgericht Elberfeld

Die oben wiedergegebene Frage ist verneint worden aus folgenden

Gründen:

Zu der Abweisung der Klage ist der Berufungsrichter lediglich deshalb gelangt, weil es gegen Treu und Glauben verstoße, wenn der Arbeitnehmer den Arbeitgeber darüber im Dunkeln lasse, daß jener als Mitglied einer Arbeitnehmervereinigung Anspruch auf Tarifgehalt habe, und vielmehr erst später, für den Arbeitgeber überraschend, mit einem solchen Anspruch hervortrete. Das könne dem Arbeitgeber ernsthafte wirtschaftliche Schwierigkeiten bereiten und hindere ihn zum mindesten an der im kaufmännischen Betrieb gebotenen ordnungsmäßigen Kalkulation. Der Arbeitnehmer verstoße daher gegen § 242 BGB., wenn er verschweige, daß er das Tarifgehalt zu fordern berechtigt sei. — Diese Erwägungen sind nicht ohne Berechtigung. Das vom Berufungsrichter festgestellte Verhalten des Klägers ist nicht zu billigen; es läuft der Vertrauensstellung zuwider, die gerade im kaufmännischen Betrieb der Angestellte gegenüber dem Arbeitgeber einnimmt. Gleichwohl ist das Ergebnis des Berufungsrichters nicht haltbar. Wie die Revision mit Recht hervorhebt, ist es angesichts der gesetzlich gewährleisteten Unabdingbarkeit des Tarifvertrags, § 1 Tarifvertrags-Vo. ein gesetzliches Recht des Arbeitnehmers, das ihm nach dem maßgebenden Tarifvertrag zustehende Gehalt zu verlangen. Wer lediglich von einem ihm gesetzlich gewährleisteten, unverzichtbaren Rechte Gebrauch macht, handelt nicht arglistig und verstößt nicht gegen Treu und Glauben. Das ist in ständiger Rechtsprechung anerkannt und ist eine unabweisbare Folge der Tarifgesetzgebung. Soweit ein solches Ergebnis als unbefriedigend empfunden wird, muß es dem Gesetzgeber überlassen bleiben, Abhilfe zu schaffen; der Richter ist hierzu nicht in der Lage.

Demzufolge war das angefochtene Urteil aufzuheben. Der Berufungsrichter wird nun über den, bisher nicht beschiedenen Einwand der Beklagten zu befinden haben, daß Kläger durch widerspruchslose Annahme der untertariflichen Vergütung oder durch sein sonstiges Verhalten auf den eingeklagten Anspruch verzichtet habe.

RAG. 3, 40.

1. Muß derjenige, welcher in einer bestrittenen Frage sein Verhalten nur nach dem einen Rechtsstandpunkt einrichtet, die Folgen dieses Verhaltens auf sich nehmen, wenn sich hinterher sein Standpunkt als unrichtig erweist?

2. Besteht auf Grund des § 3 ArbZVO. oder aus sonstigen Gründen eine Pflicht des Arbeitnehmers zur Leistung von Mehrarbeit?

3. Ist das Wort „sollen" nach der „Sprache des Lebens" anders auszulegen als nach der „Juristensprache".

Preuß. Allgem. Bergges. §§ 82 u. 83a; ArbZVo. § 3; BGB. §§ 157 u. 242. Tarifvertrag über die Arbeitsbedingungen für die Arbeiter im mitteldeutschen Braunkohlenbergbau vom 20. Juli 1927 § 4.

Reichsarbeitsgericht. Urt. v. 12. Dezember 1928.

I. Arbeitsgericht Kassel. — II. Landesarbeitsgericht daselbst.

In den beiden letzten Monaten des Jahres 1927 machte sich im Kasseler Braunkohlenbergbaubezirk eine auf verschiedene Gründe, insbesondere auf eine Kältewelle zurückzuführende verstärkte Nachfrage nach Kohlen bemerkbar. Die Beklagte versuchte, dem Mehrbedarf mit einer Steigerung der Kohlenförderung im allgemeinen und der Zeche

Marie am Hirschberg im besonderen teils durch Schaffung neuer Arbeitspunkte im Bergwerk, teils durch Einstellung weiterer Bergleute zu begegnen, und entschloß sich, als der Versuch nicht den erwarteten Erfolg zeitigte, zur Einführung von Überschichten. Diese wurden zunächst von zahlreichen Bergleuten freiwillig geleistet, aber im Dezember eingestellt. Für den 23./24. und 30./31. Dezember 1927 erfolgte dann nach Vereinbarung mit dem aus den Klägern bestehenden Arbeiterrat eine Verlegung der Schichten in der Weise, daß die Arbeit am 24. und 31. Dezember zu einer früheren Stunde beendet sein sollte. Die Belegschaft legte die Arbeit noch 1½ Stunden früher nieder. Mit Beginn des Jahres 1928 sah sich die Beklagte genötigt, die Einführung von Überstunden dringend zu fordern. Da der dieserhalb von ihr gemäß § 3 der ArbZVo. angegangene Betriebsrat seine Zustimmung zur Anordnung von Überstunden verweigerte, ordnete sie nunmehr selbst, und zwar erstmalig am 11. Januar 1928, bei der Nachtschicht eine Mehrarbeit von täglich 1½ Stunden an. Die Belegschaft der betreffenden Schicht einschließlich der Kläger verließ trotzdem die Arbeit nach Beendigung der üblichen 8½stündigen Arbeitszeit. Darauf machte die Beklagte am 12. Januar 1928 vor Beginn der Schicht durch Anschlag bekannt, daß Nichtverfahren der angeordneten Überschicht die fristlose Entlassung zur Folge haben werde. Gleichwohl fuhren die Kläger samt dem größten Teil der Belegschaft wie tags zuvor ohne Leistung der Überschicht aus. Infolgedessen entließ die Beklagte die Kläger zum 13. Januar 1928 fristlos. Die Kläger verlangen nunmehr mit der gegenwärtigen Klage, daß die fristlose Entlassung für ungerechtfertigt erklärt werde. Zur Begründung der Klage machen sie geltend, daß sie zu der verlangten Mehrarbeit weder nach der Arbeitszeitverordnung noch nach dem für ihre Arbeitsverhältnisse bei der Beklagten maßgebenden Tarifvertrag für die Arbeiter im mitteldeutschen Braunkohlenbergbau vom 20. Juli 1927 verpflichtet seien. Auf Erkundigung bei ihrer Organisation hätten sie von dieser seinerzeit erfahren, daß die einseitige Festsetzung von Mehrarbeit durch die Beklagte keine Arbeitspflicht erzeugen könne. Auch sie selbst hätten diese von maßgebenden Schriftstellern und in zahlreichen Urteilen vertretene Rechtsansicht für unzutreffend gehalten und sie ihrerseits der Belegschaft mitgeteilt, die daraufhin aus Gesundheitsrücksichten die Leistung der Überstunden abzulehnen beschlossen habe. Die Beklagte vertritt demgegenüber den Standpunkt, daß sie zur Anordnung der Mehrarbeit berechtigt gewesen sei und begehrt Klagabweisung. Die Verweigerung der Mehrarbeit sei ein wichtiger Grund zur fristlosen Kündigung, sie stelle außerdem groben Ungehorsam gegen die durch Anschlag bekanntgemachte Anordnung der Arbeitszeitverlängerung dar, endlich hätten die Kläger, indem sie auf Nichtleistung der Mehrarbeit hinwirkten, ihre Mitarbeiter zu einer gesetzwidrigen Verletzung der Arbeitspflicht verleitet.

Das Arbeitsgericht hat die Klage abgewiesen, das Landesarbeitsgericht hat ihr auf die Berufung der Kläger stattgegeben und gleichzeitig wegen grundsätzlicher Bedeutung des Rechtstreits die Revision zugelassen. Die Revision der Beklagten führte zur Aufhebung und Zurückverweisung.

Gründe:

Das Berufungsgericht prüft, indem es die Voraussetzungen der Feststellungsklage als gegeben und die Klage daher an sich für zulässig erachtet, die Anwendbarkeit des § 82 des Preuß. Allgem. Berggesetzes und des § 96 Abs. 2 des BRG., nach denen Bergleute, selbst wenn sie Betriebsratsmitglieder sind, unter gewissen Voraussetzungen ohne Zustimmung der Betriebsvertretung fristlos entlassen werden können. Es gelangt auf Grund der Prüfung abweichend von dem ersten Richter dazu, das Vorhandensein dieser Voraussetzungen zu verneinen. Zunächst sei die an sich vorliegende beharrliche Arbeitsverweigerung keine unberechtigte gewesen, da mangels einer entsprechenden ausdrücklichen Regelung weder aus der als öffentlich-rechtliche Bestimmung anzusehenden Vorschrift des § 3 der ArbZVo. noch aus dem durch Mehrarbeitsabkommen ergänzten Tarifvertrag über die Arbeitsbedingungen für die Arbeiter im mitteldeutschen Braunkohlenbergbau, insbesondere nicht aus dessen § 4 eine Pflicht der Arbeitnehmer zur Leistung von Mehrarbeit zu entnehmen sei. Wenn man gleichwohl in Anbetracht der letzteren, als Sollvorschrift gekennzeichneten Bestimmung unter Berücksichtigung der §§ 157, 242 BGB. und in entsprechender Anwendung des § 611 Abs. 1 BGB. eine solche Pflicht wenigstens in wirtschaftlich dringenden Fällen bejahen wollte, wozu hier allerdings noch eine weitere tatsächliche Feststellung erforderlich wäre, so entfalle doch das Recht der Beklagten zur fristlosen Entlassung der Kläger wegen beharrlicher Arbeitsverweigerung aus subjektiven Gründen. Denn die Kläger seien sich nach dem gegebenen Sachverhalt und bei der Zweifelhaftigkeit der Rechtslage einer Pflichtwidrigkeit ihrer Handlungsweise nicht bewußt gewesen, es könne ihnen ihr Verhalten also auch nicht als ein die sofortige Entlassung rechtfertigendes Verschulden oder als grober Ungehorsam angerechnet werden. Hätten sich daher die Kläger in einem die Erfüllung des subjektiven Tatbestandes des § 82 Nr. 3 Preuß. Allg. Bergges. ausschließenden Rechtsirrtum befunden, so hätte andererseits die Beklagte zur Erledigung des Streits um die Rechtsfrage nicht den Weg der fristlosen Entlassung zu beschreiten brauchen, sondern durch Vorgehen gegen die Kläger in ihrer Eigenschaft als Betriebsratsmitglieder oder durch ein sonstiges gerichtliches Verfahren eine schnelle Klärung der Rechtslage herbeiführen können. Da sie dies unterlassen haben, so müsse sie sich jetzt von den sich auf ihre Gutgläubigkeit berufenden Klägern entgegenhalten lassen, daß ihr Verlangen als unbillig und aus § 3 ArbZVo. unbegründet aufgefaßt worden sei. Aus den gleichen Gründen versage die Anwendbarkeit des § 82 Nr. 4 Preuß. Allg. Bergges. Ebensowenig könne im Sinne des § 82 Nr. 7 a. a. O. von einer Verleitung zu gesetz- oder sittenwidrigen Handlungen durch die Kläger die Rede sein, wenn sie als Betriebsratsmitglieder gemäß ihrer unwiderlegten Überzeugung ihren Arbeitskollegen mitgeteilt hätten, daß niemand zur Mehrarbeit verpflichtet sei. Sie ständen dabei im vorliegenden Streit der Beklagten einzig und allein in ihrer Eigenschaft als Arbeitnehmer gegenüber. Der Umstand, daß sie außerdem Betriebsratsmitglieder seien, habe hier außer Betracht zu bleiben. Würden sie etwa die ihnen in dieser Eigenschaft obliegenden besonderen Pflichten verletzt haben, so hätte der Beklagten ein anderes Verfahren offengestanden. In dem zur Entscheidung stehenden Streit könne die Beklagte sich, abgesehen davon, ob dies den Tatsachen entspreche, nicht auf die Verletzung der besonderen Pflichten des Betriebsrats stützen.

Die Revision rügt Verletzung der Arbeitszeitordnung, namentlich der §§ 3 und 5, des Tarifvertrags über die Arbeitszeitbedingungen für die Arbeiter im mitteldeutschen Braunkohlenbergbau, namentlich dessen § 4, der §§ 82, 83 a des Preuß. Allg. Bergges. und der §§ 157, 242, 611 BGB. Ihr ist ein Erfolg nicht zu versagen.

Nach § 82 Nr. 3 des Preuß. Allg. Bergges. können Bergleute vor Ablauf der vertragsmäßigen Arbeitszeit und ohne Aufkündigung entlassen werden, wenn sie die Arbeit unbefugt verlassen haben oder sonst den nach dem Arbeitsvertrage ihnen obliegenden Verpflichtungen nachzukommen beharrlich verweigern. Schon eine einmalige Verweigerung kann in Anbetracht der aus den begleitenden Umständen zu entnehmenden Willensrichtung des Arbeitnehmers den Begriff der Beharrlichkeit erfüllen (vgl. RG. Urt. vom 19. Oktober 1926 — III 468/25 — in N. Z. f. A. R. 1927 S. 179, RAG. Entsch. Bd. 1 S. 36 und Bd. 2 S. 350). Die beharrliche Verweigerung und die in § 82 Nr. 4 und 7 a. a. O. aufgeführte fristlose Entlassung wegen groben Ungehorsams und wegen Verleitung von Mitarbeitern zu gesetz- oder sittenwidrigen Handlungen setzen aber das Bewußtsein der Pflichtwidrigkeit voraus. Die Frage, ob ein derartiges Bewußtsein als vorhanden anzunehmen ist, ist, ebenso wie die von der Revision angeregte Frage des Vorliegens eines wichtigen Grundes im Sinne des § 83 a des genannten Berggesetzes, im wesentlichen eine der Nachprüfung in der Revisioninstanz entzogene Tatfrage (vgl. RGZ. Bd. 78 S. 22, Bd. 103 S. 63, Bd. 110 S. 300, RAG. Entsch. Bd. 1 S. 36, S. 107 flg., S. 224 und Urteil vom 14. November 1928 in RAG. 317/28). Nachprüfbar ist jedoch, ob der Vorderrichter das Verhalten des Arbeitnehmers, auf das der Arbeitgeber die fristlose Entlassung gegründet, hinreichend gewürdigt hat (vgl. RAG. Entsch. Bd. 1 S. 774 flg.). Im vorliegenden Fall hat nun das Berufungsgericht den in erster Linie geltend gemachten Entlassungsgrund der beharrlichen Arbeitsverweigerung sowohl nach der objektiven wie nach der subjektiven Seite geprüft. Es hat dagegen eine bestimmte Stellungnahme zur objektiven Richtung unterlassen und die Entscheidung darauf abgestellt, daß in subjektiver Hinsicht den Klägern wegen ihres Verhaltens gegenüber der Anordnung der Beklagten kein Vorwurf gemacht werden könne. Die Ausführungen des angefochtenen Urteils zu dem letzteren Punkte sind nicht frei von Rechtsirrtum. Das Berufungsgericht hält zwar der Beklagten vor, daß „sie zur Erledigung des Streits um die Rechtsfrage der Leistungspflicht nicht den Weg der fristlosen Entlassung hätte zu beschreiten brauchen, sondern daß ihr die Möglichkeit offen gestanden hätte, durch Vorgehen gegen die Kläger in ihrer Eigenschaft als Betriebsratsmitglieder oder durch ein sonstiges gerichtliches Verfahren eine schnelle Klärung der Rechtslage herbeizuführen". Mit Recht vermißt aber die Revision einen ähnlichen Vorhalt gegenüber den Klägern. Sie hätten in gleicher Weise vor Niederlegung der Arbeit, vielleicht schon vor Mitteilung ihrer Rechtsansicht an die Belegschaft, die Rechtslage über den Inhalt ihrer Leistungspflicht im Klagewege klären können. Dies war hier, wo die Beklagte sich bei ihrem Verlangen und der nach Anhörung der gesetzlichen Betriebsvertretung getroffenen Anordnung der Mehrarbeit nach der tatsächlichen Feststellung des Berufungsgerichts ausdrücklich auf § 3 ArbZVo. berufen hatte, um so mehr geboten, als den Klägern bei ihrer festgestellten „Einsicht in die Literatur und Judikatur" nicht entgangen sein konnte, daß die Frage, ob § 3 ArbZVo. lediglich öffentlichrechtliche Bedeutung hat oder auch eine privatrechtliche Verpflichtung des Arbeitnehmers zur Leistung der darin zugelassenen Mehrarbeit auslöst, stark umstritten ist und die Anhänger der Leistungspflicht das Erfordernis der Einwilligung der Arbeitnehmer in die vom Arbeitgeber verlangte Mehrarbeit u. a. auch deshalb ablehnen, weil dadurch die volle Ausnutzung der gesetzlich zugelassenen Arbeitszeit und zum mindesten die rechtmäßige Durchführung dieser Mehrarbeit nahezu unmöglich gemacht würde. Nicht minder rechtsbedenklich erscheint es, wenn das Berufungsgericht den guten Glauben der Kläger aus der „Rücksprache mit den Vertretern ihrer Organisation" entnimmt. Daß die hierbei erteilte Auskunft keine auf objektiven Unterlagen beruhende gewesen sein kann, geht schon daraus hervor, daß die Kläger in der Revisionsinstanz vortragen, „schon seit Jahren, seitdem Potthoff zum ersten Male auf den doppelten Gesichtspunkt der Arbeitszeitregelung hingewiesen habe, würden die Arbeitnehmer gewerkschaftlich dahin geschult, daß für sie eine Verpflichtung der Mehrarbeit nur vorliege, wenn eine darauf bezügliche Vereinbarung zustande gekommen sei, und daß deswegen Arbeitnehmer, die in einen Betrieb einträten, ohne daß irgendwie die Mehrarbeit vereinbart worden sei, mit dem Bewußtsein einträten, daß für sie eine Verpflichtung zur Mehrarbeit nicht bestehe". Haben also die Kläger ihr Verhalten nach einem Rechtsstandpunkt eingerichtet, von dem sie wußten oder bei Anwendung der im Verkehr erforderlichen Sorgfalt wissen mußten, daß ihm ein entgegengesetzter Rechtsstandpunkt gegenüberstand, so mußten sie damit rechnen, daß auch der entgegengesetzte Rechtsstandpunkt richtig sein könne. Rechneten sie nicht damit, verließen sie sich vielmehr auf die einseitige Auskunft ihrer Organisation und auf ihre vielleicht nur mangelhafte Einsicht in die Literatur und Judikatur und wählten sie von den ihnen bekannten beiden Rechtsanschauungen die ihnen günstigere, so handelten sie auf eigene Gefahr und müssen die Folgen auf sich nehmen, wenn sich hinterher ihr Standpunkt als unrichtig erweist (vgl. Urteil vom 17. November 1928 — RAG. 161/162/28 RAG. Entsch. Bd. 2 S. 350). Ob der Standpunkt der Kläger hinsichtlich der rechtlichen Bedeutung des § 3 ArbZVo. richtig war, kann mithin entgegen der Meinung des Berufungsgerichts nicht dahingestellt bleiben.

Bei der dementsprechenden Prüfung der objektiven Seite des Entlassungsgrundes der beharrlichen Arbeitsverweigerung ist nun mit dem Berufungsgericht davon auszugehen, daß die Mehrarbeitsbestimmungen der Arbeitszeitverordnung öffentlichrechtlicher Art sind, nur die gesetzliche Zulässigkeit von Mehrarbeit betreffen und mit Ausnahme des § 6a privatrechtliche Pflichten aus dem Arbeitsvertrage nicht regeln. Diesen Standpunkt hat das Reichsarbeitsgericht bereits hinsichtlich des § 1 Satz 3 a. a. O. wiederholt eingenommen (vgl. RAG. Entsch. Bd. 2 S. 177 flg. und 119—126/28 Urteil vom 10. Oktober 1928 — RAG. Entsch. Bd. 2 S. 266). Der § 3 ArbZVo. muß in gleicher Weise beurteilt werden. Auch hier handelt es sich nur um die Frage der gesetzlichen Zulässigkeit der Mehrarbeit, dagegen ist in § 3 nicht bestimmt, daß der Arbeitnehmer auch solche Mehrarbeit zu leisten verpflichtet ist. Ob eine Verpflichtung besteht, richtet sich nach dem Arbeitsvertrag. Man kann auch nicht sagen, daß alle im Gesetz zugelassenen Möglichkeiten von Mehrarbeit ohne weiteres Inhalt des Arbeitsvertrages würden und der Arbeitnehmer sie deshalb verrichten müsse. Vielmehr bedarf es stets der Prüfung im einzelnen Fall, ob und inwieweit eine arbeitsvertragliche Verpflichtung anzunehmen ist. Hierfür kann zunächst eine ausdrückliche Vereinbarung in Betracht kommen. Soweit eine solche nicht vorliegt, ist zu untersuchen, was dem Arbeitnehmer nach dem auch das Rechtsverhältnis des Arbeitsvertrages beherrschenden Grundsatz von Treu und Glauben (vgl. Urt. des RG. vom 4. Mai 1928 in III 394/27 S. 3 und RAG. Entsch. Bd. 2 S. 43) als Leistungspflicht zugemutet werden kann. Dabei sind die Verkehrssitte, die allgemeinen Gepflogenheiten im Betriebe sowie dessen besondere Verhältnisse zu berücksichtigen. Auch dem in anderen Zusammenhange vom Reichsarbeitsgericht insbesondere in RAG. Entsch. Bd. 2 S. 78 entwickelten Grundsatz der Betriebsverbundenheit wird Rechnung zu tragen sein, vermöge deren es dem Arbeitnehmer obliegt, zur Förderung der Wirtschaftlichkeit des Betriebs beizutragen. Aus der Gestaltung des Arbeitsverhältnisses heraus kann dem Arbeitnehmer die Pflicht erwachsen, seine Arbeitskraft dem Arbeitgeber zur Leistung der in den Grenzen des Zulässigen sich haltenden Mehrarbeit zur Verfügung zu stellen, welche dieser im Interesse der Steigerung der Gütererzeugung für nötig befindet. Deshalb muß z. B. bei dringendem wirtschaftlichen Bedürfnis, in Notfällen u. dergl. eine Arbeitspflicht kraft Arbeitsvertrag ohne weiteres bejaht werden. So aber scheint der vorliegende Fall gelagert zu sein. Die Beklagte hat, da sie sich nach der tatsächlichen Feststellung des Berufungsgerichts „genötigt sah“, wegen der insbesondere durch eine Kältewelle verstärten Nachfrage nach Kohlen „im Interesse der Erhaltung der Kundschaft und der Belieferung der auf Braunkohlenfeuerung eingestellten Betriebe“ von ihrer gesamten Belegschaft Mehrarbeit zu verlangen, erst nach vergeblicher Anhörung des Betriebs-(Arbeiter-) Rats die Mehrarbeit angeordnet. Schon bei dem Mangel einer diesbezüglichen tarifvertraglichen Bestimmung könnten die Kläger daher nach Treu und Glauben mit Rücksicht auf die Verkehrssitte an sich für verpflichtet erachtet werden, die unter solchen Umständen angeordnete und gesetzlich zugelassene Mehrarbeit zu leisten, gleichgültig, ob dies in dem Betrieb oder im Braunkohlengewerbe üblich war oder nicht. Dazu kommt, daß die Anordnung der Beklagten auch eine tarifvertragliche Verpflichtung der davon betroffenen Arbeitnehmer zur Leistung der Mehrarbeit begründen konnte. Allerdings trifft es zu, daß der hierfür allein heranzuziehende § 4 Nr. 1 des Tarifvertrages, wie das angefochtene Urteil aus dem klaren Wortlaut dieser Bestimmung ohne Rechtsverstoß feststellt, in seinem Abs. 1 wenigstens ausdrücklich nur Überstunden in „Notfällen" oder zur „Aufrechterhaltung des Betriebes" regelt, in seinem Abs. 2 aber lediglich vorschreibt, daß die Arbeiter gehalten sind, die Überstunden „im Rahmen der Bestimmungen dieses Paragraphen" zu leisten, und derartige Überstunden hier nicht in Rede stehen. Andererseits ist es aber nicht rechtsirrtümlich, wenn das Berufungsgericht aus dem Wesen des § 4 Abs. 1 a. a. O. als einer „Sollvorschrift" den Willen der Tarifvertragsparteien dahin auslegt, daß eine gesetzlich zugelassene Überzeitarbeit auch in anderen wirtschaftlich dringenden Fällen als den im § 4 Abs. 1 ausdrücklich hervorgehobenen als stillschweigend vereinbart gelten soll. Diese Auslegung des Wortes „sollen" entspricht nicht nur den gesetzlichen Auslegungsregeln der §§ 157 und 242 BGB., sondern — entgegen der Meinung der Kläger — auch dem allgemeinen Sprachgebrauch. Hier einen Unterschied zwischen der „Juristensprache" und der „Sprache des Lebens" zu machen, wie die Kläger es wollen, ist, wenn ein solcher Unterschied überhaupt besteht, um so weniger angebracht, als es sich um Tarifvertragsparteien einer sog. Schlüsselindustrie, eines der bedeutendsten Gewerbezweige Deutschlands, handelt, deren Vertreter entweder selbst Juristen sind oder doch in Rechtsangelegenheiten auf Grund jahrelanger Übung eine solche Erfahrung gesammelt haben, daß bei ihnen der Unterschied zwischen einer Soll- oder Mußvorschrift ohne weiteres als bekannt vorausgesetzt werden darf und von dem Berufungsgericht offenbar auch als bekannt vorausgesetzt worden ist. Immerhin reichen die tatsächlichen Feststellungen des Berufungsgerichts nicht aus, um dem Reichsarbeitsgericht schon jetzt die Entscheidung zu ermöglichen, ob den Klägern aus dem Tarifvertrag oder aus einem anderen der oben angeführten Gründe eine arbeitsvertragliche Verpflichtung zur Leistung der von der Beklagten angeordneten Mehrarbeit oblag. Es erscheint daher geboten, zwecks Nachholung und Vervollständigung der Prüfung in dieser Richtung das angefochtene Urteil aufzuheben und die Sache an das Berufungsgericht zurückzuverweisen (§ 72 Abs. 2 ArbGG. in Verbindung mit § 565 Abs. 1 ZPO.).

RAG. 3, 55.

Zur Auslegung von § 113 des Reichsgesetzes über Arbeitsvermittlung und Arbeitslosenversicherung.

Reichsarbeitsgericht. Urt. v. 15. Dezember 1928.

I. Arbeitsgericht Mühlhausen (Thür.). — II. Landesarbeitsgericht Erfurt.

Die Kläger haben Zurückweisung der Revision in Antrag gebracht.

Gründe:

Begründet ist die Rüge der Revision, daß der Berufungsrichter die Bestimmung des § 113 Abs. 2 des Reichsgesetzes über Arbeitsvermittlung und Arbeitslosenversicherung (AVAVG.) vom 16. Juli 1927 und in Verbindung damit die Bestimmung des § 529 Abs. 5 ZPO. verkannt habe.

§ 113 Abs. 1 Z. 1 AVAVG. bestimmt, daß der Arbeitslose keine Arbeitslosenunterstützung für die Zeit erhält, „für die er noch Arbeitsentgelt bezieht", und § 113 Abs. 2:

„Werden einem Arbeitslosen Bezüge aus dem Arbeitsverhältnis (Arbeitsentgelt, Abfindung, Entschädigung) geschuldet und wird ihm entgegen Abs. 1 bereits Unterstützung gewährt, so hat der Arbeitgeber die Unterstützungsbeträge, die zu Unrecht gewährt sind, der Reichsanstalt zu erstatten; er hat sie an das Arbeitsamt abzuführen, das sie ausbezahlt hat. Er kann sie dafür dem Arbeitnehmer gegenüber aufrechnen."

Nach der Feststellung des Berufungsrichters hat die Beklagte „die Aufrechnung der Gegenforderung" nicht im ersten Rechtszug geltend gemacht. Der Berufungsrichter sieht diese Unterlassung als schuldhaft an und wendet, da die Kläger der verspäteten Geltendmachung nicht zugestimmt haben, § 529 Abs. 5 ZPO. an.

Das wird dem Inhalt und der Tragweite des § 113 AVAVG. nicht gerecht.

Diese Regelung hat ihren Vorgang in § 88 Satz 3 BRG. und weiter zurück in § 15 der Demobilmachungsverordnung vom 12. Februar 1920 (RGBl. S. 216). Allen diesen gesetzlichen Bestimmungen ist gemeinsam, daß sie im Verhältnis des Arbeitgebers zum Arbeitnehmer über die Regelung des § 615 BGB. hinaus eine Gegenrechnung der Erwerbslosenunterstützung gegen den dem Erwerbslosen noch geschuldeten Lohn zulassen, und daß sie die staatliche Stelle, die die Unterstützung an den Arbeitnehmer objektiv zu Unrecht (mangels eines Anspruchs des Arbeitnehmers darauf) bezahlt hat, wegen der Rückforderung an den lohnschuldenden Arbeitgeber weist.

Mit Recht sehen Jaeger — Neuburger — Adam AVAVG. § 113[18] in dieser Ordnung, soweit sie das Verhältnis des Arbeitnehmers zur Reichsanstalt angeht, eine (im Sozialversicherungsrecht nicht seltene) durch Gesetz verhängte Abtretung (cessio legis) des Vertragsanspruchs an den Arbeitgeber in Höhe der Unterstützung.

Wollte man im Gegensatz zu dieser Auffassung den nach § 113 Abs. 2 bestehenden Erstattungsanspruch der Reichsanstalt gegen den Arbeitgeber als gesetzlich eigenartigen, von dem Anspruch des Arbeitnehmers aus dem Dienstvertrag unabhängigen Anspruch ansehen, so wäre der Arbeitgeber der Reichsanstalt gegenüber jeder Einwendung aus dem Dienstvertrag, insbesondere des nach der Rechtsprechung zulässig bleibenden Aufrechnungseinwands wegen Schädigung durch vorsätzlich unerlaubte Handlungen beraubt und müßte, wenn etwa der Aufrechnungseinwand den Lohnanspruch erschöpft, dennoch Zahlung leisten, ohne sich an einem Guthaben des Arbeitnehmers erholen zu können. Das kann der Absicht des Gesetzes nicht entsprechen, das sich an den Arbeitgeber nur in seiner Eigenschaft als Schuldner und Zahlstelle des Arbeitslosen hält.

Ist aber mit dem Empfang der Erwerbslosenunterstützung der Lohnanspruch in gleicher Höhe auf die Reichsanstalt übergegangen, so sind die Kläger zum gleichen Betrag zur Geltendmachung des Lohnanspruchs nicht weiter befugt.

Dieser Rechtslage entspricht die Wahl des Wortes „aufrechnen" in § 113 Abs. 2 allerdings nicht. § 88 BRG. gebraucht richtiger die Wendung „zur Anrechnung bringen" und § 15 der Demobilmachungsverordnung das Wort „anrechnen". Es liegt kein Grund zu der Annahme vor, daß § 113 AVAVG. sachlich von jenen Gesetzen hätte abweichen wollen und eine eigentliche Aufrechnung im Sinne der §§ 387 flg. BGB. statt des Abzugs von der Schuldforderung gemeint hätte.

In dem Hinweis auf die Bestimmung des § 113 und der Geltendmachung der sich daraus ergebenden Rechte liegt deshalb nur eine Bemängelung der Aktivlegitimation, die als solche nicht einmal unter § 529 Abs. 2 ZPO. fällt. Die dazu gehörige Tatsache, daß die Kläger Erwerbslosenunterstützung erhalten haben, ergab sich bei der Lage der Gesetzgebung aus dem nach der Klage zu unterstellenden Umstand (§ 615 BGB.), daß die Kläger erwerbslos sind.

Die Beklagte hat ihre Bemängelung der Sachbefugnis nicht substantiiert, obwohl sie das nach einer Erkundigung bei der zuständigen Stelle (§ 168 AVAVG.) hätte tun können. Indes war es in erster Reihe

Sache der Kläger, unter Abzug der ihnen gewährten Unterstützung zu klagen.

Die Sachlage bedarf deshalb der erneuten Prüfung unter dem Gesichtspunkt, welchen Abzug die Beklagte den Klägern zu machen berechtigt ist. Aus dem Gesetz allein ist das unter Zugrundelegung des Berufungsurteils nicht ersichtlich, zumal abgesehen von den für den Familienzuschlag (§ 107 AVAVG.) maßgebenden Familienverhältnissen auch die sonstigen, für Beginn, Unterbrechung und Ende der Unterstützung maßgebenden tatsächlichen Umstände nicht festgestellt sind.

RAG. 3, 69.

Einem von der Arbeitnehmerschaft begonnenen Streike gegenüber bedeutet die Aussperrung seitens der Arbeitgeberschaft ein erlaubtes Kampfmittel. Verweigern in einem solchen Falle bis dahin nicht beteiligte Arbeitnehmergruppen sog. Streikarbeiten und wird hierdurch die Fortführung des Betriebes unmöglich, so entfällt damit ihr Anspruch auf Lohn.

Reichsarbeitsgericht. Urt. v. 22. Dezember 1928.

I. Arbeitsgericht Elberfeld. — II. Landesarbeitsgericht daselbst.

Die Kläger waren Meister in dem Betriebe der Beklagten. Das Arbeitsverhältnis regelte sich nach dem zwischen dem Verbande der Arbeitgeber im Bergischen Industriegebiet e. V. in Elberfeld einer- und dem Deutschen Werkmeisterbunde und dem Deutschen Werkmeisterverbande anderseits geschlossenen Tarifvertrage für Meister in der Textilindustrie im rechtsrheinischen Bezirke vom 5. Februar 1927.

Zwischen dem genannten Arbeitgeberverbande einer- und dem Deutschen Textilarbeiterverband und dem Zentralverband Christlicher Arbeiter Deutschlands anderseits bestand ein Lohnabkommen für die Arbeiter der Textilindustrie im Bergischen Bezirk. Es war von den Gewerkschaften zum 31. Oktober 1927 gekündigt worden. Als die Verhandlungen am 1. November 1927 nicht zur Einigung führten, veranlaßten die beiden Gewerkschaften die Arbeiter einiger besser beschäftigten Werke in Streik zu treten, den sie von Tag zu Tag weiter ausdehnten. Darauf beschloß der Arbeitgeberverband die Aussperrung für alle Textilarbeiter im rechtsrheinischen Bezirk, die daraufhin die Beklagte auch für ihren bisher nicht bestreikten Betrieb unter Kündigung zum Schichtschluß des 8. November 1927 verhängte.

Die Kläger, deren Tarifvertrag nicht gekündigt war, waren von der Aussperrung nicht betroffen und arbeiteten am 9. und 10. November

1927 weiter. Als sie die sogenannte Aufpasserarbeit, die regelmäßig nicht Meisterarbeit ist, als Streikarbeit ablehnten, erklärte ihnen die Beklagte, dann habe sie für sie nicht mehr genügend Arbeit. Sie blieben also am 11. und 12. November 1927 der Arbeit fern. Der Streik wurde durch Schiedsspruch vom 11. November 1927 beendet. In der Erwartung, daß die Arbeit am 14. November 1927 wieder aufgenommen werden würde, bestellte die Beklagte die Kläger für diesen Tag zur Arbeit. Da die Arbeiter nicht erschienen, wurden sie zur Mittagspause wieder entlassen. Vom 15. November 1927 wurde wieder gearbeitet.

Die Kläger fordern die Bezahlung von 19½ Stunden mit 18 M, dem Betrage des ihnen entgangenen Arbeitslohnes. Die Beklagte hat nach Erlaß des Urteils des Arbeitsgerichts, das der Klage stattgab, anerkannt, daß noch für eine Vormittagsschicht Meisterarbeit vorhanden gewesen sei und die eingelegte Berufung für einen Betrag von 5 M zurückgenommen. Das Landesarbeitsgericht hat die weitergehende Klage abgewiesen. Die Revision wurde zurückgewiesen.

Gründe:

Das Landesarbeitsgericht geht davon aus, daß es sich um eine kollektive Streitigkeit handele, auf die die von dem Reichsgericht in RGZ. Bd. 106 S. 272 aufgestellten Grundsätze anzuwenden und zu erweitern seien, wenn auch der vorliegende Fall etwas anders gelagert sei.

Es sei nicht nur eine Verbundenheit in dem einzelnen Betriebe, sondern auch eine wirtschaftliche Verbundenheit der Arbeitnehmer unter sich anzunehmen. Die Erhöhung der Löhne einer Gruppe ziehe mittelbar oder unmittelbar eine solche der andern nach sich, was taktisch von den Führern dazu benutzt werde, den Lohnkampf bei solchen Gruppen durchzuführen, bei denen er sich am billigsten und aussichtsreichsten gestalte, wodurch er dann für die anderen Gruppen erspart oder erleichtert werde. Die im vorliegenden Falle erzielte Lohnerhöhung werde sich beim Ablaufe des Lohnabkommens mit den Meistern zu deren Gunsten auswirken. Das hätten die letzteren auch damals erkannt und sich geweigert, durch ihre Arbeit eine teilweise Aufrechterhaltung des Betriebes zu ermöglichen und so den Druck des Streikes zu schwächen. Gingen auch die Wege der Organisationen auseinander, letztes Ziel sei doch immer das gleiche Bestreben, bessere Lebensbedingungen für die Arbeitnehmerschaft zu erreichen. Bestehe aber eine solche Verbundenheit, sei sie geeignet, der ganzen Arbeitnehmerschaft Vorteile zu bringen, so müsse sie auch als Ganzes und in ihren einzelnen Teilen die Nachteile einer solchen tragen.

Dies gehe selbstverständlich nicht ins Ungemessene. Nicht alles, was ein Teil tue, müsse die ganze Arbeitnehmerschaft mittragen, es müßten äußere Umstände verbindend hinzukommen. Dies sei hier der Fall. Die Teilstreiks vom November 1927 hätten sich gegen den ganzen Arbeitgeberverband gerichtet, gegen seine sämtlichen Mitglieder, auch gegen die Beklagte, und zwar von Anfang an. Sie habe unter den Maßnahmen ihres Verbandes, aber auch unter dem Drucke der bereits ausgeführten und der noch bevorstehenden Maßnahmen der Gegner gestanden. Das Ziel der Erkämpfung höherer Löhne habe die Arbeitnehmerschaft des ganzen Gebietes zusammengeschlossen und für sämtliche Betriebe Folgen haben müssen. In diesem Zusammenhange sei auch der Vorgang bei der Beklagten zu betrachten.

Gewiß sei die Unmöglichkeit der Weiterbeschäftigung der Meister eine unmittelbare Folge der Aussperrung im Betriebe der Beklagten. Betrachte man aber die gesamten Umstände, so ergebe sich, daß die Aussperrung erst eine Folge des Streikes gewesen sei. Dieser habe erst die Arbeitsunmöglichkeit für die Meister verursacht. Beide Kampfmaßnahmen seien mitbestimmend gewesen und glichen sich in dem Verschulden an der Unmöglichkeit zum mindesten aus. Die Weiterarbeit sei also durch einen Umstand unmöglich geworden, den weder die Meister noch die Beklagte zu vertreten hätten. Damit entfalle der Anspruch auf Lohnzahlung nach § 323 BGB.

Der Anspruch der Kläger wäre als begründet zu erachten, wenn sie mit Recht den Vorwurf erheben könnten, daß die Beklagte unter schuldhafter Verletzung ihrer Vertragspflichten die Stillegung ihres Betriebes herbeigeführt und die Aussperrung verhängt hätte. Nach dieser Richtung hin trifft aber die Beklagte kein Vorwurf.

Sie war Mitglied des Arbeitgeberverbandes, gegen den sich der Streik richtete. Der Streik war aus den Lohnverhandlungen mit der gesamten Arbeitgeberschaft des Verbandes entstanden. Wenn er zunächst auch aus taktischen Gründen nur in einzelnen, besser beschäftigten Betrieben angeordnet wurde, so war er doch von vornherein gegen sämtliche gerichtet, der etwaige Erfolg der Teilstreiks mußte sich bei allen auswirken. Demgegenüber konnte den Arbeitgebern, auch soweit sie noch nicht bestreikt wurden, nicht zugemutet werden, den Dingen einfach ihren Lauf und die bestreikten Betriebe zum Unterliegen kommen zu lassen. Im Interesse der ganzen Arbeitgeberschaft, das gleichzeitig das der Beklagten war, war es ihr gutes Recht, auf die Kampfmaßnahme der Arbeitnehmerschaft mit den entsprechenden Gegenmaßnahmen zu antworten. Wenn sie als solche die Aussperrung verhängte, so hat sie von einem erlaubten Kampfmittel Gebrauch gemacht und sich in der Wahl des Mittels nicht vergriffen.

Wenn die Revision meint, über das Erlaubt- oder Nichterlaubtsein des Mittels habe das Gericht nicht zu entscheiden, so ist dieser Einwand schon aus dem Grunde verfehlt, weil ohne eine Prüfung der Vorgänge nach dieser Richtung eine Entscheidung in der Sache selbst unmöglich wäre.

Für die Prüfung der Frage, ob eine Haftung des Arbeitgebers aus anderen Gesichtspunkten gerechtfertigt sein könnte, kommen zunächst die Grundsätze in Betracht, die das Reichsarbeitsgericht in seiner Entscheidung vom 20. Juni 1928 — RAG. Entsch. Bd. 2 S. 74 — über die Tragung der Betriebsgefahr aufgestellt hat. In ihnen ist ausgesprochen, daß von dem Zusammenwirken der Arbeitgeber- und der Arbeitnehmerschaft im Betriebe auszugehen sei, daß jeder Teil den in seine Sphäre fallende Teil der Betriebsgefahr zu tragen habe, daß dies aber nicht unbeschränkt gelte, sondern nach Treu und Glauben zu ermessen sei, wie weit seine Haftung gehe. Die Beantwortung dieser Frage sei nur für den Einzelfall möglich. Das Landesarbeitsgericht hat sich mit diesen zum Teil auf tatsächlichem Gebiete liegenden Erwägungen nicht befaßt, brauchte es auch von seinem Standpunkte aus nicht. Wollte man darauf abstellen, so müßte die Sache zur Aufklärung der in Frage kommenden tatsächlichen Verhältnisse an das Landesarbeitsgericht zurückverwiesen werden. Dessen bedarf es jedoch nicht.

Mit Recht hat das Landesarbeitsgericht betont, daß sich im Arbeitskampfe die Arbeitnehmer- und die Arbeitgeberschaft geschlossen gegenüberstehen und auch im vorliegenden Falle gegenübergestanden haben. Nun haben die Meister die ihnen angebotenen Aufpasserarbeiten als Streikarbeit abgelehnt. Ob sie damit im Rechte gewesen sind oder nicht, kann dahingestellt bleiben. Jedenfalls haben sie sich damit mit den im Arbeitskampfe befindlichen Arbeitnehmern solidarisch erklärt und für ihre Sache Partei ergriffen. Wenn die Revision dem entgegenhält, sie hätten damit lediglich ihre Neutralität in dem Arbeitskampfe zum Ausdruck gebracht, so wiederlegt sich diese Auffassung schon aus der einfachen Erwägung heraus, daß sie sich tatsächlich mit der Verweigerung der Aufpasserarbeiten, ohne die die Weiterführung des Betriebes in gewissem Umfange möglich gewesen wäre, auf die Seite der Arbeitnehmerschaft und gegen die Beklagte gestellt haben. Ob sie damit richtig oder unrichtig gehandelt haben, kommt, wie gesagt, nicht in Betracht. Sie haben damit die Sache der streikenden Arbeitnehmerschaft zu der ihren gemacht und müssen danach auch die Nachteile, die diese Parteinahme mit sich brachte, auf sich nehmen.

RAG. 3, 86

1. Zur Auslegung der Klausel: „Bezahlt wird nur die Zeit, während welcher wirklich gearbeitet worden ist."

2. Zur Frage der Tragung des Betriebsrisikos.

Reichsarbeitsgericht. Urt. v. 9. Januar 1929.

I. Arbeitsgericht Magdeburg. — II. Landesarbeitsgericht daselbst.

Am 13. und 15. Dezember 1927 sowie am 5. Januar 1928 konnten die Kläger wegen Versagens des elektrischen Stromes in dem Werk der Beklagten je einige Stunden lang keine Arbeit leisten. Das Ansinnen der Werksleitung, die versäumte Arbeit abends nachzuholen, wiesen sie zurück. Da die Beklagte nur die Stunden, in denen an den genannten Tagen gearbeitet worden war, bezahlte, verlangten die Kläger klagend Ersatz ihres Lohnausfalls in Höhe von insgesamt 151,70 RM. Die Beklagte begehrte im Hinblick auf § 14 ihrer Arbeitsordnung und auf § 323 BGB. Klagabweisung. § 14 a. a. O. lautet:

„1. Der Arbeiter erhält für die von ihm geleistete Arbeit vereinbarten Stunden- oder Stücklohn unter Zugrundelegung der tariflichen Abmachungen.

2. Bezahlt wird nur die Zeit, während der wirklich gearbeitet worden ist.

3. Abweichend von der Bestimmung unter Abs. 2 wird versäumte Arbeitszeit in folgenden Fällen bezahlt:
   a) bei Betriebsunfällen bis zu 8 Arbeitsstunden,
   b) beim Tode des in häuslicher Gemeinschaft lebenden Ehegatten bis zu 8 Arbeitsstunden,
   c) beim Tode von Kindern unter 17 Jahren, sofern sie in häuslicher Gemeinschaft leben, bis zu 4 Arbeitsstunden."

Das Arbeitsgericht wies die Klage ab, das Landesarbeitsgericht gab ihr statt. Die Revision der Beklagten blieb erfolglos.

Gründe:

Die Revision konnte keinen Erfolg haben, wenn auch der Begründung des angefochtenen Urteils nicht beizutreten ist. Das Berufungsgericht gelangt zur Verurteilung der Beklagten, weil auf ihre Seite Annahmeverzug vorliege und § 14 Nr. 2 der Arbeitsordnung die Anwendung des § 615 BGB. nicht ausschließe. Der Streit der Parteien läßt sich aber weder einseitig nach den Grundsätzen des Annahmeverzugs noch aus dem von der Beklagten für sich in Anspruch genommenen Gesichtspunkte der Leistungsunmöglichkeit entscheiden. Zu fragen ist vielmehr, ob die Arbeitgeberin oder die Arbeitnehmer im Verhältnis zueinander die wirtschaftlichen Folgen solcher vorübergehenden Betriebsstörungen wie derjenigen, welche den Anlaß zur Klage gaben, zu tragen haben. Über diese Frage verhält sich weder der für die Parteien maßgebende Tarifvertrag noch § 14 Nr. 2 der Arbeitsordnung. Die letztere Vorschrift stellt nach der rechtsirrtumsfreien Auslegung, die das Landesarbeitsgericht ihr gegeben hat, nur den Grundsatz auf, daß bei Arbeitsversäumnissen, die in der Person des Arbeitnehmers ihren Anlaß haben, dieser seinen Lohnanspruch verliert, während die ihr folgende und mit ihr in innerem Zusammenhang stehende Nr. 3 aus sozialen Gründen und Billigkeitsrücksichten einzelne Ausnahmen von der Regel der Nr. 2 zuläßt. Das Reichsarbeitsgericht hat sich bereits in zwei Fällen mit der Klausel: „Lohn wird nur für wirklich geleistete Arbeit bezahlt" beschäftigt (vgl. Urteil vom 4. Juli 1928 in RAG. 49/28 und Urteil vom 3. November 1928 in RAGEntsch. Bd. 2 S. 305) und ist dabei zu dem Ergebnisse gelangt, daß die Auffassung, welche sie bei jeder Arbeitsunterbrechung angewendet wissen will, zu unbilligen und unsozialen Härten führen würde. Sie ist daher auch im gegebenen Falle vom Berufungsgericht mit Recht abgelehnt worden. Nach ihr würde es beispielsweise der Arbeitgeberin gestattet sein, falls es ihr vorteilhaft erschiene, nach Belieben Feierschichten einzulegen und auf diese Weise den Tages- oder Wochenlohn, auf den die Arbeitnehmer nach Maßgabe ihrer Arbeitsverträge rechnen und rechnen dürfen, in ihrem Interesse zu kürzen. Das kann nicht Rechtens sein.

Bei dieser Sachlage kann es dahingestellt bleiben, ob die Arbeitsordnung der Beklagten lediglich auf einer Betriebsvereinbarung beruht oder, wie die Beklagte behauptet, nur tarifvertragliche Bestimmungen wiederholt. Denn auch im letzteren Falle würde die Tragweite des § 14 Nr. 2 a. a. O. keine andere sein als die, welche das Landesarbeitsgericht ihr beigemessen hat. Fehlt es somit für Fälle der vorliegenden Art an einer vertraglichen Bestimmung über die Verteilung des Betriebsrisikos und vermögen die Kläger, wie sie ausdrücklich erklärt haben, der Beklagten auch nicht den Vorwurf eines Verschuldens zu machen, so wird bei Beantwortung der oben als streitig bezeichneten Frage nach Maßgabe der in dem Urteil des Reichsarbeitsgerichts vom 20. Juni 1928 (RAGEntsch. Bd. 2 S. 74 flg.) entwickelten Richtlinien einmal von dem das neue Arbeitsrecht beherrschenden Rechtsgedanken der Betriebsverbundenheit von Arbeitgeber und Arbeiterschaft, anderseits aber auch von der Verschiedenartigkeit ihrer wirtschaftlichen Stellung innerhalb des das gemeinsame Band bildenden Betriebs auszugehen und demgemäß zu prüfen sein, welcher Vertragsteil auch ohne Verschulden nach Treu und Glauben dem anderen gegenüber den Anlaß der Betriebsstörung und Arbeitsunterbrechung zu vertreten und in welchem Umfange er diesem gegenüber die Betriebsgefahr zu tragen hat. Man wird sie dem Arbeitgeber im allgemeinen in bezug auf Störungen aufbürden, die in Betrieben der in Rede stehenden Art öfters oder wenigstens unter besonderen Umständen vorkommen können und mit denen der Unternehmer, obschon er sie nicht vermeiden kann, nach Lage des Falles rechnen muß, es sei denn, daß diese Störungen einen unvorhersehbaren, den Bestand des Betriebs gefährdenden Umfang annehmen (vgl. das bereits angezogene Urteil des Reichsarbeitsgerichts vom 3. November 1928).

Läßt sich in einem Werke, wie dem der Beklagten, die Arbeit nur mit Hilfe des elektrischen Stromes ausführen, so hat ihn selbstverständlich der Arbeitgeber seinen Arbeitern zu liefern oder durch einen anderen liefern zu lassen, wenn er deren Dienste und Arbeitskraft sich und dem Betriebe nutzbar machen will. Die Beklagte besitzt ein eigenes Kraftwerk, für dessen normale Krafterzeugung sie daher selbst Sorge zu tragen hat. In ihm traten an den drei im Tatbestand genannten Tagen ohne ihr Verschulden diejenigen Störungen auf, welche die Kläger wider ihren Willen nötigten, ihre Arbeitskraft im ganzen etwa 10 Stunden lang brach liegen zu lassen, da auch der zur Sicherung des Stromverbrauchs von der Beklagten an das städtische Elektrizitätswerk vorgenommene Anschluß versagte. Auf die Gründe des Versagens der eigenen und der fremden Stromleitung kommt es nicht an. Wenn die Beklagte diese Gründe auch nicht gerade vorhergesehen hat und vielleicht auch nicht vorhersehen konnte, so sind doch Störungen in der Erzeugung oder Zuführung elektrischen Stroms nicht außergewöhnliche, sondern Ereignisse, mit denen jeder Betriebsunternehmer verständigerweise rechnen muß. Unter solchen Umständen hat die Beklagte für die Arbeitsunterbrechung als eine wenn auch unverschuldete Folge des kurzfristigen Versagens der elektrischen Anlagen den Klägern nach den oben erörterten Gesichtspunkten und den Grundsätzen von Treu und Glauben ebenso einzustehen, als hätte sie ohne zwingenden Anlaß von sich aus eine mehrstündige Arbeitspause oder eine Feierschicht angeordnet. Davon, daß durch dieses Einstehen der Bestand ihres Werkes gefährdet würde, kann nach dessen bekannter Größe und Bedeutung keine Rede sein. Sie muß daher den Klägern auch ohne Gegenleistung den Lohn zahlen, den diese verdient haben würden, wenn ihnen der für ihre Dienstleistungen unumgänglich notwendige elektrische Strom, dessen Verschaffung, wie betont, der Beklagte allein oblag, zur Verfügung gestellt worden wäre. Auf ein Nachholen der versäumten Arbeit in den Abendstunden brauchten die Kläger sich mangels einer sie dazu verpflichtenden Vertragsbestimmung nicht ohne weiteres einzulassen. Daß sie durch ihre Weigerung nach den besonderen Umständen des Falles gegen Treu und Glauben verstoßen hätten, dafür ist dem festgestellten Sachverhalt nichts zu entnehmen. Ihr Klaganspruch ist somit begründet.

RAG. 3, 100.

Bedarf es der Anfechtung einer Betriebsratswahl nach § 19 d. WahlO. z. BRG. auch dann, wenn die Wahl unter völliger Nichtbeachtung der Wahlvorschriften stattgefunden hat?

Wahlordnung zum Betriebsrätegesetz vom 5. Februar 1920.

Reichsarbeitsgericht. Urt. v. 5. Dezember 1928.

I. Arbeitsgericht Duisburg. — II. Landesarbeitsgericht daselbst.

Der Kläger, der seit dem 24. März 1924 bei dem Beklagten als Schlosser beschäftigt war, bekleidete die Stelle eines Vorsitzenden des Betriebsrats, dessen Wahl auf folgende Weise erfolgt war:

Der Beklagte war von der Gewerbe-Inspektion aufgefordert worden, für die Einrichtung einer Betriebsvertretung Sorge zu tragen. Er machte darauf im März 1927 durch Anschlag am schwarzen Brett bekannt, er habe der Gewerbe-Inspektion bis zum 14. April 1927 mitzuteilen, daß in seinem Betriebe ein Betriebsrat bestehe; auf Grund des § 1 BRG. fordere er hiermit die Belegschaft auf, sich einen Betriebsrat zu wählen. Am folgenden Lohntage teilte der Lohnbuchhalter des Beklagten dem Kläger mit, der Beklagte habe erklärt, der Kläger habe für die Wahl des Betriebsrates zu sorgen, die Wahl solle vorgenommen werden wie bisher durch Wahl in der Belegschaftsversammlung. Der Kläger erklärte sich bereit, die Wahl vornehmen zu lassen, und berief durch Anschlag am schwarzen Brett für den 28. März 1928 eine Belegschaftsversammlung mit der Tagesordnung „Neuwahl des Betriebsrates" ein. Die Bekanntmachung mit der Unterschrift des Klägers wurde am 26. März 1927 bei der Kontrolluhr ausgehängt und erst nach Beendigung der Belegschaftsversammlung wieder entfernt. In der Versammlung wurden der Kläger und zwei weitere Arbeiter einstimmig zu Betriebsratsmitgliedern gewählt, und zwar der Kläger als Obmann. Am 29. März 1927 meldete der Kläger in seiner Eigenschaft als Betriebsratsvorsitzender dem Beklagten die vollzogene Wahl und dieser teilt am 30. März 1927 der Gewerbe-Inspektion mit, daß mit dem heutigen Tage ein Betriebsrat bei ihm bestehe. Ein Aushang des Wahlergebnisses hat nicht stattgefunden.

Am 30. Juni 1927 wurde der Kläger fristlos entlassen. Auf eine von ihm erhobene Klage stellte das Arbeitsgericht fest, daß die am 30. Juni 1927 ausgesprochene Entlassung unwirksam sei und das Arbeitsverhältnis über diesen Zeitpunkt hinaus fortbestehe, daß der Beklagte zum Ersatz allen dem Kläger entstandenen Schadens verpflichtet sei. Das Landesarbeitsgericht wies die Berufung des Beklagten mit der Begründung zurück, daß die Voraussetzungen der fristlosen Entlassung nicht vorgelegen hätten und daß die ordentliche Kündigung mangels Zustimmung des Betriebsrates unwirksam sei.

Nach Erlaß dieses Urteils kündigte der Beklagte am 28. September 1927 dem Kläger erneut. Im Anschluß daran stellte er beim Arbeitsgericht den Antag auf Ersetzung der Zustimmung des Betriebsrats zur Kündigung mit der Begründung, daß infolge Ausscheidens der übrigen Mitglieder der Kläger das einzige Mitglied der Betriebsvertretung sei. Das Arbeitsgericht wies durch Beschluß vom 18. November 1927 den Antrag auf Zustimmung zur Kündigung als gegenstandslos zurück, indem es annahm, daß der am 30. März 1927 stattgehabte Wahlakt nicht als Betriebsratswahl im Sinne des Betriebsrätegesetzes angesehen werden könne, Kläger also kein Mitglied einer Betriebsvertretung gewesen sei.

Der Kläger, dem von dem Beklagten seit dem 27. Oktober 1927 kein Lohn mehr bezahlt worden war, erhob nunmehr Klage auf Zahlung des Lohnes für die Zeit vom 27. Oktober bis 10. Dezember 1927. Er machte geltend, seine am 30. März 1927 erfolgte Wahl zum Betriebsratsmitglied sei gültig, die Kündigung daher unwirksam, sollte aber die Kündigung infolge Ungültigkeit der Wahl als wirksam zu erachten sein, so sei der Beklagte für das Fehlen einer ordnungsmäßigen Betriebsvertretung verantwortlich und zum Schadensersatz verpflichtet.

Das Arbeitsgericht hat die Klage abgewiesen. Die Berufung des Klägers ist zurückgewiesen.

Sein Revision hatte keinen Erfolg.

Gründe:

Das Berufungsgericht hat angenommen, daß einerseits die in den Urteilen des Vorprozesses getroffene Feststellung des Bestehens des Arbeitsverhältnisses über den 30. Juni 1927 hinaus den Beklagten nicht hindere, geltendzumachen, daß das Arbeitsverhältnis infolge der am 28. September 1927 ausgesprochenen Kündigung beendigt sei, daß es selbst aber anderseits auch nicht an die in diesen Urteilen getroffene Feststellung, der Kläger sei Mitglied der Betriebsvertretung, gebunden sei. In dieser Beziehung sind rechtliche Bedenken gegen die Auffassung des Berufungsgerichts nicht zu erheben.

Im übrigen hat das Landesarbeitsgericht, ohne sich an die dem Beschlusse des Arbeitsgerichts vom 18. November 1927 zugrunde liegende Auffassung gebunden zu erachten, den am 30. März 1927 getätigten Wahlakt selbständig einer Nachprüfung unterzogen und in Übereinstimmung mit dem Beschlusse des Arbeitsgerichts angenommen, daß dieser Wahlakt keine Betriebsratswahl im Sinne des Betriebsrätegesetzes darstelle und daß daher die Wahl des Klägers zum Betriebsratsmitglied als nicht geschehen zu betrachten sei. Es hat hierzu ausgeführt, eine Wahlhandlung, die sich nicht in den äußeren Formen einer Betriebsratswahl vollzogen habe, bedürfe keiner Ungültigkeitserklärung seitens des Arbeitsgerichts, um als ungültig behandelt zu werden. Die Wahlhandlung vollziehe sich nach § 18 BRG. durch schriftliche Stimmabgabe der einzelnen Wahlberechtigten als besondersartige Einzelwillenserklärung, die allein oder zusammen mit den abgegebenen gleichartigen Willenserklärungen anderer Wahlberechtigten das in bestimmter vorgeschriebener Weise zu ermittelnde Wahlergebnis schaffe. Eine Wahl in einer Versammlung geschehe aber durch Beschluß, der durch ein Zusammenwirken von Willenserklärungen der abstimmenden Anwesenden zustande komme und wobei sich die Versammlung als Wahlkörperschaft betätige. Nach § 18 BRG. gebe es aber bei der Betriebsrätewahl ebensowenig eine solche Wahlkörperschaft wie bei den politischen Wahlen zu den Parlamenten, bei denen auch nur die einzelnen Bürger ihr Stimmrecht für sich ausübten. Wenn es in dieser Bestimmung heiße, die Wahl erfolge „aus ihrer Mitte", so sei damit nur bestimmt, daß nur die Werks- oder Gruppenangehörigen gewählt werden könnten. Die Betriebsversammlung sei zwar in den §§ 45 flg. BRG. auch vom Gesetz anerkannt; sie habe nur einen beschränkten Aufgabenkreis (§ 48 BRG.). Da die Wahl des Klägers zum Betriebsratsmitglied von der hierzu nach dem Betriebsrätegesetz nicht berufenen Belegschaftsversammlung erfolgt sei, sei sie als nicht geschehen zu betrachten. Die Wahl unterliege auch keiner anderen Beurteilung, wenn, wie der Kläger behaupte, sämtliche Mitglieder in der Belegschaftsversammlung anwesend gewesen seien. Ebensowenig könne der Arbeitgeber durch eine Anerkennung der Wahl den gesetzlich nicht vorhandenen Betriebsrat zu einem rechtsgültigen Betriebsrat machen.

Die Revision bekämpft diese Auffassung als rechtsirrig. Sie meint, das angefochtene Urteil gehe in seiner Auslegung des § 18 BRG. und des § 19 der WahlO. zum BRG. fehl. Gewiß könne es Fälle geben, in denen eine Anfechtung nach § 19 der WahlO. nicht zu erfolgen brauche, um die Nichtigkeit geltendzumachen. Das könne aber nach dem Willen des Gesetzes, das durch die Bestimmungen des § 19 die Unsicherheit, ob im gegebenen Falle ein Betriebsrat bestehe oder nicht, habe beseitigen wollen, nur dann in Frage kommen, wenn ganz offensichtlich ein Wahlakt überhaupt nicht stattgefunden habe. Im vorliegenden Falle könne aber von dem Nichtvorliegen eines Wahlaktes nicht die Rede sein.

Der Auffassung der Revision kann nicht beigetreten werden. Unbestritten hat die Wahl der Betriebsvertretung unter Nichtbeachtung einer großen Zahl der für die Betriebsratswahl gegebenen Vorschriften stattgefunden. Es ist kein dem Gesetz entsprechender Wahlvorstand vorhanden gewesen (§ 23 BRG.), ein dem § 3 der WahlO. entsprechendes Wahlausschreiben ist nicht erfolgt. Die Stimmabgabe hat öffentlich und ohne Stimmzettel stattgefunden (§ 18 BRG., §§ 9 und 10 der WahlO.). In allen Punkten handelt es sich um Verstöße gegen wesentliche Vorschriften über das Wahlverfahren, von denen die Nichtbeachtung jeder einzelnen Wahlvorschrift die Ungültigkeit der Wahl nach § 20 der WahlO. nach sich ziehen und deren Nichtbeachtung an sich nur im Wege der Wahlanfechtung nach § 19 der WahlO. geltend gemacht werden kann. Im vorliegenden Falle hat aber die Wahl unter Nichtbeachtung der vom Gesetze aufgestellten Wahlvorschriften in einem Umfange stattgefunden, daß das vorgeschriebene Wahlverfahren überhaupt nicht eingehalten worden ist. Unter diesen Umständen kann es nicht als rechtsirrig bezeichnet werden, wenn das Berufungsgericht angenommen hat, es habe ein Wahlverfahren im Sinne des Betriebsrätegesetzes überhaupt nicht stattgefunden. Das Betriebsrätegesetz in Verbindung mit der Wahlordnung schreibt ein Wahlverfahren vor, das sich in den von ihm vorgeschriebenen Formen zu vollziehen hat. Wenn diese Formen in einer oder der anderen Richtung verletzt werden, so ändert das an dem Charakter des Wahlverfahrens an sich nichts, es ist den Beteiligten überlassen, den Verstoß gegen die Wahlvorschriften im Wege der Anfechtung geltendzumachen. Ist aber, wie hier, das vorgeschriebene Wahlverfahren überhaupt nicht beachtet, so hat eine Wahl im Sinne des Betriebsrätegesetzes nicht stattgefunden, und es bedarf der Geltendmachung der einzelnen Anfechtungsgründe im Wege der

Anfechtung nicht, um die Ungültigkeitserklärung der Wahlhandlung herbeizuführen. Zutreffend weist auch das Landesarbeitsgericht darauf hin, daß es sich bei den Vorschriften über das Wahlverfahren um öffentlichrechtliche Vorschriften handelt; ein Verzicht auf ihre Innehaltung kann zwar vielleicht insoweit in Frage kommen, als es sich um die Nichtgeltendmachung einzelner Anfechtungsgründe handelt. Es kann aber nicht für zulässig erachtet werden, daß die im öffentlichrechtlichen Interesse erlassenen Vorschriften über die Einhaltung eines bestimmten Wahlverfahrens völlig von den Beteiligten beiseite gelassen werden. Es ist demnach vom Landesarbeitsgericht mit Recht für unerheblich erachtet worden, daß der Beklagte durch sein Schreiben an die Gewerbeinspektion zu erkennen gegeben hat, daß er die Betriebsratswahl für eine gesetzmäßige halte. Aus diesem Grunde würde die Betriebsratswahl etwa auch aus dem Gesichtspunkte nicht für gültig erachtet werden können, daß die Beteiligten vor der Wahl darüber einig gewesen seien, es solle die Wahl in der geschehenen Weise vorgenommen werden.

Da hiernach das Landesarbeitsgericht ohne Rechtsirrtum angenommen hat, daß Kläger zur Zeit seiner Kündigung nicht Betriebsratsmitglied gewesen ist, hat es mit Recht die Kündigung als unwirksam erachtet.

RAG. 3, 125.

Eine Verdrängung eines Arbeitnehmers aus seiner Arbeitsstelle durch die übrigen Arbeitnehmer verstößt gegen die guten Sitten, wenn sie nicht durch besondere in seiner Person liegende Umstände gerechtfertigt wird, sondern lediglich wegen seiner Zugehörigkeit zu einer anderen Organisation, seiner abweichenden Überzeugung und Weltanschauung erfolgt.

BGB. § 826.

Reichsarbeitsgericht. Urt. v. 23. Januar 1929.

I. Arbeitsgericht Leipzig. — II. Landesarbeitsgericht daselbst.

Das Baugeschäft J. beschäftigte seit Sommer 1927 auf einer Baustelle in L. 64 Bauarbeiter, darunter auch die Parteien. Die Kläger gehören dem Industrieverbande, die Beklagten dem Baugewerksbunde an. Die beiden Beklagten waren Baudelegierte auf der Baustelle.

Nachdem Ende Oktober 1927 die Kläger eine Anfrage des Beklagten W., ob sie nicht „umtreten“ wollten, abgelehnt hatten, blieb am 1. November 1927 um 1 Uhr nachmittags, als der Polier zur Weiterarbeit aufforderte, die ganze Belegschaft sitzen. Nur die Kläger begannen zu arbeiten. Auf die Frage des Poliers erwiderte ein Arbeiter, mit den beiden arbeiteten sie nicht zusammen. Der Polier schickte daraufhin die Kläger auf das Geschäftszimmer, wo ihnen gekündigt wurde. Auf den Arbeitsbescheinigungen vermerkte die Firma, die Belegschaft habe „auf Grund anderer Verbandszugehörigkeit" den Austritt gefordert. Ohne diese Weigerung der Zusammenarbeit wären die Kläger nicht gekündigt worden. Die Kläger verdienten damals bei achtstündiger Arbeit für die Stunde 1,03 RM. Die Arbeit dauerte bis in das letzte Drittel des Novembers.

Die Kläger fordern mit der Klage den ihnen in der Zeit vom 1. bis 15. November entgangenen Lohn mit je 98,60 RM.

Das Arbeitsgericht hat der Klage stattgegeben. Die Beklagten hätten mit der Belegschaft in bewußtem und gewolltem Zusammenwirken und in dem Bewußtsein, die Kläger zu schädigen, einen Druck auf den Arbeitgeber ausgeübt. Dies verstoße gegen die guten Sitten. Das Landesarbeitsgericht hat die Klage abgewiesen.

Die Revision hatte Erfolg.

Gründe:

Das Landesarbeitsgericht billigt zunächst die Annahme des Arbeitsgerichts, daß den Klägern ein Vermögensschaden dadurch entstanden sei, daß die Belegschaft die Entlassung der Kläger unter Androhung der Arbeitsniederlegung, eines Übels, von dem Arbeitgeber erzwungen habe. Dabei habe sie in bewußtem und gewolltem Zusammenwirken gemeinschaftlich gehandelt, so daß jeder einzelne für den Schaden in vollem Umfange hafte. Sie habe auch gewußt, daß den Klägern daraus ein Schaden entstehe, also vorsätzlich gehandelt. Im Sinne des § 826 BGB. frage es sich nur noch, ob ihre Handlungsweise gegen die guten Sitten verstoße. Das Landesarbeitsgericht verneint diese Frage.

Die beiden Organisationen ständen sich feindlich gegenüber. Der Gegensatz zwischen ihnen beruhe auf der Verschiedenheit ihrer Weltanschauung, deren Kampf gegeneinander als solcher nie unsittlich sei, sicher nicht im Rahmen des deutschen Rechts — Art. 118 RVerf. Wohl könne die Art und Weise, wie der Kampf geführt werde, unsittlich sein. Schärfe allein sei nicht unsittlich, es müsse aber stets ein gewisser Rest von Rücksicht auf den Gegner verlangt werden, die in ihm den Mitmenschen anerkenne. Es sei also zu prüfen, ob die Beklagten sich in den Grenzen dessen gehalten hätten, was vom Standpunkte der Moral noch als zulässig anzusehen sei. Hier habe ein Boykott, eine Ächtung der Gegner durch Ablehnung der Zusammenarbeit vorgelegen. Dieses Kampfmittel sei oft das einzig mögliche. Wenn also der Kampf an sich zulässig sei, sei der Boykott als Kampfmittel an und für sich noch nicht unzulässig. Die Beklagten und die übrige Belegschaft hätten alle kränkenden Äußerungen, jede Drohung mit Gewalt vermieden. Sie hätten nur das Aufgeben der Arbeit in Aussicht gestellt und dabei in Kauf genommen, daß der Unternehmer vielleicht sie ziehen ließ. Sei diese Wahrscheinlichkeit auch nur gering gewesen, so hätten sie doch äußerlich die Form der Sachlichkeit gewahrt.

Das Landesarbeitsgericht führt dann weiter aus, daß durch das Vorgehen der Belegschaft die wirtschaftliche Existenz der Kläger vernichtet oder in erheblichem Maße gefährdet worden sei, sei nicht festzustellen. Bei der Lage des Arbeitsmarktes habe für sie „keine außergewöhnlich geringe Wahrscheinlichkeit" bestanden, in Leipzig oder außerhalb „irgendwelche" Arbeit als Maurer zu finden. Es sei auch zu berücksichtigen, daß die beiderseitigen Organisationen sich in einem scharfen Kampfe befänden, daß die Beklagten ihre Errungenschaften verteidigt hätten, ohne daß ihnen daraus ein wirtschaftlicher Vorteil erwachsen wäre. Sie hätten lediglich für ihre Sache gekämpft, von deren Gerechtigkeit sie überzeugt gewesen seien.

Mit den letzteren Ausführungen verkennt das Landesarbeitsgericht, daß die Frage des Vorliegens eines Verstoßes gegen die guten Sitten nicht nach einem subjektiven, sondern nach einem objektiven Maßstabe zu prüfen ist. Es bewegt sich aber auch in einem Widerspruche, wenn es auf der einen Seite feststellt, die Belegschaft sei sich des Nachteils bewußt gewesen, der den Klägern aus ihrer Entlassung entstehe, dann aber ihr zugute halten will, daß sie mit ihrer eigenen Entlassung gerechnet habe. Diese letztere Annahme ist mit der ersten unvereinbar, es widerspricht im übrigen auch der Erfahrung des täglichen Lebens, daß ein Arbeitgeber unter normalen Verhältnissen eine Belegschaft von etwa 60 Mann zugunsten von 2 Arbeitern entläßt. Diese Möglichkeit kam für die Belegschaft nicht in Betracht.

Zur Sache selbst geht das Landesarbeitsgericht zutreffend davon aus, daß der Boykott ein an sich nicht unzulässiges Kampfmittel darstellt. Es folgt hierbei der Auffassung des Reichsgerichts, wie sie in den Entscheidungen RGZ. Bd. 51 S. 370, Bd. 71 S. 112, Bd. 76 S. 35 und Bd. 104 S. 330, aber auch in der des Reichsarbeitsgerichts RAG. Entsch. Bd. 1 S. 273 zum Ausdrucke gekommen ist; in denen aber auch besonders betont ist, daß dieses Kampfmittel mit Rücksicht auf seine

Schärfe und Tragweite nur nach gewissenhafter Prüfung zur Anwendung gebracht werden darf.

Es mag dem Landesarbeitsgericht darin zuzustimmen sein, daß das Vorgehen der Belegschaft insoweit einen Verstoß gegen die guten Sitten nicht enthält, als die Art und Weise, in der sie die Kläger, von der Arbeitsstelle verdrängt haben, ihre Entlassung erzwungen haben, in Betracht kommt. Daß aber ihr Vorgehen selbst, der über die Kläger verhängte Boykott einen solchen enthält, kann nicht zweifelhaft sein.

Die Kläger wurden zunächst befragt, ob sie nicht „umtreten" d. h. ihre Organisation aufgeben wollten. Als sie dies ablehnten, wurde der Arbeitgeber durch die Androhung der Einstellung der Arbeit gezwungen, sie zu entlassen. Damit wurden die Kläger um ihre Arbeit, ihren Verdienst gebracht und ihre wirtschaftliche Existenz in Frage gestellt. Das Landesarbeitsgericht gelangt allerdings nur dazu, „von keiner außergewöhnlich geringen Wahrscheinlichkeit", in Leipzig oder außerhalb „irgendwelche" Arbeit zu finden, zu sprechen. Damit gibt es aber selbst zu, daß die Möglichkeit, eine andere Arbeit zu finden, für die Kläger kaum vorhanden war. Es geht sogar so weit, anzunehmen, daß sie in Leipzig selbst überhaupt keine gefunden hätten und sie außerhalb hätten suchen müssen. Daß es daraufhin die Gefährdung ihrer wirtschaftlichen Existenz mit Rücksicht auf eine etwaige Trennung von der Familie, einen Wegzug nach außerhalb und die Jahreszeit zu Unrecht verneint, bedarf keiner weiteren Darlegung. Aber darauf kommt es für den vorliegenden Fall nicht einmal entscheidend an.

Das Landesarbeitsgericht hebt selbst hervor, daß es sich hier um einen Kampf von Weltanschauungen handelt. Die Parteien vertreten voneinander abweichende, sich gegenüberstehende Meinungen. Ihre Organisationen bekämpfen sich gegenseitig mit aller Schärfe und versuchen, einander Abbruch zu tun, soweit sie es vermögen. Gegen einen solchen Kampf ist an sich nichts einzuwenden. Es muß einem jeden frei stehen, für seine eigene Überzeugung einzutreten und eine andere zu mißbilligen und ihr entgegenzutreten. Er verfolgt damit nur sein gutes Recht. Aber damit sind diesem Kampfe auch gewisse Grenzen gezogen, die nicht überschritten werden dürfen. Gerade weil es ein Kampf um Meinungen und Anschauungen ist, in dem, wie das Landesarbeitsgericht zutreffend sagt, im Gegner immer noch der Mensch zu achten ist, gerade weil jeder das Recht hat, seine eigene Auffassung zu haben und in geeigneter Weise für sie einzustehen, darf er nicht so weit gehen, daß er mit unsachlichen rein äußeren Machtmitteln geführt wird. Es geht nicht an, daß eine jeweilige Mehrheit einfach kraft ihrer größeren Macht und Zahl die Minderheit lediglich mit Gewalt zu ihrer eigenen Überzeugung zu zwingen sucht. Eine solche Unterdrückung der fremden Überzeugung ist stets verwerflich. Sie wird es aber in noch erhöhtem Maße, wenn zu den sonstigen noch das Mittel der wirtschaftlichen Schädigung mit dem Ziele hinzutritt, die Existenz des Gegners als Mensch zu gefährden oder zu vernichten. Dies haben aber nach der hier vorliegenden Sachlage die Belegschaft und mit ihr die Beklagten mit ihrem Vorgehen bezweckt. Sie haben zunächst versucht, die Kläger zur Aufgabe ihrer Überzeugung zu bringen, und als dies nicht gelang, sie von ihrer Arbeitsstelle verdrängt und damit ihre wirtschaftliche Existenz gefährdet. Ein solches Verhalten widerspricht aber dem Anstandsgefühl aller billig und gerecht Denkenden um so mehr, als es für das Gesamtleben des Volkes und den Bestand seiner Wirtschaft unerträglich ist. Die Voraussetzungen des § 826 sind hiernach gegeben.

Soweit sich das Landesarbeitsgericht mit den weiteren aus Art. 159 RVerf. und § 66 Nr. 6 BRG. entnommenen Gesichtspunkten auseinandersetzt, geben seine Ausführungen zu Bedenken keinen Anlaß.

Hiernach rechtfertigt sich aber die Verurteilung der Beklagten zur Zahlung des den Klägern entstandenen Schadens noch nicht. Wenn auch die Ablehnung der Zusammenarbeit mit einem anderen und die damit bezweckte Verdrängung von seiner Arbeitsstelle lediglich seiner anderen Überzeugung wegen gegen die guten Sitten verstößt, so könnten sie doch aus anderen besonderen Gründen berechtigt sein, die in der Person des Mitarbeiters ihren Grund haben könnten. Es ist niemand gezwungen, unter allen Umständen mit einem andern zusammenzuarbeiten, und es hat jeder das Recht, beim Vorliegen besonderer Gründe den Arbeitgeber vor die Wahl zu stellen, ob er sich für die Beibehaltung des einen oder andern entschließen will. In dieser Hinsicht hatten nun die Beklagten geltend gemacht, die Kläger hätten sich den anders Organisierten gegenüber dauernd flegelhaft benommen und sie mit allen möglichen Redensarten bedacht. Das Landesarbeitsgericht ist hierauf nicht eingegangen, hatte es von seinem Standpunkte aus auch nicht notwendig. Es ist aber nicht ausgeschlossen, daß dieses Verhalten der Kläger außerhalb ihrer anderweiten Überzeugung der Belegschaft berechtigten Anlaß zur Verweigerung der Zusammenarbeit geben konnte und gegeben hat. Zur Prüfung nach dieser Richtung hin war sonach das angefochtene Urteil aufzuheben und die Sache zur Verhandlung und Entscheidung an das Landesarbeitsgericht zurückzuverweisen.

RAG. 3, 134.

Zur Unterscheidung von „Verlassen der Arbeit“ im Sinne von § 124 der Gewerbeordnung vom Zurückhalten der Arbeitsleistung. Zurückhaltung der Arbeit und Lohnanspruch.

Reichsgewerbeordnung § 124. Bürgerliches Gesetzbuch §§ 628 Abs. 2, 273, 298, 615.

Reichsarbeitsgericht. Urt. v. 23. Januar 1929.

I. Arbeitsgericht Berlin. — II. Landesarbeitsgericht daselbst.

Die klagenden Zimmerer waren im Betriebe der Beklagten, und zwar auf der Baustelle V., beschäftigt.

Zwischen ihnen und anderen Arbeitnehmern einerseits, der Beklagten andererseits bestand Streit darüber, ob die Arbeit, die in der Zeit von 16—20 Uhr geleistet worden war, nach dem zwischen den Parteien geltenden Reichstarifvertrag für das Baugewerbe mit einem Überstundenzuschlag von 20 % zum Tariflohn zu vergüten sei. Gemäß § 11 des Reichstarifvertrages hat über diesen Streit ein Schlichtungsverfahren vor den tariflich eingesetzten Instanzen stattgefunden. Am 5. Dezember 1927 hat das Tarifamt für das Baugewerbe die Beklagte verurteilt, der Belegschaft für die Zeit von 16—20 Uhr den Überstundenzuschlag in Höhe von 20 % zu zahlen, während das im Wege der Berufung angegangene Haupttarifamt am 17. Februar 1928 die Zahlungspflicht unter Abänderung der Vorentscheidung verneint hat.

An dem ersten Lohnzahlungstermin nach dem Spruch des Tarifamts, am Freitag den 9. Dezember 1927, hat die Beklagte den nach dem Spruch des Tarifamts rückständigen Betrag nicht zur Auszahlung gebracht.

Die Kläger haben daraufhin am folgenden Tage, dem 10. Dezember, die Arbeit nicht aufgenommen, sind aber auf der Baustelle gegenwärtig gewesen. Erst am folgenden Montag haben sie, nachdem ihnen Zahlung der Zuschläge zugesichert worden war, die Arbeit aufgenommen.

Sie haben den Lohnbetrag für Sonnabend, den 10. Dezember 1927, „als Schadensersatz“ eingeklagt.

Das Arbeitsgericht hat die Beklagte diesen Anträgen gemäß verurteilt. Die zugelassenen Berufungen hat nach Verbindung der Streitsachen das Landesarbeitsgericht Berlin unter Zulassung der Revision zurückgewiesen. Die Revision der Beklagten hatte Erfolg.

Gründe:

Die Revision bekämpft in erster Reihe die Annahme des Berufungsrichters, daß die Klägerin mit ihrer Forderung einen Anspruch auf Schadensersatz gemäß § 628 Abs. 2 BGB. geltend gemacht, daß sie insbesondere in Vorbereitung dieses Anspruchs, im Sinne von § 124 GO. „die Arbeit verlassen", d. h. das Arbeitsverhältnis fristlos gelöst haben. Der Revision ist zuzugeben, daß die Feststellung des Berufungsrichters, daß die Kläger am Sonnabend in der Baubude geblieben sind mit der Erklärung, daß sie nicht arbeiteten, sofern nicht der Überstundenzuschlag bezahlt werde, im Widerspruch zu der tatsächlichen Schlußfeststellung steht, daß in diesem Verhalten der Wille, das Arbeitsverhältnis zur Auflösung zu bringen, der Beklagten erkennbar zum Ausdruck kommt.

Wie der Berufungsrichter auf S. 4 unten erklärt, handelt es sich nicht um eine tatsächliche Deutung des Verhaltens der Kläger, sondern um eine rechtliche Beurteilung. Diese Beurteilung verkennt aber die Tragweite einer Kündigungserklärung, die (wenn sie berechtigt ist) den Vertrag endgültig auflöst und die Wiederaufnahme der vertraglichen Beziehung nicht mehr von dem Willen des Kündigenden allein abhängig macht. Der Wille der Kläger, alsbald nach Empfang des ihnen geschuldeten Rückstands die Arbeit nach ihrem Willen fortzusetzen, wie der Berufungsrichter ihn feststellt, schließt deshalb die Annahme der Kündigung, die unbedingt und endgültig ist, aus. Fehlt deshalb einem Schadensersatzanspruch aus dem Gesichtspunkt des § 628 Abs. 2 BGB. die Voraussetzung, daß das Dienstverhältnis wirksam gekündigt ist, so hat der Berufungsrichter auch verkannt, daß, wenn die Kläger Schadensersatz verlangen, sie durch die Auflösung des Dienstvertrags verursachten Schaden behaupten und dartun müssen. Daß die Kläger, die am 10. Dezember sich um Arbeit nicht bemüht, sondern sich untätig auf der Baustelle V. aufgehalten haben, durch Aufgabe der Arbeit bei der Beklagten den einverlangten Verdienstausfall erleiden mußten, ist nicht dargelegt.

In Frage könnte kommen, ob nicht die Kläger den Anspruch auf Zahlung des Lohnes für den 10. Dezember 1947 aus dem Gesichtspunkt erheben wollten und erhoben haben, daß sie wegen Verzugs der Beklagten mit der Überstundenbezahlung ihre Arbeitsleistung gemäß § 273 BGB. zurückgehalten und demnächst die Beklagte gemäß § 298 in Verbindung mit § 615 BGB. in Annahmeverzug gesetzt haben. Es bedarf hier der Erörterung nicht, ob eine Geltendmachung des Zurückbehaltungsrechts an der eigenen Leistung dem Arbeitnehmer zusteht und zu der Folgerung aus § 298 BGB. führen kann (so Titze Recht des kaufm. Personals bei Ehrenberg II[2] S. 747 flg. Hueck-Nipperdey S. 14, Kaskel S. 97); jedenfalls ist Voraussetzung des Verzugs der Beklagten, daß der Anspruch auf die Überstundenvergütung den Klägern zustand.

Diesen Anspruch leiten die Kläger aus § 4 2a des Reichstarifvertrages vom 20. Juli 1927 her. Sie stützen sich darauf, daß die Auslegung des Tarifvertrags in diesem Punkt maßgeblich durch die Tarifinstanzen nach § 11 Nr. 1 des Tarifvertrages vorgenommen wird. Wenn sie ihre Ansprüche auf die ihnen günstige Entscheidung des Tarifamts gründen und darauf hinweisen, daß die Berufung gegen diesen Spruch nach § 11 IV[6] keinen Aufschub bewirke, so sind diese Erwägungen dadurch überholt, daß das Haupttarifamt im unstreitigen Rahmen seiner Zuständigkeit als höhere Instanz gesprochen, den Spruch des Tarifamts aufgehoben und die Ansprüche der Kläger verneint hat. Hatten die Kläger nach dieser Entscheidung, deren Maßgeblichkeit sie nicht leugnen, in Wahrheit einen Anspruch auf Überstundenvergütung nicht, so kommt nichts darauf an, ob nach dem Spruch des Tarifamts am 9. und 10. Dezember 1927 ein solcher Anspruch zu bestehen schien. Von einem Verzug der Beklagten mit einer Verpflichtung, die nicht bestanden hat, kann keine Rede sein. Es kommt deshalb nicht darauf an, ob die übrigen Voraussetzungen des Verzugs von dem Berufungsrichter ausreichend geprüft sind.

RAG. 3, 140.

1. Zur Frage der schuldrechtlichen oder normativen Wirkung einer Friedensklausel.

2. Macht ein Arbeitgeber sich eines Vertragsbruchs oder eines Verstoßes gegen die guten Sitten (§ 826 BGB.) schuldig, wenn er Arbeitnehmer, die aus Anlaß eines Streiks gekündigt haben und deren Arbeitsverhältnis vor Abschluß eines Friedensabkommens durch die Tarifvertragsparteien infolge Ablaufs der Kündigungsfrist bereits erloschen war, entgegen den Bestimmungen der Friedensklausel nicht wieder einstellt.

Reichsarbeitsgericht. Urt. v. 26. Januar 1928.

I. Arbeitsgericht Senftenberg. — II. Landesarbeitsgericht Frankfurt a. O.

Im Herbst 1927 setzte im mitteldeutschen Braunkohlenbergbau eine Lohnbewegung ein, die am 17. Oktober zu einem allgemeinen Streik der Arbeiter führte. Dieser wurde durch einen für verbindlich erklärten Schiedsspruch vom 21. des gleichen Monats beendet. An demselben Tage trafen die Verbände, denen die Parteien angehörten, folgendes Abkommen:

1. Die Gewerkschaften verpflichten sich, dahin zu wirken, daß die gelegentlich der von ihnen eingeleiteten Kündigungsaktion ausgesprochenen Kündigungen zurückgenommen werden. Die Anmeldung zur Arbeit gilt als Zurücknahme der Kündigung.
2. Maßregelungen aus Anlaß dieser Bewegung finden nicht statt.
3. Der Arbeitgeberverband verpflichtet sich, bei seinen Mitgliedern dahin zu wirken, daß die Arbeiter, die gelegentlich der Kündigungsaktion ordnungsmäßig gekündigt oder die Arbeit ohne Kündigung niedergelegt haben, wiedereingestellt werden, soweit sich diese Arbeiter spätestens am 25. Oktober 1927 zur Arbeit wieder melden. Das gleiche gilt für diejenigen Arbeiter, die gelegentlich der Kündigungsaktion entlassen wurden.
4. Die Wiedereinstellung bewirkt, daß das Arbeitsverhältnis als nicht unterbrochen im Sinne des Tarifvertrags gilt.

Der Kläger hatte bei der Beklagten in Arbeit gestanden und war Mitglied der Betriebsvertretung gewesen. Er und 351 andere Arbeiter hatten gleichzeitig ihr Arbeitsverhältnis am 8. zum 15. Oktober ordnungsmäßig gekündigt. Als er sich am 24. und 25. Oktober zur Wiederaufnahme der Arbeit meldete, wurde er von der Beklagten, der von ihrem Verband die Aufforderung, sich nach dem Friedensabkommen zu richten, zugegangen war, zurückgewiesen. Er will erst am 19. Dezember 1927 anderweit Arbeit gefunden haben und verlangt deshalb klagend Ersatz seines Lohnausfalls in Höhe von 267,75 RM. Das Arbeitsgericht erkannte nach dem Klagantrage, und das Landesarbeitsgericht wies durch Teilurteil die Berufung der Beklagten in Höhe von 50 RM zurück. Beide Tatrichter nahmen an, daß die Beklagte zwar nicht, wie der Kläger in erster Reihe geltend gemacht hatte, auf Grund einer Vertragsverletzung, wohl aber aus § 826 BGB. schadensersatzpflichtig sei. Die Revision der Beklagten führte zur Aufhebung des angefochtenen Urteils und zur Abweisung der Klage in Höhe des dem Kläger zugebilligten Teilbetrags.

Gründe:

Zutreffend geht das Berufungsgericht davon aus, daß die ordnungsmäßige Kündigung des Klägers vom 8. Oktober 1927 und der Ablauf der Kündigungsfrist den Arbeitsvertrag der Parteien bereits vor Abschluß des Friedensabkommens vom 21. Oktober 1927 zur Auflösung gebracht hatten. Die vertragsauflösende Wirkung einer Kündigung wird durch den Zweck, zu dem sie erfolgte, im gegebenen Falle also dadurch, daß sie zur Vorbereitung eines Streiks dienen sollte, und durch den inneren Vorbehalt, nach dessen Beendigung zu der früheren Arbeitsstätte zurückzukehren, in keiner Weise berührt (vgl. RAG. Entsch. Bd. 2 S. 261, 343). Dem Berufungsgericht ist auch darin beizutreten, daß die Nr. 1 und 3 des Abkommens vom 21. Oktober 1927 nur schuldrechtliche Beziehungen zwischen den Verbänden, die es abgeschlossen, und nicht auch zwischen ihren Mitgliedern, d. h. zwischen den aus ihrer Stellung ausgeschiedenen Arbeitern und ihren früheren Arbeitgebern zu begründen vermochten und begründet haben. Das folgt aus ihrem klaren, eindeutigen Wortlaut, vor allem aber auch, wie bereits in dem Urteil des III. Zivilsenats vom 30. Juni 1925 (RGZ. Bd. 111 S. 166 flg.) des näheren dargelegt ist, daraus, daß das geltende Recht Verträge zu Lasten Dritter nicht kennt. Ihnen im gegebenen Falle gar Normcharakter und damit, wie der Kläger es tut, die Fähigkeit beizumessen, Bestandteil bereits erloschener Arbeitsverträge zu werden und sie wieder zum Aufleben zu bringen, ist eine rechtliche Unmöglichkeit. Eine solche Annahme scheitert — abgesehen von der Fassung der beiden Nummern — auch an den Wirklichkeiten des Lebens und des Rechts, scheitert an der Tatsache, daß zur Zeit der Schaffung der angeblichen Normen kein Vertrag vorhanden war, dessen Inhalt sie, in dem Sinne, wie der Kläger es will, beeinflussen konnten. Das letztere trifft aber nicht nur auf die Nummer 1 und 3, sondern auch auf Nr. 2 des Friedensabkommens zu. Eine Tarifbestimmung schöpft ihre normative Kraft nicht oder wenigstens nicht allein aus dem Willen der Tarifvertragsparteien, sondern vor allem aus dem Gesetze. Wollen ihr die Tarifvertragsparteien Normativwirkung beilegen, so kann diese nur dann eintreten, wenn die Tarifvertragsbestimmung erstens mit Rücksicht auf ihren Inhalt (§ 1 TarifvertragsVo. vom 23. Dezember 1918) fähig und geeignet ist, Bestandteil von Einzelarbeitsverträgen zu werden, und zweitens zu Recht bestehende Arbeitsverträge, deren Bestandteil sie zu werden vermag, vorfindet. Da im gegebenen Falle zur Zeit des Inkrafttretens der Friedensklausel das Arbeitsverhältnis des Klägers bereits beendet war, konnte sie dessen Ablauf, gleichviel welchen Sinn die Tarifvertragsparteien mit ihr verbunden haben, nicht wieder rückgängig machen. So weit geht die in § 1 TarifvertragsVo. gesetzlich umschriebene Normwirkung keinesfalls. Anders freilich, wenn die Friedensklausel vor Kündigung der Arbeitsverträge oder, bevor die Kündigungsfrist verstrichen ist, in Kraft tritt. In solchem

Falle steht, soweit die Tarifvertragsparteien die Normwirkung gewollt haben, ihrem Eingang in die noch ungekündigten oder noch nicht abgelaufenen Arbeitsverträge kein rechtliches Hindernis entgegen. Sie will alsdann, was, wie gezeigt, auch nicht angängig, nicht den Abschluß neuer Arbeitsverträge erzwingen, sondern die Arbeitgeber — was mit dem Normcharakter durchaus vereinbar — den Arbeitnehmern gegenüber nur zur Nichtkündigung also zur Fortsetzung noch bestehender Arbeitsverhältnisse verpflichten.

Dagegen ist die Annahme des Berufungsrichters, die Beklagte habe durch die Nichtwiedereinstellung des Klägers die guten Sitten verletzt, rechtsirrig.

§ 826 BGB. will durch unlauteres Verhalten verursachten Schädigungen Dritter im Interesse eines geordneten Wirtschaftslebens und Rechtsverkehrs vorbeugen. Deshalb werden von ihm auch Handlungen betroffen, die von den Gesichtspunkten allgemeiner Handlungsfreiheit aus an sich durchaus zulässig erscheinen und auch eine Vertragsverletzung nicht enthalten, wenn sie in der Absicht oder dem Bewußtsein der Schädigung eines anderen vorgenommen, mit dem gesunden Anstands- und Gerechtigkeitsgefühl der Kreise, denen der Handelnde angehört, in Widerspruch stehen.

Die Beklagte wußte, daß ihr Verband verpflichtet war, seine Mitglieder zur Beachtung des Friedensabkommens vom 21. Oktober anzuhalten, sie wußte ferner, daß ihr Verband vertragstreu sein wollte und daß sie satzungsgemäß seinen Weisungen hinsichtlich der Wiedereinstellung der wegen des Streiks freiwillig ausgeschiedenen oder entlassenen Arbeiter zu folgen hatte, sie wußte schließlich auch, wie das Berufungsgericht feststellt, daß durch Nichterfüllung dieser ihr ihrem Verbande gegenüber obliegenden Wiedereinstellungspflicht dem Kläger ein Vermögensschaden entstehen würde oder doch wenigstens entstehen könne. Es fragt sich daher nur noch, ob die Nichtbefolgung der Anweisung ihres Verbandes, also ihr Handeln gegen die Verbandstreue, unter den gegebenen Umständen zugleich als ein Verstoß gegen die guten Sitten anzusehen ist. Das Berufungsgericht bejaht dies, weil die Beklagte das Vertrauen der Verbände und ihrer Mitglieder auf ehrliche Durchführung des Friedensabkommens seitens aller, die es angehe, getäuscht und so dessen rechtliche und geschäftliche Grundlage erschüttert habe. An Stelle der fehlenden vertraglichen Bindung der einzelnen Verbandsmitglieder an das Friedensabkommen sei ihre sittliche Pflicht, es seinem Geiste und Zwecke nach zu erfüllen, getreten. Wer diese sittliche Pflicht verletze, indem er die Vorteile des Friedensabkommens für sich in Anspruch nehme, die Befolgung der ihm lästigen Punkte aber mit der Begründung, daß er ihr vertraglich nicht verpflichtet sei, ablehne, gefährde den Arbeitsfrieden und das Gemeinwohl und verstoße nach den Anschauungen des neuen Arbeitsrechts über die Pflichten der Verbandsmitglieder gegen die guten Sitten, es sei denn, daß ihm im Einzelfalle ein besonders triftiger Entschuldigungsgrund zur Seite stehe.

Diese allgemeinen Erwägungen sind nicht geeignet, die Entscheidung zu tragen. Sie darf, dem oben hervorgehobenen Grundgedanken des § 826 BGB. entsprechend, nur auf die Umstände des Einzelfalles abgestellt werden und nur dann zuungunsten des Schädigers ausfallen, wenn er aus unlauteren Beweggründen mit unlauteren Mitteln ein unlauteres Ziel zu erreichen strebte. Denn eine Schädigung Dritter wird dadurch allein nicht zu einer unsittlichen, daß sie in Wahrnehmung eigener berechtigter Interessen, aber zugleich im Bewußtsein der Schädigung eines anderen erfolgt (RGZ. Bd. 98 S. 16/17, S. 71 flg., Bd. 101 S. 63). Mit dem Berufungsrichter ist davon auszugehen, daß die allgemeine Auffassung über das, was in bestimmten Fällen sittlich geboten oder sittlich verwerflich ist, wechseln und zu verschiedenen Zeiten eine verschiedene sein kann. Andererseits darf aber auch nicht übersehen werden, daß § 826 BGB. kein Sittengesetz, sondern eine Rechtspflichten begründende Rechtsnorm ist, die zur Grundlage eines Schadensersatzanspruchs nicht jede, einer vornehmen Denkungsart und einem besonders hochentwickelten Ehr- und Anstandsgefühl widersprechende, sondern nur eine solche Handlung machen will, welche in den sozialen Kreisen des Handelnden allgemein als unzulässig und sittlich anstößig empfunden wird. Die Auffassung dieser Kreise ist auch für die Beurteilung von Handlungen maßgebend, die in Lohnkämpfen oder im Zusammenhang mit ihnen von einzelnen Arbeitnehmern oder Arbeitgebern vorgenommen werden. Als geeigneter Maßstab für das in dem oben erörterten Sinne sittlich Erlaubte oder sittlich Unerlaubte kann aber, wie schon betont, nur das Gesamtbild verwertet werden, das sich für den Richter aus der Erforschung und Feststellung der Beweggründe der Schädigers, seiner Zwecke und der zu ihrer Erreichung benutzten Mittel ergibt. Vertrauen auf die Vertragstreue des Gegners und auf eine nicht nur wort- sondern auch sinngemäße Vertragserfüllung ist eine natürliche Grundlage eines jeden Vertrages. In dem Vertragsbruch und seiner Unterstützung ist daher stets ein Verstoß gegen die Grundsätze von Treu und Glauben, nicht aber mit Notwendigkeit zugleich eine Sittenwidrigkeit im Sinne des § 826 BGB. zu finden (vgl. z. B.

JW. 1906 S. 463 Nr. 23, RGZ. Bd. 119 S. 291 flg.). Das getäuschte Vertrauen derjenigen, die an einem Vertrage unmittelbar oder mittelbar beteiligt sind, und die Gefährdung des Arbeitsfriedens allein reichen daher nicht aus, um die Nichtbeachtung der Wiedereinstellungsklausel im Einzelfalle als sittenwidrig zu bezeichnen. Andernfalls müßte jeder unter Vertragsbruch eingeleitete Streik gleichfalls ohne weiteres als sittenwidrig angesehen werden, da er zweifellos erhebliche Störungen des Arbeitsfriedens und Schädigungen des Arbeitgebers zur Folge hat. Ob aber ein Streik und ebenso die Nichtwiedereinstellung von Arbeitern nach seiner Beendigung den Tatbestand des § 826 erfüllt, hängt lediglich von den Umständen des Einzelfalles ab. Dasselbe gilt auch von einer Satzungsuntreue und einer Verletzung der Verbandspflichten. Einer solchen hat sich die Beklagte zweifellos schuldig gemacht. Daß sie aber einer niedrigen Gesinnung entsprang, daß die Beklagte mit ihr unlautere Zwecke verfolgte oder daß die Zurückweisung des Klägers ein unlauteres Mittel zur unlauteren Wahrnehmung eigensüchtiger Interessen war, ist dem festgestellten Sachverhalt nicht zu entnehmen. Es ist vielmehr zu erwägen, daß Rechtsprechung und Rechtswissenschaft zur Zeit übereinstimmend in dem Zuwiderhandeln eines einzelnen Arbeitgebers gegen rein schuldrechtliche Bestimmungen eines von den Verbänden geschlossenen Friedensabkommens allein keine Sittenwidrigkeit erblicken. In zwei anderen gleichfalls vom Reichsarbeitsgericht entschiedenen Prozessen RAG. 316/28 und 535/28, in denen Arbeiter wegen ihrer einem Friedensabkommen zuwiderlaufenden Nichteinstellung Lohnausfälle einklagten, haben denn auch zwei verschiedene Landesarbeitsgerichte die Behauptung des Klägers, daß das Verhalten des Arbeitgebers sittenwidrig sei, zurückgewiesen. Unter diesen Umständen trifft die Beklagte, wenn sie die Meinung hegte, daß die Nichtwiedereinstellung des Klägers keine sittenwidrige Maßnahme sei, jedenfalls kein Verschulden. Ist ihre subjektive Ansicht auch nicht entscheidend, so kann sie doch bei Beurteilung der Rechtslage nicht völlig ausgeschaltet werden. Aber auch, wenn man von ihr absieht, entbehrt die gegenteilige Annahme des Berufungsgerichts, die Beklagte habe gegen das Anstandsgefühl und soziale Empfinden aller billig und gerecht Denkenden verstoßen, auch objektiv der tatsächlichen und rechtlichen Grundlage.

Schließlich macht die Revision unter Berufung auf das bereits angezogene Urteil des Reichsarbeitsgerichts vom 3. Oktober 1928 (RAG. Entsch. Bd. 2 S. 261) noch geltend, daß der Kläger trotz seiner Kündigung und trotz Ablaufs der Kündigungsfrist noch Betriebsratsmitglied und damit ohne weiteres betriebszugehörig geblieben sei. Diese Auffassung wird jedoch durch das genannte Urteil nicht gerechtfertigt. In dem damals zur Entscheidung stehenden Falle war ein Betriebsratsmitglied aus Anlaß eines Arbeitskampfes ordnungsmäßig entlassen, nach dessen Friedensklausel wieder eingestellt worden. Wenige Tage darauf wurde ihm abermals gekündigt. Bei dieser Sachlage ist die Zustimmung der Betriebsvertretung zur Kündigung nach Maßgabe des § 96 Abs. 1 BRG. für notwendig erachtet worden, da das Erlöschen des öffentlichrechtlichen Betriebsratsamtes im Sinne des § 39 a. a. O. nicht bloß ein vorübergehendes, sondern vielmehr ein endgültiges Ausscheiden aus der Betriebszugehörigkeit erfordere. Aus dem Urteil vom 3. Oktober 1928 wäre also nur zu schließen, daß bei Wiedereinstellung des Klägers sein Betriebsratsamt noch fortgedauert haben würde, nicht aber, daß es auch ohne sie trotz des vom Kläger selbst bewußt und absichtlich herbeigeführten Erlöschens des Arbeitsvertrags mit allen seinen bürgerlichrechtlichen und öffentlichrechtlichen Wirkungen lediglich infolge der Beilegung des Streiks fortbestehe. Letzteres wäre nur möglich, wenn man die innerhalb von Arbeitskämpfen ausgesprochenen Kündigungen ihrer bürgerlichrechtlichen Folgen entkleiden wollte. Das ist aber schon oben und auch gerade in der von der Revision für sich in Anspruch genommenen Entscheidung des Reichsarbeitsgerichts abgelehnt worden.

Das Berufungsgericht hat dem Kläger daher zu Unrecht einen Teil seiner Lohnforderungen zugesprochen. . . .

RAG. 3, 162.

Bedarf es der Zustimmung der Betriebsvertretung gemäß § 96 BRG., wenn der Arbeitgeber den Notstandsarbeiter, der Mitglied jener Vertretung ist, nach Umfluß der drei Monate entläßt, für die der Arbeiter dem Unternehmer vom Arbeitsamt zugewiesen war?

BRG. § 96; AAVG. § 139 Abs. 4.

Reichsarbeitsgericht. Urt v. 6. Februar 1929.

I Arbeitsgericht Berlin. — II. Landesarbeitsgericht daselbst.

Das Reichsarbeitsgericht hat die Frage verneint, aus folgenden

Gründen:

Das Arbeitsverhältnis des Klägers bei der Beklagten unterstand der zeitlichen Herrschaft des RGes. über Arbeitsvermittlung und Arbeitslosenfürsorge vom 16. Juli 1927 (AAVG.), das am 1. Oktober 1927 in Kraft getreten ist. Nach § 139 Abs. 4 dieses Gesetzes werden, von gewissen im § 139 Abs. 1—3 aufgeführten Ausnahmen abgesehen, die zur Arbeit überwiesenen Arbeitslosen unter den Bedingungen des freien Arbeitsvertrags beschäftigt. Zu den Bedingungen des freien Arbeitsvertrags gehören auch das Recht des BRG. und der Tarifvertrags-Vo., wie dies der Berufungsrichter ohne Rechtsverstoß angenommen hat. Danach durfte die Beklagte dem Kläger als Baudelegierten und Mitglied des Delegiertenausschusses nicht ohne die Zustimmung der gesetzlichen Betriebsvertretung kündigen, § 96 BRG. Unstreitig hat die Beklagte nach Ablauf der Zuteilungsfrist den Kläger entlassen, ohne die Zustimmung der Betriebsvertretung eingeholt zu haben. Hierauf hat der Kläger die Klage gegründet.

Der Zustimmung der Betriebsvertretung bedarf der Arbeitgeber nur, wenn er das Arbeitsverhältnis kündigt, § 96 BRG. Er bedarf ihrer nicht, wenn das Arbeitsverhältnis auf andere Weise, ohne Kündigung des Arbeitgebers endigt. Mit Recht prüft daher der Berufungsrichter an erster Stelle, ob zwischen den Streitteilen ein Arbeitsverhältnis bestand, das ohne Kündigung endigte. — Nach den Feststellungen des Berufungsrichters ist ein schriftlicher Einstellungsvertrag nicht zustande gekommen; ebensowenig hatten die Vertragsteile mündliche Vereinbarungen über die Dauer und die Auflösung des Arbeitsverhältnisses getroffen. Diese tatsächlichen Feststellungen sind für das Revisionsgericht bindend. Zwar ist in den gedruckt vorliegenden und durch Aushang an der Arbeitsstelle bekanntzumachenden Arbeitsbedingungen vorgesehen, daß der Notstandsarbeiter die für ihn geltenden Arbeitsbedingungen schriftlich anzuerkennen hat, und daß er erst nach Vollzug dieser schriftlichen Anerkennung als eingestellt zu betrachten ist. Aber nach den Feststellungen des Berufungsrichters muß angenommen werden, daß dies vorliegendenfalls unterblieben ist. Angesichts des festgestellten Sachverhalts geht der Berufungsrichter mit Recht davon aus, daß sich das Rechtsverhältnis des Klägers gemäß § 242 BRG. nach den Vorschriften richte, die für Notstandsarbeiter allgemein erlassen sind. Der Berufungsrichter verweist auf § 8 der Bestimmungen über öffentliche Notstandsarbeiten vom 30. April 1925, die insoweit auch über den 1. Oktober 1927 hinaus in Geltung geblieben sind, und denen die Bedingungen der Berliner Nord-Südbahn-AG. entsprachen. Danach kann die Beschäftigung jedes Notstandsarbeiters nur so lange auf die Förderung angerechnet werden, bis das Arbeitsamt den Arbeiter von der Notstandsarbeit abruft, höchstens aber auf die Dauer von drei Monaten; das Arbeitsamt muß den Notstandsarbeiter abrufen, wenn es ihm eine

Arbeit nachweisen kann; von dem bevorstehenden Abruf muß das Arbeitsamt den Träger der Notstandsarbeit oder den Unternehmer so früh wie möglich benachrichtigen. Um die Möglichkeit des Abrufs sicherzustellen, hat der Reichsarbeitsminister in dem Rundschreiben vom 29. September 1927 empfohlen, den Trägern der Notstandsarbeiten nahezulegen, die Arbeitsverträge mit den Notstandsarbeitern so abzuschließen, daß diese Verträge jederzeit gelöst werden können. Hierauf und auf ähnliche Kundgebungen der Behörden gestützt, nimmt der Berufungsrichter an, daß die Arbeitsverträge zwischen dem Träger der Notstandsarbeit oder, was hier in Rede steht, dem Unternehmer und dem Notstandsarbeiter nicht etwa schon an sich unter der Befristung auf höchstens drei Monate oder unter der auflösenden Bedingung, daß sie nach Umfluß der drei Monate von selbst erlöschen, abgeschlossen werden.

Dem Berufungsrichter ist zuzugeben, daß die Befristung auf höchstens drei Monate zunächst nur für das sog. Förderungsverhältnis (zwischen der Förderungsbehörde und dem Träger der Notstandsarbeit) vorgesehen ist und nicht schon kraft Gesetzes auf das Arbeitsverhältnis des einzelnen Notstandsarbeiters hinübergreift. An diese Gesetzeslage knüpfen denn auch die Anordnungen des Reichsarbeitsministers und die sonst vom Berufungsrichter angeführten behördlichen Kundgebungen an. Sie zielen darauf ab, daß der Träger der Notstandsarbeit oder der Unternehmer beim Abschluß des Einzelarbeitsvertrags jener gesetzlichen Rechtslage Rechnung tragen soll. Sie setzen also selbst voraus, daß der Träger oder Unternehmer dem Rechnung tragen k a n n , und sie wollen das ja gerade fördern. Das geschieht, indem der Arbeitgeber den einzelnen Notstandsarbeiter unter den entsprechenden Bedingungen einstellt, wie das in den oben genannten, bekanntzumachenden Arbeitsbedingungen vorgesehen ist. Ist das, wie hier zu unterstellen, unterblieben, so ist zu prüfen, ob nicht bei Würdigung der Umstände des Falles gemäß §§ 159, 242 BGB. anzunehmen ist, der Arbeitsvertrag sei stillschweigend unter den Bedingungen der Notstandsarbeiten geschlossen worden.. Von diesem Gesichtspunkt aus hat der Berufungsrichter den Sachverhalt nicht ausreichend gewürdigt.

Wie der Berufungsrichter in anderem Zusammenhang zutreffend ausführt, ist die Auswechselung der Notstandsarbeiter jeweils nach drei Monaten (mit dem Vorbehalt einer ausnahmsweise zu gestattenden einmaligen Verlängerung) ein Hauptgrundsatz des ganzes Rechtes der sog. werteschaffenden Erwerbslosenfürsorge. Wie unbedenklich angenommen werden darf, ist dies auch dem einzelnen Notstandsarbeiter, zumal dem erfahrenen und gewerkschaftlich geschulten Arbeiter, namentlich also dem zur Ausübung der Verrichtungen als Mitglied der Betriebsvertretung berufenen, ohne weiteres bekannt. Tritt ein solcher Arbeiter eine Stellung als Notstandsarbeiter an, so unterwirft er sich stillschweigend den Bedingungen, die für dieses Rechtsverhältnis gelten. Sein Verhalten kann, unter Beachtung des § 133 BGB., nicht anders gedeutet werden, als daß er das Dienstverhältnis mit der Maßgabe eingehe, daß es nach drei Monaten jedenfalls dann endigt, wenn es nicht (ausnahmsweise) mit Zustimmung des Arbeitsamts verlängert wird. Daß die Eingehung eines derart befristeten Arbeitsvertrags nicht mit den Grundsätzen der TarifvertragsVo. im Widerspruch steht, hat der Vertreter der Revision in der mündlichen Verhandlung ausdrücklich zugegeben und bedarf daher hier keiner weiteren Begründung. In § 4 der am 10. Dezember 1927 erlassenen, im Betrieb der Beklagten bekanntgemachten Bedingungen ist dies noch ganz ausdrücklich ausgesprochen. Der Berufungsrichter bemerkt hiergegen, daß diese Bedigungen erst nach der Einstellung des Klägers erlassen worden seien; der Kläger habe sich ihnen auch nicht stillschweigend dadurch unterworfen, daß er nach ihrer Erlassung das Arbeitsverhältnis fortsetzte. Diese Schlußfolgerung wird der Sachlage insofern nicht ganz gerecht, als die bis dahin bestehenden Arbeitsbedingungen noch auf der älteren Rechtsanschauung fußten, wonach der Notstandsarbeiter überhaupt nicht in einem Dienstverhältnis des bürgerlichen und Arbeitsrechts zu dem Arbeitgeber stehe, sondern lediglich unter dem Fürsorgeverhältnis oder der öffentlichen Gewalt der Arbeitsämter. Sicherlich hätte der Kläger nicht gezögert, die neuen Bedingungen, soweit sie ihm günstiger waren, gleichbald für sich in Anspruch zu nehmen.

Aus diesen Gründen war anzunehmen, daß das Arbeitsverhältnis des Klägers bei der Beklagten von vornherein nur auf drei Monate eingegangen, also befristet war. Mit der nach Umfluß der drei Monate (und nach dem Scheitern des Versuchs, eine Verlängerung herbeizuführen) ausgesprochenen Entlassung hat mithin die Beklagte nur die ohnehin von selbst eintretende rechtliche Folge ausgesprochen, nicht dagegen dem Kläger gekündigt; die Entlassung war demgemäß auch ohne die Zustimmung der Betriebsvertretung wirksam. Ob auch der Ausnahmefall des § 96 Abs. 2 Nr. 1 BRG. vorgelegen hätte, bedurfte bei dieser Sachlage keiner Entscheidung. Ebenso könnte dahingestellt bleiben, ob dem Berufungsrichter auch hinsichtlich derjenigen Erwägungen beizutreten wäre, auf die er schließlich die Entscheidung zum Nachteil des Klägers gestützt hat. Das Reichsarbeitsgericht trägt übrigens kein Bedenken, dem Berufungsrichter in diesem Teile seiner Entscheidung zu folgen. Mit dem Berufungsrichter ist anzunehmen, daß zwischen dem Rechte der sog. werteschaffenden Erwerbslosenfürsorge und den folgerichtig durchgeführten Vorschriften des BRG. insofern ein Widerspruch besteht, als jene Vorschriften die Entlassung des Notstandsarbeiters nach bestimmter Zeit fordern, während § 96 BRG. beim Mangel der Zustimmung der Betriebsvertretung zu einer Fortsetzung des Arbeitsverhältnisses über jenen Zeitpunkt hinaus führen könnte und unter Umständen führen müßte. Diesen Widerstreit zu lösen, ist, wie der Berufungsrichter mit Recht annimmt, Sache der Rechtswissenschaft und der Rechtsprechung. Zu der Lösung dienen die in der Rechtswissenschaft altüberlieferten Regeln über den Widerstreit zwischen dem älteren und dem jüngeren, dem allgemeineren und dem spezielleren Gesetz. Es ist daher unrichtig, wenn die Revision darzulegen sucht, daß es gar keinen Weg zur Lösung eines solchen Widerstreits gebe, und daß nichts übrig bleibe, als schlechthin die Vorschriften des BRG. bis zur äußersten Folgerichtigkeit durchzuführen. Die Bedeutung des BRG. auch für die Notstandsarbeiter wird damit keineswegs verneint oder auch nur empfindlich geschmälert. Dieses Gesetz bleibt in allen übrigen Beziehungen auch für die Notstandsarbeiter in seiner vollen Bedeutung bestehen; lediglich in dem einzigen Sonderfall der Beendigung des Arbeitsverhältnisses infolge Ablaufs der Dreimonatsfrist hat, nach der zu billigenden Annahme des Berufungsrichters, der Kündigungsschutz des § 96 BRG. hinter die Notwendigkeiten der werteschaffenden Erwerbslosenfürsorge zurückzutreten. Das ist ein besonderer und, wie die Revision selbst betont hat, verhältnismäßig seltener und vereinzelter Fall. . . .

RAG. 3, 174.

Unter welchen Voraussetzungen ist das Verhalten einer Firma, die eine mit ihr in Wettbewerb stehende Firma von der Einstellung einer früheren Angestellten abhält, als sittenwidrig zu betrachten?

BGB. § 826.

Reichsarbeitsgericht. Urt. v. 9. Februar 1929.

I Arbeitsgericht Berlin. — II. Landesarbeitsgericht daselbst.

Die Beklagte betreibt die Spielefabrikation. Der Kläger reiste für sie. Etwa Ende Februar 1927 schied er aus der Stellung aus. Die Beklagte gehörte der Vereinigung Deutscher Spielefabrikanten an, die in einer Hauptversammlung im Jahre 1919 beschlossen hatte, daß keine

Mitgliedsfirma einen Angestellten einer anderen Mitgliedsfirma ohne deren Zustimmung einstellen dürfe. Dieser Beschluß wurde am 29. November 1920 dahin abgeändert, daß jede Mitgliedsfirma, welche mit einem technischen oder kaufmännischen Angestellten einer anderen Mitgliedsfirma in Anstellungsverhandlungen tritt, dieser hiervon Mitteilung zu machen habe. Der neue Beschluß, welcher im Jahre 1927 noch in Geltung stand, enthielt die weitere Bestimmung: „Es wird erwartet, daß die Firma, welche den Angestellten einstellen will, die Bedenken, welche die andere Mitgliedsfirma dagegen geltend macht, im Geiste kollegialer Loyalität würdigt. Als Grundsatz wird aufgestellt, daß das Engagieren von Angestellten anderer Mitgliedsfirmen tunlichst vermieden werden sollte.“ Mit Rücksicht auf diesen Beschluß haben die Beklagte — so behauptet der Kläger — allen Firmen, bei welchen er sich nach seinem Ausscheiden bei ihr um eine Stelle beworben habe, insbesondere der Firma H. in L., auf deren Anfrage erwidert, daß sie gegen die Einstellung Widerspruch erhebe und dadurch habe sie ihm das Unterkommen bei dieser Firma unmöglich gemacht. Ferner habe sie durch ein Schreiben an den Reichsverband Deutscher Spielwaren-Industrieller E. V. in N. vom 13. November 1928 für ihn die Erlangung einer Stellung in der Spielwarenbranche vereitelt. In diesem Vorgehen erblickt der Kläger einen Verstoß gegen die guten Sitten, der ihn zu dem Anspruch auf Ersatz des dadurch verursachten Schadens berechtige. Das Arbeitsgericht hat durch Zwischenurteil vom 24. Januar 1928 den Anspruch dem Grunde nach für gerechtfertigt erklärt und durch Endurteil vom 11. Februar 1928 die Beklagte zur Zahlung eines Teiles des Schadensbetrags verurteilt. Die Mehrforderung hat es abgewiesen. Das Landesarbeitsgericht hat die Berufung der Beklagten zurückgewiesen und dem Kläger auf die Anschlußberufung den vollen Schaden zuerkannt. Die Revision der Beklagten ist zurückgewiesen worden.

Gründe:

Das Berufungsgericht beurteilt den Klaganspruch zutreffend an der Hand des § 826 BGB., dessen Voraussetzungen es ohne Rechtsirrtum für gegeben erachtet.

Der Kläger hat sich nach seinem Ausscheiden bei der Beklagten unbestrittenermaßen u. a. um eine Stellung bei der mit dieser in Wettbewerb stehenden Firma H. in L. bemüht. Das Landesarbeitsgericht hat die Überzeugung gewonnen, daß die Firma sich lediglich durch die Einwirkung der Beklagten auf sie hat bestimmen lassen, von der Einstellung des Klägers in ihren Geschäftsbetrieb abzusehen. Es hat ferner angenommen, daß die Beklagte sich bei ihren Bemühungen, die Firma

H. von der Anstellung abzuhalten, der für den Kläger nachteiligen Folgen ihrer Handlungsweise bewußt war und daß dem Kläger aus ihrem Verhalten Schaden in der Höhe des ihm zuerkannten Betrags erwachsen ist. Das Schicksal des Klaganspruchs hängt demnach nur noch davon ab, ob die Beklagte bei ihrer Einwirkung auf die Entschließung der Firma H. gegen die guten Sitten verstoßen hat und ob der von ihr erhobene Einwand des Mitverschuldens des Klägers (§ 254 BGB.) durchgreift.

Für die Beurteilung der Sittenwidrigkeit ist ohne Belang, welche Bedeutung dem im Tatbestand wiedergegebenen Beschluß der Vereinigung deutsche Spielefabrikanten vom 29. November 1920 beizumessen ist und welche Folgen sich hieraus für die rechtlichen Beziehungen der Mitgliederfirmen zueinander, insbesondere der Beklagten zur Firma H. ergeben. Entscheidend ist vielmehr lediglich, welches Maß von Rücksichtnahme die Beklagte ihrem ehemaligen Angestellten bei ihren dessen Fortkommen berührenden Maßnahmen vom Standpunkt der Anschauungsweise ehrbarer Kaufleute aus schuldig war. Um in dieser Hinsicht zu einem billigen Ergebnis zu gelangen, muß — wie das Reichsarbeitsgericht in einem ähnlich liegenden Falle bereits ausgeführt hat (RAGEntsch. Bd. 2 S. 64 flg., insbesondere S. 68) das Interesse der Beklagten an der Verhinderung des Eintritts des Klägers bei einer mit ihr in Wettbewerb stehenden Firma dem Interesse des letzteren an der Erlangung einer neuen Stellung abwägend gegenüber gestellt werden. Diesen Weg hat das Landesarbeitsgericht offensichtlich eingeschlagen. Es führt aus, daß die Beklagte dem Unterkommen des Klägers bei der Firma H. so, wie geschehen, nur dann hätte entgegengetreten dürfen, wenn besondere Umstände dies gerechtfertigt hätten. Damit gibt es deutlich zu erkennen, daß nach seiner Ansicht die Handlungsweise der Beklagten Billigung nur verdienen würde, wenn ihr ein schutzwürdiges Interesse zur Seite gestanden hätte, das dem Interesse des Beklagten an der Verfolgung seiner Erwerbsinteressen voranzustellen wäre. Die Darlegung solcher besonderen Umstände von seiten der Beklagten vermißt es. Ein Rechtsirrtum tritt in diesen Erwägungen nicht zutage. Die Revision hat selbst ausgeführt, daß zu der Zeit, in welche die Verhandlungen des Klägers mit der Firma H. fielen, die Spielefabrikation, also der Erwerbszweig, in welchem der Kläger wegen seiner Vertrautheit mit dessen Eigentümlichkeiten am ehesten eine andere Stellung erhoffen durfte und auf den er deshalb für sein Fortkommen in erster Linie angewiesen war, darniederlag. Die wirtschaftliche Existenz des Klägers wurde daher gefährdet, wenn die Beklagte seinem Eintritt bei einer

Konkurrenzfirma Hindernisse bereitete, von denen sie sich sagen mußte, daß sie für diesen unüberwindlich seien. Dies hat sie aber getan, indem sie sich der Firma H. gegenüber nicht mit einem Hinweis auf den Beschluß des Spielefabrikanten-Verbandes vom 29. November 1920 begnügte, sondern durch die Drohung mit ihrem Austritt aus der Vereinigung, wie das Berufungsgericht ausführt, einen Druck auf die Firma ausübte, welcher wegen der von der letzteren hiervon zu erwartenden Unannehmlichkeiten im Verband als ein solcher von besonderer Härte empfunden werden mußte. Die Gefährdung der wirtschaftlichen Existenz des Klägers war hiebei auch damit nicht zu vermeiden, wenn dieser etwa, wie die Beklagte behauptet, vermöge seiner Ausbildung und seiner Kenntnisse auch in der Spielwarenbranche verwendungsfähig gewesen wäre. Denn auch das Unterkommen des Klägers in diesem Erwerbszweig hat die Beklagte durch das vom Vorderrichter gewürdigte Schreiben an den Reichsverband deutscher Spielwaren-Industrieller vom 16. Februar 1928 in Frage gestellt. Es kommt hinzu, daß der Kläger, als er mit der Firma H. in Verbindung trat, seine Stellung bei der Beklagten bereits aufgegeben hatte und daß sonach für die Beklagte nicht ein Fall des Abspenstigmachens eines noch im Dienst befindlichen Angestellten durch eine Konkurrenzfirma vorlag. Ihre Einwirkung auf die Firma H. kann deshalb auch nicht unter dem Gesichtspunkt einer Abwehr von Machenschaften gerechtfertigt werden, die eine mit ihr in Wettbewerb stehende Firma entgegen den von ihr als Mitglied des Spielwarenfabrikanten-Verbandes geschuldeten Rücksichten gegen sie ins Werk gesetzt hatte. Der Vorwurf, daß die Beklagte in Verfolgung ihrer eigenen Interessen die Grenzen ihrer wirtschaftlichen Betätigungsfreiheit unter Nichtbeachtung lebenswichtiger Interessen des Klägers und zu dessen Nachteil überschritten und daher sittenwidrig gehandelt habe, kann ihr mithin nicht erspart werden.

Das Mitverschulden des Klägers will die Beklagte darin erblickt wissen, daß er zu einer Zeit die Stellung bei ihr aufgekündigt habe, in welcher wegen der wirtschaftlichen Schwierigkeiten der Spiele-Industrie ein Unterkommen in ihr nur schwer zu erringen gewesen sei. Das Berufungsgericht hat diesen Einwand mit Recht zurückgewiesen. Das schadenbringende Ereignis war die unterbliebene Einstellung des Klägers bei der Firma H. und hierauf ist die Kündigung der früheren Stellung ohne Einfluß gewesen. Daß der Kläger nach dem Scheitern seiner Bemühungen um die ihm versagte Stelle sich anderweit nach einer Erwerbstätigkeit mit dem erforderlichen Eifer umgetan habe, ist vom Berufungsgericht einwandfrei dargelegt worden.

Endlich hat auch der Vorderrichter die Behauptung der Beklagten daß der Kläger bei der Erneuerung des Anstellungsvertrags mit der Beklagten im Januar 1927 um die Abmachung der Spielefabrikanten gewußt habe, ohne Rechtsirrtum als belanglos angesehen. Hieraus kann weder eine im voraus erfolgte stillschweigende Unterwerfung unter die Rechtsfolgen eines Verhaltens, wie es die Beklagte an den Tag gelegt hat, abgeleitet, noch kann die angebliche Kenntnis des Klägers unter einem anderen rechtlichen Gesichtspunkt als erheblich betrachtet werden.

RAG. 3, 209.

Ist unter der im § 13 Abs. 1 Satz 4 des SchwerbeschG. bezeichneten Kündigungsfrist die Mindestfrist des Satz 3 gemeint oder die für das jeweilige Dienstverhältnis geltende Kündigungsfrist?

Ges. über die Beschäftigung Schwerbeschädigter i. d. Fassung der Bek. v. 12. Januar 1923 (RGBl. I S. 58) § 13.

Reichsarbeitsgericht. Urt. v. 9. Februar 1929.

I. Arbeitsgericht Stettin. — II. Landesarbeitsgericht Stettin.

Der Kläger, Schwerbeschädigter im Sinne des Gesetzes über die Beschäftigung Schwerbeschädigter, war bei der Beklagten gegen ein Monatsgehalt von 190 RM beschäftigt. Am 31. Oktober 1927 kündigte ihm die Beklagte zum 30. November 1927. Mit Schreiben vom 1. November 1927 suchte sie bei dem Bezirksfürsorgeverband in Stettin, dem auf Grund des § 4 der AusfVo. zum SchwerbeschG. vom 13. Februar 1924 von der Hauptfürsorgestelle die Ermächtigung erteilt worden ist, über die Erteilung der Zustimmung zu einer Kündigung gegenüber einem bei einem privaten Arbeitgeber beschäftigten Schwerbeschädigten zu entscheiden, die Genehmigung zu dieser Kündigung nach. Der Bezirksfürsorgeverband versagte die Genehmigung, da die Beklagte noch nicht einmal ihre gesetzliche Verpflichtung zur Einstellung eines dritten Schwerbeschädigten erfüllt habe, und verblieb auf weitere Vorstellung der Beklagten bei diesem Entscheid. Am 17. Dezember 1927 ging ein Schreiben der Beklagten vom 15. Dezember 1927 bei dem Bezirksfürsorgeverband ein, in welchem unter Bezugnahme auf eine Unterredung des Mitinhabers mit der Behörde mitgeteilt wurde, daß der dritte Schwerbeschädigte in den Betrieb eingestellt sei, und der Antrag auf Bewilligung der Kündigung des Klägers erneuert würde. Mit Bescheid vom 28. Dezember 1927 stimmte der Bezirksfürsorgeverband dem Austausch des Klägers gegen einen anderen Schwerbeschädigten zu.

Die Beklagte hat den Kläger am 31. Dezember 1927 entlassen; die Einstellung eines Ersatzmannes ist am 20. Januar 1928 erfolgt.

Der Kläger, der die Auffassung vertritt, die für ihn geltende gesetzliche Kündigungsfrist habe nach § 13 des SchwerbeschG. erst mit Absendung des Schreibens des Beklagten vom 15. Dezember 1927, also frühestens am 16. Dezember 1927 zu laufen begonnen, das Dienstverhältnis habe daher erst am 31. März 1928 sein Ende gefunden, hat auf Zahlung seines Monatsgehalts für Januar bis März 1928 in Höhe von je 190 RM Klage erhoben. Die Beklagte hat neben anderen Einwendungen geltend gemacht, sie habe im Schreiben vom 15. Dezember 1927 keinen neuen Antrag auf Kündigungsgenehmigung gestellt, vielmehr lediglich den alten Antrag vom 1. November 1927 aufrechterhalten, so daß der Lauf der Frist nach § 13 SchwerbeschG. erst vom 16. Dezember 1927 ab gar nicht in Frage komme.

Das Arbeitsgericht hat die Klage abgewiesen, das Landesarbeitsgericht die Beklagte nur zur Zahlung von 116,47 RM verurteilt. Dieses hat zwar angenommen, daß der ursprüngliche Antrag vom 1. November 1927 durch die Ablehnung des Bezirksfürsorgeverbandes erledigt gewesen sei und deshalb der mit Schreiben vom 15. Dezember 1927 gestellte Genehmigungsantrag als neuer Antrag zu gelten habe, mit dessen Absendung nach § 13 Abs. 1 Satz 4 des SchwerbeschG. die Kündigungsfrist von neuem zu laufen begonnen habe. Es ist aber der Auffassung, daß mit dieser Kündigungsfrist nur die im vorhergehenden Satze 3 bezeichnete Mindestfrist von 4 Wochen gemeint sei, nicht aber auch eine etwaige längere gesetzliche oder vereinbarte Kündigungsfrist.

Während die Revision der Beklagten zurückgewiesen wurde, hatte die Revision des Klägers Erfolg aus folgenden

Gründen:

Die Revisionsrüge des Klägers geht dahin, das Landesarbeitsgericht habe vom 16. Dezember 1927 ab rechtsirrtümlich nur eine vierwöchige Frist berechnet; wenn § 13 Abs. 1 Satz 4 des SchwerbeschG. bestimme, die Kündigungsfrist laufe erst von dem Tage der Absendung des Antrages, so sei damit nicht lediglich die Mindestfrist des Satz 3 gemeint, vielmehr sei darunter die für das jeweilige Dienstverhältnis geltende Kündigungsfrist zu verstehen, also im vorliegenden Falle die Frist des § 66 HGB.; die Kündigung sei daher erst zum 31. März 1928 wirksam geworden.

Die Revision ist für begründet zu erachten. Das Gesetz gibt keinen Anhaltspunkt für die Auffassung des Landesarbeitsgerichts, daß die in Satz 4 des § 13 Abs. 1 SchwerbeschG. enthaltene Bestimmung, der Lauf der Kündigungsfrist beginne erst mit dem Tage der Absendung des Antrages, sich nur auf die Mindestfrist des Satz 3 von vier Wochen beziehe. Wenn im Satz 3 bestimmt ist, die Kündigungsfrist betrage mindestens vier Wochen, so ist damit zum Schutze der Schwerbeschädigten eine etwa geltende kürzere Kündigungsfrist ausgeschaltet. Soweit aber gesetzlich oder vertraglich eine längere Kündigungsfrist gilt, ist diese durch die Bestimmung des Satz 3 nicht berührt. Die Sätze 3 und 4 der jetzt geltenden Fassung des SchwerbeschG. entsprechen dem § 12 des gleichen Gesetzes vom 6. April 1920 (RGBl. I S. 458), in welchem bestimmt war, daß die Kündigungsfrist erst mit der Absendung der damals erforderlichen Anzeige zu laufen begann. Es ist nicht ersichtlich, daß durch das Gesetz vom 23. Dezember 1922 (RGBl. I S. 972) die Bedeutung dieser Bestimmung dahin hat eingeschränkt werden sollen, daß nunmehr nur der Lauf der Mindestfrist von vier Wochen damit gemeint sei. Auch die amtliche Begründung zum Entwurfe dieses letzteren Gesetzes (Reichstagsdrucksache Nr. 5295 1. Wahlperiode 1920) gibt für diese Auffassung keinen Anhaltspunkt. Die am 1. November 1927 ausgesprochene Kündigung durch die Beklagte war aber dadurch erledigt, daß der Antrag auf Kündigungsgenehmigung vom Bezirksfürsorgeverband abgelehnt worden war. Erst mit dem 16. Dezember 1927 begann der Lauf der Kündigungsfrist erneut, da das Schreiben vom 15. Dezember 1927 einen neuen Genehmigungsantrag enthielt. Da nach § 66 HGB. das Dienstverhältnis des Klägers nur mit sechswöchiger Kündigung zum Vierteljahrsschluß gekündigt werden konnte, endete das Dienstverhältnis erst mit dem 31. März 1928. Der Kläger hat daher noch Anspruch auf das Gehalt für die Monate Januar, Februar und März 1928. . . .

RAG. 3, 221.

Zur Frage der Geschäfts- und Prozeßfähigkeit von Lehrlingen.

BGB. § 113; ZPO. § 52 Abs. 1.

Reichsarbeitsgericht. Urt. v. 13. Februar 1929.

I. Arbeitsgericht Erfurt. — II. Landesarbeitsgericht daselbst.

Die Kläger zu 1, 2 und 3 sind am 15. April 1925, die übrigen Kläger am 6. April 1926 als Maurerlehrlinge beim Beklagten in die Lehre getreten. Sie sind sämtlich minderjährig. Jeder von ihnen hat aus Anlaß seines Eintritts durch seinen Vater als gesetzlichen Vertreter mit dem Beklagten einen Lehrvertrag abgeschlossen.

§ 6 des für allgemein verbindlich erklärten Reichtarifvertrages für das Baugewerbe vom 30. März 1927 in Verbindung mit § 3 des ebenfalls allgemein verbindlichen Bezirkstarifvertrages für das Baugewerbe, Vertragsgebiet Thüringen, vom 5. Mai 1927 beträgt die Entschädigung der Lehrlinge in Erfurt, dem Betriebssitz des Beklagten, für die Zeit vom 29. September 1927 bis 31. März 1928:

im ersten	Halbjahr	= 17 Pf.	die	Stunde
„ zweiten	„	= 17 Pf.	„	„
„ dritten	„	= 22 Pf.	„	„
„ vierten	„	= 28 Pf.	„	„
„ fünften	„	= 33 Pf.	„	„
„ sechsten	„	= 44 Pf.	„	„

Die Kläger behaupten, mit Ablauf des 14. bzw. 5. Oktober 1927 entsprechend ihrem Eintritt in die Lehre ein neues Halbjahr begonnen zu haben, und verlangen dementsprechend von diesem Tage ab den höheren Entschädigungssatz, und zwar die 3 ersten Kläger für je 198, die letzten 4 Kläger für je 270 Stunden. Der Beklagte steht dagegen auf dem Standpunkt, daß er ihnen den höheren Satz erst vom 15. November 1927 ab zu zahlen habe, da nach den Lehrverträgen die Lehrzeit im Pfingstquartal, also nicht mit dem Tage des Eintritts, beginne. . . .

Das Arbeitsgericht hat der Klage stattgegeben, vom Landesarbeitsgericht ist sie auf die zugelassene Berufung des Beklagten abgewiesen und wegen grundsätzlicher Bedeutung der Sache die Revision zugelassen worden. Diese blieb erfolglos.

Gründe:

Im Gegensatz zu dem ersten Richter verneint das Berufungsgericht die Prozeßfähigkeit der Kläger und weist schon wegen dieses Mangels die Klage ab. Trotzdem unterzieht es auch das sonstige Vorbringen der Streitteile einer Prüfung. Es gelangt hierbei dazu, den Klaganspruch für unbegründet zu erachten, indem es zwar den Einwand, daß es an einer vorausgegangenen Entscheidung des Innungsschiedsgerichts fehle, mißbilligt, aber der Ansicht des Beklagten beitritt, daß das neue, für die Berechnung der Entschädigung der Kläger maßgebende Halbjahr erst am 15. November 1927 begonnen habe, und daraus weiter folgert, daß für diese Berechnung auch nicht das Ende der Probezeit zugrunde zu legen sei, weil die Probezeit zur Vertragszeit gehöre.

Da das Berufungsgericht die Klage mangels Prozeßfähigkeit der Kläger abgewiesen hat, durfte es auf die sachliche Begründung der

Klage nicht eingehen. Indessen ist dies für die Entscheidung über die Revision belanglos, da der Abweisung der Klage aus prozessualem Grunde im Ergebnis beizutreten ist. Die Revision rügt insoweit Verletzung des § 113 BGB. und von Vorschriften des Arbeitsgerichtsgesetzes, sie ist jedoch unbegründet.

Die Kläger sind als über 7 Jahre alte Minderjährige nach Maßgabe der §§ 107 bis 113 BGB. an sich in der Geschäftsfähigkeit beschränkt (§ 106 a. a. O.). § 113 insbesondere erklärt denjenigen Minderjährigen, den sein gesetzlicher Vertreter ermächtigt, in Dienste oder in Arbeit zu treten, zu solchen Rechtsgeschäften für unbeschränkt geschäftsfähig, welche die Eingehung oder Aufhebung eines Dienst- oder Arbeitsverhältnisses der gestatteten Art oder die Erfüllung der sich aus einem solchen Verhältnis ergebenden Verpflichtungen betreffen. Ausgenommen sind Verträge, zu denen der Vertreter der Genehmigung des Vormundschaftsgerichts bedarf. Abweichend vom Vormund bedarf der Vater auch bei einem über 1 Jahr geltenden Lehrvertrag nicht der Genehmigung des Vormundschaftsgerichts (§§ 1630, 1643, 1822 Nr. 6 und 7 BGB.). Das Berufungsgericht stützt die Nichtanwendung des § 113 a. O. und damit die Verneinung der Prozeßfähigkeit der Kläger auf die Erwägung, daß die Bestimmung des § 113 BGB. sich als Ausnahmevorschrift von der Regel, wonach Minderjährige noch nicht prozeßfähig seien, nicht auf Lehrlinge beziehe und daß diese Ausnahmevorschrift auch durch das Arbeitsgerichtsgesetz keine Änderung erfahren habe. Diese Begründung trifft nicht zu. Das Reichsarbeitsgericht hat bereits, u. a. auch für das Baugewerbe, grundsätzlich ausgesprochen, daß der Lehrlingsvertrag zwar auch heute noch den Charakter des Lehrvertrags hat, aber zugleich die Elemente des Arbeitsvertrags enthält und daher gleichzeitig als Lehr- und als Arbeitsvertrag anzusehen ist (vgl. RAG. Entsch. Bd. 1 S. 313 ff. und Bd. 2 S. 226 ff.). Daran ist festzuhalten. Muß also davon ausgegangen werden, daß Lehrverträge unter dem Begriff des Dienst- oder Arbeitsvertrages fallen können, so folgt daraus, daß die Vorschrift des § 113 BGB. an sich auch auf das Dienst- oder Arbeitsverhältnis eines Lehrlings anwendbar ist. Sie kann aber im vorliegenden Fall deshalb nicht Anwendung finden, weil es an einer Ermächtigung des gesetzlichen Vertreters im Sinne dieser Vorschrift fehlt. Denn § 113 BGB. setzt voraus, daß dem Vertretenen eine gewisse freie Entschließung eingeräumt wird, in Dienst oder in Arbeit zu treten und den damit zusammenhängenden Dienst- oder Arbeitsvertrag abzuschließen. Hier aber hat nach der tatsächlichen Feststellung des Berufungsgerichts der gesetzliche Vertreter des einzelnen Klägers es nicht dem von ihm vertretenen Minderjährigen überlassen, einen derartigen Vertrag abzuschließen, sondern er hat den Vertrag in seiner Eigenschaft als gesetzlicher Vertreter des Minderjährigen selbst abgeschlossen. Er hat damit die Rechte gewahrt, die ihm als gesetzlichen Vertreter zustehen, dem Minderjährigen also nicht die nach § 113 BGB. an sich mögliche Ermächtigung erteilt. Wegen des Mangels dieser Ermächtigung sind die minderjährigen Kläger mit Bezug auf ihr Lehrverhältnis, das zugleich ein Arbeitsverhältnis ist, nicht geschäftsfähig und daher gemäß § 52 Abs. 1 ZPO. insoweit nicht prozeßfähig. Ihre Prozeßfähigkeit ist auch nicht etwa dadurch erweitert, daß die Kläger mit Ermächtigung des gesetzlichen Vertreters Mitglieder eines Arbeitnehmerverbandes geworden sind. Der Abweisung der Klage wegen mangelnder Prozeßfähigkeit ist daher im Ergebnis beizutreten.

RAG. 3, 231.+

Ist die clausula rebus sic stantibus auf Tarifverträge anwendbar?

Tarifvertrags-Vo. § 1. Schlichtungs-Vo. §§ 3 und 5.

Reichsarbeitsgericht. Urt. v. 2. Februar 1929.

I. Arbeitsgericht Greifswald. — II. Landesarbeitsgericht Stettin.

. . .

Gründe:

. . .

Ebensowenig greift die von der Revision für ihren Standpunkt in Anspruch genommene clausula rebus sic stantibus durch. Sie erledigt sich im vorliegenden Fall schon dadurch, daß nach dem festgestellten Sachverhalt von einer wesentlichen Veränderung der wirtschaftlichen Verhältnisse in der dafür in Betracht kommenden Zeit keine Rede sein kann. Jedoch möge zur Klärung grundsätzlich bemerkt sein, daß es sich bei der Frage, ob die clausula auf bestehende Tarifverträge anwendbar ist, ausschließlich um eine Rechtsfrage handelt, über die nicht die Schlichtungs-, sondern die Arbeitsgerichtsbehörden im einzelnen Fall zu entscheiden haben würden. Ferner ist bei Tarifverträgen für die Anwendung der clausula rebus sic stantibus deshalb in der Regel kein Raum, weil sie meist auf verhältnismäßig kurze Zeit abgeschlossen oder vereinbarungsgemäß gekündigt werden können. Da endlich vor und bei dem Abschluß von Tarifverträgen die Dauer ihrer Geltung gerade mit Rücksicht auf die wirtschaftlichen Verhältnisse, insbesondere auf die Lebenshaltungskosten, genau abgewogen wird, ist — wenn überhaupt — die Anwendung der clausula auf Tarifverträge rechtlich nur dann denkbar, wenn sie durch völlig unerwartete und ganz außergewöhnliche Ereignisse gerechtfertigt wäre. Das Berufungsgericht hat nach alledem mit Recht dem Feststellungsbegehren der Klägerin entsprochen.

RAG. 3, 238.+

Zur Anwendung des Tarifvertrags mit rückwirkender Lohnerhöhung auf inzwischen ausgeschiedene Arbeiter. Beweislast und Darlegungspflicht des ausgeschiedenen Arbeiters, der für die Zeit seiner Tätigkeit die Vorteile der neuen Regelung beansprucht.

TarifvertrVo. § 1; BGB. §§ 133, 157.

Reichsarbeitsgericht. Urt. v. 23. Februar 1929.

I. Arbeitsgericht Frankfurt a. M. — II. Landesarbeitsgericht daselbst.

Der Kläger ist vom 16. Januar bis 16. April 1928 bei dem Städtischen Siedlungsamt in Frankfurt a. M. als Notstandsarbeiter beschäftigt und nach den bis zum 1. April 1928 geltenden Sätzen des Bezirkstarifvertrages zum Reichsmanteltarifvertrag für die Gemeindearbeiter entlohnt worden. Die Sätze sind durch Vereinbarung der beteiligten Verbände vom 11. Mai 1928 mit Rückwirkung vom 1. April 1928 erhöht worden. Kläger, der keinem der Verbände angehört, fordert für die Zeit vom 1. bis 16. April 1928 die Zahlung des Unterschiedes zwischen diesen höheren Lohnsätzen und den früher ihm ausgezahlten Lohnsätzen. Seiner Klage ist in den Vorinstanzen stattgegeben worden. Die Revision der Beklagten blieb erfolglos.

Gründe:

. . .

Zu der Frage, ob ein Tarifvertrag, der sich rückwirkende Kraft beilegt, auch auf solche Arbeiter anzuwenden ist, die zwar zu der Zeit, für welche der Tarifvertrag die rückwirkende Kraft ausspricht, aber nicht mehr im Zeitpunkte des Zustandekommens des Tarifvertrages in einem beteiligten Betriebe tätig waren, hat das Reichsarbeitsgericht bereits in einem Urteil vom 3. November 1928 in der Sache RAG. 139/28 (vgl. RAG. Entsch. Bd. 2 S. 346) grundsätzlich Stellung genommen und die Frage in Übereinstimmung mit der in Wissenschaft und Rechtsprechung herrschenden Meinung grundsätzlich bejaht. An dieser Entscheidung ist festzuhalten. Ebenso ist in der damaligen Entscheidung bereits ausgesprochen worden, daß es keiner ausdrücklichen Vereinbarung der Tarifvertragsparteien bedürfe, den ausgeschiedenen

Arbeitern die Vorteile der neuen Regelung zuzuwenden, daß es vielmehr auch ohne eine solche ausdrückliche Erklärung Wille der Tarifvertragsparteien gewesen sein könne, den Vorteil den ausgeschiedenen Arbeitern zuzuwenden, und es bei der Beantwortung der Frage, ob dieser Wille vorhanden gewesen sei, im wesentlichen auf die Verhältnisse des einzelnen Falles ankomme. Ob im Zweifel, wenn sich gegenteiliges nicht als Vertragswille ermitteln lasse, die Rückwirkung bereits inzwischen Ausgeschiedenen zugute kommen müsse, ist damals dahingestellt geblieben. Die Revision vertritt zu dieser Frage die Ansicht, daß im Zweifel das Gegenteil angenommen werden müsse; denn der Kläger sei für seinen Anspruch beweispflichtig; er müsse daher beweisen, daß nach der Vereinbarung vom 11. Mai 1928 auch die inzwischen ausgeschiedenen Arbeiter den Anspruch auf Nachzahlung der Lohnerhöhungen hätten haben sollen. Daran ist richtig, daß der, der sich auf eine Rückwirkung zu seinen Gunsten beruft, sie grundsätzlich auch zu beweisen hat. Hat er aber dargetan, daß die Rückwirkung vereinbart und dabei keine Einschränkung gemacht ist, so ist in der Regel davon auszugehen, daß die Rückwirkung der Lohnerhöhung in der Erkenntnis vereinbart worden ist, daß die Löhne in der Zeit, für welche die Rückwirkung vereinbart wurde, nicht mehr den Verhältnissen entsprochen haben, die Rückwirkung daher für alle Arbeitsverhältnisse gelten soll, die damals bestanden, also auch für die der inzwischen ausgeschiedenen Arbeiter. Wenn bei diesem Ausgangspunkt in Ermangelung anderer Anhaltspunkte der Vorderrichter zu dem Ergebnis gekommen ist, daß im vorliegenden Falle die Rückwirkung für die ausgeschiedenen Arbeiter beabsichtigt gewesen sei, so ist das eine Auslegung, die nicht zu beanstanden ist. Daß der Kläger keinem der am Abschlusse der Vereinbarung vom 11. Mai 1928 beteiligten Arbeitnehmerverbände angehörte, ist mit Recht vom Berufungsrichter für unerheblich erklärt. Der Arbeitsvertrag war mit ihm unter Berufung auf den bestehenden Tarifvertrag abgeschlossen worden. Darin lag die Zusicherung, daß er nach den Tarifsätzen entlohnt werden sollte. Dies aber muß dahin aufgefaßt werden, daß er auch an einer etwaigen tariflichen Lohnsteigerung teilnehmen sollte. Die einseitige Anordnung des Magistrats-Personal-Dezernenten vom 15. Mai 1928, an ausgeschiedene Notstands- und Wohlfahrtsarbeiter solle eine Nachzahlung nicht erfolgen, konnte selbstverständlich den Anspruch des Klägers, der ihm gemäß der Vereinbarung vom 11. Mai 1928 hiernach zusteht, nicht berühren.

RAG. 3, 241.

Die Entscheidung der Hauptfürsorgestelle betr. die Gleichstellung mit Schwerbeschädigten i. S. des § 20 SchwerbG. wirkt nicht schon mit dem Zeitpunkte ihres Erlasses, sondern erst mit der Bekanntgabe an den Betroffenen.

Reichsarbeitsgericht. Urt. v. 20. Februar 1929.

I. Arbeitsgericht Minden

Dem Kläger, der als Postaushelfer bei dem Telegraphenamt in B. beschäftigt war, wurde am 2. Februar 1926 durch einen eingeschriebenen, an demselben Tage zur Post gegebenen Brief zum 2. März 1926 gekündigt. Der Tag, an dem das Kündigungsschreiben zur Post geliefert ist, gilt nach den Bestimmungen des für das Arbeitsverhältnis maßgebenden Tarifvertrag für die Arbeiter im Bereiche der Deutschen Reichspost vom 31. März 1924 als Kündigungstag. Nach Ablauf der Kündigungsfrist hat der Kläger seine Tätigkeit bei der Beklagten eingestellt.

Ebenfalls am 2. Februar 1926 erging eine Entscheidung der Hauptfürsorgestelle in M., die den Kläger im Sinne des § 20 SchwerbG. bis zum Abschlusse eines von ihm anhängig gemachten Rentenverfahrens, spätestens bis zum 1. Februar 1927 den Schwerbeschädigten gleichstellte. Ihm selbst ging die Entscheidung einige Tage später, der Oberpostdirektion am 12. Februar 1926 zu. Kläger meint, damit sei bereits zu der Kündigung vom 2. Februar 1926 die Zustimmung der Hauptfürsorgestelle erforderlich gewesen; da sie nicht eingeholt sei, sei die Kündigung nicht rechtswirksam, das Arbeitsverhältnis bestehe also fort.

Er hat zunächst bei dem Landgerichte in B. seinen Lohn für die Zeit vom 1. Mai bis 31. Dezember 1926 eingeklagt. Das die Beklagte zur Zahlung verurteilende Erkenntnis dieses Gerichts ist durch das Oberlandesgericht H. bestätigt und rechtskräftig geworden. Da die Beklagte weitere Zahlungen verweigerte, hat Kläger nunmehr bei dem Arbeitsgericht M. Klage auf Feststellung erhoben, daß das Dienstverhältnis noch fortbestehe.

Die Klage ist abgewiesen. Die von dem Kläger im Einverständnis der Beklagten unter Umgehung der Berufungsinstanz eingelegte Revision hatte keinen Erfolg.

Gründe:

Die Kündigung selbst hält das Arbeitsgericht für rechtswirksam. Die Entscheidung der Hauptfürsorgestelle sei zwar auch am 2. Februar 1926 ergangen, sie habe aber nur rechtserzeugende Natur und damit keine rückwirkende Kraft. Ihre Wirksamkeit habe erst mit der Bekanntmachung an den Kläger eingesetzt, bis dahin habe sie lediglich einen internen Akt der zuständigen Behörde dargestellt, den diese noch zurückzunehmen in der Lage gewesen sei. Da diese Bekanntmachung an den Kläger erst einige Tage nach dem 2. Februar 1926 erfolgt sei, habe sie die Wirkung der Kündigung nicht wieder beseitigen können.

Diesen Ausführungen ist beizutreten.

Die Rechtswirksamkeit der Kündigung könnte nur dann in Zweifel gezogen werden, wenn der Kläger im Augenblicke ihrer Erklärung die Eigenschaft eines Schwerbeschädigten bereits besessen hätte oder einem solchen gleichgestellt gewesen wäre. Dies könnte, da er bis dahin nicht Schwerbeschädigter war, nur durch die Entscheidung der Hauptfürsorgestelle geschehen sein. Es frage sich also, zu welchem Zeitpunkte ihre Wirkung eingetreten ist, ob sofort mit ihrem Erlasse am 2. Februar 1926 oder erst mit der Mitteilung an den Kläger einige Tage später. Ob die Beklagte von dieser seiner Eigenschaft im Augenblicke der Kündigung Kenntnis gehabt hätte, käme nach der Entscheidung des Reichsarbeitsgerichts RAG. Entsch. Bd. 1 S. 89 nicht in Betracht.

Der Kündigungsschutz des Schwerbeschädigtengesetzes kommt nur den Personen zu, die im Sinne des § 3 a. a. O. als Schwerbeschädigte anzusehen sind. Ihnen gleichgestellt sind diejenigen, denen die Hauptfürsorgestelle auf Grund des § 20 a. a. O. bis zur rechtskräftigen Festsetzung der Rente die Gleichstellung mit den Schwerbeschädigten bewilligt hat, wie dies hier betreffs des Klägers geschehen ist. Mit der Frage, wann und von welchem Zeitpunkte ab eine Person die Eigenschaft eines Schwerbeschädigten im Sinne des § 3 besitzt, hat sich das Reichsarbeitsgericht in seiner Entscheidung vom 12. Dezember 1928 — RAG. Entsch. Bd. 3 S. 49 — bereits eingehend befaßt. Es ist dort zu dem Ergebnis gelangt, daß sich aus der Entstehungsgeschichte des Gesetzes und gerade aus seinem § 20 ergebe, daß bis zur Festsetzung der Rente der Schutz des Gesetzes nicht bestehe, daß erst der Erlaß des Rentenbescheides den Schutz des Gesetzes auszulösen vermöge. Ob die Rechtskraft des Bescheides zu fordern sei, hat das Reichsarbeitsgericht als für den damaligen Fall unerheblich dahingestellt sein lassen. Aus seiner Entscheidung ergibt sich aber, daß die Festsetzung der Rente und ebenso die Gleichstellung mit Schwerbeschädigten nur rechtserzeugende Wirkung haben, wie dies auch das Arbeitsgericht angenommen hat.

Es fragt sich danach, ob die Entscheidung der Hauptfürsorgestelle sofort mit ihrem Erlasse den Kläger einem Schwerbeschädigten gleichgestellt hat oder ob es hierzu noch eines weiteren Vorganges, der Bekanntgabe der Entscheidung an den Kläger, bedurfte. Das Reichsarbeitsgericht bejaht dieses Erfordernis. Grundsätzlich ist davon auszugehen, daß Verwaltungsbehörden an ihre Anordnungen nicht gebunden, sondern berechtigt sind, sie zurückzunehmen oder abzuändern — RGZ. Bd. 106 S. 145 —. Wenn dieser Grundsatz auch zahlreichen Ausnahmen unterliegt, so gilt er auf jeden Fall mindestens so lange, als die Anordnung sich noch als eine interne Angelegenheit der betreffenden Behörde darstellt, von ihr zurückgehalten, abgeändert oder ganz wieder aufgehoben werden kann. Eine Wirkung für oder gegen Dritte kann sie erst dann auslösen, wenn sie den Beteiligten oder sonstwie nach außen hin bekanntgegeben ist. Damit rechnet auch das SchwerbG., das in § 21 Abs. 1 gegen Anordnungen und Entscheidungen der Hauptfürsorgestelle die Beschwerde zuläßt, in Abs. 2 sogar die Zustellung der eine Kündigung betreffenden Entscheidungen vorschreibt.

Hiernach war der Erlaß der Entscheidung der Hauptfürsorgestelle vom 2. Februar 1926 nicht geeignet, die an demselben Tage erklärte ordnungsmäßige Kündigung irgendwie in Frage zu stellen. War aber die Kündigung im Augenblicke ihrer Erklärung ohne Zustimmung der Hauptfürsorgestelle zulässig, so war die einige Tage später an den Kläger erfolgte Bekanntmachung der Entscheidung nicht mehr imstande, ihre Wirkung zu beseitigen. Das Dienstverhältnis endete daher mit dem Ablaufe der Kündigungsfrist.

RAG. 3, 244.

Ist eine Kunstgießerei ein der Metallindustrie angehöriger Betrieb? Zur Frage der Abgrenzung von industriellem und rein handwerksmäßigem Betrieb.

TarifvertragsVo. v. 23. Dezember 1918 §§ 1, 2.
Tarifvertrag für die in der Berliner Metallindustrie beschäftigten Angestellten v. 8. August 1927.

Reichsarbeitsgericht. Urt. v. 20. Februar 1929.
I. Arbeitsgericht Duisburg. — II. Landesarbeitsgericht daselbst.

Die Beklagte ist Inhaberin einer nach dem Todes ihres Ehemannes von diesem übernommenen Kunstgießerei. Der Kläger war bei ihr als Werkmeister gegen ein vereinbartes Monatsgehalt von 300 RM tätig. Am 15. Februar 1928 ist er fristlos entlassen worden. Da nach seiner Ansicht ein Grund zur fristlosen Entlassung nicht vorlag, verlangte er Fortzahlung des Gehaltes bis Ende März 1928. Außerdem machte er geltend, daß für sein Arbeitsverhältnis der für allgemeinverbindlich erklärte Tarifvertrag für die in der Berliner Metallindustrie beschäftigten Angestellten vom 8. August 1927 maßgebend sei, nach welchem sein Monatsgehalt 315,20 RM betragen haben würde. Einschließlich des noch rückständigen halben Februargehalts hat er auf Zahlung von zwei Monatsgehältern im Gesamtbetrage von 630,40 RM Klage erhoben.

Das Arbeitsgericht hat die Beklagte nur zur Zahlung von 600 RM, das Landesarbeitsgericht auch zur Zahlung der weiteren 30,40 RM verurteilt. Auf die von der Beklagten wegen der letzteren Verurteilung eingelegte Revision ist unter entsprechender Aufhebung des Berufungsurteils das die Klage in Höhe von 30,40 RM abweisende Urteil des Arbeitsgericht bestätigt worden.

Gründe:

Für die Revisionsinstanz handelt es sich noch um die Frage, ob der Kläger nur Anspruch auf das vereinbarte Monatsgehalt von 300 RM hat oder ob der Tarifvertrag für die in der Berliner Metallindustrie beschäftigten Angestellten vom 8. August 1927 maßgebend ist und ihm hiernach ein Monatsgehalt von 315,20 RM zusteht. Nach § 1 gilt dieser Tarifvertrag für die Metallindustrie und die damit zusammenhängenden Betriebe der Mitglieder des Verbandes Berliner Metallindustrieller im Gebiet von Berlin usw. Nach seiner Allgemeinverbindlicherklärung (RArBl. 1928 V S. 15) hat er Geltung für die kaufmännischen und technischen Angestellten und Werkmeister der Berliner Metallindustrie. Im Gegensatz zum Arbeitsgericht hat das Landesarbeitsgericht angenommen, daß der Tarifvertrag nach der Allgemeinverbindlichkeits-Erklärung auch für das Arbeitsverhältnis des Klägers bei der Beklagten maßgebend gewesen sei, da der Betrieb der Beklagten kein Handwerksbetrieb, sondern ein industrieller Betrieb sei. Es ist dabei davon ausgegangen, daß bei der Prüfung der Frage, ob ein Handwerksbetrieb oder ein industrieller Betrieb vorliege, der Umfang des Betriebes hinsichtlich des Umsatzes und der Zahl der Arbeitnehmer, ferner die Art der Produktion und die serienweise Herstellung von Produkten in Betracht zu ziehen sei. Es hat erwogen, es handele sich im vorliegenden Falle um einen Buntgußbetrieb; bei einem solchen Betriebe sei in der Regel eine Teilung der bestimmten Abteilungen nicht vorhanden, es bestehe nur zwischen den einzelnen Arbeitern eine Art Arbeitsteilung; deshalb könne dieses Moment im vorliegenden Falle nicht von entscheidender Bedeutung sein. Im Buntgießereibetrieb komme es auch grundsätzlich nicht vor, daß nur maschinell gearbeitet werde; die Nichtanwendung von Maschinen sei daher gleichfalls in diesem Falle nicht erheblich.

Wohl aber habe die Beklagte nach ihrer eigenen Angabe jährlich etwa 20 000 RM umgesetzt. Damit erlangte der Betrieb einen Umfang, der gewöhnlich nach § 4 HGB. als über den Umfang des Kleingewerbes hinausgehend erachtet werde. Außerdem habe die Beklagte selbst unmittelbar an der Produktion nicht teilgenommen, ihr habe im wesentlichen nur die kaufmännische Leitung obgelegen. Für gewöhnlich seien in dem Betriebe 8—10 Arbeitnehmer beschäftigt worden. Eine Buntgießerei überschreite bei dieser Zahl von Arbeitnehmern bereits den Charakter des eigentlichen Handwerks und werde zur Metallindustrie. Gelegentlich sei es zwar vorgekommen, daß ausnahmsweise einzelne Stücke gegossen worden seien, in der Regel sei aber serienweise auf Bestellung gegossen, und zwar sei bis zu 200 Stück serienweiser Guß erfolgt.

Die Revision rügt demgegenüber, das Landesarbeitsgericht habe zu Unrecht den Betrieb der Beklagten als einen der Metallindustrie angehörigen Betrieb im Sinne des Tarifvertrags angesehen. Da es sich hierbei nicht um tatsächliche Feststellungen, sondern um die Abgrenzung und die Merkmale des Begriffes der Metallindustrie im Sinne des Tarifvertrages handelt, ist das Revisionsgericht zur Nachprüfung der Auffassung des Landesarbeitsgerichts befugt. Nicht zu beanstanden ist zunächst, wenn das Landesarbeitsgericht davon ausgegangen ist, das der Kläger als ein in der Metallindustrie beschäftigter Angestellter nur dann anzusehen ist, wenn der Betrieb der Beklagten als ein industrieller Betrieb im Gegensatz zu dem rein handwerksmäßigen Betrieb angesehen werden kann. Während die Industrie diejenigen Betriebe umfaßt, die die Produktion und Verarbeitung in großem Umfange vornehmen und regelmäßig einer kaufmännischen Leitung bedürfen, handelt es sich bei den handwerksmäßigen Betrieben im allgemeinen um gewerbliche Betriebe kleineren Umfanges, in denen der Inhaber des Betriebes als fachmännisch ausgebildeter Handwerksmeister selbst durch Beaufsichtigung, Anleitung und Mitarbeit mittätig ist. Eine feste Grenzlinie wird sich nicht finden lassen, es wird vielmehr von den tatsächlichen Verhältnissen des Einzelfalles abhängen, ob ein Betrieb als ein der Metallindustrie angehöriger Betrieb im Sinne des Tarifvertrages anzusehen ist, oder ob es sich um einen Betrieb handelt, der weder seiner Größe noch seiner Art nach zu den industriellen Betrieben gezählt werden kann. Abzulehnen ist die Auffassung der Revision, der Tarif der Metallindustrie finde deshalb keine Anwendung, weil die Beklagte zur Handwerkskammer beitragspflichtig sei, schon diese Tatsache allein sei als entscheidend zu erachten für die Frage, ob der Tarif der Metallindustrie

Anwendung finde oder nicht. Die Tatsache der Beitragspflicht zur Industrie- und Handelskammer einerseits oder zur Handwerkskammer andererseits kann als ein Moment bei der Entscheidung jener Frage mitverwertet werden; ausschlaggebend ist es nicht, insbesondere bietet auch der Tarifvertrag selbst keinen Anhaltspunkt dafür, daß die Tarifvertragsparteien dieses Moment als ein ausschlaggebendes haben ansehen wollen. Als wesentlich mitbestimmende Faktoren hat das Landesarbeitsgericht vielmehr richtig u. a. den Umsatz, die Zahl der Arbeitnehmer und die Art der Produktion bezeichnet. Was das Landesarbeitsgericht aber in dieser Beziehung festgestellt hat, reicht nicht aus, um den Betrieb der Beklagten als einen industriellen Betrieb im Sinne des Tarifvertrages ansehen zu können. Das Landesarbeitsgericht hat im vorliegenden Falle kein entscheidendes Gewicht darauf gelegt, daß eine Teilung in mehrere Betriebsabteilungen nicht vorhanden ist, auch nicht darauf, daß Maschinen im Betriebe der Beklagten nicht verwendet werden. Als charakteristische Merkmale für das Vorliegen eines industriellen Betriebes hat es dagegen angesehen den jährlichen Umsatz von 20000 RM, den Umstand, daß die Beklagte an der Produktion nicht selbst teilnimmt, die regelmäßige Beschäftigung von 8—10 Arbeitern und die serienweise Herstellung von Gegenständen. Ein jährlicher Umsatz von 20000 RM ist jedoch bei einer Buntgießerei, bei der es sich um wertvolle Metalle handelt, nicht ein sehr erheblicher. Die Nichtteilnahme des Inhabers kann im vorliegenden Falle nicht als ein Argument gegen die Annahme eines handwerksmäßigen Betriebes verwertet werden, da die Inhaberin eine Witwe ist und lediglich das Geschäft ihres Ehemannes fortführt. Auch die regelmäßige Beschäftigung von 8—10 Arbeitnehmern schließt die Annahme eines handwerksmäßigen Betriebes nicht aus. Endlich ist auch die Tatsache, daß im Betriebe der Beklagten nur selten einzelne Stücke gegossen worden, daß meistens serienweiser Guß erfolgt und auch bis zu 200 Stück gleicher Art gegossen werden, nicht geeignet, den Begriff des handwerksmäßigen Betriebes auszuschlißen. Im Gegenteil lassen die Feststellungen des Landesarbeitsgerichts hinreichend deutlich erkennen, daß die Merkmale eines industriellen Betriebes im Sinne des Tarifvertrages nicht vorliegen. Da das Landesarbeitsgericht beide Parteien über Art und Umfang des Betriebes persönlich gehört hat, kann angenommen werden, daß weitere Momente wie die von dem Landesarbeitsgericht angeführten für die Annahme der Zugehörigkeit zur Metallindustrie nicht hervorgetreten sind. Auch wenn die Zahl der von der Beklagten in der Regel beschäftigten Arbeitnehmer etwas größer sein würde, als sie von dem

Landesarbeitsgericht angenommen ist, so würde das den Umfang des rein handwerksmäßigen Betriebes noch nicht übersteigen und die Annahme eines industriellen Betriebes im Sinne des Tarifvertrages nicht rechtfertigen. Es erübrigte sich daher eine Zurückverweisung an die Vorinstanz zwecks weiterer Feststellung in tatsächlicher Beziehung, zumal aus den Akten nicht ersichtlich ist, daß der Kläger irgendwelche bestimmte Behauptungen über die Zahl der von der Beklagten in der Regel beschäftigten Arbeiter aufgestellt hat. Vielmehr ergibt sich aus den von dem Landesarbeitsgericht im übrigen getroffenen tatsächlichen Feststellungen schon jetzt, daß es in rechtsirriger Auslegung des Tarifvertrages den Gießereibetrieb der Beklagten zur Metallindustrie im Sinne des Tarifvertrages gezählt hat.

RAG. 3, 252.

1. Telegraphische Einlegung der Revision.

2. Ist die von der Hauptfürsorgestelle dem Arbeitgeber gestellte Frist zur Einstellung eines Schwerbeschädigten fruchtlos abgelaufen, so steht dem Arbeitgeber nicht mehr die Befugnis zu, von sich aus einen Schwerbeschädigten einzustellen, es sei denn, daß dies mit Zustimmung der Hauptfürsorgestelle geschieht.

ArbGG. §§ 72, 74, ZPO. § 553, Schwerbeschädigtenges. § 7.

Reichsarbeitsgericht. Urt. v. 23. Februar 1929.

I. Arbeitsgericht Breslau. — II. Landesarbeitsgericht daselbst.

Die Beklagte beschäftigte in ihrem Betrieb 39 Arbeitnehmer, aber keinen Schwerbeschädigten. Die Hauptfürsorgestelle setzte ihr eine Frist zur Nachholung. Nach Umfluß der Frist hat die genannte Stelle mit Schreiben vom 8. August 1927 der Beklagten den Kläger zu Einstellung als kaufmännischen Angestellten auf den 10. August zugeteilt. Die Beklagte weigerte sich, den Kläger einzustellen. Ihre Beschwerde an den Schwerbeschädigtenausschuß wurde Ende September zurückgewiesen. Die Beklagte macht geltend, sie habe in der Zwischenzeit einen andern Schwerbeschädigten eingestellt, und verweigert dem Kläger die tarifmäßige Vergütung. Der Klage auf Zahlung dieses Lohnes hat das Arbeitsgericht stattgegeben. Das Landesarbeitsgericht hat die Berufung der Beklagten zurückgewiesen und auf den im zweiten Rechtszug erweiterten Antrag des Klägers die Beklagte zur Zahlung des gesamten Tariflohns bis zum 31. Dezember 1927 verurteilt, auch die Revision zugelassen. Die Revision der Beklagten ist zurückgewiesen worden.

Gründe:

1. Die Revision ist, entgegen den Bedenken des Klägers, formrichtig eingelegt. Die Einlegung erfolgt durch Einreichung der Revisionsschrift bei dem Reichsarbeitsgericht, § 553 ZPO. vgl. mit §§ 72, 74 ArbGG. Der Revisions-Einlegungsschriftsatz muß von dem Prozeßbevollmächtigten des Revisionsklägers handschriftlich gezeichnet sein, § 553 verbunden mit § 130 Nr. 6 ZPO. An dem letzteren Erfordernis hat die ständige Rechtsprechung des Reichsgerichts, unerachtet abweichender Stimmen, stets festgehalten; auch das Reichsarbeitsgericht tritt dem bei. Gleichwohl hat die ständige Rechtsprechung des Reichsgerichts auch telegraphische Einlegung des Rechtsmittels zugelassen, obschon der technische Betrieb des Telegraphierens es ausschließt, daß eine von dem Anwalt des Rechtsmittelklägers eigenhändig gezeichnete Urkunde dem Gericht vorgelegt wird. Die Rechtsprechung nahm an, daß eine von dem Anwalt gezeichnete Urschrift vorliegen werde, die wenigstens nötigenfalls dem Gericht unterbreitet werden könne. So ist wiederholt zuletzt in JW. 1921 S. 527, die telegraphische Einlegung mit der Begründung zugelassen worden, daß eine Urschrift vorgelegt oder mindestens ihr Vorhandensein ermittelt sei. Für den gegenwärtigen Fall haben die angestellten Ermittlungen ergeben, daß eine Urschrift des aufgegebenen Telegramms nicht vorliegt. Gegen Ende der Revisionsfrist hat an Stelle des Prozeßbevollmächtigten der Beklagten, Rechtsanwalt R., der Rechtsanwalt W., der mit Rechtsanwalt R. Bürogemeinschaft hat (also nicht, wie der Vertreter des Klägers in der Revisionsverhandlung vortrug, ein Büroangestellter des Rechtsanwalts R.), das bei den Revisionsakten befindliche Revisions-Einlegungstelegramm durch Fernsprecher, also mündlich, aufgegeben. Das erkennende Gericht geht davon aus, daß damit den Formvorschriften genügt ist. Die telegraphische Einlegung von Rechtsmitteln ist seit langen Jahren in rechtlich anerkannter Übung. Sie überhaupt nicht zuzulassen, geht bei der Bedeutung des Telegramms im heutigen Verkehrsleben nicht an. Ist und bleibt sie aber zulässig, so muß sich auch die Rechtsprechung den technischen Fortsrchitten anschließen und anpassen. Einer Anrufung der vereinigten Zivilsenate des Reichsgerichts bedarf es nicht. Dem Reichsarbeitsgericht ist keine Entscheidung eines Zivilsenats des Reichsgerichts bekannt geworden, worin eine telegraphisch eingelegte Revision deshalb als unzulässig verworfen worden wäre, weil der Aufgeber des Telegramms in der heute von der Postbehörde zugelassenen und allgemein üblichen, im größeren Verkehr auch wohl gar nicht mehr zu entbehrenden Weise durch Fernsprecher aufgegeben hatte

und demzufolge eine eigenhändig gezeichnete Urschrift nicht vorhanden war. — Mit dieser Stellungnahme will aber das Reichsarbeitsgericht, wie bereits erwähnt, nicht allgemein den Satz preisgeben, daß die Urschrift der Revisionschrift eigenhändig gezeichnet sein muß; es will vielmehr nur den technischen Besonderheiten gerade des Telegrammverkehrs Rechnung tragen.

2. In der Sache selbst war die Revision nicht für begründet zu erachten. Der Berufungsrichter hat die Berufung der Beklagten gegen das Urteil des Arbeitsgerichts zurückgewiesen, weil er sich nicht für befugt erachtet hat, die Sachentscheidung der Hauptfürsorgestelle und des Schwerbeschädigtenausschusses nachzuprüfen. Er erwägt, dem Richter stehe zwar das Recht zu, nachzuprüfen, ob sich die Entscheidung einer Verwaltungsbehörde in den Grenzen der Zuständigkeit der Behörde gehalten habe; das sei hier der Fall. Eine weitergehende Nachprüfung stehe dem Richter nicht zu und könne ihm, im Hinblick auf die Abgrenzung der Aufgaben zwischen Gericht und Verwaltungsbehörde, nicht zustehen. Dem ist beizupflichten. Nachdem die von der Hauptfürsorgestelle der Beklagten gesetzte Frist zur Einstellung eines Schwerbeschädigten einmal fruchtlos abgelaufen war, stand es der Beklagten nicht mehr zu, von sich aus einen Schwerbeschädigten mit der Wirkung einzustellen, daß die Zuteilung durch die Hauptfürsorgestelle ausgeschlossen wäre, es sei denn, daß es im Benehmen mit der Hauptfürsorgestelle geschehen wäre. Daß letzteres der Fall war, behauptet die Beklagte selbst nicht; sie will nur, zugestandenermaßen nach Ablauf der Frist des § 7 Abs. 1 Schwerbeschädigtengesetz selbst noch einen Schwerbeschädigten eingestellt haben und damit der Hauptfürsorgestelle sozusagen zuvorgekommen sein. Damit ist die Beklagte nicht zu hören. Stand aber demgemäß nach abgelaufener Frist der Hauptfürsorgestelle das Recht der Zuteilung eines Schwerbeschädigten einmal zu, so hat sie sich in den Grenzen ihrer Zuständigkeit gehalten und es ist daher die Entscheidung der genannten Stelle ohne weitere Prüfung auch der Entscheidung der Gerichte zugrundezulegen.

RAG. 3, 261.

Kann die Hauptfürsorgestelle ihre Zustimmung zur Kündigung Schwerbeschädigter an Bedingungen, Vorbehalte oder Auflagen knüpfen?

SchwerbG. § 13 Abs. 1.

Reichsarbeitsgericht. Urt. v. 27. Februar 1929.

I Arbeitsgericht Jena. — II. Landesarbeitsgericht daselbst.

Der Kläger ist Schwerbeschädigter. Als solcher wurde er von der Beklagten für die Dauer des Neubaues der Stadtbrauerei in J. auf Probe in Arbeit genommen. Nach einer ohne Zustimmung der Hauptfürsorgestelle erfolgten Kündigung wurde der Kläger auf Grund eines vor dem Arbeitsgericht J. am 7. Juli 1927 abgeschlossenen Vergleichs vom folgenden Tage ab wiederum für die Dauer des genannten Baues von neuem eingestellt. Nach dessen Beendigung am 25. Juli 1927 wurde mit dem Kläger am 26. Juli ein neuer Arbeitsvertrag für die Dauer der Arbeiten an der Landesturnanstalt in J. abgeschlossen. Diese Arbeiten endeten am 7. Dezember 1927. Das Arbeitsverhältnis wurde jedoch zu diesem Zeitpunkte nicht gelöst und der Kläger am 16. Dezember gekündigt und die Zustimmung der Hauptfürsorgestelle dazu unter Bezugnahme auf den eingetretenen Frost und die Notwendigkeit einer Verminderung der Arbeiterzahl am 21. Dezember nachgesucht. Mit Schreiben vom 24. Januar 1928 erteilte die Fürsorgestelle ihre Zustimmung zur Kündigung des Klägers unter der Bedingung, daß er als letzter der zur Zeit noch beschäftigten 12 Bauarbeiter entlassen und im Frühjahr bei Wiederaufnahme der Bauarbeiten alsbald wieder eingestellt werde.

Beschwerde gegen diesen Bescheid wurde seitens der Beklagten nicht erhoben. Der Kläger wurde am 27. Januar 1928 entlassen. Der Kläger glaubt auf noch einen Wochenlohn Anspruch erheben zu dürfen und hat klagend beantragt, die Beklagte zur Zahlung von 40,50 RM zu verurteilen.

Das Arbeitsgericht und das Landesarbeitsgericht gaben der Klage statt. Die Revision der Beklagten blieb erfolglos.

Gründe:

Der Kläger war am 26. Juli 1927 ausdrücklich für die Dauer der Bauarbeiten an der J.er Landesturnanstalt als Bauarbeiter eingestellt worden. Unter diesen Umständen ist dem Berufungsgricht darin beizutreten, daß sein Dienstvertrag als im Sinne des § 620 Abs. 2 BGB. auf bestimmte Zeit abgeschlossen zu gelten hatte und mit der Fertigstellung der Turnanstalt am 7. Dezember 1927 ohne weiteres und ohne daß es einer Kündigung bedurfte, sein Ende erreichte (vgl. RAGEntsch. Bd. 1 S. 228/29). An diesem Tage hätte der Kläger ohne Mitwirkung der Hauptfürsorgestelle entlassen werden können. Das ist jedoch nicht geschehen. Er ist vielmehr in unmittelbarem Anschluß an den Ablauf seines Dienstvertrages anderweit beschäftigt worden, ohne daß für das neue Dienstverhältnis eine bestimmte oder nach dessen Beschaffenheit und Zweck bestimmbare Dauer vereinbart wurde. Eine ausdrückliche oder stillschweigende Beschränkung seiner Tätigkeit auf einen bestimmten Bau, wie sie am 26. Juli 1927 erfolgt war, hat unstreitig für die Zeit nach dem 7. Dezember 1927 nicht stattgefunden. Die Parteien waren somit nunmehr, wie das Landesarbeitsgericht zutreffend annimmt, einen Dienstvertrag auf unbestimmte Dauer eingegangen, dessen Kündigung seitens des Arbeitgebers nach der Regel des § 13 Abs. 1 des Schwerbeschädigtengesetzes nur mit Zustimmung der Hauptfürsorgestelle ausgesprochen werden konnte. Die Revision will das nicht gelten lassen. Nach ihrer Ansicht darf die Zustimmung der Hauptfürsorgestelle, da der Kläger am 7. Dezember 1927 ohne sie hätte entlassen werden können, auch für die einige Tage später erfolgte Kündigung nicht gefordert werden. Denn es sei unbillig, der Beklagten daraus, daß sie über ihre vertraglichen Verpflichtungen hinaus dem Kläger den Vorteil noch einiger Lohntage gewährte, erhebliche wirtschaftliche Nachteile erwachsen zu lassen, die sie bei weniger sozialem Verhalten nicht getroffen haben würden. Es ist zwar richtig, daß sich infolge der Beschäftigung des Klägers über den 7. Dezember hinaus die Rechtstellung der Beklagten dem Kläger und der Hauptfürsorgestelle gegenüber hinsichtlich ihrer Kündigungsbefugnis verschlechtert hat. Dies Ergebnis entspricht aber dem Zwecke des Schwerbeschädigtengesetzes, das nicht nur eine Beschäftigung der Schwerbeschädigten, sondern vor allem auch ihren dauernden Lebensunterhalt möglichst sicherstellen will. Die Beklagte hätte es nur dadurch vermeiden können, daß sie am 7. oder 8. Dezember 1927 das neue Dienstverhältnis ebenso wie das frühere auf eine sei es ausdrücklich, sei es durch den Arbeitszweck bestimmte Zeitspanne eingegangen wäre. Die nachteiligen Folgen dieser Unterlassung hat sie also sich selbst zuzuschreiben. So, wie sie den Vertrag geschlossen hat, versagt auch eine Berufung auf § 17 SchwerbG.

Da die Beklagte die Kündigungserklärung dem Kläger gegenüber am 16. Dezember 1927 abgegeben und das Zustimmungsgesuch an die Hauptfürsorgestelle am 21. des genannten Monats abgesandt hatte, war die vierwöchige Kündigungsfrist des § 13 a. a. O. am 27. Januar 1928, dem Entlassungstage, bereits abgelaufen. Der Lösung des Dienstverhältnisses würde also damals kein Hindernis im Wege gestanden haben, wenn das Schreiben der Hauptfürsorgestelle vom 24. Januar 1928 die vom Gesetze geforderte Kündigungszustimmung enthielt. Das ist jedoch zu verneinen.

Die Hauptfürsorgestelle hat ihre Kündigungsgenehmigung nicht schlechthin erteilt, sondern von zwei Bedingungen abhängig gemacht, einmal davon, daß der Kläger als letzter von den 12 zur Zeit noch beschäftigten Bauarbeitern entlassen und zweitens davon, daß er im Frühjahr bei Wiederaufnahme der Bauarbeiten wieder eingestellt würde. Das Landesarbeitsgericht hat die Bedeutung und Tragweite der zweiten Bedingung nicht erörtert, die Zulässigkeit und Verbindlichkeit der ersten bejaht, weil sie kein berechtigtes Interesse der Beteiligten verletze. Das das letztere zutrifft, wird von der Revision auf das bestimmteste in Abrede gestellt. Es bedarf jedoch keines Eingehens auf diesen Streitpunkt. Denn das Fehlen einer Interessenschädigung im Einzelfalle ist für die Entscheidung darüber, ob die Hauptfürsorgestelle ihre Zustimmung zur Kündigung Schwerbeschädigter an Bedingungen oder Auflagen knüpfen darf, nicht von ausschlaggebender Bedeutung. Diese Entscheidung hängt auch nicht von der Beantwortung der in den Vorinstanzen und auch von der Revision aufgeworfenen Frage ab, ob die Belastung öffentlichrechtlicher Verwaltungsakte mit Bedingungen grundsätzlich zulässig oder unzulässig sei, für sie ist vielmehr lediglich der Einfluß maßgebend, den die Belastung des in Rede stehenden Verwaltungsaktes, der Kündigungsgenehmigung, mit Bedingungen oder Vorbehalten auf die bürgerlichrechtlichen Folgen einer zivilrechtlichen Kündigung ausüben muß und ausübt. Die letztere ist ein bedingungsfeindliches Rechtsgeschäft. Sie soll klare Verhältnisse schaffen und den Beteiligten keinen Zweifel darüber lassen, daß und wann der gekündigte Vertrag sein Ende erreicht. Daraus folgt mit zwingender Notwendigkeit, daß die Hauptfürsorgestelle ihrer Kündigungszustimmung nur solche Bedingungen hinzufügen darf, welche sich im Rahmen des Gesetzes und der ihr von diesem erteilten Ermächtigung halten und dem Wesen der Kündigung nicht widersprechen. Zu solchen zulässigen Bedingungen gehören aber die beiden streitigen nicht. Schon die Anordnung, daß der Kläger nur als letzter der von der Beklagten beschäftigten Arbeiter entlassen werden dürfte, brachte für beide Teile völlige Ungewißheit über die Dauer und das Ende der bereits laufenden Kündigungsfrist und den Zeitpunkt der endgültigen Aufhebung des Vertragsverhältnisses mit sich. Ebenso unbestimmt war und blieb, ob und welche Rückwirkung der Ausfall der zweiten Bedingung, die Nichtwiedereinstellung des Klägers im Frühjahr 1928, auf das bereits gelöste Dienstverhältnis und die bereits erfolgte Entlassung des Klägers äußern sollte. Solche Unklarheiten schaffen einen mit dem Zwecke einer Kündigung und den vom Gesetze an sie geknüpften Rechtsfolgen unvereinbaren Schwebezustand. Man kann nach Lage des Falles auch nicht aus der Nichteinlegung der Beschwerde schließen, daß die Beklagte sich mit dem Inhalte des Schreibens vom 24. Januar 1928 und den Bedingungen der Hauptfürsorgestelle freiwillig unterworfen habe, denn sie hat durch die vorzeitige Entlassung des Klägers gerade das Gegenteil zu erkennen gegeben.

Die Unzulässigkeit der beiden Bedingungen hat aber nicht etwa nur zur Folge, daß lediglich diese als rechtlich nicht vorhanden zu behandeln sind, sondern sie bewirkt, daß die Kündigungszustimmung selbst als nichtig, also als nicht erteilt, anzusehen ist (RAG. Entsch. Bd. 2 S. 188/189). Fehlte es aber an einer solchen und konnte die Beklagte daher die Rechtmäßigkeit der Entlassung vom 27. Januar nicht aus dem Schreiben der Hauptfürsorgestelle vom 24. Januar 1928 herleiten, so war der Lohnanspruch des Klägers begründet.

RAG. 3, 265.

Ist ein Verband, der zu den Parteien eines für allgemeinverbindlich erklärten Tarifvertrags gehört, berechtigt, gegen einen Außenseiter auf Feststellung seiner Verpflichtung, die Arbeiter nach dem Tarifvertrage zu entlohnen, zu klagen?

ZPO. § 256.

Reichsarbeitsgericht. Urt. v. 27. Februar 1929.

I. Arbeitsgericht Düren. — II. Landesarbeitsgericht Aachen.

Die Beklagte betreibt in N. eine Maschinenfabrik und Eisengießerei mit einer Belegschaft von 330 Mann. Zwecks Ausnutzung eines neuerworbenen Patentes hat sie ihr Werk um eine große Maschinenhalle erweitert. An dem von ihr in eigener Regie ausgeführten Bau, der mehrere Monate in Anspruch nahm, wurden 14—16 Baufacharbeiter (Maurer usw.) gegen den im Baugewerbe üblichen Tariflohn beschäftigt. Außerdem hatte die Beklagte nach und nach etwa 40 Hilfsarbeiter eingestellt, von denen angeblich nur 4 ständig als Handlanger an dem Neubau tätig waren, während die übrigen nach der Darstellung der Beklagten $^2/_3$ ihrer Arbeitszeit zu Aufräumungs- und fabrikmäßigen Hilfsarbeiten im Fabrikbetriebe und nur $^1/_3$ davon zu Ausschachtungs-, Abbruch- und Betonarbeiten an der Baustelle aufzuwenden hatten. Diese Hilfsarbeiter hatte die Beklagte als ungelernte Arbeiter angeworben und in den mit ihnen schriftlich abgeschlossenen Arbeitsverträgen die Entlohnung nach dem für ihren Betrieb geltenden Metallarbeiterarif zugesagt, sie auch entsprechend entlohnt.

Der Kläger beanstandet im Interesse einiger seiner Mitglieder, die auf der Baustelle der Beklagten als Hilfsarbeiter beschäftigt waren, diese Entlohnung und meint, sie müsse nach den günstigeren Sätzen des für allgemein verbindlich erklärten Lohn- und Arbeitstarifs für die Westmark in Verbindung mit dem Reichstarifvertrag für das Baugewerbe erfolgen. Er hat daher klagend die Feststellung begehrt, daß die Arbeiter, die auf der Baustelle der Beklagten von dieser mit Ausschachtungs-, Abbruch- und Betonarbeiten dauernd beschäftigt würden, Anspruch auf Entlohnung nach dem Reichstarif für das Baugewerbe und dem hierzu geltenden Bezirkstarif haben.

Sein Interesse an dieser Feststellung hat er auch daraus hergeleitet, daß den sonst noch bei ihn organisierten Facharbeitern dadurch Abtrag geschehe, daß die Beklagte geringer entlohnte Arbeiter zu Baufacharbeiten heranziehe. Das Arbeitsgericht gab der Klage statt, das Landesarbeitsgericht wies sie ab. Die Revision der Kläger war erfolglos.

Gründe:

Beide Tatrichter erachten das vom § 256 ZPO. geforderte rechtliche Interesse des klagenden Verbandes an der verlangten Feststellung für gegeben und daher die Klage für zulässig, obgleich sie nicht verkennen, daß ein Rechtsverhältnis zwischen den Parteien nicht vorhanden ist. Die Bejahung des klägerischen Feststellungsinteresse ist jedoch rechtsirrig. Dem Berufungsgericht ist zwar zuzugeben, daß eine Klage aus § 256 ZPO. unter Umständen auch auf Feststellung eines zwischen einer der Prozeßparteien und einem Dritten bestehenden Rechtsverhältnisses gerichtet werden kann. Sie wird aber nur ausnahmsweise und, wie der III. Zivilsenat im Urteil vom 27. Juni 1924 — III 584/23 — ausgesprochen hat, nur dann statthaft sein, wenn der Kläger dartut, daß die Feststellung *dieses* Rechtsverhältnisses nicht etwa nur für seine Interessen im allgemeinen, sondern gerade für seine Rechtsbeziehungen zu dem Beklagten von Bedeutung ist und sie in erheblichem Maße beeinflußt. Einen solchen Nachweis hat der Kläger aber nicht geführt und kann ihn auch nicht führen. Es soll die Verpflichtung der Beklagten festgestellt werden, einen Teil ihrer Arbeiter nach dem für allgemein verbindlich erklärten Reichstarif für das Baugewerbe zu entlohnen. Die Beklagte ist weder Tarifvertragspartei noch bei einer der Tarifvertragsparteien organisiert. Sie ist also Außenseiterin, und die ihr angesonnene Entlohnungspflicht kann nicht aus dem Tarifvertrage, sondern nur aus der Allgemeinverbindlichkeitserklärung hergeleitet werden, die als Rechtsverordnung nicht Vertrags-, sondern objektives Recht schafft, dessen Inhalt sich allerdings mit dem normativen Teile des Tarifvertrages deckt. Ihre verbindliche Kraft für die Außenseiter schöpft sie aber aus sich selbst, nicht aus dem Tarifvertrage. Das Reichsarbeitsgericht hat die Klage einer Tarifvertragspartei gegen die andere auf

Feststellung der Tragweite einer Tarifvertragsnorm zugelassen, weil diese Feststellung auch für die schuldrechtlichen Beziehungen beider Teile, insbesondere für ihre Durchführungs- und Friedenspflicht, von Bedeutung sei oder wenigstens sein könne (RAGEntsch. Bd. 1 S. 132, 207). An solchen schuldrechtlichen Beziehungen der Parteien zueinander fehlt es aber im gegebenen Falle. Sie werden insbesondere nicht durch die Allgemeinverbindlichkeitserklärung geschaffen, da diese sich nur auf die Tarifvertragsnorm erstreckt und ihnen nach dem klaren Wortlaute des § 2 der TarVo. vom 23. Dezember 1918 nicht die Person der Außenseiter, sondern lediglich deren Arbeitsverträge unterwirft (RAG. Entsch. Bd. 2 S. 208 flg.). Weder der Tarifvertrag noch die Allgemeinverbindlichkeitserklärung legt den Tarifvertragsparteien Außenseitern gegenüber eine Überwachungs-, Durchführungs- oder gar eine tarifliche Friedenspflicht auf. Die Befolgung des Inhalts der Allgemeinverbindlichkeitserklärung durch einen Außenseiter zu erzwingen, ist vielmehr lediglich Sache derjenigen Arbeiter, die sich durch ihn in ihren arbeitsvertraglichen Rechten verletzt fühlen. Die Außenseiter stehen völlig außerhalb der Tarifhoheit und der Tarifmacht der Tarifvertragsparteien. Wenn das Reichsarbeitsgericht (abgesehen von ganz besonders gelagerten Ausnahmefällen) schon die Klage einer Tarifvertragspartei gegen ein einzelnes Mitglied der anderen auf Feststellung seiner aus den Tarifvertragsnormen sich ergebenden arbeitsvertraglichen Pflichten als unstatthaft bezeichnet hat (vgl. RAG. Entsch. Bd. 2 S. 210, 219 flg.), obgleich die beiden Prozeßparteien Tarifbeteiligte im Sinne des § 1 Abs. 2 TarVo. waren, so ist die Unzulässigkeit der vorliegenden Klage um so mehr anzunehmen, als zwischen den jetzigen Streitteilen, d. h. zwischen einer Tarifvertragspartei und einem Außenseiter nicht nur kein, — auch kein mittelbares — tarifliches Band, nicht nur kein Rechtsverhältnis, sondern überhaupt keine, sei es durch Vertrag, sei es durch Gesetz begründeten Rechtsbeziehungen bestehen, die ein rechtliches Interesse des Klägers an der begehrten Entscheidung erkennen lassen. Es fällt insbesondere mit dem wirtschaftlichen Interesse des Klägers an der tariflichen Entlohnung seiner Mitglieder durch die beklagte Außenseiterin keinesfalls zusammen.

Durch die Klage werden auch die Interessen der angeblich benachteiligten Arbeiter nicht gefördert. Zwischen ihnen und der Beklagten würde ein etwa zugunsten des klägerischen Verbandes ergehendes Urteil keine Rechtskraft schaffen und nicht verhindern, daß ihre Lohnklagen bei anderer Beurteilung der Rechtslage durch einen späteren Richter abgewiesen werden. Ist danach des Rechtschutzinteresse des

Klägers zu verneinen, so unterliegt die Klage aus diesem Grunde, ohne daß es eines sachlichen Eingehens auf sie bedarf, der Abweisung.

Da somit dem Berufungsrichter im Ergebnis beizutreten war, mußte die Revision zurückgewiesen werden.

RAG. 3, 281.

1. Berechtigt die Entziehung der Prokura den Handlungsgehilfen zur fristlosen Kündigung des Dienstverhältnisses?

2. Verpflichtet sie den Prinzipal zum Schadensersatz?

HGB. §§ 52, 70.

Reichsarbeitsgericht. Urt. v. 2. März 1929.

I Arbeitsgericht Gladbeck. — II. Landesarbeitsgericht Essen.

Der Kläger war Handlungsgehilfe und Prokurist der Beklagten mit einem monatlichen Gehalt von 500 RM und einer jährlichen Weihnachts-Gratifikation in Höhe eines Monatsgehalts. Das Vertragsverhältnis war beiderseits mit halbjährlicher Frist zum 1. Januar und 1. Juli kündbar. Im Jahre 1928 geriet die Beklagte in geschäftliche Schwierigkeiten. Um sie zu sanieren und eigene Verluste zu vermeiden, übernahm ihre Hauptgläubigerin, die Ländliche Zentralkasse in M., ihre Aktien und setzte durch, daß eine Änderung im Aufsichtsrat und Vorstand eintrat, vor allem, daß zu den bisherigen Vorstandsmitgliedern ihr Vertrauensmann hinzutrat und jene nur noch gemeinschaftlich mit dem neuen Vorstandsmitglied die Firma vertreten und zeichnen konnten.

Am 4. Juli 1928 erhielt der Kläger vom Amtsgericht die Mitteilung, die ihm erteilte Prokura sei erloschen. Er schrieb darauf am gleichen Tage an den Vorstand der Beklagten, er könne sich hiermit nicht einverstanden erklären und bestehe auf Erfüllung seines Vertragsverhältnisse, er setze dem Vorstande hierzu bzw. zu einer Stellungnahme eine Frist von 24 Stunden vom Erhalt seines Briefes ab; werde innerhalb dieser Zeit von der Beklagten keinerlei Bestätigung über das Fortbestehen seines alten Vertragsverhältnisses eingehen, so werde er seinem Rechtsanwalt die Sache zur gerichtlichen Austragung übergeben. Am 5. Juli schrieb er weiter, da die Frist verstrichen sei, sehe er sich veranlaßt, darauf aufmerksam zu machen, daß er nunmehr die Sache auf gerichtlichem Wege austragen werde, wenn die Beklagte es nicht vorziehen sollte, ihm innerhalb der nächsten 24 Stunden annehmbare Vorschläge zu unterbreiten. In der Entziehung der Prokura liege nicht nur eine wesentliche Dienstvertragsverschlechterung bzw. -änderung, die er sich nicht ohne weiteres bieten lasse, sondern auch eine Ehrenkränkung bzw. Beleidigung, was ihn veranlasse, das Vertragsverhältnis mit sofortiger Wirkung aufzuheben; für allen Schaden, insbesondere für seine Bezüge auf Gehalt einschließlich Gratifikation bis zum Ablauf des ursprünglichen Vertrages mache er die Beklagte verantwortlich. Am 7. Juli 1928 schrieb ihm die Beklagte, da er den Dienst ohne Begründung verlassen habe, kündige sie ihm fristlos seine Stellung.

Der Kläger erblickt in der Entziehung der Prokura und in der Form, wie sie ihm bekannt gemacht worden ist, ein vertragswidriges Verhalten der Beklagten, das ihn nach § 70 HGB. zur sofortigen Lösung des Vertragsverhältnisses berechtigt habe und die Beklagte zum Schadensersatz verpflichte. Er hat im ersten Rechtszuge beantragt: 1. festzustellen, daß die von ihm ausgesprochene Kündigung gerechtfertigt sei, 2. die Beklagte zur Zahlung von 750 RM (Juli-Gehalt und halbe Weihnachts-Gratifikation) zu verurteilen, 3. festzustellen, daß die Beklagte verpflichtet sei, ihm allen durch die Aufhebung des Dienstverhältnisses entstandenen Schaden zu ersetzen. Die Beklagte hat um Abweisung der Klage gebeten, jedoch die Forderung in Höhe von 66,70 RM als Gehalt für die Zeit vom 1. bis 4. Juli 1928 anerkannt. Sie ist vom Arbeitsgericht gemäß dem Anerkenntnis zur Zahlung dieses Betrages nebst Zinsen sowie zur Zahlung der halben Weihnachts-Gratifikation für 1928 verurteilt worden, auch ist festgestellt worden, daß die fristlose Kündigung berechtigt war. Im übrigen hatte das Arbeitsgericht die Klage abgewiesen. Auf die Berufung des Klägers hat das Landesarbeitsgericht dem Kläger weitere 433,30 RM, mit denen er im ersten Rechtszuge abgewiesen war, und weitere 500 RM für August 1928 zugesprochen, auch die Schadensersatzverpflichtung der Beklagten festgestellt. Die Revision der Beklagten hatte keinen Erfolg.

Gründe:

Die Vorinstanzen gehen zutreffend davon aus, daß die Beklagte nach § 52 HGB. die Prokura des Klägers jederzeit widerrufen konnte und der unmittelbare Widerruf dem Kläger gegenüber durch die Mitteilung des Registergerichts ersetzt worden ist. Der Widerruf kann aber nach jener Gesetzesbestimmung nur unbeschadet des Anspruchs auf die vertragsmäßige Vergütung erfolgen, soweit ein solcher Anspruch nach dem zugrunde liegenden Rechtsverhältnis begründet ist. Das gilt in gleicher Weise für den sich aus diesem Rechtsverhältnis etwa ergebenden Schadensersatzanspruch. Nach § 70 HGB. konnte der Kläger das Vertragsverhältnis ohne Einhaltung einer Kündigungsfrist dann kündigen, wenn ein wichtiger Grund vorlag. Dies trifft nach der ständigen Rechtsprechung des Reichsgerichts und Reichsarbeitsgerichts dann zu, wenn Umstände eingetreten sind, die nach verständigem Ermessen dem einen oder anderen Teile die Fortsetzung des Verhältnisses nicht mehr zumuten lassen, da durch sie das Interesse eines Teiles in unbilliger Weise geschädigt werden würde. Ist dies der Fall, so ist die fristlose Kündigung auch dann berechtigt, wenn ein Verschulden einer Partei nicht vorliegt. Die Frage, ob ein wichtiger Grund vorliegt, ist nach den Umständen des Einzelfalls zu entscheiden. Sie liegt auf tatsächlichem Gebiete, und das Revisionsgericht hat nur nachzuprüfen, ob ein bestimmtes Handeln, ein bestimmtes Ereignis, einen wichtigen Grund abzugeben geeignet ist (vgl. RAG. Bd. 1 S. 108 und die dort angeführten Entscheidungen). Nun war im vorliegenden Falle nach den tatsächlichen Feststellungen des Berufungsgerichts der Kläger bei der Beklagten zunächst 2 Jahre als Handlungsgehilfe tätig gewesen. Er hatte sich als vertrauenswürdig gezeigt. Mit Rücksicht darauf war er als Prokurist „angestellt" worden. Diese vertragliche Anstellung war später durch die Vereinbarung einer halbjährlichen, nur zum 1. Januar oder 1. Juli zulässigen Kündigung noch besonders gesichert worden. Mehrere Jahre hindurch hatte er bereits seinen Posten auch als Prokurist ausgefüllt, ohne daß ihm der geringste Vorwurf hinsichtlich seiner dienstlichen oder außerdienstlichen Tätigkeit gemacht werden konnte. Mit den Geschäftshandlungen, die den Niedergang des Geschäfts herbeigeführt hatten, hatte er nichts zu tun gehabt. Wenn unter diesen Umständen der Berufungsrichter in der einseitigen, ohne Innehaltung der Kündigungsfrist erfolgten, durch die Anmeldung zum Handelsregister bekannt gewordenen Entziehung der Prokura für den Kläger eine so einschneidende und wesentliche Veränderung seiner Dienststellung, namentlich auch Dritten gegenüber, erblickt hat, daß man ihm nicht habe zumuten können, in der so veränderten Stellung zu verbleiben, so ist das nicht zu beanstanden, dies auch dann nicht, wenn lange Zeit vorher ein Vorstandsmitglied der Beklagten mit dem Kläger einmal darüber gesprochen haben sollte, daß mit der Sanierung und Reorganisation der Beklagten durch die Ländliche Zentralkasse eine „Beschränkung seiner Vollmachten" eintreten würde. Nicht darum handelt es sich hier, ob der Kläger sich eine Beschränkung des Umfangs der Prokura hätte gefallen lassen müssen, sondern darum, daß ihm die Prokura überhaupt entzogen worden ist. Beschränkt worden in der Vertretungsbefugnis sind nach dem unstreitigen Tatbestand bei der späteren Sanierung auch die bisherigen Vorstandsmitglieder. Daß aber der Kläger die Prokura überhaupt verlieren sollte, hätte er bei dieser Sachlage unter Berücksichtigung der oben näher dargelegten Umstände aus einer gesprächsweisen Bemerkung der behaupteten Art nicht entnehmen können. Für ihn kam diese Entziehung unerwartet. Sie gab ihm, wie der Berufungsrichter ohne Rechtsirrtum festgestellt hat, einen wichtigen Grund zur Kündigung, die er wirksam erklärt hat.

Daraus folgt nun zwar allein nicht, daß der Kläger von der Beklagten den Schaden ersetzt verlangen kann, der ihm durch die vorzeitige Aufhebung seiner Stellung erwachsen ist. Dazu ist vielmehr nach § 70 Abs. 2 HGB. weiter erforderlich, daß das Verhalten der Beklagten, das ihn zur Aufhebung des Dienstverhältnisses veranlaßt hat, vertragswidrig war. Die Ausübung der durch das Gesetz dem Prinzipal gegebenen Befugnis der jederzeitigen Entziehung der Prokura beseitigt zwar wirksam die Vertretungsmacht nach außen, kann jedoch im Innenverhältnis zum Prokuristen unberechtigt sein. Im vorliegenden Falle war sie nach Inhalt des bestehenden Vertragsverhältnisses aus den vom Berufungsrichter dargelegten Gründen durch die vorliegenden Umstände nicht geboten und daher schuldhaft. Das Berufungsgericht stellt insofern tatsächlich fest, daß der Kläger sich als vertrauenswürdig erwiesen hatte, daß er zu der Entziehung der Prokura keinerlei Veranlassung gegeben hatte, daß auch für die Beklagte ein zwingender Grund der Entziehung der Prokura nicht vorgelegen habe, sie vielmehr, wenn sie davon ausging, daß zu viel Personal und zu viele zeichnungsberechtigte Personen da waren, durch Verhandlungen mit dem Kläger ihn zum Verzicht auf die Prokura hätte bewegen oder ihm seine ganze Stellung unter Wahrung der vereinbarten Frist hätte kündigen müssen. Es erwägt weiter, daß das Vorgehen der Beklagten, die diesen Weg nicht eingeschlagen habe, eine schroffe Handlungsweise darstelle, die mit den sonst üblichen Gepflogenheiten im Geschäftsleben nicht vereinbar sei und den Kläger habe verletzen müssen. Damit ist in objektiver Weise ein vertragswidriges Verhalten der Beklagten festgestellt. Die Feststellung liegt im wesentlichen auf tatsächlichem Gebiete und läßt keine Verkennung der in Frage kommenden gesetzlichen Bestimmungen erkennen. Wenn die Ländliche Zentralkasse (vgl. den Schriftsatz der Beklagten vom 19. Juli 1928) erreichen wollte, daß die alten Vorstandsmitglieder nicht miteinander allein und auch nicht mit den bisherigen Prokuristen zeichnungs- und vertretungsberechtigt sein sollten, sondern nur gemeinschaftlich mit dem neuen, von der Zentralkasse genommenen Vorstandsmitglied, so ist nicht einzusehen, warum dieses Ziel bei der festgestellten Vertrauenswürdigkeit des Klägers für die Dauer seines Vertragsverhältnisses nur durch die nach außen wirkende völlige Entziehung der Prokura des Klägers, noch dazu ohne zuvorige Rücksprache mit ihm, hätte erreicht werden können. Der Schadensersatzanspruch des Klägers ist daher zu Recht vom Berufungsgericht für begründet erachtet worden. Wenn jetzt die Beklagte aus der kurzen Fristsetzung des Klägers ein Mitverschulden herzuleiten sucht und geltend macht, durch das eigene Verhalten des Klägers sei es ihr unmöglich gemacht worden, dem Wunsche des Klägers stattzugeben und ihm die Prokura wieder zu erteilen, so kann sie mit diesem neuen Vorbringen nach § 72 Abs. 2 ArbGG., § 561 ZPO. in der Revisionsinstanz nicht gehört werden. Bei der vom Berufungsrichter festgestellten schroffen und verletzenden Handlungsweise der Beklagten kann indes auch nicht anerkannt werden, daß der Kläger nicht den eingeschlagenen Weg hätte beschreiten dürfen, vielmehr sich mit Bitten an die Beklagte hätte wenden müssen. . . .

RAG. 3, 298.

1. Welche rechtliche Bedeutung hat der Begriff „Verabfolgen" von Waren in § 115 Abs. 2 Satz 2 RGewO.?

2. Unterliegt die Anrechnung der gestundeten Beträge für verabfolgte Waren bei der Lohnzahlung den Beschränkungen des § 394 BGB. in Verb. mit dem Lohnbeschlagnahmegesetz?

3. Läßt § 115 Abs. 2 Satz 2 RGewO. eine ausdehnende Auslegung zu?

Reichsarbeitsgericht. Urt. v. 13. März 1929.

I. Arbeitsgericht Münster i. W. — II. Landesarbeitsgericht daselbst

Die zwölf Kläger waren als Arbeiter bei der Beklagten teils auf deren Werk Fr., teils auf dem Werk M. beschäftigt. Während der Dauer des Arbeitsverhältnisses wurden den Klägern unter Vermittlung der Beklagten Kartoffeln und Kohlen, dem Kläger F. auch 15 Sack Zement zu einem Wohnungsbau verabfolgt. Die Kaufpreise für die Kartoffeln und Kohlen waren von der Beklagten bezahlt worden; die auf die einzelnen Kläger entfallenden Beträge wurden diesen gestundet und wurden bei den wöchentlichen Lohnzahlungen in Teilbeträgen einbehalten, die nach der Höhe der geschuldeten Summe und des verdienten Lohnes gestaffelt waren. Als im April 1928 die Kläger zum Zwecke der Durchführung eines Streikes bei der Beklagten das Arbeitsverhältnis kündigten, wurde ihnen bei der letzten Lohnzahlung die ganze Restschuld für die empfangenen Waren abgezogen, soweit der Lohnbetrag dazu ausreichte.

Mit der vorliegenden Klage verlangen die Kläger Verurteilung der Beklagten zur Herauszahlung der einbehaltenen Beträge. Sie wollen die Leistung der Beklagten als eine Darlehnsgewährung angesehen haben und erklären jeden Abzug am Lohn für unzulässig, zum mindesten aber die Einhaltung der Vorschriften des Lohnbeschlagnahmegesetzes für geboten. Die Ansprüche der einzelnen Kläger ergeben zusammengerechnet den Betrag von 360,25 RM.

Die Beklagte vertritt den Rechtsstandpunkt, daß es sich um Vorschüsse auf den Lohn der Kläger oder um Leistungen nach § 115 Abs. 2 Satz 2 GewO. handle, und daß daher der Lohnabzug keinen gesetzlichen Beschränkungen unterliege.

Die beiden vorderen Rechtszüge haben die Klage abgewiesen. Auch die von dem Landesarbeitsgericht zugelassene Revision der Kläger blieb in der Hauptsache ohne Erfolg.

Gründe:

Im Gegensatz zu dem Arbeitsgericht, das die Leistungen der Beklagten, die Gegenstand dieses Rechtsstreits bilden, als Vorschußzahlungen der Beklagten auf noch nicht fälligen Lohn der Kläger angesehen hat, erblickt das Berufungsgericht darin kreditierte Warenlieferungen, die es nach § 115 Abs. 2 Satz 2 RGewO. unter Anrechnung der Beträge bei der Lohnzahlung für gesetzlich erlaubt erachtet. Hinsichtlich der Rechtsverhältnisse bei den Warenlieferungen stellt das Berufungsurteil im einzelnen folgendes fest: Die Kohlen habe die Beklagte, nachdem ihr der Bedarf der Arbeiter angegeben war, bestellt, sie seien von ihr bezahlt, dem von den Arbeitnehmern bevollmächtigten Vorsitzenden des Betriebsrats zur Verteilung übergeben, und die einzelnen Arbeiter seien in einer Liste der Beklagten mit dem Selbstkostenpreis der Bezugsmengen belastet worden. Danach könne man unmöglich sagen, daß die Arbeiter Geld als Darlehn oder Vorschuß erhalten hätten, sie hätten vielmehr Waren bekommen, und der Preis dafür sei ihnen gestundet worden. Der Bezug der Kartoffeln sei zwar in etwas anderer Weise erfolgt, im wesentlichen handle es sich aber um einen gleichartigen Vorgang. Auch hier habe das Werk eine Einzeichnungsliste für den Bezug bei seinem Pförtner aufgelegt, und durch Anschlag die Arbeiter auf die Liste hingewiesen. Die Wiegescheine über die gelieferten Kartoffeln seien an das Werk gegangen, dort sei abgerechnet und der Lieferant der Kartoffeln unmittelbar vom Werk aus bezahlt worden; die Arbeiter seien in einer Liste des Werkes belastet, der Preis sei ihnen gestundet und in derselben Weise wie der Kohlenpreis ratenweise bei den Löhnungen abgezogen worden. Allerdings habe nicht das Werk selbst, sondern der Vorsitzende des Betriebsrats die Kartoffeln bestellt; in früheren Jahren sei auch die Bestellung von dem Werk ausgegangen, in den letzten zwei Jahren dagegen nicht mehr, um wegen des Preises und der Beschaffenheit der Kartoffeln mit den Arbeitern keine Schwierigkeiten zu bekommen. Allein weder diese veränderte Handhabung noch der dafür maßgebende Grund böten eine Veranlassung, das Kartoffelgeschäft anders zu behandeln als die Kohlenlieferung. Auch die Kartoffeln hätten die Arbeiter unter stärkster Mitwirkung des Werkes erhalten, die maßgebenden finanziellen Vorgänge seien ganz die gleichen gewesen, die Beklagte sei nur formell nicht als Käuferin in die Erscheinung getreten. Der Gedanke, daß hier die Zahlungen der Beklagten an die Lieferanten etwas anderes bedeuteten als bei dem Kohlengeschäft, sei keiner der Parteien gekommen, niemand werde angenommen haben, daß hier ein Darlehn oder ein Vorschuß gegeben und in Empfang genommen worden sei.

Wenn die Revision hiergegen den Angriff erhebt, das Berufungsgericht habe die maßgebenden tatsächlichen Feststellungen nicht so getroffen, wie dies notwendig sei, um die Rechtsanwendung zu rechtfertigen, es sei namentlich nicht genügend geklärt, wer bei den einzelnen Geschäften Verkäufer oder Lieferant, wer Käufer und Belieferter war, und unter welchen Bedingungen namentlich hinsichtlich der Zahlungsleistung die Geschäfte abgeschlossen worden seien, so übersieht sie, daß der § 115 Abs. 2 Satz 2 nur von einem „Verabfolgen" der dort bezeichneten Waren spricht. Aus der Wahl dieses farblosen Begriffs ist die Absicht des Gesetzgebers zu entnehmen, die dort vorgesehenen Rechtsvorgänge nicht in starre Rechtsformen zu pressen, sondern dem Parteiwillen Spielraum zu lassen, und der Erreichung des beabsichtigten wirtschaftlichen Zweckes, der Versorgung des Arbeiters mit den dort bezeichneten lebensnotwendigen Waren und Leistungen zunächst auf Kosten des Arbeitgebers unter allmählicher Tilgung der Schuldsumme durch Lohnabzüge, ausschlaggebende Bedeutung beizumessen. Unter diesem Gesichtspunkt ist es daher rechtlich nicht zu beanstanden, wenn das angefochtene Urteil erklärt, auch die Kartoffeln hätten die Arbeiter „unter stärkster Mitwirkung des Werkes erhalten", und die Bemängelung der Revision, diese Ausführung des Berufungsgerichts sei nicht genügend verständlich, geht fehl. Die von dem Berufungsgericht im einzelnen festgestellten Rechtsvorgänge bei der Kartoffelbelieferung lassen sich zwanglos unter den Begriff der „Verabfolgung" von Waren an die Arbeiter bringen. Dazu kommt aber weiter, daß die Feststellung des Vertragsinhalts im wesentlichen eine

Frage der Willensauslegung ist, und die Begründung des angefochtenen Urteils läßt keinen Zweifel darüber, daß der Berufungsrichter gerade auch auf dem Wege der Vertragsauslegung zu den von ihm angenommenen Ergebnissen gelangt ist, wie dies an verschiedenen Stellen der Entscheidungsgründe unmittelbar ausgesprochen wird. Angesichts dieser Vertragsauslegung und der einer tatsächlichen Feststellung gleichkommenden rechtsirrtumsfreien Erforschung des Parteiwillens geht es nicht an, wenn die Revision wiederholt geltend macht, die Beklagte habe lediglich den Betriebsratsmitgliedern den Kaufpreis zur Bezahlung der Kartoffeln geliehen. Diese Ausführungen der Revision laufen ebenso wie die Bestreitung der festgestellten Bevollmächtigung der Betriebsratsmitglieder durch die Arbeitnehmer auf eine Bemängelung der getroffenen Feststellungen hinaus, mit der die Revision nicht gehört werden kann.

Ob die Betriebsratsmitglieder bei ihrer Mitwirkung an den Kartoffellieferungen innerhalb der ihnen durch das Betriebsrätegesetz gezogenen Grenzen ihrer Zuständigkeit gehandelt haben, und ob eine solche Tätigkeit empfehlens- und billigenswert erscheint, ist für die Entscheidung des vorliegenden Rechtsstreits belanglos, die betreffenden Ausführungen der Revisionsbegründung liegen daher neben der Sache.

Ist aber der Tatbestand des § 115 Abs. 2 Satz 2 RGewO. einwandfrei nachgewiesen, dann muß mit dem Berufungsgericht und der herrschenden Lehre angenommen werden, daß die Anrechnung der gestundeten Beträge bei der Lohnzahlung den Beschränkungen des § 394 BGB. in Verbindung mit dem Lohnbeschlagnahmegesetz nicht unterworfen ist, da § 115 RGewO. eine Sonderbestimmung darstellt, auf die sich die erwähnten gesetzlichen Einschränkungen nicht beziehen (Landmann, Kommentar zur GewO. 7. Aufl. Bd. II S. 315 und 317). Aus der Entscheidung RAG. 21/27 vom 4. Januar 1927 (RAG. Entsch. Bd. 1 S. 129) ergibt sich nichts Gegenteiliges.

Auch hinsichtlich der Frage nach der Fälligkeit der bei der letzten Lohnzahlung angerechneten Forderung der Beklagten (§ 387 BGB.) muß dem Berufungsrichter beigetreten und angenommen werden, daß durch die Kündigung der Kläger zum Zwecke der Durchführung eines Streiks die gesamte Restforderung der Beklagten an die Kläger fällig geworden ist. Auch hier handelt es sich überwiegend um eine Auslegung des Vertrages nach den Grundsätzen von Treu und Glauben, wie sie § 242 BGB. zur Berücksichtigung vorschreibt. Eine Verletzung dieser Grundsätze durch den Berufungsrichter kann nicht angenommen werden, und völlig verfehlt erscheint es, mit der Revision von einer vertragswidrigen Ausbeutung der Notlage der Kläger durch die Beklagte zu sprechen. Dieser zuzumuten, daß sie sich an die nur unter Voraussetzung der Fortdauer des Arbeitsverhältnisses bewilligte Stundung des von ihr bar verauslagten Kaufpreises gebunden erachten müsse, während es den Klägern frei stehen sollte, die Arbeit niederzulegen und der Beklagten unter Umständen jede Aussicht auf Wiedererlangung ihres Geldes zu nehmen, ist unannehmbar und würde die Verkehrung der Grundsätze von Treu und Glauben in ihr Gegenteil darstellen.

Zu beanstanden ist nur, daß der Berufungsrichter auch die Lieferung der 15 Sack Zement zum Preise von 11 RM an den Kläger F. im Wege der Analogie unter die Bestimmung des § 115 Abs. 2 Satz 2 bringen will, obwohl er anerkennen muß, daß Baustoffe unter den dort verzeichneten Waren nicht aufgeführt sind. Die erwähnte Gesetzesstelle ist als Ausnahmebestimmung anzusehen, und derartige Sondervorschriften lassen nach allgemeinen Rechtsgrundsätzen keine ausdehnende Auslegung zu. Dies ist im vorliegenden Falle auch dann nicht angängig, wenn man berücksichtigt, daß der gelieferte Zement beim Wohnungsbau des Klägers zu 11 Verwendung finden sollte, denn die Überlassung von Baumaterial kann der Verabfolgung von Wohnung nicht gleichgestellt werden.

RAG. 3, 313.

1. Kann sich ein schwerbeschädigter Arbeitnehmer auf den Kündigungsschutz des Schwerbeschädigten-Gesetzes seinem Arbeitgeber gegenüber auch dann berufen, wenn dieser schon außer ihm so viel Schwerbeschädigte beschäftigt, wie er gesetzlich verpflichtet ist?

2. Zur Anfechtung der Anstellung eines Schwerbeschädigten wegen Irrtums und arglistiger Täuschung über seine Schwerbeschädigteneigenschaft.

Reichsarbeitsgericht. Urt. v. 16. März 1929.

I. Arbeitsgericht Marienwerder. — II. Landesarbeitsgericht Elbing.

Durch Schreiben der Beklagten vom 24. März 1927 wurde der Kläger bei ihr als Betriebsingenieur eingestellt. Die Kündigung sollte mit vierteljähriger Frist zum Vierteljahrsersten zulässig sein. Damals schwebte bei der Berufsgenossenschaft der Gas- und Wasserwerke ein Rentenfeststellungsverfahren wegen eines vom Kläger erlittenen Betriebsunfalles. Durch Bescheid der Berufsgenossenschaft vom 22. Oktober 1927 wurde für ihn eine Dauerrente in Höhe von 50 % festgestellt.

Von dem Unfall und dem schwebenden Verfahren hat der Kläger bei seiner Anstellung der Beklagten keine Mitteilung gemacht. Am 2. April 1928 kündigte die Beklagte ihm zum 30. Juni. Ihr auf Veranlassung der Fürsorgestelle nachträglich am 29. Mai 1928 gestellter Antrag, der Kündigung zuzustimmen, wurde vom Hauptfürsorgeamt zurückgewiesen. Wegen Fehlens dieser Zustimmung bestreitet der Kläger die Zulässigkeit der gegen ihn ausgesprochenen Kündigung und hat auf Feststellung ihrer Rechtsunwirksamkeit Klage erhoben.

Die Beklagte hält die Zustimmung der Hauptfürsorgestelle zu der von ihr lediglich wegen der ungenügenden Leistungen des Klägers ausgesprochenen Kündigung nicht für erforderlich, da sie weder bei der Anstellung des Klägers noch auch bei Kündigung Kenntnis davon gehabt habe, daß er Schwerbeschädigter sei. Der Kläger sei als vollarbeitsfähig angenommen worden, habe auch das Gehalt eines Vollarbeitsfähigen bezogen. So könne er den gesetzlichen Schutz eines Schwerbeschädigten nicht beanspruchen. Sie, die Beklagte, habe außerdem bei Eintritt des Klägers und während seiner ganzen Dienstzeit schon mehr Schwerbeschädigte beschäftigt, als sie nach dem Gesetz verpflichtet gewesen sei. In der Berufungsinstanz hat die Beklagte dann noch den mit dem Kläger geschlossenen Dienstvertrag wegen Irrtums und arglistiger Täuschung angefochten, da der Kläger ihr absichtlich verschwiegen habe, daß er Schwerbeschädigter sei.

Der Kläger hat diese Behauptungen bestritten, insbesondere ein arglistiges Verhalten in Abrede genommen.

Das Arbeitsgericht hat die Klage abgewiesen. Dagegen hat das Landesarbeitsgericht die vom Kläger begehrte Feststellung getroffen. Die Revision der Beklagten blieb erfolglos.

Gründe:

Der Kläger war, als ihm die Beklagte am 2. April 1928 kündigte, Schwerbeschädigter im Sinne von § 3 des Gesetzes über die Beschäftigung Schwerbeschädigter in der Fassung vom 12. Januar 1923 (RGBl. I S. 58). Die Kündigung bedurfte deshalb gemäß § 13 Abs. 1 das. der Zustimmung der Hauptfürsorgestelle. Diese ist nicht erteilt worden. Die Kündigung entbehrt deshalb der Rechtswirksamkeit.

Die gegen diese Beurteilung der Rechtslage von der Beklagten erhobenen Einwendungen hat das Landesarbeitsgericht mit zutreffender Begründung zurückgewiesen. Das Reichsarbeitsgericht hat bereits in dem Urteil vom 18. Januar 1928 (RAG. Entsch. Bd. 1 S. 89) die Ansicht abgelehnt, daß der Kündigungsschutz des § 13 SchwerbG. nur durch bewußt freiwillige Einstellung des Schwerbeschädigten von seiten des

Arbeitgebers oder durch Zwangszuweisung gemäß § 7 das. erworben werde. Er hängt vielmehr lediglich von den in § 3 das. genannten Voraussetzungen ab. Es ist deshalb unerheblich, daß die Beklagte, wie sie behauptet, erst nach der Kündigung des Klägers von seiner Schwerbeschädigteneigenschaft erfahren hat. Ebensowenig kommt es für die Anwendung des Schwerbeschädigtengesetzes darauf an, daß der Kläger das Gehalt eines Vollarbeitsfähigen erhalten hat. Schließlich wird die Anwendbarkeit des § 13 SchwerbeschG. auch nicht dadurch ausgeräumt, daß die Beklagte, wie sie behauptet, außer dem Kläger mehr Schwerbeschädigte beschäftigt hat, als sie gesetzlich verpflichtet war. Daß eine solche Einschränkung des Kündigungsschutzes der Schwerbeschädigten, gegen die schon der klare Wortlaut des § 12 SchwerbG. spricht, vom Gesetz nicht gewollt ist, ergibt sich aus § 17 Satz 1 das. Dort wird der Fall besonders geregelt, daß ein Arbeitgeber, der seine Einstellungspflicht nach Mindestzahl und Art erfüllt hat, einen Schwerbeschädigten annimmt. Zu dessen Kündigung ist die Zustimmung der Hauptfürsorgestelle lediglich dann nicht erforderlich, wenn der Schwerbeschädigte ausdrücklich nur zur vorübergehenden Aushilfe, für einen vorübergehenden Zweck oder versuchsweise angenommen wird, es sei denn, daß das Arbeitsverhältnis über drei Monate hinaus fortgesetzt wird. Diese Vorschrift zwingt mit Notwendigkeit zu dem Schluß, daß, von den Ausnahmen, die sie macht, die hier aber nicht in Frage kommen, abgesehen, auch zur Kündigung eines überzählig eingestellten Schwerbeschädigten die Zustimmung der Hauptfürsorgestelle erforderlich ist. Die Bestimmung beweist die Richtigkeit des vom Reichsarbeitsgericht a. a. O. S. 90 ausgesprochenen Satzes, daß beide Schutzmaßnahmen zugunsten der Schwerbeschädigten — Einstellungszwang und Kündigungsbeschränkung — selbständig nebeneinander stehen.

Aus dem Schwerbeschädigtengesetz sind danach keine begründeten Einwendungen gegen die Klage herzuleiten. Ebensowenig greift aber die von der Beklagten ausgesprochene Anfechtung des mit dem Kläger geschlossenen Dienstvertrags wegen Irrtums und arglistiger Täuschung durch. Ob ein Arbeitgeber, der einen Schwerbeschädigten in Unkenntnis dieses Umstandes eingestellt hat, seine vertragliche Erklärung wegen Irrtums anfechten kann, mag dahingestellt bleiben. Denn die von der Beklagten erst in der Berufungsbeantwortung vom 25. August 1928 erklärte Irrtumsanfechtung war verspätet, da die Beklagte, wie das Landesarbeitsgericht feststellte, spätestens am 6. Mai 1928 erfahren hat, daß der Kläger Schwerbeschädigter sei. Diese Feststellung ist dahin zu verstehen, daß der Geschäftsführer der beklagten städtischen Gas- und

Wasserwerke, Direktor D., Kenntnis hiervon erlangt hat. Die Revision hält sie nicht für genügend, da die städtischen Gas- und Wasserwerke keine selbständige Rechtspersönlichkeit besäßen, Rechtsträger vielmehr die Stadt M. selbst sei. So komme es darauf an, wann das Organ der Stadtgemeinde, der Magistrat, von der Schwerbeschädigteneigenschaft des Klägers erfahren habe. Bei diesen Ausführungen wird § 166 Abs. 1 BGB. übersehen, nach welcher Vorschrift die Person des Vertreters in Betracht kommt, soweit die rechtlichen Folgen einer Willenserklärung durch die Kenntnis gewisser Umstände beeinflußt werden. Vertreter im Sinne dieser Bestimmung ist auch der, dessen Vertretungsmacht auf Rechtsgeschäft beruht. Bevollmächtigter Vertreter der Stadt gegenüber dem Kläger war aber der Vorstand der städtischen Gas- und Wasserwerke, von dem die Anstellung des Klägers ausgegangen ist und der ihm auch das bei den Akten befindliche Zeugnis ausgestellt hat. Die Anfechtung wegen Irrtums ist also nicht unverzüglich erfolgt und konnte deshalb keine Rechtswirkungen entfalten.

Zur Frage der arglistigen Täuschung bedarf es zunächst der Erörterung, ob denn der Kläger zur Zeit des Abschlusses des Anstellungsvertrags im März 1927 überhaupt schon Schwerbeschädigter im Sinne des Gesetzes war. Das Reichsarbeitsgericht hat in seinem RAG. Entsch. Bd. 3 S. 49 abgedruckten Urteile vom 12. Dezember 1928 RAG. 225/28 ausgeführt, daß die Eigenschaft als Schwerbeschädigter nicht schon an die durch Unfall hervorgerufene Erwerbsbeschränkung geknüpft sei, daß vielmehr die Feststellung einer Rente von mindestens 50 v. H. hinzutreten müsse. Der Unfall des Klägers liegt nun zwar vor seinem Dienstantritt bei der Beklagten, die Feststellung einer Dauerrente ist aber erst später durch Bescheid vom 22. Oktober 1927 erfolgt. Ist dem Kläger erst damit der Schutz des Schwerbeschädigtengesetzes zuteil geworden, so kann von einem arglistigen Verhalten seinerseits im April 1927 nicht die Rede sein. Denn daß er damals schon mit der künftigen Bewilligung einer dauernden Rente von mindestens 50 v. H. gerechnet hat, ist von der Beklagten nicht behauptet worden.

Allerdings bezog der Kläger schon zur Zeit seiner Anstellung bei der Beklagten eine Unfallrente von 50 v. H., aber, wie der Bescheid vom 22. Oktober 1928 ergibt, auf Grund eines Vergleichs. Stellt man diese rechtlich auf eine Stufe mit der Bewilligung einer vorläufigen Rente gemäß § 1585 RVVo., die die Schwerbeschädigteneigenschaft bereits begründet, so würde man freilich schon für März 1927 die Eigenschaft des Klägers als Schwerbeschädigter anerkennen müssen.

Indessen ergibt sich von diesem Standpunkt aus die Verneinung einer Arglist des Klägers aus den Feststellungen der Vorinstanzen.

Zur Annahme einer arglistigen Täuschung der Beklagten durch den Kläger genügt nicht schon die unstreitige Tatsache, daß er ihr seinerzeit von seinem Unfall, dem Bezug der ihm vergleichsweise bewilligten Rente und dem Rentenverfahren keine Mitteilung gemacht hat. Vielmehr muß eine Täuschungsabsicht des Klägers vorgelegen haben, er muß sich zum mindesten bewußt gewesen sein, daß jene Tatsachen für die Entschließung der Beklagten, ihn anzustellen, von Belang seien. Das verneint aber das Berufungsgericht aus unangreifbaren tatsächlichen Gründen. Über den Kündigungsschutz, der ihm als Schwerbeschädigten zukam, ist sich der Kläger, wie der Vorderrichter aus seinem Verhalten noch bei und nach der Kündigung schließt, nicht im klaren gewesen, hat über ihn die Beklagte also auch nicht täuschen wollen. Weiter führt das Landesarbeitsgericht aus, es lasse sich nicht feststellen, daß der Kläger den Anforderungen, die an einen Vollarbeitsfähigen gestellt würden, nicht gewachsen gewesen sei. Auch hinsichtlich seiner Leistungsfähigkeit hat er die Beklagte also nicht irreführen wollen. Daß noch aus anderen Gesichtspunkten sich eine Arglist des Klägers ergebe, hat die Beklagte selbst nicht zu behaupten vermocht.

RAG. 3, 320.

Ist das Revisionsgericht an den Ausspruch des Berufungsgerichts, daß es die Revision zulasse, unter allen Umständen gebunden?

ArbGG. § 69 Abs. 3.

Reichsarbeitsgericht. Urt. v. 20. März 1929.

I Arbeitsgericht Ludwigshafen. — II. Landesarbeitsgericht Frankenthal (Pfalz).

Die Klägerin war von der Beklagten als Leiterin und Berufsberaterin der weiblichen Abteilung des Arbeitsamts angestellt und seit Jahren Mitglied des Betriebsrats. Am 22. Juni 1927 wurde sie fristlos entlassen. Da sie die Berechtigung der Beklagten dazu bestritt, klagte sie

1. auf Feststellung der Unrechtmäßigkeit der Kündigung,
2. auf Zahlung ihres Gehalts für die Monate Juli, August, September und Oktober 1927 in Höhe von je 285,35 RM.

Das Arbeitsgericht gab der Klage statt und setzte den Streitwert auf 1141,40 RM fest. Das Landesarbeitsgericht sah dagegen wichtige Entlassungsgründe als gegeben an, wies die Klage ab und erklärte die Revision für zulässig. Am Schlusse der Entscheidungsgründe hat es folgendes ausgeführt: „Es sei der Ansicht, daß das Arbeitsgericht den

Feststellungsantrag der Klägerin bei Bemessung des Streitwerts nicht berücksichtigt und diesen, obschon er mehr als 4000 RM betrage, zu niedrig beziffert habe. Das ließe sich allerdings nicht mehr ändern. Die Klägerin habe aber durch die offenbar unrichtige Streitwertfestsetzung die Möglichkeit der Revisionseinlegung verloren. Wegen der grundsätzlichen Bedeutung gerade der Streitwertfestsetzungsfrage habe das Gericht geglaubt, obwohl sonst keine grundsätzlichen Fragen zur Entscheidung ständen, die Revision zulassen zu sollen." Die von der Klägerin eingelegte Revision. wurde als unzulässig verworfen.

Gründe:

Im arbeitsgerichtlichen Verfahren hat der Gesetzgeber die Befugnis, die Höhe des Streitwerts als prozessuale Voraussetzung der Berufungs- und Revisionsfähigkeit eines Urteils festzusetzen, grundsätzlich nur den Arbeitsgerichten übertragen (§§ 51 Abs. 2, Abs. 1, 72 Abs. 1 ArbGG.). Lediglich dann, wenn der Wert des Streitgegenstandes sich nach Verkündung des arbeitsgerichtlichen Urteils geändert hat, liegt dem Landesarbeitsgericht eine neue Festsetzung ob. Dagegen ist es unter keinen Umständen zu einer Nachprüfung der Richtigkeit der arbeitsgerichtlichen Festsetzung oder gar zu deren Richtigstellung befugt (§ 69 Abs. 2 ArbGG. RAG. Entsch. Bd. 1 S. 261 flg.). Ist nach dem vom Arbeitsgericht zutreffend oder rechtsirrig festgesetzten Streitwerte die Revision nicht statthaft, so kann sie vom Landesarbeitsgericht allerdings zugelassen werden, jedoch nur dann, wenn dem Rechtsstreite grundsätzliche Bedeutung zukommt. Eine Nachprüfung der Frage der Grundsätzlichkeit ist dem Reichsarbeitsgericht freilich versagt. Es ist vielmehr an den Ausspruch der Revisionszulassung in der Regel gebunden. Diese Bindung findet aber nicht statt, wenn es sich um Urteile handelt, deren Revisionsfähigkeit, wie es z. B. bei Urteilen über Arreste und einstweilige Verfügungen der Fall ist, vom Gesetzgeber schlechthin verneint wird (vgl. RAG. Entsch., Bd. 1 S. 11). Die gleiche Rechtsfolge muß aber auch eintreten, wenn der Berufungsrichter zum Ausdruck bringt, er habe die Revision nicht wegen der Grundsätzlichkeit der streitigen Fragen in der Sache selbst, sondern aus anderen Gründen zugelassen, denn dann hat er die Grenzen seiner Zuständigkeit überschritten und eine Entscheidung getroffen, die eben deshalb für das Revisionsgericht der Verbindlichkeitswirkung entbehrt. So liegt die Sache auch hier. Zwar enthält die Urteilsformel nur die Erklärung der Revisionszulassung. Nach allgemein anerkannten prozessualen Grundsätzen ist es aber nicht nur erlaubt, sondern oft auch geboten, die Urteilsgründe zur Erläuterung und zum richtigen Verständnis der Formel heranzuziehen. In den

Gründen führt der Berufungsrichter nun aber aus, daß der Rechtsstreit Fragen von grundsätzlicher Bedeutung nicht enthalte, daß er jedoch trotzdem von der ihm in § 69 Abs. 3 ArbGG. eingeräumten Befugnis Gebrauch mache, weil das Arbeitsgericht durch eine falsche, aber unabänderliche Wertfestsetzung die Klägerin ohne ihr Verschulden des Rechtsmittels der Revision beraubt habe. Diese Möglichkeit hat der Gesetzgeber jedoch mit der Vorschrift, daß das Arbeitsgericht — abgesehen von dem hier nicht vorliegenden Falle des § 69 Abs. 2 ArbGG. — allein und für die übergeordneten Instanzen bindend den für die Berufungs- und Revisionsfähigkeit maßgebenden Streitwert festzusetzen habe, bewußt mit in den Kauf genommen (vgl. amtl. Begr. z. Entw. eines ArbGG. V 3a, bb, S. 42). Zur Vermeidung der Rechtsfolgen einer falschen Streitwertfestsetzung aber die Revision zuzulassen und so auf einem Umwege das zu erreichen, was durch eine Nachprüfung und Abänderung des unzutreffenden arbeitsgerichtlichen Streitwertfestsetzungsbeschlusses nicht zu erreichen ist, dazu hat der Gesetzgeber den Berufungsrichter nicht ermächtigt. Sein Verfahren würde dazu führen, die Wertfestsetzung des Arbeitsgerichts der vom Gesetzgeber an sie geknüpften Rechtswirkung zu entkleiden und dessen Zweck, die endgültige Entscheidung arbeitsrechtlicher Streitigkeiten möglichst zu beschleunigen und durch die arbeitsgerichtliche Festsetzung des Streitwertes auf weniger als die derzeitige Revisionssumme den Parteien die Gewißheit zu verschaffen, daß das arbeitsgerichtliche Urteil nur dann in die Revisionsinstanz gedeihen könne, wenn das Berufungsgericht die grundsätzliche Bedeutung des Rechtsstreits, d. h. der in der Hauptsache streitigen Rechtsfragen anerkenne und deshalb die Revision zulasse, in sein Gegenteil verkehren. Nach der Begründung, die das Landesarbeitsgericht der Revisionszulassungserklärung beigefügt hat, muß diese daher, weil ungesetzlich, als unbeachtlich oder als nicht vorhanden angesehen werden. Daraus folgt, daß die Revision, da der vom Arbeitsgericht festgesetzte Streitwert die Revisionssumme nicht erreicht, als unzulässig verworfen werden muß.

RAG. 3, 357.

1. Wird die Tariffähigkeit von Angestelltenverbänden dadurch beeinträchtigt, daß ihnen jetzige Arbeitgeber, die früher Angestellte waren, noch als „außerordentliche Mitglieder“ angehören?

2. Welche Bedeutung hat es für die Tariffähigkeit eines Arbeitgeberverbandes, wenn eine Satzungsänderung bestimmt, der Verbandszweck solle die Wahrnehmung der Arbeitgeberinteressen gegenüber den

Arbeitnehmern oder aber gegenüber Gruppen von Arbeitnehmern nicht mehr umfassen?

TarVo. § 1. BGB. § 26 Abs. 2.

Reichsarbeitsgericht. Urt. v. 10. April 1929.

I. Arbeitsgericht Kassel. — II. Landesarbeitsgericht daselbst.

Der klagende Arbeitgeberverband, ein eingetragener Verein, hat auf Grund einer Beschlußfassung vom 27. August 1926 am 30. August 1926 in Änderung seiner Satzung als Vereinszweck in das Vereinsregister eintragen lassen:

„Der Verband bezweckt die Wahrnehmung der gemeinsamen Interessen seiner Mitglieder in allen das Verhältnis zur Arbeitnehmerschaft betreffenden Fragen, mit Ausnahme der kaufmännischen Angestellten und kaufmännischen Lehrlinge."

Dieser Satzungsbestimmung entsprechend hat Kläger den freiwilligen Abschluß von Tarifverträgen für die bezeichneten Gruppen ständig abgelehnt.

Die Kasseler Ortsgruppen der beklagten Angestelltenverbände hatten deshalb schon im Sommer 1927 den Kläger in ein Schlichtungsverfahren gezogen, das mit dem Schiedsspruch vom 21. Juli 1927 zu den Vorschlag eines Gehaltsabkommens führte, der durch den Schlichter am 19. August 1927 für verbindlich erklärt worden ist. Der Kläger hatte die Feststellung der Unwirksamkeit jenes Spruchs durch Klage verlangt, ist aber von dem Arbeitsgericht Kassel rechtskräftig abgewiesen worden. Nach zulässiger Kündigung des Zwangstarifs zum 1. Juli 1928 ist ein erneutes Schlichtungsverfahren in Gang gekommen, in dem am 27. Juni 1928 der Schlichtungsausschuß einen Manteltarif und ein Gehaltsabkommen vorgeschlagen und der Schlichter für den Bezirk Hessen-Nassau den Spruch vom 24. Juli 1928 für verbindlich erklärt hat.

Die nunmehrige Klage verlangt die Feststellung, daß Schlichtungsspruch und Verbindlichkeitserklärung rechtsunwirksam seien.

Das Arbeitsgericht hat die Klage abgewiesen. Das Landesarbeitsgericht Kassel hat die Berufung des Klägers zurückgewiesen. Auch die Revision des Klägers blieb ohne Erfolg.

Gründe:

Wenn der Kläger die Geltung des Zwangstarifs einmal deshalb in Frage stellt, weil nach den Satzungen der Beklagten zu 1, 3 und 4 auch Arbeitgeber Mitglieder dieser Arbeitnehmerverbände sein können, und weiter deshalb, weil die Umschreibung des Vereinszwecks in seiner

Satzung seiner eigenen Verpflichtung durch einen Tarifvertrag wie den streitigen im Wege stehe, so handelt es sich nach beiden Richtungen hin um die Frage der „Tariffähigkeit". Eine positiv rechtliche Regelung der in diesen Begriff eingeschlossenen Voraussetzungen fehlt für die Verbände beider Tarifseiten. Die Wissenschaft sowie die Übung der Rechtsprechung und Verwaltung ist zu Abgrenzungen auf diesem Gebiet nur gekommen, weil die durch § 1 der Tarifvertragsverordnung gestellte Aufgabe der Setzung von Arbeitsnormen für die Tarifbeteiligten so geartete Verbände verlangt, daß sie im Sinne des Tarifrechtszwecks dieser Aufgabe gerecht werden können. Soweit es sich um Arbeitnehmer-Vereinigungen handelt, hat die Rechtsprechung des Reichsarbeitsgerichts in der Entscheidung vom 10. November 1928, RAG. 395/28 von diesem Gesichtspunkt aus die Zweifel erörtert, die sich daraus ergeben können, daß ein Arbeitnehmerverband dem gesamten bestehenden Wirtschaftssystem und damit auch dem Tarifwesen grundsätzlich ablehnend gegenübersteht. In den Entscheidungen vom 29. September 1928 — RAG. Entsch. Bd. 2 S. 289 — vom 10. Oktober 1928 — RAG. Entsch. Bd. 2 S. 299 — und in dem Urteil vom 9. Februar 1929 — RAG. Entsch. Bd. 3 S. 170 — ist die auch hier eingreifende Frage behandelt, ob eine Arbeitnehmervereinigung durch Verbindung mit der Arbeitgeberseite, durch Abhängigkeit von ihr oder wirtschaftsfriedliche Einstellung die Fähigkeit, Tarifpartei zu sein, einbüßt.

In allen diesen Fällen ist als ausschlaggebend angesehen worden, ob nach dem Inhalt der Satzung und nach ihrer tatsächlichen Handhabung der Verband einmal die Aufgabe hat, den Arbeitgebern gegenüber die wirtschaftlichen Interessen der Arbeitnehmer zu wahren und Einfluß auf die Lohn- und Arbeitsbedingungen zu gewinnen, dann aber auch, ob der Verband gegenüber dem andern Teil voll unabhängig und selbständig ist. Dabei ist mehrfach betont worden, daß es auf die besondere Lage des einzelnen Verbandes ankommt, so daß z. B. bei Werkvereinen die Tariffähigkeit davon abhängen kann, ob nach der Größe des Werks und der Zahl der Mitglieder die Rücksicht auf die Fortdauer des Arbeitsverhältnisses des einzelnen die Interessenwahrnehmung gegenüber dem Arbeitgeber zu beeinflussen vermag. Diese Stellungnahme, an der festzuhalten ist, schließt es aus, den Umstand, daß einem Arbeitnehmerverband auch Arbeitgeber angehören, in jedem Falle gleich und immer als die Tariffähigkeit ausschließend zu würdigen. Die Beklagten haben mit Recht darauf hingewiesen, daß das Reichsgericht in dem Urteil vom 17. November 1927 RGZ. Bd. 119 S. 13 flg. einen Anwaltsverein als tariffähig gegenüber Büroangestellten auf der

Arbeitgeberseite angesehen hat, trotzdem ihm Anwälte zugehörten, die ihrerseits keine Angestellten hatten, sondern die Anwaltstätigkeit selbst als Angestellte anderer Rechtsanwälte ausübten. Ist dort zutreffend angenommen worden, daß bei der Interessenlage der Angestellten-Rechtsanwälte, ihre Eigenschaft als Arbeitnehmer nicht geeignet war, die Wahrnehmung der Verbands-(Arbeitgeber)Interessen gegenüber den Büroangestellten zu beeinträchtigen, so wird auch in dem vorliegenden Gegenfall das Maß der Beeinflussung der Interessenlage durch Einstreuung von Arbeitgebern in den Mitgliedsbestand der Beklagten entscheiden müssen.

Die Revision kann bei der so gebotenen Prüfung der Interessenlage im Einzelfall sich nicht mit Erfolg darauf berufen, daß der vorläufige Reichswirtschaftsrat sich in einigen Fällen bei wirtschaftsfriedlichen Arbeitnehmerverbänden gegen die Annahme der Tariffähigkeit ausgesprochen hat, weil die Satzung die Mitgliedschaft als außerordentliche auch Mitgliedern beließ, die zu Arbeitgebern geworden waren. Ob das Reichsarbeitsgericht jenen Entscheidungen des vorläufigen Reichswirtschaftsrats beitreten kann, bedarf der Erörterung nicht. Jedenfalls kommt es auf die Gesamtstellungnahme des Verbandes an, und es bedarf keiner Ausführung, daß hierfür auch ins Gewicht fallen kann, ob der Verband den Arbeitgeber grundsätzlich als wirtschaftlichen Gegner ansieht oder nicht. Eine allgemeine Gleichbehandlung von wirtschaftsfriedlichen Verbänden und Gewerkschaften unter diesem Gesichtspunkt beansprucht die Revision deshalb zu Unrecht.

Der Berufungsrichter geht davon aus, daß aus dem Angestelltenverhältnis ausscheidende Mitglieder nach den Satzungen des Beklagten zu 1 (§ 5 Abs. 2), zu 3 (§ 5), zu 4 (§ 4) als „außerordentliche", zu 3 als „unterstützende" Mitglieder weitergeführt werden können, entnimmt aber aus diesen Bestimmungen gleichzeitig, daß diese ausscheidenden und etwa zu Arbeitgebern gewordenen Mitgliedern auf die Verwaltung und sämtliche Maßnahmen des Verbandes satzungsgemäß keinen Einfluß haben. Der Revision ist zuzugeben, daß diese Satzungsbestimmungen, die den außerordentlichen Mitgliedern im wesentlichen das aktive und passive Wahlrecht versagen, insbesondere in der Fassung bei den Beklagten zu 1 und 3, nicht schlechthin alle Wege möglicher Einflußnahme sperren. Es kommt auch, wie in den vorbezeichneten Urteilen des Reichsarbeitsgerichts und in der Rechtsprechung des Reichsgerichts zur Tariffähigkeit von Arbeitgeberverbänden ständig betont worden ist, nicht nur auf den Inhalt der Satzungen, sondern auch auf die wirkliche Handhabung an. Hierzu hatte der Kläger in der Berufungsinstanz behauptet, daß die zu den Mitgliedern der Beklagten zu 1 und 4 gehörenden Arbeitgeber zu allen Sitzungen, in denen Beschlüsse gefaßt würden, Zutritt hätten, vielfach sogar die Leitung derartiger Versammlungen übernähmen „und damit zweifelsohne ihren persönlichen Einfluß als Arbeitgeber zur Geltung bringen, der sicherlich bei den Entschließungen der Versammlungen nicht ganz unberücksichtigt bleibt". Damit ist aber nur die Möglichkeit und das vereinzelte Vorkommen von Einflußnahmen einzelner Arbeitgeber behauptet, für deren Auftreten, wenn es auch nicht ganz unberücksichtigt bleibt, eine erhebliche Bedeutung im Sinne der Arbeitgeberinteressen nicht in Anspruch genommen wird. Daß ein Verband von den Anschauungen und Bestrebungen der Gegenseite ganz unberührt bleibt, ist nach der Rechtsprechung des Reichsarbeitsgerichts notwendige Voraussetzung seiner Tariffähigkeit nicht. Dafür aber, daß die Selbständigkeit oder Unabhängigkeit der beklagten Verbände, deren Stellung im Tarifwesen, wie das Landesarbeitsgericht mit Recht anführt, seit langem allgemein anerkannt ist, durch solche Vorgänge leiden könnte, gibt der Kläger keinen Anhalt. Der Berufungsrichter hat deshalb mit Recht den Bedenken des Klägers gegen die Tariffähigkeit der Beklagten zu 1, 3, 4 nicht Rechnung getragen.

Zu der Frage, ob die eigene Tariffähigkeit des Klägers durch die Bestimmung in § 2 seiner Satzung eingeschränkt worden ist, muß zunächst unterschieden werden, ob wirklich die Wahrnehmung aller gemeinsamen Interessen gegenüber den kaufmännischen Angestellten und Lehrlingen aus der Verbandsaufgabe ausgeschieden oder in diesem Bereich nur der Abschluß von T a r i f v e r t r ä g e n durch den Verband ausgeschlossen worden ist. Die Rechtsprechung des Reichsgerichts RGZ. Bd. 11 S. 354, Bd. 115 S. 177, Bd. 119 S. 13 flg.; JW. 27, S. 2363 hat die Annahme der Tariffähigkeit davon abhängig gemacht, ob es Verbandsaufgabe sei, die wirtschaftlichen Arbeitgeberinteressen der Verbandsmitglieder gegenüber den wirtschaftlichen Arbeiterinteressen zu vertreten und zur Geltung zu bringen (RGZ. Bd. 115 S. 177). Damit knüpft es im Sinne der an den Eingang gestellten Erörterung an die Eignung der Verbände zur Erfüllung der Tarifaufgabe, die „materielle Tariffähigkeit" im Sinne von Kaskel, NZ. f. AR. 1926 S. 1 flg. an. Wird diese Eignung, die sich nicht nur aus dem Inhalt der Satzung, sondern auch aus dem tatsächlichen Verhalten des Verbandes ergibt, durch Änderungen der Satzung und Geschäftshandhabung in der Tat berührt, so betrifft das auch die Fähigkeit, Tarifpartei zu sein. Ob das auch dann gelten kann, wenn ein Verband im allgemeinen den Zweck beibehält, der Arbeitnehmerschaft gegenüber die Arbeitgeberinteressen wahrzunehmen und nur bestimmte Gruppen ausnimmt, ist zu entscheiden hier nicht nötig. Denn der Berufungsrichter hat aus dem Gesamtinhalt der Satzung des Klägers, insbesondere den Bestimmungen der §§ 2 Nr. 2, 5 Nr. 2, 7 Nr. 3 und 4, 18 Nr. 1 entnommen, daß der Kläger durch diese Einzelregelungen zu erkennen gibt, daß er in Wahrheit doch die gemeinsame Wahrnehmung auch dieser Angelegenheiten bezwecke. Den gleichen tatsächlichen Schluß hat das Urteil auch daraus gezogen, daß der Verband in zahlreichen Rechtstreitigkeiten mit kaufmännischen Angestellten seine Mitglieder vor Arbeitsgericht und Landesarbeitsgericht gemäß § 11 ArbGG. vertreten läßt. Soweit hieraus Folgerungen auf die tatsächliche Zwecksetzung und Zweckverfolgung des Klägers hergeleitet sind, sind sie für das Revisionsgericht bindend, da ein Rechtsirrtum des Berufungsrichters nicht ersichtlich wird.

Die einschränkende Bestimmung des § 2 bedarf aber auch der Wertung nach der Richtung, ob sie ohne Rücksicht auf eine Änderung der allgemeinen Verbandsaufgabe im Bereich der Arbeitsbedingungen den Abschluß von T a r i f v e r t r ä g e n auf diesem Gebiet ausschließen wollte, und erst in dieser Prüfung, die der Berufungsrichter nicht vorgenommen hat, kommt die Frage der gewollten Tarifunfähigkeit zur Entscheidung. Diese Frage, ob bei vorhandener Tarifeignung durch Satzungsbestimmungen der Tarifabschluß wirksam ausgeschlossen werden kann, hat die reichsgerichtliche Rechtsprechung offengehalten (RGZ. Bd. 115 S. 177).

Die Meinung, daß eine gewollte Tarifunfähigkeit möglich sei, geht zum großen Teil von dem Gedanken der Vereinsautonomie und der Vereinigungsfreiheit aus, auf die auch die Revision ihre Ausführungen gründet. Für den Kläger als einen rechtsfähigen Verein ist es nach § 26 Abs. 2 BGB. jedenfalls möglich, die Vertretungsmacht des Vorstandes Dritten gegenüber so einzuschränken, daß über diese Grenzen hinaus von dem Vorstand vorgenommene Rechtsgeschäfte den Verein nicht binden. Es ist der Revision auch zuzugeben, daß diese Einschränkung der Vertretermacht nicht mit der im Schlichtungsverfahren überwindbaren Tarifunwilligkeit gleichzusetzen ist. Wäre das Vereinsrecht des BGB. allein maßgebend, so müßte der satzungsmäßige Ausschluß der Tariffähigkeit wirken, ja darüber hinaus wäre zur Geltung eines Tarifvertrages der positive Nachweis zu fordern, daß die Verbandsaufgabe den Tarifabschluß umfassen soll. Dann wäre seit dem Inkrafttreten der Tarifverordnung vom 23. November 1918 nahezu der Rechtszustand in Geltung, den der Tarifentwurf von 1921 dahin in Aussicht nimmt (§ 4)

„Tariffähig sind Vereinigungen von Arbeitgebern oder Arbeitnehmern, deren Satzung den Abschluß von Tarifverträgen vorsieht. . . .“

Die Tarifverordnung vom 23. Dezember 1918 aber konnte mit einer solchen Richtung der Satzungen nicht rechnen, da auf die neuartigen Wirkungen des durch sie geschaffenen Tarifrechts kaum eine der in Frage kommenden Vereinigungen satzungsgemäß eingestellt sein konnte und da, zum mindesten bei einem großen Teil der Arbeitgebervereinigungen nicht einmal die allgemeine Richtung auf Abschluß von Gesamtverträgen mit den Gewerkschaften durch Sinn und Handhabung der Satzung gegeben war. Trotzdem hatten am 15. November 1918 die Spitzenorganisationen der Verbände beider Seiten die im Reichsanzeiger 1918 Nr. 273 veröffentlichte, für die Neuregelung des Arbeitsrechts grundlegende Vereinbarung geschlossen, in deren Ziffer 6 der Abschluß von Kollektivverträgen als Ziel in Aussicht genommen war. Wenn die Tarifverordnung auf dieser Vereinigung fußend, den über die Arbeitsbedingungen abschließenden Verbänden durch die Einführung der Normativwirkung die Tarifgewalt über die tarifunterworfenen Beteiligten verlieh, so bekleidete sie die tatsächlich bestehenden, die Arbeit von beiden Seiten kontrollierenden Wirtschaftsmächte durch Einführung der sozialen Selbstverwaltung (RGZ. Bd. 107 S. 247 flg.) mit öffentlichrechtlichen Befugnissen und Pflichten.

Dieser öffentlichrechtlichen Stellung zu entsagen, lag nach allgemeinen Regeln nicht in der Macht der Verbände. Der Grundsatz der Vereinigungsfreiheit, wie er in den §§ 124, 159 RVerf. geschützt ist, wird durch die öffentlichrechtliche Qualifizierung bestehender, frei gebildeter, frei auflösbarer und frei wandelbarer Vereinigungen nicht berührt. Die Meinung der Revision, daß aus Art. 165 RVerf. ein Recht der Unternehmer folge, an der Regelung der Lohn- und Arbeitsbedingungen nur in dem von ihnen gewollten Maß und in der von ihnen gewählten Form mitzuwirken, findet in Inhalt und Zusammenhang der Bestimmung keine Stütze.

Richtig ist deshalb, daß auch Satzungsänderungen aller Art zulässig blieben und satzungsmäßige Änderungen des Vereinszwecks, soweit die Satzung allein die Vereinsaufgabe bestimmt, ihre Auswirkung auf die Kraft von Vereinshandlungen nach wie vor äußern müßten. Die Satzung bestimmt aber bei den wirtschaftlichen Vereinigungen, die nach den erörterten sachlichen Gesichtspunkten die Voraussetzung der Tariffähigkeit erfüllen, die Vereinsaufgaben nicht allein. Vielmehr bedient sich der Gesetzgeber der in diesem sachlichen Sinn tariffähigen Vereine und ihrer Vereinsrichtung, um ihnen eine öffentlichrechtliche Vereinsaufgabe in Anknüpfung an den satzungsmäßigen Zweck zu geben. Diese Aufgabe, die nicht die Willkür der Verbandsmitglieder, sondern der Wille des Gesetzgebers geschaffen hat, kann nicht durch Satzungsänderung, jedenfalls nicht ohne Änderung der Grundlage, beseitigt werden, aus denen die Eignung der Verbände zur Übernahme der Tarifaufgabe und damit die gesetzliche Tariffähigkeit folgt.

Schon aus diesem Gesichtspunkte der Tarifrechtszwecke ergibt sich danach, daß eine Tarifunfähigkeit durch die eigene Willkür der Verbände im Wege der Satzungsänderung nicht herbeigeführt werden kann, ohne daß der Vereinszweck auch im übrigen satzungsmäßig und tatsächlich geändert wird.

Da nach dem Vorstehenden der für die materielle Tariffähigkeit grundlegende Vereinszweck in seinem sachlichen Bereich nicht geändert ist, hat der Berufungsrichter auch die Tariffähigkeit des Klägers zutreffend bejaht. Daraus folgt die von dem Berufungsrichter gebilligte abweisende Entscheidung zur Klage und die Zurückweisung der Revision.

RAG. 4, 1.

Zur Frage der „gewollten Tarifunfähigkeit".

Reichsarbeitsgericht. Urt. v. 10. April 1929.

I. Arbeitsgericht Hamburg. — II. Landesarbeitsgericht daselbst.

Innerhalb der Dachorganisation „Gesamtverband Deutscher Metallindustrieller" bildet dessen „Norddeutsche Gruppe" einen selbständigen nicht rechtsfähigen Verein mit eigener Satzung. Diesem gehört wiederum als ein Teilverband die klagende „Abteilung Seeschiffswerften" an. Diese Abteilung steht hinsichtlich einer Reihe von Arbeitsbedingungen mit den beklagten Angestelltenverbänden in vereinbartem Tarifverhältnis. Bis zum März 1924 bezogen sich diese Tarifabmachungen auch auf Eingruppierungen und Gehaltssätze der Angestellten. Danach, auf Grund einer Beschlußfassung vom 19. Juni 1924, hat die Klägerin ihre Satzung durch die folgende Bestimmung ergänzt:

„Der Zweck der Abteilung ist der gleiche wie der der Norddeutschen Gruppe, jedoch mit der Einschränkung, daß sie nicht berechtigt ist, für ihre Mitglieder rechtsverbindliche Tarifverträge mit Gehältern und Gruppeneinteilungen der auf den Werften beschäftigten Angestellten mit Angestelltenorganisationen abzuschließen."

Dieser Bestimmung entsprechend hat die Klägerin Tarifverhandlungen über die bezeichneten Punkte seitdem verweigert.

Durch Spruch einer Schlichtungskammer, die der vom Reichsarbeitsminister bestellte Schlichter gebildet hatte, vom 27. Oktober 1927, ist bestimmt (vorgeschlagen) worden, daß aus dem früheren Tarifvertrag vom 17. Oktober 1921 die in Ziffer VIII enthaltene Klasseneinteilung der Angestellten . . . sowie das Gehaltsschema für eine Reihe von Angestellten vom 1. November 1927 ab wieder in Kraft trete. Der Reichsarbeitsminister hat diesen von der Klägerin abgelehnten Schiedsspruch für verbindlich erklärt. Die Klägerin hat Feststellung verlangt, daß das Schlichtungsverfahren, insbesondere aber die Verbindlichkeitserklärung unwirksam und die Beklagten nicht berechtigt seien, aus dem Schiedsspruch und der Verbindlichkeitserklärung Rechte herzuleiten.

Das Arbeitsgericht hat die Klage abgewiesen. Die von der Klägerin eingelegte Berufung hat das Landesarbeitsgericht Hamburg zurückgewiesen. Dagegen richtet sich die Revision der Klägerin, die erfolglos blieb.

Gründe:

Die Frage, ob der Bindung der Klägerin durch einen mittels Schlichtungsspruchs und Verbindlichkeitserklärung geschaffenen Zwangstarif die Beschränkung durch die Satzungsbestimmung vom 19. Juni 1924 entgegensteht, hat der Berufungsrichter zutreffend unter dem Gesichtspunkt der „gewollten Tarifunfähigkeit" behandelt.

Das Ziel der Satzungsbestimmungen, die in dem vorliegenden Streitfalle die Zulässigkeit des Abschlusses von Tarifverträgen für ein Tarifgebiet in anderen Fällen allgemein ausschließen, ist hier wie sonst die Meidung des Zwangstarifs. Ist damit die zu entscheidende Frage in ihrem praktischen Sinn wesentlich eine Frage des Schlichtungsrechts, so ist doch die Rechtsprechung der RG. Bd. 111 S. 354, Bd. 115 S. 177, Bd. 119 S. 14 flg.; JW. 27[2363], ständig davon ausgegangen, daß nach den Bestimmungen des § 6 Abs. 3 SchlO. „die Verbindlichkeitserklärung ersetzt die Annahme des Schiedsspruchs" die Frage, ob ein Zwangstarif einem Verband auferlegt werden kann, Teil der allgemeineren ist, ob der Verband überhaupt Partei eines Tarifvertrages im Sinne des § 1 TarVo. sein kann. Das Reichsgericht hat in den oben angeführten Entscheidungen und in dem Urteil RGZ. Bd. 107 S. 144 untersucht, ob angesichts der Satzung und des tatsächlichen Aufgabenkreises des Verbandes ihm die Eigenschaft der Tariffähigkeit zukommt. In dieser Untersuchung hat das Urteil RGZ. Bd. 107 S. 164 flg., das auf die Klage des Mitglieds eines Anwaltsvereins, die Beauftragung des Vorstandes zum Abschluß eines Tarifvertrages für ungültig zu erklären, also in dem Fall nicht hinsichtlich eines Zwangstarifsvertrages erging, als ausschlaggebend angesehen, „ob in der Satzung vorgesehen ist, daß die Regelung der Arbeitsverhältnisse . . . und namentlich der Abschluß von Tarifverträgen zu den Aufgaben des Vereins gehört". In der späteren Rechtsprechung, die durchweg die Geltung von Zwangstarifverträgen betrifft, hat das Reichsgericht weder die ausdrückliche Erwähnung des den Tarifabschluß umfassenden Zwecks in der Satzung erfordert, noch den Zweck selbst dahin gefaßt, daß er auf den Abschluß von Tarifverträgen gehen müsse. Vielmehr hat es den notwendigen Zweck (damit Tariffähigkeit gegeben sei) dahin umschrieben, daß es „Verbandsaufgabe sein müsse, die wirtschaftlichen Arbeitgeberinteressen ihrer Mitglieder gegenüber den wirtschaftlichen Arbeiterinteressen zu vertreten und zur Geltung zu bringen" (RGZ. Bd. 115 S. 177) bzw. „die Förderung der Arbeitgeberinteressen auf dem Gebiete der Arbeits- und Lohnbewegungen" (RGZ. Bd. 119 S. 14 flg.).

Nicht unmittelbar zur Entscheidung gelangt und in dem Urteil RGZ. Bd. 115 S. 177 ausdrücklich vorbehalten ist dagegen die hier umstrittene Frage, ob ein Verein, dessen sachlicher Aufgabenkreis den umfaßt, der durch Tarifverträge geregelt zu werden pflegt, ein „materiell tarifberechtigter Verein" im Sinne von Kaskel (NZ. f. AR. 1926 Sp. 1 flg.), diese Fähigkeit durch eine Satzungsbestimmung verliert, die zur Regelung der Vereinsaufgaben den Weg des Tarifvertrages und damit im Sinne von Kaskel „die formelle Tarifberechtigung" des Verbandes ausschließt.

Die Fähigkeit, Tarifpartei zu sein, ist im Gesetz (§ 1 TarVo.) selbst für eine Vereinigung von Arbeitgebern (wie auch eine solche von Arbeitnehmern) von besonderen Bedingungen nicht abhängig gemacht. Wenn in der Wissenschaft und Rechtsprechung mit dem Erfordernis einer gesetzlichen besonderen Tariffähigkeit weitere Ansprüche an die Qualität der abschließenden Vereinigung übereinstimmend gestellt worden sind, so sind das Postulate aus der den Vereinigungen zugewiesenen Aufgabe, durch Tarifgewalt Arbeitsnormen für die ihnen zugehörigen Arbeitsparteien zu setzen. Das gilt für die hier zu prüfende Seite der Tariffähigkeit von Arbeitgebervereinigungen ebensowohl wie für die die andere Partei betreffende Frage, ob und inwieweit es sich um reine, den Arbeitgebern wirtschaftsgegnerisch gegenüberstehende Arbeitnehmervereinigungen handeln muß, eine Frage, zu der das Reichsarbeitsgericht in den Urteilen 24/28 vom 29. September 1928 — RAG.

Entsch. Bd. 2 S. 289 — und 144/28 vom 10. Oktober 1928 — RAG. Entsch. Bd. 2 S. 299 — und 9. Februar 1929 370/28 aus Gesichtspunkten der Eignung zur Erfüllung der tarifvertragsmäßigen Aufgabe Stellung genommen hat. Von diesem Standpunkt aus, daß die Eignung der abschließenden Verbände zur Vermittlung der Tarifwirkung zu prüfen ist, muß der Maßstab angelegt werden, den das Reichsgericht in der erörterten Rechtsprechung seit dem 111. Bande verwendet hat, ob der allgemeine Aufgabenkreis der Vereinigung die Regelung der Arbeitsbedingungen der anderen Arbeitspartei (Arbeitgeber oder Arbeitnehmer) gegenüber sachlich umfaßt, nicht aber kann es in diesem Zusammenhang unmittelbar darauf ankommen, ob die Satzung des Vereins den Abschluß von Tarifverträgen ins Auge faßt oder will.

Der Widerspruch gegen die Annahme der Tariffähigkeit auch gegen den satzungsgemäßen Willen des Verbandes knüpft denn auch weniger an Grundsätze des Tarifrechts, als an solche des Vereinsrechts an, um die Wirksamkeit der Satzungsverfügung über die Tariffähigkeit zu erweisen. So wird von Göppert, NZ. f. AR. 1925 S. 321 flg. aus der Satzungsbestimmung eine entsprechend beschränkte Rechtsfähigkeit, von Schoppen, Schlichtungswesen 25 S. 121 flg. eine beschränkte Handlungsfähigkeit, von Örtmann, Schlichtungswesen 15 S. 97 (s. a. v. d. A.) eine Hinderung in der „Abschlußfähigkeit" der Vereinigung hergeleitet. Es ist (soweit es sich wie hier um einen nicht rechtsfähigen Verein handelt) dieser Ansicht zuzugeben, daß die Umgrenzung der Vereinsaufgabe in der Satzung zur Folge hat, daß zum mindesten auf dem Wege über die Vertretungsmacht des Vorstands eine Willensbildung des Vereins außerhalb des satzungsmäßigen Gebiets ausgeschaltet wird (RGZ. Bd. 82 S. 294).

Die Folgerung von diesem Ausgangspunkt aus dürfte sich indes für die Frage der Tariffähigkeit nicht darauf beschränken, den satzungsmäßigen Ausschluß der Tarifvereinbarung für wirksam zu erklären, sondern müßte zur Geltung eines Tarifvertrages den positiven Nachweis fordern, daß die Verbandsaufgabe nach der Satzung den Tarifabschluß umfassen soll, so daß seit dem Inkrafttreten der TarVo. vom 23. Dezember 1918 nahezu der Rechtszustand in Geltung wäre, den der Tarifentwurf von 1921 dahin in Aussicht nimmt (§ 4) „Tariffähig sind Vereinigungen von Arbeitgebern oder Arbeitnehmern, deren Satzung den Abschluß von Tarifverträgen vorsieht . . .".

Die TarVo. vom 23. Dezember 1918 konnte mit einer solchen Richtung der Satzungen nicht rechnen, da auf die neuartigen Wirkungen des durch sie geschaffenen Tarifrechts kaum eine der in Frage kommenden Vereinigungen satzungsmäßig eingestellt sein konnte und da, zum mindesten bei einem großen Teil der Arbeitgebervereinigungen, nicht einmal die allgemeine Richtung auf Abschluß von Gesamtverträgen mit den Gewerkschaften durch Sinn und Handhabung der Satzung gegeben war. Trotzdem hatten am 15. November 1918 die Spitzenorganisationen der Verbände beider Seiten die im Reichsanzeiger 1918 Nr. 273 veröffentlichte, für die Neuregelung des Arbeitsrechts grundlegende Vereinbarung geschlossen, in deren Ziff. 6 der Abschluß von Kollektivverträgen als Ziel in Aussicht genommen war. Wenn die TarVo. auf dieser Vereinbarung fußend, den über die Arbeitsbedingungen abschließenden Verbänden durch die Einführung der Normativwirkung die Tarifgewalt über die tarifunterworfenen Beteiligten verlieh, so bekleidete sie die tatsächlich bestehenden, die Arbeit von beiden Seiten kontrollierenden Wirtschaftsmächte durch Einführung der sozialen Selbstverwaltung (RGZ. Bd. 107 S. 247 flg.) mit öffentlichrechtlichen Befugnissen und Pflichten.

Dieser öffentlichrechtlichen Stellung zu entsagen, lag nach allgemeinen Regeln nicht in der Macht der Verbände. Der Grundsatz der Vereinigungsfreiheit, wie er in den §§ 124, 159 RVerf. geschützt ist, wird durch die öffentlichrechtliche Qualifizierung bestehender, frei gebildeter, frei auflösbarer und frei wandelbarer Vereinigungen nicht berührt.

Richtig ist deshalb, daß auch Satzungsänderungen aller Art zulässig bleiben und satzungsmäßige Änderungen des Vereinszwecks, soweit die Satzung allein die Vereinsaufgabe bestimmt, ihre Auswirkung auf die Kraft von Vereinshandlungen nach wie vor äußern müßten. Die Satzung bestimmt aber bei den wirtschaftlichen Vereinigungen, die nach den erörterten sachlichen Gesichtspunkten die Voraussetzungen der Tariffähigkeit erfüllen, die Vereinsaufgabe nicht allein. Vielmehr bedient sich der Gesetzgeber der in diesem sachlichen Sinn tariffähigen Vereine und ihrer Vereinseinrichtung, um ihnen eine öffentlichrechtliche Vereinsaufgabe in Anknüpfung an den satzungsmäßigen Zweck zu geben. Diese Aufgabe, die nicht die Willkür der Verbandsmitglieder, sondern der Wille des Gesetzgebers geschaffen hat, kann durch Satzungsänderung nicht ohne Änderung der Grundlagen beseitigt werden, aus denen die *Eignung* der Verbände zur Übernahme der Tarifaufgabe und damit die gesetzliche Tariffähigkeit folgt.

Schon aus diesem Gesichtspunkte der Tarifrechtszwecke ergibt sich danach, daß eine Tarifunfähigkeit durch die eigene Willkür der Verbände im Wege der Satzungsänderung nicht herbeigeführt werden kann, ohne daß der Vereinszweck auch im übrigen satzungsmäßig und tatsächlich geändert wird.

Was für die volle Ausschließung der Tariffähigkeit gilt, wird für die Beschränkung, gleichviel ob sie in bezug auf die Voraussetzung des Abschlusses, auf den Tarifgegner, in bezug auf das Tarifgebiet oder die Bedingungen des Tarifvertrages geschieht, entsprechend gelten müssen. Da im vorliegenden Falle daran, daß die Klägerin bestimmt ist, die wirtschaftlichen Arbeitgeberinteressen den Arbeitnehmern gegenüber zu vertreten, und damit an der gesetzlichen Tariffähigkeit im Sinne der erörterten Rechtsprechung des Reichsgerichts teilzuhaben, ein Zweifel nach den Feststellungen des Berufungsrichters nicht besteht, konnte die einschränkende Bestimmung der Satzung vom 1. Juni 1924 an diesem Rechtszustand nichts ändern.

RAG. 4, 6.

Wie verhalten sich nach § 2 des Kündigungsschutz-Gesetzes vom 9. Juli 1926 die Kündigungsfristen zu den Kündigungsterminen? Sind letztere unabdingbar?

Gesetz über die Fristen für die Kündigung von Angestellten vom 9. Juli 1926 (RGBl. I S. 399, 412) § 2.

Reichsarbeitsgericht. Urt. v. 13. April 1929.

I. Arbeitsgericht Mühlheim a. d. R. — II. Landesarbeitsgericht Duisburg.

Den Sachverhalt und die Entscheidung ergeben die nachfolgenden

Gründe:

Der Kläger war nach den Feststellungen des Landesarbeitsgerichts am 27. Oktober 1927 bereits im 9. Jahre als Steiger beim Beklagten tätig. Nach § 2 des unstreitig auf das Angestelltenverhältnis anwendbaren Gesetzes über die Fristen für die Kündigung von Angestellten vom 9. Juli 1926 (RGBl. I S. 399) konnte ihm daher mangels eines die sofortige Entlassung rechtfertigenden Grundes nur mit einer viermonatigen Frist für den Schluß eines Kalendervierteljahres gekündigt werden. Danach hätte am 27. Oktober 1927 die Kündigung zum 31. März 1928 erfolgen können. Nicht zu diesem Termin, sondern erst am 30. April 1928 war aber nach Inhalt des Schreibens des Beklagten vom 27. Oktober 1927 die Beendigung des Angestelltenverhältnisses beabsichtigt. Während nun das Arbeitsgericht ausgesprochen hat, dem Schreiben fehle die nötige Bestimmtheit, um als Kündigung überhaupt wirken zu können, die Besprechung mit dem Bergassessor N. habe aber erst am 24. Februar 1928 stattgefunden und eine dabei etwa ausgesprochene Kündigung habe nicht für die hier in Frage kommenden Monate Mai und Juni 1928 wirken können, hat das Landesarbeitsgericht dahingestellt sein lassen, ob in dem Schreiben eine endgültige, genügend bestimmte Kündigung zu finden sei; es hat angenommen, daß eine etwa darin liegende Kündigung nach der angeführten Gesetzesstelle das Vertragsverhältnis nur zum 30. Juni 1928 habe beenden können, und aus diesem Grunde die Klage zugesprochen. Die Revision ist demgegenüber der Ansicht, daß die Kündigung mit einer längeren als der im Gesetz oder im Vertrage vorgesehenen Kündigungsfrist eine Maßnahme zugunsten des Arbeitnehmers sei, die nicht zuungunsten des Arbeitgebers ausgelegt werden dürfe. Diese Ausführung steht zunächst im Widerspruch mit der tatsächlichen, das Revisionsgericht bindenden Feststellung des Berufungsrichters, wonach vom Beklagten mit dem Schreiben vom 27. Oktober 1927 keine Maßnahme zugunsten des Klägers beabsichtigt gewesen sei, vielmehr von der irrigen Auffassung ausgegangen ist, es müsse die vertraglich ausbedungene Frist von 2 Monaten mit der im Kündigungsschutzgesetz bestimmten viermonatigen Frist zusammengerechnet werden. Sodann verkennt sie die Bedeutung und die Tragweite der bezeichneten Gesetzesvorschrift. Gemäß dem sozialpolitischen Zweck des Gesetzes, der Notlage der älteren Angestellten, die bei dem gleichen Arbeitgeber oder bei ihm und seinem Rechtsvorgänger mindestens fünf Jahre beschäftigt sind, nach Möglichkeit zu steuern, ist durch dasselbe der den Handelsgehilfen in den §§ 66 bis 69 HGB. und den Angestellten in gewerblichen Unternehmungen in gleicher Weise in den §§ 133a, 133aa bis 133ac RGewO. gewährte Kündigungsschutz unter der Voraussetzung, daß der Arbeitgeber regelmäßig mehr als zwei Angestellte beschäftigt, in mehrfacher Hinsicht erweitert worden. Abgesehen davon, daß der Schutz nach § 1 des Kündigungsschutzgesetzes unabhängig von der Höhe des Jahresverdienstes eintritt, liegt die Erweiterung nach § 2 des Gesetzes vor allem darin, daß an die Stelle der bisherigen gesetzlichen oder vereinbarten Kündigungsfristen zugunsten der Angestellten gesetzliche Mindestfristen getreten sind, die je nach der Dauer der Beschäftigung 3 bis 6 Monate betragen, sodann darin, daß der „Arbeitgeber nur noch für den Schluß eines Kalendervierteljahres kündigen darf". Das sind zwingende Gesetzesvorschriften, denen gegenüber eine abweichende, für den Arbeitnehmer ungünstigere Vereinbarung seit dem Inkrafttreten des Kündigungsschutzgesetzes bedeutungslos geworden ist. Der zwingende Charakter der Vorschriften ist hinsichtlich der Kündigungsfristen vom Reichsarbeitsgericht bereits im Urteil vom 26. Oktober 1927 in der Sache RAG. 1/27 (RAG. Entsch. Bd. 1 S. 7 flg.) ausgesprochen; nur der Angestellte, nicht aber der Arbeitgeber, kann nach § 2 Abs. 2 des Gesetzes von einer etwa in einem Vertrage vereinbarten kürzeren Kündigungsfrist Gebrauch machen. Aber nicht nur die Mindestkündigungsfristen des Gesetzes sind zwingenden Rechts zugunsten des Angestellten, gleiches gilt vielmehr auch von dem im Gesetz festgelegten Zeitpunkt, dem Schlusse des Kalendervierteljahres, zu dem allein die Kündigung ausgesprochen werden „darf". Zu Beginn eines Kalendervierteljahres stehen, wie der Vorderrichter mit Recht hervorhebt, auf dem Arbeitsmarkt mehr Stellen zur Besetzung oder Wiederbesetzung zur Verfügung als zu jeder anderen Zeit. Den zum Kalendervierteljahrsschluß ausscheidenden Angestellten wird es daher leichter, anschließend wieder Stellung zu bekommen, als denjenigen Angestellten, welche innerhalb des Vierteljahrs — wenn auch gemäß § 67 HGB., § 133aa RGewO. nur zu Ende eines Kalendermonats — ausscheiden müssen. Dieser besondere Vorteil, dem beim Mangel der Vereinbarung einer Kündigungsfrist für die übrigen Angestellten im § 66 HGB., § 133a RGewO. Rechnung getragen ist, sollte gemäß dem oben gekennzeichneten sozialen Zweck des Gesetzes den genannten älteren Angestellten zugewandt und gesichert werden. Um deswillen hat das Gesetz bestimmt, daß ihnen nur zum Schlusse des Kalendervierteljahrs gekündigt werden d ü r f e. Der Wortlaut des § 2 Satz 1 KSchG.: „Ein Arbeitgeber . . . d a r f einen Angestellten, den er . . . mindestens fünf Jahre beschäftigt hat, n u r m i t m i n d e s t e n s drei Monaten Frist f ü r d e n S c h l u ß e i n e s K a l e n d e r v i e r t e l j a h r e s kündigen" bringt den zwingenden Charakter und die Unabdingbarkeit dieses Endtermins, zu dem allein eine Kündigung wirken kann, deutlich zum Ausdruck. Daß der Grundsatz nicht nur bezüglich der dreimonatigen Kündigungsfrist für die Angestellten mit einer Beschäftigungsdauer von mindestens 5 Jahren, vielmehr auch für die anderen, längeren Kündigungsfristen gelten soll, folgt daraus, daß im § 2 Abs. 1 Satz 2 für die Angestellten mit längerer Beschäftigungsdauer nur jene Kündigungs f r i s t „erhöht" ist. Es würde auch zu einem unannehmbaren Ergebnis führen, wenn man die Bestimmungen des § 2 Abs. 1 Satz 1 KSchG., wonach nur für den Schluß eines Kalendervierteljahres gekündigt werden darf, nur auf die dort genannten Angestellten mit 5jähriger Beschäftigungsdauer und einer Kündigungsfrist von mindestens 3 Monaten anwenden wollte, nicht aber auf die Angestellten mit einer längeren Beschäftigungsdauer und demgemäß einer gesetzlich gewährleisteten längeren Kündigungsfrist. Einem erst 5 Jahre beschäftigten Angestellten gegenüber würde eine ihm am 2. Januar zugegangene Kündigung vermöge der für ihn geltenden Kündigungsfrist von mindestens 3 Monaten nur zum Schluß des Kalendervierteljahrs, also erst zum 30. Juni, wirken können, dem Angestellten mit mehr als achtjähriger Beschäftigungsdauer gegenüber dagegen — bei Nichtberücksichtigung der Bestimmung über den Schluß des Kalendervierteljahrs — vermöge der für ihn geltenden längeren, nämlich 4monatigen Kündigungsfrist bereits zum 31. Mai. Daß dies nicht die Absicht des Gesetzes gewesen sein kann, liegt auf der Hand. Dem Landesarbeitsgericht ist hiernach darin beizupflichten, daß eine dem Kläger am 27. Oktober 1927 zum 30. April 1928 erklärte Kündigung erst zum 30. Juni 1928 habe wirken können; zum 30. April hätte sie das Vertragsverhältnis nur lösen können, wenn sich der Kläger bei oder nach Erklärung der Kündigung mit der vorzeitigen Auflösung einverstanden erklärte. Für ein solches Einverständnis, das nicht vermutet werden kann (Urt. vom 23. Juli 1928 RAG. 102/28), fehlt jeder Anhalt.

RAG. 4, 14.

Welche Bedeutung ist der in einem Tarifvertrage enthaltenen Bestimmung: „Die regelmäßige wöchentliche Arbeitszeit beträgt 48 Stunden" beizumessen?

TarifvertragsVo. v. 23. 12. 28 § 1. Manteltarifvertrag für die Sächsisch-Thüringischen Webereien vom 7. 12. 27.

Reichsarbeitsgericht. Urt. v. 17. April 1929.

I. Arbeitsgericht Greiz. — II. Landsarbeitsgericht Jena.

Die Beklagte ist Inhaberin eines Webereibetriebes; die Kläger sind bei ihr als Weber bzw. Weberinnen beschäftigt. Für das Arbeitsverhältnis ist der auf einem verbindlich erklärten Schiedsspruch vom 7. Dezember 1927 beruhende Manteltarifvertrag für die Sächsisch-Thüringischen Webereien maßgebend, nach dessen § 9 das Arbeitsverhältnis jederzeit ohne Einhaltung einer Kündigungsfrist gekündigt werden kann, und dessen § 2 über die Arbeitszeit folgendes bestimmt:

> „Die regelmäßige wöchentliche Arbeitszeit, ausschließlich aller Pausen, beträgt 48 Stunden, und zwar an den Tagen Montag bis Freitag je 8½ Stunden und Sonnabends 5½ Stunden."

Außerdem gilt im Betriebe der Beklagten eine Arbeitsordnung vom 13. September 1920, in deren § 8 Beginn und Ende der regelmäßigen Arbeitszeit im Anschluß an die Tarifbestimmung des § 2 festgesetzt und ferner im Abs. 5 bestimmt ist, daß eine Verkürzung der regelmäßigen Arbeitszeit im Einverständnis mit dem Arbeiterrat 24 Stunden vorher bekanntzugeben sei, soweit nicht ein unvorhergesehener dringender Fall vorliege.

Am Donnerstag, dem 29. März 1928, ließ die Beklagte in ihrem Betriebe eine Bekanntmachung folgenden Inhalts anschlagen:

„Infolge Auftragsmangels ist die Firma nicht imstande, den Betrieb bis auf weiteres an den Sonnabenden laufen zu lassen. Arbeiter, die hiermit nicht einverstanden sind, haben sich als entlassen zu betrachten. Die Entlassungspapiere sind im Webereikontor abzuholen."

Die Kläger, die noch am 29. März 1928 von dem Anschlage Kenntnis genommen hatten, fanden sich am Sonnabend, dem 31. März, zur Arbeitsleistung ein, die Annahme der Arbeitsleistung wurde jedoch von dem Betriebsleiter abgelehnt. Am Montag, dem 2. April erschienen die Kläger wieder zur Arbeit; sie haben in der Folgezeit regelmäßig von Montag bis Freitag gearbeitet, sind aber an den Sonnabenden nicht mehr erschienen. Seit dem 19. Mai 1928 hat die Beklagte an den Sonnabenden wieder arbeiten lassen. Die Kläger verlangen für die in der Zeit vom 31. März bis 12. Mai 1928 fallenden Sonnabende, an denen nicht gearbeitet worden ist, Zahlung des Lohnes, da die Beklagte zur einseitigen Verkürzung der Arbeitszeit ohne Zustimmung des Arbeiterrats nicht befugt gewesen und mit der Annahme der angebotenen Arbeitsleistung an den Sonnabenden in Verzug geraten sei. Die Beklagte ist der Auffassung, daß die Kläger durch die Weiterarbeit am 2. April sich mit der Verkürzung der Arbeitszeit stillschweigend einverstanden erklärt hätten.

Arbeitsgericht und Landesarbeitsgericht haben die Klage abgewiesen. Die Revision der Kläger war ohne Erfolg.

Gründe:

Das Landesarbeitsgericht hat ausgeführt, in dem Anschlag vom 29. März 1928 habe die Beklagte unzweideutig zum Ausdruck gebracht, daß das Arbeitsverhältnis mit jedem Arbeitnehmer gekündigt sein sollte, der nicht mit dem Stillstand des Betriebes einverstanden sei. Die fristlose Kündigung sei nach § 9 des Manteltarifvertrages zulässig gewesen, sie habe entsprechend der Vorschrift des § 4 Abs. 4 der Arbeitsordnung die Angabe des Kündigungsgrundes enthalten und sei auch ernsthaft gemeint gewesen. Daß sie unter einer Potestativbedingung ausgesprochen sei, stehe ihrer Wirksamkeit nicht entgegen. Daraus, daß die Kläger nicht ihre Entlassungspapiere geholt, vielmehr am Montag die Arbeit wieder aufgenommen hätten, habe die Beklagte entnehmen müssen, daß sie mit dem Angebot des Ruhens der Arbeit an den Sonnabenden nunmehr einverstanden seien. § 2 des MTV. stehe einem solchen stillschweigenden Abkommen nicht entgegen, weil die im Tarifvertrag geregelte Arbeitszeit nicht eine Garantie des Mindestverdienstes bedeute, vielmehr nur eine körperliche Ausbeutung der Arbeitnehmer hinsichtlich der Höchstleistung verhindern solle.

Die Revision rügt demgegenüber unrichtige Auslegung des § 2 MTV.; sie macht unter Bezugnahme auf das Urteil des Reichsarbeitsgerichts vom 30. April 1928 (RAG. Entsch. Bd. 1 S. 301) geltend, die Festsetzung der regelmäßigen Arbeitszeit im Tarifvertrage enthalte eine Sicherstellung des Arbeitseinkommens und sei als Tarifnorm unabdingbar. Sie bittet ferner um Nachprüfung der Zulässigkeit der Kündigung durch Aushang nach Form und Inhalt und macht endlich geltend, das Landesarbeitsgericht habe rechtsirrig ein Einverständnis der Kläger mit der Verkürzung der Arbeitszeit angenommen, aus der Aufrechterhaltung der Nachzahlungsforderung der Kläger habe die Beklagte das Gegenteil ersehen müssen, sie dürfe sich auch nicht darauf berufen, daß die Kläger unter dem Drucke der ihnen drohenden Arbeitslosigkeit sich vielleicht nicht ganz richtig verhalten hätten.

Was zunächst die Bedeutung der Bestimmung über die Dauer der Arbeitszeit im § 2 des Tarifvertrages betrifft, so hat allerdings das Reichsarbeitsgericht in dem oben bezeichneten Urteile für die im RTV. für das deutsche Buchbindereigewerbe vom 23. Juni 1927 enthaltene Bestimmung: „Die regelmäßige Arbeitszeit beträgt wöchentlich 48 Stunden und der Stundenlohn 1 RM“ angenommen, daß damit dem Arbeitnehmer ein 48stündiger Wochenlohn auch für den Fall habe gesichert werden sollen, daß der Arbeitgeber ihn nicht voll zu beschäftigen in der Lage sei. Es hat diese in jenem Rechtsstreit bereits vom Landesarbeitsgericht gewonnene Auslegung jedoch nur für den damals zur Entscheidung stehenden besonderen Fall gebilligt, und zwar, wie eingehend ausgeführt ist, unter Verwertung weiterer, für diese Auslegung entscheidend in Betracht kommender Tarifvertragsbestimmungen, die den besonderen Vertragswillen der Tarifvertragsparteien deutlich erkennen ließen. Als allgemeinen Grundsatz hat es aber ausgesprochen, daß die privatrechtliche Tragweite einer in Anlehnung an § 1 der ArbZVo. die regelmäßige Wochenarbeitszeit auf 48 Stunden festzusetzenden Tarifvertragsbestimmung durch den Vertragswillen der Tarifvertragsparteien bestimmt werde. Es ist also eine Frage der nach den Grundsätzen der §§ 133, 157 BGB. vorzunehmenden Auslegung des

Einzelfalles, welche Bedeutung einer solchen Tarifbestimmung beizumessen ist. Im vorliegenden Falle bieten die übrigen Bestimmungen des Tarifvertrages irgendwelche Anhaltspunkte für die Auslegung nicht. Auch die Bestimmung des § 4 Nr. 8: „Wochenlöhne können vereinbart werden, wobei die tariflich festgelegten Stundenlöhne zugrunde zu legen sind (48 Stunden je Woche)" bietet solche Anhaltspunkte nicht; denn sie regelt lediglich die Zulässigkeit der Vereinbarung von Wochenlöhnen und gibt hierfür Richtlinien, die von dem Normalfalle der 48stündigen Wochenarbeitszeit ausgehen, läßt aber einen Rückschluß dahin, daß durch § 2 Nr. 1 in jedem Falle ein dem 48stündigen Wochenlohn entsprechender Mindestverdienst habe festgelegt werden sollen, nicht zu. Wenn unter diesen Umständen das Landesarbeitsgericht in der Bestimmung des § 2 Nr. 1 des MTV. nicht eine Garantie des Mindestverdienstes, vielmehr eine lediglich den Grundsatz des § 1 der ArbZVo. wiederholende Bestimmung erblickt hat, so hat das Revisionsgericht keine Anhaltspunkte, diese Auslegung als unrichtig zu bezeichnen, zumal die Kläger selbst in erster Instanz die Abdingbarkeit der Bestimmung nicht in Frage gestellt haben.

Ist aber eine Vereinbarung über die Herabsetzung der wöchentlichen Arbeitszeit gegenüber § 2 des Tarifvertrags zulässig, so ist auch im übrigen die Auffassung des Landesarbeitsgerichts nicht zu beanstanden. Zutreffend hat dieses angenommen, der Anschlag habe unzweideutig zum Ausdruck gebracht, daß das Arbeitsverhältnis mit jedem Arbeitnehmer gekündigt sein solle, der nicht mit dem Stillstande des Betriebes an den Sonnabenden einverstanden sei. Gegen Form und Inhalt der Kündigung sind Bedenken nicht zu erheben. § 4 Abs. 4 der Arbeitsordnung läßt mündliche oder schriftliche Kündigung zu; letzterem Erfordernisse ist durch den Anschlag der schriftlichen Kündigungserklärung genügt, da sie unstreitig zur Kenntnis der Kläger gelangt ist. Auch die Annahme des Landesarbeitsgerichts, daß der Rechtswirksamkeit der bedingten Kündigung nichts entgegenstehe, wenn, wie im vorliegenden Fall, der Eintritt der Bedingung von dem Willen des Kündigungsempfängers abhänge, ist nicht zu beanstanden (RGR. Komm. Anm. 4 zu § 565 BGB.). Das Landesarbeitsgericht hat ferner tatsächlich festgestellt, daß die Kündigung ernstlich gemeint gewesen sei. Dafür, daß die Kläger Veranlassung gehabt hätten, sie als nicht ernstlich gemeint anzusehen, sind irgendwelche Anhaltspunkte nicht geltend gemacht. Den Klägern war also klar, daß sie sich, als sie am Sonnabend, dem 31. März, erschienen, um ihre Arbeitsleistung anzubieten, als entlassen zu betrachten hatten; sie mußten sich gegenüber dem unzweideutig zum

Ausdruck gebrachten Willen der Beklagten auch weiter darüber klar sein, daß diese nur unter den neuen Bedingungen, also bei vorläufigem Ruhen der Arbeit an den Sonnabenden, sie wieder beschäftigen würde. Erschienen sie trotzdem am 2. April zur Arbeit, so konnte die Beklagte aus diesem tatsächlichen Verhalten entnehmen, daß sie ihren ursprünglichen Widerspruch aufgegeben hätten und nunmehr unter den ihnen durch den Anschlag bekannt gemachten neuen Arbeitsbedingungen zu arbeiten willens seien. Wenn daher das Landesarbeitsgericht in der Fortsetzung der Arbeit am 2. April ein stillschweigendes Einverständnis der Kläger mit der Verkürzung der Arbeitszeit erblickt hat, so sind dagegen rechtliche Bedenken nicht zu erheben, zumal die Kläger selbst an den folgenden Sonnabenden einen Widerspruch gegen das Ruhen der Arbeit nicht mehr kundgegeben haben, vielmehr der Arbeit ohne weiteres ferngeblieben sind. Daß die Kläger vor dem 12. Mai 1928, dem letzten Sonnabend, an dem nicht gearbeitet worden ist, nochmals ihren Widerspruch gegen das Ruhen des Betriebes an Sonnabenden der Beklagten gegenüber zu erkennen gegeben hätten, ist in den Vorinstanzen nicht behauptet.

Der lediglich die Verkürzung der Arbeitszeit innerhalb des bestehenden Arbeitsverhältnisses betreffende Absatz 5 des § 8 der Arbeitsordnung steht dem von der Beklagten eingeschlagenen Wege der Verkürzung der Arbeitszeit nicht entgegen. Es treffen hier die gleichen Erwägungen zu, wie sie bereits im Urteil des Reichsarbeitsgerichts vom 19. Dezember 1928 — RAG. Entsch. Bd. 3 S. 68 — für einen gleichliegenden Sachverhalt ausgesprochen worden sind.

RAG. 4, 19.

Verstößt die Massenkündigung einer Belegschaft zu dem Zwecke, den Arbeitgeber zur Entlassung eines nicht organisierten Berufsgenossen oder diesen zum Anschlusse an eine Gewerkschaft zu zwingen, gegen die guten Sitten?

BGB. § 826.

Reichsarbeitsgericht. Urt. v. 24. April 1924.

I. Arbeitsgericht Altona. — II. Landesarbeitsgericht daselbst.

Der Kläger war in der Zeit vom 7. Mai bis zum 27. September 1927 bei dem Bauunternehmer B. als Zimmerer tätig. Er gehörte keiner gewerkschaftlichen Organisation an, während die übrigen 13 oder 14 Arbeitnehmer des B. Mitglieder des Zentralverbandes der Zimmerer oder verwandter Verbände waren. Nach dem tarifvertraglichen Inhalt der Einzelarbeitsverträge stand dem Arbeitgeber und den Arbeitnehmern das Recht jederzeitiger Kündigung ohne Einhaltung einer Frist zu.

Am 27. September 1927 wurde der Kläger von B. mit dem Erklärung entlassen, daß ohne diese Maßnahme die übrige Belegschaft die Arbeit niederlegen würde. Der Kläger, der keine anderweite Arbeit fand, erhob im Oktober 1927 gegen einen Teil seiner Mitarbeiter Klage auf ihre Verurteilung zum Ersatz allen ihm aus der Kündigung vom 27. September 1927 entstandenen und noch entstehenden Schadens. Das Landesarbeitsgericht erklärte den Anspruch, den es prozessual als Leistungsanspruch auffaßte, im Gegensatz zum Arbeitsgericht dem Grunde nach für berechtigt und wies die Sache insoweit zur Entscheidung über die Höhe des Anspruchs an das Arbeitsgericht zurück. Vor diesem hat der Kläger seinen Lohnausfall bis Ende Januar 1928 auf 635,60 RM beziffert und Verurteilung der Beklagten zur gesamtschuldnerischen Zahlung der genannten Summe begehrt.

Das Arbeitsgericht und das Landesarbeitsgericht gaben diesem Antrage statt. Die vom Berufungsgericht zugelassene Revision der Beklagten hatte keinen Erfolg.

Gründe:

An die Rechtsauffassung, welche dem für sich allein nicht revisionsfähigen Grundurteile des Landesarbeitsgerichts vom 15. Dezember 1927 (vgl. § 61 Abs. 5, § 64 Abs. 3 ArbGG.) zugrunde liegt, war in dem sich anschließenden Betragsverfahren das Arbeitsgericht ebenso wie das Landesarbeitsgericht gebunden. In ihm durfte daher eine neue Prüfung des Rechtsgrundes der klägerischen Forderung nicht stattfinden und hat demgemäß auch nicht stattgefunden. Dagegen konnte das genannte Grundurteil des Landesarbeitsgerichts zugleich mit dem zweitinstanzlichen Betragsurteil angefochten werden. Das haben die Beklagten getan. Ihre Revisionsbegründung läßt erkennen, daß sie sich in der Hauptsache durch die Vorabentscheidung über den Anspruchsgrund beschwert fühlen und sie beseitigt wissen wollen.

Das Berufungsgericht, das den klägerischen Anspruch sowohl aus § 826 BGB. als auch aus Art. 159 RVerf. in Verbindung mit § 823 Abs. 2 BGB. für begründet hält, hat folgenden Sachverhalt für erwiesen angesehen. Da die ganze Belegschaft B.s nach wochenlangen vergeblichen Versuchen, den Kläger zum Eintritt in einen ihrer Verbände zu veranlassen, geschlossen gegen ihn Stellung nahm, kam es zwischen ihm und den übrigen Arbeitern zu häufigen Streitigkeiten und Mißhelligkeiten. Am 27. September 1927 kündigten diese . . . einzeln und ohne Angabe eines Grundes ihr Arbeitsverhältnis zum Abend des genannten Tages. B., der sich darüber klar war, daß diese Kündigungen mit der Nichtorganisation des Klägers zusammenhingen, führte sofort eine Unterredung mit dem Beklagten S. herbei und fragte ihn nach der Veranlassung der Arbeitsniederlegung. S. entgegnete, daß das gute Einvernehmen der Leute unter der Nichtorganisation des Klägers litte. Auf die weitere Frage B.s, ob die Leute die Arbeit auch niederlegen würden, wenn er den Kläger entlasse, erwiderte S., dann würden sie bleiben. Tatsächlich haben sie auch sämtlich nach der Entlassung des Klägers weitergearbeitet. Zu ihr entschloß sich B., weil seine Bauarbeiten keinen Aufschub vertrugen und er seine gut eingearbeiteten Leute nicht mit ihm unbekannten, ihm vom Arbeitsamt zuzuweisenden Arbeitskräften vertauschen wollte.

Aus diesem Tatbestande hat das Landesarbeitsgericht den Schluß gezogen, daß die Einzelkündigungen vorher von den organisierten Arbeitern verabredet waren und in der Absicht erfolgten, den Kläger zum Anschluß an einen ihrer Verbände zu zwingen oder brotlos zu machen. Denn die Belegschaft hätte in Kenntnis davon, daß die Schwierigkeiten und wirtschaftlichen Nachteile, welchen die gemeinsame Niederlegung der Arbeit den Arbeitgeber aussetzte, damit gerechnet, daß B. lieber dem Kläger kündigen, als die Kündigungen der übrigen Arbeiter hinnehmen würde. Im Anschluß hieran stellt das Berufungsgericht ausdrücklich fest, daß die Beklagten mit ihren Kündigungen nicht etwa bezweckten, ihre Arbeitsverhältnisse zu lösen und notfalls längere Brotlosigkeit auf sich zu nehmen, um der Mitarbeit mit dem ihnen unbequemen Kläger zu entgehen, sondern daß sie in Wirklichkeit den Arbeitgeber zur Entlassung des Klägers zwingen wollten, um ohne diesen auf ihrer alten Arbeitsstätte zu verbleiben oder um den Kläger zu veranlassen, sich dem Organisationszwange zu unterwerfen. Es sollte also ein wirtschaftlicher Druck auf den Willen sowohl des B. als auch des Klägers ausgeübt werden. Die Beklagten wußten, wie der Berufungsrichter darlegt, daß ein Überangebot an Zimmerern bestand und der Kläger daher im Falle seiner Entlassung seine Arbeitskraft anderweit nicht würde verwenden können und in seiner wirtschaftlichen Existenz bedroht würde. Er sollte also durch Erwerbslosigkeit und Hunger ihrem, der Beklagten, Willen gefügig gemacht werden. Damit sind nicht nur der ursächliche Zusammenhang zwischen dem Verhalten der Beklagten und der Entlassung und der Schädigung des Klägers, sondern auch das schädigende Bewußtsein und der Schädigungswille der ersteren einwandfrei festgestellt. Es kann sich also nur noch fragen, ob in dem Vorgehen der Beklagten eine Sittenwidrigkeit im Sinne des § 826 BGB. zu erblicken ist. Die Revision bestreitet das und wirft dem Berufungsrichter vor, nicht geprüft zu haben, ob das Ansinnen, nicht einer bestimmten, sondern irgendeiner gewerkschaftlichen Organisation beizutreten, unter den heutigen Zeit- und Wirtschaftsverhältnissen wirklich unsittlich oder ob dem Kläger nicht vielmehr der Beitritt zu einer solchen nach den Anschauungen seiner Berufsgenossen und allgemeiner Berufsmoral ohne weiteres zuzumuten gewesen sei. Diese Zumutbarkeit spielt aber dem Willensdruck, dem Druckmittel und dem Druckerfolge gegenüber keine entscheidende Rolle. Von den Rechtsanschauungen des VI. Zivilsenats hinsichtlich des Organisationszwanges und seines Verhältnisses zu den Forderungen, welche der Verkehr im Interesse eines geregelten Rechts- und Wirtschaftslebens an Anstand und Sitte stellen muß und stellt (RGZ. Bd. 104 S. 328 flg.), abzuweichen, dazu bieten die gegenwärtigen Zeit- und Wirtschaftsverhältnisse keinen Anlaß. Auch für sie und den vorliegenden Rechtsstreit haben die in dem angezogenen Urteil entwickelten Grundsätze ihre Geltung behalten. Ob Art. 159 RVerf. nur die positive Vereinigungsfreiheit oder auch die negative zu einem Grundrecht aller Deutschen erhoben hat, bedarf, wie dort, so auch hier, keiner Entscheidung.

Auszugehen ist aber davon, daß der Gesetzgeber die natürliche Freiheit des einzelnen, keinem wirtschaftlichen Verbande anzugehören, weder in der Reichsverfassung noch in früheren oder späteren sozial- oder arbeitsrechtlichen Gesetzen irgendwie beschränkt, sondern sogar, wie schon von dem VI. Zivilsenat hervorgehoben ist, in den §§ 78 Nr. 8, 81 des BRG. die Gleichberechtigung organisierter und nichtorganisierter Arbeiter ausdrücklich anerkannt hat. Es soll zwar nicht verkannt werden, daß neben dieser Willensfreiheit des einzelnen auch das berechtigte Bestreben der Gewerkschaften, durch Vermehrung der Mitgliederzahl ihre wirtschaftliche Stoßkraft zu vermehren, berücksichtigt werden muß und daß zur Verwirklichung dieses Strebens unter Umständen auch die Ausübung eines gewissen Druckes auf nicht organisierte Arbeiter, um sie zum gewerkschaftlichen Anschluß zu bewegen, erforderlich sein kann und nicht schlechthin als unerlaubt oder unsittlich zu bezeichnen ist. Denn die Wahrnehmung eigener berechtigter Interessen verstößt allein deshalb, weil sie im Bewußtsein der Benachteiligung der wirtschaftlichen Belange eines anderen erfolgt, noch nicht gegen § 826 BGB. Die Druckbefugnisse der Organisation oder der organisierten Arbeiter findet aber ihre natürliche Grenze da, wo das angewandte Druckmittel der Rechtsordnung nach allgemeinen Grundsätzen widerstreitet oder zu einer Schädigung des Widerstrebenden führt, die mit dem zu erreichenden Ziele in keinem Verhältnis steht und unsoziale Härten und Ungerechtigkeiten zur Folge hat. Das wird immer dann der Fall sein, wenn durch das Druckmittel die wirtschaftliche Existenz des einzelnen Nichtorganisierten, also des wirtschaftlich Schwächeren, von dem Verbande oder seinen Mitgliedern, also den wirtschattlich Stärkeren, in erheblicher Weise bedroht und gefährdet wird. Daß das aber die Beklagten im gegebenen Falle getan haben, ist vom Berufungsrichter in eingehender Begründung, wie sie oben wiedergegeben ist, dargelegt worden. Eine solche Handlungsweise verstößt unter allen Umständen gegen das Anstandsgefühl aller gerecht und billig Denkenden. Daß der Kläger sich dem unerlaubten Druck nicht gefügt, seine Willensfreiheit nicht preisgegeben und sich nicht gewerkschaftlich organisiert hat, ist ihm, wie die Revision es tun will, unmöglich als Verschulden anzurechnen. Für die Anwendung des § 254 BGB. bietet der Sachverhalt keinen Raum. Der Schadensersatzanspruch des Klägers ist daher nach Maßgabe des § 826 BGB. gerechtfertigt. . . .

RAG. 4, 23,

Kann eine Kündigung mit Rücksicht auf ihren Beweggrund und ihren Zweck wegen Verstoßes gegen ein gesetzliches Verbot oder die guten Sitten nichtig sein?

RVerf. Art. 159. BGB. §§ 134, 138, 826.

Reichsarbeitsgericht. Urt. v. 24. April 1929.

I. Arbeitsgericht Offenburg. — II. Landesarbeitsgericht daselbst.

Der Kläger war seit dem 23. März 1923 mit kleinen Unterbrechungen als Stadtarbeiter bei der beklagten Gemeinde, zuletzt seit dem 19. Oktober 1925 beim Stadtbauamt beschäftigt. Er gehört dem Verbande der Gemeinde- und Staatsarbeiter, Gau Baden, an und ist der Vertrauensmann und Kassierer dieser Organisation für O., seitdem sie im Jahre 1927 dort Fuß gefaßt hat. Da die Beklagte ihren Arbeitern die verlangten Tariflöhne nicht zahlte, kam es im Frühjahr 1928 zwischen ihr und dem Verbande zu Lohnverhandlungen und schließlich, da die Beklagte nicht nachgab, zu einem Rechtsstreite zwischen dieser und den betroffenen Arbeitern, darunter auch dem Kläger. In ihm erklärte das Arbeitsgericht durch Urteil vom 5. Juni 1928 die eingeklagten Ansprüche dem Grunde nach für berechtigt. Vorher am 9. Mai 1928 hatte eine Güteverhandlung vor dem Arbeitsgericht stattgefunden. Am folgenden Tage, dem 10. Mai, wurde dem Kläger sein Arbeitsverhältnis durch ein Schreiben des Stadtbauamts zum 26. Mai mit der Begründung gekündigt, daß die Stadt infolge finanzieller Schwierigkeiten mehrere in Aussicht genommenen Arbeiten habe zurückstellen müssen und daß infolgedessen Arbeitsmangel eingetreten sei. Der Kläger behauptet, diese Begründung treffe nicht zu. Vielmehr sei ihm nur deshalb gekündigt worden, weil die städtischen Arbeiter die Tariflöhne verlangt und die Stadt verklagt hätten und weil er nach der Meinung des Gemeinderats bei dieser Lohnbewegung eine führende Rolle spiele. Er sei nämlich am 7. Mai 1928 vor den Gemeinderat gerufen, woselbst ihm eröffnet worden sei, daß er die Gemeindearbeiter veranlassen solle, die Lohnklage zurückzunehmen, da er sonst als Erster aus der Arbeit entlassen werden müsse. Dieses Ansinnen habe er abgelehnt. Aus dieser Drohung in Verbindung mit der Tatsache, daß die Kündigung unmittelbar am Tage nach der Güteverhandlung erfolgt sei, aus deren Verlauf die Beklagte mit einem Unterliegen im Rechtsstreit habe rechnen müssen, sowie aus der Tatsache, daß kein Arbeitsmangel eingetreten und keine Arbeit zurückgestellt sei, gehe mit Sicherheit hervor, daß die Beklagte durch seine Entlassung den Führer der Lohnbewegung habe maßregeln und gleichzeitig auch die anderen Arbeiter habe einschüchtern und ihren Wünschen gefügig machen wollen. Ein weiterer Beweis dafür sei, daß er nicht der Jüngste der Stadtarbeiter sei. Wenn schon eine Entlassung nötig gewesen wäre, dann hätte sie H. als jüngsten und ledigen Arbeiter treffen müssen, der auch seinen dienstlichen Verpflichtungen nicht so gewissenhaft nachgekommen sei, wie er, der Kläger. Er sei also durch die Kündigung wegen seiner Zugehörigkeit zu dem Verbande der Gemeinde- und Staatsarbeiter und wegen seiner gewerkschaftlichen Betätigung gemaßregelt worden. Diese Maßregelung stelle eine durch Art. 159 RVerf. verbotene Maßnahme dar, die nach der ausdrücklichen Bestimmung des Absatzes 2 das. rechtswidrig und als Verstoß gegen ein gesetzliches Verbot gemäß § 134 BGB. nichtig sei. Sein Arbeitsverhältnis bestehe deshalb noch fort. Die Kündigung verstoße aber auch im Hinblick auf ihren Zweck gegen die guten Sitten. Die Beklagte sei ihm deshalb auch aus §§ 826 und 823 Abs. 2 sowie aus § 628 Abs. 2 BGB. schadenersatzpflichtig.

Mit dieser Begründung verlangt der Kläger klagend, die Beklagte zu verurteilen, ihm seinen tarifmäßigen Wochenlohn von 39,84 RM zunächst für die Dauer von 13 Wochen seit dem 28. Mai 1928 zu zahlen.

Das Arbeitsgericht und das Landesarbeitsgericht wiesen die Klage ab. Die von dem letzteren zugelassene Revision des Klägers hatte Erfolg.

Gründe:

Das Arbeitsgericht und das Landesarbeitsgericht haben, ohne auf das tatsächliche Vorbringen des Klägers über Veranlassung und Zweck seiner Entlassung einzugehen, die Klage abgewiesen, weil es ein allgemein anerkannter Rechtssatz sei, daß ein auf unbestimmte Zeit eingegangenes Arbeitsverhältnis von beiden Teilen jederzeit unter Einhaltung der vertraglichen oder gesetzlichen Kündigungsfrist beliebig und ohne Angabe von Gründen, auch aus reiner Willkür, gelöst werden könne, und weil eine Kündigung somit allein wegen des Grundes, aus dem sie erfolge, und wegen des Zweckes, die sie erstrebe, niemals ein gesetzliches Verbot oder die guten Sitten verletzen und deshalb nichtig sein könne. Diese Begründung ist rechtsirrig. Beweggrund und Zweck einer Kündigung können sie sehr wohl als verboten oder sittenwidrig im Sinne der §§ 134, 138, 826 BGB. erscheinen lassen. Eine Kündigung z. B., die einen Arbeiter an der Übernahme oder Ausübung des Betriebsratsamtes hindern soll, verstößt gegen § 95 BRG. und vermag daher gemäß § 134 BGB. keine Rechtswirkung zu äußern. Das hat das Reichsarbeitsgericht schon wiederholt ausgesprochen (vgl. z. B. RAG. Entsch. Bd. 3 S. 35 und Urteil vom 20. März 1929 in RAG. 627/28). Mit Unrecht folgert der Berufungsrichter das Gegenteil aus dessen Urteilen vom 4. und 11. Januar 1928 (RAG. Entsch. Bd. 1 S. 75, 140/141). In dem zuerst entschiedenen Falle hatte die Revision gegen die Ablehnung des dem § 826 BGB. entnommenen Klagegrundes keine Angriffe erhoben, konnte solche auch nicht erheben, weil die vom Kläger aufgestellten Behauptungen, ihre Richtigkeit unterstellt, keinesfalls den Tatbestand der genannten Gesetzesbestimmung erfüllten. Der zweiten Entscheidung liegt der Rechtsgedanke zugrunde, daß eine ordnungsmäßige Zustimmung der Betriebsvertretung zur Kündigung eines ihrer Mitglieder diese Kündigung unter allen Umständen zu einer wirksamen gestalte, da es der Betriebsvertretung obliege, die Frage der Kündigungszulässigkeit nach allen Richtungen hin, auch aus dem Gesichtspunkte des § 95 BRG. zu prüfen, und daher nach von ihr erteilter Zustimmung für eine erneute Prüfung dieser Frage durch das Gericht kein Raum mehr sei. Beide Urteile beschäftigten sich also mit der Möglichkeit der Verbots- oder Sittenwidrigkeit einer Kündigung überhaupt nicht. Sie ist aber, wie schon aus dem Urteil vom 24. Oktober 1928 (RAG. Entsch. Bd. 3 S. 33 flg.) sich ergibt, unbedenklich zu bejahen.

Art. 159 Satz 2 der RVerf. erklärt „alle Abreden und Maßnahmen, welche die im Satz 1 gewährleistete Vereinigungsfreiheit einzuschränken oder zu behindern suchen, für rechtswidrig". Daraus folgt nicht nur, daß sie, soweit sie auf privatrechtlichem Gebiete liegen, nach § 134 BGB. nichtig sind, sondern auch, daß sie gemäß § 823 Abs. 2 BGB. zum Schadensersatz verpflichten. Unter „Maßnahmen" im Sinne des Art. 159 a. a. O. fallen aber nicht nur öffentlichrechtliche Akte, sondern auch private Willenserklärungen und einseitige Rechtsgeschäfte, also auch zur Auflösung von Vertragsverhältnissen bestimmte Kündigungen. Für sie eine Ausnahme zu machen, liegt kein der Rechtsordnung zu entnehmender Anlaß vor. Das Berufungsgericht erblickt ihn darin, daß die Kündigung — wenigstens in der Regel — ohne Begründung auch aus reiner Willkür erfolgen könne. Es erkennt aber selbst an, daß der Gesetzgeber das freie Kündigungsrecht Beschränkungen unterwerfen dürfe und z. B. in den §§ 84 Nr. 1 flg. BRG., dem Schwerbeschädigtengesetz und der Stillegungsverordnung auch unterworfen habe. Abgesehen von den ausdrücklichen Kündigungsverboten und Kündigungseinschränkungen besteht aber der allgemeine Rechtssatz, daß keine Handlung, kein Rechtsgeschäft mit gesetzlichen Ver- oder Geboten oder mit den guten Sitten sich in Widerspruch setzen darf. Dieser Rechtssatz, der in den §§ 134, 138 BGB. seinen Niederschlag gefunden hat, brauchte für die Kündigung nicht besonders wiederholt zu werden. Es hätte vielmehr einer besonderen Hervorhebung im Gesetze bedurft, wenn sie von ihm hätte ausgenommen werden sollen.

Das Landesarbeitsgericht glaubt, daß bei der hier vertretenen Ansicht über die Anwendbarkeit des Art. 159 Satz 2 RVerf. auf Kündigungen § 84 Nr. 1 des BRG. überflüssig gewesen wäre, übersieht dabei aber, daß der Kündigungseinspruch nur die Glaubhaftmachung einer Beeinträchtigung der Vereinigungsfreiheit, ein auf Art. 159 Satz 2 a. a. O. allein oder in Verbindung mit § 823 Abs. 2 BGB. gestützter Anspruch aber den Beeinträchtigungsnachweis erfordert.

In dem Urteil vom 26. Januar 1929, RAG. Entsch. Bd. 3 S. 140 ist bereits ausgeführt worden, daß unter den § 826 BGB., der unlautere Schädigungen Dritter im Rechts- und Wirtschaftsverkehr hintanhalten will, auch Handlungen fallen, die allein von dem Gesichtspunkte der Willens- und Handlungsfreiheit aus betrachtet, nicht zu beanstanden sind, die aber trotzdem wegen ihrer unlauteren Beweggründe oder ihres unlauteren Zweckes und, weil sie in dem Bewußtsein oder gar in der Absicht der Benachteiligung eines anderen vorgenommen sind, gegen das Anstands-, Billigkeits- und Gerechtigkeitsgefühl der Kreise, denen der Handelnde angehört, verstoßen. Mit der Berufung auf Willens-, Handlungs- und allgemeine Kündigungsfreiheit allein vermag das Landesarbeitsgericht seine Entscheidung daher nicht zu rechtfertigen.

Auch Kündigungen unterliegen, wie alle anderen Handlungen und Rechtsakte, den Vorschriften der §§ 134, 138 und des § 826 BGB. und zwar der des letzteren dann, wenn neben der Sittenwidrigkeit der Kündigung auch dessen übrige Voraussetzungen gegeben sind. Von einer Anwendung des § 628 Abs. 2 BGB. auf den vorliegenden Fall kann allerdings keine Rede sein.

In eine Erörterung der vom Kläger gegen die Beklagte erhobenen Vorwürfe einzutreten, ist das Reichsarbeitsgericht nicht in der Lage. Ihre tatsächliche und rechtliche Würdigung muß daher dem Berufungsgericht überlassen werden, an das die Sache zur anderweiten Verhandlung und Entscheidung zurückverwiesen war.

RAG. 4, 27.

Läuft die sog. Sperrfrist (§ 1 Abs. 2 StillegungsVo.) auch während der Dauer einer vom Arbeitgeber verhängten Aussperrung?

StillVo. §§ 1 Abs. 2, 2 Abs. 2.

Reichsarbeitsgericht. Urt. v. 4. Mai 1929.

I. Arbeitsgericht Dresden. — II. Landesarbeitsgericht daselbst.

Der Kläger N. und die Klägerin W. waren Arbeiter im Betrieb der Beklagten und Mitglieder des Arbeiterrats. Am 18. Mai 1928 hat die Beklagte die 2 Kläger ohne Zustimmung der Betriebsvertretung entlassen. Die Kläger halten die Kündigung für unwirksam und haben mit der Klage ihren Lohn für die drei Wochen vom 19. Mai bis 8. Juni 1928, im Betrag von 163,65 RM — bzw. 90,55 RM — verlangt. Die Beklagte ist dem Klagantrag entgegengetreten. Sie hatte, einem Beschluß ihrer Arbeitgeberorganisation folgend, ihre gesamte Belegschaft vom 13. April 1928 an ausgesperrt; die Aussperrung fand erst auf Grund eines, am 10. Mai für verbindlich erklärten Schiedsspruchs ihr Ende, worauf am 14. Mai die Arbeit aufgenommen wurde. Daneben hatte die Beklagte mit Schreiben vom 12. April 1928 der zuständigen Behörde die Anzeige erstattet, daß sie ihren Betrieb teilweise stillzulegen beabsichtige. Am 14. Mai hat sie die beabsichtigte teilweise Stillegung durchgeführt. Den Klägern hat die Beklagte für die Tage vom 12. bis 18. Mai die tariflichen Ferien angeboten und am 18. Mai den Lohn für eine Woche sowie die Arbeitspapiere überschickt. Mit Rücksicht auf diesen Sachverhalt glaubt Beklagte zur Entlassung der Kläger ohne Zustimmung der Betriebsvertretung berechtigt zu sein. — Das Arbeitsgericht hat der Klage stattgegeben. Auf die Berufung der

Beklagten hat das Landesarbeitsgericht die Klage der W. abgewiesen, dagegen im übrigen (d. h. gegenüber dem Kläger N.) die Berufung zurückgewiesen. Gegen dieses Urteil hat die Klägerin W., sowie die Beklagte, soweit das Berufungsurteil zu ihrem Nachteil erkannt hat, die Revision eingelegt. Die Revision der Beklagten ist zurückgewiesen worden; auf die Revision der Klägerin W. ist das Berufungsurteil aufgehoben und es ist die Berufung der Beklagten gegen das Urteil des Arbeitsgerichts zurückgewiesen worden.

Gründe:

Nach den Feststellungen des Berufungsgerichts hat die Beklagte „unstreitig" die beiden Kläger nach beendigter Aussperrung wieder eingestellt und erst am 18. Mai ihre Entlassung ausgesprochen. An dieser tatsächlichen, das Revisionsgericht bindenden Feststellung scheitert der Versuch der Beklagten, die Sache so darzustellen, als hätte die Beklagte die Kläger, nachdem zunächst infolge der Aussperrung deren Arbeitsverhältnis beendigt war, überhaupt nicht wieder eingestellt.

Die Kläger halten ihre Entlassung schon im Hinblick auf die Vorschriften der Vo. betreffend Maßnahmen gegenüber Betriebsabbrüchen uff. vom 8. November 1920 (StillVo.) für unwirksam. — In der Tat sind nach § 2 Abs. 2 das. Arbeiterentlassungen während der sog. Sperrfrist, § 1 Abs. 2 das., rechtsunwirksam, vorbehältlich der Entscheidung der Demobilmachungsbehörden, welche eingeholt zu haben die Beklagte selbst nicht behauptet. Sie war mit dem 10. Mai abgelaufen. Die Entlassung ist mit dem 18. Mai ausgesprochen. Gleichwohl wollen die Kläger den Ablauf der Frist nicht gelten lassen, weil die Beklagte während des Zeitraums vom 12. April bis 10. Mai ihre gesamte Belegschaft ausgesperrt hatte. Die Kläger vertreten die Ansicht, daß während der Dauer der Aussperrung die Frist des § 1 Abs. 2 StillVo. gehemmt gewesen sei. Dem war der erste Richter beigetreten. Der Berufungsrichter ist gegenteiliger Ansicht. Er glaubt, eine solche Ansicht aus dem Inhalt der StillVo. nicht herleiten zu können. Ihm ist zuzugeben, daß die StillVo. keine Vorschrift enthält, die unmittelbar eine Hemmung der Sperrfrist vorsähe. Auch liegen die Vorschriften des bürgerlichen Rechtes, die eine Hemmung von Verjährungs- und anderen Fristen vorsehen (vgl. §§ 201 bis 204 BGB. und sonst), auf wesentlich anderen Rechtsgebieten als die StillVo. Trotzdem ist im Ergebnis den Klägern und dem ersten Richter beizupflichten.

Die Vorschriften der StillVo. finden nach § 6 b das. keine Anwendung auf Maßnahmen, die lediglich als Mittel in wirtschaftlichen Kämpfen zwischen Arbeitgebern und Arbeitnehmern verwendet werden.

Hat also, wie hier, der Arbeitgeber seine Belegschaft ausgesperrt, so kann er rechtlich ungehindert seinen Betrieb stillegen und seine Arbeiter entlassen. Dauert, wie dies hier der Fall war, die Aussperrung die ganze Sperrfrist hindurch an, so ist damit die Sperrfrist vollkommen ausgeschaltet. Dem entspricht das Ergebnis, das der gegenwärtige Rechtsfall aufweist: genau mit dem Ende der Aussperrung war auch die Sperrfrist, kalendermäßig berechnet, abgelaufen und die Beklagte konnte ohne weiteres zu Entlassungen schreiten. Dergestalt hat die Beklagte im Ergebnis die StillVo. ausgeschaltet. Dieses Ergebnis ist unbefriedigend; es ist mit der Bedeutung der StillVo. und ihrer Zwecke unvereinbar. Ein solches Ergebnis würde der Umgehung der StillVo. Tür und Tor öffnen. Dabei ist nicht ausschlaggebend, daß hier die Beklagte, wie der Berufungsrichter feststellt, nicht in der Absicht der Gesetzesumgehung die Aussperrung ins Werk gesetzt hat, sondern daß sie dabei nur einen Beschluß ihrer Organisation Folge leistete. Auch darauf kommt es nicht entscheidend an, ob unter den Zwecken der StillVo. der wirtschaftliche (die Verhütung volkswirtschaftlich unerwünschter Betriebsabbrüche) oder der sozialpolitische (Schutz der einzelnen Arbeitnehmer gegen Entlassung oder Schutz des Arbeitsmarktes gegen Überlastung mit freiwerdenden Arbeitskräften) an erster Stelle steht. Sicher ist, daß die StillVo. mit dem Inhalt, wie sie jetzt vorliegt, beide Zwecke verfolgte und daß auch der zuletzt genannte sozialpolitische Zweck bei ihr mindestens mit maßgebend war. Gerade er wird auf dem von der Beklagten eingeschlagenen Wege vollständig vereitelt. — Das von der Beklagten und dem Berufungsrichter vertretene Ergebnis ist mit dem Zwecke der StillVo. so wenig vereinbar, daß es auch nicht angeht, die Abhilfe dem Gesetzgeber zu überlassen; vielmehr liegt es im Rahmen der amtlichen Aufgabe der Gerichte, die in dem bestehenden Gesetzen vorhandene Lücke selbst dahin auszufüllen, daß erkannt wird, daß während einer Aussperrung die Sperrfrist, § 1 Abs. 2 StillVo., nicht läuft. Das ist aus § 6 b StillVo. abzuleiten, eine Vorschrift, die der Berufungsrichter nicht in den Kreis seiner Erwägungen gezogen hat. Auf sich beruhen kann, ob das hiernach anzunehmende Ruhen der Sperrfrist gerade unter den der Rechtsordnung sonst geläufigen Begriff der Hemmung einer Frist zu bringen ist oder nicht.

Für den vorliegenden Fall ergibt sich daraus, daß die Sperrfrist erst vom 10. Mai ab zu laufen begonnen hat. Die am 18. Mai ausgesprochene Entlassung der beiden Kläger fällt mithin noch in die Frist und ist schon aus diesem Grunde wirkungslos. Es ist daher, ohne daß es eines Eingehens auf das sonstige Parteivorbringen bedarf, die Revision der Beklagten unbegründet, dagegen diejenige der Klägerin W. begründet. Demzufolge war so, wie geschehen, zu erkennen.

RAG. 4, 46.

Kann die lediglich eine Richtigstellung der Wertfestsetzung des Arbeitsgerichts bezweckenden Neufestsetzung des Streitwertes durch das Landesarbeitsgericht die Revisionsfähigkeit des Urteils des Landesarbeitsgerichts begründen?

Arbeitsgerichtsgesetz § 69 Abs. 2, § 72 Abs. 1.

Reichsarbeitsgericht. Urt. v. 11. Mai 1929.

I. Arbeitsgericht Duisburg. — II. Landesarbeitsgericht daselbst.

Der am 16. Juni 1858 geborene Kläger war, nachdem er 44 Jahre in Diensten der Beklagten bzw. deren Rechtsvorgängerin gestanden hatte, und zwar zuletzt als Schiffsinspektor, mit dem 1. Juli 1926 aus dem Dienste der bekl. Firma ausgeschieden. In ihrem Kündigungsschreiben vom 15. Mai 1926 hatte die Bekl. ihm u. a. mitgeteilt: „Ab 1. Juli werden Sie beim Pensionsverband für obere Angestellte der Westdeutschen Binnenschiffahrts-Berufsgenossenschaft pensioniert." Durch den Pensionsverband wurden zunächst monatliche Pensionszahlung von 173 RM gezahlt, die Zahlungen jedoch am 1. Mai 1928 eingestellt. Der Kläger, welcher der Auffassung ist, daß er von der Beklagten pensioniert worden sei, erhob bei dem Arbeitsgericht Klage auf Verurteilung der Beklagten, ihm vom 1. Mai 1928 ab eine laufende Pension von 173 RM zu zahlen.

Das Arbeitsgericht wies die Klage ab, das Landesarbeitsgericht erkannte nach Klageantrag. Der Wert des Streitgegenstandes wurde vom Arbeitsgericht auf 1000 RM, vom Landesarbeitsgericht für beide Instanzen auf 25 000 RM festgesetzt. Die Revision der Beklagten wurde als unzulässig verworfen.

Gründe:

Nach § 72 Abs. 1 ArbGG. findet gegen ein vom Landesarbeitsgericht im Berufungsverfahren erlassenes Urteil die Revision statt, wenn der vom Arbeitsgericht oder vom Landesarbeitsgericht festgesetzte Wert des Streitgegenstandes die in der ordentlichen bürgerlichen Gerichtsbarkeit geltende Revisionsgrenze — als solche kommt nach § 546 ZPO. in Verbindung mit der VO. vom 21. Dezember 1925 (RGBl. I S. 476) die Grenze von 4000 RM in Betracht — übersteigt oder wenn das Landesarbeitsgericht die Revision wegen der grundsätzlichen Bedeutung des Rechtsstreits zugelassen hat. Da letzteres nicht der Fall ist, ist die vom Kläger eingelegte Revision nur zulässig, wenn die erstere Voraussetzung gegeben ist.

Während im Urteil des Arbeitsgerichts der Wert des Streitgegenstandes auf 1000 RM festgesetzt ist, hat das Landesarbeitsgericht im angefochtenen Urteil ihn für beide Instanzen auf 25 000 RM festgesetzt. Die Festsetzung des Landesarbeitsgerichts ist in den Gründen auf § 9 ZPO. gestützt. Der vom Arbeitsgericht festgesetzte Streitwert erreicht die Revisionsgrenze nicht. Die Revision ist deshalb nur dann zulässig, wenn die vom Landesarbeitsgericht vorgenommene Wertfestsetzung als maßgebend erachtet werden kann. Soweit das Landesarbeitsgericht eine Neufestsetzung des bereits im arbeitsgerichtlichen Urteil festgesetzten Streitwertes für die erste Instanz vorgenommen hat, war es hierzu nicht befugt. Im Urteil vom 21. März 1928 (RAG. Entsch. Bd. 1 S. 261) hat das Reichsarbeitsgericht bereits erkannt, daß die durch das Arbeitsgericht erfolgte Wertfestsetzung der Nachprüfung des Rechtsmittelgerichts nicht unterliege, und hierzu ausgeführt, daß freilich diese Machtstellung des Arbeitsgerichts im Falle einer den Grundsätzen der § 33 ff. ZPO. und der materiellen Rechtslage widersprechenden zu geringen Bemessung des Streitwertes den unterlegenen Streitfall der Gefahr eines unverschuldeten, sachlich nicht gerechtfertigten Rechtsmittelverlustes aussetze, daß der Gesetzgeber aber diese Gefahr im Hinblick auf das von ihm erstrebte Ziel, „von vornherein jede Ungewißheit über die Berufungsfähigkeit eines arbeitsgerichtlichen Urteils auszuschließen", bewußt mit in den Kauf genommen habe. Ist aber die Überprüfung der vom Arbeitsgericht erfolgten Wertfestsetzung durch das Landesarbeitsgericht zum Zwecke der Herstellung der — nicht vorhandenen — Berufungsfähigkeit nicht zulässig, so kann auch eine Überprüfung und Änderung der Wertfestsetzung für die erste Instanz zum Zwecke der Herstellung der — nach der arbeitsgerichtlichen Wertfestsetzung nicht vorhandenen — Revisionsfähigkeit nicht für zulässig erachtet werden.

Nun hat aber das Landesarbeitsgericht im angefochtenen Urteil den Wert des Streitgegenstandes auch für die 2. Instanz auf 25 000 RM festgesetzt, und es fragt sich, ob diese Wertfestsetzung die Zulässigkeit der Revison begründet. Wenn im § 72 Abs. 1 ArbGG. die Zulässigkeit der Revision davon abhängig gemacht worden ist, daß der vom Arbeitsgericht oder vom Landesarbeitsgericht festgesetzte Wert des Streitgegenstandes die Revisionsgrenze übersteigt, so hat das nicht die Bedeutung, daß nunmehr in jedem Falle eine vom Landesarbeitsgericht erfolgte Wertfestsetzung über 4000 RM die Revisionsfähigkeit zu begründen geeignet ist. Denn das Arbeitsgerichtsgesetz hat die Festsetzung des Streitwertes durch § 61 Abs. 2 ArbGG. grundsätzlich in die Hand des Arbeitsgerichts gelegt und eine Neufestsetzung für die 2. Instanz durch das Landesarbeitsgericht im § 69 Abs. 2 ArbGG. nur zugelassen, wenn sich der Wert des Streitgegenstandes nach Verkündung des Urteils des Arbeitsgerichts geändert hat. Eine Neufestsetzung des Streitwertes durch das Landesarbeitsgericht kann deshalb auch die Revisionsfähigkeit des landesarbeitsgerichtlichen Urteils nur dann begründen, wenn sie auf Grund des § 69 Abs. 2 ArbGG. erfolgt ist. Ist letzteres der Fall, so ist das Landesarbeitsgericht auch in der Lage, in die zulässigerweise vorzunehmende Neufestsetzung eine Richtigstellung einer vom Arbeitsgericht etwa unrichtig vorgenommenen Berechnung des Streitwertes einzubeziehen. Andernfalls ist es zu einer Richtigstellung einer nach seiner Ansicht vom Arbeitsgericht unrichtig vorgenommenen Wertfestsetzung nicht befugt. Die lediglich eine Richtigstellung der arbeitsgerichtlichen Wertfestsetzung bezweckende Neufestsetzung durch das Landesarbeitsgericht ist für die Beurteilung der Revisionsfähigkeit eines Urteils unbeachtlich.

Im vorliegenden Rechtsstreit ist nun die Neufestsetzung des Streitwertes durch das Landesarbeitsgericht lediglich unter Bezugnahme auf § 9 ZPO. erfolgt. Daß dieses etwa seine Befugnis zur Neufestsetzung aus § 69 Abs. 2 ArbGG. hergeleitet habe, läßt das angefochtene Urteil nicht erkennen. Tatsächlich ist auch eine Änderung des Wertes des Streitgegenstandes nach der Verkündung des Urteils des Arbeitsgerichts nicht eingetreten. Weder rechtfertigte also die Sachlage eine Neufestsetzung des Streitwertes auf Grund des § 69 Abs. 2 ArbGG., noch hat auch nur das Landesarbeitsgericht seine Befugnis zur Neufestsetzung auf diese Gesetzesbestimmung gestützt. Die Neufestsetzung war daher nicht geeignet, die Revisionsfähigkeit des angefochtenen Urteils nach § 72 Abs. 1 ArbGG. zu begründen.

Die Revision war nach § 72 Abs. 2 ArbGG. in Verbindung mit § 554 a Abs. 1 ZPO. als unzulässig zu verwerfen.

RAG. 4, 60.

Zur Auslegung des § 13 Abs. 2 Satz 2 des Schwerbeschädigtengesetzes vom 12. Januar 1923.

Reichsarbeitsgericht. Urt. v. 8. Juni 1929.

I. Arbeitsgericht Berlin. — II. Landesarbeitsgericht daselbst.

Der Kläger ist Schwerbeschädigter und war bei der Beklagten als Bürodiener gegen eine Wochenvergütung von 35 RM tätig. Am 18. Juni 1928 erkrankte er an den Folgen seiner Kriegsbeschädigung und wurde arbeitsunfähig. Die Beklagte kündigte ihm infolgedessen mit Zustimmung der Hauptfürsorgestelle zum 22. September, zahlte ihm seinen Lohn aber nur bis zum 30. Juni 1928 aus. Im vorliegenden Rechtsstreit verlangt der Kläger Fortentrichtung seines Lohnes bis zum Entlassungstage. Das Arbeitsgericht gab der Klage statt, das Landesarbeitsgericht wies sie ab. Die vom Berufungsgericht zugelassene Revision des Klägers hatte vollen Erfolg.

Gründe:

Das Landesarbeitsgericht hat im bewußten Gegensatz zu der im Urteil des Reichsarbeitsgerichts vom 9. Mai 1928 (Entsch. Bd. 2 S. 9 ff.) niedergelegten Rechtsauffassung den Lohnanspruch des Klägers für die Zeit seiner Arbeitsunfähigkeit für unbegründet erklärt, weil § 13 Abs. 2 SchwerbG. nur die Frage der Kündigung eines an den Folgen seiner Kriegsbeschädigung Erkrankten behandele, bezüglich der Lohnzahlungspflicht des Arbeitgebers für die Zeit der Erkrankung bis zum Ablaufe der Kündigungsfrist aber die §§ 616, 323 BGB. unberührt lasse.

Das Reichsgericht und das Reichsarbeitsgericht haben schon wiederholt, so bei Beurteilung der Rechtsfolgen eines Teilstreiks oder einer von keiner Seite verschuldeten Betriebsstörung ausgesprochen, daß für die rechtlichen Beziehungen zwischen Arbeitgeber und Arbeitnehmern aus dem Arbeitsverhältnis nicht nur die Bestimmungen des Bürgerlichen Gesetzbuchs oder der Gewerbeordnung, sondern auch in ihnen noch nicht zur Geltung gekommene soziale und wirtschaftliche Rechtsgedanken entscheidend sein müssen und entscheidend seien, die seit langem um gesetzliche Anerkennung ringen und sie auch vielfach in Einzelbestimmungen des neuen Arbeitsrechts gefunden haben (vgl. RGZ. Bd. 106 S. 273 ff., RAG. Bd. 2 S. 74, Urteil vom 15. Februar 1928 — RAG. 250/28). Diese Erwägungen treffen auch auf den vorliegenden Fall und das Schwerbeschädigtengesetz zu. Mit dessen Gesamtcharakter als Fürsorgegesetz, das den Schwerbeschädigten nicht nur eine Arbeitsstelle oder Arbeit, sondern vor allem auch den Lebensunterhalt verschaffen und sichern will, wäre es unvereinbar, wenn es in einem Falle, in dem die Kündigungsmöglichkeit an die Genehmigung der Hauptfürsorgestelle knüpft, bis zu ihrer Erteilung wohl das Arbeitsverhältnis, aber nicht die Entlohnungspflicht des Arbeitgebers fortdauern ließe und den Schwerbeschädigten zwar den Arbeitsplatz, jedoch nicht die Mittel zum Leben gewährleistete. Die Anwendung des § 323 BGB. gerade im

Falle des § 13 Abs. 2 Satz 2 SchwerbG., d. h. im Falle einer durch die Kriegsbeschädigung hervorgerufenen Krankheit widerstreitet den sozialen Grundgedanken und Zwecken des Schwerbeschädigtengesetzes und ist deshalb abzulehnen. Das Reichsarbeitsgericht vermag daher auch nach erneuter Prüfung der einschlägigen Fragen von seiner in dem oben angezogenen Urteil vom 9. Mai 1928 mit eingehender Begründung ausgesprochenen und in dem Urteil vom 19. Januar 1929 (RAG. 143/28) aufrechterhaltenen Rechtsansicht nicht abzugehen. Ihr tritt die Beklagte mit der Erwägung entgegen, daß der Gesetzeszweck, den Schwerbeschädigten Gelegenheit zum Erwerb und zur Selbsterhaltung zu gewähren, es nicht rechtfertige, ihnen zu gestatten, sich die Mittel zum Leben durch „Krankfeiern und Nichtstun auf Kosten ihrer Arbeitgeber zu verschaffen". Das würde, wie die Beklagte weiter ausführt, eine Bevorzugung der Schwerbeschädigten vor anderen Arbeitnehmern bedeuten, die das Gesetz gerade vermeiden wolle, um den Schwerbeschädigten „das Gefühl völliger Gleichstellung mit den vollkräftigen Arbeitern zu geben" und so ihren Arbeitswillen zu stärken. Gerade mit Rücksicht hierauf sehe § 7 SchwerbG. vor, daß der Inhalt eines durch Zwangszuweisung zustandekommenden Arbeitsvertrags sich in erster Reihe nach dem der bestehenden Tarifverträge oder Betriebsvereinbarungen bestimme und nur in Ermangelung solcher von der Hauptfürsorgestelle festgesetzt werde.

Auch diese Erwägungen vermögen die Rechtsauffassung des Reichsarbeitsgerichts nicht zu erschüttern. Ein Gesetz erstrebt oft verschiedene Ziele, Haupt- und Nebenzwecke, die sich nicht immer völlig miteinander vereinen, nicht sämtlich restlos erreichen lassen und deshalb häufig eine folgerichtige Durchführung der ihnen zugrunde liegenden Gedanken in allen Einzelheiten nicht gestatten. Die Schwerbeschädigten, insbesondere die Kriegsbeschädigten vor Not zu schützen und ihnen eine vom rein sozialen Standpunkt aus hinreichende Versorgung zu schaffen, dazu reichten und reichen die Mittel des Reiches, der Länder und der sonstigen öffentlichrechtlichen Fürsorgeträger nicht aus. Ihre mangelnde Leistungsfähigkeit durch Belastung tragfähigerer Kreise zu ergänzen und so den Lebensunterhalt der Schwerbeschädigten zu sichern, war eine der Hauptaufgaben des Gesetzes vom 12. Januar 1923. Andererseits sollte es dadurch, daß es die den Schwerbeschädigten noch verbliebene Arbeitskraft nicht brach liegen ließ, sondern für die Unternehmer nutzbar machte, deren Belastung mindern und zugleich die Arbeitsfreude der Schwerbeschädigten erhöhen. Dieser Nebenzweck mußte aber vor dem Hauptzwecke, den wirtschaftlichen Nöten der

Schwerbeschädigten soweit als möglich abzuhelfen, bei einzelnen Bestimmungen des Gesetzes notgedrungen in den Hintergrund treten. Daß ihre Arbeitsleistungen — wenigstens in der Regel — keine vollwertigen sind, daß sie im freien Wettbewerb mit gesunden Arbeitern nur geringe Aussicht auf Beschäftigung und Entlohnung haben würden und auf Grund des Gesetzes vom 12. Januar 1923 im Vergleich zu diesen nach verschiedenen Richtungen hin eine Vorzugsstellung und besonderen Schutz genießen, ist den Schwerbeschädigten selbstverständlich sehr wohl bekannt. Sie wissen insbesondere auch, daß § 13 Abs. 2 Satz 2 SchwerbG. die Vorschriften des § 72 Nr. 3 HGB. und des § 122 Nr. 8 RGewO., nach welchen anhaltende, den Dienstverpflichteten an der Verrichtung seiner Dienste hindernde Krankheit schlechthin einen Grund zur fristlosen Kündigung abgibt, wenigstens für bestimmte Krankheiten, d. h. für solche, die mit einer Kriegsbeschädigung in Zusammenhang stehen, zu ihren Gunsten ausschaltet oder doch mildert (vgl. das zum Abdruck bestimmte Urteil des Reichsarbeitsgerichts vom 15. Mai 1929 RAG. 506/28). Da ihre Leistungen zudem oft tariflich geringer bewertet werden als die der Vollarbeiter, kann im Gegensatz zu der Annahme der Beklagten von einem Bewußtsein der Schwerbeschädigten, jenen in arbeitsrechtlicher Beziehung völlig gleichzustehen, und von einer Absicht des Gesetzgebers, in ihnen dies Bewußtsein zu erwecken und zu erhalten, keine Rede sein. Dazu kommt, daß es jedem Unternehmer gemäß § 9 SchwerbG. freisteht, sich von seiner Einstellungspflicht (§ 5 a. a. O.) mit Zustimmung der Hauptfürsorgestelle dadurch loszukaufen, daß er dem Schwerbeschädigten eine Siedlungsstelle zu Eigentum überläßt, welche diesem und seiner Familie „einen angemessenen Lebensunterhalt ermöglicht". Diese Bestimmung zeigt so recht, welchen Wert der Gesetzgeber auf die Versorgungssicherung der Schwerbeschädigten legt. Nach § 9 a. a. O. sucht er sie sogar außerhalb eines Arbeitsverhältnisses auf Kosten der Unternehmer durchzuführen, ohne daß die Schwerbeschädigten auch nur einen Versuch zu machen brauchen, durch ihre Arbeitsleistung für jene einen wirtschaftlichen Gegenwert zu schaffen. Wenn der Gesetzgeber während der Dauer eines Arbeitsverhältnisses bei Behinderung oder Vernichtung der bisherigen Leistungsfähigkeit eines Schwerbeschädigten durch bestimmte Krankheiten wenigstens bis zur Kündigungsgenehmigung der Hauptfürsorgestelle eine ähnliche Rechtslage eintreten läßt, so wird durch diese den §§ 323, 616 BGB., dem § 63 Abs. 1 HGB. und ähnlichen Vorschriften widersprechende und sie teilweise außer Kraft setzende Regelung die von ihm beabsichtigte moralische Einwirkung auf das Gemüt und den Arbeitswillen der Schwerbeschädigten nicht mehr und nicht minder berührt, als es durch zahlreiche andere, die Schwerbeschädigten begünstigende Vorschriften des Gesetzes vom 12. Januar 1923 geschieht. Der etwaige schädliche Einfluß, den die Fortdauer des Lohnbezugs während einer langfristigen Krankheit auf den Schwerbeschädigten auszuüben vermag, ist jedenfalls geringer, als es das Bewußtsein sein würde, ohne die Vorschrift des § 13 Abs. 2 Satz 2 a. a. O. schon nach kurzer Krankheit der öffentlichen Fürsorge anheimzufallen. Die damit verbundene Belastung der Arbeitgeber ist eine vom Gesetzgeber gewollte. Sie soll, wie schon betont, zur Entlastung der öffentlichrechtlichen Fürsorgeträger dienen. Im übrigen stellt der Gesetzgeber, wie der von der Beklagten für ihre Ansicht in Anspruch genommene § 7 a. a. O. zeigt, tariflichen Vereinbarungen über die Lohnhöhe und die Fortdauer der Lohnzahlungspflicht bei Krankheiten der Schwerbeschädigten kein Hindernis entgegen. In den dem Reichsarbeitsgericht bisher unterbreiteten Fällen kamen ebensowenig wie im vorliegenden Falle dergleichen tarifliche Vereinbarungen in Betracht, so daß mangels solcher für die Entscheidung der streitigen Fragen lediglich der im Schwerbeschädigtengesetz zum Ausdruck gelangte Wille des Gesetzgebers maßgebend sein konnte und auch im gegenwärtigen Rechtsstreite maßgebend sein muß. Nach ihm besteht aber, gleichviel ob der Schwerbeschädigte nur zu der vertraglich übernommenen oder zu jeder Arbeit unfähig wird, im Falle des § 13 Abs. 2 Satz 2 a. a. O. nicht nur das Dienstverhältnis, sondern auch der Lohnanspruch des Schwerbeschädigten so lange fort, bis das erstere durch die Kündigungszustimmung der Hauptfürsorgestelle und den Ablauf der Kündigung sein rechtmäßiges Ende gefunden hat . . .

RAG. 4, 65.

1. Eine zunächst freiwillige, dann aber eine Reihe von Jahren ohne jeden Vorbehalt regelmäßig gezahlte Gratifikation kann im Wege der stillschweigenden Vereinbarung einen Rechtsanspruch des Angestellten begründen.

2. Wird allen Angestellten eines Geschäfts regelmäßig eine Gratifikation gezahlt, so kann auch ein neu eintretender einen Anspruch auf sie erwerben, wenn bei seiner Einstellung kein Vorbehalt gemacht worden ist.

HGB. § 59.

Reichsarbeitsgericht. Urt. v. 15. Juni 1929.

I. Arbeitsgericht Leipzig. — II. Landesarbeitsgericht daselbst.

Die Kläger waren sämtlich bei der Beklagten beschäftigt, als diese im Sommer 1928 in Liquidation treten mußte und Direktor S. zum Treuhänder bestellt wurde. In den früheren Jahren wurde regelmäßig sämtlichen Angestellten der Beklagten eine Weihnachtsgratifikation in Höhe eines halben Monatsgehaltes gezahlt. Sie haben erhalten K. jährlich seit dem Jahre 1916, Sch. und H. in den Jahren 1925, 1926 und 1927. Die Klägerin W., die erst nach Weihnachten 1927 eingestellt worden ist, hat noch keine Gratifikation erhalten.

Zur Vorbereitung des Vergleichstermins haben die Kläger Überstunden geleistet, die ihnen besonders bezahlt worden sind.

Sie behaupten nun, S. habe ihnen neben der regelmäßigen eine besondere Gratifikation in Höhe eines halben Monatsgehaltes zugesagt, so daß ihnen an Weihnachten 1928 ein volles Monatsgehalt auszuzahlen gewesen wäre. Die Beklagte habe die Auszahlung verweigert. Mit der Klage fordern die Kläger Zahlungen in verschiedener Höhe.

Die Beklagte hat die Zusage durch Direktor S. bestritten, er habe die Angestellten nur um Unterstützung im Interesse der erfolgreichen Durchführung der Liquidation und der geschädigten Gläubiger aufgefordert und versprochen, sie in ihren wohlerworbenen Rechten nicht zu schmälern. Er sei auch nicht berechtigt gewesen, eine solche Zusage zu machen.

Das Arbeitsgericht hat den Klägern die Hälfte ihrer Forderungen zugesprochen. Die Berufungen beider Parteien hat das Landesarbeitsgericht zurückgewiesen. Die Revision der Beklagten hatte keinen Erfolg.

Gründe:

In Übereinstimmung mit dem Arbeitsgericht hat das Landesarbeitsgericht den den Klägern obliegenden Beweis dafür, daß S. ihnen neben der regelmäßigen noch eine besondere Gratifikation in Höhe eines halben Monatsgehaltes zugesagt habe, für nicht erbracht erachtet und insoweit die Berufung der Kläger gegen das Urteil des Arbeitsgerichts zurückgewiesen. Da die Kläger ihrerseits keine Revision eingelegt haben, ist diese Entscheidung rechtskräftig und ihre Ansprüche sind insoweit für die Revisionsinstanz erledigt. Es handelt sich hier nur noch um die regelmäßige Gratifikation.

Eine ausdrückliche Zusage seitens des Treuhänders hält das Landesarbeitsgericht auch bezüglich ihrer nicht für erwiesen.

Es stellt aber fest, daß die Beklagte in den früheren Jahren regelmäßig allen Angestellten zu Weihnachten ein halbes Monatsgehalt als Gratifikation hat zahlen lassen. Diese Übung bestehe in Bankkreisen in sehr weitem Umfange. Am 19. April 1928 sei beim Abschlusse des

Reichstarifvertrags für das Bankgewerbe neben diesem ein Abkommen getroffen worden, in dem sich der Reichsverband der Bankleitungen als Tarifvertragspartei verpflichtet habe, seinen Mitgliedern die Sonderzahlung eines halben Monatsgehaltes zum 15. Dezember zu empfehlen. Eine Anzahl führender Banken habe sofort erklärt, sie würden dieser Empfehlung Folge leisten. Wenn danach auch eine tarifliche Bindung nicht eingegangen sei, so zeige der Vorgang doch, daß der Anspruch als billig und gerechtfertigt anerkannt werde. Es sei aber auch außerhalb des Tarifvertrages eine Bindung durch eine stillschweigende Vereinbarung möglich, an die mit Rücksicht auf die weite Verbreitung der Übung keine strengen Anforderungen zu stellen seien. Nach dem bei der Beklagten seit Jahren bestehenden Gebrauche sei sie als erwiesen zu erachten. Wenn die Beklagte immer nur freiwillig gezahlt haben wolle, so habe sie sich eben freiwillig verpflichtet. Auf ihre ungünstige Lage könne sie sich auch nicht berufen, da es sich nur um einen geringen Betrag handele. Auch der Anspruch der Klgägerin W. sei gerechtfertigt, sie sei nicht gratifikationsunwürdig.

Die Revision bestreitet eine rechtliche Verpflichtung, da die Zahlungen immer freiwillig erfolgt seien; nur einer der Kläger habe eine Gratifikation längere Jahre hindurch erhalten. Wenn es ihr weiter gut gegangen wäre, würde die Übung vielleicht einen Rechtsanspruch haben begründen können, nicht aber jetzt, da sie zusammengebrochen sei. Es fehle aber auch an einem wesentlichen, zum Begriffe der Gratifikation gehörenden Momente, daß sie als Ansporn für künftige Dienste bestimmt sei. Auf keinen Fall habe die Klägerin W. einen Anspruch.

Bei der Beurteilung des Falles ist davon auszugehen, daß den Klägern weder eine Bestimmung des Tarifvertragsa noch eine Verkehrssitte zur Seite steht und daß das Landesarbeitsgericht eine ausdrückliche Zusage für nicht erwiesen erachtet hat. Eine klagbare Verpflichtung könnte sonach nur auf einer stillschweigenden Vereinbarung beruhen.

Die Frage, ob eine ohne bindende Zusage auf die Dauer gezahlte Gratifikation einen Rechtsanspruch erzeugen kann, ist bestritten, da die Freiwilligkeit der Hingabe durch die mehrfache Gewährung nicht beseitigt werden könne. Diese Auffassung kann das Reichsarbeitsgericht nicht billigen. Kann sich der Geschäftsherr durch eine ausdrückliche Zusage verpflichten und erlangt die Gratifikation hierdurch einen vertragsmäßigen Charakter, wird sie zu einem Teile des Gehaltes, so ist nicht einzusehen, warum derselbe Erfolg nicht wie in allen anderen Vertragsverhältnissen auch durch eine stillschweigende Erklärung sollte herbeigeführt werden können.

Nun ist nicht zu verkennen, daß eine Gratifikation, die ohne besondere Zusage gezahlt wird, zunächst den Charakter einer freiwilligen Leistung hat, der ihr auch auf die Dauer damit gewahrt werden kann, daß bei der jedesmaligen Hingabe auf die Freiwilligkeit hingewiesen wird. Anders liegt aber die Sache, wenn sie ohne einen solchen Hinweis eine Reihe von Jahren hindurch regelmäßig ohne weiteres und vorbehaltlos ausgezahlt wird. Unter solchen Umständen wird der Angestellte mit Recht in dem Verhalten des Geschäftsherrn die Erklärung seines Willens, eine Zusage dahin erblicken, daß ihm die Gratifikation ein für allemal gewährt werden solle, so lange sein Dienstverhältnis dauert. Er wird sie als einen Teil seines vertragsmäßigen Gehaltes ansehen, mit ihr rechnen und seine Lebenshaltung danach einrichten. Daß er bei dem Verhalten des Geschäftsherrn zu dieser Auffassung kommen konnte und durfte, bedarf keiner Darlegung, und der Geschäftsherr, der diese Auffassung von dem Inhalte des Dienstvertrages selbst hervorgerufen und genährt hat, muß sie gegen sich gelten lassen. Er ist nicht mehr in der Lage, nach Belieben und ohne Grund die Gratifikation zu verweigern.

Eine noch weitergehende Bindung des Geschäftsherrn ist dann anzunehmen, wenn in seinem Geschäfte die Übung besteht, daß allen Angestellten ausnahmslos, auch den neueingetretenen Gratifikationen schon im ersten Beschäftigungsjahre gewährt werden. Es darf als Erfahrungstatsache gelten, daß Angestellte, die in ein Geschäft neu eintreten wollen, sich mit den Verhältnissen in diesem und vor allem mit den Bezügen, die gezahlt werden, bekannt machen. Auf jeden Fall dürfen sie damit rechnen, daß ihnen, falls beim Vertragsabschlusse kein Vorbehalt gemacht wird, dieselben Vergütungen zukommen werden wie den übrigen Angestellten. Erhalten nun alle andern Gratifikationen und wird einem neu einzustellenden gegenüber bei der Einstellung kein Vorbehalt nach dieser Richtung hin gemacht, so darf er mit Recht davon ausgehen, daß auch ihm stillschweigend die übliche Gratifikation zugesagt worden sei, daß sie einen Teil des ihm zu gewährenden Gehaltes bilden solle. Auch in diesem Falle ist der Geschäftsherr, der mit einer solchen Auffassung rechnen mußte, aber einen Vorbehalt zu machen unterlassen hat, zur Zahlung rechtlich verpflichtet.

Ob diese Voraussetzungen einer rechtlichen Bindung gegeben sind, ist nach der Lage des einzelnen Falles zu entscheiden. Im vorliegenden hat nun die Beklagte nach der Feststellung des Landesarbeitsgerichts regelmäßig allen Angestellten in den früheren Jahren Weihnachtsgratifikationen gezahlt. dem Kläger K. seit 1916, P., Sch. und H. 1925,

1926 und 1927, dem Kläger He., der erst 1927 eingetreten ist, in diesem Jahre. Es bestand also bei der Beklagten die Übung, allen Angestellten von ihrer Einstellung ab die Gratifikation zu gewähren. Nimmt man dazu, daß nach der weiteren Feststellung des Landesarbeitsgerichts diese Übung in Bankkreisen sehr weit verbreitet ist, so ist nicht nur verständlich, daß die Kläger damit rechneten, daß in dem Nichtausschluß der Gratifikation eine stillschweigende Zusage derselben bei ihrer Anstellung liegen sollte, es ist auch weiter daraus zu entnehmen, daß die Beklagte sie ebenso stellen wollte wie die übrigen Angestellten, mit anderen Worten ihnen wie diesen die Gratifikationsberechtigung zusagen wollte. Anders wäre ihr Verhalten nicht zu verstehen. Der mit der Klage geltend gemachte Anspruch ist also, auch soweit die Klägerin W. in Frage kommt, begründet.

Den Einwand der Beklagten, sie sei infolge des Zusammenbruches notleidend, aus diesem Grunde entfalle der Anspruch der Kläger, auch wenn er im übrigen berechtigt sei, hat das Landesarbeitsgericht mit Recht zurückgewiesen. So verständlich der Standpunkt der Beklagten, im Interesse der geschädigten Sparer die vorhandenen Mittel zu erhalten, auch sein mag, einen Grund, den Klägern, die doch auch auf ihr Gehalt angewiesen sind, einen Anspruch zu versagen, der ihnen auf die stillschweigende Vereinbarung hin als ein Teil ihrer Entlohnung zusteht, kann er nicht abgeben. Ganz abgesehen davon, daß es bei allen übrigen Kosten der Liquidation auf den verhältnismäßig geringen Betrag tatsächlich nicht ankommen kann.

RAG. 4, 73.

Ist im Sinne des § 63 HGB. eine durch außerehelichen Verkehr erworbene Geschlechtskrankheit ein unverschuldetes Unglück?

Reichsarbeitsgericht. Urt. v. 15. Juni 1929.

I Arbeitsgericht Frankfurt a. M. — II. Landesarbeitsgericht daselbst.

Der Kläger ist kaufmännischer Angestellter bei der beklagten Firma. Er zog sich im Mai 1928 durch außerehelichen Verkehr eine Geschlechtskrankheit zu und war infolgedessen während des Monats Juni 1928 dienstunfähig. Der auf das Dienstverhältnis anwendbare Tarifvertrag für die kaufmännischen und technischen Angestellten in Frankfurt a. M. vom 3. Februar 1928 bestimmt im § 3 Ziff. 1, daß bei unverschuldeten Krankheitsfällen im Sinne des § 63 HGB. das Gehalt bis zur Dauer von mindestens 6 Wochen ohne Abzug des Krankengeldes zu zahlen ist. Gestützt auf diese Bestimmung, beansprucht der

Kläger von der Beklagten die Zahlung des Gehalts von 167 RM für den Monat Juni 1928. Die Beklagte hat um Abweisung der Klage gebeten. Während das Arbeitsgericht der Klage stattgegeben hat, hat das Landesarbeitsgericht sie abgewiesen; die Revision blieb erfolglos.

Gründe:

Der Kläger ist infolge der Vollziehung des außerehelichen Beischlafs an Tripper mit nachfolgender Hodenentzündung erkrankt und infolgedessen einen Monat lang dienstunfähig gewesen; er beansprucht gleichwohl für die Dauer seiner Dienstunfähigkeit von der Beklagten die Zahlung seines Gehalts für diesen Monat und beruft sich für die Berechtigung seiner Forderung auf die Bestimmung des § 63 HGB. Nach dieser Gesetzesbestimmung behält der Handlungsgehilfe, wenn er durch unverschuldetes Unglück an der Leistung der Dienste verhindert wird, seinen Anspruch auf Gehalt und Unterhalt, jedoch nicht über die Dauer von sechs Wochen hinaus. Als ein Unglück im Sinne des Gesetzes gilt auch die Erkrankung des Handlungsgehilfen. Die Entscheidung des Prozesses hängt daher davon ab, ob die erwähnte Erkrankung des Klägers als unverschuldet anzusehen ist. Bejaht man die Frage, so ist der Klaganspruch begründet, anderenfalls unbegründet.

Wie das Landesarbeitsgericht ausführt, ist bei der Beantwortung der strittigen Frage nicht auf die sittliche Seite des außerehelichen Geschlechtsverkehrs abzustellen, sondern gemäß dem Wortlaute der gesetzlichen Bestimmungen nur zu fragen, ob derjenige, welcher sich auf Geschlechtsverkehr mit einer Frauensperson ohne weiteres einläßt, mit einer nahen Möglichkeit der Ansteckung mit einer Geschlechtskrankheit rechnen muß und daher unter Nichtbeachtung der ihm seinem Arbeitgeber gegenüber obliegenden Pflichten fahrlässig sich der Gefahr der Dienstunfähigkeit aussetzt. Dies hat das Landesarbeitsgericht für den vorliegenden Fall bejaht. Es hat dargelegt, bei der außerordentlich starken Verbreitung der Geschlechtskrankheiten müsse jeder unverheiratete Mann, der mit einer geschlechtlich nicht unbescholtenen weiblichen Person sich auf Geschlechtsverkehr einlasse, mit der Gefahr rechnen, daß er sich eine geschlechtliche Erkrankung zuziehe, es erscheine daher nur billig, daß ihm das Risiko, das er bei einem solchen außerehelichen Verkehr eingeht, zur Last falle; eine Ausnahme könne nur in dem Falle gemacht werden, wenn der Arbeitnehmer den Nachweis erbringen könne, daß er mit einer geschlechtlich noch unberührten weiblichen Person verkehrt habe, oder daß er alle erforderlichen Vorsichtsmaßnahmen getroffen habe, die eine Ansteckung an einer Geschlechtskrankheit nach menschlicher Voraussicht ausschlössen. Solche

Umstände habe der Kläger aber nicht darzutun vermocht; deshalb müsse er selbst für die Folgen seines außerehelichen Geschlechtsverkehrs einstehen.

Diesen Ausführungen ist durchweg beizupflichten. Nicht darauf kommt es entgegen der Meinung der Revision für die Beantwortung der strittigen Frage an, ob den Handlungsgehilfen ein sittliches, sondern ob ihn ein rechtliches Verschulden trifft, wenn er mit einer Frauensperson in außerehelichen Geschlechtsverkehr tritt. Dies aber hat der Berufungsrichter unter Berücksichtigung der sonstigen Verhältnisse ohne Rechtsirrtum grundsätzlich bejaht. Es ist bekannt, daß auch in Deutschland die Zahl der geschlechtskranken Personen immer mehr zugenommen hat. Es ist weiter allgemein bekannt, daß die Gefahr einer Übertragung dieser Krankheit sehr groß ist und hauptsächlich durch Geschlechtsverkehr erfolgt, daß auch die Folgen der Erkrankung für die Arbeitsfähigkeit der davon Betroffenen erheblich werden können, endlich auch, daß die Erkrankung einer sich dem Geschlechtsverkehr hingebenden Person von dem Beteiligten nicht ohne weiteres wahrnehmbar ist. Daß unter diesen Umständen der außereheliche Umgang mit Personen des anderen Geschlechts die Gefahr der Ansteckung mit einer Geschlechtskrankheit in sich birgt, ist für jeden einsichtigen Menschen ohne weiteres einleuchtend. Wer also durch einen solchen Verkehr erkrankt, hat sich dies regelmäßig selbst zuzuschreiben. Seine Krankheit ist verschuldet im Rechtssinn. Besondere Umstände, die im gegebenen Falle eine andere Beurteilung rechtfertigen könnten, sind nicht geltend gemacht. Der Anspruch des Klägers auf Weiterzahlung des Gehalts für die Zeit der Dienstunfähigkeit ist daher nicht begründet.

RAG. 4, 76.

1. Die Tragweite einer Allgemeinverbindlichkeitserklärung wird nur durch den in ihr erklärten Willen bestimmt.

2. Die Frage, ob ein Arbeitsvertrag vorliegt und also ein Tarifvertrag angewandt werden kann, ist von den Arbeitsgerichten selbständig zu prüfen; einer Tarifvertragsbestimmung, daß insoweit die Entscheidungen der Spruchbehörden der Angestelltenversicherung über das Vorliegen einer die Versicherungspflicht bedingenden Eigenschaft im Sinne des § 1 des Angestelltenversicherungsgesetzes maßgebend seien, würde normative Wirkung nicht zukommen.

Tarifvertragsverordnung § 2.

Reichsarbeitsgericht. Urt. v. 15. Juni 1929.

I. Arbeitsgericht Frankfurt a. M. — II. Landesarbeitsgericht daselbst.

Der Kläger war Verkaufsvertreter der Beklagten für den Bezirk der Stadt Frankfurt a. M. Im Anstellungsvertrage vom 2. März 1927 war gesagt worden: „Die Vertragsparteien sind sich darüber einig, daß Herr C. als Handlungsgehilfe im Sinne der Bestimmungen des Handelsgesetzbuchs anzusehen ist.“ Durch Vertrag vom 2. Mai 1927 mit Zusatzbestimmungen vom 1. und 4. Mai 1927 wurde der Vertrag mit Wirkung vom 1. Mai 1927 in einigen Beziehungen abgeändert. In dem neuen Vertrag ist die Bestimmung, daß der Kläger Handlungsgehilfe sei, durch die Bestimmung ersetzt: „Herr C. ist als Handelsagent im Sinne der §§ 84 bis 92 HGB. anzusehen.“ Am 31. August 1927 ist der Kläger bei der Beklagten ausgeschieden. Für die Zeit vom März bis Ende Juni 1927 hat er in einem Vorprozeß Ansprüche als Handlungsgehilfe nach dem mit Wirkung vom 1. Februar 1926 für allgemeinverbindlich erklärten Ortstarif für kaufmännische und technische Angestellte des Stadtgebiets Frankfurt a. M. vom 12. Februar 1926 geltend gemacht und für die Monate Mai und Juni 1927 durch Urteil zuerkannt erhalten, während der Prozeß für die vorhergehenden Monate durch Vergleich erledigt worden ist. Im gegenwärtigen Prozeß verfolgt der Kläger Gehaltsansprüche nach jenem Tarifvertrage für die Zeit vom 1. Juli bis Ende August 1927 nach Maßgabe der Bestimmungen unter § 2 Ziff. 7 KD. des Tarifvertrages. Mit Rücksicht darauf, daß in dem völlig gleichgelagerten Prozesse eines anderen Verkaufsvertreters der Beklagten vom Landesarbeitsgericht unter Billigung des Reichsarbeitsgerichts (vgl. RAG. Bd. 1 S. 253) angenommen worden ist, daß nach dem Wortlaute des Vertrages bis zum Beweise des Gegenteils ein Agenturverhältnis als vorliegend angesehen werden müsse, hat der Kläger Entscheidungen des Vorsitzenden des Versicherungsamts in Frankfurt a. M. und des Oberversicherungsamts in Kassel vom 2. Juli und 1. Dezember 1928 herbeigeführt, die besagen, daß er hinsichtlich der Versicherungspflicht nach dem Angestelltenversicherungsgesetz nicht als Handlungsagent, sondern als Handlungsgehilfe anzusehen sei. Er ist der Meinung, daß diese rechtskräftigen Entscheidungen gegenüber der Beklagten, die als Außenseiterin am Abschlusse des Tarifvertrages nicht beteiligt gewesen ist, auch für die Beurteilung seiner Gehaltsansprüche bindend seien. Er stützt sich dafür auf § 1 des Tarifvertrages, der im Absatz 1 besagt: „Angestellte im Sinne dieses Vertrages sind alle Personen, die ohne Rücksicht auf ihr Lebensalter und ihr Stellungseinkommen lediglich nach Art ihrer Tätigkeit zu den Angestellten gemäß § 1 des Angestelltenversicherungsgesetzes gehören, mit Ausnahme von Prokuristen und Handlungsbevollmächtigten. Haben in Zweifelsfällen die zuständigen Behörden der Angestelltenversicherung eine Tätigkeit im Sinne des § 1 des AngestVersG. rechtskräftig festgestellt, so ist dies auch für die Anwendung des Tarifvertrages bindend". Die beiden Vorinstanzen haben die Ansicht des Klägers gebilligt und angenommen, daß der Kläger mindestens das Tarifgehalt nach Klasse KC des Tarifvertrages beanspruchen könne; die Entscheidung, ob er darüber hinaus gemäß der höher besoldeten Klasse KD Ansprüche erheben könne, ist vorbehalten worden. Die Revision der Beklagten führte zur Aufhebung des Berufungsurteils und zur Zurückverweisung der Sache an das Landesarbeitsgericht.

Gründe:

Der Kläger macht geltend, daß er zu der Beklagten in den Monaten Juli und August 1928 in einem Arbeitsverhältnis gestanden habe, das von dem Tarifvertrag für kaufmännische und technische Angestellte des Stadtgebietes Frankfurt a. M. in der Fassung vom 12. Februar 1926 beherrscht werde. Er nimmt für sich die Stellung eines Handlungsgehilfen in Anspruch, der selbständig kaufmännische Arbeiten in leitender Stellung verrichtet habe, und glaubt deshalb, Abgeltung seiner Dienste in jenen zwei Monaten nach Maßgabe der Klasse KD der dem Tarifvertrag beigefügten Gehaltstafel fordern zu können. Für die so begründete Klage war die Zuständigkeit des Arbeitsgerichts gegeben.

Die Beklagte gehört unstreitig keinem der Arbeitgeberverbände an, welche an dem Abschluß des Tarifvertrages beteiligt waren. Der Vertrag ist jedoch für allgemein verbindlich erklärt worden, und der Streit der Parteien bewegt sich um die Frage, ob das zwischen ihnen bestehende Vertragsverhältnis in den beruflichen Geltungsbereich dieser Erklärung hineinfällt. Der mit der Überschrift „Geltungsbereich" versehene § 1 des Tarifvertrages bestimmt im Abs. 1 Satz 1, daß Angestellte im Sinne dieses Vertrages alle Personen sind, die ohne Rücksicht auf ihr Lebensalter und ihr Stellungseinkommen lediglich nach Art ihrer Tätigkeit zu den Angestellten gemäß § 1 des AngestVersG. gehören mit Ausnahme von Prokuristen und Handlungsbevollmächtigten. Haben — so heißt es im Satz 2 der Bestimmung — in Zweifelsfällen die zuständigen Behörden der Angestelltenversicherung eine Tätigkeit im Sinne des § 1 des Angestelltenversicherungsgesetzes rechtskräftig festgestellt, so ist dies auch für die Anwendung des Tarifvertrages bindend. Der Kläger ist der Meinung, daß die Allgemeinverbindlichkeitserklärung, welche ihren beruflichen Wirkungsbereich mit den Worten umschreibt:

„Kaufmännische und technische Angestellte und Meister, soweit nicht besondere Fachtarifverträge in Geltung sind", hiermit ihre Tragweite in derselben Weise abgegrenzt habe, wie es für den Tarifvertrag in den wiedergegebenen Tarifnormen geschehen ist daß insbesondere auch der § 1 Abs. 1 Satz 2 nicht ausgenommen worden sei. Da nun aber das Versicherungsamt in Frankfurt a. M. und das Oberversicherungsamt in Kassel als Beschwerdeinstanz übereinstimmend rechtskräftig dahin entschieden haben, daß der Kläger in der Zeit vom 1. Mai bis 31. August 1927 bei der Beklagten in einem Angestelltenverhältnis der im § 1 Nr. 4 AngestVersG. bezeichneten Art tätig gewesen sei, so meint der Kläger, gegen die Beklagte auf Grund der Allgemeinverbindlichkeitserklärung Anspruch auf tarifmäßige Entlohnung erheben zu können. Die Beklagte führt unter Hinweis auf den Vertrag, durch den ihre Beziehungen zum Kläger geregelt worden sind, aus, daß dieser nicht als Handlungsgehilfe, sondern als Agent seit dem 1. Mai 1927 für sie tätig gewesen sei. Sie bestreitet auch, daß bei der Bestimmung des beruflichen Geltungsgebiets der Allgemeinverbindlichkeits-Erklärung der § 1 Nr. 1 Satz 2 des Tarifvertrags herangezogen werden dürfe. Das Landesarbeitsgericht hat sich zu der vom Kläger vertretenen Ansicht bekannt. Es erblickt in der bezeichneten Tarifnorm eine normative Bestimmung, welche von der Verbindlichkeit erfaßt werde, daher für das Vertragsverhältnis der Parteien maßgebend sei und zur Folge habe, daß der Kläger als Angestellter der Beklagten zu betrachten sei und Abgeltung seiner Dienste nach dem Tarifvertrage fordern könne. Hierbei läßt sich das Landesarbeitsgericht von der Erwägung leiten, daß für die Abgrenzung des beruflichen Geltungsbereichs der Allgemeinverbindlichkeits-Erklärung die dem Präsidenten der Reichsarbeitsverwaltung nach dieser Richtung hin zu unterstellende Absicht ausschlaggebend sei. Diese Annahme beruht auf Rechtsirrtum. Nicht die von dem Präsidenten gehegte, sondern die von ihm zum Ausdruck gebrachte Absicht, der von ihm erklärte Wille ist für die Ermittlung der Tragweite der Erklärung entscheidend (RAG. Entsch. Bd. 1 S. 348/349). Weder aber in der Angabe ihres Geltungsbereichs selbst noch an einer anderen Stelle der Erklärung ist kundgegeben, daß dieser sich mit dem in § 1 Nr. 1 des Tarifes bezeichneten Geltungsbereich decken solle. Es tritt nirgends in einer auch für die Außenseiter erkennbaren Weise hervor, daß der Präsident der Reichsarbeitsverwaltung sich den Satz 2 der Tarifnorm für die Absteckung des fachlichen Wirkungsbereichs aneignen wollte. Die Frage der Wirksamkeit dieser Bestimmung bedarf deshalb keiner Prüfung. Die Entscheidungen des Versicherungsamts und des Oberversicherungsamts kann daher der Kläger als Grundlage für seinen Anspruch nicht heranziehen. Damit stellt sich aber die Sache noch nicht als spruchreif dar. Da das Landesarbeitsgericht die Fragen der Verwirkung des Klaganspruchs und des Verzichts des Klägers auf ihn zu dessen Gunsten ohne Rechtsirrtum verneint hat, wie denn auch die Revision Angriffe hiergegen nicht erhebt, so hängt nunmehr die Entscheidung im Hinblick auf die Allgemeinverbindlichkeits-Erklärung noch davon ab, ob der Kläger als kaufmännischer Angestellter im Sinne der letzteren zu gelten hat. Der Prüfung dieser Frage hat sich das Berufungsgericht noch nicht unterzogen. Da sie möglicherweise ohne tatrichterliche Erwägungen nicht beantwortet werden kann, so ist das Berufungsurteil aufzuheben und die Sache zur Nachholung des Erforderlichen an die Vorinstanz zurückzuverweisen.

Zu dem gleichen Ergebnis kommt man, wenn man davon ausgeht, die Bestimmung des § 1 Abs. 1 Satz 2 des Tarifvertrages sei eine Inhaltsnorm für abgeschlossene Arbeitsverträge; sie habe auch die vom Berufungsrichter angenommene weitgehende Bedeutung, daß die rechtskräftigen Entscheidungen der Spruchbehörden der Angestelltenversicherung über das Vorliegen einer die Versicherungspflicht bedingenden Eigenschaft im Sinne des § 1 des Angestelltenversicherungsgesetzes die Eigenschaft einer Person als eines kaufmännischen oder technischen Angestellten oder als Werkmeisters und damit das Vorliegen eines Arbeitsvertrages und die Anwendbarkeit des Tarifvertrages für die Parteien und die Gerichte bindend festlegten. Wenn diese Wirkungen überhaupt beabsichtigt gewesen sein sollten, so müßte die Gültigkeit der Bestimmungen verneint werden. Voraussetzung für die Anwendung eines Tarifvertrages kraft Allgemeinverbindlichkeits-Erklärung ist stets, daß ein Arbeitsvertrag, der nach Art der Arbeit unter denselben fällt, tatsächlich vorliegt (§ 2 Abs. 1 TarifvertrVo.), also ein Vertrag zwischen einem Arbeitgeber und einem Arbeitnehmer. Fehlt es an einem solchen, ist derjenige, welcher für einen andern tätig wird, von ihm persönlich und wirtschaftlich unabhängig, so liegt kein Arbeitsvertrag, der vom Tarifvertrag ergriffen werden könnte, vor. Das Vertragsverhältnis ist dann nach anderen Grundsätzen zu beurteilen. Das gilt insbesondere auch von dem Handlungsagenten; er ist selbständiger Kaufmann (§ 84 HGB.) und er kann nicht dadurch zum Angestellten hinsichtlich seiner Vertragsbeziehungen zum Vertragsgegner werden, daß ihn die Versicherungsämter für einen versicherungspflichtigen Angestellten erklären. Die Prüfung der Frage, ob ein Arbeitsvertrag vorliegt, ist daher in jedem Falle Sache der zuständigen Arbeitsgerichte.

Die gegenteilige Annahme würde dazu führen, daß auch in den Fällen, wo zu Unrecht die Versicherungsämter das Vorliegen eines Angestelltenverhältnisses angenommen haben, selbständige Kaufleute, zu denen auch die Handelsagenten zählen, unter den Tarifvertrag fallen würden. Das aber läßt die TarifvertrVo. nicht zu. Auch aus diesem Grunde ist die Prüfung der Frage durch das Berufungsgericht geboten, ob überhaupt ein Arbeitsverhältnis vorlag, das von tariflichen Bestimmungen ergriffen werden konnte.

RAG. 4, 88.

1. Über die Pflichten des Betriebsratsvorsitzenden.

2. Schützt gutgläubige Arbeitsverweigerung vor fristloser Entlassung?

BRG. § 1; GewO. § 123 Abs. 1 Nr. 3.

Reichsarbeitsgericht. Urt. v. 29. Mai 1929.

I. Arbeitsgericht Rheine. — II. Landesarbeitsgericht Münster.

Zwischen dem Verband münsterländischer Textilindustrieller auf der einen und dem Zentralverband christlicher Textilarbeiter Deutschlands sowie dem Deutschen Textilarbeiterverband auf der anderen Seite besteht ein Tarifvertrag vom 21. Oktober 1924 nebst dazu gehöriger Arbeitsordnung vom 27. August/1. September 1920 und einem Arbeitszeitabkommen vom 23. März 1928. Nach dem Tarifvertrag beträgt die wöchentliche Arbeitszeit 48 Stunden, gemäß § 8 der Arbeitsordnung muß Überarbeit rechtzeitig bekannt gegeben werden, in dem Arbeitszeitabkommen aber ist folgende Regelung getroffen:

„1. Aus wirtschaftlichen oder technischen Gründen kann die Betriebsleitung über die regelmäßige 48stündige Wochenarbeitszeit hinaus eine Mehrarbeit von 3 Stunden in der Woche anordnen.

2. Mit Zustimmung der gesetzlichen Betriebsvertretung kann die Betriebsleitung eine weitere Mehrarbeit von 3 Stunden in der Woche anordnen. Wird die Zustimmung von der Betriebsvertretung verweigert, so kann zunächst die Betriebsleitung die Mehrarbeit anordnen. Sie muß aber innerhalb von 3 Tagen seit Beginn der Mehrarbeit bei der Geschäftsführung der Arbeitsgemeinschaft der münsterländischen Textilindustrie die Entscheidung durch eine Kommission beantragen, die aus 2 Arbeitgebern und 2 Arbeitnehmern besteht. Die Kommission entscheidet endgültig unter Ausschluß des Rechtsweges . . . Die Entscheidung der Kommission muß innerhalb von 10 Tagen seit Beginn der Mehrarbeit vorliegen. Nach Ablauf

der Frist entfällt die Berechtigung zur Mehrarbeit gemäß Ziffer 2 . . ."

Der Kläger war bei der Beklagten als Weber tätig und Vorsitzender des Betriebsrats. Auf sein Arbeitsverhältnis fanden die vorerwähnten Bestimmungen Anwendung. Am 17. Juli 1928 vormittags gegen 10 Uhr ließ der geschäftsführende Mitinhaber der Beklagten, Sch., den Betriebsrat zu sich kommen, teilte ihm mit, daß beabsichtigt sei, an Stelle der damals im Betrieb geltenden 51-Stundenwoche die 54-Stundenwoche einzuführen, und ersuchte um Stellungnahme hierzu. Als der Betriebsrat die Zustimmung nicht erteilte, ordnete die Beklagte sofort die Mehrarbeit durch einen Anschlag an, der lautete:

„Wir führen ab heute die 54-Stundenwoche ein, der Betrieb läuft also wieder bis 6 Uhr 21 Minuten. Diese Anordnung gilt auf die Dauer von 10 Tagen. Für spätere Zeit wird die Arbeitsgemeinschaft entscheiden, die wir heute angerufen haben."

Um 5 Uhr 45 Minuten nachmittags, dem bis dahin gültigen Arbeitsschluß stellten die meisten Arbeiter, darunter auch der Kläger, die Arbeit ein. Sch. rief ihn zu sich und erklärte ihm, daß er wegen Arbeitsverweigerung fristlos entlassen sei. Der Kläger hält die Entlassung, zumal sie ohne Zustimmung des Betriebsrats erfolgt sei, für ungerechtfertigt und verlangt mit der vorliegenden Klage Lohn für 4 Wochen bis zur Erlangung einer anderen Stelle. Die Beklagte begehrt Klagabweisung. Sie erachtet die Entlassung des Klägers für begründet, da er die Arbeit unbefugt verlassen habe.

Während das Arbeitsgericht die Klage nach Beweisaufnahme abgewiesen hat, ist ihr auf die Berufung des Klägers nach weiterer Beweiserhebung stattgegeben worden. Auf die zugelassene Revision der Beklagten wurde das Berufungsurteil aufgehoben und die Sache an die Vorinstanz zurückverwiesen.

Gründe:

Das Berufungsgericht geht ohne Rechtsirrtum davon aus, daß gegenüber der an sich schlüssigen Klage der Beklagten die Beweispflicht für die von ihr geltend gemachte Berechtigung zur fristlosen Entlassung des Klägers obliege. Sie müsse dartun, daß der Kläger die Arbeit unbefugt verlassen, daß er also am 17. Juli 1928 über 5 Uhr 45 Minuten nachmittags hinaus zu arbeiten verpflichtet gewesen sei und, da er es nicht getan habe, seiner Arbeitspflicht nachzukommen beharrlich verweigert habe (§ 123 Nr. 3 RGewO.). Es prüft im Anschluß daran mit der Begründung, daß nur dann von einem unbefugten Verlassen der Arbeit durch den Kläger die Rede sein könne, wenn die Anordnung der längeren

Arbeitszeit für den 17. Juli 1928 ordnungsmäßig gewesen sei, die Frage, ob diese Anordnung den tariflichen Bestimmungen, insbesondere dem Arbeitszeitabkommen und der Arbeitsordnung entsprochen habe. Dabei gelangt es zwar in Würdigung der Beweisaufnahme zu dem Ergebnis, daß gegen die Rechtmäßigkeit der Anordnung sowohl in Anbetracht der äußerst dürftigen und groben Verhandlungsweise des geschäftsführenden Mitinhabers der Beklagten mit dem Betriebsrat als auch wegen der ungewöhnlichen Hast, mit der die Mehrarbeit schon für denselben Nachmittag in Kraft gesetzt worden sei, Bedenken beständen. Es läßt dann aber dahingestellt, ob das Verhalten der Beklagten einem völligen Nichtverhandeln gleichzuachten oder nur als ein mangelhaftes, objektiv zu einer vorläufigen Anordnung der Mehrarbeit mit Wirkung vom 17. Juli 1928 ab berechtigendes Verfahren anzusehen sei, und gründet vielmehr seine Entscheidung darauf, daß den Kläger kein Verschulden treffe; denn er habe bei der gegebenen Sachlage nicht bewußt und hartnäckig die ihm obliegende Arbeit verweigert, sondern in entschuldbarem Irrtum geglaubt, die Befugnis der Beklagten zu der Anordnung der Mehrarbeit verneinen zu müssen. Durch das Fehlen des subjektiven Tatbestandes werde der objektiv bestehende Kündigungsgrund des § 123 Nr. 3 RGewO. ausgeschlossen. Selbst wenn man aber die Erheblichkeit des Irrtums ablehne, sei ein Entlassungsgrund aus § 123 Nr. 3 a. a. O. nicht als vorliegend anzusehen, da die Beklagte durch das Vorgehen ihres geschäftsführenden Mitinhabers den Irrtum des Klägers selbst schuldhaft hervorgerufen habe und arglistig handeln würde, wenn sie unter diesen Umständen das Verhalten des Klägers zum Anlaß einer Kündigung nehmen wollte. Endlich komme auch ein wichtiger Grund gemäß § 124 a GewO. nicht in Betracht, falls überhaupt diese gesetzliche Vorschrift gegenüber dem Kläger als Betriebsratsvorsitzenden anwendbar sein sollte.

Die Revision rügt unrichtige Anwendung der fraglichen Tarifbestimmungen, namentlich des Arbeitszeitabkommens und der Arbeitsordnung, ferner des § 123 Abs. 1 Nr. 3 RGewO. und wirft dem Berufungsgericht auch Verkennung des Begriffs der Arglist vor. Ihr kann ein Erfolg nicht versagt werden.

Da das Berufungsgericht die Entscheidung der Frage, ob die Anordnung der Mehrarbeit für den 17. Juli 1928 ordnungsmäßig gewesen sei, trotz anfänglicher Prüfung schließlich dahingestellt läßt, das angefochtene Urteil also nicht hierauf beruht, kann auf die sie betreffenden Revisionsrügen nicht eingegangen werden (§ 73 Abs. 1 ArbGG.). Vielmehr ist bei der dem Reichsarbeitsgericht obliegenden rechtlichen Nachprüfung davon auszugehen, daß nach der tatsächlichen Feststellung des Berufungsgerichts die Beklagte die fragliche Mehrarbeit — allerdings ohne Zustimmung des Betriebsrats — angeordnet und der Kläger ungeachtet dieser Anordnung die Arbeit am 17. Juli 1928 ohne Leistung der Mehrarbeit verlassen hat. Der Kläger hat damit, wie das angefochtene Urteil zutreffend annimmt, der Beklagten objektiv den Kündigungsgrund des § 123 Abs. 1 Nr. 1 GewO. an die Hand gegeben. Wenn das Berufungsgericht dann, zur subjektiven Seite des Verhaltens übergehend, dem Kläger den guten Glauben zuspricht, weil er sich so entschieden habe, „wie das bei seiner pflichtmäßigen Einstellung und der gegebenen Sachlage verständlich gewesen" sei, und die in dem unbefugten Verlassen der Arbeit zugleich liegende Verweigerung der angeordneten Mehrarbeit damit entschuldigt, daß die Verhandlungsweise des geschäftsführenden Mitinhabers der Beklagten mit dem Betriebsrat „äußerst dürftig" und „ungewöhnlich schroff" gewesen, daß ferner die Anordnung der Mehrarbeit für die Arbeiter „unverständlich plötzlich" erfolgt und daher von ihnen „als recht lästig" empfunden worden sei, daß endlich der Kläger „als Arbeiter in dem Streit Partei" gewesen sei und „als Vorsitzender des Betriebsrats nach § 1 BRG. in erster Linie die Interessen der Arbeiter wahrzunehmen" gehabt habe, auch „innerhalb weniger Stunden und während laufender Arbeitszeit" sich habe entscheiden müssen, so vermögen diese Erwägungen die getroffene Entscheidung nicht zu rechtfertigen. Zunächst ist es rechtsirrig, daß der Kläger als Vorsitzender des Betriebsrats nach § 1 BRG. „in erster Linie" die Belange der Arbeiter wahrzunehmen hatte. Laut § 1 a. a. O. wird der Betriebsrat „zur Wahrnehmung der gemeinsamen wirtschaftlichen Interessen der Arbeitnehmer dem Arbeitgeber gegenüber und zur Unterstützung des Arbeitgebers in der Erfüllung der Betriebszwecke" errichtet. Es ist hier nicht die eine Aufgabe vor die andere, sondern es sind beide Aufgaben gleichwertig nebeneinander gestellt. Der Kläger war also als Vorsitzender des Betriebsrats verpflichtet, die Belange des ganzen Betriebs wahrzunehmen, nicht denen der Arbeitnehmer den Vorzug zu geben. Insofern war er auch nicht „Partei", sondern Berater der Betriebsleitung. Seine andere Einstellung war nicht „pflichtmäßig", sondern einseitig. Im übrigen stehen die Erwägungen des Berufungsgerichts aber auch nicht im Einklang mit den Grundsätzen, die das Reichsarbeitsgericht zu der Frage, ob gutgläubige Arbeitsverweigerung vor fristloser Entlassung schützt, wiederholt ausgesprochen hat (vgl. RAG. Entsch. Bd. 1 S. 30, Bd. 2 S. 350, Bd. 3 S. 40 sowie Urteile vom 15. Dezember 1928 — RAG. 490/28 — und vom 12. Januar 1929 —

RAG. 320 und 326/28 — in ArbRspr. 1929 S. 74 flg. und 164). Es ist darin zum Ausdruck gebracht, daß, wenn die Frage der Leistungspflicht rechtlich zweifelhaft und diese Zweifelhaftigkeit auch dem Arbeitnehmer bekannt ist oder bei Anwendung der Verkehrssorgfalt bekannt sein muß, er auf eigene Gefahr handelt, wenn er, ohne mit der Richtigkeit des entgegengesetzten Standpunkts zu rechnen, die ihm günstigste Rechtsanschauung wählt. Er muß dann die Folgen auf sich nehmen, die sich daraus ergeben, daß die von ihm gewählte Meinung sich hinterher als unrichtig erweist. Der gute Glaube, zu einer bestimmten, ihm aufgetragenen Arbeit nicht verpflichtet zu sein, macht den Arbeitnehmer noch nicht schuldlos und schließt die Berechtigung des Arbeitgebers, ihn wegen beharrlicher Arbeitsverweigerung fristlos zu entlassen, nicht aus, vorausgesetzt, daß die Beauftragung des Arbeitnehmers mit einer bestimmten Arbeit zu Recht erfolgt ist. Es kommt also im vorliegenden Fall entgegen der Ansicht des Berufungsgerichts entscheidend darauf an, ob die Anordnung der Mehrarbeit durch den Arbeitgeber berechtigt war oder nicht. Da das Berufungsgericht diese Frage dahingestellt läßt, die von ihm insoweit getroffene tatsächliche Feststellung dem Reichsarbeitsgericht auch nicht eine erschöpfende rechtliche Nachprüfung gestattet, erscheint gemäß § 72 Abs. 2 in Verbindung mit §§ 564 Abs. 1 und 565 Abs. 1 ZPO. die Aufhebung des angefochtenen Urteils und die Zurückverweisung der Sache geboten. Bei der erneuten Verhandlung wird das Berufungsgericht die Gesamtheit der in Betracht kommenden Umstände zu berücksichtigen haben. Hierzu gehört insbesondere der an sich klare Wortlaut des Arbeitszeitabkommens vom 23. März 1928.

RAG. 4, 109.+

1. . . .

2. Zur Umgrenzung der vertraglichen Arbeitspflicht des Arbeitnehmers im Falle einer Anordnung des Arbeitgebers gemäß § 3 der Arbeitszeitverordnung und zu der Beweispflicht des Arbeitgebers, wenn es sich im Entlassungsstreit um die Notwendigkeit der angeordneten und verweigerten Mehrarbeit handelt.

Reichsarbeitsgericht. Urt. v. 19. Juni 1929.

I. Arbeitsgericht Münster. — II. Landesarbeitsgericht daselbst.

. . .

Der Berufungsrichter hat danach mit Recht angenommen, daß es nur darauf ankommt, ob die Kläger mit Recht fristlos entlassen sind.

Der Beurteilung des danach zu prüfenden Grundes der beharrlichen Arbeitsverweigerung hat der Berufungsrichter mit Recht eine Erörterung der objektiven Rechtslage hinsichtlich der den Klägern obliegenden Arbeitszeit zugrunde gelegt. Er hat es zutreffend abgelehnt, in diesem Zusammenhang den Gesichtspunkt gelten zu lassen, der für das Arbeitsgericht entscheidend war, daß die große Mehrzahl der Belegschaft sich der Anforderung des Arbeitgebers gefügt hat. Es widerspricht den Zwecken und der positivrechtlichen Ordnung der Arbeitsschutzgesetzgebung, gegenüber den Regeln gesetzlicher und tariflicher Arbeitszeitregelung Mehrheitsentscheidungen innerhalb der Belegschaft eines Betriebes einen rechtlich bedeutsamen Einfluß einzuräumen. Waren die Kläger ebenso wie die andere Belegschaft zu der von der Beklagten angeordneten Mehrarbeit nicht verpflichtet, so kann es dem Rechtsstandpunkt, den die Kläger vertreten haben, nicht Abbruch tun, daß die übrige Belegschaft auf ihren Rechten nicht bestanden hat.

Wenn die Arbeitszeit, wie die Beklagte das vertritt, gegenüber der tariflichen erstreckt worden ist, so kann das, was die öffentlichrechtliche Seite angeht, wirksam nur auf Grund der dem Arbeitgeber in § 3 ArbZVo. gegebenen Befugnis, an 30 Tagen des Jahres Mehrarbeit anzuordnen, geschehen sein. Daß diese Anordnung im Bereich der Arbeitszeitverordnung auch gegenüber einem Tarifvertrag ergehen kann, ist in § 5 Abs. 5 ausdrücklich bestimmt. Der Berufungsrichter zieht das auch nicht in Zweifel, meint aber, daß die vertragsrechtliche Verpflichtung des Arbeitnehmers zur Mehrarbeit durch eine solche Anordnung nicht berührt werde. Diese Auffassung, daß die Bestimmung des § 3 ArbZVo. wie überhaupt die Arbeitszeitverordnung, abgesehen von der Regelung des § 6 a, öffentliches Arbeitsschutzrecht, aber kein Vertragsrecht setze, steht im Einklang mit der Stellungnahme des Reichsarbeitsgerichts in den Urteilen zu § 1 Z. 3 ArbZVo. Bd. 2 S. 177 und 266 und den zu § 3 ArbZVo. ergangenen Urteilen vom 12. Dezember 1928 RAG. Entsch. Bd. 3 S. 40 und vom 9. Februar 1929, RAG. 261/28. Die Revision bekämpft die Auffassung des § 3 ArbZVo. als lediglich öffentlichrechtlicher Schutznorm mit der Erwägung, daß § 3 AZVo. ohne vertragsrechtliche Wirkung nutzlos, „eine Hacke ohne Stiel", wäre. Gerade auf diesem Wege habe es dem Arbeitgeber möglich werden sollen, in Zeiten der Konjunktur sich dem Konjunkturbedürfnis anzupassen. Wenn zu diesem Zweck erst die Zustimmung jedes einzelnen Arbeiters eingeholt werden müsse, so sei § 3 wertlos.

Dieser Einwand würdigt den Gesetzeszweck zutreffend. Es ist aber für die Regelung des § 3 kennzeichnend, daß sie die Befugnis des Arbeitgebers, Mehrarbeit in dem gesetzten Rahmen zu verlangen, öffentlichrechtlich von einer entsprechenden Voraussetzung, insbesondere einem Bedarf des Betriebes, nicht abhängig macht. Der Behörde gegenüber ist der Arbeitgeber in der Wahl der Tage völlig frei.

Für die Frage der arbeitsvertraglichen Verpflichtung hat das vorbezeichnete Urteil des Reichsarbeitsgerichts Bd. 3 S. 47 nach den auch den Arbeitsvertrag beherrschenden Grundsätzen von Treu und Glauben und aus dem Gesichtspunkt der Betriebsverbundenheit ausgeführt, daß es auch dem Arbeitnehmer obliegt, den Bedürfnissen des Betriebs Rechnung zu tragen und, im Rahmen des Gesetzes, seine Arbeitskraft in den Dienst der Wirtschaftlichkeit des Betriebs zu stellen. Damit gelangt gerade der Gedanke, der der Ordnung des § 3 zugrunde liegt, über den Weg des Arbeitsvertrags zum Durchbruch. Hat der Arbeitgeber aus der dem Gesetzesgedanken entsprechenden Annahme eines außerordentlichen und vorübergehenden Arbeitsbedarfs heraus die Leistung der Mehrarbeit verlangt, so folgt die Pflicht zur Befolgung der Anordnung für den Arbeiter aus den Zwecken des Arbeitsvertrags. Etwas anderes ist es, wenn Arbeitgeber aus Erwägungen anderer Art, etwa, um die nicht mehr geltende längere Arbeitszeit doch durchzusetzen oder die Stellung der Arbeitgeberschaft für Tarifverhandlungen zu stärken, von seiner schutzrechtlich freien Befugnis einen Gebrauch macht, der den Zwecken des Gesetzes nicht entspricht; dann wird der Arbeitgeber den Arbeitnehmer nicht auf sein Recht aus § 3 ArbZVo. verweisen dürfen.

Nach dieser Richtung hin stellt der Berufungsrichter fest, daß nach den nicht substantiiert bestrittenen Angaben der Kläger noch nach der Entlassung der Kläger der Lagerbestand der Beklagten gewachsen sei und daß die Beklagte nicht unternommen habe, die wirtschaftliche Notwendigkeit der Mehrarbeit zur Zeit der Entlassung zu begründen. Mit dieser Anforderung überspannt der Berufungsrichter die der Beklagten als Arbeitgeberin obliegende Darlegungspflicht. Sie hatte nach dem von dem Landesarbeitsgericht angezogenen Urteil des ersten Rechtszugs behauptet, ihr Betrieb sei ein Saisonbetrieb. Die Monate April, Mai und Juni stellten die Zeit des stärksten Geschäftsgangs dar. Diesen Behauptungen gegenüber hätte der Berufungsrichter die Prüfung nicht unterlassen dürfen, ob nach der allgemeinen Lage des Betriebs und nach seiner Erfahrung der Betriebsleiter der Beklagten mit der Notwendigkeit einer auf kurze Zeit verstärkten Arbeit hat rechnen können. Einen bestimmten Nachweis und den Nachweis von einem Standpunkt objektiver Notwendigkeit aus zu fordern, widerstrebt der Rechtsstellung des Arbeitgebers, da er den Betrieb zu leiten und die Konjunktur zu beurteilen hat. Er genügt deshalb seiner Beweispflicht, wenn er dartut, daß die allgemeinen Verhältnisse verständigen Anlaß zu der Annahme, daß kurzzeitige Mehrarbeit erforderlich sei, geben konnten. Nach dieser Richtung waren aber die Behauptungen der Beklagten über den Saisoncharakter ihres Betriebs ein geeigneter Ausgangspunkt der Prüfung.

Im Sinne dieser Erwägungen bedarf die Sachlage erneuter Erörterung.

RAG. 4, 114.

Ist der Anspruch auf Urlaubsvergütung als gegenüber der Konkursmasse bevorrechtigte Forderung anzusehen?

KO. § 61 Nr. 1.

Reichsarbeitsgericht. Urt. v. 19. Juni 1929.

I. Arbeitsgericht Weimar. — II. Landesarbeitsgericht Jena.

Der Kläger war Mitgesellschafter und zugleich Arbeitnehmer der Bauhütte, Soziale Baugesellschaft mbH. in W. In seiner Eigenschaft als Arbeitnehmer hatte er auf Grund eines durch Aushang bekannt gemachten und verbindlich gewordenen Betriebsvorstandsbeschlusses vom 27. März 1925 am 1. Mai 1925 für dieses Jahr einen Anspruch auf 5 Tage Urlaub zuzüglich 10 RM Urlaubsgeld erworben. Am 31. Dezember 1925 wurde über das Vermögen der Bauhütte das Konkursverfahren eröffnet. Da der Kläger bis dahin den Urlaub nicht genommen hatte und unmittelbar nach der Konkurseröffnung entlassen wurde, meldete er im Januar 1926 den Betrag von 46,80 RM für Urlaubsvergütung als bevorrechtigte Forderung im Sinne des § 61 Nr. 1 KO. zur Konkursmasse an Der beklagte Konkursverwalter erkannte die Forderung nicht an. Im Wege der Klage begehrt der Kläger nunmehr die Verurteilung des Beklagten zur Zahlung der 46,80 RM.

Das Arbeitsgericht hat der Klage stattgegeben. Die Berufung des Beklagten ist von dem Landesarbeitsgericht nach Beweisaufnahme mit der Maßgabe zurückgewiesen worden, daß die an den Kläger zu zahlenden 46,80 RM als bevorrechtigte Forderung im Sinne des § 61 Nr. 1 KO. anzusehen seien. Auch mit der für zulässig erklärten Revision hatte der Beklagte keinen Erfolg.

Gründe:

Das Berufungsgericht geht in wesentlicher Übereinstimmung mit dem ersten Richter davon aus, daß der Kläger, da er im Zeitpunkt seiner Entlassung den am 1. Mai 1925 fest und endgültig verdienten Urlaub noch nicht erhalten habe, Nachzahlung des Lohnes für eine seinem entgangenen Urlaub entsprechende Zeit verlangen könne. Der diesbezügliche Abgeltungsanspruch sei inhaltlich eine vom Kläger durch seine bisherige Tätigkeit bei der Bauhütte miterworbenene Lohnforderung und müsse deshalb als „bevorrechtigt" im Sinne des § 61 Nr. 1 KO. angesehen werden. Diesem Anspruch ständen auch keine wirtschaftlichen Bedenken entgegen. Einerseits wolle gerade § 61 den wirtschaftlich schwachen Arbeitnehmer schützen, dessen Tätigkeit der Konkursmasse zugute gekommen sei. Andererseits werde die Konkursmasse durch solche Abgeltungsansprüche nur verhältnismäßig unwesentlich geschmälert, da sie immer nur für den im letzten Jahr vor Konkurseröffnung verdienten Urlaub geltend gemacht werden könnten. Das der Höhe nach nicht zu beanstandende Verlangen des Klägers sei mithin gerechtfertigt.

Die Revision rügt Verkennung des Rechtsbegriffs des Urlaubs und des Feriengeldes sowie Verletzung des § 61 Nr. 1 KO. Ihr muß jedoch ein Erfolg versagt bleiben.

Wie das Reichsarbeitsgericht in feststehender, auch der im Schrifttum herrschenden Meinung entsprechender Rechtsprechung entschieden hat (vgl. u. a. RAG. Entsch. Bd. 1 S. 46, Bd. 3 S. 93, 130, 280, 312 und 330 flg.), umfaßt der Urlaubsanspruch — es sei denn, daß eine andere, im vorliegenden Fall aber nach dem festgestellten Sachverhalt nicht in Betracht kommende tarifliche Regelung getroffen ist, zweierlei: den Anspruch auf Gewährung freier Zeit und den Anspruch auf Zahlung des Lohnes für die freie Zeit. Beide Ansprüche bestehen selbständig nebeneinander; der letztere Anspruch insbesondere ist nicht davon abhängig, ob der Urlaub tatsächlich gewährt ist. Die beiden Leistungen werden also nicht in der Weise geschuldet, daß nur die eine oder die andere zu bewirken ist. Aus diesem Grunde ist es allerdings begrifflich nicht zutreffend, so wie das Berufungsgericht es tut, von einem „Abgeltungsanspruch" zu sprechen und anzunehmen, daß der Anspruch auf Barentgelt gewissermaßen als Ersatzanspruch an die Stelle des Urlaubsanspruchs trete, oder daß sich dieser in einen Geldanspruch umwandle (vgl. RAG. Entsch. Bd. 3 S. 312). Trotzdem ist dem angefochtenen Urteil im Ergebnis beizutreten. Der einmal erworbene selbständige Anspruch des Klägers auf Feriengeld oder Urlaubsvergütung, d. h. auf Zahlung des Lohnes für die arbeitsfreien Tage, besteht unabhängig davon weiter, ob ihm die freie Zeit noch gewährt werden kann oder nicht, er stellt die vertragliche Gegenleistung für die der Bauhütte vom Kläger in der Vergangenheit geleistete, also vorausgeleistete Arbeit dar. Daran ändert auch die Eröffnung des Konkurses über das Vermögen der Bauhütte und die darauf erfolgte Entlassung des Klägers nichts. Der Anspruch auf Urlaubsvergütung ist ein Anspruch aus dem Arbeitsverhältnis; er bleibt auch bei Beendigung des Arbeitsverhältnisses ein Anspruch aus einem zweiseitigen Vertrag, dem Dienstvertrag. Unmöglich geworden ist nach der durch die Entlassung bewirkten Beendigung des Arbeitsverhältnisses lediglich der Anspruch auf Gewährung der freien Zeit, nicht unmöglich geworden ist die Bezahlung des Lohnes für diese Zeit. Eine Änderung ist nur insofern eingetreten, als an die Stelle der Bauhütte deren Konkursmasse getreten ist. Ihr gegenüber stehen dem Kläger die durch die Konkursordnung, insbesondere durch deren § 61 Nr. 1 gegebenen Befugnisse zu. Diese Bestimmung ist entgegen der Meinung der Revision nicht eng auszulegen. Vielmehr sind unter „Lohn, Kostgeld und anderen Dienstbezügen" des § 61 Nr. 1 a. a. O. im weitesten Sinne alle Geld- und Naturalleistungen zu verstehen, die der Dienstverpflichtete auf Grund des Dienstvertrags als Gegenleistung für seine Dienste zu beanspruchen hat. Der von der Revision angezogene § 61 Nr. 5 KO. steht dieser Auslegung der Nr. 1 a. a. O. nicht entgegen, da die Ansprüche auf Lohn, Kostgeld oder andere Dienstbezüge wegen ihrer verhältnismäßigen Geringfügigkeit ohne nennenswerte Schädigung der übrigen Gläubiger vorweg aus der Masse befriedigt werden können (vgl. RGZ. Bd. 120 S. 301 flg. und Mentzel, Komm. z. KO., 3. Aufl., S. 322). Nach dem oben Gesagten ist die Urlaubsvergütung eine vertragliche Gegenleistung für vorausgeleistete Dienste. Sie ist daher, selbst wenn man sie nicht als Lohn gelten lassen wollte, jedenfalls ein „Dienstbezug" im Sinne des § 61 Nr. 1 KO. und zum mindesten aus diesem Grunde von dem Berufungsgericht mit Recht als gegenüber der Konkursmasse bevorrechtigte Forderung angesehen worden. Daß der Kläger nicht nur Arbeitnehmer, sondern auch Gesellschafter der Bauhütte war, führt zu keinem anderen Ergebnis (vgl. Jaeger, Komm. z. KO. 5. Aufl. zu § 61 Anm. 14 S. 856).

RAG. 4, 117.

Über die Pflicht des Arbeitnehmers, sich einer Torkontrolle zu unterwerfen.

BGB. §§ 157, 242.

Reichsarbeitsgericht. Urt. v. 22. Juni 1929.

I Arbeitsgericht Berlin. — II. Landesarbeitsgericht daselbst.

Kläger stand als Bauarbeiter bei der Beklagten in Arbeit. Er wurde auf einer Baustelle der S.-Sch.-Werke beschäftigt und war Baudelegierter und Mitglied des Delegiertenausschusses. Die S.-Sch.-Werke hatten für die auf ihren Werken beschäftigten fremden Arbeiter gewisse Überwachungsmaßnahmen, u. a. eine Ausweiskarte sowie die Torkontrolle eingeführt. Sie hatten auch der Beklagten bei der Vergebung der Bauarbeiten die Auflage gemacht, daß sich die Arbeiter der Beklagten diesen Maßnahmen zu fügen hätten, und die Beklagte hatte diese Bedingung angenommen. Von diesen damals bereits bestehenden Maßnahmen hatte die Beklagte dem Kläger bei dessen Eintritt (3. Mai 1928) keine Mitteilung gemacht; die Beklagte will die Maßnahmen als bei ihren Arbeitern bekannt vorausgesetzt haben. Die Ausweiskarte hat Kläger entgegengenommen. Dem Versuch einer persönlichen Überwachung (durch Anfassen seiner Aktenmappe) will Kläger zweimal sich entzogen haben. Am 15. und 16. August 1928 hat Kläger sich in aller Form geweigert, sich persönlich untersuchen zu lassen. Die S.-Sch.-Werke haben mit Brief an die Beklagte vom 16. August dem Kläger das fernere Betreten ihres Grundstücks verboten. Die ihm angebotene Beschäftigung auf einer anderen Baustelle der Beklagten hat der Kläger, unter Hinweis auf seine Baudelegierteneigenschaft, abgelehnt. Die Beklagte hat hierauf den Kläger ohne Zustimmung der Betriebsvertretung entlassen.

Kläger hält die Entlassung für ungerechtfertigt und hat Klage erhoben, mit dem Antrag, festzustellen, daß sein Dienstverhältnis bei der Beklagten fortbestehe, und die Beklagte zu verurteilen, ihm vom 17. August 1928 ab täglich 9,95 RM zu Lohn bezahlen. Das Arbeitsgericht hat nach diesen Klaganträgen erkannt. Das Landesarbeitsgericht hat die Berufung der Beklagten zu dem Feststellungsantrag zurückgewiesen, jedoch den, nunmehr auf 130 RM gerichteten Zahlungsantrag abgewiesen. Auf die Revision des Klägers ist das Berufungsurteil aufgehoben, die Sache an das Berufungsgericht zurückgewiesen worden.

Gründe:

Das angefochtene Urteil hat festgestellt, daß das Arbeitsverhältnis des Klägers bei der Beklagten über den 16. August 1928 noch fortbestehe. Insoweit entspricht das Urteil dem Klagantrag. Die Beklagte hat ein Rechtsmittel nicht eingelegt; in diesem Umfang ist mithin das Berufungsurteil rechtskräftig geworden.

Dagegen hat der Berufungsrichter den Lohnzahlungsanspruch des Klägers abgewiesen. Nur hiergegen richtet sich die Revision des Klägers. Sie rügt an erster Stelle, daß dieser Teil der Entscheidung mit der Entscheidung über den Feststellungsantrag im Widerspruch stehe. Die

Berechtigung dieses Angriffs kann dahingestellt bleiben. Denn die angefochtene Entscheidung ist auch sonst nicht haltbar.

Zwar kann dem Berufungsrichter sowohl in seinem Ausgangspunkt wie in einem großen Teile seiner weiteren Ausführungen gefolgt werden. Der Berufungsrichter geht davon aus, daß der Kläger vorleistungspflichtig, mithin sein Lohnzahlungsanspruch von der Leistung seiner Dienste abhängig war. Kläger hat vom 16. August 1928 ab Dienste nicht mehr geleistet, war aber zur Dienstleistung bereit. Seine Dienstleistung scheiterte nur an dem Widerspruch der Bauherrin. Dieser Widerspruch war im Verhältnis zwischen der Bauherrin und der Beklagten berechtigt; die Bauherrin hatte der Beklagten die Auflage gemacht, daß die Arbeiter der letzteren sich den Überwachungsvorschriften der ersteren zu unterwerfen haben. Andernteils war die Beklagte ihren Arbeitnehmern gegenüber verpflichtet, dafür einzustehen, daß die Bauarbeiter den Zutritt zur Baustelle nehmen konnten (Urteil des RArbG. vom 4. Juli 1928 RAG. 49/28). Es fragt sich also, ob die Beklagte vom Kläger verlangen konnte, daß auch der Kläger sich jenen ÜBerwachungsvorschriften, insbesondere der sog. Torkontrolle unterwarf. Für das Arbeitsverhältnis des Klägers bei der Beklagten bestanden, wie der Kläger ohne Widerspruch der Beklagten vorgetragen hat, keine maßgeblichen Vorschriften (Tarifvertrag, Betriebsvereinbarung, Einzelabrede), kraft deren der Kläger verpflichtet gewesen wäre, die Torkontrolle zu dulden. Allerdings läßt sich unter Umständen eine solche Vertragspflicht auch aus den Anforderungen von Treu und Glauben mit Rücksicht auf die Verkehrssitte (§§ 157, 242 BGB.) ableiten. In der Tat werden gerade die Bauarbeiter, die häufig auf fremden Grundstücken zu arbeiten haben, nach Treu und Glauben verpflichtet sein, diejenigen Beschränkungen einzuhalten, die der Bauherr im Bauvertrag dem Bauunternehmer auferlegt. Zutreffend hat der Berufungsrichter auf das Beispiel hingewiesen, daß bei baulichen Arbeiten an einem Landhaus der Bauherr dem Bauunternehmer die Auflage gemacht hat, daß für die Ausführung der Arbeit nur bestimmte Zufahrts- oder Zugangswege benützt werden dürfen; dann sind auch die Bauarbeiter vermöge ihres Arbeitsvertrags ihrem Arbeitgeber gegenüber verpflichtet, derlei Beschränkungen einzuhalten. Diese Verpflichtung der Bauarbeiter erleidet aber, wie der Berufungsrichter wiederum zutreffend ausführt, eine Einschränkung insofern, als die den Bauarbeiter treffenden Verpflichtungen dem Arbeitnehmer zumutbar sein müssen. Daraus ergibt sich die entscheidende Frage: war die Torkontrolle für den Arbeitnehmer zumutbar? War der Kläger allein kraft seines Arbeitsverhältnisses der

Beklagten gegenüber, auch ohne daß dies durch Tarifvertrag, Betriebsvereinbarung oder Arbeitsvertrag ihm auferlegt war, nach Treu und Glauben gehalten, sich der Torkontrolle der S.-Sch.-Werke zu unterwerfen? — Der Berufungsrichter hat diese Frage zuungunsten des Klägers bejaht. Hierin vermag ihm das Revisionsgericht nicht zu folgen. Der Berufungsrichter weist darauf hin, daß auch Museen und Bibliotheken öffentlicher oder privater Art ihren Besuchern ähnliche Verpflichtungen auferlegen. Dieses Beispiel trifft jedoch den hier zur Entscheidung stehenden Fall nicht. Eine Sammlung, ein Museum und dergl. zu besuchen, steht jedermann frei. Wer sich der Verpflichtung zur Torkontrolle nicht unterwerfen will, mag sich fernhalten. Hier dagegen sollte die Unterwerfung unter diese Maßregel dem Kläger den Zutritt zu seiner Arbeitsstelle und zur Erfüllung seiner Arbeitsvertragspflichten ermöglichen. Mit dem Beispiel des Berufungsrichters ist also nichts gewonnen. Das Arbeitsgericht, das dem Kläger auch insoweit beigetreten war, hatte mit Grund darauf hingewiesen, daß die Pflicht, sich einer Torkontrolle und damit unter Umständen einer körperlichen Untersuchung zu unterziehen, mit der persönlichen Freiheit nicht im Einklang stehe, die die Verfassung und andere Gesetze dem Einzelnen gewährleisten. Diese Erwägung ist richtig. Es mag sein, daß derartige Maßregeln für gewisse Betriebe, namentlich solche größeren Umfangs, unter Umständen unentbehrlich sind. Es steht darum auch nicht in Frage, daß die Anordnung einer Torkontrolle etwa schlechthin unwirksam wäre; das behauptet auch der Kläger nicht. Aber das muß gefordert werden, daß die Betriebe, für die die Torkontrolle unentbehrlich ist, sich in zweifelsfreier Weise des Einverständnisses ihrer Arbeitnehmer versichern, wofür die bekannten und schon mehrfach erwähnten Wege, insonderheit der Weg des Tarifvertrags und der Betriebsvereinbarung, aber auch des Einzelarbeitsvertrags zu Gebote stehen. Im vorliegenden Falle hat die Beklagte dem Kläger gegenüber es versäumt, sich seines Einverständnisses zu versichern. Sie hat nur die Folgen dieses Verhaltens zu tragen, wenn sich hinterher der Kläger geweigert hat, die Torkontrolle über sich ergehen zu lassen.

Demzufolge unterlag das Berufungsurteil der Aufhebung. Zur Verhandlung über den Betrag des geforderten Lohnes ist die Sache an das Berufungsgericht zurückzuverweisen. Zwar bezeichnet der Berufungsrichter es als unbestritten, daß der Kläger an sich einen Lohnausfall in Höhe der verlangten 130 RM erlitten hat; aber nach der weiteren Feststellung des Berufungsrichters ist nicht erkennbar, inwieweit der Kläger sich anderweitigen Arbeitsverdienst anrechnen lassen muß (§ 615 BGB.).

RAG. 4, 125.

Pflichtarbeit oder bürgerlichrechtliches Arbeitsverhältnis?

§ 19 der Verordnung über Fürsorgepflicht vom 13. Februar 1924 RGBl. 1924 I S. 100.

Reichsarbeitsgericht. Urt. v. 3. Juli 1929.

I. Arbeitsgericht Bochum. — II. Landesarbeitsgericht Dortmund.

Die Beklagte hat u. a. die vier Kläger, die bei ihr in Fürsorgeunterstützung standen, zur Arbeit herangezogen. Die Kläger zu 1 und 2 wurden bei der Garten- und Friedhofverwaltung, die Kläger zu 3 und 4 bei der Kanalbauverwaltung beschäftigt. Die Beklagte hat den Klägern als Unterstützung gewisse Sätze gewährt. Die Kläger verlangen, nach den höheren Sätzen der Tarifverträge (Gemeindearbeiter- bzw. Tiefbauarbeiter-TV.) entlohnt zu werden. Das Arbeitsgericht hat den Anspruch der Kläger dem Grunde nach für gerechtfertigt erklärt und durch Teilurteil den vier Revisionsklägern 304 bzw. 26 bzw. 27,52 bzw. 32,48 RM zugesprochen. Auf die Berufung der Beklagten hat das Landesarbeitsgericht die Klage abgewiesen. Die Revision der Kläger ist zurückgewiesen worden.

Gründe:

Mit Recht hat der Berufungsrichter nicht etwa den Rechtsweg für unzulässig oder die Arbeitsgerichtsbehörden für unzuständig erachtet, sondern die Klage in der Sache selbst abgewiesen. Denn die Kläger haben in der Klage ein bürgerlichrechtliches Arbeitsverhältnis behauptet. Ihre (schlüssige) Behauptung genügt (vgl. RAG. Entsch. Bd. 2 S. 119).

Unstreitig standen die Kläger in Fürsorgeunterstützung des Wohlfahrtsamtes der beklagten Stadtgemeinde. Wie weiter unstreitig, hat das Wohlfahrtsamt den Klägern sog. Pflichtarbeit (§ 19 der Verordnung über Fürsorgepflicht vom 13. Februar 1924 RGBl. I S. 100) zuweisen wollen. Demzufolge muß davon ausgegangen werden, daß die Kläger bei Leistung ihrer Arbeit nicht in einem bürgerlichrechtlichen Arbeitsverhältnis zu der Beklagten als ihrem Arbeitgeber standen, sondern in dem öffentlichrechtlichen Gewaltverhältnis des Unterstützungsempfängers. Allerdings ist es ganz wohl möglich, daß auch die Zuweisung von Pflichtarbeit zur Begründung eines bürgerlichrechtlichen Arbeitsverhältnisses führt; dann sind aber besondere Umstände darzulegen, die zu der Beurteilung des Arbeitsverhältnisses als freies Verhältnis führen; vgl. RAG. Entsch. Bd. 1 S. 60, RGZ. Bd. 121 S. 283. Dies hat auch der Berufungsrichter keineswegs verkannt.

Der Berufungsrichter kommt zu dem Ergebnis, daß im vorliegenden Fall die Begründung eines bürgerlichrechtlichen, freien Arbeitsverhältnisses nicht dargetan sei. Namentlich lehnt er es ab, die Begründung eines solchen Verhältnisses daraus zu folgern, daß die Kläger bei anderen Abteilungen der städtischen Verwaltung Dienst getan haben. Diese Annahme hat er unter Hinweis auf § 2 der Preuß. Ausführungsverordnung zur Fürsorgeverordnung vom 17. April 1924 eingehend begründet. Die Angriffe der Revision gegen diese Ausführungen sind nicht gerechtfertigt. Es entbehrt der überzeugenden Kraft, wenn die Revision eine „Duplizität" der beklagten Stadtgemeinde annimmt und auf diese Weise die einheitliche öffentlichrechtliche Körperschaft der Gemeinde in verschiedene Rechtsgebilde zerspalten will. Übrigens sind die Kläger auch nicht etwa in einem sog. werbenden, d. h. auf die Erzielung von Überschüssen und von Gewinn berechneten städtischen Betriebe beschäftigt gewesen.

Im einzelnen stellt der Berufungsrichter tatrichterlich auf Grund der Beweisaufnahme einwandfrei fest, daß die Arbeiten, zu denen die Kläger herangezogen wurden, zusätzlicher und gemeinnütziger Art gewesen sind. Bei den Arbeiten in der Garten- und Friedhofverwaltung handelt es sich um Arbeiten, die bei vorhandenem stärkerem Personal häufiger und gründlicher gemacht, bei Personalmangel eingeschränkt werden; bei den Tiefbau- (Kanal-) Arbeiten um solche, die ohne das Vorhandensein von Pflichtarbeitern zum mindesten eben damals nicht ausgeführt worden wären. Bei dieser Sachlage kann es nicht als rechtsirrig angesehen werden, wenn der Berufungsrichter diese Arbeiten als zusätzliche gelten läßt. Die Pflichtarbeiter mit Arbeiten zu beschäftigen, die geradezu unnütz sind, kann nicht der Sinn der gesetzlichen Vorschriften sein.

Die Feststellung, daß die Arbeiten keine unbillige Härte für die Pflichtarbeiter bedeuteten (§ 19 FürsVo.), ficht die Revision an sich nicht an. Dagegen meint sie, es sei für die Kläger nicht zumutbar gewesen, daß sie für die verhältnismäßig geringe Wohlfahrtsunterstützung Arbeiten hätten verrichten müssen, die, von freien Arbeitern geleistet, eine wesentlich höhere Bezahlung gerechtfertigt hätten; damit sei der Grundsatz der „Äquivalenz" verletzt und die Möglichkeit eines Mißbrauchs gegeben, insofern die Gemeinden als Träger der Fürsorge in der Lage wären, durch die Pflichtarbeit gegen ungenügende Entlohnung Arbeiten verrichten zu lassen, die sie sonst teuer bezahlen müßten. Indessen erhellt aus den Feststellungen des Berufungsrichters nicht, daß hier die Beklagte einen solchen Mißbrauch hätte treiben wollen. Sollten anderweit solche Mißbräuche sich ergeben, so wäre ihnen mit den gesetzlichen Mitteln entgegenzutreten; daß die Pflichtarbeiter in solchen Fällen nun einfach statt der Wohlfahrtsunterstützung den Tariflohn freier Arbeiter zu verlangen berechtigt wären, das würde sich auch aus einem etwaigen Mißbrauch nicht ohne weiteres ergeben. Der von der Revision vertretene Grundsatz der Äquivalenz besteht für das Verhältnis der Pflichtarbeit zur Fürsorgeunterstützung gerade nicht. Sache der Gemeinde als Trägerin der Fürsorgepflicht ist es, nach pflichtmäßigem Ermessen zu bestimmen, einesteils wie hoch sie die zu gewährenden Unterstützungen bemessen will und kann, andernteils in welcher Weise und in welchem Umfang sie die Fürsorgeempfänger zur Leistung von Pflichtarbeit heranziehen will. Mit der Leitung der ihnen zugewiesenen Arbeit handeln die Pflichtarbeiter in Erfüllung einer ihnen gemachten obrigkeitlichen Auflage oder bestenfalls in Erfüllung einer Bedingung; etwaigen Mißbräuchen wäre auch hier nur auf dem oben angedeuteten Wege zu begegnen. Selbst wenn — was hier nicht festgestellt oder angezeigt ist — das Verhältnis zwischen der von den Pflichtarbeitern geleisteten Arbeit und der ihnen gewährten Unterstützung nicht mehr ganz der Billigkeit entsprechen würde, so würde daraus nicht ein bürgerlichrechtlicher, im Klageweg verfolgbarer Anspruch auf erhöhte Bezahlung abzuleiten sein.

Daß die Bestimmung des § 91 AAVG. keine Anwendung auf den vorliegenden Fall findet, hat der Berufungsrichter ohne Rechtsirrtum angenommen und bekämpft auch die Revision nicht. Als bloßer „Fingerzeig", wie die Revision diese Vorschrift gewertet wissen will, vermag die Bestimmung kein entscheidendes Gewicht in die Wagschale zu legen.

Demzufolge war die Revision zurückzuweisen.

RAG. 4, 139.

Kann ein Dienstvertrag, wenn der letzte Tag der Frist, innerhalb welche seine Kündigung, um zu einem bestimmten Zeitpunkte wirksam zu werden, ausgesprochen werden muß, auf einen Sonntag oder einen gesetzlichen Feiertag fällt, ohne Nachteil für den Kündigenden erst am folgenden Werktage gekündigt werden?

BGB. §§ 197, 188, 193.

Reichsarbeitsgericht. Urt. v. 10. Juli 1929.

I. Arbeitsgericht Kiel. — II. Landesarbeitsgericht daselbst.

Die Kläger waren bei der Beklagten als Handlungsgehilfen angestellt. Die vertragliche Kündigungsfrist betrug einen Monat. Am

1. Oktober 1928 wurde ihnen zum 31. des genannten Monats gekündigt. Die Kläger sind der Ansicht, daß diese Kündigung ihre Wirkung erst zum 30. November habe äußern können, und verlangen klagend die Nachzahlung eines Monatsgehalts. Die Beklagte hält diese Forderung, da der 30. September ein Sonntag war, unter Berufung auf § 193 BGB. für unberechtigt. Während das Arbeitsgericht die Klage abwies, gab das Landesarbeitsgericht ihr statt. Auf die Revision der Beklagten wurde das arbeitsgerichtliche Urteil wieder hergestellt.

Gründe:

Nach den Fristberechnungsvorschriften der §§ 187, 188 BGB. mußte die Kündigung, wenn sie das Dienstverhältnis der Kläger am 31. Oktober 1928 zum Erlöschen bringen sollte, spätestens am 30. September 1928 ausgesprochen werden. Es fragt sich nur, ob im gegebenen Falle die den Klägern erst am folgenden Tage zugegangene Kündigung im Hinblick darauf, daß der 30. September ein Sonntag war, die einmonatliche Kündigungsfrist sofort in Lauf zu setzen vermochte oder allgemeiner ausgedrückt, ob eine Kündigung, wenn der letzte Tag der Frist, innerhalb welcher sie, um zu einem bestimmten Zeitpunkte wirksam zu werden, erklärt werden muß, auf einen Sonntag fällt, gemäß § 193 BGB. ohne Rechtsnachteil für den Kündigenden erst am nächsten Werktage zu erfolgen braucht. Diese Frage ist im Schrifttum streitig (vgl. die erschöpfende Übersicht von Molitor in der Hanseatischen Gerichtszeitung Arbeitsrecht 1927 S. 51). Um sie zu beantworten darf man nicht am Wortlaute des § 193 BGB. haften, sondern muß, wie bei jeder Gesetzesauslegung, auf Sinn und Zweck der streitigen Bestimmung zurückgreifen. § 193 BGB. bringt einen nach und nach zur allgemeinen Anerkennung gelangten Rechtsgedanken zum Ausdruck, den Gedanken nämlich, daß — von entgegengesetzten Parteiabreden abgesehen — an einem Sonn- oder Feiertage niemand eine Leistung fordern und niemand wider seinen Willen zur Vornahme einer Rechtshandlung gezwungen werden dürfe. Dieser Gedanke hatte — zum Teil auf Leistungen beschränkt — schon lange vor dem Inkrafttreten des BGB. in zahlreichen deutschen Gesetzen seinen Niederschlag gefunden, so in § 48 ALR. I, 3, Art. 92 WO., Art. 329/330 HGB. in alter Fassung, § 200 Abs. 2 ZPO. in alter Fassung (jetzt § 222 Abs. 1 und 2 ZPO.) und in § 43 StPO. In den bei weitem meisten Fällen hatte der Gesetzgeber die Erfüllungspflicht vom Sonntag auf den nächsten Werktag verschoben. Nur das alte Handelsgesetzbuch hatte diese Lösung lediglich für den Fall vorgeschrieben, daß die Leistung an einem bestimmten Tage zu erfolgen hatte und dieser ein Sonntag war (Art. 329 das.). Dagegen sollte die Erfüllung, wenn sie innerhalb einer bestimmten Frist zu geschehen hatte und diese mit einem Sonntag endete, spätestens am nächstvorhergehenden Werktage erfolgen (Art. 330 Abs. 2 das.). Daß alle diese Bestimmungen im Interesse der werktätigen Bevölkerung und ihrer Sonntagsruhe getroffen sind, unterliegt keinem Zweifel. Die erste Kommission zur Beratung des Entwurfs eines Bürgerlichen Gesetzbuchs hatte es abgelehnt, den oben erörterten Grundsatz auf das bürgerliche Recht zu übertragen (Mat. I S. 282). Aber schon die zweite Kommission hielt es für angebracht, „vielfach geäußerten Wünschen und der Zeitströmung entsprechend" die Erfüllungspflicht hinsichtlich der an Sonntagen zu bewirkenden Leistungen so zu regeln, wie es in § 193 BGB. tatsächlich geschehen ist (vgl. Prot. I S. 191). Die Reichstagskommission dehnte schließlich diese Regelung auch auf die Abgabe von Willenserklärungen aus und ließ den nächstfolgenden Werktag schlechthin an Stelle des Sonntags treten, an welchem dem Datum nach oder als dem letzten Tage einer Frist eine Leistung zu bewirken oder eine Willenserklärung abzugeben ist. In der Fassung der Reichstagskommission wurde § 193 BGB. Gesetz. Damit hat der Gesetzgeber dem oben erwähnten Rechtsgedanken zum vollen Siege verholfen und ihm, soweit nicht Sondergesetze oder Parteiabreden etwas anderes bestimmen, für alle an einem Sonntage abzugebenden Willenserklärungen ohne Rücksicht darauf Geltung verliehen, daß er zwangsläufig zu einer Verkürzung der sonst nach den §§ 187, 188 BGB. zu berechnenden Fristen führt. Der Gesetzgeber wollte eine zweifelsfreie Rechtslage, wie betont, für alle an einem Sonntag abzugebenden Willenserklärungen schaffen. Wenn der Wortlaut des § 193 a. a. O. trotzdem Bedenken nach der Richtung hat auftauchen lassen, ob er nur die auf Grund einer besonderen Rechtspflicht oder auch die ohne eine solche zu Erhaltung eines Rechts oder zur Vermeidung eines Rechtsnachteils innerhalb einer bestimmten Frist abzugebenden Willenserklärungen umfaßt, so ist diese Streitfrage auf Grund der oben wiedergegebenen Entstehungsgeschichte des § 193 a. a. O. und seiner Zweckbestimmung unbedenklich im letzteren Sinne zu entscheiden. Den gleichen Standpunkt hat auch der VI. Zivilsenat des Reichsgerichts in den Urteilen vom 3. Juli 1920 und vom 29. Mai 1922 (RGZ. Bd. 100 S. 18 flg., Bd. 105 S. 123) eingenommen. Von ihm aus ist aber nicht erfindlich, warum nicht auch Willenserklärungen, die Kündigungsfristen, sei es vertagliche, sei es gesetzliche, in Lauf zu setzen bestimmt sind, von dem § 193 BGB. getroffen werden sollen. Demgemäß hat ihn der III. Zivilsenat des Reichsgerichts auch bei Mietkündigungen Platz greifen lassen (vgl. JW. 1907 S. 703 Nr. 6). Seiner

— zum mindesten sinngemäßen — Anwendung auf Dienstvertragskündigungen steht daher kein Hindernis entgegen.

Das Recht, auf Grund einer Kündigung, d. h. also einer Willensäußerung das Angestelltenverhältnis der Kläger am 31. Oktober 1928 enden zu lassen, stand der Beklagten bis zum 30. September 1928 einschließlich zu. Da dieser Tag aber auf einen Sonntag fiel, konnte sein Ablauf allein ihr Kündigungsrecht nicht vernichten oder schmälern. An Stelle des Sonntags trat vielmehr gemäß § 193 BGB. zwangsläufig der folgende Montag, so daß die an diesem Tage ausgesprochene Kündigung dieselben Rechtsfolgen haben muß und hatte, die sie gehabt haben würde, wenn sie am Tage vorher ausgesprochen worden wäre. Daß die Beklagte auch bereits vor dem 30. September 1928 zum 31. Oktober hätte kündigen können, ist belanglos, da sie dazu mangels einer dem Art. 330 Abs. 2 HGB. in alter Fassung entsprechenden Vorschrift nicht verpflichtet, sondern vielmehr berechtigt war, die Kündigung bis zu dem letzten gesetzlich zulässigen Tage aufzuschieben.

Die Gegner dieser Auffassung machen insbesondere geltend, daß alle Kündigungsfristen Mindestfristen seien und dem Gekündigten voll und ganz zugute kommen müssen. Das trifft zweifellos zu, soweit die Auslegungsregel des § 193 BGB. nicht Platz greift. Entschieden abzulehnen ist aber die Ansicht, daß deren Anwendung auf Dienstvertragskündigungen der Natur der Sache nach grundsätzlich ausgeschlossen sei und daß der Gesetzgeber das in Abs. 1 Halbsatz 2 sowohl des § 67 HGB., als auch des § 133 aa GewO. durch die Bestimmung: „Die Kündigungsfrist muß mindestens einen Monat betragen" noch besonders hervorgehoben habe. Die §§ 67 und 133 aa a. a. O. handeln, wie aus Abs. 1 Halbsatz 1 das. und aus ihrem sonstigen Inhalte deutlich erhellt, nur von Kündigungs v e r e i n b a r u n g e n und bringen v e r t r a g l i c h e Festsetzung einer kürzeren als einer einmonatlichen Kündigungsfrist verboten und gesetzwidrig ist und deshalb der Rechtswirksamkeit entbehrt (§ 67 Abs. 4 HGB., § 133 aa Abs. 4 GewO.). Dagegen hat dieser Satz, dessen gesetzgeberischer Zweck lediglich die Einschränkung der Vertragsfreiheit innerhalb der durch seinen Wortlaut gekennzeichneten Grenzen ist, mit der Fristberechnung und dem Fristablaufe nichts zu tun. Für eine etwaige Absicht des Gesetzgebers, durch ihn die Regel des § 193 BGB. für Dienstvertragskündigungen auszuschalten, ist nicht der geringste Anhalt gegeben. Sie hätte klar und unzweideutig im Gesetze zum Ausdruck gebracht werden müssen. Im Einzelfalle eine von der Vorschrift das § 193 a. a. O. abweichende Vereinbarung ausdrücklich oder stillschweigend zu treffen, ist vielmehr allein Sache der Parteien. Eine solche stillschweigende Vereinbarung wird häufig dann vorliegen, wenn eine Kündigungsfrist von nur 2 oder 3 Tagen ausbedungen ist. Dann wird man in der Regel davon ausgehen können, daß nach dem übereinstimmenden Willen beider Vertragsteile zwischen dem Kündigungstage und dem Wirksamwerden der Kündigung 2 oder 3 volle Tage liegen sollen und müssen. Daß im gegebenen Falle ausdrücklich oder stillschweigend eine ähnliche Abrede getroffen sei, ist weder behauptet noch dem festgestellten Sachverhalte zu entnehmen.

Die vorstehende Beurteilung der Rechtslage verteilt auch Licht und Schatten gleichmäßig für beide Vertragsparteien. Man denke an folgenden Fall. Ein Angestellter, der eine beiderseitige einmonatliche Kündigungsfrist ausbedungen hat, erhält Sonntag, den 30. September, ein Angebot für eine weit bessere Stellung als die bisherige unter der Bedingung, daß er sie bereits am 1. November antrete. Der ihm erwachsende Nachteil würde beträchtlich sein, wenn es ihm vom Gesetzgeber nicht gestattet wäre, auch noch am 1. Oktober seine Kündigungserklärung abzugeben. In einem so gelagerten Falle müßte sich der Prinzipal, in dem vorliegenden muß sich der Dienstverpflichtete damit abfinden, daß die Kündigungsfrist kraft Gesetzes um einen Tag verkürzt wird. . . .

RAG. 4, 159.

Gilt der Kündigungsschutz des § 13 des Schwerbeschädigtenges. auch dann, wenn der Betrieb, der den Schwerbeschädigten beschäftigt, über weniger als 20 Arbeitsplätze verfügt?

Schwerbeschädigtenges. § 13.

Reichsarbeitsgericht. Urt. v. 22. August 1929.

I Arbeitsgericht Aachen. — II. Landesarbeitsgericht daselbst.

Der Kläger, Schwerbeschädigter, war als Verkäufer in dem Herrenbekleidungsgeschäft der Beklagten in Stellung. Die Beklagte hat ihm gekündigt. Die Hauptfürsorgestelle hat die nachgesuchte Zustimmung zur Kündigung versagt. Die Beklagte hält die Zustimmung u. a. deshalb nicht für erforderlich, weil sie in ihrem Betrieb nur über 7 Arbeitsplätze verfüge. Die Gründe des Revisionsurteils sprechen sich darüber wie folgt aus:

Die Tatsache, daß die Beklagte nur über sieben Arbeitsplätze verfügt, und sonach nicht zur Einstellung eines Schwerbeschädigten gezwungen werden kann, befreit sie nicht von der Notwendigkeit, die

Zustimmung der Hauptfürsorgestelle zur Kündigung des freiwillig eingestellten Klägers einzuholen. Der Wortlaut des § 13: „Einem Schwerbeschädigten kann nur mit Zustimmung der Hauptfürsorgestelle gekündigt werden" ist so allgemein gefaßt, daß jeder Schwerbeschädigte unter die Bestimmung fällt. Nach der Ansicht der Beklagten soll gleichwohl die Vorschrift sich jedenfalls nicht auf Schwerbeschädigte beziehen, die von Kleinbetrieben, d. h. Betrieben mit weniger als 20 Arbeitsplätzen, eingestellt sind. Offen lassen will die Beklagte die Frage, ob ein Großunternehmer, der mehr als die Pflichtzahl von Schwerbeschädigten beschäftigt, zur Kündigung die Zustimmung der Hauptfürsorgestelle auch dann nötig hat, wenn er nach der Entlassung der Gekündigten immer noch die Pflichtzahl von Schwerbeschädigten in seinem Betriebe behält. Diese Frage ist vom Reichsarbeitsgericht schon in der Entscheidung Bd. 3 S. 314 bejaht worden. Mit Recht verlangt aber das Berufungsgericht die Zustimmung zur Kündigung auch von einem Kleinbetrieb, der einen Schwerbeschädigten freiwillig eingestellt hat. Angesichts des an sich klaren Wortlauts des § 13 Satz 1 des Ges. können nur zwingende Gründe eine Einschränkung rechtfertigen. Solche liegen aber nicht vor. An sich wäre allerdings die Auffassung denkbar, daß das Gesetz, so wie es jetzt lautet, sich überhaupt nur mit Betrieben befassen wolle, die zur Einstellung von Schwerbeschädigten verpflichtet sind. § 1 des Ges. in der Fassung des Ges. vom 8. Juli 1926 setzt eine Einstellungspflicht fest, und die folgenden Bestimmungen, §§ 2–12, regeln diese Pflicht des näheren. Es ließe sich sagen, daß auch § 13 seinem Zusammenhang nach sich nur auf die einstellungspflichtigen Betriebe beziehe. Dabei wäre aber verkannt, daß die jetzige Fassung des § 1 erst auf dem Gesetz vom 8. Juli 1926 beruht, dagegen der Kündigungsschutz seinem Wesen nach schon nach dem Ges. vom 6. April 1920 bestand, dessen § 1 lautete: „Jeder Arbeitgeber, der einen Arbeitsplatz besetzen will, ist verpflichtet, einen Schwerbeschädigten, der für diesen Arbeitsplatz geeignet ist, anderen Bewerbern vorzuziehen". Diese Bestimmung bezog sich auf jeden Arbeitgeber schlechthin, auch auf Kleinbetriebe. Es kann nicht zweifelhaft sein, daß auch der Kündigungsschutz nach der damaligen Fassung des Gesetzes jedem in einer Arbeitsstelle befindlichen Schwerbeschädigten zur Seite stand, gleichviel, wie groß der ihn beschäftigende Betrieb war. Der offen zutage liegende Zweck des Gesetzes war, nicht nur beschäftigungslosen Schwerbeschädigten ein Unterkommen zu verschaffen, sondern auch solchen, die eine Stelle gefunden hatten, diese nach Möglichkeit zu erhalten. Allerdings wurden schon mit der Fassung, die § 1 durch die Novelle vom 23. Dezember 1922 erhielt, Kleinbetriebe von jeder Verpflichtung gegenüber den Schwerbeschädigten bei Einstellung eines Arbeitnehmers befreit, und dabei ist es dann später geblieben. Daß man mit dieser Änderung des § 1 aber zugleich die Absicht verfolgt hätte, Kleinbetriebe auch insofern zu erleichtern, als man ihnen das ihnen bisher nicht gegebene Recht zur freien Kündigung freiwillig eingestellter Schwerbeschädigter neu gewährte, kann nicht angenommen werden. Daß auch nur dahingehende Wünsche der Beteiligten damals an die gesetzgebenden Stellen herangekommen wären, ist nicht zu sehen. Ebensowenig findet sich ein Anhalt dafür, daß diese etwa von sich aus einen solchen Gedanken erwogen hätten. Jedenfalls aber hätte eine solche einschneidende Änderung des bestehenden Rechtszustandes klar und unzweideutig zum Ausdruck gebracht werden müssen. Es ist ausgeschlossen, daß man eine Änderung der damals in den §§ 12 und 18 enthaltenen Bestimmungen über den Kündigungsschutz der Schwerbeschädigten nach der hier in Frage stehenden Richtung durch eine Änderung des § 1 des Gesetzes zum Ausdruck hätte bringen wollen und können, während man einschneidende andere Änderungen der Kündigungsvorschriften durch ausdrückliche Neufassung der Bestimmungen vornahm. Es muß also angenommen werden, daß, wie das Reichsarbeitsgericht schon in RAG. Entsch. Bd. 1 S. 90 ausgesprochen hat, die beiden vom Gesetz zugunsten der Schwerbeschädigten getroffenen Schutzmaßnahmen, der Einstellungszwang und der Kündigungsschutz selbständig nebeneinander stehen und namentlich der Kündigungsschutz nicht von einer Einstellungspflicht des Arbeitnehmers, sondern allein von den in § 3 genannten Voraussetzungen abhängig ist.

Es ist der Revision zuzugeben, daß eine derartige Regelung unter Umständen zum Nachteil der Schwerbeschädigten ausschlagen kann, da ein Kleingewerbetreibender sich durch die Sorge, einem eingestellten Schwerbeschädigten nicht ohne weiteres wieder kündigen zu können, vielleicht von der Einstellung eines solchen abhalten lassen wird. Es fehlt aber an jedem Anhalt, daß das Gesetz sich durch eine solche Erwägung hätte beeinflussen lassen. Die Revision macht weiter geltend, durch die Notwendigkeit, einen eingestellten Schwerbeschädigten behalten zu müssen, könne ein kleiner Betrieb unter Umständen zum Erliegen gebracht werden. Demgegenüber ist aber darauf hinzuweisen, daß solcher besonderen Sachlage die Hauptfürsorgestelle bei pflichtgemäßer Prüfung des Antrags auf Zustimmung wird Rechnung tragen müssen. Überdies wird in solchen Fällen auch regelmäßig ein wichtiger Grund zur fristlosen Entlassung des Schwerbeschädigten vorliegen und deshalb die Zustimmung der Hauptfürsorgestelle entbehrlich sein. Die Schlußfolgerung, die die schriftliche Revisionsbegründung aus § 16 des Ges. ziehen will, ist schon deshalb verfehlt, weil § 16 nicht nur für große, sondern für alle Privatbetriebe gilt.

RAG. 4, 197.

1. Welche Bedeutung hat die im § 1 des Kündigungsschutzgesetzes vom 9. Juli 1926 enthaltene Bezugnahme auf § 1 des Angestelltenversicherungsgesetzes für die Feststellung der Angestellteneigenschaft im Sinne des Kündigungsschutzgesetzes?

2. Ist es für die Feststellung der Angestellteneigenschaft von Bedeutung, daß ein Arbeitnehmer Vergütung nach den Sätzen des Bahntarifvertrages für die Arbeiter der Reichsbahn erhalten hat?

Gesetz über die Fristen für die Kündigung von Angestellten (Kündigungsschutzgesetz) vom 9. Juli 1926 § 1.

Reichsarbeitsgericht. Urt. v. 28. September 1929.

I. Arbeitsgericht Kassel. — II. Landesarbeitsgericht daselbst.

Der Kläger, welcher in früheren Jahren als Rechtsanwaltsbürovorsteher und sodann bei der Polizeiverwaltung in P. auf dem Sekretariat beschäftigt gewesen war, war am 24. Juni 1918 bei der Eisenbahn-Hauptwerkstätte P. als Lohnempfänger eingetreten und dort bis zum 31. Juli 1918 als Schreibhilfe verwendet worden. Nachdem er dann vom 15. August bis 30. September 1918 im Kriegshilfsdienst als Journalführer und Schreiber bei der Gerichtsabteilung der Kommandantur des Gefangenenlagers in P. Verwendung gefunden hatte, wurde er am 1. Oktober 1918 wiederum als Lohnempfänger bei der Betriebswerkstätte P. angenommen und seitdem dort in einer der Eisenbahnwerkstätten der Beklagten mit Schreibarbeiten beschäftigt. Er hat Vergütung zunächst nach den Sätzen der Lohngruppe V („Schreibgehilfen, die Abschriften oder einfache Schreibarten mit Hand oder Maschine ausführen") und später nach den Sätzen der Lohngruppe III („Arbeiter, die im Beamtendienst als Betriebsassistent beschäftigt werden") der Anlage 2 zum Lohntarifvertrage für die Arbeiter der Reichsbahn erhalten.

Am 15. September 1926 wurde ihm, nachdem er am 20. Juli 1926 sein 65. Lebensjahr vollendet hatte, mit 14tägiger Kündigungsfrist zum 1. Oktober 1926 gekündigt; an diesem Tage erfolgte seine Entlassung. Er ist der Auffassung, daß er Angestellter gewesen sei, daher das Angestelltenkündigungsschutzgesetz vom 9. Juli 1926 auf ihn Anwendung finde und ihm nur mit viermonatiger Kündigungsfrist habe gekündigt werden dürfen. Er hat Nachzahlung des Lohnes für die Monate Oktober bis Dezember 1926 und Januar 1927 nach Abzug einer von ihm in dieser Zeit empfangenen Rente verlangt und auf Zahlung von 513,53 RM nebst Zinsen Klage erhoben. Die Beklagte hat die Zahlung geweigert, weil der Kläger bei ihr nicht Angestellter, sondern Arbeiter gewesen sei.

Arbeitsgericht und Landesarbeitsgericht haben nach Klagantrag erkannt. Die Revision der Beklagten hatte keinen Erfolg.

Gründe:

Gegenüber dem Urteile des Arbeitsgerichts, das angenommen hatte, daß der Kläger versicherungspflichtiger Angestellter im Sinne des Angestelltenversicherungsgesetzes sei und daher auch das Angestelltenkündigungsschutzgesetz auf ihn Anwendung finde, hatte die Beklagte geltend gemacht, der Pesronenkreis, auf den das Kündigungsschutzgesetz Anwendung zu finden habe, sei nicht der gleiche, wie der, der dem Versicherungsgesetz der Angestellten unterworfen sei. Angestelltenversicherungspflichtig seien auch Arbeitnehmer, die nicht als Angestellte im Sinne der allgemeinen Verkehrsauffassung anzusehen seien; unter den § 1 des Kündigungsschutzgesetzes fielen aber nur solche versicherungspflichtige Arbeitnehmer, die auch im Sinne der allgemeinen Verkehrsauffassung als Angestellte anzusehen seien; zu diesen sei jedoch der Kläger nicht zu rechnen. Das Landesarbeitsgericht ist der Auffassung der Beklagten nicht beigetreten, hat vielmehr ausgeführt, der Begriff des Angestellten sei in beiden Gesetzen derselbe. Das Angestelltenversicherungsgesetz verwendet im § 1 zunächst als allgemeine Oberbegriff den des Angestellten, gebe aber hierfür keine Begriffsbestimmung — diese habe vielmehr nach den allgemeinen Verkehrsauffassungen zu erfolgen —; im zweiten Halbsatz füge der § 1 noch eine beispielsweise Aufzählung solcher Personengruppen hinzu, die als Angestellte im Sinne des Gesetzes anzusehen seien. Wenn § 1 des Kündigungsschutzgesetzes auf § 1 des AVG. Bezug nehme, so könne das nur die Bedeutung haben, daß die Bezeichnung Angestellter im gleichen Sinne zu verstehen sei, wie im Angestelltenversicherungsgesetz, daß insbesondere auch der Gruppenkatalog dieses Gesetzes für das Kündigungsschutzgesetz maßgebend sein solle. Da aber der Kläger unstreitig von der Beklagten in ihren Eisenbahnwerkstätten mit Schreibarbeiten beschäftigt worden, Werkstattschreiber gewesen sei, so sei er nach allgemeiner Verkehrsauffassung als Angestellter anzusehen.

Die Revision macht demgegenüber wiederum geltend, daß ein Arbeitnehmer im Sinne des § 1 AVG. versicherungspflichtig sei, könne für sich allein die Angestellteneigenschaft im Sinne des § 1 des Kündigungsschutzgesetzes nicht begründen; vielmehr müsse auf den zwischen den Parteien bestehenden Arbeitsvertrag zurückgegriffen werden. Nach dem Arbeitsvertrage sei aber der Kläger kein Angestellter; er sei als Arbeiter bei der Beklagten eingestellt worden und habe in dieser Eigenschaft auch dem Lohntarifvertrag für die Arbeiter der Reichsbahn unterlegen, der gerade für diese Beschäftigung die Entlohnung als Arbeiter vorsehe.

Die Revision ist nicht begründet. Weder das Angestelltenversicherungsgesetz noch das Kündigungsschutzgesetz, die beide Angelegenheiten der Angestellten regeln, geben eine Erläuterung des Begriffes des Angestellten. Während aber das erstere Gesetz eine bestimmte Anzahl von Gruppen aufzählt, deren Angehörige als zu den Angestellten im Sinne dieses Gesetzes gehörig zu zählen sind, hat sich das Kündigungsschutzgesetz jeder eigenen näheren Bezeichnung enthalten und seine Vorschriften für anwendbar erklärt auf Angestellte, die nach § 1 AVG. versicherungspflichtig sind oder sein würden, wenn ihr Jahresarbeitsverdienst die Gehaltsgrenze nach § 3 des AVG. nicht überstiege. Durch diese Bezugnahme hat es zum Ausdruck gebracht, daß es jedenfalls die Regelung des Angestelltenbegriffes in dem Umfange, in dem sie dort reichsgesetzlich erfolgt ist, auch für seinen Geltungsbereich angewendet wissen will, daß also jedenfalls diejenigen, welche nach den besonderen Bestimmungen des Angestelltenversicherungsgesetzes zu den Angestellten zu zählen sind, auch als Angestellte im Sinne des Kündigungsschutzgesetzes zu gelten haben. Daß dies dem Sinne des Kündigungsschutzgesetzes entspricht, ist um so mehr anzunehmen, als die in § 1 Nr. 1 bis 7 des AVG. enthaltene Aufzählung von Angestelltengruppen nur solche Gruppen enthält, die auch nach der allgemeinen Verkehrsanschauung zu den Angestellten gerechnet werden. Der Entstehungsgeschichte des Kündigungsschutzgesetzes läßt sich nichts entnehmen, was geeignet wäre, die Auffassung der Beklagten zu stützen. Da aber der Kläger nach der Feststellung des Berufungsgerichts unstreitig von der Beklagten mit Schreibarbeiten in den Werkstätten, also als Werkstattschreiber beschäftigt worden ist, zählt er ohne weiteres nach § 1 Nr. 3 AVG. zu den Angestellten im Sinne dieses Gesetzes und damit auch zu den Angestellten im Sinne des Kündigungsschutzgesetzes. Aber auch abgesehen davon ist die Annahme des Berufungsgerichts, daß der Kläger ohnedies mit Rücksicht auf die Art seiner Beschäftigung nach der allgemeinen Verkehrsanschauung zu den Angestellten zu rechnen sei, frei von Rechtsirrtum. Zutreffend führt das Landesarbeitsgericht aus, daß für die Angestellteneigenschaft eines Arbeitnehmers nicht seine Behandlung, Entlohnung oder Bezeichnung entscheidend sei, sondern die Art seiner Tätigkeit, und daß die Schreibarbeit nach der allgemeinen Lebensauffassung stets als die Tätigkeit eines Angestellten und nicht als die eines Arbeiters angesehen werde. Hierzu kommt, daß, wie das Landesarbeitsgericht hervorhebt, die Tätigkeit des Klägers als Schreibhilfe unstreitig nicht von ganz untergeordneter Bedeutung gewesen ist; das ergibt sich auch daraus, daß nach dem Schreiben der Reichsbahndirektion Kassel vom 14. März 1927 die Tätigkeit des Klägers der eines Betriebsassistenten entsprochen hat. Daß der Kläger nach den Bestimmungen des Lohntarifvertrages für die Arbeiter der Reichsbahn zu den Arbeitern zählt und auch als solcher entlohnt worden ist, kommt demgegenüber nicht in Betracht. Das Landesarbeitsgericht weist mit Recht darauf hin, daß in § 1 Ziff. 2 a des LTV. der Begriff des Arbeiters abgegrenzt sei nach der Tätigkeit eines Beamten in bestimmter Besoldungsgruppe, ein Gesichtspunkt, der für den Begriff des Angestellten im Sinne des Kündigungsschutzgesetzes nicht in Frage kommen kann. Ebensowenig kann für die Entscheidung von Bedeutung sein, daß, worauf die Revision hingewiesen hat, auch nach den Bestimmungen des Reichstarifvertrages für Angestellte Arbeitnehmer der Reichsbahn, die unter die Gruppen III—V des Lohntarifvertrages für die Arbeiter der Reichsbahn fallen, nicht als Angestellte im Sinne jenes Tarifvertrages gelten. Allerdings kann unter Umständen die in Tarifverträgen vorgenommene Eingruppierung von Arbeitnehmern unter die Angestellten oder die Arbeiter, wenn für sie lediglich die Art der Tätigkeit maßgebend gewesen ist, von Einfluß auf die Bildung einer allgemeinen Verkehrsanschauung über die Abgrenzung von Angestellten und Arbeitern insofern sein, als sich aus der tariflichen Eingruppierung ergibt, welche Auffassung die beteiligten Kreise über die Stellung von Arbeitnehmern mit Rücksicht auf die von ihnen ausgeübte Tätigkeit haben. Wenn aber in dem Reichstarifvertrag für Angestellte ausdrücklich bestimmt ist, daß die Lohngruppen III—V des LTV. für die Arbeiter der Reichsbahn angehörigen Arbeitnehmer nicht als Angestellte im Sinne des Reichstarifvertrages für Angestellte gelten sollen, so ist hierbei offensichtlich nicht die Art ihrer Tätigkeit maßgebend gewesen, sondern die Zugehörigkeit zum Reichsbahnbetriebe, in deren Bereich die tarifliche Regelung nach besonderen Gesichtspunkten erfolgt ist. Diese besondere Regelung kann aber nicht maßgebend sein für die Entscheidung der Frage, wer nach der allgemeinen Verkehrsanschauung zu den Angestellten zu rechnen ist. Frei von Rechtsirrtum ist ferner die Annahme des Berufungsgerichts, daß die Anwendung des Kündigungsschutzgesetzes nicht mit den besonderen Bestimmungen des Reichsbahnrechts in Widerspruch stehe. Daß etwa das Reichsbahngesetz selbst oder die Gesellschaftssatzung Bestimmungen enthielten, die die Anwendung des Kündigungsschutzgesetzes ausschlössen (§ 19 Abs. 2 des Reichsbahngesetzes vom 30. August 1924), macht die Revision selbst nicht geltend. Bezüglich der durch den Lohntarifvertrag für die Arbeiter der Reichsbahn erfolgten Regelung hat aber das Landesarbeitsgericht mit Recht hervorgehoben, daß es sich dabei nur um eine tarifrechtliche Vereinbarung unter den Tarifvertragsparteien handelt, die nicht geeignet ist, die Wirkung der allgemeinen Bestimmung des Kündigungsschutzgesetzes nach § 19 Abs. 2 des Reichsbahngesetzes auszuschließen.

Die Annahme des Landesarbeitsgerichts, daß die beiden zeitlich unterbrochenen Beschäftigungsperioden des Klägers bei der Beklagten für die Frage der Beschäftigungsdauer im Sinne des § 2 des Kündigungsschutzgesetzes zusammenzurechnen seien, entspricht der Rechtsprechung des Reichsarbeitsgerichts (RAG. Entsch. Bd. 1 S. 20). . . .

RAG. 4, 202.

1. Wird durch die Klausel der Arbeitsordnung: „Bezahlt wird nur die Zeit, während der wirklich gearbeitet worden ist", § 615 BGB. ausgeschlossen?

2. Kann der Arbeitnehmer Zahlung des Lohnes für die infolge der Inventuraufnahme ausgefallenen Arbeitstage beanspruchen?

BGB. §§ 615, 242.

Reichsarbeitsgericht. Urt. v. 12. Oktober 1929.

I. Arbeitsgericht Köln. — II. Landesarbeitsgericht daselbst.

Im Betriebe der Beklagten gilt eine Arbeitsordnung vom 15. Dezember 1920, die in ihren Bestimmungen einer Musterarbeitsordnung entspricht, welche die Spitzenverbände der Arbeitgeber und Arbeitnehmer der Metallindustrie im Jahre 1920 in Berlin vereinbart haben. Die Arbeitsordnung enthält u. a. folgende Bestimmungen:

§ 8. Arbeitstage sind sämtliche Wochentage mit Ausnahme der gesetzlichen Feiertage, sowie anderer gemäß den Bestimmungen des BRG. vereinbarter und durch Anschlag bekanntzugebender Tage. — In einem folgenden Abs. 2 sind diejenigen Feiertage aufgeführt, die nach diesen Bestimmungen als gesetzliche Feiertage gelten —.

§ 14. 1. Der Arbeiter erhält für die von ihm geleistete Arbeit den vereinbarten Stunden- oder Stücklohn unter Zugrundelegung der etwa geltenden tariflichen Abmachungen.

2. Bezahlt wird nur die Zeit, während der wirklich gearbeitet worden ist.

3. Abweichend von der Bestimmung unter Abs. 2 wird versäumte Arbeitszeit in folgenden Fällen bezahlt:

a) bei Unfällen im Betriebe bis zu 8 Arbeitsstunden;

b) beim Tode des in häuslicher Gemeinschaft lebenden Ehegatten bis zu 8 Arbeitsstunden;

c) beim Tode von Kindern unter 17 Jahren, sofern sie in häuslicher Gemeinschaft leben, bis zu 4 Arbeitsstunden.

Am 29. und 30. Juni 1928 ließ die Beklagte in ihrer Fabrik wegen Aufnahme der Inventur nicht arbeiten. Sie hatte dies der Belegschaft, zu der auch der Kläger gehört, einige Tage vorher durch Aushang am schwarzen Brett bekannt gemacht. Gegen die beabsichtigte Maßnahme hatte die Belegschaft durch den Betriebsausschuß Einspruch eingelegt. Gleichwohl ließ die Beklagte an den beiden Tagen den Betrieb ruhen und zog nur einen Teil der Arbeiterschaft zur Inventuraufnahme hinzu; der übrige Teil der Arbeiterschaft, zu der auch der Kläger gehörte, erhielt für die beiden Tage keinen Lohn. Der Kläger erhob Klage auf Zahlung des ihm durch die Stillegung entstandenen Lohnausfalles. Arbeitsgericht und Landesarbeitsgericht verurteilten die Beklagte nach Klagantrag. Die Revision der Beklagten hatte keinen Erfolg.

Gründe:

Das Landesarbeitsgericht hat die Entscheidung der Frage, ob der Kläger die Zahlung des Arbeitslohnes für die aus Anlaß der Inventuraufnahme ausgefallenen beiden Arbeitstage beanspruchen kann, zutreffend in erster Linie darauf abgestellt, ob und welche Vereinbarung in dieser Beziehung zwischen Betriebsleitung und Arbeiterschaft getroffen ist. Während der Kläger sich in dieser Beziehung auf den § 8 der Arbeitsordnung beruft, und geltend macht, daß hinsichtlich der beiden Tage für die Inventuraufnahme eine vom § 8 Abs. 1 abweichende Vereinbarung nicht getroffen sei, stützt sich die Beklagte auf die Bestimmung des § 14 Nr. 2 der Arbeitsordnung, die sie dahin auslegt, daß damit § 615 BGB. ausgeschaltet und infolgedessen ein Anspruch des Klägers auf Bezahlung nicht geleisteter Arbeit nicht gegeben sei. Das Landesarbeitsgericht hat diese letztere Auffassung der Beklagten nicht geteilt, vielmehr angenommen, daß § 14 Nr. 2 der Arbeitsordnung nur Arbeitsversäumnisse habe treffen sollen, die ihren Grund in den persönlichen Verhältnissen des Arbeitnehmers hätten, § 615 BGB. also durch diese Bestimmung nicht ausgeschlossen worden sei. Die Revision wendet sich gegen diese Auslegung des Landesarbeitsgerichts, die sie für zu eng hält, ohne Erfolg. Das Reichsarbeitsgericht hat sich zunächst in einer Entscheidung vom 4. Juli 1928 — RAG. 49/28 — mit der Auslegung der Bestimmung: „Der Lohn wird nur für die wirklich geleistete Arbeitszeit gezahlt" beschäftigt und sodann in zwei weiteren Entscheidungen — RAG. Entsch. Bd. 2 S. 305 und Bd. 3 S. 86 — die Auslegung unter Zugrundelegung von Bestimmungen genau des gleichen Wortlauts, wie er in § 14 Nr. 2 und 3 der Arbeitsordnung der Beklagten enthalten ist, einer Nachprüfung unterzogen. In den beiden letztgenannten Entscheidungen beruhte der Wortlaut der auszulegenden Bestimmungen offensichtlich auf der gleichen Musterarbeitsordnung, die auch der Arbeitsordnung der Beklagten zum Muster gedient hat. Auch dort hat das Reichsarbeitsgericht die Auffassung vertreten, daß die Bestimmung des § 14 Nr. 2 nicht etwa den § 615 BGB. ausschalten wolle, sondern sich nur auf § 616 BGB. beziehe. Das Reichsarbeitsgericht sieht sich durch die Ausführungen der Revision nicht veranlaßt, für den jetzt zur Entscheidung stehenden Fall von der bisherigen Stellungnahme abzuweichen. Wenn die Revision gegenüber der vom Reichsarbeitsgericht in den früheren Entscheidungen angestellten Erwägung, eine Auslegung des § 14 Nr. 2 dahin, daß § 615 BGB. habe ausgeschaltet werden sollen, würde es dem Arbeitgeber ermöglichen, nach Belieben Feierschichten einzulegen, darauf hinweist, § 14 Nr. 2 beziehe sich nach richtiger Auslegung nur auf Fälle, in denen die Betriebsstörung weder vom Arbeitnehmer noch vom Arbeitgeber abgewendet werden könne, so liegen für eine einengende Auslegung in diesem Sinne keine irgendwie greifbaren Anhaltspunkte vor. Nicht überzeugend ist auch der Hinweis der Revision, daß in früheren Jahren das Betriebsrisiko bei Betriebsstörungen allgemein dahin geregelt gewesen sei, daß der Arbeitgeber den Produktions- und der Arbeitnehmer den Lohnausfall habe tragen müssen; das Landesarbeitsgericht hat bereits zutreffend ausgeführt, daß auch schon z. Z. der Entstehung der Musterarbeitsordnung die Gewerbegerichte sich mit der Frage, ob den Arbeitnehmern bei Betriebsstörungen ein Anspruch auf Lohn zustehe, haben beschäftigen müssen; auch die von dem Landesarbeitsgericht über die Entstehungsgeschichte der Musterarbeitsordnung getroffenen tatsächlichen Feststellungen lassen erkennen, daß jedenfalls darüber, daß der Arbeitnehmer bei Betriebsstörungen stets den Lohnausfall zu tragen hat, kein Einverständnis unter den Beteiligten geherrscht hat.

Ist hiernach das Landesarbeitsgericht ohne Rechtsirrtum davon ausgegangen, daß die Beklagte sich zur Rechtfertigung ihres Standpunktes auf § 14 Nr. 2 der Arbeitsordnung nicht stützen könne, so ist auch weiter rechtlich nicht zu beanstanden, wenn es der Auffassung der Beklagten, durch jahrelange Übung sei eine stillschweigende Betriebsvereinbarung über den Lohnausfall an den Tagen der Inventuraufnahme getroffen, nicht beigetreten ist. Der hiergegen gerichtete Angriff der Revision muß schon an der tatsächlichen Feststellung des Landesarbeitsgerichts scheitern, daß die Beklagte in jedem einzelnen Jahre die Betriebsvertretung vor Anordnung der Inventuraufnahme zugezogen und daß in jedem einzelnen Falle eine — wenn auch stillschweigende — Vereinbarung im Sinne des § 8 Abs. 1 der Arbeitsordnung stattgefunden hat. Hat in jedem einzelnen Jahre aber eine besondere Vereinbarung über die Handhabung der Inventuraufnahme stattgefunden, so ist für die Annahme einer aus langjährigem Verhalten hervorgegangenen Übung kein Raum. Um so weniger kann dies für den vorliegenden Fall angenommen werden, als die Beklagte selbst in zweiter Instanz (vgl. Schriftsatz vom 29. August 1928) angegeben hat, daß die Inventur im Jahre 1928 gegenüber dem Vorjahre habe ausgedehnt werden sollen. Überdies hatte die Belegschaft durch den Betriebsausschuß auch noch besonders zum Ausdruck bringen lassen, daß sie mit einem Ausfall der Arbeitstage ohne Lohnzahlung nicht einverstanden sei. War also hiernach eine Vereinbarung über den Ausfall der für die Inventuraufnahme bestimmten Tage als Arbeitstage nicht erfolgt, so gelten die beiden Tage nach § 8 Abs. 1 der Arbeitsordnung, der vom Landesarbeitsgericht in zutreffender Weise ausgelegt und angewendet worden ist, als Arbeitstage. Damit ist freilich die Frage, ob der Kläger Anspruch auf Bezahlung des Lohnes hat, noch nicht entschieden; vielmehr richtet sich die Frage, ob der Kläger trotz des Ausfalls der Arbeit die Zahlung des Lohnes beanspruchen kann, nach den allgemeinen Rechtsgrundsätzen. Das Landesarbeitsgericht hat nicht verkannt, daß die Beklagte zur Aufnahme der Inventur gesetzlich verpflichtet war, es hat auch unterstellt, daß sie hierzu volle zwei Tage benötigte und die Inventur nur bei ruhendem Betriebe bewerkstelligen konnte, ist also davon ausgegangen, daß ein Verschulden der Beklagten hinsichtlich des Ausfalls der beiden Arbeitstage nicht vorgelegen hat. Wenn es trotzdem angenommen hat, daß die Beklagte das Risiko eines solchen Betriebsausfalles zu tragen habe, so befindet es sich dabei in Übereinstimmung mit den Richtlinien, die das Reichsarbeitsgericht in seiner Entscheidung vom 20. Juni 1928 — RAG. Entsch. Bd. 2 S. 74 — hinsichtlich der Frage der Tragung der Betriebsgefahr entwickelt hat. Die Aufnahme der Inventur gehört zu den Ereignissen, die die Führung des Betriebes betreffen; mit ihr kann der Arbeitgeber als mit einer alljährlich wiederkehrenden Tatsache rechnen, er kann sie deshalb auch von vornherein in Rechnung stellen; er ist, wie das Landesarbeitsgericht zutreffend ausgeführt hat, in der Lage, die Vermögensschäden, die ihm daraus drohen, im voraus in seine geschäftlichen Berechnungen einzustellen und sie durch Rücklagen auszugleichen, ihm ist daher auch unter Berücksichtigung der Umstände des Falles zuzumuten, daß er die Gefahr des Arbeitsausfalles trägt. Die Annahme des Berufungsgerichts, daß die Beklagte das Risiko für den Ausfall der beiden für die Inventuraufnahme bestimmten Tage zu tragen habe, ist daher frei von Rechtsirrtum. . . .

RAG. 4, 212.

Ist ein Schwerbeschädigter, dem ohne Lohnkürzung und ohne Maßregelungsabsicht von dem Arbeitgeber ein Arbeitswechsel zugemutet wird, befugt, die Übernahme der neuen Beschäftigung von dem Nachweise der Zustimmung der Hauptfürsorgestelle abhängig zu machen?

Schwerbeschädigtengesetz vom 12. Januar 1923 § 13.

Reichsarbeitsgericht. Urt. v. 16. Oktober 1929.

I. Arbeitsgericht Eschweiler. — II. Landesarbeitsgericht Aachen.

Der Kläger ist Schwerbeschädigter im Sinne des Schwerbeschädigtengesetzes in der Fassung der Bekanntmachung vom 12. Januar 1923. Er wurde von der Beklagten im Juni 1922 als Pförtner in ihren Dienst eingestellt. Seit Anfang des Jahres 1924 wurde er — aus welchem Anlaß steht nicht fest — als Magazinverwalter beschäftigt. Am 6. Dezember 1928 erkrankte der Kläger, der damals auch das Amt des Betriebsratsvorsitzenden bekleidete. Als er am 4. Januar 1929 seine Arbeit wieder aufnehmen wollte, wurde ihm von der Beklagten eröffnet, daß sie die Magazinverwalterstelle inzwischen mit einem anderen Schwerbeschädigten besetzt habe und daß er seinen früheren Pförtnerdienst wieder antreten könne. Eine Lohnherabsetzung war mit dieser Stellenänderung nicht verbunden. Der Kläger verweigerte jedoch den Pförtnerdienst, so lange ihm nicht der Nachweis erbracht sei, daß die Hauptfürsorgestelle ihre Genehmigung zu dem Stellenwechsel erteilt habe, und beharrte auch auf diesem Verlangen, nachdem die Beklagte es als unbegründet zurückgewiesen hatte. Er meldete sich nunmehr täglich zur Arbeit im Magazin und entfernte sich, da er dort nicht zugelassen wurde, trotz des jedesmaligen Angebots der Pförtnerstelle und trotz zahlreicher

Verwarnungen und Kündigungsandrohungen stets wieder, ohne eine Arbeit zu leisten. Am 14. Januar wurde ihm von der Beklagten wegen grundsätzlicher beharrlicher Arbeitsverweigerung fristlos gekündigt und diese Kündigung noch an demselben Tage schriftlich bestätigt. Schon vorher hatte sich die Beklagte — wie sie vorsorglicherweise vorträgt — wegen des Arbeitswechsels des Klägers an die Hauptfürsorgestelle gewandt. Ihre Zustimmung dazu traf am 16. Januar 1929 bei der Beklagten ein. Am folgenden Tage stellte sich der Kläger mit Rücksicht hierauf für den Pförtnerposten zur Verfügung. Die Beklagte nahm aber ihre Kündigung nicht mehr zurück. Der Kläger verlangte deshalb klagend

1. die Feststellung der Unrechtmäßigkeit seiner fristlosen Entlassung,
2. die Zahlung von 90,40 RM rückständigen Lohns.

Das Arbeitsgericht und das Landesarbeitsgericht gaben der Klage statt. Die Revision der Beklagten führte zur Klagabweisung.

Gründe:

Das Arbeitsgericht erblickt in der Übertragung der Pförtnerstelle an den Kläger eine Kündigung des bisherigen Arbeitsvertrags mit der Aufforderung zum Abschluß eines neuen. Wäre diese Auffassung richtig, so würde auch die vom Arbeitsgericht aus ihr gezogene Folgerung, daß bei Nichtannahme des neuen Vertragsangebots durch den Kläger die Kündigung gemäß § 13 Abs. 1 SchwerbeschG. der Zustimmung der Hauptfürsorgestelle bedurft hätte und ohne sie wirkungslos gewesen sei, nicht zu beanstanden. Sie ist aber mit dem Landesarbeitsgericht abzulehnen. In der Anordnung des Stellenaustausches ist nichts weiter als eine zulässige Ausübung des Unternehmer-Direktionsrechtes zu sehen. Auch das Berufungsgericht verkennt nicht, daß die Beklagte kraft ihres Direktionsrechtes an sich befugt sei, einen Beschäftigungswechsel wie den in Rede stehenden vorzunehmen, und daß ein vollkräftiger Arbeiter ohne Widerspruch die Magazinverwalterstelle mit der gleich bezahlten eines Pförtners hätte vertauschen müssen. Es meint aber, daß dies Recht des Arbeitgebers Schwerbeschädigten gegenüber naturgemäß beschränkt sei, und daß die Entscheidung der zwischen ihnen auftauchenden Streitfrage, ob die Versetzung in eine andere Arbeitsstelle im Einzelfalle zulässig sei oder eine unzulässige Vertragsänderung darstelle, nach Sinn und Zweck des Schwerbeschädigtengesetzes der Hauptfürsorgestelle obliege. Diese Ansicht ist rechtsirrig und findet, wie die Revision zutreffend betont, weder im Schwerbeschädigtengesetz noch in sonstigen allgemeinen Rechtserwägungen eine Stütze. Das Schwerbeschädigtengesetz will die noch vorhandene Arbeitskraft der Schwerbeschädigten nicht brach liegen lassen, sondern sowohl in ihrem eigenen als auch im Interesse der Allgemeinheit für die Wirtschaft nutzbar machen. Zur Erreichung dieses Zweckes mußte der Gesetzgeber einerseits die arbeitsvertragliche Rechtsstellung der Schwerbeschädigten in mancher Hinsicht günstiger gestalten als die der vollkräftigen Arbeiter und andrerseits in die Vertragsfreiheit der Arbeitgeber eingreifen und von ihnen Opfer verlangen, die sich nur mit Rücksicht auf das Allgemeinwohl rechtfertigen lassen. Nach beiden Richtungen, in der Bevorzugung der Schwerbeschädigten und in der Beschränkung der Arbeitgeber, darf aber nicht weitergegangen werden als der Gesetzgeber gegangen ist und ohne Vereitelung des Gesetzeszweckes gegangen werden muß. § 13 SchwerbeschG. handelt nur von Kündigungen und dem Kündigungsschutzgesetz, den Schwerbeschädigte genießen sollen. Eine Kündigung des Arbeitsverhältnisses liegt aber nach der einwandfreien Feststellung des Berufungsgerichts nicht vor. Kraft seines Direktionsrechtes ist aber jeder Arbeitgeber befugt, einem Arbeitnehmer eine andere Arbeitsstelle anzuweisen, wenn er dies im Interesse des Betriebes für erforderlich oder wünschenswert hält. Und umgekehrt muß jeder Arbeitnehmer, vorausgesetzt, daß ihm keine Lohnkürzung zugemutet und keine unberechtigte Maßregelung zuteil wird, sich einen solchen Arbeitswechsel gefallen lassen. Daß in dieser Hinsicht § 13 a. a. O. oder eine andere Vorschrift des Schwerbeschädigtengesetzes eine Ausnahme zugunsten der Schwerbeschädigten und zu Lasten der Unternehmer macht, ist nicht anzuerkennen. Der Hauptfürsorgestelle ist auf das Direktionsrecht des Arbeitgebers und auf dessen Handhabung auch nicht der geringste Einfluß eingeräumt. Beschränkt ist es nur durch die verminderte Leistungsfähigkeit des Schwerbeschädigten. Kann dieser infolge seines Körperzustandes die ihm neu übertragene Arbeit nicht verrichten, so muß er das dem Unternehmer anzeigen und auf Verlangen durch eine ärztliche Bescheinigung glaubhaft machen. Tut er das und weist ihm sein Prinzipal trotzdem keine seinen Kräften angemessene Arbeit zu, so ist, wenn er die neue Beschäftigung ablehnt, für den Vorwurf hartnäckiger Arbeitsverweigerung oder ebensolcher Nichterfüllung ihm obliegender Vertragspflichten ebensowenig Raum wie für eine fristlose Kündigung. Dem Unternehmer stände nur die Möglichkeit offen, gemäß § 13 Abs. 1 a. a. O. die Zustimmung der Hauptfürsorgestelle zur ordentlichen Kündigung einzuholen. Bei dieser Rechtslage ist nicht anzuerkennen und dem Landesarbeitsgericht daher nicht zuzugeben, daß jede Anordnung eines Beschäftigungswechsels, der der Schwerbeschädigte widerspricht, „der Natur der Sache und dem Gesetzeszwecke nach" eine Mitwirkung und Zustimmung der Hauptfürsorgestelle erforderlich mache. Diese könnte in der Regel auch nichts anderes tun, als ein ärztliches Zeugnis einfordern und nach dessen Inhalt seine Entscheidung fällen.

Im gegebenen Falle hat aber der Kläger selbst nie behauptet, zu dem ihm übertragenen Pförtnerdienst unfähig zu sein. Er hat ihn früher länger als 5 Vierteljahre wahrgenommen und ihn auch im Jahre 1929, als es zu spät und die fristlose Kündigung bereits ausgesprochen war, wieder antreten wollen. Ursache seiner anfänglichen ablehnenden Haltung war vielmehr nur die Versteifung auf die völlig abwegige Rechtsanschauung, daß die Beklagte ihm die Magazinverwalterstelle ohne Genehmigung des Landeshauptmanns nicht nehmen dürfe. Wenn er trotz wiederholter Warnungen und Kündigungsandrohungen seitens des Arbeitgebers von ihr nicht abging, handelte er auf eigene Gefahr wie jeder, der, auf ein vermeintliches, ihm tatsächlich nicht zustehendes Recht pochend, sich mit seinem Vertragsgegner in Widerspruch setzt und sich seinen vertraglichen Pflichten entzieht. Der Kläger hat objektiv unberechtigt länger als eine Woche auf seiner Arbeitsverweigerung verharrt, damit den Tatbestand des § 123 Nr. 3 RGewO. erfüllt und der Beklagten begründeten Anlaß zur fristlosen Kündigung gegeben. Diese Feststellung konnte, wenn auch die Frage, ob ein wichtiger Grund zur vorzeitigen Lösung eines Vertragsverhältnisses vorliege, nicht nur dem Rechtsgebiete, sondern auch dem Gebiete der Tatsachenwürdigung angehört, im gegebenen Falle ohne Zurückverweisung des Rechtsstreits an das Landesarbeitsgericht von dem Reichsarbeitsgericht selbst getroffen werden, da der der Entlassung zugrunde liegende Sachverhalt unstreitig ist und in keiner Hinsicht der Aufklärung bedarf.

Daß die Beklagte sich vor der Kündigung tatsächlich an die Hauptfürsorgestelle gewandt hat, kann ihr, da sie einen Anspruch des Klägers darauf ihm gegenüber stets bestritten hat, nicht zum Nachteil gereichen und ihre Rechtsstellung nicht verschlechtern. Deshalb war sie auch nicht verpflichtet, den Bescheid der Hauptfürsorgestelle abzuwarten, sondern hatte, da § 13 Abs. 2 a. a. O. die gesetzlichen Bestimmungen über die fristlose Kündigung unberührt läßt, völlig freie Hand, auch schon früher der Betriebszugehörigkeit des Klägers im Interesse der Betriebsdisziplin ein Ende zu bereiten. Seine Entlassung hat der Kläger lediglich sich selbst und seiner Halsstarrigkeit zuzuschreiben, die um so unverständlicher ist, als ihn nach Antritt des Pförtnerpostens, wenn er sich trotz seiner körperlichen Eignung für ihn durch dessen Übertragung beschwert und in seinen Vertragsrechten verletzt glaubte, nichts gehindert haben würde, seine angeblichen Ansprüche auf die Magazinverwalterstelle gerichtlich geltend zu machen. Er mußte verständigerweise mit der Möglichkeit rechnen, daß sein Rechtsstandpunkt ein irriger und der seiner Arbeitgeberin der richtige sei. Deshalb und weil er durch eine vorläufige Annahme der Pförtnerstelle unter Vorbehalt seiner Rechte sich und seinen Interessen nichts vergab und diese in keiner Weise schädigte, konnte er auch nicht im Zweifel darüber sein, daß er sich, falls die Streitfrage zugunsten der Beklagten entschieden werde, den berechtigten Vorwurf grober Pflichtwidrigkeit und hartnäckigen Ungehorsams ausgesetzt habe. Unter solchen Umständen schließt auch der gute Glaube des Arbeitnehmers an sein angebliches Arbeitsverweigerungsrecht die gesetzliche Kündigungsbefugnis des Arbeitgebers nicht aus (vgl. RAG. Entsch. Bd. 3 S. 40 flg., insbesondere S. 46 und Urteil des Reichsarbeitsgerichts vom 19. Juni 1928 — RAG. Entsch. 552/28).

Der Revision war daher stattzugeben.

RAG. 4, 222.

Zur Geltung eines nur mündlich abgeschlossenen Jahresvertrags des Deputatarbeiters. Formnichtiger Arbeitsvertrag und Betriebsratsschutz.

Vorläufige Landarbeitsordnung § 2. Betriebsrätegesetz § 96.

Reichsarbeitsgericht. Urt. v. 23. Oktober 1929.

I. Arbeitsgericht Köslin. — II. Landesarbeitsgericht daselbst.

Der Kläger stand seit Jahren als Deputant auf dem Gut Roßnow in Dienst, das dem Beklagten gehört. Im September 1927 wurde er zum Mitglied des Betriebsrats gewählt. Danach, am 29. September 1927, kündigte ihm der Gutsverwalter zum 1. April 1928. Der Kläger machte demgegenüber seine Eigenschaft als Betriebsratsmitglied geltend, die der Beklagte bestritt. Mit der Klage hat er für die Zeit nach dem 1. April 1928 (bis zum 7. Juli 1928) Lohn und Schadensersatz verlangt. Das Arbeitsgericht wies die Klage ab.

Auf die Berufung des Klägers hat das Landesarbeitsgericht durch Urteil vom 28. Februar 1929 den Grund des Klaganspruchs festgestellt und durch Urteil vom 4. April 1929 unter Gestattung der Revision den Beklagten zur Zahlung von 304,16 RM verurteilt. Die Revision des Beklagten führte zur Aufhebung des Berufungsurteils.

Gründe:

Der Streit der Parteien betrifft die Eigenschaft des Klägers als Mitglied des Betriebsrats und die Frage des aus § 96 BRG. in Anspruch genommenen Schutzes.

Der Berufungsrichter kommt insoweit der Auffassung des Beklagten entgegen, als auch er annimmt, zwischen den Parteien habe eine gültige Dienstvertragsabrede nicht bestanden. Er hält einen mündlichen Jahresvertrag für vorliegend und sieht ihn wegen Verstoßes gegen § 2 der vorliegenden Landarbeitsordnung als nichtig an. Es habe deshalb, meint der Berufungsrichter, ein „prekaristisches" Arbeitsverhältnis des Klägers bei dem Beklagten bestanden. In dem Falle der Formnichtigkeit genüge aber auch ein solches „rein tatsächliches" Arbeitsverhältnis, um Betriebsratsmitglieder in ihrem Amt zu schützen und damit weiter, um ihren Dienst zu bewahren. Kündigung im Sinne von § 96 BRG., sei jede Auflösung des Arbeitsverhältnisses von seiten des Arbeitgebers.

Diesen Standpunkt des Berufungsrichters greift die Revision mit Recht an. Es ist willkürlich, in dem Fall der unterstellten Formnichtigkeit des Arbeitsvertrags der Betriebsratseigenschaft eine den Arbeitsvertrag bestätigende Kraft beizumessen, wie sie darin liegen würde, daß der Arbeitgeber aus der bestehenden Nichtigkeit keine Folgerung ziehen darf.

Das Reichsarbeitsgericht hat bereits in dem Urteil vom 6. Februar 1929, RAG. Entsch. Bd. 3 S. 162, ausgesprochen, daß es der Zustimmung der Betriebsratsvertretung zur Kündigung nicht bedarf, wenn das Arbeitsverhältnis auf andere Weise als durch Kündigung, insbesondere durch Ablauf der fest bestimmten Anstellungsfrist oder des Zweckes endet. Den gleichen Standpunkt hat das Reichsarbeitsgericht auch in anderen Fällen sozialen Kündigungsschutzes eingenommen, so im Bereich des Kündigungsschutzgesetzes (RAG. Entsch. Bd. 1 S. 361 und im Urteil vom 22. Dezember 1928 RAG. Entsch. 257/28, im Bereich des Schwerbeschädigtengesetzes durch das Urteil RAG. Entsch. Bd. 1 S. 226). Im Rahmen dieses letzten Gesetzes ist auch ausgesprochen (RAG. Entsch. Bd. 3 S. 313 und Urteil vom 15. Juni 1929 RAG. Entsch. 633/28), daß trotz des Schutzes eine Anfechtung wegen arglistiger Täuschung oder Irrtums durchgreifen kann. Im Einklang mit dieser Rechtsprechung ist unbedenklich anzunehmen, daß die Nichtigkeit des Dienstvertrags den vertraglichen Ansprüchen auch eines Betriebsratsmitglieds gegenüber geltend gemacht werden kann. Von seinem Ausgangspunkt, daß der Arbeitsvertrag des Klägers nichtig sei, hätte der Berufungsrichter deshalb zur Abweisung der Klage kommen sollen.

Diese Grundannahme, daß ein die Dauer von sechs Monaten übersteigender Deputatvertrag in vollem Umfange nichtig sei, entspricht der im Schrifttum überwiegenden Meinung. Es kann allerdings in Zweifel gezogen werden, ob das von Anfang dieses Gesetzgebungswerks an die Bestimmung des Formgebots war. Die vorläufige Landesarbeitsordnung ist nach dem tatsächlichen Hergang und nach ihren Einleitungsworten zunächst eine „Vereinbarung der Verbände landwirtschaftlicher Arbeitgeber und Arbeitnehmer". Die Annahme liegt nicht fern, daß diese Vereinbarung und der ihr zugrunde liegende Entwurf Asmis (Arbeitsrecht 1925 Sp. 609 flg.) die Wendung: Dienstverträge sind schriftlich abzuschließen, nicht in dem Willen gebraucht haben mag, daß eine Verabsäumung der Form den Abschluß nichtig macht. Dafür ist heranzuziehen, daß die in § 126 b RGewO. enthaltene ähnliche gefaßte Bestimmung: „Der Lehrvertrag ist binnen 4 Wochen nach Beginn der Lehre schriftlich abzuschließen", volle Nichtigkeit des Lehrvertrags als Folge der Gesetzesverletzung nicht anordnet. Vielmehr ist aus den §§ 127 d f g RGewO. ersichtlich, daß dem mündlichen Lehrvertag nur nach einigen Richtungen hin (Anspruch des Lehrherrn auf Rückkehr, Entschädigungsansprüche bei vorzeitigem Abbruch) die Wirksamkeit versagt wird. Andererseits spricht dieser gesetzgeberische Vorgang, der immerhin eine teilweise Unwirksamkeit verhängt, gegen die Annahme, die vereinbarenden Parteien hätten lediglich die Begründung eines vertraglichen Anspruchs auf schriftliche Verlautbarung im Auge gehabt. Mag aber für den Stand des Gesetzgebungswerks als Vereinbarung noch herangezogen werden können, daß die vereinbarenden Parteien als Beteiligte der landwirtschaftlichen Verhältnisse kaum beabsichtigt haben werden, jeden an den Hofgebrauch angeschlossenen landwirtschaftlichen Arbeitsvertrag für nichtig zu erklären, so blieb doch die Sachlage nach Erklärung der Vereinbarung zum Gesetz nicht die gleiche.

Die Verordnung des Reichsarbeitsamts vom 24. Januar 1919 (RGBl. S. 111) übernimmt die Vereinbarung als Gesetz nicht schlechthin, sondern unter Anpassung durch besondere Bestimmungen an das damalige Schlichtungsrecht und unter Vorbehalt der Geltung des § 618 Abs. 2 und 3 BGB. Aber auch abgesehen von dieser Umgestaltung mußte die Einfügung der Bestimmung des § 2 LAO. in das System des bürgerlichen Rechts ihren Zusammenhang mit den Vereinbarungen der Verbände, deren Willensrichtung und gar mit der Auffassung des den Vereinbarungen zugrunde liegenden Entwurfs Asmis lösen. Das Gebot des § 2 wurde zur gesetzlichen Vorschrift. Daß ihr Inhalt die Bestimmung einer Vertragsform ist, kann nicht zweifelhaft sein, gleichviel in welchem Sinn und mit welcher gedachten Wirkung die Form dort gesetzt ist.

Für das System des bürgerlichen Rechts bestimmt aber § 125 BGB. bei Verletzung gesetzlich gebotener Form die Nichtigkeit. Im Gegensatz zu der Vorschrift des § 134 BGB. ist das Gesetz starr, es soll nicht auf die Zwecke des besonderen die Form verordnenden Gesetzes ankommen, sondern die Nichtigkeit greift ohne Rücksicht auf Zweck und Folge durch. Eine besondere von § 125 BGB. ausnehmende Gesetzesregelung, wie sie § 566 BGB. und die angeführten Bestimmungen des Gewerberechts enthalten, fehlt in § 2 LAO., so daß er der Regel unterworfen werden muß. Für die daraus zu ziehenden Folgen hätte der Berufungsrichter aber die Bestimmung des § 140 BGB. prüfen müssen, die auch gegenüber einer nach § 125 BGB. eintretenden Nichtigkeit teilweise Abhilfe schaffen kann. Dem Wortlaut nach hat diese Vorschrift zunächst die Umformung eines Geschäfts aus dem von den Parteien gewählten Rechtstyp, in dem die Nichtigkeit liegt, in einen anderen Rechtstyp im Auge (Scheck als Zahlungsauftrag; Prokura als einfache Handelsvollmacht). Die Rechtsprechung hat die Regel aber auch so für anwendbar gehalten, daß ohne Umwandlung des Rechtsgeschäfts der Art nach der Inhalt des Vertrags, der in der Abmachung gegen das Gesetz verstieß, in einen anderen gedeutet wurde, sofern auch er dem Ziele der Parteien entsprach (RG. Seuff 80 Nr. 110: Beschaffung von Devisen [gegen das Gesetz] in Zahlung des dem Kurswert entsprechenden Papiermarkbetrags; RGZ. Bd. 108 S. 146: Hypothek mit Kursgarantie in Hypothek ohne die Klausel). Auch, daß mit der Umdeutung die Herabsetzung der Vertragsleistung verbunden ist, steht ihr nicht entgegen, wenn nur anzunehmen ist, daß die Parteien schlimmstenfalls damit einverstanden gewesen wären (RGZ. Bd. 110 S. 391: lebenslänglichen Nießbrauch am Hausgrundstück statt Eigentum, WarnRspr. 1928 S. 235; Pachtvertrag statt Erbpachtvertrag).

Ob in Anwendung dieser Grundsätze bei Würdigung der beiderseitigen Parteiinteressen, des Brauchs in der dortigen Landwirtschaft und ihrer Erfordernisse eine Umdeutung des nichtigen Vertrags in einen der Vorschrift des § 1 LAO. nicht widerstrebenden kürzeren Vertrag möglich ist und ob insbesondere unter Berücksichtigung dieser Umstände die Umdeutung in eine kündbaren und deshalb der Einwirkung von § 96 BRG. zugänglichen Vertrag angeht, wird der Berufungsrichter erneut prüfen müssen.

RAG. 4, 234.

Über die Bedeutung der Anführung des § 1 AngVersGes. in § 1 Kündigungs-SchutzGes.

Reichsarbeitsgericht. Urt. v. 26. Oktober 1929.

I Arbeitsgericht Barmen — II. Landesarbeitsgericht Elberfeld.

Der am 30. August 1856 geborene Kläger war bei der Beklagten seit Ende Oktober 1918 als Buchbindermeister beschäftigt. Am 18. August 1928 hat ihm die Arbeitgeberin zum 30. September 1928 gekündigt. Er ist der Meinung, daß die Beklagte gemäß § 2 des Kündigungsschutzgesetzes eine viermonatliche Kündigungsfrist habe einhalten müssen. Mit der Klage fordert er daher noch eine Vergütung für 3 Monate. Die Beklagte vertritt den Standpunkt, daß der Kläger, weil er erst nach Vollendung des 60. Lebensjahres in die versicherungspflichtige Beschäftigung bei ihr eingetreten sei, auf den Kündigungsschutz nicht Anspruch machen könne. Sie begehrt daher Abweisung der Klage. Das Arbeitsgericht hat ihrem Antrag entsprochen. Die Berufung des Klägers ist erfolglos geblieben. Auf die Revision des Klägers wurde das Berufungsurteil aufgehoben und die Sache zurückverwiesen.

Aus den Gründen:

. . . Wie das Reichsarbeitsgericht in dem vom Landesarbeitsgericht in Bezug genommenen Urteil vom 27. Oktober 1928 (RAG. Entsch. Bd. 2 S. 276) bereits dargelegt hat, bedeutet die Anführung des § 1 AngVersG. in § 1 KSchG., daß der Arbeitnehmer zu den dort bezeichneten Berufsgruppen gehören, daß er gegen Entgelt in einem Dienstverhältnis stehen muß und daß er beim Eintritt in die versicherungspflichtige Beschäftigung das Alter von 60 Jahren noch nicht vollendet haben darf. An dieser aus dem Wortlaut der beiden Gesetzesvorschriften sich klar ergebenden Auffassung kann die Berücksichtigung des mit dem Kündigungsschutzgesetz verfolgten Zweckes nichts ändern. Es ist zwar bei der Auslegung des anerkanntermaßen wenig sorgfältig gefaßten Gesetzes der vom Gesetzgeber damit angestrebte Zweck, den durch die Erschwerung ihres Fortkommens hart getroffenen älteren Angestellten zu Hilfe zu kommen, von besonderer Bedeutung. Als ausschlaggebend kann er jedoch für die Auffassung der Tragweite des Gesetzes nur betrachtet werden, soweit der Wortlaut seiner Vorschriften es nicht ausschließt. Mit der Verweisung auf § 1 AngVersG. ist aber deutlich zum Ausdruck gebracht, daß der Kreis der versicherungspflichtigen Angestellten, denen die verlängerten Kündigungsfristen zugute kommen sollen, sich auch nach dem mit der Altersgrenze aufgestellten

Erfordernis bemißt. Die Revision führt demgegenüber aus, daß nach den Gründen des vorbezeichneten Urteils des Reichsarbeitsgerichts dieser Kreis sich mit dem in § 12 BRG. angegebenen Personenkreis decke. Sie übersieht hierbei, daß der Hinweis auf § 12 in jener Entscheidung lediglich zur Unterstützung der Ansicht dienen sollte, daß einer bereits im Genusse des Ruhegehalts stehenden gemäß § 11 AngVersG. von der Beitragspflicht befreiten Person der Schutz des Kündigungsschutzgesetzes zur Seite stehe.

Damit ist jedoch das Schicksal der Klage noch nicht entschieden. . . .

RAG. 4, 245.

Hat der Arbeitgeber den Arbeitern die durch Versagen des elektrischen Stroms notwendigerweise ausgefallenen Arbeitsstunden schlechthin zu bezahlen oder nur dann, wenn sie die versäumte Arbeitszeit durch unbezahlte Überstunden an anderen Tagen nachholen?

Kollektivabkommen zwischen dem Verbande bayerischer Metallindustrieller und den bayerischen Bezirksleitungen des Deutschen Metallarbeiterverbandes vom 12. September 1928 § 2 Nr. 3, § 4.

Reichsarbeitsgericht. Urt. v. 2. November 1929.

I. Arbeitsgericht Nürnberg. — II. Landesarbeitsgericht daselbst.

Die Kläger und die Klägerinnen sind bei der Beklagten seit längerer Zeit in der Schraubenabteilung beschäftigt, deren Maschinen durch elektrischen Strom des Großkraftwerks F. getrieben werden. Am 20. Dezember 1928 gegen ½7 Uhr früh blieb der elektrische Strom aus. Die Kläger mußten deshalb teils einen ganzen Tag, teils, soweit sie mit anderen Arbeiten beschäftigt werden konnten, eine Zeitlang mit der Arbeit aussetzen, da die Störung erst gegen Mitternacht behoben wurde. Sie verlangten Ersatz ihres Lohnausfalls, die Beklagte aber machte dessen Zahlung von der Nachholung der ausgefallenen Arbeitsstunden abhängig. Diesen Vorschlag lehnten die Kläger ab und beschritten den Klageweg.

Das Arbeitsgericht und das Landesarbeitsgericht verurteilten die Beklagte antragsgemäß. Die Revision der Beklagten blieb erfolglos.

Gründe:

Zutreffend hat das Berufungsgericht die Entscheidung des Rechtsstreits auf die Beantwortung der Frage abgestellt, ob unter den gegebenen Umständen die durch das Ausbleiben des elektrischen Stroms verursachte Arbeitsunterbrechung nach arbeitsrechtlichen Grundsätzen zu Lasten der Arbeitgeberin oder der Arbeitnehmer gehe. Der Fall liegt rechtlich und wirtschaftlich fast ebenso wie der vom Reichsarbeitsgericht im Urteil vom 9. Januar 1929 (RAG. Entsch. Bd. 3 S. 86 flg.) behandelte, und die Begründung der angefochtenen Entscheidung schließt sich eng an die damals vom Reichsarbeitsgericht gegebene an. Auf ein Verschulden der einen oder der anderen Partei ist — darüber sind die Streitteile einig — das Versagen des elektrischen Stroms im Dezember 1928 nicht zurückzuführen. Nach der Feststellung des Landesarbeitsgerichts ist auch eine das Risiko solcher oder ähnlicher Betriebsstörungen im Verhältnis der Parteien zueinander regelnde tarif- oder arbeitsvertragliche Bestimmung nicht vorhanden. Das bestreitet zwar die Revision, indem sie sich auf § 4 des zwischen dem Verbande Bayerischer Metallindustrieller und den bayerischen Bezirkleitungen des deutschen Metallarbeiterverbandes und anderen Arbeitnehmerverbänden geschlossenen Kollektiv-Abkommens vom 12. September 1928 beruft, nach welchem „nur die geleisteten Arbeitsstunden bezahlt werden". Nun hat aber das Berufungsgericht mit Rücksicht auf die in § 4 a. a. O. enthaltenen Ausnahmen von dieser Regel einwandfrei dargelegt, daß sie die Bezahlung nur solcher Arbeitsstunden ausschließen wolle, deren Versäumung in den persönlichen Verhältnissen eines Arbeitnehmers ihren Anlaß hat, sich aber über die Tragung des Betriebsrisikos als solchen nach keiner Richtung hin verhalte. Diese Auffassung entspricht der Auslegung, welche das Reichsarbeitsgericht schon wiederholt gleich oder ähnlich lautenden Klauseln gegeben hat (vgl. das oben angezogene Urteil vom 9. Januar 1929). Sie läßt auch im gegebenen Falle keinen Rechtsirrtum erkennen. Die gegenteilige Ansicht der Revision, welche den § 4 des Kollektiv-Abkommens auch auf die streitige Arbeitsunterbrechung anwenden will, ist, wie das Reichsarbeitsgericht gleichfalls mehrfach mit eingehender Begründung ausgesprochen hat, mit allgemeinem Billigkeits- und Gerechtigkeitsgefühl und mit den Grundsätzen von Treu und Glauben unvereinbar. Wie in früheren Prozessen macht die Revision auch hier geltend, daß die Bestimmung „Bezahlt werden nur geleistete Arbeitsstunden" dem § 14 Nr. 2 der zwischen den Spitzenverbänden der Streitteile im Jahre 1920 vereinbarten Musterarbeitsordnung entnommen sei und daß deren Entstehungsgeschichte ergebe, die Spitzenverbände hätten durch den § 14 Abs. 2 die Anwendung des § 615 BGB. ausschließen wollen. Einer Beweiserhebung nach dieser Richtung bedarf es aber nicht, da Streitfälle der vorliegenden Art nicht auf Grund des § 615 a. a. O. und der bürgerlichrechtlichen Normen über den Annahmeverzug, sondern nach anderen, dem modernen Arbeitsrecht zu entnehmenden Grundsätzen über die Tragung des Betriebsrisikos zu entscheiden sind. Diese zwingen aber, wie die in dem Urteil vom 9. Januar 1929 niedergelegten Erwägungen ergeben, auch hier dazu, der Beklagten im Verhältnis zu ihren Arbeitern die wirtschaftlichen Nachteile der Arbeitsversäumung vom 20. Dezember 1928 ohne Rücksicht auf die nicht erkennbare Ursache der damaligen Stromunterbrechung und ohne Rücksicht darauf aufzubürden, daß sie in ihrer Eigenschaft als Stromabnehmerin und Arbeitgeberin keine technische Möglichkeit, derartige Störungen zu verhindern, besitzen und vertraglich nicht in der Lage sein mag, gegen das Großkraftwerk Schadensersatzansprüche irgendwelcher Art zu erheben. Für die Annahme der Revision, die Stromunterbrechung sei auf Einflüsse höherer Gewalt, — die vielleicht eine andere Beurteilung der Rechtslage rechtfertigen könnten, — zurückzuführen, bietet der Sachverhalt gerade deshalb, weil der Anlaß der Störung nicht zu ermitteln ist, auch nicht den geringsten Anhalt.

Schließlich beschwert sich die Revision noch darüber, daß der Berufungsrichter die Kläger nicht auf Grund des § 2 Nr. 3 des Kollektiv-Abkommens für verpflichtet erachtet hat, die am 20. Dezember 1928 ausgefallenen Arbeitsstunden später nachzuholen. § 2 Nr. 3 a. a. O. lautet:

> „Der an einzelnen Werktagen für den Betrieb oder eine Betriebsabteilung eintretende Ausfall an Arbeitstsunden k a n n nach Anhörung der gesetzlichen Arbeitervertretung des Betriebes durch Mehrarbeit an den übrigen Werktagen der gleichen oder folgenden Woche ausgeglichen werden."

Es ist der Revision zuzugeben, daß diese Bestimmung nicht wie die gleiche Vorschrift des § 1 Satz 3 der Arbeitszeitverordnung vom 14. April 1927 öffentlichrechtlicher Natur ist, sondern eine privatrechtliche, in die Einzelarbeitsverträge übergegangene Norm darstellt. Aber auch als solche ist sie ihrem klaren Wortlaute nach nur dahin zu verstehen, daß der Nachholung ausgefallener Arbeitsstunden auch tariflich kein Hindernis entgegenstehe. Sie verhält sich jedoch über die Tragung des Betriebsrisikos d. h. über die Bezahlung ausgefallener Arbeitszeit ebensowenig wie über die zu ihrem Ausgleich geleistete Mehrarbeit. Deshalb verpflichtet § 2 Nr. 3 a. a. O. die Arbeitnehmer keineswegs, im Falle von Betriebsstörungen, die, wie hier, nach allgemeinen Rechtsgrundsätzen von dem Arbeitgeber seinen Arbeitnehmern gegenüber wirtschaftlich zu vertreten sind, die dadurch dem ersteren entstehenden Nachteile durch unbezahlte Überstundenarbeit wieder einzubringen. Eine solche Verpflichtung läßt sich auch aus den Grundsätzen von Treu und Glauben nicht ohne weiteres herleiten (vgl. RAG. Entsch. Bd. 2 S. 266 flg., Bd. 3 S. 86 flg.). Wollten die Tarifvertragsparteien durch § 2 Nr. 3 a. a. O. die Tragung der Betriebsgefahr im Sinne der Revision regeln, so hätten sie dieser Absicht klaren und unzweideutigen Ausdruck verleihen müssen, wie das beispielsweise in dem von dem Reichsarbeitsgericht durch Urteil vom 26. Juni 1929 (RAG. 9/29) entschiedenen Falle geschehen ist. Der damals in Betracht kommende Tarifvertrag bestimmte wörtlich für Fälle der vorliegenden Art:

„Die ausfallenden Arbeitsstunden sind vorzuarbeiten oder nachzuholen. Sie sind keine Überstunden. Ihre Verteilung soll unter Mitwirkung der gesetzlichen Vertretung der Arbeitnehmer erfolgen."

Der obigen Auslegung des § 2 Nr. 3 des Kollektiv-Abkommens steht auch nicht das von der Revision angezogene Urteil des Reichsarbeitsgerichts vom 4. Juli 1928 (RAG. 41/28) entgegen. Denn einmal handelte es sich in ihm um einen auf die besonderen Arbeitsverhältnisse der Ziegeleiarbeiter und die Unterbrechung ihrer Arbeit durch Witterungseinflüsse zugeschnittenen Tarifvertrag, sodann hatte sich das Reichsarbeitsgericht damals lediglich mit der vom Landesarbeitsgericht zuungunsten des Arbeitgebers entschiedenen Frage zu beschäftigen, ob er oder seine Arbeiter die Gefahr einer durch besonders ungünstige Lage und Bodenbeschaffenheit der Ziegelei veranlaßten Verlängerung der zunächst durch Regen verursachten Betriebsstörung über dessen Dauer hinaus zu tragen haben. Die Weigerung der Kläger, den im § 2 Nr. 3 a. a. O. als tariflich möglich vorgesehenen Ausgleich ohne Sonderentlohnung der Überstunden herbeizuführen, war daher nicht geeignet, ihre Lohnansprüche zu Fall zu bringen.

Das Berufungsgericht hat auch die Frage geprüft, ob die von der Beklagten ohne Gegenleistung zu entrichtende Lohnsumme so hoch sei, daß deren Zahlung den Bestand des Unternehmens gefährde und ihr daher nach Treu und Glauben nicht zuzumuten sei. Es hat diese Frage aber verneint, weil die Beklagte, die mehrere Hundert von Arbeitern beschäftige und sie mit wöchentlich 25—30 000 RM zu entlohnen habe, den geringfügigen etwa 400 RM betragenden Lohnausfall der Kläger ohne Gefahr für ihr Werk und ohne wirtschaftliche Schwierigkeiten auf sich nehmen könne. Diese Erwägung, welche im Gegensatz zu der Auffassung der Revision die Gesamtlage des Betriebs berücksichtigt, läßt keinen Rechtsirrtum erkennen. Die Möglichkeit der Wiederholung solcher Störungen, auf welche die Revision hinweist, läßt sich freilich nicht in Abrede stellen. Mit ihr hat aber jeder Unternehmer, der auf fremde Kraftwerke angewiesen ist, zu rechnen. Treten sie so häufig ein, daß sie wirtschaftlich untragbar werden, so muß er, falls er den Abschluß ihn entlastender Stromlieferungsverträge nicht erreichen kann, sich eine Reservequelle elektrischer Kraft zu schaffen suchen. Abgesehen davon würde auch, falls wirklich die Gefahr einer wirtschaftlichen Vernichtung des Werks droht, nach den von dem Reichsarbeitsgericht aufgestellten Grundsätzen das dann in Betracht kommende Betriebsrisiko von den Arbeitnehmern mitzutragen sein. . . .

RAG. 4, 250.

Zum Begriffe des Einzelhandels im wirtschaftlichen und tariflichen Sinne.

Tarifverträge für die Angestellten des Duisburger Einzelhandels vom 4./10. Juli und 16. September 1925.

Reichsarbeitsgericht. Urt. v. 2. November 1929.

I. Arbeitsgericht Duisburg. — II. Landesarbeitsgericht daselbst.

Die Beklagte ist eine im Handelsregister eingetragene Firma, nennt sich Großschlächterei und Wurstfabrik und besitzt vier Zweiggeschäfte, darunter ein auswärtiges. In ihnen werden außer Fleischwaren auch andere Lebensmittel, wie Eier, Konserven und dergleichen, die etwa 1/10 des gesamten Geschäftsumsatzes ausmachen, verkauft. Die Klägerin will von dem Inhaber der beklagten Firma zum 1. Oktober als Leiterin einer neu zu errichtenden Filiale angestellt worden sein. Tatsächlich wurde sie nach ihrem Dienstantritt nur als Verkäuferin beschäftigt. Ihr Gehalt betrug im Oktober 100 RM, im November und Dezember je 120 RM und im Januar und Februar je 140 RM. Nachdem sie am 1. März 1929 auf eigenen Wunsch aus ihrer Stellung ausgeschieden war, erhob sie mit der Behauptung, untertariflich entlohnt zu sein, Klage auf Nachzahlung von 776,50 RM, d. h. des Unterschiedes zwischen den empfangenen Beträgen und dem einer Filialleiterin nach den allgemeinverbindlichen Tarifen für die kaufmännischen Angestellten des Duisburger Einzelhandels gebührenden Gehalt. Die Beklagte bestritt, daß obere Tarife für das Arbeitsverhältnis der Parteien maßgebend seien.

Das Arbeitsgericht gab der Klage satt. Die Beklagte legte Berufung, die Klägerin Anschlußberufung mit dem Antrage ein, die Beklagte auf Grund der genannten Tarifverträge weiter zu verurteilen, an sie 143,46 RM als Vergütung für 126 Überstunden zu zahlen. Die Beklagte bestritt auch die Berechtigung dieses zweiten Anspruchs. Das Landesarbeitsgericht sah im Gegensatz zu dem Arbeitsgericht für erwiesen an, daß die Klägerin nur als Verkäuferin und nicht als Filialleiterin angestellt sei und billigte ihr daher, da es in Übereinstimmung mit dem erstinstanzlichen Urteil die Duisburger Einzelhandelstarife auf die Parteien für anwendbar erachtete, nur das ihr nach diesen zustehende Verkäuferinnengehalt und nach Abzug der ihr gezahlten Summen noch 187,50 RM, sowie für 99 nachgewiesene Überstunden 106,92 RM, insgesamt also 294,42 RM zu. Im übrigen wurde die Klage abgewiesen. Die Revision der Beklagten blieb erfolglos.

Gründe:

Für das Schicksal der Revision und damit des Rechtstreits von ausschlaggebender Bedeutung ist die Entscheidung der Streitfrage, ob die Parteien den allgemeinverbindlichen Mantel- und Lohntarifverträgen vom 4./10. Juli und 16. September 1925 unterstehen, deren beruflicher und örtlicher Geltungsbereich nach der Allgemeinverbindlichkeitserklärung vom 6. Dezember 1926 „die kaufmännischen Angestellten im Einzelhandel des Stadtkreises Duisburg" umfaßt.

Einzelhandel im tariflichen wie überhaupt im wirtschaftlichen und rechtlichen Sinne betreibt jeder Voll- oder Minderkaufmann, der in offenen Läden, d. h. in lediglich zum Verkauf bestimmten und eingerichteten Räumen allein oder mit kaufmännisch geschultem Personal ständig kleine Mengen sei es von ihm selbst hergestellter oder von anderer Seite her bezogener Waren unmittelbar an Selbstverbraucher abgibt, es sei denn, daß es sich um den unbedeutenden Betrieb eines kleinen Handwerkers handelt. Die Entwicklung der wirtschaftlichen Verhältnisse hat nämlich dazu geführt, daß Warenerzeuger zur Steigerung ihrer Verdienstmöglichkeiten häufig auch Einzelhandel im obigen Sinne in mehr oder mindei beträchtlichem Umfange betreiben.

Die vorstehenden Merkmale eines Einzelhändlers treffen sämtlich auf den Inhaber der beklagten Firma zu. Er ist Kaufmann, da er ein Handelsgewerbe nach Maßgabe des § 1 Abs. 2 Nr. 1 HGB. betreibt. Als Fleischer oder Metzger kauft er Vieh ein und veräußert es in kleinen Mengen in geschlachtetem d. h. in be- oder verarbeitetem Zustande an Selbstverbraucher weiter. Obschon das Fleischergewerbe an sich seinem inneren Charakter nach dem Handwerk angehört, ist der Inhaber der Beklagten, da er Grundhandelsgeschäfte betreibt, doch zugleich auch Kaufmann, zum mindesten Minderkaufmann im Sinne des § 4 HGB. Die genannten Tarifverträge sprechen aber von Einzelhandel schlechthin, sie machen keinen Unterschied zwischen Einzelhändlern, die Vollkaufleute, und solchen, die Minderkaufleute sind. Sie beziehen sich vielmehr nach dem klaren Wortlaut der Allgemeinverbindlichkeitserklärung ebenso wie nach allgemeinen Wirtschafts- und Verkehrsanschauungen auch auf Angestellte von Minderkaufleuten, deren gewerbliche Unternehmen nach Art und Umfang einen in kaufmännischer Weise eingerichteten Betrieb erfordern oder gar besitzen, also über den Umfang eines Kleingewerbes hinausgehen. Deshalb ist die Frage, ob der Inhaber der beklagten Firma Fabrikant, Vollkaufmann oder Minderkaufmann ist, für den vorliegende Streit rechtlich belanglos. Die Beklagte unterhält außer dem Hauptverkaufsgeschäft vier Zweigstellen, darunter eine auswärtige, mit selbständigen Leiterinnen und zahlreichem kaufmännischen Personal. Allein in der Filiale, in der die Klägerin arbeitete, waren neben der Leiterin 6 Verkäuferinnen und 2 Lehrmädchen beschäftigt. Der Umfang des Verkaufsgeschäfts und des Umsatzes der Beklagten erhellt ferner daraus, daß in der Schlächterei selbst 15 Gesellen tätig waren. Die Beklagte arbeitet auch nicht etwa auf Bestellung, sondern zum Absatze an einen von vornherein der Zahl und dem Namen nach unbekannten Kundenkreis und zur Erzielung eines diesem Absatz entsprechenden Unternehmergewinns. Wenn der Berufungsrichter aus alledem geschlossen hat, daß der Ladengeschäftsbetrieb der Beklagten den Rahmen eines handwerksmäßigen Kleinbetriebs überschreitet und unter den Begriff des Einzelhandels fällt, so ist das rechtlich nicht zu beanstanden, gleichviel ob ihr Inhaber in der Metzgerwerkstätte persönlich mitarbeitet oder nicht.

Daraus folgt, daß sich die Rechtsbeziehungen der Parteien, ohne daß es auf die handelsregisterliche Eintragung der beklagten Firma und die Veranlassung ihrer Eintragung ankommt, sowohl in bezug auf das Gehalt als auch in bezug auf die Überstundenvergütung der Klägerin nach den erwähnten Einzelhandelstarifverträgen regeln. . . . (Es wird ausgeführt, daß sich gegen die Berechnung des Gehalts und der Überstundenvergütung keine Bedenken ergeben.)

RAG. 4, 273.

1. Sprüche der Innungsausschüsse bedürfen zur Rechtswirksamkeit der ausdrücklichen Anerkennung durch die Parteien.

2. Zur Entscheidung von Streitigkeiten aus § 618 BGB. oder unerlaubter Handlung sind die Innungsausschüsse nicht zuständig.

RGewO. §§ 81a, 81b, 91b. ArbGG. §§ 110, 111.

Reichsarbeitsgericht. Urt. v. 23. November 1929.

I. Arbeitsgericht Leipzig. — II. Landesarbeitsgericht daselbst.

Der Beklagte ist am 1. April 1924 bei dem Kläger als Lehrling mit einer Lehrzeit von vier Jahren eingetreten. Am 7. Januar 1928 während der Mittagspause, als der Kläger nicht anwesend war, bewarfen sich die zwei Gehilfen und die fünf Lehrlinge im Scherze mit Papier und dgl. Gegen Ende der Pause ging der Lehrling G. wieder an seine Arbeit. Eine ihm zu Boden gefallene Sofafeder nahm der Gehilfe B. auf und warf sie in der Richtung nach dem Beklagten, den er so unglücklich am Auge traf, daß dessen Sehkraft verlorengegangen ist.

Am 31. Oktober 1928 hat der Beklagte bei dem Ausschuß für Lehrlingsstreitigkeiten der Tapeziererzwangsinnung in Leipzig eine Klage erhoben, mit der er die Verurteilung des Klägers zur Zahlung von 350 RM und die Feststellung begehrte, daß Kläger verpflichtet sei, ihm allen weiteren Schaden aus dem Unfalle zu ersetzen. In seiner Sitzung vom 16. November 1928 hat der mit zwei Meistern und zwei Gehilfen besetzte Ausschuß den Spruch gefällt:

> Der Ausschuß kommt zu der Einigung, daß der Schadensanspruch des Klägers berechtigt sei, es muß Herrn B. überlassen werden, weitere Entscheidung herbeizuführen.

Der Spruch ist beiden Parteien alsbald bekanntgegeben worden, er ist auch von den Beteiligten unterzeichnet worden. Weiteres ist zunächst nicht erfolgt.

Am 13. Dezember 1928 hat der Kläger die vorliegende Klage erhoben und beantragt, die am 16. November 1928 getroffene Entscheidung des Ausschusses für unzulässig zu erklären. Mit dieser Klage von dem Arbeitsgericht abgewiesen, hat er in der Berufungsinstanz seinen Antrag dahin geändert, daß er die Feststellung begehrte, daß aus der von dem Ausschusse getroffenen Entscheidung dem Beklagten keine Rechte irgendwelcher Art zustünden.

Das Landesarbeitsgericht hat nach diesem Antrage erkannt. Die Revision ist zurückgewiesen.

Gründe:

Die Zulässigkeit der Feststellungsklage hat das Landesarbeitsgericht bejaht. Mit ihr erstrebe der Kläger Klarheit darüber, ob die Ansprüche des Beklagten durch den Spruch des Innungsausschusses dem Grunde nach mit bindender Wirkung für ihn festgestellt seien. Hieran habe er ein alsbaldiges rechtliches Interesse, da seine ganze wirtschaftliche Existenz gefährdet sei, wenn der Spruch die Grundlage für eine weitere Entscheidung über die Höhe des Anspruchs zu bilden geeignet sei, um so mehr, als der Beklagte sich seines auf 10 350 RM geschätzten Anspruches berühme.

Die Revision rügt Verletzung des § 256 ZPO. Es fehle an einem Interesse des Klägers an der Feststellung, daß dem Beklagten aus dem

Spruche des Innungsausschusses keine Rechte zuständen. Ein solches würde nur dann vorhanden sein, wenn die Feststellungsklage das geeignete Mittel zur Klarstellung des Sachverhalts sei. Kläger habe darauf klagen können, daß dem Beklagten ein Anspruch gegen ihn überhaupt nicht zustehe. Mit der jetzigen Klage sei nichts gewonn.n, selbst wenn der Kläger obsiege, werde ein neuer Prozeß notwendig. Es sei also nicht das Bestehen oder Nichtbestehen eines Rechtsverhältnisses, wie es § 256 ZPO. fordere, im Streite, sondern nur eine Vorfrage. Sie entschieden zu sehen, habe der Kläger kein rechtliches Interesse, da ohne Schwierigkeit die Hauptfrage, ob überhaupt ein Anspruch des Beklagten aus dem Unfalle sich ergebe, habe gelöst werden können. Da Beklagter aus dem Spruche eines Zwangsvollstreckung nicht betreiben könne und erst neu klagen müsse, wenn er Zahlung haben wolle, entfalle auch das Interesse an der alsbaldigen Feststellung. Strenge der Beklagte diese neue Klage an, so könne Kläger seine Behauptung, mit dem Spruche des Ausschusses stehe der Anspruch dem Grunde nach bereits fest, immer noch bestreiten. Die jetzt erhobene Klage sei nur geeignet, die Zahl der Prozesse zu verdoppeln.

Diesen Angriffen ist der Erfolg zu versagen.

Wie in den Vorinstanzen, so nimmt der Beklagte auch in der Revisionsinstanz die Rechtswirksamkeit des Spruches des Innungsausschusses für sich in Anspruch und will daraus herleiten, daß sein Schadensanspruch mit ihm bereits dem Grunde nach endgültig festgestellt sei, so daß ein weiterer Austrag unter den Parteien nur noch bezüglich der Höhe möglich und zulässig sei. Diese Annahme des Beklagten wäre zutreffend, wenn der Spruch tatsächlich und endgültig rechtswirksam wäre. Damit stände dann bereits fest, daß kraft des Spruches Rechtsbeziehungen zwischen den Parteien beständen, die den Kläger verpflichteten, dem Beklagten allen ihm aus dem Unfalle entstandenen und noch entstehenden Schaden zu ersetzen, daß also mit anderen Worten ein dahingehendes Rechtsverhältnis bestände. Der Beklagte behauptet sonach selbst das Bestehen einen solchen, und wenn der Kläger hiergegen vorgeht, so will er nicht über eine Vorfrage, sondern über das Bestehen oder Nichtbestehen eines Rechtsverhältnisses entschieden haben. Damit ist aber die erste Voraussetzung des § 256 ZPO. gegeben.

Der Einwand der Revision, der Kläger habe eine allgemeine Feststellungsklage dahin anstellen können und müssen, daß dem Beklagten ein Schadensanspruch aus keinem irgendwie gearteten Grunde, also überhaupt nicht zustehe, ist verfehlt. Einmal wäre sie von vornherein aussichtslos, wenn durch den Spruch das Rechtsverhältnis bereits endgültig festgestellt wäre. Die Revision verkennt aber auch, daß es dem Kläger freistand, ob er seine Klage ganz allgemein halten oder nur gegen den einen Grund, aus dem der Beklagte seinen Anspruch herzuleiten versucht, richten wollte.

Es liegt aber auch auf der Hand, daß der Kläger ein rechtliches Interesse daran hat, festgestellt zu sehen, ob das Rechtsverhältnis besteht oder nicht. Dies ergibt sich schon allein daraus, daß eine etwa bestehende Verpflichtung zum Schadenersatz seine wirtschaftliche Lage ganz erheblich beeinflussen müßte. Diese Ungewißheit zu beseitigen, hat er aber auch ein alsbaldiges Interesse, mit dessen Geltendmachung er nicht zu warten braucht, bis ihm eine Zwangsvollstreckung droht oder der Beklagte eine weitere Klage betreffs der Höhe des Anspruchs erhebt. Die Entscheidung des Landesarbeitsgerichts ist also insoweit zutreffend.

Es ist ihr aber auch sachlich beizutreten. Ursprünglich übertrug der § 81 a RGewO. in Nr. 4 den Innungen die Entscheidung von Streitigkeiten der in § 4 des Gewerbegerichtsgesetzes bezeichneten Art zwischen den Innungsmitgliedern und ihren Lehrlingen, ebenso wie ihren Schiedsgerichten in § 81b Abs. 2 Nr. 4 a. a. O. die Entscheidung von Streitigkeiten derselben Art zwischen den Innungsmitgliedern und ihren Gesellen und Arbeitern überlassen war. Die so erlassenen Entscheidungen gingen nach § 91b RGewO. in Rechtskraft über, wenn nicht binnen einer Notfrist von einem Monat eine Partei Klage bei den ordentlichen Gerichten erhob, sie waren auch vollstreckbar, hatten sonach die Bedeutung von gerichtlichen Entscheidungen und waren geeignet, das Verfahren endgültig abzuschließen.

Das Arbeitsgerichtsgesetz hat hierin eine Änderung gebracht. Sein § 110 setzte in Nr. 1 das Gewerbegerichtsgesetz und in Nr. 4 den § 81b Abs. 1 Nr. 4 RGewO. außer Kraft. Durch § 111 Nr. 1 sind in § 81a Nr. 4 RGewO. die Worte „der in § 4 des Gewerbegerichtsgesetzes bezeichneten Art" gestrichen und durch Nr. 2 an die Stelle des — ebenfalls durch § 110 Nr. 4 außer Kraft gesetzten — § 91b der RGewO. die Fassung des § 111 Nr. 2 gesetzt worden. Dies bedeutete zunächst einmal die völlige Beseitigung der in § 81b Abs. 1 Nr. 4 RGewO. geschaffenen Innungsschiedsgerichte; die Entscheidung über die ihnen bis dahin übertragenen Streitigkeiten ging auf die Arbeitsgerichtsbehörden über. Die Innungsausschüsse des § 81a Nr. 4 RGewO. blieben zwar bestehen und behielten ihre bisherige Zuständigkeit, jedoch wurde die Bedeutung ihrer Sprüche erheblich eingeschränkt. Konnten sie früher aus sich heraus rechtskräftige Entscheidungen werden, so sind sie jetzt auf die Stufe von Prozeßvoraussetzungen für eine beim Arbeitsgericht anzustellende Klage herabgedrückt worden — RAG. Entsch. Bd. 1 S. 258 —, die Rechtswirksamkeit nur dann erlangen können, wenn sie von beiden Parteien anerkannt sind oder wenn ein Vergleich vor dem Ausschusse abgeschlossen ist. Darüber bestimmt § 91b RGewO. in der ihm durch § 111 Nr. 2 ArbGG. gegebenen Fassung:

> Wird der von diesem Ausschusse gefällte Spruch nicht innerhalb einer Woche von beiden Parteien anerkannt, so kann binnen zwei Wochen nach ergangenem Spruche Klage beim zuständigen Arbeitsgericht erhoben werden. Der Klage muß in allen Fällen die Verhandlung vor dem Ausschusse vorangegangen sein.
>
> Aus Vergleichen, die vor dem Ausschusse geschlossen sind, und aus Sprüchen des Ausschusses, die von beiden Parteien anerkannt sind, findet die Zwangsvollstreckung statt. Die §§ 104 und 105 des Arbeitsgerichtsgesetzes gelten entsprechend.

Diese Bestimmung sagt klar und deutlich, daß der einfache Spruch des Ausschusses, soweit man von seiner Notwendigkeit als Prozeßvoraussetzung für die bei dem Arbeitsgericht anzustrengende Klage absieht, keine die Parteien bindende Kraft besitzt, es sei denn, daß er von beiden Seiten und binnen einer Woche anerkannt wird. Diese Anerkennung muß ausdrücklich erfolgen, es genügt nicht, daß die Parteien sich während dieser Woche untätig verhalten. Das Gesetz verlangt von ihnen ein positives Tun, eine Erklärung der Anerkennung binnen einer Woche, es läßt die Klage beim Arbeitsgerichte nur dann nicht zu, wenn sie etwas getan, nicht schon, wenn sie etwas unterlassen haben. In diesem letzteren Falle bleibt der Spruch eben nur eine sachlich nicht bindende Prozeßvoraussetzung. Eine stillschweigende Anerkennung, wie sie die Revision zugelassen wissen will, kennt das Gesetz nicht; hätte es sie zulassen wollen, so hätte der Gesetzgeber sich anders ausgedrückt. Es ergibt sich aber auch weiter daraus, daß § 91b RGewO. in der neuen Fassung in Absatz 3 auf die §§ 104 und 105, damit auch auf § 99 ArbGG. Bezug nimmt, wonach die Vollstreckbarkeitserklärung anerkannter Sprüche dem Vorsitzenden des Arbeitsgerichts obliegt. Ihm muß danach die Anerkennung in einer Form nachgewiesen werden, die eine Nachprüfung ermöglicht. Dies ist aber nur geschehen, wenn die Anerkenntniserklärung selbst vorliegt, wenn sie also ausdrücklich gegeben ist.

Daraus erfolgt, daß ein nicht ausdrücklich anerkannter Spruch eine Bindung unter den Parteien nicht erzeugt, daß keine von ihnen Rechte aus ihm herleiten kann. Er schafft ihnen nur die Möglichkeit, nunmehr binnen zwei Wochen nach ergangenem Spruche die Klage vor dem Arbeitsgerichte zu erheben. Diese Frist ist eine Ausschlußfrist, wird die Klage vor ihrem Ablaufe nicht anhängig gemacht, so verliert der Spruch seine Wirkung überhaupt; eine selbständige Bedeutung kommt ihm nicht zu.

Wendet man diese Grundsätze auf den vorliegenden Fall an, so steht nach den Feststellungen des Landesarbeitsgerichts fest, daß eine ausdrückliche Anerkennung nicht erfolgt, daß auch eine Klage innerhalb der Frist von zwei Wochen nicht erhoben worden ist. Damit entfällt jede Rechtswirksamkeit des Spruches des Ausschusses, aus ihm kann insbesondere der Beklagte keinerlei Rechte ableiten. Der Feststellungsanspruch des Klägers ist sonach begründet.

Hieraus ergibt sich auch, daß der Satz des Spruches: „es muß Herrn B. überlassen werden, weitere Entscheidung herbeizuführen", keineswegs die ihm von der Revision beigelegte Bedeutung haben kann, der Kläger habe gegen den Spruch klagen müssen, da er es nicht getan habe, sei der Spruch rechtswirksam geworden. Diese Auffassung widerspricht dem klaren Wortlaute des Gesetzes. Wenn der Innungsausschuß dies verkannt hat und anderer Ansicht gewesen ist, so kann hieraus weder der Beklagte Rechte herleiten, noch kann dem Kläger dadurch ein Nachteil entstehen.

Zu Unrecht versucht auch die Revision, dem Spruche die Bedeutung eines Vergleichs beizumessen. Sie verkennt, daß zu einem solchen eine Einigung der Parteien gehört, die hier fehlt. Ebenso irrt sie, wenn sie den Spruch als eine Entscheidung im Sinne des § 81a Nr. 4 RGewO. a. F. angesehen wissen will, sie übersieht dabei, daß die Neuregelung den Sprüchen, soweit sie nicht anerkannt werden, die ursprüngliche Wirkung entzogen hat.

Da das Urteil auch im übrigen einen Rechtsverstoß zu diesem Punkte nicht erkennen läßt, war ihm im Ergebnis insoweit beizutreten.

Anders ist hingegen die Frage der Zuständigkeit des Innungsausschusses für den vorliegenden Fall zu beurteilen, die das Landesarbeitsgericht der des Arbeitsgerichts im Sinne des § 2 Abs. 1 Nr. 2 ArbGG. gleichstellt.

Es handelt sich hier um einen Anspruch, der nur aus § 618 BGB. oder aus unerlaubter Handlung begründet werden kann. Für einen solchen war eine Zuständigkeit des Gewerbegerichts im Rahmen des § 4 GGG. anerkanntermaßen nicht gegeben, sie stand also auch den Innungsausschüssen aus § 81a Nr. 4 RGewO. a. F. nicht zu. Wenn sie ihnen nunmehr, wie das Landesarbeitsgericht annimmt, zustehen sollte, so könnte sie ihnen nur durch § 111 ArbGG. in Erweiterung der früheren übertragen worden sein. Daß dies nicht zutrifft, zeigt die Entstehungsgeschichte dieser Bestimmung. Im Entwurfe zum Arbeitsgerichtsgesetze war der Wegfall der Vorschriften der §§ 81a Nr. 4, 81b Abs. 1 Nr. 4, 83 Abs. 3 Nr. 11, 91, 91b und 93 Abs. 2 Nr. 7 RGewO. vorgesehen. Die Begründung sagt hierzu S. 61, durch das Arbeitsgerichtsgesetz würden die bisherigen nach Reichsrecht errichteten oder zugelassenen Gewerbegerichte, Kaufmannsgerichte, die Berggewerbegerichte, die Innungen und Innungsschiedsgerichte als entscheidende Stellen . . . aufgehoben. Damit wäre also die gesamte Innungsgerichtsbarkeit in Wegfall gekommen.

Der diese Regelung vorsehende § 107 Nr. 3 des Entwurfs wurde — Drucks. Nr. 3019 — nach dem Berichte des 9. Ausschusses in erster Lesung gestrichen, in der zweiten hingegen wieder hergestellt, obwohl sich eine Reihe von Abgeordneten für die Beibehaltung der Streichung einsetzten. Hiermit waren Innungen und Innungsschiedsgerichte als entscheidende Stellen beseitigt, ihre Gerichtsbarkeit auf die Arbeitsgerichte übertragen. Als Ersatz schrieb man in § 17 ArbGG. für die Streitigkeiten des Handwerks Fachkammern vor.

In der 248. und 249. Sitzung des Reichstages wurde von verschiedenen Abgeordneten — Rademacher, Esser, Rieseberg und Havemann — Klage darüber geführt, daß für die Erhaltung der Innungsschiedsgerichte keine Mehrheit zu finden sei, und zum Ausdrucke gebracht, daß die Fachkammern als ein Ersatz dafür gelten könnten. Anders sei es mit den Lehrlingsstreitigkeiten, hier müsse die Bedeutung des Lehrvertrags als Erziehungsvertrag berücksichtigt werden. Den Innungen müsse die Möglichkeit erhalten bleiben, ihre Sachen mit den Lehrlingen selbst zu schlichten. Damit forderten sie nur, was sie bisher bereits gehabt hätten. Dem könnten sich auch diejenigen anschließen, die für eine möglichst einheitliche und gleichmäßige arbeitsgerichtliche Rechtsprechung einträten, zumal es sich nur um Vorentscheidungen handele, gegen die die Klage beim Arbeitsgerichte zugelassen sei.

Daraufhin wurden zunächst die Anträge Nr. 2696 Nr. 3 und Nr. 2799 Nr. 3, die die Streichung des § 107 Nr. 3 des Entwurfes bezweckten, abgelehnt. Andrerseits wurden die Anträge Nr. 2822 Nr. 1, die die Streichung der Worte in § 107 Nr. 3 „der § 81a Nr. 4“ und „der § 83 Abs. 2 Nr. 11“ wollte, und Nr. 2822 Nr. 2, die die neue Fassung des § 91b RGewO. zum Gegenstande hatte, angenommen.

Aus dieser Entstehungsgeschichte ergibt sich einwandfrei, daß die Antragsteller den Innungen und Innungsausschüssen ihre Rechte nur in dem Umfange erhalten wollten, wie sie sie bisher besessen hatten, daß sie vor allem eine Erweiterung derselben nicht beabsichtigten. Dies ist in ihren Ausführungen unzweideutig zum Ausdrucke gekommen. Es geht aber auch weiter daraus hervor, daß der Reichstag es höchstens bei der bisherigen Regelung belassen, keinesfalls aber darüber hinausgehen wollte.

Wenn dann in § 111 Nr. 1 die Streichung der Worte „der in § 4 des Gewerbegerichtsgesetzes bezeichneten Art" ausgesprochen wurde, so sollte damit nur dem Umstande Rechnung getragen werden, daß das Gewerbegerichtsgesetz in § 110 Nr. 1 ArbGG. außer Kraft gesetzt war. Man wollte eine Bezugnahme auf ein aufgehobenes Gesetz vermeiden, inhaltlich aber die darin getroffene Regelung aufrechterhalten. Eine Gleichstellung der Zuständigkeit der Innungsausschüsse mit der in § 2 Abs. 1 Nr. 2 ArbGG. festgelegten der Arbeitsgerichte sollte damit nicht herbeigeführt werden.

Ein weiterer Beweis hierfür ist daraus zu entnehmen, daß die Bedeutung der Sprüche der Innungsausschüsse gegen früher erheblich abgeschwächt wurde, wie dies bereits oben dargelegt ist. Damals waren ihre Erkenntnisse noch Entscheidungen, die geeignet waren, das Verfahren zu beenden, in allen Fällen zu einer Bindung der Parteien zu führen. Diese Wirkung ist ihnen heute nur noch für den Fall verliehen, daß die Anerkennung der beiden Parteien hinzutritt. Andernfalls haben sie nur noch den Wert von Vorentscheidungen, wie einer der Antragsteller selbst ausgesprochen hat, die eine Prozeßvoraussetzung für die Erhebung der Klage vor dem Arbeitsgericht abzugeben geeignet sind, insoweit also den Vorentscheidungen von Verwaltungsbehörden gleichstehen. Soweit man in diesem Umfange überhaupt noch von einer Gerichtsbarkeit sprechen will und kann, so könnte von ihr nur in dem Rahmen die Rede sein, der durch die Zuständigkeit der Innungsausschüsse gezogen ist. Soweit sie sich darüber hinaus auf ein ihnen verschlossenes Gebiet begeben, gilt dasselbe, was für die Anordnungen von Verwaltungsbehörden gilt, die sie unter Überschreitung der Grenzen ihrer Zuständigkeit treffen, sie entbehren der rechtlichen Wirkung und sind nichtig.

Hiernach rechtfertigt sich die Entscheidung des Landesarbeitsgerichts im Ergebnis.

RAG. 4, 281.+

1. . . .

2. Zur Abgrenzung des Dienstvertrags auf unbestimmte Zeit von dem durch den Zweck begrenzten. Ein Aushilfsverhältnis oder mehrere?

Betriebsrätegesetz §§ 84, 87. BGB. § 620 Abs. 2. HGB. §§ 66—69.

Reichsarbeitsgericht. Urt. v. 27. November 1929.

I. Arbeitsgericht Berlin. — II. Landesarbeitsgericht daselbst.

Die Beklagte hat den klagenden Handlungsgehilfen laut Schreiben vom 25. September 1928 vom 1. Oktober 1928 ab „aushilfsweise für die Erledigung schriftlicher Arbeiten bis zur Dauer von 3 Monaten" auf tägliche Kündigung eingestellt. Bei dem Dienstantritt wurde ihm gesagt, er werde mit Arbeiten an der Inventur beschäftigt werden, deren Abschluß etwa am 15. November 1928 zu erwarten sei. Um den 17. November versetzte die Beklagte den Kläger aus dem Inventurbüro in das technische Bestellbüro. Am 26. November schrieb ihm die Beklagte, mit dem Abschluß der Inventurarbeiten ende das mit dem Kläger zur Aushilfe abgeschlossene Dienstverhältnis. Wir „haben jedoch die Möglichkeit, Sie vom 27. November 1928 ab erneut für die Dauer von etwa 6 Wochen aushilfsweise für eine andere Tätigkeit (Einrichtung einer Kartei) einzustellen. Alle bisher geltenden Vereinbarungen, auch die beiderseitige Kündigungsfrist von Tag zu Tag bleiben hierfür in Kraft." . . . Der Kläger bestätigte auf Verlangen der Beklagten sein Einverständnis mit diesen Bedingungen.

Der Kläger blieb bis in den Januar 1929, also mehr als 3 Monate seit der ersten Einstellung, im Dienst der Beklagten. Am 16. Januar meldete er sich krank; am 19. Januar erhielt er die Kündigung der Beklagten zu diesem Tage. Der Kläger erhob am 24. Januar 1929 bei dem Angestelltenrat Einspruch nach § 84 BRG., der nach fruchtlosem Verständigungsversuch mit der Beklagten am 2. Februar 1929 Einspruchsklage mit den Anträgen erhob, die Beklagte zur Wiedereinstellung, bei Ablehnung aber zur Zahlung einer Entschädigung im Höchstbetrage von 52 RM zu verurteilen, auch die Kündigungsfrist auf den 31. März 1929 zu verlängern. Einige Tage später erhob der Kläger Klage auf Zahlung des Restgehalts für Januar 1929 und des Gehalts für Februar 1929, weil er nicht früher als zum Ende Februar 1929 habe gekündigt werden dürfen. Diese Klagen hat das Arbeitsgericht miteinander verbunden. Das Arbeitsgericht hat dann auf Abweisung der Klagen erkannt. Nur der Kläger Conrad, nicht der Angestelltenrat für ihn, hat Berufung zur Durchsetzung seines Gehaltsanspruchs eingelegt. Das Landesarbeitsgericht in Berlin hat diesem Antrag gemäß die Beklagte verurteilt. Die in diesem Urteil zugelassene Revision blieb ohne Erfolg.

Gründe:

. . .

In dem eigentlichen Streit, dem über die Pflicht zur Kündigung, glaubt die Beklagte von der Bestimmung des § 67 HGB. aus zwei Gesichtspunkten befreit zu sein, weil es sich um ein auf bestimmte Zeit eingegangenes Dienstverhältnis gehandelt habe und weil nicht ein 3 Monate überdauerndes Aushilfsverhältnis (§ 69 HGB.), sondern zwei Aushilfsverhältnisse in Frage stünden, von denen keines 3 Monate Dauer erreicht habe. Die Beurteilung, ob es sich im einzelnen Falle um ein einheitliches Aushilfsverhältnis handelt, ist in allem wesentlichen eine Sache tatsächlicher Beurteilung. Die Erwägungen des Berufungsurteils, daß weder die Versetzung des Klägers von einer Abteilung der Beklagten in die andere noch die formelle Erneuerung des Dienstvertrags durch Schreiben vom 26. November 1929 etwas daran ändert, daß der Mangel an Arbeitskräften im Gesamtbetrieb ständig die Ursache der Verwendung des Klägers als Aushilfe hier wie dort war, läßt einen Rechtsirrtum in dieser Richtung nicht erkennen. Zu der Frage, ob überhaupt eine Kündigung des Angestelltenverhältnisses erforderlich gewesen sei, meint die Beklagte, die Dauer des Dienstverhältnisses sei zweckbestimmt gewesen, zuletzt durch den Zweck „Einrichtung einer Kartei". Es genügt, um die Annahme eines in der Dauer unbestimmten Dienstverhältnisses und die Anwendung des § 67 HGB. auszuschließen, nicht, daß die Arbeit dem angegebenen Zwecke wirklich dienen sollte und dient. Für die Frage, ob im Sinn vom § 620 Abs. 2 BGB. ein Dienstverhältnis des Zweckes wegen als in der Dauer bestimmt anzusehen ist, kommt es vielmehr darauf an, ob der Zweck für die Dauer des Verhältnisses ausdrücklich oder nach den Umständen (RAG. Entsch. Bd. 1 S. 226: Annahme für einen Bau) als Maß und Grenze gesetzt ist. Das trifft bei dem Kläger jedenfalls insofern nicht zu, als er auch nach dem Vertragsschreiben der Beklagten vom 26. November 1928 nach wie vor auf tägliche Kündigung stehen sollte. Er hat denn auch schon zum 19. Januar 1929 Kündigung erhalten, obwohl, auch nach der Angabe der Beklagten, die Karteiarbeiten damals noch nicht abgeschlossen waren. Nun mag, jedenfalls im Sinne von § 620 Abs. 2 BGB. gelten, daß ein Dienstverhältnis auch dann unter diese Bestimmung fällt, wenn es nur in der Höchstdauer durch den Zweck fest begrenzt, vorher aber von Kündigung abhängig ist. Dann steht das Dienstverhältnis bis zur

Erfüllung des Zwecks unter dem Kündigungsrecht der Gesetze, für den vorliegenden Fall so, daß nach Ablauf der Dreimonatsfrist, seit dem 1. Januar 1929 wegen des Eingreifens der §§ 67, 69 HGB. die vertragliche Tageskündigung fortan ausgeschlossen war. Früher als mit dem Abschluß der Arbeiten an der Kartei konnte deshalb das Dienstverhältnis des Klägers seit dem 1. Januar 1929 nur durch Kündigung nach § 67 HGB. beendet sein. Die Beklagte gibt nun zwar nicht den Zeitpunkt des 19. Januar, sondern den des 23. Januar als den der Beendigung an, doch nicht so, daß an diesem Tage die gesamten Arbeiten der Kartei abgeschlossen gewesen seien, sondern dahin, die Arbeit sei mit dem 23. Januar 1929 so weit vorgeschritten gewesen, daß einige Aushilfskräfte hätten ausscheiden müssen. Wäre also selbst die Einrichtung der Kartei dem Dienstverhältnis auch im Sinne einer zeitlichen Begrenzung zum Zweck gesetzt worden, so ergeben die Behauptungen der Beklagten doch nicht, daß dieses Zweckende eingetreten ist. Im übrigen stellt der Berufungsrichter aber tatsächlich fest, daß die Beifügung „zur Einrichtung einer Kartei" in dem Schreiben vom 26. November 1928 auch nicht den Sinn haben sollte, daß damit ein für die Dauer das Dienstverhältnis bestimmender Zweck gesetzt würde. Die Revision kann nicht nachprüfen, ob diese nicht unmögliche Auslegung der Vertragsvorgänge tatsächlich zutreffend ist.

RAG. 4, 288.

Zum Begriff der Rechtsnachfolge im Sinne von § 2 des Kündigungsschutzgesetzes.

Reichsarbeitsgericht. Urt. v. 30. November 1929.

I. Arbeitsgericht Darmstadt. — II. Landesarbeitsgericht daselbst.

Im Juni 1926 wurde von einer Anzahl Kohlenhändler in Darmstadt eine Genossenschaft errichtet, die unter der Firma „Betriebsgemeinschaft Darmstädter Kohlenhändler, eingetragene Genossenschaft mit beschränkter Haftpflicht" ihre Geschäfte betreiben sollte. Im § 1 des Statuts der Genossenschaft wurde als deren Zweck der gemeinschaftliche Einkauf aller Brennstoffe, die gemeinsame Lagerhaltung und die gemeinsame Unterhaltung eines Fuhrparks bezeichnet. Zu den Genossen zählt die Firma B. M. H. Der Kläger war bei dieser vom 1. September 1901 bis 28. Februar 1909 und vom 1. Januar 1910 bis zum 30. Juni 1926 im Lager tätig, und war mit der Gründung der Genossenschaft vom 1. Juli 1926 an als deren Lagerhalter unter der Vereinbarung einer Kündigungsfrist von 4 Wochen angestellt worden.

Sie hat ihm am 27. November 1928 für den Jahresschluß gekündigt. Der Kläger ist der Meinung, daß die Beklagte als Rechtsnachfolgerin seiner früheren Arbeitgeberin zu betrachten sei und daß sie deshalb gemäß § 2 des KündigungsschutzG. ihm erst für den 30. Juni 1929 habe kündigen können. Mit der Klage hat er die Feststellung begehrt, daß die Kündigung erst zu diesem Tage wirksam sei. Das Arbeitsgericht hat nach dem Antrag erkannt. Auf die Berufung der Beklagten hat das Landesarbeitsgericht das Urteil aufgehoben und die Klage abgewiesen. Die Revision des Klägers führte zur Aufhebung des Berufungsurteils und zur Zurückweisung der Berufung.

Gründe:

Die Beklagte ist von ihren Gründern, wie das Berufungsgericht dem Statut entnimmt, zu Zwecken der Rationaliserung errichtet worden. Der Geschäftsbetrieb der Genossen wurde durch die Gründung unstreitig nur insoweit berührt, als sie den Kleinhandel, dagegen nicht auch insoweit, als sie — wie u. a. auch die Firma M. B. H. — Großhandel betrieben. In den Kleinhandel greift das neue Unternehmen nach den hierüber getroffenen Feststellungen des Landesarbeitsgerichts in folgender Weise ein: Die Gründerfirmen nehmen zwar nach wie vor die Bestellungen ihrer Kunden entgegen und schließen mit ihnen im eigenen Namen ab. Der Einkauf der Kohlen wird jedoch von der Genossenschaft besorgt, die dabei als die Käuferin auftritt. Sie sorgt auch für die Lagerung der Kohlen auf Plätzen, welche früher die Einzelfirmen gemietet gehabt, die aber von diesen mit der Gründung der Genossenschaft aufgegeben und nunmehr von der letzteren gemietet worden sind. Sie unterzieht sich auch der Ausführung der den einzelnen Firmen erteilten Aufträge, indem sie auf deren Weisung den Kunden die benötigten Kohlenmengen mittels der Fuhrwerke und Gespanne, die sie von den Gründerfirmen zu diesem Zwecke erworben hat, zuführt. Das Landesarbeitsgericht glaubt bei dieser Sachlage die Beklagte nicht als Rechtsnachfolgerin der früheren Arbeitgeberin des Klägers, der Firma H., im Sinne von § 2 KSchG. ansehen zu können und deshalb dem Kläger den Schutz dieses Gesetzes versagen zu müssen. Hierbei läßt es sich von der Erwägung leiten, daß der Kohlenkleinhandel von den Gründerfirmen auf eigene Rechnung und Gefahr weiter betrieben werde und daß in der Übernahme und Fortführung des Einkaufs, des Lagerns und des Zufahrens der Kohlen durch die Genossenschaft die Loslösung eines selbständigen, als Einheit zu betrachtenden Betriebsteils von dem Unternehmen der Firma H. nicht zu finden sei. Hiermit räumt das Berufungsgericht dem das KSchG. beherrschenden Gedanken eine zu geringe Tragweite ein. Der verstärkte Kündigungsschutz wird den in § 2 bezeichneten Angestellten von der Erwägung aus zugebilligt, daß sie mit Rücksicht auf ihre längere Zugehörigkeit zum Betrieb eine schonende Behandlung verdienen. Die Verbundenheit mit dem Betrieb ist es demnach, welche dem Gesetzgeber die Zuwendung eines größeren Schutzes hat als billig erscheinen lassen (RAG. Entsch. Bd. 1 S. 153 flg., insbes. S. 158). Sehr häufig ist es nun aber nicht der ganze Betrieb, sondern ist es nur ein oder sind es mehrere Betriebsteile, dem oder denen der Angestellte geraume Zeit hindurch seine Arbeit gewidmet hat. Wird zur Erfüllung der Aufgaben solcher Betriebsteile vom Unternehmer aus wirtschaftlichen oder sonstigen Gründen ein besonderes, von dem bisherigen Betrieb losgelöstes Unternehmen ins Leben gerufen, und ein dort beschäftigter Angestellter in das letztere übernommen, so genießt dieser schon wegen der Identität des Unternehmens den Schutz des § 2. Eine andere rechtliche Beurteilung kann aber, wenn der Gedanke des Gesetzes verwirklicht werden soll, auch dann nicht Platz greifen, falls mehrere Unternehmer sich zur gemeinschaftlichen Bewirtschaftung solcher Betriebsteile ihrer Unternehmungen von derselben Art zusammenschließen, in welcher Rechtsform dies auch immer geschehen möge, und in diesem neuen Unternehmen die in den nunmehr vereinigten Betriebsteilen tätig gewesenen Angestellten fortbeschäftigen. Ob diese Betriebsteile, solange sie den alten Unternehmungen eingegliedert waren, dort zu selbständigen Einheiten verbundene Abteilungen waren, ist unerheblich. Der sozialpolitische Zweck des KSchG. erfordert es, daß der Abtrennung auch eines unselbständigen Betriebsteils, der in einem gemeinschaftlichen Betriebe zum Gegenstand eines selbständigen Unternehmens gemacht wird, eine die Rechtsnachfolge begründende Wirkung beigemessen wird. Freilich muß die Identität des Betriebes gewahrt sein, für die zwar der Wechsel der Arbeitnehmerschaft und des Betriebsinhabers gleichgültig sind, jedoch die wesentliche Übernahme der Betriebseinrichtungen von entscheidender Bedeutung ist (RAG. Entsch. Bd. 1 S. 157). Dieses Erfordernis ist im vorliegenden Falle erfüllt. Der Kläger war nach der Feststellung im Tatbestand des Berufungsurteils bei der Firma H. im Lager tätig und ist von der Genossenschaft als Lagerverwalter übernommen worden, woraus seine Zugehörigkeit zu dem mit dem Lagern der Kohlen befaßten Betriebsteile erhellt. Die Beklagte setzt auf den Plätzen, welche die Genossen aufgaben, damit sie von ihr ermietet werden könnten, das Lagern fort und bedient sich für das Zufahren der Kohlen, deren Lieferung die Genossen übernehmen, der Gespanne und Fuhrwerke, welche die

Gründer der Genossenschaft an sie veräußert haben, damit das Zufahren erfolgen kann. Der Betriebsorganismus der Genossenschaft stellt sich daher in seiner äußeren Erscheinung als eine Vereinigung der Betriebsmittel dar, welche die in der Genossenschaft zusammengeschlossenen Unternehmer vor der Gründung in ihren Einzelbetrieben benutzten.

RAG. 4, 310.

Über den Unterschied zwischen kaufmännischem Volontär und Handlungsgehilfen.

HGB. §§ 59, 82 a.

Reichsarbeitsgericht. Urt. v. 23. November 1929.

I. Arbeitsgericht Breslau. — II. Landesarbeitsgericht daselbst.

Kläger, geboren am 5. Dezember 1905, hat eine dreijährige Lehrzeit als Handlungslehrling in einer Färberei und chemischen Waschanstalt durchgemacht, war dann als Handlungsgehilfe bei einer Schokoladenfirma tätig und wurde sodann arbeitslos. Am 27. Dezember 1927 wurde er auf seine Bitte beim Beklagten, der eine Großhandlung in Fahrrädern, Motorrädern und Automobilen betreibt, auf ein Jahr als „kaufmännischer Volontär" eingestellt. Er hat beim Beklagten in den ersten fünf Monaten seiner Tätigkeit ein monatliches „Taschengeld" von 51 RM, sodann von 55 RM, insgesamt 640 RM erhalten. Nebenher hat er sich Einnahmen dadurch verschafft, daß er in der Woche an zwei Abenden als Tanzordner in einem Lokal in P. tätig war. Da er sich weigerte, diese, seine Leistungfähigkeit angeblich beeinträchtigende Tätigkeit aufzugeben, wurde er vom Prokuristen N. des Beklagten am 28. August 1928 fristlos entlassen. Die Entlassung ist auf seine Klage durch Urteil des Arbeitsgerichts in Breslau vom 5. Oktober 1928 für unberechtigt erklärt worden. Mit der im Dezember 1928 erhobenen Klage fordert er für die Dauer seiner Beschäftigung die Nachzahlung des Unterschieds zwischen dem erhaltenen Taschengeld und dem tariflichen Gehalt eines Handlungsgehilfen. Er macht geltend, er sei bei dem Beklagten nicht als Volontär beschäftigt worden, dies sei auch nicht beabsichtigt gewesen, der geschlossene Vertrag sei nur zum Schein als Volontärvertrag bezeichnet worden, in Wirklichkeit sei er Handlungsgehilfe gewesen. Der Beklagte hat die Behauptungen des Klägers bestritten und um Abweisung der Klage gebeten. Während das Arbeitsgericht diesem Antrage entsprochen hatte, hat das Landesarbeitsgericht auf die Berufung des Klägers das Vorliegen eines Volontärverhältnisses verneint, den Kläger als Handlungsgehilfen angesehen und demgemäß den

Beklagten verurteilt. Auf die Revision der Beklagten wurde das zweitinstanzliche Urteil aufgehoben und die Sache an das Berufungsgericht zurückverwiesen.

Gründe:

Die Vorinstanzen gehen ohne ersichtlichen Rechtsirrtum davon aus, daß der Kläger Anspruch auf den ihm vom Berufungsrichter zuerkannten Betrag hat, wenn er als Handlungsgehilfe beim Beklagten tätig gewesen ist, daß dagegen der vom Berufungsrichter angewandte Tarifvertrag eine Regelung des Volontärverhältnisses nicht enthält und beim Vorliegen eines solchen Verhältnisses demgemäß die Klage unbegründet sein würde. Es trifft auch zu, daß der Volontär weder Handlungsgehilfe noch Handlungslehrling ist und sich von beiden begrifflich dadurch unterscheidet, daß er, „ohne als Lehrling angenommen zu sein, zum Zwecke seiner Ausbildung unentgeltlich mit kaufmännischen Diensten beschäftigt wird" (§ 82 a HGB.). Wie § 82 a ausdrücklich hervorhebt, finden hinsichtlich der Wettbewerbsverbote auf Volontäre die für Handlungsgehilfen geltenden Vorschriften insoweit Anwendung, als sie nicht auf das dem Gehilfen zustehende Entgelt Bezug nehmen. Der Nachdruck bei der Begriffsbestimmung liegt also einmal in der Unentgeltlichkeit der kaufmännischen Dienste, zu deren Leistung sich der Volontär wie ein Handlungsgehilfe verpflichtet, sodann in dem Zwecke, der mit der Dienstleistung verfolgt wird, der eben auf Ausbildung gerichtet sein muß und beim kaufmännischen Volontär regelmäßig auf den Erwerb von Branchekenntnissen im Handelszweige des Prinzipals oder auf Vertiefung solcher Kenntnisse gerichtet ist (vgl. Titze, Das kaufmännische Hilfspersonal, in Ehrenbergs Handbuch des gesamten Handelsrechts Bd. 2 Abtlg. 2 S. 900). In dieser ihm vom Prinzipal zwecks Erweiterung seiner Kenntnisse gewährten Betätigungsmöglichkeit im Geschäft erblickt der Volontär die Gegenleistung für die Arbeiten, die er dem Prinzipal leistet, während der Handlungsgehilfe seine kaufmännischen Dienste gegen ein entsprechendes Entgelt zur Verfügung stellt (§ 59 HGB.). Dadurch wird nicht ausgeschlossen, daß dem Volontär neben der Betätigungsmöglichkeit auch sonstige Gegenleistungen gewährt oder versprochen werden, ja es kommt sogar häufig vor, daß dem Volontär eine Gratifikation in Form eines in regelmäßigen Zwischenräumen zahlbaren „Taschengeldes" gewährt wird (Titze a. a. O. S. 903, Rustige, Die rechtliche Stellung des Handelsvolontärs S. 17). Dadurch wird dem Volontär die Eigenschaft eines solchen nicht genommen, wofern sich nicht hinter dem Taschengeld ein Entgelt im technischen Sinne des § 59 HGB. verbirgt, also mit ihm nicht belohnt, sondern die geleisteten Dienste entlohnt werden sollen (Staub-Bondi HGB. 13. Aufl. § 59 Anm. 10, Titze S. 903). Nun ist im vorliegenden Falle unstreitig der Kläger vom Prokuristen des Beklagten als „Volontär" angenommen worden. Ein Gehalt ist mit ihm nicht vereinbart, sondern ihm nur ein Taschengeld zugesagt worden, das nach den Feststellungen der Vorinstanzen die tarifliche Vergütung eines Lehrlings übersteigt, aber hinter dem Gehalt eines Handlungsgehilfen zurückblieb. Es ist dem Berufungsrichter darin beizupflichten, daß es für die Frage, ob das Vertragsverhältnis des Klägers als ein Volontärverhältnis oder als das eines Handlungsgehilfen aufzufassen ist, nicht schlechthin auf die gebrauchten Ausdrücke ankommen kann, daß für die Beurteilung vielmehr maßgebend ist, wie das Rechtsverhältnis in Wirklichkeit sich darstellt. Immerhin bedarf es angesichts jener unstreitigen Tatsache der Darlegung besonderer Umstände, aus denen sich schlüssig ergibt, daß in der Tat nicht ein Volontärverhältnis, sondern ein Handlungsgehilfenverhältnis eingegangen worden ist. Die Umstände, die der Berufungsrichter für diese seine Annahme angeführt hat, berücksichtigen nicht in ausreichendem Maße die Gesichtspunkte, welche für die Entscheidung der Frage in Betracht kommen können, und seine Ausführungen sind auch insoweit nicht erschöpfend, als sie auf die für die Annahme eines Volontärverhältnisses vom Beklagten angeführten und unter Beweis gestellten Tatsachen nicht eingehen. Der Kläger hatte sich durch eine dreijährige Lehrzeit die zur Übernahme einer Gehilfenstellung erforderlichen Fähigkeiten zwar angeeignet, hätte also eine Gehilfenstellung annehmen können, aber er war in einem ganz anderen Geschäftszweige ausgebildet worden, nämlich in einer Färberei und chemischen Reinigungsanstalt. Dann ist er allerdings in einer Schokoladenfirma als Handlungsgehilfe tätig gewesen. Wie lange das der Fall gewesen ist und wie lange er stellungslos gewesen ist, ist nicht festgestellt. Der Betrieb des Beklagten war ein durchaus anderer als die Betriebe, in denen der Kläger bisher tätig gewesen war. Seine Firma ist nach der für die Revisionsinstanz als wahr zu unterstellenden Behauptung des Beklagten eine der bedeutendsten in Deutschland. Der Beklagte betreibt Großhandel mit Fahrrädern, Motorrädern und Automobilen und Fahrradzubehörteilen. Da ist es ohne weiteres klar, daß eine Handlungsgehilfe, der bisher nur in der gedachten Art tätig und dann längere Zeit stellungslos gewesen ist, vom Inhaber einer solchen Firma nicht leicht als Handlungsgehilfe eingestellt wird. Es kommt hier in Betracht, daß heute ein Überangebot an Arbeitskräften vorliegt, der Kaufmann also regelmäßig bei der Einstellung einer Arbeitskraft eine viel größere Auswahl zur Verfügung hat als früher. Um deswillen ist es sehr wohl möglich, daß derjenige, der seine Anstellungsmöglichkeiten verbessern und den Bereich seiner Kenntnisse erweitern will, um besser fortzukommen und in gehobenere Stellungen zu gelangen, zunächst in einer dafür geeigneten Firma Volontärdienste tut. Ob das vom Beklagten betriebene Geschäft hierfür geeignet war, ob dort eine Arbeitskraft notwendig war oder ob nicht, wie der Beklagte unter Beweis gestellt hatte, der Kläger lediglich deswegen vom Prokuristen N. als Volontär angnommen worden ist, weil er erklärt hatte, es komme ihm lediglich darauf an, sich in eine neue Branche einzuarbeiten, damit er für die Zukunft bessere Anstellungsmöglichkeiten habe, hätte geprüft und nötigenfalls durch Beweisaufnahme geklärt werden müssen. Wenn der Berufungsrichter anführt, vom Lehrling unterscheide sich der Volontär durch seine bessere Schulbildung, die ihm die Erfassung des Lernstoffes in kürzerer Zeit, als sonst in dem Handelszweig üblich sei, ermögliche, und durch seine regelmäßig der des Prinzipals entsprechende, gehobene gesellschaftliche Stellung, die er durch sein Eintreten als Lernender in den Betrieb nicht aufgebe, und dabei zum Vergleich auf die Stellung der früheren Einjährig-Freiwilligen beim Militär verweist, so kann das in dieser Allgemeinheit als zutreffend nicht angesehen werden. Es gibt durchaus viele Lehrlinge mit guter Schulbildung und andererseits ist es, wenigstens heutzutage kein Erfordernis zur Annahme eines Volontärs, daß dieser eine entsprechende gehobene gesellschaftliche Stellung hat. Bei der Bezugnahme auf Titze a. a. O. S. 900 übersieht der Berufungsrichter, daß dessen Ausführungen sich mit zwei Gruppen von Volontären befassen, von denen der Berufungsrichter nur die erste herangezogen hat, daß aber auch Titze a. a. O. nur davon spricht, daß bei der ersten Gruppe in der Regel Leute aus derartigen Familien und mit derartiger Vorbildung und derartigen Zielen als Volontär tätig sind, daß aber durchaus auch andere Personen sich verpflichten können, als Volontär tätig zu sein, um selbst in einer neuen Branche sich Kenntnisse zu verschaffen und vermöge derselben und der dort gewonnenen Erweiterung ihrer Kenntnisse eine geeignete und gehobene Stellung zu bekommen. Es kommt insoweit auch in Betracht, daß nicht nur derjenige, der eine bessere Schulbildung hinter sich hat, willens sein kann, sich kaufmännische Kenntnisse anzueignen oder sie zu erweitern und zu befestigen, daß es vielmehr sehr wohl möglich ist, daß auch Personen mit kaufmännischer Vorbildung sich ein solches Ziel setzen. Der Beklagte hatte unter Beweis gestellt, daß der Kläger erst angenommen worden sei, nachdem sich seine Eltern bereit erklärt hatten, ihm ein Jahr Unterhalt zu gewähren. Es kam weiter in Betracht, daß angeführt war, der Beklagte habe auch den Eltern des Klägers in der Folgezeit Mitteilungen über denselben zugehen lassen, eine Tatsache, über die im Vorprozeß Beweis erhoben worden war. Endlich war auch zu beachten, daß der Beklagte angeführt hatte, daß der Kläger bei ihm in verschiedener Weise beschäftigt worden sei, seine Beschäftigung auch noch anders hat geregelt werden sollen, dies aber nicht durchgeführt wurde, weil der Kläger sich als ungeeignet erwiesen hatte. Die Mutter des Klägers betreibt nach dem Vorbringen des Klägers gemeinsam mit seiner Schwester ein Kolonialwarengeschäft. Diese Tatsache steht jedenfalls nicht der Möglichkeit entgegen, daß der Kläger zum Zwecke seiner weiteren Ausbildung eine Volontärstelle annehmen konnte. Hiernach war das angefochtene Urteil aufzuheben und die Sache zur weiteren Aufklärung in die Vorinstanz zurückzuverweisen.

RAG. 4, 323.

Begründet die Anweisung angemessener Arbeit gemeinnütziger Art nach § 19 der Vo. über die Fürsorgepflicht vom 13. Februar 1924 (RGBl. I S. 100) ein Arbeitsverhältnis privatrechtlicher Natur?

Vo. über die Fürsorgepflicht vom 13. Februar 1924 § 19.

Reichsarbeitsgericht. Urt. v. 12. Oktober 1929.

I. Arbeitsgericht Flensburg. — II. Landesarbeitsgericht Kiel.

Der Kläger, welcher infolge längerer Arbeitslosigkeit den Anspruch auf Arbeitslosenunterstützung erschöpft hatte und als Hilfsbedürftiger vom Wohlfahrtsamt der Stadt Fl. des zuständigen Fürsorgeverbandes eine wöchentliche Unterstützung von 12 RM bezog, wurde vom 18. Juni 1928 ab vom Wohlfahrtsamt mit Zustimmung des Arbeitsamtes der Stadtgärtnerei zur Beschäftigung zugewiesen. Die Beschäftigung dort dauerte bis zum 27. November 1928. Vor seinem Arbeitsantritt hatte er eine Erklärung folgenden Inhalts unterschrieben:

„Ich erkläre durch meine Unterschrift, daß ich mit einem Stundenlohn von 0,55 RM einverstanden bin und die Arbeit auf dem Friedenshügel bzw. Stadtpark aufnehme."

Während der Dauer seiner Beschäftigung erhielt der Kläger einen Stundenlohn von zunächst 0,55, später 0,60 RM. Außerdem bezahlte die Beklagte für ihn die Beiträge zur Invaliden-, Kranken- und Arbeitslosenversicherung.

Der Kläger war der Auffassung, daß er für die Zeit seiner Beschäftigung bei der Beklagten nach den höheren Sätzen eines Tarifvertrages hätte enlohnt werden müssen, der zwischen dieser als Inhaberin der städtischen und kommunalen Betriebe und mehreren Arbeitnehmerverbänden abgeschlossen worden war. Einem dieser Verbände gehörte er seit dem 15. November 1928 an. Er erhob Klage auf Nachzahlung der Differenz zwischen dem ihm gezahlten Stundenlohn und den höheren Sätzen des Tarifvertrages für die ganze Dauer seiner Beschäftigung bei der Beklagten. Die Beklagte machte geltend, daß der Kläger in keinem Arbeitsvertragsverhältnis zu ihr gestanden, vielmehr von ihr in Erfüllung ihrer öffentlichrechtlichen Unterstützungspflicht beschäftigt worden sei.

Während das Arbeitsgericht in Flensburg die Klage ganz abwies, verurteilte das Landesarbeitsgericht die Beklagte zur Nachzahlung der Differenz für die Zeit nach dem 15. November 1928. Die Revision der Beklagten führte zur Aufhebung des angefochtenen Urteils und Zurückverweisung in die Vorinstanz.

Gründe:

Das Landesarbeitsgericht hat den Rechtsweg für zulässig erachtet, weil der Kläger seinen Anspruch auf einen zwischen ihm und der Beklagten geschlossenen Arbeitsvertrags gestützt habe. Die Revision hat die in der schriftlichen Revisionsbegründung enthaltene Rüge, nicht wie der Kläger das Rechtsverhältnis, auf Grund dessen er beschäftigt sei, bezeichne, sondern was es seinem Wesen nach sei, sei für die Frage der Zulässigkeit des Rechtsweges entscheidend, in der mündlichen Verhandlung nicht vorgetragen. Indessen ist die Zulässigkeit des Rechtsweges auch von Amts wegen zu prüfen. Für die Frage der Zulässigkeit des Rechtsweges ist allein das Klagevorbringen maßgebend (RGZ. Bd. 102 S. 248, Bd. 103 S. 18, Bd. 106 S. 150, RAG. Entsch. Urteil vom 27. April 1928 — RAG. 554/28 — und vom 6. Juli 1929 — RAG. 85/29). Der Kläger hat, indem er seinen Anspruch auf den Tarifvertrag gestützt hat, geltend gemacht, daß ein Arbeitsvertragsverhältnis zwischen ihm und der Beklagten bestanden habe. Zur Entscheidung für aus einem solchen Arbeitsvertrag erhobene Ansprüche sind aber die Arbeitsgerichte nach § 2 Nr. 2 ArbGG. berufen; das Landesarbeitsgericht hat daher ohne Rechtsirrtum die Zulässigkeit des Rechtsweges bejaht.

Streit besteht unter den Parteien, ob in der Tat ein Arbeitsverhältnis privatrechtlicher Natur vorgelegen hat oder lediglich ein nach öffentlichem Recht zu beurteilendes Beschäftigungsverhältnis, in das der Kläger auf Grund des § 19 der Vo. über die Fürsorgepflicht vom 13. Februar 1924 (RGBl. I S. 100) zur Beklagten getreten ist. Das Landesarbeitsgericht hat das erstere für vorliegend erachtet, den Anspruch auf den höheren Tariflohn dem Kläger aber erst von dem Tage ab zuerkannt, an dem er Mitglied eines der am Tarifvertrage vom 24. April 1923 beteiligten Verbände geworden ist. Da lediglich die Beklagte Revision eingelegt hat, kommt für die Revisionsinstanz zwar nur die Zeit der Beschäftigung des Klägers vom 15. bis 27. November 1928 in Betracht; indessen ist auch für diese Zeit entscheidend, ob das Verhältnis des Klägers zum Beklagten ein solches privatrechtlicher oder öffentlichrechtlicher Natur gewesen ist; denn nur dann, wenn ein Arbeitsvertrag zwischen den Parteien bestanden hat, kann die Einwirkung des Tarifvertrages nach § 1 der TarifvertrVo. in Frage kommen. Das Landesarbeitsgericht hat das Vorliegen eines Arbeitsverhältnisses privatrechtlicher Natur daraus entnommen, daß die Beklagte die Beiträge zu den Sozialversicherungen geleistet habe, daß die Arbeit aufgenommen worden sei auf Grund übereinstimmender Willenserklärung der Kontrahenten, die bezüglich der Lohnhöhe noch schriftlich niedergelegt worden sei, daß der Kläger mit denselben Arbeiten beschäftigt worden sei, wie andere nicht vom Wohlfahrtsamt angestellte Arbeiter, daß er dieselbe Arbeitszeit gehabt habe wie diese, kurz, von der Entlohnung abgesehen, denselben Bedingungen unterworfen gewesen sei wie die übrigen Arbeiter.

Die Revision wendet sich gegen diese Auffassung des Landesarbeitsgerichts, indem sie geltend macht, dieses habe aus einigen äußerlichen Merkmalen, die zwar Elemente eines Arbeitsvertrages sein könnten, es jedoch nicht notwendig sein müßten, den Abschluß und das Vorliegen eines Arbeitsvertrages gefolgert, ohne zu prüfen, ob bei den Beteiligten der übereinstimmende Wille vorhanden gewesen sei, einen Arbeitsvertrag privatrechtlicher Natur abzuschließen.

Der Revision ist der Erfolg nicht zu versagen. Unstreitig war der Kläger Fürsorgeunterstützungsempfänger und die Beklagte Träger der Fürsorgepflicht, die ihm durch das Wohlfahrtsamt die Unterstützung auszahlte. Nach § 19 der Vo. über die Fürsorgepflicht vom 13. Februar 1924 (RGBl. I S. 100) kann die Unterstützung Arbeitsfähiger in geeigneten Fällen durch Anweisung angemessener Arbeit gemeinnütziger Art gewährt werden. Weist der Träger der Fürsorgepflicht auf Grund dieser Bestimmung den Hilfsbedürftigen angemessene Arbeit gemeinnütziger Art an, so wird dadurch, wie auch das Landesarbeitsgericht nicht verkennt, das zwischen dem Fürsorgeverband und dem Unterstützungsempfänger bestehende Verhältnis öffentlichrechtlicher Art an sich nicht berührt; dies ist auch dann nicht notwendig der Fall, wenn die Unterstützung in der Form eines Entgelts für die auf Anweisung geleistete

Arbeit gewährt wird, um ihr den Charakter als Almosen zu nehmen. Auf der anderen Seite steht der Umstand, daß der Träger der Fürsorge selbst der Arbeitgeber ist, dem nicht entgegen, daß durch die Beschäftigung ein Arbeitsverhältnis privatrechtlicher Natur zwischen dem Unterstützungsempfänger und dem Träger der Fürsorge begründet wird. Ob das eine oder das andere anzunehmen ist, hängt — davon geht auch das Landesarbeitsgericht zutreffend aus — von der Lage und den Umständen des Einzelfalles ab (vgl. RAG. Entsch. Bd. 1 S. 60 flg., RAG. Entsch. Urteil vom 14. November 1928 — RAG. 177/28 — und vom 16. Januar 1929 — RAG. 271/28 —, letzteres abgedruckt in ArbRspr. 1929 S. 118, RGZ. Bd. 121 S. 283, RAG. Entsch. Urteil vom 3. Juli 1929 — RAG. 639/28 — RAG. Entsch. Bd. 4 S. 125). Der Abschluß eines Arbeitsvertrages, der ein Arbeitsverhältnis privatrechtlicher Natur begründet, braucht nicht notwendig ausdrücklich zu erfolgen, er kann auch auf stillschweigender Vereinbarung beruhen. Wenn aber der Träger der öffentlichen Fürsorgepflicht einen Unterstützungsempfänger beschäftigt, so wird, sofern die Beschäftigung mit Arbeiten gemeinnütziger Art erfolgt, zunächst anzunehmen sein, daß die Beschäftigung auf Grund des § 19 der FürsorgeVo. im öffentlichrechtlichen Verhältnis geschieht, und es werden, um ein Arbeitsverhältnis privatrechtlicher Art als vorliegend annehmen zu können, besondere Umstände festzustellen sein, welche den Willen der Beteiligten, als Personen, die im Verkehr des Privatrechts als gleichberechtigte Einzelpersonen gegenüberstehen, einen Arbeitsvertrag zu schließen, erkennen lassen. Denn nur dann, wenn der Wille der Beteiligten, ein Arbeitsverhältnis privatrechtlicher Art miteinander einzugehen, festzustellen ist, wird angenommen werden können, daß ein Arbeitsvertrag vorgelegen hat. An einer ausreichenden Nachprüfung in dieser Richtung hat es aber das Landesarbeitsgericht im vorliegenden Falle fehlen lassen. In dem in RAG. Entsch. Bd. 1 S. 60 flg. zur Entscheidung gelangten Falle hatte das Landesarbeitsgericht auf Grund des Inhalts der Arbeitsordnung, insbesondere der in ihr enthaltenen Arbeitsbedingungen, und unter Berücksichtigung der Tatsache, daß von der Stadtgemeinde die sozialen Versicherungsbeiträge entrichtet waren, ausdrücklich festgestellt, daß die Stadtgemeinde mit vollem Bewußtsein zum Ausdruck gebracht habe, daß es sich um ein bürgerlichrechtliches Arbeitsverhältnis handele. Die im vorliegenden Falle von dem Landesarbeitsgericht hervorgehobenen Momente können Umstände sein, welche den Willen der Beteiligten erkennen lassen, ein Arbeitsverhältnis privatrechtlicher Natur zu begründen, sie sind es aber nicht notwendig. Daß aber die Beklagte auch wirklich den Willen gehabt hat, dem Kläger nicht nur auf Grund des § 19 der FürsorgeVo. Pflichtarbeit anzuweisen, sondern in ein privatrechtliches Arbeitsverhältnis mit ihm einzutreten, oder daß sie zum mindesten ein Verhalten an den Tag gelegt hat, aus dem der Kläger hat schließen dürfen, daß er in ein privatrechtliches Arbeitsverhältnis zu der Beklagten getreten sei, dafür fehlt es in dem angefochtenen Urteil an einer ausreichenden Feststellung. Für die Feststellung der subjektiven Seite sowohl auf seiten des Klägers als auch auf seiten der Beklagten wäre es von Bedeutung gewesen, festzustellen, wem gegenüber der Kläger die Bescheinigung, daß er mit 55 Pfg. Stundenlohn zufrieden sei, unterschrieben hat. Hat er die Bescheinigung dem Wohlfahrtsamt oder dem Arbeitsamt gegenüber unterschrieben, wie es nach der Klageschrift den Anschein hat, so wird daraus nicht ohne weiteres ein Schluß auf den Willen der Beteiligten, ein Arbeitsverhältnis privatrechtlicher Natur miteinander einzugehen, gezogen werden können. Auch die Feststellung der Art der Arbeiten, die der Kläger für die Beklagte geleistet hat, insbesondere, ob es, wie die Beklagte behauptet, sich lediglich um Arbeiten gemeinnütziger Art gehandelt hat, würde geeignet gewesen sein, einen Rückschluß darauf, welcher Art das Beschäftigungsverhältnis des Klägers bei der Beklagten gewesen ist, zu ziehen. In gleicher Richtung könnte die Feststellung, aus welchen Mitteln die Entlohnung des Klägers erfolgt und wie im einzelnen sein Arbeitsverhältnis geregelt gewesen ist, von Bedeutung sein. Jedenfalls lassen die Ausführungen des Landesarbeitsgerichts nicht ausreichend erkennen, ob alle Gesichtspunkte, welche für die Entscheidung der Frage in Betracht kommen können, in ausreichendem Maße gewürdigt worden sind. . . .

RAG. 4, 332.

Darf der Arbeiter eines unter einen bestimmten Tarifvertrag fallenden nicht bestreikten Unternehmens eine ihm nach seinem Arbeitsvertrag obliegende Arbeit deshalb verweigern, weil ein einem anderen Tarifvertrag unterstehendes bestreiktes Unternehmen wegen der durch den Streik hervorgerufenen Unmöglichkeit der eigenen Ausführung der Arbeit das nicht bestreikte Unternehmen um deren Ausführung ersucht oder ein Kunde des bestreikten Unternehmens die Arbeit wegen des Streiks bei diesem Unternehmen nicht ausführen lassen kann und sie daher dem nicht bestreikten Unternehmen überträgt?

RGewO. § 123. BGB. § 242.

Reichsarbeitsgericht. Urt. v. 16. November 1929.

I. Arbeitsgericht Nürnberg. — II. Landesarbeitsgericht daselbst.

Am 14. März 1929 traten in verschiedenen Großhandelsbetrieben Nürnbergs, darunter auch in der Lebensmittelgroßhandlung von A. & K. die Arbeiter in Streik. Da diese Firma ihre bisher durch eigene Arbeiter vorgenommenen Warentransporte nicht mehr ausführen konnte, beauftragte sie damit die Klägerin, welche ein Speditions-, Fracht- und Lagergeschäft betreibt. Sie gab ihr insbesondere die Weisung, 2 Waggons zu entladen und in ihr Lager zu nehmen. Die Arbeiter der Klägerin, darunter der Beklagte, der zugleich Betriebsratsvorsitzender ist, verweigerten die Ausführung dieser Arbeit mit der Begründung, es könne ihnen nicht zugemutet werden, Streikarbeit zu leisten. In gleicher Weise lehnten die Arbeiter der Klägerin einschließlich des Beklagten auch die Ausführung von Aufträgen nicht bestreikter Firmen ab, welche der Klägerin die Abholung von Waren aus dem Lager einer bestreikten Firma übertrugen. Weder die Arbeiter der Klägerin noch die Transportarbeiter anderer Speditionsfirmen hatten sich dem Streik angeschlossen.

Die Klägerin hat Feststellungsklage erhoben, daß der Beklagte verpflichtet sei, während des Streiks im Großhandel alle im Speditionsgeschäft üblichen Arbeiten zu verrichten, insbesondere den bestreikten Großhandelsfirmen Güter zuzufahren oder sie von denselben abzuholen, daß sie im Weigerungsfall berechtigt sei, den Beklagten fristlos zu entlassen, und daß dieser zum Ersatz des durch seine unberechtigte Arbeitsverweigerung entstandenen Schadens verpflichtet sei.

Vom Arbeitsgericht ist der Klage stattgegeben worden. Das Landesarbeitsgericht aber hat, nachdem die Klägerin im zweiten Rechtszuge wegen inzwischen erfolgter Beendigung des Streiks den Anspruch auf Feststellung der Berechtigung zur fristlosen Entlassung hatte fallen lassen, die Berufung des Beklagten mit der Maßgabe zurückgewiesen, daß der fallen gelassene Teil des Anspruchs für erledigt erklärt wird. Hiergegen ist von dem Beklagten die zugelassene Revision eingelegt worden. Sie blieb erfolglos.

Gründe:

Das Berufungsgericht geht in wesentlicher Übereinstimmung mit dem ersten Richter davon aus, daß die von der Klägerin verlangte Arbeit in den Rahmen des mit dem Beklagten abgeschlossenen Arbeitsvertrags falle, da das Abholen und Zufahren von Gütern, die Entladung derselben auf der Eisenbahn und ihre Verbringung in das eigene oder fremde Lager zu den Aufgaben des von der Klägerin betriebenen

Geschäfts gehöre und der Beklagte wie die übrigen Arbeiter zur Verrichtung derartiger Arbeiten gedungen seien. An dieser Verpflichtung sei durch den im Großhandel ausgebrochenen Streik nichts geändert worden. Unter Streikarbeit, die verweigert werden könne, sei nur die Arbeit zu verstehen, die nicht in den Rahmen des Arbeitsvertrags des Arbeitnehmers falle und zu der er nur wegen eines ausgebrochenen Streiks sei es im eigenen oder in einem fremden Betriebe herangezogen werde. Dagegen sei als Streikarbeit nicht die Arbeit anzusehen, die einem Arbeitnehmer nach seinem Arbeitsvertrage obliege, obschon sie von ihm nur deshalb gefordert werde, weil der ursprünglich dazu bestimmte Arbeitnehmer streike. Es gehe nicht an, daß jemand eine zu seiner Obliegenheit gehörige Arbeit deshalb ablehne, weil ein bestreiktes Unternehmen wegen Unmöglichkeit der eigenen Ausführung diese einem nicht bestreikten Unternehmen übertragen habe oder weil ein Kunde diese bei einem bestreikten Unternehmen nicht ausführen lassen könne und den Auftrag aus diesem Grunde einem nicht bestreikten Unternehmen erteile. Der Arbeitsvertrag berechtige den Arbeitnehmer nicht, die Verpflichtung zur Arbeit auf bestimmte Kunden zu beschränken, die Bedienung anderer Kunden dagegen abzulehnen und den Umfang des Geschäftsbetriebs zu bestimmen, möge ihm auch die angesonnene Arbeit höchst unerwünscht sein. Freilich sei nicht zu verkennen, daß hierdurch der Streikende geschädigt werde und daß darin eine Verletzung der Solidarität erblickt werde. Allein eine Unterstützung von Streikenden unter Verletzung und Bruch des eigenen Arbeitsvertrags könne nicht gebilligt werden. Wolle der Arbeitnehmer eine solche Unterstützung, so müsse er sich dem Streik anschließen und damit auch die nachteiligen Folgen des Streiks auf sich nehmen. Er sei jedoch nicht berechtigt, sich seinerseits auf den Standpunkt zu stellen, daß er seinen Arbeitsvertrag aufrecht erhalten wolle, und andererseits zu erklären, daß er bestimmte unter den Arbeitsvertrag fallende Arbeiten aus Solidarität mit Streikenden eines anderen Betriebs nicht ausführen wolle. Das wäre eine Unterstützung der Streikenden des anderen Betriebs auf Kosten des nicht bestreikten Arbeitgebers, der, nachdem er einmal den Auftrag von dem bestreikten Unternehmer übernommen habe, sich schadensersatzpflichtig mache, wenn er den Auftrag nicht ausführe. Der Beklagte habe daher die sonst im Speditionsgewerbe üblichen Arbeiten, auch wenn es sich um Abholen und Zufahren von Gütern hinsichtlich bestreikter Großhandelsfirmen handelte, nicht verweigern dürfen. Die Klage auf Feststellung seiner Verpflichtung zur Leistung dieser Arbeiten aber sei zulässig, weil ein rechtliches Interesse der Klägerin bestanden habe und bestehe, den Umfang der dem Beklagten nach seinem Arbeitsvertrag obliegenden Verpflichtungen festgestellt zu sehen. Ferner sei das rechtliche Interesse der Klägerin als vorliegend zu erachten, in gleicher Weise die Verpflichtung des Beklagten zum Ersatz des durch die Arbeitsverweigerung entstehenden Schadens feststellen zu lassen. Ein solcher Schaden sei einmal dadurch entstanden, daß die Klägerin um den Verdienst aus den erteilten und durch die Schuld des Beklagten nicht ausgeführten Aufträgen gekommen sei, sodann dadurch, daß sie ihren Auftraggebern wegen Nichtausführung der Aufträge hafte. Diesen Schaden, dessen Höhe zur Zeit noch nicht feststehe, habe der Beklagte wegen positiver Vertragsverletzung zu ersetzen. Es folgen Ausführungen über den fallengelassenen Anspruch auf fristlose Entlassung.

Wenn die Revision demgegenüber Verletzung des § 123 RGewO., § 84 BRG. und § 242 BGB. rügt, indem sie ausführt, daß es sich bei der Arbeit, welche die Klägerin von dem Beklagten verlangt habe, objektiv um Leistung von Streikarbeit handle, und daß der Beklagte, insbesondere in seiner Eigenschaft als Mitglied und Vorsitzender des Betriebsrats, subjektiv die Meinung habe vertreten können, daß er in Wahrnehmung der Belange der Arbeitnehmer weder selbst noch durch seine Belegschaft den streikenden Kollegen in den Rücken fallen dürfe, und wenn die Revision in diesem Zusammenhang weiter unter Anführung bestimmter Tatsachen geltend macht, daß die streikenden Arbeiter dem Großhandelsgewerbetarif, die Arbeiter der Klägerin dagegen dem erst zum 28. September 1929 kündbar gewesenen Speditionsgewerbetarif unterständen und deshalb ohne Tarifbruch nicht in der Lage gewesen seien, in einen Sympathiestreik zu treten, so kann sie mit diesen Rügen keinen Erfolg haben.

Den Gegenstand der vorliegenden Feststellungsklage bilden nach dem Streitstand des dritten Rechtszuges noch zwei Ansprüche: ein Erfüllungs- und ein Schadensersatzanspruch. Da somit eine Entlassung oder Kündigung des Beklagten nicht mehr in Frage kommt, sind die Revisionsangriffe, welche sich auf § 123 RGewO. und § 84 BRG. beziehen, ohne weiteres belanglos. Nicht minder unbeachtlich ist das neue Vorbringen der Revision; es scheitert an der das Reichsarbeitsgericht gemäß § 72 Abs. 2 ArbGG., § 2 ZPO. bindenden tatsächlichen Feststellung des Berufungsgerichts. Soweit aber die Bezugnahme auf § 123 RGewO. und § 84 BRG. dazu dienen soll, die Revisionsrüge aus § 242 BGB. zu stützen, ist sie unbegründet.

Ausgangspunkt der Erwägungen sowohl des ersten Richters wie des Berufungsgerichtes zu den beiden nach vorstehendem noch in Frage kommenden Ansprüchen ist die tatsächliche Feststellung, daß die bestreikte Firma und die Klägerin zwei verschiedene Gewerbe betreiben. Ferner gibt selbst die Revision zu, daß die Arbeitsbedingungen für die Arbeiter der beiden Betriebe sich nach zwei verschiedenen Tarifverträgen, dem Großhandels- bzw. dem Speditionsgewerbe-Tarif richten. Die Verschiedenheit der Gewerbe und das Bestehen verschiedener Tarife hindert jedoch nicht, daß die in den einzelnen Betrieben beider Gewerbe vorkommenden Arbeiten zum Teil gleichartig sind. Es bleibt mithin zu prüfen, ob der Arbeiter eines unter den einen Tarif fallenden nicht bestreikten Unternehmens eine ihm nach seinem Arbeitsvertrag obliegende Arbeit deshalb verweigern darf, weil ein einem anderen Tarifvertrag unterstehendes bestreiktes Unternehmen wegen der durch den Streik hervorgerufenen Unmöglichkeit der eigenen Ausführung der Arbeit das nicht bestreikte Unternehmen um deren Ausführung ersucht oder ein Kunde des bestreikten Unternehmens die Arbeit wegen des Streiks bei diesem Unternehmen nicht ausführen lassen kann und sie daher dem nicht bestreikten Unternehmen überträgt. Die Verneinung der Frage durch das Berufungsgericht ist entgegen der Meinung der Revision — wenigstens im Ergebnis — nicht rechtsirrig. Streiks sind allerdings grundsätzlich als erlaubtes wirtschaftliches Kampfmittel anerkannt und deshalb an sich nicht sittenwidrig, obwohl ein Recht zum Streik weder aus § 152 RGewO. noch aus Art. 159 RVerf. folgt (RGZ. Bd. 119 S. 294 und RG. Urteil vom 30. Oktober 1929 VI 12/29). Andererseits ist es nach der mit der herrschenden Meinung übereinstimmenden Rechtsprechung des Reichsarbeitsgerichts (vgl. RAG. Entsch. Bd. 1 S. 175, Bd. 3 S. 72, Urteil vom 15. Februar 1928 — RAG. 67/27 — in ArbRspr. 1928 S. 217 und Urteil vom 10. Juli 1929 — RAG. 522/28) das gute Recht des bestreikten Arbeitgebers, den Eintritt seiner Arbeiter in den Streik mit entsprechenden Gegenmaßnahmen zu beantworten. Dazu kann nach der Erfahrung des Lebens, die durch den vorliegenden Fall bestätigt wird, auch die Übertragung von Arbeiten, die der bestreikte Arbeitgeber wegen des Streiks seiner Arbeiter nicht ausführen kann, auf ein nicht bestreiktes Unternehmen gehören. Weigert sich ein Arbeitnehmer des letzteren Unternehmens, solche Arbeiten zu leisten, so erklärt er sich dadurch, auch wenn er nicht in den Streik eintritt, mit den im Arbeitskampf befindlichen Arbeitnehmern des bestreikten Arbeitgebers solidarisch, ergreift also für ihre Sache Partei und muß deshalb auch die damit verbundenen Nachteile auf sich nehmen (vgl. RAG. Entsch. Bd. 3 S. 73).

Zu dem gleichen Ergebnis gelangt man, wenn man, ähnlich wie das Berufungsgericht es tut, der rechtlichen Beurteilung des Verhaltens des Beklagten den Begriff der Streikarbeit zugrunde legt. Hierbei ist zu unterscheiden zwischen der Arbeit, die Kunden des bestreikten Unternehmens wegen des Streiks von dem nicht bestreikten Unternehmen der Klägerin ausführen ließen, und derjenigen Arbeit, die das bestreikte Unternehmen selbst wegen des Streiks dem nicht bestreikten Unternehmen der Klägerin zur Ausführung übertrug. Soweit es sich um die erstere Arbeit handelt, ist bei der Verschiedenartigkeit der von der Klägerin (Speditionsgeschäft) und dem bestreikten Unternehmen (Lebensmittelgroßhandlung) betriebenen Gewerbe nicht einzusehen, warum die Klägerin diese unter ihren regelmäßigen Betrieb fallende Arbeit nicht übernehmen und von ihren Arbeitern nicht ausführen lassen sollte; denn das war auch bei weitgehender Auslegung dieses Begriffes keine Streikarbeit. Soweit dagegen die Entladung und Einlagerung der 2 Waggons Zucker in Betracht kommt, ist allerdings der Revision darin beizutreten, daß Streikarbeit vorlag. Aber es war in erster Linie Pflicht des Beklagten, die ihm nach dem Arbeitsvertrag zukommenden Obliegenheiten zu verrichten. Indem der Beklagte sich dessen weigerte, handelte er objektiv seinem Arbeitsvertrag zuwider und es fragt sich nur noch, ob diese Zuwiderhandlung etwa deshalb entschuldbar ist, weil sie lediglich aus Solidarität mit den streikenden Arbeitern des anderen Unternehmens, denen der Beklagte nicht glaubte in den Rücken fallen zu dürfen, getätigt ist. Zwar sind insoweit Fälle denkbar, in denen der Arbeitnehmer von der Erfüllung der ihm nach dem Arbeitsvertrag obliegenden Verpflichtungen befreit ist, z. B. wenn er durch Erfüllung der Vertragspflichten in ernste persönliche oder wirtschaftliche Bedrängnis geriete. Derartiges anzunehmen, bietet aber der hier festgestellte Sachverhalt keinen Anhalt. Das angefochtene Urteil weist also schon darin, daß es den in erster Linie noch im Streit befindlichen Erfüllungsanspruch für begründet erachtet, keinen Rechtsverstoß auf.

Was den weiterhin aufrechterhaltenen Schadensersatzanspruch betrifft, so steht in der Rechtsprechung des Reichsgerichts und des Reichsarbeitsgerichts fest, daß bei Streit über das Bestehen oder Nichtbestehen einer Vertragspflicht jeder Teil, wenn er sein Verhalten nach seiner eigenen Rechtsauffassung einstellt, die Gefahr dafür trägt, daß diese Rechtsauffassung richtig ist. Der gute Glaube, zu einer bestimmten, ihm aufgetragenen Arbeit nicht verpflichtet zu sein, macht den

Arbeitnehmer nicht schuldlos und schließt die Berechtigung des Arbeitgebers, ihn wegen beharrlicher Arbeitsverweigerung fristlos zu entlassen und ihn darüber hinaus für den durch die Arbeitsverweigerung etwa entstandenen Schaden verantwortlich zu machen, nicht aus, vorausgesetzt, daß die Beauftragung des Arbeitnehmers mit einer bestimmten Arbeit zu Recht erfolgt ist (vgl. RGZ. Bd. 110 S. 17/18, RAG. Entsch. Bd. 3 S. 40 flg., Bd. 4 S. 93 sowie das Urteil vom 12. Juni 1929 — RAG. 661/28 — in ArbRspr. 1929 S. 327 Nr. 305 und die dort angezogenen Entscheidungen). Daß aber die Beauftragung des Beklagten mit den von ihm verweigerten Arbeiten zu Recht erfolgt ist, geht aus dem oben Gesagten hervor. Zu den vorerwähnten rechtlichen Folgen des Handelns auf eigene Gefahr tritt dann noch der mit der Betriebsverbundenheit zusammenhängende wirtschaftliche Gesichtspunkt hinzu, daß der Einzelarbeiter sich den Weisungen der Betriebsleitungen zu fügen hat, und daß es mit dem reibungslosen Fortgang eines Betriebs nicht zu vereinbaren wäre, wenn jeder Arbeiter nach seinem Willen handeln und ihn gegenüber den gegebenen Anordnungen des Arbeitgebers durchsetzen wollte (RAG. Entsch. Bd. 2 S. 353). Daran ändert endlich auch der Umstand nichts, daß der Beklagte Vorsitzender des Betriebsrats ist. Als solcher hat er nach § 1 BRG. die Belange des ganzen Betriebs wahrzunehmen, nicht denen der Arbeitnehmer den Vorzug zu geben (RAG. Entsch. Bd. 4 S. 92). Es ist mithin auch nach der subjektiven Seite die vom Berufungsgericht entsprechend dem noch aufrechterhaltenen Klagebegehren getroffene Feststellung, insbesondere unter dem Gesichtspunkt des § 242 BGB., nicht zu beanstanden.

RAG. 4, 341.

1. . . .

2. Ist die Zustellung eines Urteils an eine zum Prozeßbevollmächtigten bestellte, aber nach § 11 ArbGG. vor den Arbeitsgerichten ausgeschlossene Person geeignet, die Berufungsfrist in Lauf zu setzen?

Arbeitsgerichtsgesetz § 11. ZPO. §§ 176, 81.

Reichsarbeitsgericht. Beschl. v. 13. Dezember 1929.

I. Arbeitsgericht Bautzen. — II. Landesarbeitsgericht Dresden.

. . .

Gründe:

. . . Im Gegensatz zu der Auffassung des Landesarbeitsgerichts ist daher schon auf Grund der von diesem eingezogenen Auskünfte festzustellen, daß es sich bei Kr. um eine Person handelte, die das mündliche Verhandeln vor Gericht geschäftsmäßig betrieb. War das aber der Fall, so war er nach § 11 ArbGG. als Prozeßbevollmächtigter vor den Arbeitsgerichten ausgeschlossen, also nicht fähig, vor Arbeitsgerichten die Vertretung einer Partei als Prozeßbevollmächtigter zu führen. Die Vorschrift gilt für den ganzen Umfang des Verfahrens, nicht nur für die mündliche Verhandlung, sondern für alle Prozeßhandlungen, die in dem Verfahren vor den Arbeitsgerichten von oder gegenüber dem Prozeßbevollmächtigten vorzunehmen sind, (Stein-Jonas Anm. 6 zu § 157 ZPO., Flatow-Joachim Anm. 2 zu § 11 ArbGG., Dersch-Volkmar Anm. 2 zu § 11 ArbGG.). Daher fand die Vorschrift des § 176 ZPO., wonach Zustellungen, welche in einem anhängigen Rechtsstreit geschehen sollen, an den für die Instanz gestellten Prozeßbevollmächtigten erfolgen müssen, auf Kr. keine Anwendung. Es kann auch nicht in Frage kommen, daß dieser etwa deshalb für die Zustellung des arbeitsgerichtlichen Urteils als Prozeßbevollmächtigter anzusehen gewesen sei, weil er in dem Verfahren vor dem Arbeitsgericht als Prozeßbevollmächtigter des Beklagten zugelassen war und außerdem in dem Urteile des Arbeitsgerichts als solcher bezeichnet ist; denn die den völligen Ausschluß als Prozeßbevollmächtigter aussprechende Vorschrift des § 11 ArbGG. läßt für eine solche Auffassung keinen Raum. Die Nichtanwendung des § 176 ZPO. bedeutet aber nur, daß die Zustellung an Kr. nicht gesechehen m u ß t e, um die Rechtsmittelfrist in Lauf zu setzen. Aus ihr folgt noch nicht ohne weiteres, daß die an ihn erfolgte Zustellung überhaupt nicht als eine wirksame Zustellung des Urteils an den Beklagten anzusehen ist. Denn wenn er auch nicht als Prozeßbevollmächtigter in der Lage war, Zustellungen mit Wirkung für und gegen den Beklagten in Empfang zu nehmen, so konnte doch in Frage kommen, ob er nicht als zur Empfangnahme von Zustellungen vom Beklagten ermächtigt zu gelten hatte. Eine ausdrückliche Zustellungsvollmacht ist ihm von dem Beklagten allerdings nicht erteilt. Die bei den Prozeßakten befindliche Vollmacht vom 15. März 1929 enthält lediglich die Erklärung des Beklagten, daß er Kr. Vollmacht erteile, ihn vor dem Arbeitsgericht in der vorliegenden Sache zu vertreten. Es könnte deshalb in Frage kommen, ob nicht aus der Tatsache der Erteilung der Prozeßvollmacht zu folgen sei, daß Kr., wenn er auch nicht Prozeßbevollmächtigter war, doch Vollmacht zur Empfangnahme der Zustellungen hatte. Das erscheint aber nicht angängig. Die Ermächtigung des Prozeßbevollmächtigten zur Empfangnahme von Zustellungen mit Wirkung für und gegen die von ihm vertretene Partei ist eine Folge, welche sich kraft Gesetzes aus dem im § 81 ZPO. umschriebenen Umfange der Prozeßvollmacht ergibt. Dazu kommt, daß der Beklagte in der Vollmacht noch besonders zum Ausdrucke gebracht hatte, daß er dem Kr. Vollmacht erteile, ihn vor dem Arbeitsgericht zu vertreten. Hatte dieser aber überhaupt nicht die Fähigkeit der Vertretung vor dem Arbeitsgericht, so war damit die Erteilung der Prozeßvollmacht mit allen ihren sich aus dem Gesetz ergebenden Folgen gegenstandslos und unwirksam, und es kann nicht ohne weiteres angenommen werden, daß der Vollmachtgeber eine auf einzelne gesetzliche Folgen der Prozeßvollmacht beschränkte Vollmacht erteilt, sofern nicht in der Vollmachtserklärung eine hierauf bezügliche ausdrückliche Vollmachtserteilung enthalten ist (ebenso RG. in JW. 1926 S. 2574[2], a. M. Stein-Jonas Anm. II 4 und VIII 1 zu § 80 ZPO.; Rosenberg Lehrbuch des Zivilprozeßrechts § 49 II 5 S. 141; Volkmar in ArbRspr. 1929 S. 346).

War Kr. weder Prozeßbevollmächtigter des Beklagten noch sein Zustellungsbevollmächtigter, so konnte eine rechtswirksame Zustellung des Urteils des Arbeitsgerichts an ihn nicht vorgenommen werden. Die am 17. Juli 1929 an ihn erfolgte Zustellung des Urteils des Arbeitsgerichts vom 12. Juli 1929 war dann nicht geeignet, die Berufungsfrist (§ 66 Abs. 1 ArbGG.) in Lauf zu setzen. . . .

RAG 4, 351.

Bedeutet es eine gröbliche Verletzung der gesetzlichen Pflichten, wenn ein Betriebsratsmitglied in der Nähe des Eingangs des Werkes, in dem es beschäftigt ist, ein die Arbeiter zum Eintritt in einen politischen Streik aufforderndes Flugblatt verteilt?

Betriebsrätegesetz §§ 39, 66 Nr. 3.

Reichsarbeitsgericht. Beschl. v. 21. Dezember 1929.

I. Arbeitsgericht Berlin.

Der Antragsgegner ist im W.-Werk der Antragstellerin als Arbeiter beschäftigt und dort Mitglied des Betriebsrates und des Arbeiterrates. Die Antragstellerin stellt bei dem Arbeitsgericht den Anrag, die Mitgliedschaft des Antragsgegners im Betriebs- und Arbeiterrat für erloschen zu erklären, weil dieser am 3. Mai 1929 ein zu politischem Massenstreik und zur Stillegung der Betriebe aufforderndes Flugblatt in der Nähe des Eingangs zum W.-Werk verteilt und dadurch die ihm als Mitglied der Betriebsvertretung obliegenden Pflichten gröblich verletzt habe. Das Arbeitsgericht entsprach dem Antrag. Die Rechtsbeschwerde des Antragsgegners wurde zurückgewiesen aus folgenden

Gründen:

Nach den vom Arbeitsgericht getroffenen tatsächlichen Feststellungen hat der Antragsgegner am 3. Mai 1929 in der Wilhelmstraße in Sp. in der Nähe des Eingangs zum W.-Werk ein an die Arbeiterschaft von Berlin gerichtetes, von der Kommunistischen Partei Deutschlands, dem Roten Frontkämpfer-Bund und dem Maikomitee Groß-Berlin unterzeichnetes Flugblatt verteilt, in welchem unter Hinweis auf die in verschiedenen Straßen in Wedding und Neukölln entstandenen Unruhen und Zusammenstöße mit der Polizei zum politischen Massenstreik und zur Stillegung der Betriebe aufgefordert wurde. Empfänger des Flugblattes waren fast ausschließlich die der etwa 2000 Mann starken Belegschaft des W.-Werks angehörenden Arbeiter, die gerade z. Z. der Verteilung des Flugblattes — gegen 7 Uhr morgens — in Massen in den Betrieb strömten. Das Arbeitsgericht hat für erwiesen erachtet, daß der Antragsgegner darauf ausgegangen sei, gerade die Belegschaft des W.-Werks — und nicht etwa die Berliner Arbeiterschaft im allgemeinen — zur Teilnahme an dem Streik zu veranlassen. Es hat darin eine gröbliche Verletzung der dem Antragsgegner als Mitglied der Betriebsvertretung nach § 66 Nr. 3 BRG. obliegenden Pflichten erblickt. Die Auffassung läßt einen Rechtsirrtum nicht erkennen. § 66 Nr. 3 BRG. legt der Betriebsvertretung im ganzen wie auch jedem einzelnen Mitglied die Pflicht auf, den Betrieb vor Erschütterungen zu bewahren und um den ungestörten Fortgang des Betriebs bemüht zu sein. Dieser Pflicht handelt ein Mitglied des Betriebsrates nicht allein dann zuwider, wenn es unterläßt, sich um die Beilegung von Streitigkeiten, welche zwischen Arbeitnehmer und Arbeitgeber entstanden sind, zu bemühen, sondern auch dann und eigentlich dann ganz besonders, wenn es selbst Schritte unternimmt, welche darauf abzielen, den ruhigen Fortgang des Betriebes zu stören. Das aber hat der Antragsgegner getan, indem er das Flugblatt verteilte, um die Belegschaft des W.-Werks zu veranlassen, die Arbeit niederzulegen, den Betrieb sofort stillzulegen und in den politischen Massenstreik einzutreten. Er kann sich nicht darauf berufen, daß er die Verteilung der Flugblätter nicht in seiner Eigenschaft als Betriebsratsmitglied vorgenommen habe. Die Person des Betriebsratsmitgliedes läßt sich nicht völlig loslösen von der Person des Arbeiters, die Eigenschaft als Betriebsratsmitglied legt dem Arbeiter die Pflicht auf, auch da, wo er nicht unmittelbar in jener Eigenschaft tätig ist, ein Verhalten zu unterlassen, das mit seiner Stellung als Betriebsratsmitglied unvereinbar ist. Der Antragsgegner kann sich auch nicht darauf berufen, daß er die politische Agitation nicht innerhalb des Betriebes, sondern außerhalb der Betriebsstätte vorgenommen habe. Nach der Sachlage, wie sie vom Arbeitsgericht tatsächlich festgestellt worden ist, bedeutete die unmittelbar vor den Toren des Werkes entfaltete Tätigkeit des Antragsgegners den Versuch einer unmittelbar und eigentlich nur auf die Belegschaft dieses Werkes gerichteten politischen agitatorischen Einwirkung, die die sofortige Niederlegung der Arbeit gerade in diesem Werke bezweckte. Diese Tätigkeit kann nicht anders beurteilt werden, wie wenn der Antragsgegner im Betriebe selbst zur Niederlegung der Arbeit und zum Verlassen des Betriebes aufgefordert hätte. Daß aber eine politische Agitation dieser Art im Betriebe selbst durch den Antragsgegner eine gröbliche Verletzung der ihm als Betriebsratsmitglied nach § 66 Nr. 3 BRG. obliegenden Pflichten bedeuten würde, unterliegt keinem Bedenken. Darin liegt auch keine Beschränkung des durch Art. 118 RVerf. gewährleisteten Rechts der freien Meinungsäußerung, wie der Antragsgegner meint; denn es wird ihm nicht zum Vorwurf gemacht, daß er seine politische Meinung nach der einen oder der anderen Richtung geäußert, sondern daß er als Betriebsratsmitglied eine auf die Stillegung des Betriebes abzielende politische agitatorische Tätigkeit unter der Belegschaft des W.-Werks entfaltet hat. Das geht weit über den Rahmen der durch Art. 118 RVerf. gewährleisteten freien Meinungsäußerung hinaus.

Das Arbeitsgericht hat hiernach ohne Rechtsirrtum angenommen, daß der Antragsgegner seine gesetzlichen Pflichten als Betriebsratsmitglied gröblich verletzt hat, und sich innerhalb der ihm durch § 39 Abs. 2 BRG. gegebenen Befugnis gehalten, wenn es das Erlöschen der Mitgliedschaft des Antragsgegners in der Betriebsvertretung des W.-Werks ausgesprochen hat.

RAG. 5, 1.

1. Zur Frage der Tariffähigkeit.

2. Welche Wirkung hat die Auflösung eines nicht rechtsfähigen Tarifverbandes auf das Bestehen eines Tarifvertrags? Tritt jeder Tarifverband nach seiner Auflösung in ein Liquidationsstadium, das bis zur Beendigung eines von ihm abgeschlossenen Tarifvertrages fortdauert?

TarifvertragsVo. § 1. ArbGG. § 10. BGB. §§ 54, 730.

Reichsarbeitsgericht. Urt. v. 26. Oktober 1929.

I. Arbeitsgericht Frankfurt a. M. — II. Landesarbeitsgericht daselbst.

Zwischen der klagenden Arbeitnehmerorganisation und der zu 1 beklagten Ortsgruppe des Arbeitgeberverbandes für das deutsche Zeitungsgewerbe e. V. haben seit 1919 tarifvertragliche Beziehungen bestanden, die teils auf zwischen ihnen abgeschlossenen Tarifverträgen beruhten, teils auf Schiedssprüchen, die durch vereinbarte Schiedsstellen getroffen waren. Die tarifvertraglichen Bestimmungen sind von der Beklagten zu 2, welche Mitglied des Arbeitgeberverbandes für das deutsche Zeitungsgewerbe ist und nach Behauptung des Klägers auch der Ortsgruppe Fr. dieses Verbandes angehört, stets innegehalten worden. Der erste dieser Tarifverträge ist am 11. Oktober 1919 geschlossen worden; er ist auf der Arbeitgeberseite unterzeichnet: „Arbeitgeberverband für das deutsche Zeitungsgewerbe, Ortsgruppe Fr., Dr. K. S." und regelt die Arbeitsbedingungen für die Angestellten im Zeitungsgewerbe im Stadtgebiete Fr. einschließlich auswärtiger Hauptagenturen mit eigenem Personal. Der letzte Tarifvertrag vom 1. Juli 1927 ist auf der Arbeitgeberseite in gleicher Weise unterzeichnet. Der Unterzeichner Dr. K. S. war und ist gleichzeitig Vorsitzender des ganzen Arbeitgeberverbandes für das deutsche Zeitungsgewerbe e. V. und Geschäftsführer der Beklagten zu 2.

Am 6. Juli 1928 erließ der von der klagenden Arbeitnehmerorganisation angerufene Schlichtungsausschuß in einer Tarifstreitsache gegen die Beklagte zu 1 einen Schiedsspruch, der eine Erhöhung der Angestelltengehälter um 8 % vorsah. Nachdem von der Arbeitnehmerseite die Verbindlichkeitserklärung des Schiedsspruches beantragt worden war, wurde in der vor dem Schlichter am 31. Juli 1928 stattfindenden Verhandlung seitens des auf der Arbeitgeberseite für die Beklagte zu 2 und den Fr. Gen. Anz. auftretenden Dr. L. geltend gemacht, daß eine Ortsgruppe Fr. des Arbeitgeberverbandes für das deutsche Zeitungsgewerbe überhaupt nicht bestehe und daß deshalb der Schiedsspruch nicht für verbindlich erklärt werden könne. Gleichwohl wurde der Schiedsspruch durch Entscheidung des Schlichters vom 14. August 1928 für verbindlich erklärt.

Mit der Behauptung, daß die Beklagten die Rechtsverbindlichkeit des Schiedsspruches bestritten, erhob der Kläger gegen die Beklagte zu 1, vertreten durch Dr. K. S. als Vorsitzenden, und die Beklagte zu 2 Klage mit dem Antrag auf

1. Feststellung, daß der Tarifvertrag vom 1. Juli 1927 Rechtsgültigkeit besitze und für die Beklagte zu 2 rechtsverbindlich sei,
2. Feststellung, daß der am 14. August 1928 für verbindlich erklärte

Schiedsspruch Rechtsgültigkeit besitze und für die Beklagte zu 2 rechtsverbindlich sei,

3. Verpflichtung des Beklagten zu 1 — und zwar unter Festsetzung einer Ordnungsstrafe für den Fall der Zuwiderhandlung —, die Beklagte zu 2 anzuweisen, den Manteltarifvertrag vom 1. Juli 1927 und den Schiedsspruch vom 6. Juli 1928 einzuhalten.

Der für beide Beklagte auftretende Prozeßbevollmächtigte machte geltend, daß eine Ortsgruppe Fr. des Arbeitgeberverbandes für das deutsche Zeitungsgewerbe nicht bestehe und überhaupt nicht bestanden habe, und daß deshalb sowohl der Tarifvertrag vom 1. Juli 1927 als auch der Schiedsspruch vom 6. Juli 1928/14. August 1928 nicht rechtsverbindlich seien.

Das Arbeitsgericht erkannte nach den Klaganträgen zu 1 und 2 und verurteilte ferner auf den Klagantrag zu 3 die Beklagte zu 1, auf die Beklagte zu 2 einzuwirken, den Manteltarifvertrag vom 1. Juli 1927 und den Schiedsspruch vom 6. Juli 1928/14. August 1928 einzuhalten. Nach Erlaß dieses Urteils teilten die Beklagten zu 2 und der Fr. Gen. Anz. durch gemeinsames Schreiben vom 13. Oktober 1928 dem Kläger mit, daß sie mit diesem Tage die Ortsgruppe Fr. des Arbeitgeberverbandes für das deutsche Zeitungsgewerbe vorsorglich aufgelöst hätten, falls sie überhaupt bestanden haben sollte. Auf die Berufung der Beklagten stellte sodann das Landesarbeitsgericht die Rechtsgültigkeit sowohl des Tarifvertrags als auch des Schiedsspruches und deren Rechtsverbindlichkeit für die Beklagte zu 2 lediglich für die Zeit bis zum 13. Oktober 1928 fest, im übrigen wies es die Klage ab. Die Revisionen des Klägers und der Beklagten zu 2 wurden zurückgewiesen. Auf die Revision der Beklagten zu 1 erfolgte die gänzliche Abweisung der gegen sie gerichteten Klage.

Gründe:

Da der Kläger und beide Beklagte Revision eingelegt haben, unterliegt das angefochtene Urteil in seinem ganzen Umfang der Nachprüfung des Revisionsgerichts.

I. Das Landesarbeitsgericht hat angenommen, daß die Beklagte zu 1 bis zum 13. Oktober 1928 als nicht rechtsfähiger Verein organisiert und tariffähig gewesen ist, an diesem Tage aber durch Auflösung ihr Ende gefunden hat.

Die Revision der Beklagten bekämpft die Annahme der Tariffähigkeit der Beklagten zu 1 als rechtsirrig und hat insbesondere noch darzulegen gesucht, daß, selbst wenn die Beklagte zu 1 in der Form eines nicht rechtsfähigen Vereins bestanden haben sollte, ihre Tariffähigkeit doch schon deshalb nicht habe angenommen werden dürfen, weil ihr Vorsitzender Dr. K. S. gleichzeitig Geschäftsführer des einen der beiden Mitglieder, nämlich der Beklagten zu 2, und sie daher gar nicht in der Lage gewesen sei, nötigenfalls die Durchführung des Tarifvertrags gegenüber der Beklagten zu 2 durchzusetzen und so den Tarifrechtszweck zu erfüllen.

Der Revisionsangriff ist unbegründet. Die Auffassung des Landesarbeitsgerichts, daß die Beklagte zu 1 bis zum 13. Oktober 1928 als nicht rechtsfähiger Verein organisiert und tariffähig gewesen sei, läßt einen Rechtsirrtum nicht erkennen. Das Wesen eines nicht rechtsfähigen Vereins hat das Reichsgericht in ständiger Rechtsprechung (RGZ. Bd. 60 S. 99, Bd. 74 S. 371, Bd. 76 S. 27) in einer dauernden Verbindung einer größeren Anzahl von Personen zur Erreichung eines gemeinsamen Zweckes erblickt, wenn diese sich eine die wesentlichen Merkmale korporativer Organsiation enthaltende Gestaltung gegeben hat, die einen Gesamtnamen führt, und bei der ein Wechsel des Mitgliederbestandes naturgemäß, nicht vermöge besonderen Ausnahmerechts, stattfinde. Diese Voraussetzungen sind aber nach den Feststellungen, die das Landesarbeitsgericht getroffen hat, gegeben. Hiernach haben sich ursprünglich drei Mitglieder, die Beklagte zu 2, der Fr. Gen. Anz. und die Fr. Nachr. zu einer organisierten Einheit zusammengetan mit dem Zwecke, ihre wirtschaftlichen Interessen gegenüber den Arbeitnehmern zu wahren und Einfluß auf die Arbeits- und Lohnbedingungen zu gewinnen; zeitweise hat auch die Rh.-M. Volksz. der Vereinigung angehört. Diese und die Fr. Nachr. sind aber aus der Vereinigung wieder ausgetreten, so daß z. Z. des Abschlusses des Tarifvertrages vom 1. Juli 1927 und des Erlasses des Schiedsspruches vom 5. Juli 1928 nur noch die Beklagte zu 2 und der Fr. Gen. Anz. der Vereinigung angehört haben. Die Annahme des Landesarbeitsgerichts, daß dieses Herabsinken der Zahl der Mitglieder der Vereinigung auf zwei den Bestand des Vereins nicht berührt habe, ist frei von Rechtsirrtum. Das Bestehen eines von dem Wechsel seiner Mitglieder unabhängigen Vereins ist auch unabhängig von der Anzahl der Mitglieder, sofern nur die Mindestvoraussetzung einer Vereinigung, das Vorhandensein von mehreren Mitgliedern, gewahrt ist. Auch dagegen, daß das Landesarbeitsgericht das Vorhandensein einer schriftlichen Satzung nicht für erforderlich erachtet hat, sind Rechtsbedenken nicht zu erheben. Nach den Feststellungen des Landesarbeitsgerichts, das in dieser Beziehung auch auf die Feststellungen des Arbeitsgerichts Bezug nimmt, hat Dr. K. S. jahrelang ohne Widerspruch die Funktionen eines Vorsitzenden der Ortsgruppe ausgeübt, es ist auch ein stellvertretender Vorsitzender vorhanden gewesen; nach jedem Tarifabschluß haben Mitgliederversammlungen stattgefunden, in denen Beschlüsse gefaßt worden sind; zeitweise ist auch ein Protokollbuch über die Beschlüsse der Mitgliederversammlungen geführt worden. Das alles sind Umstände, welche hinreichend deutlich erkennen lassen, daß eine Vereinigung von mehreren Einzelpersonen vorhanden gewesen ist, die eine organisierte Einheit gebildet haben. Daß die Ortsgruppe eines großen Arbeitgeberverbandes nicht lediglich Verwaltungsstelle dieses Hauptverbandes zu sein braucht, sondern zugleich ein von diesem verschiedener selbständiger nicht rechtsfähiger Verein im Sinne des § 54 BGB. sein kann, ist in der Rechtsprechung wiederholt anerkannt (RGZ. Bd. 73 S. 92, Bd. 118 S. 196 flg., RAG. Bd. 1 S. 352). In der Satzung des Arbeitgeberverbandes für das deutsche Zeitungsgewerbe § 14 ist auch die Bildung von Landes-, Bezirks- und Ortsverbänden ausdrücklich vorgesehen. Zwar bedarf es zur Bildung dieser Verbände der Zustimmung des Hauptverbandes. Daß im vorliegenden Falle diese Zustimmung erteilt ist, hat das Landesarbeitsgericht daraus entnommen, daß der Vorsitzende des Hauptverbandes lange Jahre hindurch gleichzeitig Vorsitzender der Ortsgruppe gewesen ist. Das ist rechtlich nicht zu beanstanden, zumal sich auch aus der von dem angefochtenen Urteil in Bezug genommenen Korrespondenz (insbesondere Brief vom 8. Oktober 1919) ergibt, daß die Ortsgruppe als solche mit der Zentralleitung in Verbindung gestanden und diese über ihre Tätigkeit unterrichtet hat. Nach § 14 Abs. 2 der Satzung des Hauptverbandes sind die Unterverbände berechtigt, innerhalb ihres Wirkungsbereiches Sonderabmachungen mit den Arbeitnehmern zu treffen. Von dieser Befugnis hat die Ortsgruppe nach den Feststellungen des Berufungsgerichts durch den Abschluß tarifvertraglicher Vereinbarungen Gebrauch gemacht. Aus der Tatsache, daß dies Jahre hindurch geschehen ist, daß die Ortsgruppe ein Jahrzehnt lang als organisatorische Einheit und als Tarifpartei im Rechtsverkehr aufgetreten ist, hat das Landesarbeitsgericht ohne Rechtsirrtum gefolgert, daß sie auch diejenige Selbständigkeit besessen hat, die nach der Rechtsprechung erforderlich ist, um als tariffähige wirtschaftliche Vereinigung zu erscheinen (vgl. RAG. Bd. 1 S. 353). Der Umstand, daß der Geschäftsführer der Beklagten zu 1 gleichzeitig einer der beiden Geschäftsführer der Beklagten zu 2 gewesen ist, steht der Annahme der Tariffähigkeit der Beklagten zu 1 nicht entgegen. Durch die bloße Möglichkeit einer Interessenkollision wird die Annahme der Tariffähigkeit rechtlich jedenfalls nicht ausgeschlossen. Im übrigen hat die reibungslose Durchführung des hier in Frage stehenden Tarifvertrages seit 1919 gezeigt, daß die Beklagte zu 1 willens und in der Lage gewesen ist, die von ihr im Tarifvertrage übernommenen Verpflichtungen in bezug auf die Durchführung des Vertrages durch die ihr angehörenden Mitglieder auch wirklich zu erfüllen.

Die weitere Feststellung des Landesarbeitsgerichts, daß die Beklagte zu 1 bis zum 13. Oktober 1928 bestanden hat, daß insbesondere auch eine Auflösung vor der Verbindlichkeitserklärung des Schiedsspruchs vom 6. Juli 1928 nicht erfolgt ist, beruht im wesentlichen auf tatsächlichen, den Ergebnissen der Beweisaufnahme entnommenen Erwägungen und ist daher der Nachprüfung des Revisionsgerichts entzogen.

II. Ist hiernach davon auszugehen, daß die Beklagte zu 1 bis zum 13. Oktober 1928 als tariffähiger Verband bestanden hat und damit auch nach § 10 ArbGG. (vgl. RAG. Bd. 1 S. 351/352, Bd. 2 S. 292) parteifähig gewesen ist, so wurde die Rechtslage dadurch eine andere, daß nach der vom Landesarbeitsgericht getroffenen tatsächlichen Feststellung am 13. Oktober 1928 ihre Auflösung erfolgt ist. Das Landesarbeitsgericht hat zwar angenommen, daß die Beklagte zu 1 mit dieser Auflösung ihr Ende gefunden habe, gleichwohl aber hat es noch durch das angefochtene Urteil vom 17. Dezember 1928 die dort getroffenen Feststellungen auch gegenüber der Beklagten zu 1 ausgesprochen, damit also auch über den 13. Oktober 1928 hinaus das Bestehen und die Parteifähigkeit der Beklagten zu 1 als gegeben erachtet. Diese Auffassung des Landesarbeitsgerichts beruht indessen auf einem Rechtsirrtum. Zwar findet nach § 54 Satz 1 BGB. in Verbindung mit § 730 Abs. 1 und 2 BGB. nach der Auflösung des Vereins eine Auseinandersetzung in Ansehung des Vereinsvermögens unter den Vereinsmitgliedern statt, und für die Beendigung der schwebenden Geschäfte, für die dazu erforderliche Eingehung neuer Geschäfte, sowie für die Erhaltung und Verwaltung des Vereinsvermögens gilt der Verein als fortbestehend, soweit der Zweck der Auseinandersetzung es erfordert. Die Liquidation verfolgt aber bei der Gesellschaft des bürgerlichen Rechts und demnach auch bei dem nicht rechtsfähigen Verein lediglich den Zweck, eine Auseinandersetzung zwischen den Gesellschaftern bzw. Vereinsmitgliedern herbeizuführen, die in der Weise erfolgt, daß zunächst die Schulden des Vereins berichtigt werden und dann der Überschuß unter die Vereinsmitglieder aufgeteilt wird (§§ 733, 734 BGB.). Sie erledigt sich, wenn Vermögen nicht da und nichts vorhanden ist, was zu verteilen wäre (RG. Urt. vom 18. Januar 1916 — II

431/15 —). Von einer Fortdauer könnte nur dann die Rede sein, wenn die Liquidation bei einem nicht rechtsfähigen Verein zugleich auch — wie bei dem rechtsfähigen Verein, der Aktiengesellschaft usw. — dem Interesse der Gläubiger zu dienen bestimmt wäre. Das trifft aber nicht zu (vgl. Planck Anm. 1 zu § 730 BGB.). Es ist deshalb auch nicht angängig, mit der im Schrifttum des Arbeitsrechts (vgl. Kaskel „Arbeitsrecht" S. 53, Hueck-Nipperdey „Lehrbuch des Arbeitsrechts" Bd. II S. 179) und auch in dem vom Kläger vorgelegten Gutachten Richter vertretenen Auffassung anzunehmen, daß jeder Tarifverband nach der Auflösung in ein Liquidationsstadium eintrete und diesem Stadium bis zur Beendigung eines von dem Verbande abgeschlossenen Tarifvertrages fortdauere. Es handelt sich bei der in § 730 Abs. 2 BGB. vorgesehenen Auseinandersetzung um eine die Berichtigung und Ausgleichung der Verbindlichkeiten umfassende Auseinandersetzung unter den Gesellschaftern, damit nicht nachträglich die Gesellschaft wegen Verbindlichkeiten der Gesellschaft in Anspruch genommen wird, die aus dem Gesellschaftsvermögen hätten berichtigt werden können. Ist aber ein Gesellschaftsvermögen nicht vorhanden und daher eine Berichtigung der Verbindlichkeiten aus diesem nicht möglich, so bedarf es einer Auseinandersetzung nicht und ein Liquidationsstadium kommt nicht in Frage. Nun hat aber nach den Feststellungen des Berufungsgerichts die Beklagte zu 1 weder Beiträge erhoben noch irgendwelches Vermögen gehabt. Für die im § 730 Abs. 1 BGB. vorgesehene Auseinandersetzung in Ansehung des Vereinsvermögens war daher kein Raum. Mit dem gänzlichen Wegfall der Beklagten zu 1 am 13. Oktober 1928 entfiel aber auch die Möglichkeit einer Weiterführung des Rechtsstreits gegen sie. Die trotzdem von dem Kläger gegen die Beklagte zu 1 aufrechterhaltene Klage hätte nunmehr vom Landesarbeitsgericht ohne Prüfung der sachlichen Begründung der Klagansprüche abgewiesen werden müssen. Daraus ergibt sich einmal, daß die Revision des Klägers gegenüber der Beklagten zu 1 unbegründet ist, ferner auch die Notwendigkeit der gänzlichen Abweisung der gegen die Beklagte zu 1 gerichteten Klage auf die von dieser eingelegten Revision.

III. Gegenüber der Beklagten zu 2 kommen nur die Feststellungsanträge zu 1 und 2 in Betracht.

Das Landesarbeitsgericht hat die Zulässigkeit der Feststellungsklage nach § 256 ZPO. für gegeben erachtet. Rechtliche Bedenken sind hiergegen mit Rücksicht auf die Besonderheit des vorliegenden Falles nicht zu erheben. Ob für die Erhebung der Feststellungsklage gegenüber der Beklagten zu 2 auch dann ein Rechtsschutzbedürfnis auf seiten des Klägers anzuerkennen gewesen wäre, wenn die Beklagte zu 1 als Tarifvertragspartei noch fortbestanden hätte (vgl. RAG. Bd. 2 S. 220/221), kann dahingestellt bleiben. Nachdem aber die Beklagte zu 1 zu bestehen aufgehört hatte, dem Kläger also die Möglichkeit genommen war, das Bestehen der tarifvertraglichen Beziehungen gegenüber dem Tarifvertragsgegner feststellen zu lassen, muß das Rechtsschutzbedürfnis und das Feststellungsinteresse des Klägers gegenüber der Beklagten zu 2 als Tarifbeteiligten als gegeben anerkannt werden.

Soweit die Beklagte zu 2 mit der Revision Einwendungen gegen den Tarifvertrag vom 1. Juli 1927 und den für verbindlich erklärten Schiedsspruch vom 6. Juli 1928/14. August 1928 aus dem Gesichtspunkte der mangelnden Tariffähigkeit der Beklagten zu 1 erhoben hat, sind diese Einwendungen bereits unter Ziff. 1 erörtert und als unbegründet erachtet worden.

Soweit das Landesarbeitsgericht den Einwand der Beklagten, der Schiedsspruch sei deshalb ungültig, weil der Vorsitzende eine von ihm allein und nicht die von der Mehrheit vertretene Meinung zum Schiedsspruch erhoben habe, mit der Begründung abgelehnt hat, die Gerichte seien nicht befugt, einen von einem zuständigen Schlichtungsausschuß in der vorgeschriebenen Besetzung erlassenen und in der richtigen Form verkündeten Schiedsspruch daraufhin zu prüfen, ob er auch in der vorgeschriebenen Weise zustande gekommen sei, befindet es sich im Einklang mit der vom Reichsarbeitsgericht im Urteil vom 22. Januar 1929 (RAG. Bd. 3 S. 191) zum Ausdruck gebrachten Auffassung.

Den weiteren gegen die Rechtswirksamkeit des Schiedsspruches erhobenen Einwand, er greife in den laufenden Tarifvertrag vom 1. Juli 1927 insofern ein, als er die Geltung der Gehaltsregelung unkündbar bis zum 30. Juni 1929 festsetze, während der Tarifvertrag vom 1. Juni 1927 im § 15 eine einmonatige Kündigung der Gehaltssätze vorsehe, hat das Landesarbeitsgericht mit der Begründung für unbegründet erklärt, daß der § 15 des Tarifvertrages die Festlegung der neuen Gehaltssätze auf eine bestimmte Laufdauer nicht hindere. Die Revision der Beklagten zu 2 rügt demgegenüber unrichtige Auslegung des § 15; sie meint, die Bestimmung dieses Paragraphen, „die Vereinbarungen über die Einkommenssätze können bei monatlicher Regelung mit monatlicher Frist gekündigt werden", könne bei unbefangener Auslegung nur den Sinn haben, daß beide Parteien für die Dauer des Rahmentarifs die Gewähr haben sollten, daß, wenn Monatsgehälter neu festgesetzt würden, deren Kündigung jeweils mit monatlicher Frist zulässig sei. Der Revisionsangriff ist unbegründet; die Auslegung, die das Landesarbeitsgericht der einen obligatorischen Charakter tragenden Bestimmung des Tarifvertrages gegeben hat, läßt einen Rechtsverstoß nicht erkennen.

Hiernach erweist sich die Revision der Beklagten zu 2 als unbegründet. Wenn das Landesarbeitsgericht im angefochtenen Urteil der Beklagten zu 2 gegenüber nicht nur die Rechtsgültigkeit des Tarifvertrages und des Schiedsspruches, sondern auch deren Rechtsverbindlichkeit festgestellt hat, so ist das dahin zu verstehen, daß das Landesarbeitsgericht damit die Rechtsverbindlichkeit beider tarifvertraglicher Bestimmungen für die zwischen der Beklagten zu 2 und ihren Angestellten bestehenden Arbeitsverträge hat feststellen wollen.

IV. Die Revision des Klägers wendet sich gegen die von dem Landesarbeitsgericht in dem angefochtenen Urteil vertretene Auffassung, Tarifvertrag und Schiedsspruch seien infolge der am 13. Oktober 1928 erfolgten Auflösung der Beklagten zu 1 hinfällig geworden, und gegen die von dem Landesarbeitsgericht aus dieser Auffassung für die Klage gezogenen Folgerungen. Sie ist der Auffassung, die Beklagte zu 1 habe durch die Auflösung gegen die ihr obliegende tarifvertragliche Friedenspflicht verstoßen, die sie verpflichtete, alle Maßnahmen zu unterlassen, die sich gegen den Bestand des Tarifvertrages richteten, die Auflösung habe auch nicht ohne weiteres die Beendigung des Tarifvertrages zur Folge gehabt, der Tarifvertrag bestehe vielmehr bis zu seinem ordnungsmäßigen Ablaufe fort. Die Revision des Klägers ist nicht begründet. Es mag richtig sein, daß die aus einem tarifvertraglichen Verhältnis für die Tarifvertragsparteien sich ergebende Friedenspflicht auch die Verpflichtung in sich schließt, vor Ablauf des Tarifvertrages alles zu unterlassen, was den Untergang der Tarifvertragspartei herbeizuführen geeignet ist. Diese Verpflichtung ist aber rein obligatorischer Natur, ihre Verletzung mag unter Umständen Schadensersatzansprüche auslösen, sie vermag aber nicht die tatsächliche Auflösung eines Verbandes zu hindern. Es kann sich deshalb nur fragen, welche Wirkung die Auflösung eines Tarifverbandes auf das Bestehen eines Tarifvertrages hat. Die Frage ist im Schrifttum lebhaft umstritten (vgl. Hueck-Nipperdey, Lehrbuch des Arbeitsrechts II 1 S. 179, Jacobi, Grundlehren des Arbeitsrechts S. 218 und die an beiden Stellen ausgeführten Literaturnachweise). Der im Schrifttum und auch in dem vom Kläger vorgelegten Gutachten Richter vertretenen Auffassung, daß ein aufgelöster Verband stets in ein Liquidationsstadium trete und darin bis zur ordnungsmäßigen Beendigung des Tarifvertrages verbleibe, kann aus den bereits oben erörterten Gründen nicht beigetreten werden. Die im § 730 Abs. 1 BGB. vorgesehene Auseinandersetzung ist eine Auseinandersetzung der Mitglieder untereinander in Ansehung des Gesellschafts- bzw. Vereinsvermögens und hat zur naturgemäßen Voraussetzung, daß Vermögen vorhanden, laufende Geschäfte abzuwickeln und Verbindlichkeiten zu berichtigen sind. Ein bestehender Tarifvertrag ist aber nicht ein laufendes Geschäft in diesem Sinne. Auch erfordert die Auseinandersetzung unter den Mitgliedern in Ansehung des Verbandsvermögens keineswegs in dieser Richtung ein Fortbestehen des Verbandes. Soweit daher keine anderen Gründe die Anwendung des § 730 Abs. 2 Satz 1 BGB. rechtfertigen, kann allein wegen des Bestehens eines Tarifvertrages ein aufgelöster nicht rechtsfähiger Verband nicht als im Liquidationsstadium fortbestehend angesehen werden. Das muß im vorliegenden Falle um so mehr gelten, als, wie bereits hervorgehoben ist, vom Landesarbeitsgericht festgestellt worden ist, daß die Beklagte zu 1 zur Zeit ihrer Auflösung Vermögen nicht besessen hat. Ist aber auf der einen Vertragsseite nur ein Verband als einziger Tarifkontrahent vorhanden, so wird mit dessen Untergang auch der Vertrag als solcher hinfällig, da auf dieser Seite niemand mehr vorhanden ist, der Träger der in dem Vertrage vereinbarten Rechte und Pflichten sein kann. Ein Übergang dieser Rechte und Pflichten auf die einzelnen Mitglieder des Vereins kommt nicht in Frage; zwischen der gegnerischen Tarifvertragspartei und diesen sind irgendwelche vertraglichen Beziehungen aus dem Tarifvertrage nicht erwachsen. Die Rechte und Pflichten aus einem Verbandstarif sind mit den vertragschließenden Verbänden so eng verkettet, daß von einem Eintritt der Verbandsmitglieder in diese keine Rede sein kann; die aus einem Tarifvertrage sich ergebenden Friedens- und Durchführungspflichten sind höchstpersönliche Pflichten. Von dem Bestehen des Tarifvertrages ist aber auch weiter die im § 1 der TarifvertragsVo. ausgesprochene Wirkung auf den Inhalt der Arbeitsverträge der Tarifbeteiligten abhängig. Das Landesarbeitsgericht hat hiernach mit Recht angenommen, daß von einer Rechtsgültigkeit und Rechstverbindlichkeit des Tarifvertrages und des Schiedsspruches über den 13. Oktober 1928 hinaus nicht gesprochen werden kann. Unabhängig davon ist die gleichfalls vom Landesarbeitsgericht berührte Frage der Nachwirkung der tarifvertraglichen Bestimmungen auf diejenigen Arbeitsverträge, welche bereits bei Auflösung der Beklagten zu 1 bestanden haben. Diese Frage steht hier nicht zur Entscheidung, bedarf daher für den vorliegenden Rechtsstreit auch keine Erörterung.

Die Revision des Klägers hat endlich geltend gemacht, die gegen die Beklagte zu 2 gerichteten Klaganträge seien auch aus dem Gesichtspunkte des Schadensersatzanspruches begründet; infolge der Beteiligung an dem Beschlusse über die Auflösung der Beklagten zu 1 sei die Beklagte zu 2 nach § 826 BGB. zum Schadensersatze, also zur Wiederherstellung des Zustandes verpflichtet, der bestanden haben würde, wenn die Auflösung der Beklagten zu 1 nicht erfolgt wäre. Daraus ergebe sich, daß Tarifvertrag und Schiedsspruch der Beklagten zu 2 gegenüber als fortbestehend zu gelten hätten. Einer Erörterung und Nachprüfung der Berechtigung der Klaganträge von diesem rechtlichen Gesichtspunkte aus bedarf es nicht. In den Vorinstanzen hat der Kläger die Gebundenheit der Beklagten zu 2 an Tarifvertrag und Schiedsspruch für die Zeit nach der Auflösung der Beklagten zu 1 lediglich auf ein Fortbestehen der Beklagten zu 1 im Liquidationsstadium bzw. auf eine Fortwirkung des Tarifvertrages gestützt; gegenüber dieser Stellungnahme bedeutet der vom Kläger mit der Revision geltend gemachte Gesichtspunkt eine in der Revisionsinstanz nicht mehr zulässige Klagänderung.

Die Revision des Klägers ist hiernach auch, soweit sie sich gegen die Beklagte zu 2 richtet, unbegründet.

V. Aus den Ausführungen zu I—IV folgt, daß

1. die Revision des Klägers und die Revision der Beklagten zu 2 der Zurückweisung unterliegen,
2. auf die Revision der Beklagten zu 1 die Abweisung der gegen sie gerichteten Klage auch insoweit zu erfolgen hatte, als dies nicht bereits durch das Urteil des Landesarbeitsgerichts geschehen war.

RAG. 5, 12.

Wird im arbeitsgerichtlichen Verfahren durch die Zustellung einer abgekürzten Ausfertigung die Berufungsfrist in Lauf gesetzt, wenn das Urteil noch nicht vollständig vorliegt?

ArbGG. §§ 46 Abs. 2, 60 Abs. 4, 66 Abs. 1. ZPO. §§ 317 Abs. 2, 516, 551 Nr. 7.

Reichsarbeitsgericht. Urt. v. 23. November 1929.

I. Arbeitsgericht Königsberg. — II. Landesarbeitsgericht daselbst.

Die Frage wurde bejaht aus folgenden

Gründen:

Die Zulässigkeit der von den Beklagten gegen das Urteil des Arbeitsgerichts eingelegten Berufung ist in der Revisionsinstanz von Amts wegen nachzuprüfen (RGZ. Bd. 112 S. 141, WarnRspr. 1916 Nr. 97, Urt. d. RAG. vom 26. Januar 1929 — RAG. 535/28 — in Arb.-Rspr. 1929 S. 122). Sie ist entgegen der Ansicht des Landesarbeitsgerichts zu verneinen. Nach §§ 50, 46 Abs. 2 ArbGG. in Verbindung mit § 317 Abs. 2 Satz 2 ZPO. werden im arbeitsgerichtlichen Verfahren die Urteile des ersten Rechtszuges in abgekürzter Ausfertigung (unter Fortlassung von Tatbestand und Entscheidungsgründen) von Amts wegen zugestellt. So ist auch hier verfahren worden. Das Urteil des Arbeitsgerichts ist in dieser Form den Beklagten zu Händen ihres Prozeßbevollmächtigten am 19. April 1929 zugestellt worden. Damit begann für sie die zweiwöchige Berufungsfrist (§ 66 Abs. 1 ArbGG., § 317 Abs. 2 Satz 3, § 516 ZPO.); sie lief also am 3. Mai 1929 ab. Erst am 4. Mai 1929, also verspätet, ist die Berufung eingelegt worden. Sie mußte daher als unzulässig verworfen werden (§ 66 Abs. 2 des ArbGG., § 519b ZPO.). Das Landesarbeitsgericht hat geglaubt, diese Folgerung nicht ziehen zu müssen, weil am 19. April das Urteil des Arbeitsgerichts noch nicht vollständig schriftlich vorlag und daher gemäß § 60 des ArbGG. in Verbindung mit § 317 Abs. 2 der ZPO. damals eine Ausfertigung des Urteils noch nicht hätte erteilt werden dürfen; deshalb sei die am 19. April erfolgte Zustellung des Urteils wirkungslos gewesen und die Berufungsfrist erst durch die am 26. April erfolgte nochmalige Zustellung des vollständigen Urteils in Lauf gesetzt worden. In der Tat ermangelte das am 18. April 1929 verkündete Urteil am 19. April noch des Tatbestandes und der Entscheidungsgründe; nur der Urteilskopf (das Rubrum) und der entscheidende Teil des Urteils (§ 313 Nr. 1 und 2 ZPO.) waren damals bereits schriftlich abgesetzt und in dieser unvollständigen Form war das Urteil vom Vorsitzenden des Arbeitsgerichts unterschrieben worden. Darauf ist am 19. April die Ausfertigung erteilt und zugestellt worden. Der Tatbestand und die Entscheidungsgründe sind nachträglich angefertigt und dann ist das so vervollständigte Urteil vom Vorsitzenden nochmals unterschrieben worden. In dieser Form gelangte das Urteil erst am 22. April wieder zur Geschäftsstelle und ist dann nochmals zugestellt worden. Dem Berufungsgericht ist zuzugeben, daß § 60 Abs. 4 des ArbGG. nur eine einmalige Unterschrift des Urteils durch den Vorsitzenden des Arbeitsgerichts kennt und die Unterschrift erst zu erfolgen hat, wenn das Urteil vollständig, also mit Tatbestand und Entscheidungsgründen abgesetzt ist, und daß nach § 317 Abs. 2 Satz 1 ZPO. die Ausfertigung in abgekürzter Form erst erteilt und zugestellt werden darf, wenn das Urteil in jener Form vollständig vorliegt. Aber daraus folgt nicht, daß ein Verstoß gegen diese Vorschriften die Nichtigkeit der Zustellung eines unter Fortlassung des Tatbestandes und der Entscheidungsgründe abgesetzten Urteils zur Folge hat. Wie die Rechtslage in solchem Falle zu beurteilen ist, ist zwar im Gesetz (vgl. §§ 50, 60 flg. ArbGG., § 317 ZPO.) nicht ausdrücklich gesagt, aber im Anschluß an das Urteil des Reichsgerichts in RGZ. Bd. 85 S. 17 flg. für das Verfahren erster Instanz gemäß dem Sinn und Zweck jener Vorschriften und im Hinblick auf § 551 Nr. 7 ZPO. dahin zu entscheiden, daß die vom Gesetz an die Zustellung eines lediglich die Formel enthaltenden Urteils geknüpften Wirkungen auch dann eintreten, wenn das Arbeitsgericht sein Urteil überhaupt nicht oder erst nachträglich mit Tatbestand und Entscheidungsgründen versehen hat. Jenes Urteil des Reichsgerichts hat ausgesprochen, daß, wenn gemäß der früheren Vorschrift des § 496 Abs. 6 ZPO. ein lediglich die Urteilsformel enthaltendes amtsgerichtliches Urteil zugestellt wird, dieses nach fruchtlosem Ablauf der Rechtsmittelfrist in Rechtskraft erwachse, gleichviel, ob die Urschrift des Urteils mit Tatbestand und Entscheidungsgründen versehen sei oder nicht. Es hat dabei erwogen, daß nach der in ständiger Rechtsprechung feststehenden Ansicht des Reichsgerichts nur der Inhalt der Urteilsformel materielle Rechtskraft erlange und daher auch die Niederschrift eines nur diese Formel enthaltenden Urteils für ausreichend erachtet werden müsse, seiner formellen Rechtskraft als Grundlage zu dienen, daß zwar nach § 551 Nr. 7 ZPO. das Fehlen der Entscheidungsgründe einen absoluten Revisionsgrund bilde, aber damit anerkannt sei, daß mangels Einlegung eines Rechtsmittels die Rechtskraft eines der Gründe entbehrenden Urteils eintrete, und es hat endlich die Richtigkeit seiner Ansicht aus jenen Vorschriften des § 496 Abs. 6 ZPO. selbst hergeleitet. Diese früher nur für das amtsgerichtliche Verfahren geltenden Vorschriften des Abs. 6 sind bei der Zivilprozeßnovelle vom 13. Februar 1924 an der bisherigen Stelle gestrichen, aber dem Satz 1 des § 317 Abs. 2 ZPO. als Satz 2 und 3 zugesetzt und damit auf das landgerichtliche Verfahren ausgedehnt worden, so daß seitdem allgemein im ersten Rechtszuge des Zivilprozesses, soweit nicht abweichende Parteianträge vorliegen, die Zustellung des Urteils in abgekürzter Form, also ohne Tatbestand und Entscheidungsgründe zu erfolgen hat. Im übrigen ist der Wortlaut jener Bestimmungen mit der Einschränkung beibehalten worden, daß die Zustellung einer solchen (abgekürzten) Ausfertigung, „soweit nicht ein anderes bestimmt ist“, in den Wirkungen der Zustellung eines vollständigen Urteils gleichstehen soll. Hinsichtlich des Beginns der Berufungsfrist ist aber in den §§ 516 flg. ZPO. nichts Abweichendes bestimmt worden. Kraft Gesetzes wird also durch die Zustellung eines des Tatbestandes und der Entscheidungsgründe entbehrenden Urteils die Berufungsfrist in Lauf gesetzt, und zwar selbst dann, wenn bei der Urteilsabfassung zu Unrecht Tatbestand und Entscheidungsgründe fortgelassen worden sind. Es wird ja auch regelmäßig bei einer solchen Zustellung nicht zur Kenntnis der Parteien gelangen, ob Tatbestand und Entscheidungsgründe bereits abgesetzt sind, und es bestehen daher keine Bedenken, jene Wirkungen gemäß den Darlegungen des Reichsgerichts in der angeführten Entscheidung auch dann eintreten zu lassen, wenn das Urteil bei der Zustellung unvollständig, nämlich ohne Tatbestand und Entscheidungsgründe, zu den Akten gebracht ist. Da im Arbeitsgerichtsgesetz insoweit im § 46 Abs. 2, § 60 flg. nichts Abweichendes bestimmt ist, gilt der gleiche Grundsatz auch für die erstinstanzlichen Urteile der Arbeitsgerichte. Es ist zuzugeben, daß dabei im Einzelfalle durch verspätete Absetzung der Entscheidungsgründe die Frist zur Nachprüfung derselben und damit die Überlegungsfrist für die Einlegung der Berufung verkürzt werden kann, aber dem steht auf der anderen Seite gegenüber, daß gemäß § 60 Abs. 2 des ArbGG. der wesentliche Inhalt der Entscheidungsgründe bei der Verkündung mitgeteilt wird, also bei der Gelegenheit bereits erfahren werden kann, sodann aber die beachtlichere Tatsache, daß es bei anderer Beurteilung möglich sein würde, ein alsbald in abgekürzter Form zugestelltes und nach Ablauf der zweiwöchigen Frist gemäß § 317 Abs. 2 Satz 2 und 3 ZPO. für rechtskräftig gehaltenes Urteil des Arbeitsgerichts noch nachträglich innerhalb fünf Monaten seit der Verkündung (§ 516 ZPO.) mit der Begründung im Rechtsmittelwege anzugreifen, es habe sich nachträglich herausgestellt, daß in der Urschrift Tatbestand und Entscheidungsgründe fehlten oder doch zur Zeit der Zustellung gefehlt hätten, ein Ergebnis, das mit der vom Arbeitsgerichtsgesetz angestrebten Beschleunigung des Verfahrens und mit der Rechtssicherheit unvereinbar sein würde.

RAG. 5, 22.

Hat der Arbeitnehmer, der im Laufe des Jahres aus freien Stücken aus dem Arbeitsverhältnis ausgeschieden ist, Anspruch auf anteilige Weihnachtsgratifikation?

BGB. §§ 157, 242, 611 flg.

Reichsarbeitsgericht. Urt. v. 4. Januar 1930.

I. Arbeitsgericht Staßfurt. — II. Landesarbeitsgericht Magdeburg.

Der Kläger war seit dem 1. April 1923 (Lohn-) Buchhalter bei der Beklagten gewesen. Zum 30. September 1928 ist er aus eigenem Antrieb ausgeschieden und hat sich selbständig gemacht. Während seiner Dienstzeit hatte er regelmäßig eine Weihnachtsgratifikation in Höhe eines Monatsgehalts (262 RM) erhalten. Auch zu Weihnachten 1928 hat die Beklagte den in ihrem Dienste verbliebenen Angestellten eine entsprechende Gratifikation gewährt. Mit der Klage verlangt Kläger die Bezahlung des auf die ersten neun Monate 1928 entfallenden Teils der Gratifikation mit 189,75 RM. Die Beklagte ist dem Klagantrag entgegengetreten. Das Arbeitsgericht hat die Klage abgewiesen und die Berufung zugelassen. Das Landesarbeitsgericht hat die Berufung des Klägers zurückgewiesen und die Revision zugelassen. Die Revision des Klägers blieb ohne Erfolg.

Gründe:

Nach den Feststellungen des Berufungsrichters hat die Beklagte, wie in früheren Jahren, so auch im Jahre 1928 ihren sämtlichen Angestellten auf Weihnachten eine Gratifikation in Höhe eines Monatsgehalts gewährt. In dieser ständigen Übung erblickt der Berufungsrichter eine stillschweigende Vereinbarung, und er leitet daraus ab, daß den Angestellten der Beklagten ein klagbarer Rechtsanspruch auf die Gratifikation erwachsen sei. Diese Annahme des Berufungsrichters beschwert den Kläger nicht; sie läßt übrigens auch keinen Rechtsirrtum erkennen und steht im Einklang mit der Rechtsprechung; vgl. RGZ. Bd. 75 S. 327, Bd. 94 S. 322, SeuffArch. Bd. 69 Nr. 36, RAG. Bd. 2 S. 287, Bd. 4 S. 65.

Dagegen nimmt der Berufungsrichter der Beklagten beitretend an, daß dem Kläger der eingeklagte Anspruch auf eine (anteilige) Weihnachtsgratifikation deshalb nicht zustehe, weil der Kläger im Laufe des Jahres freiwillig aus dem Geschäft der Beklagten ausgetreten sei. Der Berufungsrichter erwägt: zwar sei die Gratifikation kein Geschenk, sondern Entgelt; aber sie sei nicht nur Entgelt, sondern zugleich ein

Ansporn zu weiterer Tätigkeit und eine Entlohnung für treues Ausharren im Dienste, und zwar Ausharren bis zum Ende des Jahres.

Hiergegen wendet sich die Revision. Sie rügt Verletzung der §§ 133, 157 BGB. Ihr kann jedoch kein Erfolg zuteil werden.

Gewiß hat die neuere Rechtsentwicklung die rechtliche Natur der sog. Gratifikation als Entlohnung, nicht etwa als freiwillige Zuwendung, immer schärfer herausgestellt, vgl. die oben angeführten Entscheidungen. Daraus folgt, daß das Recht auf die Gratifikation als erworben betrachtet werden muß mit dem Zeitpunkt, auf den die Gratifikation regelmäßig verteilt wird, also zu Weihnachten oder Neujahr. Davon, daß der Arbeitnehmer auch noch über diesen Zeitpunkt hinaus im Dienste des Arbeitgebers verbleibt, wird der Arbeitgeber ihre Gewährung nicht mehr abhängig machen können; m. a. W.: der vom Berufungsrichter genannte Zweck der Weihnachtsgratifikation, als Ansporn für weitere Dienstleistungen zu dienen, mag zwar im Sinne des Arbeitgebers bestehen bleiben und wirksam sein können, aber von der Erfüllbarkeit dieses Zweckes wird der Anspruch nicht mehr abhängig gemacht werden können. Insofern wird sich also deren weiterer Zweck mit der neueren Rechtsentwicklung nicht mehr vereinigen lassen; insofern kann also dem Berufungsrichter nicht gefolgt werden. — Wohl aber hat der Berufungsrichter ohne Rechtsverstoß hervorgehoben, daß die Gratifikation auch als Anerkennung für die bis zur Zeit der Gewährung geleisteten Dienste zu gelten habe. Das entspricht auch noch der heutigen Auffassung, und dieser Zweck der Einrichtung ist damit noch nicht weggefallen, daß der weitere Zweck eines Ansporns zu ferneren, zukünftigen Dienstleistungen mit der neueren Auffassung eine Abschwächung erfahren hat. Die vom Kläger vertretene gegenteilige Ansicht führt, folgerichtig durchgeführt, zu dem Ergebnis, daß der Arbeitnehmer schon mit der ersten Lohnwoche des neuen Jahres einen 52. Anteil an der auf Jahreswende in Aussicht stehenden Gratifikation verdient haben würde. Diese Auffassung läuft auf eine völlige Einebnung des Unterschieds zwischen dem Zeitlohn und der einmaligen, auf Jahresende in Aussicht stehenden Zuwendung hinaus. Eine solche Gleichstellung hat sich in der gemäß §§ 157, 242 BGB. zu beachtenden heutigen Verkehrsauffassung sicherlich noch nicht durchgesetzt, und für die Rechtsordnung besteht kein Anlaß, jene Gleichstellung im Gegensatz zu der allgemeinen Verkehrsauffassung zu erzwingen. Die Einrichtung einer besonderen Zuwendung zu Weihnachten oder Neujahr ist aus der Sitte hervorgegangen, zu jenen Zeitpunkten anderen eine Freude zu machen, und die Zuwendung sollte auch wohl den gesteigerten Bedürfnissen der Haushaltführung, die sich um jene Zeit einstellen und für die Angestellten besonders fühlbar machen, Rechnung tragen. Dieser geschichtliche Zusammenhang ist auch heute noch in der Verkehrsauffassung lebendig, und seine Beachtung ist mit dem Wesen der Gratifikation als Entgelt keineswegs unvereinbar. Sie bleibt Entgelt, aber ein Entgelt besonderer Art, ein zusätzliches Entgelt, für dessen rechtliche Beurteilung im einzelnen die §§ 157, 242 BGB. maßgebend sein müssen.

Aus dieser Auffassung muß, im Einklang mit dem Berufungsrichter und mit der im Schrifttum herrschenden Meinung, der Schluß gezogen werden, daß der Anspruch auf Weihnachtsgratifikation demjenigen Angestellten nicht zusteht, der im Laufe des Jahres freiwillig aus dem Dienstverhältnis ausgeschieden ist. Wie es bei Angestellten zu halten ist, die infolge Kündigung von seiten des Arbeitgebers ausgeschieden sind oder die zwar ihrerseits ausgetreten sind, jedoch aus Gründen, die in der Person des Arbeitgebers gelegen waren, steht jetzt nicht zur Entscheidung; doch möge in dieser Hinsicht auf § 628 BGB. verwiesen werden, welche Vorschrift geeignet ist, etwaigen Unbilligkeiten vorzubeugen. — Da nach den einwandfreien und nicht angefochtenen Feststellungen des Berufungsrichters der Kläger auf den 30. September 1928 zufolge eigener Kündigung ausgeschieden war, um sich selbständig zu machen, so ergibt sich die Unbegründetheit seines Rechtsmittels.

RAG. 5, 25.

Bedeutet es eine Verletzung der Friedenspflicht gegenüber einem vertragstreuen Arbeitnehmerverbande, wenn dessen Mitglieder von einer Kampfmaßnahme betroffen werden, die der Arbeitgeber gegenüber einem am gleichen Tarifvertrage beteiligten tarifbrüchigen Arbeitnehmerverbande ergreift?

TarifvertrVo. § 1.

Reichsarbeitsgericht. Urt. v. 8. Januar 1930.

I. Arbeitsgericht Breslau. — II. Landesarbeitsgericht daselbst.

Der Beton- und Tiefbauarbeitgeberverband für Deutschland e. V. als Arbeitgeberverband, der Kläger und der D. Baug.-B. als Arbeitnehmerverbände sind Tarifvertragsparteien des Reichstarifvertrages für das Baugewerbe vom 30. März 1927, dessen § 12 folgenden Wortlaut hat:

„Durchführung des Vertrages.

1. Die vertragschließenden Organisationen verpflichten sich, ihren Einfluß zur Durchführung und Aufrechterhaltung dieses Reichstarifvertrages und der auf Grund desselben abgeschlossenen Lohn- und Arbeitstarife einzusetzen, und zwar auch bei allen den vertragschließenden Arbeitgeberorganisationen nicht angehörenden Bauunternehmungen. Streiks, Aussperrungen oder sonstige Kampfmaßnahmen sind unzulässig vor Beginn und während der Dauer des Schlichtungsverfahrens sowie nach Abschluß dieses Verfahrens durch bindende Entscheidung.

2. Fügt sich eine der vertragschließenden Organisationen einer bindenden Entscheidung der Tarifinstanzen nicht, so besteht für die Organisationen der Gegenpartei dieser Organisation gegenüber Handlungsfreiheit."

Nach einer bei Abschluß des Tarifvertrages abgegebenen Protokollerklärung der Vertreter der beteiligten Arbeitgeber- und Arbeitnehmerverbände hat Einigkeit darüber bestanden, daß jeder in der Einleitung des Tarifvertrages aufgeführte Verband als selbständiger Vertragskontrahent gilt.

Die Parteien sind darüber einig, daß der Beton- und Tiefbauarbeitgeberverband seinen Namen in den Namen des jetzigen Beklagten geändert hat, und daß der erstere und der Beklagte identisch sind.

Am 9. November 1928 legten die im Baugewerksbund organisierten Eisenbieger der Hoch- und Tiefbau-Aktiengesellschaft H. und der Eisenbetonbau-Gesellschaft D. W. & Co. in Br., die beide dem beklagten Verbande angehören, die Arbeit aus Anlaß von Lohndifferenzen nieder. Im Anschluß daran verfügte der D. Baug.-B. am 10. November 1928 die Sperre über die beiden Firmen. Diese legten darauf am 17. November 1928 ihre sämtlichen Bauten still. Der von ihnen um Unterstützung angerufene Beklagte richtete, nachdem er vergeblich mit dem Baug.-B. verhandelt hatte, am 16. November 1928 ein Schreiben an diesen, in welchem er die Aussperrung der gesamten Belegschaften der ihm angeschlossenen Betriebe im Stadt- und Landkreis Br. für den Fall anordnete, daß die vom Baug.-B. verfügte Sperre nicht bis zum 19. November 1928 mittags 1 Uhr aufgehoben würde. Das Schreiben teilte er gleichzeitig der Zahlstelle Br. des klagenden Verbandes mit. Am 19. November erging auf den Antrag der von der Sperre des D. Baug.-B. betroffenen Firmen H. und D. W. & Co. ein Urteil des Arbeitsgerichts Br., durch das dem D. Baug.-B. im Wege der einsweiligen Verfügung aufgegeben wurde, die über die Werkplätze der beiden

Firmen verhängte Sperre aufzuheben. Nach Ablauf der im Schreiben des Beklagten vom 16. November 1928 gesetzten Frist wurde die angedrohte Aussperrung von sämtlichen dem beklagten Verbande angehörigen Firmen in Br. durchgeführt. Da nach dem Reichstarifvertrage das Arbeitsverhältnis täglich zum Arbeitsschluß ohne Kündigungsfrist gelöst werden kann, wurde die Aussperrung mit dem 20. November 1928 wirksam. Nachdem dann noch am 20. November 1928 der Baug.-B. die von ihm verfügte Sperre aufgehoben hatte, wurde auch die von dem Beklagten veranlaßte Aussperrung wieder rückgängig gemacht. Infolgedessen wurde — der 21. November war gesetzlicher Feiertag — am 22. November 1928 die Arbeit in allen Betrieben wieder aufgenommen.

Da die von dem Beklagten verfügte Aussperrung sich auf alle im Betongewerbe beschäftigten Arbeiter erstreckte, wurden von ihm auch etwa 200 dem klagenden Verbande angehörende, im Betongewerbe beschäftigte Zimmerer betroffen. Zu ihnen gehörten vier bei der Firma R. W. in Br. beschäftigte Zimmerer. Ihnen hat der Kläger infolge der Aussperrung 14,25 RM Unterstützung gezahlt. Er hat von dem Beklagten Zahlung dieses Betrages als Schadensersatz verlangt und zur Begründung des Klaganspruches geltend gemacht, der Beklagte habe dadurch, daß er die Aussperrung auch auf Zimmerer ausgedehnt habe, ihm gegenüber tarifwidrig gehandelt; nach der dem Tarifvertrage beigegebenen protokollarischen Erklärung gelte jede der mehreren auf einer Seite beteiligten Tarifvertragsparteien als selbständiger Vertragskontrahent; der Beklagte sei daher nicht berechtigt gewesen, aus Anlaß der von dem D. Baug.-B. verfügten Sperre ihm, dem Kläger, gegenüber Kampfmaßnahmen zu ergreifen.

Beide Vorinstanzen haben die Klage abgewiesen. Die Revision des Klägers führte zur Zurückverweisung der Sache an das Landesarbeitsgericht aus folgenden

Gründen:

Das Landesarbeitsgericht ist davon ausgegangen, daß es sich bei der Auseinandersetzung zwischen dem D. Baug.-B. und den Firmen H. und D. W. & Co. um einen Streit aus dem Tarifvertrage handelte, daß der Baug.-B. durch die von ihm über die Firmen verhängte Sperre gegen § 12 Abs. 1 Satz 2 des Reichstarifvertrages für das Baugewerbe verstoßen habe. Gegenüber dieser unbegründeten Kampfmaßnahme, so führt das angefochtene Urteil aus, habe der Beklagte jede Abwehrmaßnahme treffen dürfen, die nach der Sachlage geboten gewesen sei;

er habe also auch zu einer Gesamtaussperrung greifen dürfen, sofern diese sich im Rahmen der gegebenen Umstände als sachdienlich und notwendig erwiesen habe. Dem stehe § 12 Abs. 2 des Reichstarifvertrages nicht entgegen; denn dieser Satz beziehe sich offentsichtlich nicht auf Kampfmaßnahmen, wie sie im Abs. 1 verboten seien; er regle vielmehr nur das Verhalten der Streitteile nach Erlaß einer bindenden Entscheidung der Tarifinstanz. Die Aussperrung als solche sei aber ebensowenig wie der Streik eine verbotene oder sittenwidrige Maßnahme im Arbeitskampf; sie könne nur unter ganz besonderen Umständen sittenwidrig werden; solche Umstände seien aber im vorliegenden Falle nicht gegeben.

Die Revision macht demgegenüber geltend, durch die protokollarische Erklärung des Reichstarifvertrages sei die Selbständigkeit der Vertragsbeziehungen der einzelnen Organisationen zueinander ausdrücklich festgelegt worden; sie sei auch durch § 12 Abs. 2 des Reichstarifvertrages noch besonders zum Ausdruck gekommen. Aus dieser rechtlichen Selbständigkeit der einzelnen Tarifkontrahenten ergebe sich aber, daß, sofern sich eine der am Tarifvertrag beteiligten Arbeitnehmer-Organisationen eines Verstoßes gegen § 12 Ziff. 1 Satz 2 des Reichstarifvertrages schuldig mache, der betroffene Arbeitgeberverband nur dieser Organisation gegenüber die zulässigen Abwehrmaßnahmen treffen dürfe, nicht aber auch den anderen am Tarifvertrage beteiligten Arbeitnehmerorganisationen gegenüber. Nur im Verhältnis zwischen dem Baug.-B. und dem Beklagten würden daher die Erörterungen des Landesarbeitsgerichts darüber, ob die Aussperrung nach der Sachlage geboten gewesen sei und auch nicht gegen die guten Sitten verstoßen habe, von Bedeutung gewesen sein. Im Verhältnis der Prozeßparteien stelle sich die durch den Beklagten verhängte Aussperrung als einen Bruch der im § 12 Ziff. 1 Satz 2 des Reichstarifvertrages festgelegten Verpflichtung dar, Aussperrungen vor Beginn eines Schlichtungsverfahrens zu unterlassen. Aber auch wenn man den rechtlichen Gesichtspunkt, von dem das angefochtene Urteil ausgehe, sich zu eigen mache, sei die Auffassung des Landesarbeitsgerichts, daß die Aussperrung nicht sittenwidrig gewesen sei, nicht als berechtigt anzuerkennen.

Schließen mehrere Vertragsparteien, sei es die Arbeitnehmer-, sei es die Arbeitgeberseite, gemeinschaftlich einen Tarifvertrag ab, so ergibt sich schon aus der Tatsache des gemeinschaftlichen Vertragsabschlusses eine gewisse Gemeinschaftlichkeit der Interessen, die auch für die gemeinsamen Beziehungen zu dem Vertragsgegner nicht ganz ohne Bedeutung sein kann. Aus diesem Gesichtspunkt heraus ist, sofern nicht besondere Vertragsbestimmungen einen anderen Vertragswillen erkennen lassen, grundsätzlich davon auszugehen, daß, wenn einer von mehreren auf einer Seite beteiligten Tarifvertragsverbänden tarifbrüchig wird und der Vertragsgegner diesem gegenüber Kampfmaßnahmen ergreift, durch die auch Angehörige des tariftreuen Verbandes betroffen werden, dieser sich die Auswirkungen der Kampfmaßnahmen auf seine Mitglieder gefallen lassen muß, sofern die Kampfmaßnahmen nach vernünftigem Ermessen als durch die Sachlage zur Bekämpfung des tarifwidrigen Verhaltens des anderen Verbandes gerechtfertigt erscheinen. Der vertragstreue Verband kann gegenüber solchen Maßnahmen nicht geltend machen, daß der Vertragsgegner ihm gegenüber die tarifvertragliche Friedenspflicht verletzt habe. Von diesem grundsätzlichen Standpunkt ist auch das Landesarbeitsgericht ersichtlich ausgegangen, wenn es angenommen hat, der Beklagte habe, nachdem der Baug.-B. gegen die im Vertrage übernommene Friedenspflicht verstoßen habe, jede Abwehrmaßnahme treffen dürfen, die nach der Sachlage geboten gewesen sei. Es hat, wie seine Ausführungen erkennen lassen, in der im § 12 Abs. 1 enthaltenen besonderen Vereinbarung über die Durchführung des Vertrages und die Innehaltung der Friedenspflicht den Ausdruck eines dieser Auffassung entgegenstehenden Willens der Vertragsparteien nicht erblickt. Ebensowenig hat es solchen dem Abs. 2 des § 12 entnommen. Dagegen lassen seine Ausführungen nicht mit hinreichender Deutlichkeit erkennen, ob es bei der Auslegung des Vertragswillens auch die von den Tarifvertragsparteien zur Überschrift des Tarifvertrages abgegebene protokollarische Erklärung, daß jeder Verband als selbständiger Tarifvertragskontrahent gelte, gewürdigt hat. Zwar bildet eine solche protokollarische Erklärung keinen Bestandteil des Tarifvertrages, sie kann aber unter Umständen für die Auslegung der Bestimmungen eines Tarifvertrages von Bedeutung sein (vgl. RAG. Bd. 1 S. 194). Im vorliegenden Falle hatte der Kläger bereits in den Vorinstanzen geltend gemacht, es habe gerade durch die protokollarische Erklärung zum Ausdruck gebracht werden sollen, daß die Tarifvertragsparteien in ihren rechtlichen Beziehungen zueinander völlig selbständig und von den auf gleicher Seite befindlichen Mitkontrahenten unabhängig seien. Während das Arbeitsgericht die potokollarische Erklärung dahin ausgelegt hat, es sei damit nur die rechtliche Selbständigkeit der einzelnen Verbände in dem Sinne gemeint, daß diese bei Tarifvertragsverhandlungen selbständig vorgehen könnten, irgendwelche Bedeutung für die hier zur Entscheidung stehende Frage sei aber der besonderen Hervorhebung der Selbständigkeit der Tarifkontrahenten nicht beizumessen, lassen die Ausführungen des Landesarbeitsgerichts eine Stellungnahme zu diesem von dem Kläger hervorgehobenen Gesichtspunkte vermissen. Die Ausführungen lassen auch nicht erkennen, daß das Landesarbeitsgericht den Gesichtspunkt geprüft und sich etwa die Auffassung des Arbeitsgerichts zu eigen gemacht habe. Die Revision rügt daher mit Recht, daß das Landesarbeitsgericht nicht alle zur Auslegung des Vertragswillens in Betracht kommenden Umstände (§§ 133, 157 BGB.) berücksichtigt und gewürdigt habe. Da es sich nicht um die Anwendung von Tarifbestimmungen normativen Charakters handelt, ist das Reichsarbeitsgericht nicht in der Lage, in eigener Auslegung Stellung zu nehmen. Vielmehr bedarf es der Aufhebung des angefochtenen Urteils und Zurückverweisung der Sache an das Landesarbeitsgericht, um diesem Gelegenheit zu geben, seinerseits zu dem von dem Kläger geltend gemachten Gesichtspunkte Stellung zu nehmen und zu prüfen, ob etwa die in der protokollarischen Erklärung enthaltene Betonung der Selbständigkeit der Tarifkontrahenten Anlaß gibt, den Inhalt der im § 12 Abs. 1 des Tarifvertrages vereinbarten Friedenspflicht im Sinne der von dem Kläger vertretenen Auffassung zu deuten, oder ob, wie der Beklagte meint, durch die Betonung der Selbständigkeit nur das Recht jeder Partei, selbständig über den Tarifvertrag — z. B. durch Kündigung — zu verfügen, hat zum Ausdruck gebracht werden sollen.

Soweit der Schadensersatzanspruch auf § 826 BGB. gestützt ist, läßt die Auffassung des Landesarbeitsgerichts, daß die von dem Beklagten verhängte Aussperrung nicht sittenwidrig gewesen sei, einen Rechtsirrtum nicht erkennen. Nach den Feststellungen des Berufungsurteils hatte die Aussperrung den Zweck, die von dem Kläger über zwei Mitglieder des beklagten Verbandes tarifwidrig verhängte Sperre zu bekämpfen. Ebenso wie der Streik ist auch die Aussperrung an sich nicht sittenwidrig, vielmehr ein im Wirtschaftskampf erlaubtes Mittel. Sie wird auch zu einer unsittlichen Kampfmaßnahme nicht schon dadurch, daß sie zwar in Wahrnehmung eigener berechtigter Interessen, aber zugleich im Bewußtsein der Schädigung des Klägers erfolgt (RAG. Bd. 1 S. 144). Sie kann vielmehr nur dann als sittenwidrig angesehen werden, wenn sie nach den in den maßgebenden Wirtschaftskreisen herrschenden Anschauungen allgemein als unzulässig und sittlich anstößig empfunden wird. Ob das der Fall ist, hängt im wesentlichen von dem vom Tatrichter zu beurteilenden Umständen des Einzelfalles ab. Im vorliegenden Falle hat das Landesarbeitsgericht erwogen, daß eine Aussperrung der Bauarbeiter allein kein geeignetes Mittel gewesen wäre, um der kampfwidrigen Maßnahme des Baug.-B. zu begegnen, daß die Gesamtaussperrung die einzige Maßnahme gewesen sei, von der eine Aufhebung der Sperre habe erwartet werden können. Wenn aus diesen Erwägungen das Landesarbeitsgericht angenommen hat, der Beklagte habe mit der Verhängung der Gesamtaussperrung nicht gegen die guten Sitten verstoßen, so ist das rechtlich nicht zu beanstanden. Gegenüber der tatsächlichen Feststellung des Landesarbeitsgerichts, daß die Gesamtaussperrung das einzige geeignet Kampfmittel gewesen sei, kann die Revision auch nicht mit dem Einwand gehört werden, daß der Beklagte dem Baug.-B. gegenüber den Rechtsweg habe beschreiten oder jedenfalls die Wirkung der von den beiden Baufirmen erwirkten einstweiligen Verfügung habe abwarten müssen, ehe sie zu dem Kampfmittel der Gesamtaussperrung gegriffen habe.

RAG. 5, 40.

Zum Begriff der „gemeinnützigen Arbeiten" im Sinne der Fürsorgepflichtverordnung. Gehören dazu laufende Ausbesserungs- und Instandsetzungsarbeiten an einem der Gemeinde gehörigen Waisenhaus?

Vo. über die Fürsorgepflicht vom 13. Februar 1924 RGBl. I S. 100 § 19.

Reichsarbeitsgericht. Urt. v. 11. Januar 1930.

I. Arbeitsgericht Gladbeck. — II. Landesarbeitsgericht Essen.

Der Kläger, früher selbständiger Malermeister in Gl., mußte im Februar 1928 die öffentliche Fürsorge in Anspruch nehmen. Auf Anordnung des Fürsorgeamts ist er vom 6. März 1928 bis zum 15. Februar 1929 bei den Maler- und Anstreicherarbeiten in zwei der beklagten Stadtgemeinde gehörigen Waisenhäusern beschäftigt worden. Er hat täglich 8 Stunden gearbeitet und eine gewisse Aufsichtstätigkeit über die neben ihm beschäftigten Personen ausgeübt. Die Beklagte reichte ihm eine Unterstützung von 6 RM für die Schicht, also wöchentlich 36 RM; dazu trat nachträglich eine gewisse Pflichtstundenvergütung. Kläger glaubt Entlohnung nach dem für allgemein verbindlich erklärten Tarifvertrag für das Malergewerbe im Rheinland und Westfalen verlangen zu können. Seine Klage auf Zahlung des hiernach sich ergebenden, dem Betrage nach unbestrittenen Unterschieds in Höhe von 1127,80 RM ist vom Arbeitsgericht abgewiesen worden. Auf die Berufung des Klägers hat das Landesarbeitsgericht die Beklagte nach dem Klagantrag verurteilt und die Revision zugelassen. Auf die Revision der Beklagten ist das angefochtene Urteil aufgehoben und die Sache zurückverwiesen worden.

Aus den Gründen:

In der Sache selbst ist der Berufungsrichter zutreffend von der Vorschrift des

§ 19 der Verordnung über die Fürsorgepflicht vom 13. Februar 1924 RGBl. I S. 100

ausgegangen, wonach die Unterstützung Hilfsbedürftiger „durch Anweisung angemessener Arbeit gemeinnütziger Art gewährt oder von der Leistung solcher Art abhängig gemacht werden kann". Er nimmt an, daß in dem ersten dieser beiden Fälle, „Anweisung von Arbeit" stets ein echtes Arbeitsverhältnis, in dem zweiten dagegen, der „Abhängigmachung" nur sogenannte Pflichtarbeit vorliege. Von dieser Unterscheidung aus prüft er den Sachverhalt. Nach seinen Feststellungen hatte der Leiter des Fürsorgeamtes, Stadtoberinspektor E., zunächst beabsichtigt, den Kläger gemäß § 19 zweiten Fall zur Pflichtarbeit heranzuziehen. Nachdem ein anderweitiger Versuch (Erdarbeiten) sich als nicht durchführbar erwiesen hatte, hat E. nach einer anderen Beschäftigungsmöglichkeit für den Kläger gesucht. Dem E. stand auch die Aufsicht über die beiden städtischen Waisenhäuser zu; dort mußten damals umfangreiche Maler- und Anstreicherarbeiten ausgeführt werden, Arbeiten, die sonst im Wege der öffentlichen Ausschreibung an einen Maler- und Anstreichermeister hätten vergeben werden müssen. Diese Arbeiten hat E. nun dem Kläger übertragen, der dabei auch einige Gehilfen aus der Zahl der Unterstützungsempfänger zu beaufsichtigen hatte.

Der Berufungsrichter will diese Arbeit sowohl nach ihrer Art wie nach ihrem Umfang nicht mehr als Pflichtarbeit anerkennen. Er hält die Arbeiten schon nicht für gemeinnützig. Gemeinnützig sei nicht jede Arbeit, die der Stadtgemeinde zugute kommt und ihr Ausgaben erspart; sonst könnte die Stadt die normalen Löhne ersparen und die Preise drücken. Belanglos sei auch, daß die Arbeiten in öffentlichen Anstalten ausgeführt worden seien, die der Allgemeinheit dienten; hier habe es sich um notwendige laufende Instandsetzungsarbeiten gehandelt, die sonst einem Unternehmer hätten übertragen werden müssen. Insofern sei die Tätigkeit des Klägers und seiner Gehilfen lediglich dem Stadtsäckel zugute gekommen. Es ändere daran auch nichts, daß, wie E. bekundet habe, bei Abschluß eines normalen Arbeitsvertrags die Arbeiten mit Rücksicht auf die beschränkten Mittel nicht so weit ausgedehnt worden wären, wie es tatsächlich geschah; denn der Zeuge habe zugeben müssen, daß die Arbeiten überwiegend doch als notwendig schon alsbald hätten ausgeführt werden müssen. Des weiteren verweist der Berufungsrichter auf die Dauer der ganzen Arbeiten, auf die tägliche Arbeitsleistung von acht Stunden; dem hält er die Beschränkungen entgegen, die in der verwandten Vorschrift des § 91 AVAVG. gegeben sind. Der Berufungsrichter gelangt dann zu dem Schlusse: könne nach alledem die Arbeit des Klägers nicht mehr als Pflichtarbeit angesehen werden, so bleibe nur die Annahme eines bürgerlichrechtlichen Arbeitsverhältnisses übrig, „mit allen ihren Folgen".

Insoweit diese Ausführungen auf dem Gebiete der tatrichterlichen Würdigung des Sachverhalts liegen, sind sie im Rechtszug der Revision nicht angreifbar. Dagegen hat der Berufungsrichter den Begriff der Gemeinnützigkeit verkannt. Gewiß ist eine Arbeit nicht schon deshalb gemeinnützig, weil sie der Stadtgemeinde zugute kommt und ihr Auslagen erspart. Aber das Berufungsurteil will ersichtlich den Begriff der Gemeinnützigkeit schon darum ausschließen, weil die Arbeiten irgendwie dem Vermögen der Stadt zugute kamen. Das geht nach der anderen Seite zu weit und ist rechtlich fehlsam. § 19 FürsVo. spricht von gemeinnützigen Arbeiten und erfordert damit doch immer nützliche Arbeiten; unmöglich kann der Gesetzgeber rein unnütze, vollkommen wertlose Arbeiten im Sinne gehabt haben. Alle Arbeiten irgendwelcher Art aber, die nur überhaupt Nutzen bringen, werden stets wirtschaftliche Werte bedeuten und werden daher immer irgendwie und irgendwo Auslagen ersparen. Aus dem Umstand, daß die Arbeiten der Stadt Kosten ersparen, kann für sich allein nicht schlechtweg abgeleitet werden, daß die Arbeiten nicht gemeinnützig sein können. Selbst Arbeiten zur Abwendung einer drohenden gemeinen Gefahr oder Instandsetzungs- und Räumungsarbeiten nach einem größeren Unglücksfall müssen schließlich doch vergütet werden und werden daher, wenn als Notstands- oder Fürsorgepflichtarbeit verrichtet, irgendwo dem „Stadtsäckel" zugute kommen. Gerade Waisenhäuser sind nun doch gewiß gemeinnützige Anstalten; sie kommen der Allgemeinheit zustatten und legen der Stadtgemeinde, die sie unterhält, Opfer auf, ohne wesentliche Erträgnisse abzuwerfen. Daß die Errichtung eines Waisenhauses gemeinnütziger Art ist, kann keinem begründeten Zweifel unterliegen; dann aber hat das Nämliche auch von der Unterhaltung bestehender Waisenhäuser zu gelten, und zwar auch dann, wenn die Unterhaltung des einmal bestehenden Waisenhauses nicht mehr rein freiwilliger Art, sondern durch wirtschaftliche Rücksichten auf die Erhaltung des Gebäudes geboten ist. Zudem ergibt sich aus den Bekundungen des E., daß die hier in Rede stehenden Arbeiten mindestens zum Teil sogenannte zusätzliche waren, d. h. ohne die Pflichtarbeit nicht vorgenommen worden wären.

Demzufolge ist den Arbeiten, mit denen der Kläger betraut war, die Anerkennung als gemeinnützige Arbeiten nicht zu versagen. Damit ist für die Anwendbarkeit des § 19 FürsVo. Raum geschaffen, denn wenn die Arbeiten nicht gemeinnützig waren, konnte ja § 19 überhaupt nicht zur Anwendung kommen. Im Hinblick auf diesen Rechtsverstoß muß das angefochtene Urteil aufgehoben und die Sache an das Landesarbeitsgericht zurückverwiesen werden.

In der erneuten Verhandlung wird der Berufungsrichter nunmehr zu prüfen haben, ob der erste oder der zweite Fall des § 19 FürsVo. für die Entscheidung maßgebend ist, d. h. ob die Beklagte dem Kläger die Arbeit angewiesen, oder ob sie die Unterstützung von der Leistung der Arbeit abhängig gemacht hat. Wäre der erste Fall festzustellen, so wäre, wie der Berufungsrichter richtig bemerkt hat, von einem echten Arbeitsverhältnis auszugehen, und es würde daran nichts ändern, daß die beklagte Stadtgemeinde selbst als Arbeitgeber dem Kläger gegenübersteht. Wäre der zweite Fall anzunehmen, so stünde nicht ein Arbeits-, sondern ein Unterstützungsverhältnis in Frage. In diesem zweiten Fall würde auch eine etwaige Überschreitung des Maßes der angemessenen Arbeit nicht ohne weiteres dazu führen, daß das bestehende Verhältnis sich in ein echtes Arbeitsverhältnis umgestalten würde; hier würde vielmehr das Aufsichtsrecht der vorgesetzten Aufsichtsbehörden gegebenenfalls auf eine etwaige Beschwerde des Unterstützungsempfängers, einzugreifen haben. Ob der eine oder andere Fall anzunehmen ist, bemißt sich in erster Linie nach dem Willen der Beklagten; dabei ist aber, hier wie sonst, nicht einseitig auf die innere Willensrichtung der Beklagten abzustellen, sondern es ist, unter Berücksichtigung aller Umstände des einzelnen Falles, darauf abzustellen, wie der Kläger die in dem Gesamtverhalten der Beklagten liegende Willenskundgebung auffassen durfte und mußte. Darum ist es zwar ein wichtiger Anhalt für die Auslegung, aber nicht schlechthin ausschlaggebend, daß die Beklagte von vornherein die Bezahlung des Klägers nach Tarif abgelehnt hat. Hätte sie festzustellendermaßen dem Kläger Arbeit zuweisen wollen (§ 19 erster Fall), so würde sich die Beklagte mit sich selbst in Widerspruch setzen, wenn sie gleichwohl, etwa in Verkennung der Rechtslage, die Entrichtung des angemessenen oder tarifvertragsmäßigen Arbeitsentgelts ablehnte.

Nach diesen Gesichtspunkten wird der Berufungsrichter den Sachverhalt erneut zu beurteilen haben.

RAG. 5, 47.

Muß ein Arbeitnehmer sich auf eine von seinem bisherigen Arbeitgeber trotz Beendigung des Arbeitsverhältnisses noch zu gewährende Urlaubsvergütung die inzwischen erhaltene Arbeitslosenunterstützung anrechnen lassen?

AVAVG. § 113 Abs. 1 Nr. 1.

Reichsarbeitsgericht. Urt. v. 11. Januar 1930.

I. Arbeitsgericht Gladbeck i. W. — II. Landesarbeitsgericht Essen.

Der Kläger war mit einer hier nicht in Betracht kommenden kurzen Unterbrechung vom Jahre 1916 bis zum 31. Juli 1928 auf einer Zeche der Beklagten als Hauer beschäftigt. Für sein durch Kündigung seitens der Beklagten beendetes Arbeitsverhältnis galt der Tarifvertrag für das rheinisch-westfälische Steinkohlenrevier. Den ihm nach § 4 dieses Vertrags zustehenden Urlaub für das Urlaubsjahr 1927/28 hatte er im September 1927 erhalten. Der für das Urlaubsjahr 1928/29 erworbene und in diesem für den Monat Oktober 1928 vorgesehene 12tägige Urlaub konnte ihm wegen seines vorher erfolgten Ausscheidens nicht gewährt werden. Seit seinem Ausscheiden bezog der Kläger eine Erwerbslosenunterstützung von wöchentlich 20,40 RM. Mit der im April 1929 erhobenen Klage verlangt er von der Beklagten eine Vergütung für den nicht gewährten Urlaub in der seinem Schichtlohn entsprechenden Höhe, insgesamt 106,60 RM. Die Beklagte bestreitet den Anspruch nicht der Höhe, wohl aber dem Grunde nach.

Das Arbeitsgericht hat die Beklagte zur Zahlung von 65,80 RM verurteilt, im übrigen jedoch die Klage abgewiesen. Das Landesarbeitsgericht hat die Berufung beider Parteien zurückgewiesen und die Revision zugelassen. Die darauf von dem Kläger eingelegte Revision hatte Erfolg.

Gründe:

Das Berufungsgericht erkennt ebenso wie der erste Richter in Anlehnung an die grundsätzliche, dieselbe Tarifvertragsbestimmung wie im vorliegenden Fall betreffende Entscheidung des Reichsarbeitsgerichts vom 23. März 1929 RAG. Bd. 3 S. 330) an, daß dem Kläger, da er die in dieser Bestimmung gegebenen Voraussetzungen eines 12tägigen Urlaubs erfüllt, den Urlaub aber ohne sein Verschulden während der Dauer seines Arbeitsverhältnisses bei der Beklagten nicht mehr erhalten habe, an sich ein im Zeitpunkt seiner Entlassung fälliger Anspruch auf Zahlung der Urlaubsvergütung in der vollen unstreitigen Höhe von 106,60 RM verblieben sei. Es führt indessen weiter aus: Wäre dem

Kläger dieser Betrag bei der Entlassung gezahlt worden, so hätte ihm gemäß § 113 Abs. 1 Nr. 1 und 3 AVAVG. für die nächsten 12 Tage keine Erwerbslosenunterstützung zugestanden, denn er hätte ja noch Arbeitsentgelt bezogen. Da er nun für diese Zeit aus der Arbeitslosenversicherung unterstützt worden sei, müsse die Beklagte als seine bisherige Arbeitgeberin auf Grund des § 113 Abs. 2 a. a. O. die dem Kläger zu Unrecht gewährten Unterstützungsbeiträge der Reichsanstalt erstatten. Im Hinblick auf diese gesetzliche Vorschrift sei die Lage so anzusehen, als wären die Urlaubstage mit Lohnzahlung im Anschluß an das beendete Arbeitsverhältnis gewährt worden. Etwaige Wartetage (§ 110 AVAVG.) hätten hierbei außer Betracht zu bleiben, da sie nach dem Willen des Gesetzgebers Tage ohne Arbeitseinkommen sein sollten. Die Beklagte würde also von der Reichsanstalt auf Erstattung der Unterstützungsbeträge insoweit in Anspruch genommen werden können, als dem Kläger nach der Entlassung für 12 Werktage Unterstützung gewährt worden sei. Insoweit gehe dann gemäß der Entscheidung des Reichsarbeitsgerichts vom 15. Dezember 1928 (RAG. 490/28) kraft Gesetzes der Anspruch auf Arbeitsentgelt auf die Reichsanstalt über und die Klageberechtigung des Klägers verloren. Ob dem Kläger auf diese Weise die normale Unterstützungszeit von 26 Wochen gekürzt werde, sei für das Verhältnis zwischen den Parteien ohne Bedeutung. Andererseits könne dahingestellt bleiben, ob ihm dadurch weitere Unterstützungsansprüche gegenüber der Reichsanstalt für die spätere Zeit erwüchsen. Vielmehr müsse sich der Kläger, da er für die fraglichen 12 Werktage unstreitig 40,80 RM an Unterstützung bezogen habe, die Klageforderung entsprechend kürzen lassen, so daß die Beklagte ihm nur noch 65,80 RM zu zahlen brauche.

Dem kann nicht beigetreten werden.

Zu Unrecht bezieht sich das Berufungsgericht für seine dem § 113 AVAVG. gegebene Auslegung auf das Urteil des Reichsarbeitsgerichts vom 15. Dezember 1928 — RAG. 490/28 — (zum Teil abgedruckt in RAG. Bd. 3 S. 53 flg.). Die dortige Entscheidung betrifft eine Lohnklage zweier wegen unbefugten Verlassens der Arbeit entlassener Arbeiter und Mitglieder des Betriebsrats, welche Zahlung des Lohns für die Zeit n a c h ihrer Entlassung forderten, da sie die Entlassung als unberechtigt erachteten. Das Urteil hat mit dem hier streitigen Urlaubsvergütungsanspruch, welcher in der Zeit v o r der Entlassung entstanden und fällig geworden ist, nichts zu tun und kann, da der ihm zugrunde liegende Sachverhalt anders gelagert ist, auch nicht einmal entsprechend heranbezogen werden.

Der § 113 AVAVG., um dessen Anwendbarkeit es sich im vorliegenden Fall allein noch handelt, lautet auch in der ihm durch das Gesetz vom 12. Oktober 1929 (RGBl. I S. 153) gegebenen Fassung, soweit er hier in Frage kommt:

(Abs. 1) „Keine Arbeitslosenunterstützung erhält der Arbeitslose

1. für die Zeit, für die er noch Arbeitsentgelt bezieht . . .

3. wenn er anläßlich des Ausscheidens aus seiner früheren Beschäftigung eine Abfindung oder Entschädigung erhalten hat . . .

(Abs. 2) „Werden einem Arbeitslosen Bezüge aus dem Arbeitsverhältnis (Arbeitsentgelt, Abfindung, Entschädigung) geschuldet und wird ihm entgegen Abs. 1 bereits Unterstützung gewährt, so hat der Arbeitgeber die Unterstützungsbeträge, die zu Unrecht gewährt sind, der Reichsanstalt zu erstatten; er hat sie an das Arbeitsamt abzuführen, das sie ausbezahlt hat. Er kann sie dafür dem Arbeitnehmer gegenüber aufrechnen. Streitigkeiten über die Erstattung entscheidet unter Ausschluß des Rechtswegs der Verwaltungsausschuß des Arbeitsamts."

Ob die Urlaubsvergütung unter Abs. 1 Nr. 1 fällt, ist nicht unbestritten. Die Entstehungsgeschichte des Gesetzes, auf welche — allerdings in anderer Verbindung — auch das bereits erwähnte Urteil des Reichsarbeitsgerichts vom 15. Dezember 1928 eingeht, bietet für die Auslegung insofern einen gewissen Anhalt, als sie klar erkennen läßt, daß nach dem Willen des Gesetzgebers die Arbeitslosenunterstützung „eine Entschädigung für den ausfallenden Arbeitsverdienst" sein soll. Sie darf also nach Beendigung des Arbeitsverhältnisses nicht gewährt werden, solange der Arbeitnehmer noch Arbeitsentgelt (Lohn, Gehalt und dgl.) erhält (vgl. Begr. in Reichstagsdrucksachen 1927 Bd. 413 Nr. 2885 S. 98 und Bericht des sozialpolitischen Ausschusses des Reichstags ebenda Bd. 417 Nr. 3622 S. 122). Hierauf bezieht sich im wesentlichen auch das Schrifttum (vgl. insbesondere Jaeger-Neuburger-Adam, AVAVG., Bd. I zu § 113 Anm. 2 S. 609 flg., Mußfeld, AVAVG. zu § 113 Anm. 2 S, 175, Spliedt-Broecker, AVAVG. zu § 113 Anm. 1 S. 271, auch Stier-Somlo, AVAVG., zu § 113 Anm. 1 S. 317 und Weigert, Komm. zu AVAVG., zu § 113 Bem. I und II, 1 S. 307). Soweit dabei die Frage, ob eine (nachträgliche) Entschädigung für nicht gewährten Urlaub als Arbeitsentgelt i. S. des Abs. 1 Nr. 1 angesehen werden kann, überhaupt zur Erörterung gelangt (s. Jaeger-Neuburger-Adam und Spliedt-Broecker a. a. O.), wird sie verneint. Und das mit

Recht; denn schon aus dem Wesen der Urlaubsvergütung folgt, daß sie unter Abs. 1 Nr. 1 a. a. O. nicht fallen kann. Die Urlaubsvergütung ist, wie das Reichsarbeitsgericht in ständiger Rechtsprechung entschieden hat (vgl. außer der in dem angefochtenen Urteil angezogenen Entscheidung vom 23. März 1929 — RAG. Entsch. Bd. 3 S. 330, u. a. noch RAG. Entsch. Bd. 3 S. 312 und Bd. 4 S. 116) und das Berufungsgericht auch nicht verkennt, in ihrer Eigenschaft als ein selbständig neben dem Anspruch auf Gewährung freier Zeit bestehender Anspruch auf Zahlung des Lohns für die Urlaubszeit die vertragliche Gegenleistung für eine in der Vergangenheit geleistete Arbeit. Die Erfüllung dieses Anspruchs wird, da seine Fälligkeit ebenso wie regelmäßig die des Arbeitsentgelts erst nach Ablauf des Zeitraums, in dem es verdient wurde, erst nach Ablauf des Zeitraums, für den er erworben wurde, eintritt, durch die Beendigung des Arbeitsverhältnisses nicht berührt. Es handelt sich dabei nicht um eine vermögensrechtliche Nachwirkung des Arbeitsverhältnisses in die Zeit der Arbeitslosigkeit hinein, welche z. B. dadurch entstehen kann, daß entweder im Wege freiwilliger Vereinbarung oder auf Grund gerichtlicher Entscheidung der Arbeitgeber verpflichtet wird, trotz vorzeitiger Lösung des Arbeitsverhältnisses das Arbeitsentgelt noch über die Beschäftigungsdauer hinaus fortzuzahlen, — Fälle, die der Gesetzgeber bei der Schaffung der Bestimmung offenbar im Auge hatte (vgl. die oben bezeichneten Reichstagsdrucksachen) —, also nicht um „Lohnzahlung für Urlaubstage, die im Anschluß an das beendete Arbeitsverhältnis gewährt werden", wie das Berufungsgericht meint. Vielmehr handelt es sich um eine Vergütung für Urlaubstage, welche während bestehenden Arbeitsverhältnisses hätte gewährt werden müssen, mithin nicht um eine Fortgewährung von Arbeitsentgelt, nicht um eine Entschädigung für (künftig) ausfallenden Arbeitsverdienst, sondern um ein Arbeitsentgelt für früher, d. h. vor dem Ausscheiden aus dem Betriebe geleistete Arbeit, das spätestens am letzten Tage des Beschäftigungsverhältnisses hätte gezahlt werden müssen. Entsprechendes gilt für Abs. 1 Nr. 3 AVAVG. Die daselbst genannte „Abfindung oder Entschädigung", welche der Arbeitslose „anläßlich des Ausscheidens aus seiner früheren Beschäftigung" erhält, kommt hier schon deshalb nicht in Frage, weil zwischen der Urlaubsvergütung nach ihrem oben gekennzeichneten Wesen und dem „Ausscheiden aus der Beschäftigung" kein ursächlicher Zusammenhang besteht. Liegen mithin die wesentlichen Merkmale des § 113 Abs. 1 Nr. 1 und 3 AVAVG. nach dem festgestellten Sachverhalt nicht vor, so entfällt damit zugleich die Anwendbarkeit des Abs. 2 a. a. O., auf welche allein das Berufungsgericht den Abzug der 40,80 RM von der verlangten Klagesumme stützt. Ob, wie Spliedt-Broecker a. a. O. ausführen, die nachträgliche Entschädigung für nicht gewährten Urlaub unter „Ersatz für besondere Leistungen und Aufwendungen" des § 113 Abs. 4 a. a. O. gehört, kann dahingestellt bleiben. Sie würde auch dann nach der ausdrücklichen Vorschrift dieser Bestimmung nicht anzurechnen sein. . . .

FSC
www.fsc.org
MIX
Papier | Fördert
gute Waldnutzung
FSC® C083411

Kolibri 360 GmbH
Ferdinand-Jühlke-Straße 7
99095 Erfurt, Deutschland
produktsicherheit@kolibri360.de